公安信息化技术基础

孟庆博 主编

中国人民公安大学出版社
·北京·

图书在版编目（CIP）数据

公安信息化技术基础/孟庆博主编. —北京：中国人民公安大学出版社，2018.1
ISBN 978-7-5653-3003-2

Ⅰ.①警… Ⅱ.①孟… Ⅲ.①系统—检验—教材 Ⅳ.①D918.1

中国版本图书馆 CIP 数据核字（2018）第 112236 号

公安信息化技术基础

孟庆博　主编

出版发行：	中国人民公安大学出版社
地　　址：	北京市西城区木樨地南里
邮政编码：	100038
经　　销：	新华书店
印　　刷：	涿州市新华印刷有限公司
版　　次：	2018 年 1 月第 1 版
印　　次：	2025 年 1 月第 8 次
印　　张：	26.25
开　　本：	880 毫米×1230 毫米　1/16
字　　数：	768 千字
书　　号：	ISBN 978-7-5653-3003-2
定　　价：	90.00 元
网　　址：	www.cppsup.com.cn　www.porclub.com.cn
电子邮箱：	zbs@cppsup.com　zbs@cppsu.edu.cn

营销中心电话：010-83903254
读者服务部电话（门市）：010-83903257
警官读者俱乐部电话（网购、邮购）：010-83903253
公安综合分社电话：010-83901870

本社图书出现印装质量问题，由本社负责退换
版权所有　侵权必究

公安信息化技术基础编委会

主　编：孟庆博
副主编：（按姓氏笔画排序）
　　　　马贺男　马振飞　刘晓丽　汤艳君
　　　　许静文　孙晓冬　孙道宁　赵广晔
　　　　段严兵
主　审：刘奇志

前　言

随着社会经济的高速发展，社会人口、职业、资金等的综合流动使以往计划经济时代相对静止、稳定的社会结构发生了巨大变化。这一改变直接影响到社会治安形势，违法犯罪形式的流动性、复杂性、多元性特征已成为公安机关面临的巨大挑战。大量的查询、统计、协查等工作使原始的手工操作完全无法适应当前工作的需要。因此，公安机关建立高效便捷的公安信息化战略模式已成为其应对日益严峻、复杂的社会治安形势的当务之急，也是公安基础建设中的一项主要工程。公安信息化是现代警务的重要性标志，也是一个动态的建设过程，公安信息化需要合理评价其建设水平，使其健康发展。

本书从公安信息化应用的角度出发，为读者解析公安信息化所涉及的诸多基本技术、方法和基本理论，通过实际的公安实战案例，引导读者掌握公安信息化技术的操作要领。本书分为十章，分别是：第一章　公安信息化技术基础概述；第二章　公安信息的采集、录入技术；第三章　计算机与涉警移动终端系统的使用；第四章　多媒体技术在公安工作中的应用；第五章　网络技术在公安工作中的应用；第六章　文书制作与排版技术在公安工作中的应用；第七章　数据处理技术在公安工作中的应用；第八章　案情分析和汇报演示文稿制作；第九章　信息安全工具在公安工作中的使用；第十章　IT前沿技术在公安工作中的应用。书中所讨论的素材和相关技术几乎都来自实际案例，并通过了公安信息化建设的实践验证。

当前的公安院校计算机基础教学多以计算机应用基础（Windows操作系统+Office办公软件）的教学模式为主，缺少和公安工作的无缝对接，目的性和实战性不强。本书的主要任务就是为适应公安工作信息化、现代化的需要，掌握公安无纸化办公、无纸化办案的实战应用技能，培养学生熟练掌握公安工作中常用信息化办公和数据处理等应用技能，培养合格的复合型信息化公安人才，提高预备役警官的信息化素养和实际处理信息的能力。

本书可作为公安院校所有专业的公安信息化计算机类基础教材，本书中部分内容也可作为各地公安机关在职培训和晋衔培训的信息化培训教材。

本书由中国刑事警察学院教师孟庆博负责全书的整体结构设计和内容统筹，刘奇志对全书内容进行主审。其中，孟庆博撰写了第一章、第三章、第四章，马振飞、许静文共同撰写了第二章，段严兵撰写了第五章，孙晓冬撰写了第六章，马贺男、段严兵、汤艳君共同撰写了第七章，赵广晔撰写了第八章，马贺男撰写了第九章，孙道宁撰写了第十章。另外，在本书的编写过程中，得到了秦玉海教授、罗文华教授等诸多中国刑事警察学院网络犯罪侦查系老师以及所有课程组老师的大力支持和帮助，中国刑事警察学院的优秀毕业生朱泽宇等也参与了本书的整理工作，在此表示衷心的感谢。

尽管笔者在本书的编写过程中倾注了诸多努力，但由于自身水平有限，加之计算机技术的迅猛发展，不足之处在所难免，敬请读者批评指正。

孟庆博
2018 年 1 月

目 录

第一章　公安信息化技术基础概述 ………………………………………………（ 1 ）

　　第一节　公安信息化概述 …………………………………………………（ 1 ）
　　第二节　金盾工程 …………………………………………………………（ 6 ）
　　第三节　公安信息化网络体系 ……………………………………………（ 13 ）
　　第四节　公安网络和信息安全管理基本知识 ……………………………（ 16 ）

第二章　公安信息的采集、录入技术 ……………………………………………（ 40 ）

　　第一节　公安信息的采集与录入 …………………………………………（ 40 ）
　　第二节　文字录入——搜狗拼音输入法 …………………………………（ 45 ）
　　第三节　图片的录入——截图工具与画图 ………………………………（ 51 ）
　　第四节　图片转换为数字图像——扫描仪（一体机）……………………（ 57 ）
　　第五节　图片中文字的提取——汉王 OCR 文字识别软件 ……………（ 59 ）

第三章　计算机与涉警移动终端系统的使用 …………………………………（ 61 ）

　　第一节　计算机系统与常用设备 …………………………………………（ 61 ）
　　第二节　常用警用移动终端 ………………………………………………（ 87 ）
　　第三节　Windows 7 操作系统的使用与维护 ……………………………（ 98 ）

第四章　多媒体技术在公安工作中的应用 ……………………………………（149）

　　第一节　多媒体技术概述 …………………………………………………（149）
　　第二节　视频处理技术 ……………………………………………………（154）
　　第三节　音频处理技术 ……………………………………………………（162）
　　第四节　图像处理技术 ……………………………………………………（169）

第五章　网络技术在公安工作中的应用 ………………………………………（188）

　　第一节　概述 ………………………………………………………………（188）
　　第二节　Internet Explorer 9 浏览器的使用 ……………………………（205）
　　第三节　电子邮件 …………………………………………………………（213）
　　第四节　论坛（BBS）搜索引擎 …………………………………………（219）
　　第五节　FTP 文件传输 ……………………………………………………（221）

第六章　文书制作与排版技术在公安工作中的应用 (228)

　　第一节　概述 (228)
　　第二节　文书录入与字符、段落的格式化排版设置 (237)
　　第三节　表格的格式化排版设置 (246)
　　第四节　图文混排排版设置 (252)
　　第五节　文书的高级排版设置 (259)
　　第六节　文书的其他设置 (271)
　　第七节　文书制作与排版综合处理 (275)

第七章　数据处理技术在公安工作中的应用 (279)

　　第一节　概述 (279)
　　第二节　数据的录入与格式化设置 (290)
　　第三节　数据处理的基本技术 (298)
　　第四节　数据处理的其他常用技术 (308)
　　第五节　数据库及 SQL 语言应用 (310)
　　第六节　案（事）件数据实战综合处理 (314)

第八章　案情分析和汇报演示文稿制作 (329)

　　第一节　PowerPoint 2010 基础 (329)
　　第二节　制作案情分析和汇报演示文稿 (332)
　　第三节　案情分析和汇报演示文稿动画设置与放映 (339)
　　第四节　"5·15 交通肇事逃逸案件"案件侦破报告演示汇报综合设计 (342)

第九章　信息安全工具在公安工作中的使用 (349)

　　第一节　电子数据的压缩与解压缩 (349)
　　第二节　电子数据的加密与解密 (353)
　　第三节　电子数据的删除与恢复 (360)
　　第四节　电子数据存档 (367)
　　第五节　计算机病毒与杀毒 (374)
　　第六节　文件完整性校验 (380)

第十章　IT 前沿技术在公安工作中的应用 (388)

　　第一节　云计算技术在公安工作中的应用 (388)
　　第二节　大数据技术在公安工作中的应用 (392)
　　第三节　物联网技术在公安工作中的应用 (400)
　　第四节　移动互联网技术在公安工作中的应用 (406)

第一章　公安信息化技术基础概述

【教学重点】

1. 了解公安信息化的概念
2. 了解我国公安信息化建设的现状与不足
3. 了解"金盾工程"
4. 了解使用公安网的注意事项

【教学难点】

使用公安网的注意事项

第一节　公安信息化概述

公安信息化对构建现代警务机制具有积极而深远的影响。近年来，随着社会经济的高速发展，社会人口、职业、资金等的综合流动使以往计划经济时代相对静止、稳定的社会结构产生了巨大变化，这一改变直接导致了社会治安形势、违法犯罪形式呈现流动性、复杂性、多元性特征，给公安工作造成了极大的挑战，大量的查询、统计、协查等工作使原始的手工操作完全无法适应当前工作的需要。因此，公安机关以建立高效便捷的信息查询系统、数据传输渠道、实时监控网络等科技手段为依托、以网络应用为平台、以服务实战为宗旨，建立多渠道汇总、多角度接触、多领域应用、多层面管理的公安信息化战略模式已成为其应对日益严峻、复杂的社会治安形势的当务之急，这也是公安工作基础建设中的一项主要工程。

公安信息化是现代警务的重要性标志，也是一个动态的建设过程，公安信息化建设需要合理评价其建设水平，使其健康发展。

一、信息

信息是事物运动的状态与方式，是物质的一种属性。在这里，"事物"泛指一切可能的研究对象，包括外部世界的物质客体，也包括主观世界的精神现象；"运动"泛指一切意义上的变化，包括机械运动、化学运动、思维运动和社会运动；"运动方式"是指事物运动在时间上所呈现的过程和规律；"运动状态"则是事物运动在空间上所展示的形状与态势。信息不同于消息，消息只是信息的外壳，信息则是消息的内核；信息不同于信号，信号是信息的载体，信息则是信号所载荷的内容；信息不同于数据，数据是记录信息的一种形式，同样的信息也可以用文字或图像来表述；信息还不同于情报和知识。总之，"信息即事物运动的状态与方式"这个定义具有最大的普遍性，不仅能涵盖所有其他的信息定义，还可以通过引入约束条件转换为所有其他的信息定义。例如，引入认识主体这一约束条件，可以转化为认识论意义上的信息定义，即信息是认识主体所感知或所表述的事物运动的状态与方式。换一个约束条件，以主体的认识能力和观察过程为依据，则可将认识论意义上的信息进一步分为先验信息

（认识主体具有的记忆能力）、实得信息（认识主体具有的学习能力）和实在信息（在理想观察条件下认识主体所获得的关于事物的全部信息）。层层引入的约束条件越多，信息的内涵就越丰富，适用范围也越小，由此构成相互间有一定联系的信息概念体系。

信息技术是研究信息的获取、传输和处理的技术，由计算机技术、通信技术、微电子技术结合而成，有时也叫作"现代信息技术"。也就是说，信息技术是利用计算机进行信息处理，利用现代电子通信技术从事信息采集、存储、加工、利用以及相关产品制造、技术开发、信息服务的新学科。

信息具有很多的基本特征，如普遍性、客观性、依附性、共享性、时效性、传递性等。下面通过对信息的一些主要特征进行描述和讨论交流，以进一步认识和理解信息的概念。

（一）普遍性与客观性

在自然界和人类社会中，事物都是在不断发展和变化的。事物所表达出来的信息也是无时无刻无所不在。因此，信息也是普遍存在的。由于事物的发展和变化，是不以人的主观意识为转移的，所以信息也是客观的。

（二）依附性

信息不是具体的事物，也不是某种物质，而是客观事物的一种属性。信息必须依附于某个客观事物（媒体）而存在。同一个信息可以借助不同的信息媒体表现出来，如文字、图形、图像、声音、影视和动画等。

（三）共享性

非实物的信息不同于实物的材料、能源。材料和能源在使用之后，会被消耗、被转化。

信息也是一种资源，具有使用价值。信息传播的面积越广，使用信息的人越多，信息的价值和作用就越大。信息在复制、传递、共享的过程中，可以不断地重复产生副本。但是，信息本身并不会减少，也不会被消耗。

（四）时效性

随着事物的发展与变化，信息的可利用价值也会相应地发生变化。信息随着时间的推移，可能会失去其使用价值，就会变成无效的信息。这就要求人们必须及时获取信息、利用信息，这样才能体现信息的价值。

（五）传递性

信息通过传输媒体的传播，可以实现信息在空间上的传递。例如，我国载人航天飞船"神舟九号"与"天宫一号"空间交会对接的现场直播。向全国及世界各地的人们介绍我国航天事业的发展进程，缩短了对接现场和电视观众之间的距离，实现了信息在空间上的传递。

信息通过存储媒体的保存，可以实现信息在时间上的传递。例如，没能看到"神舟九号"与"天宫一号"空间交会对接现场直播的人，可以采用回放或重播的方式来收看。这就是利用了信息存储媒体的牢固性，实现了信息在时间上的传递。

二、信息化

信息化的概念起源于20世纪60年代的日本，首先是由一位日本学者提出来的，而后被译成英文传播到西方，西方社会普遍使用"信息社会"和"信息化"的概念是20世纪70年代后期才开始的。

信息化是指培养、发展以计算机为主的智能化工具为代表的新生产力，并使之造福于社会的历史过程（智能化工具又称信息化的生产工具。它一般必须具备信息获取、信息传递、信息处理、信息再生、信息利用的功能）。与智能化工具相适应的生产力，称为信息化生产力。智能化生产工具与过去生产力中的生产工具不一样的是，它不是一件孤立分散的东西，而是一个具有庞大规模的、自上而下的、有组织的信息网络体系。这种网络性生产工具将改变人们的生产方式、工作方式、学习方式、交往方式、生活方式、思维方式等，将使人类社会发生极其深刻的变化。

信息化是以现代通信、网络、数据库技术为基础，对所研究对象各要素汇总至数据库，供特定人群生活、工作、学习、辅助决策等和人类息息相关的各种行为相结合的一种技术，使用该技术后，可以极大地提高各种行为的效率，为推动人类社会进步提供充分的技术支持。

三、公安信息化

公安信息化是指在警务活动的各个环节中，充分利用现代信息技术、信息资源和环境，建立信息应用系统，使信息采集、流转、传输、利用集约高效和信息资源优化配置，不断提高公安工作效率和水平。

我国正处在经济快速发展的战略机遇期和深化改革、全面建设小康社会的关键时期，应当充分利用信息化加强社会管理创新。公安信息化是一场新的警务革命，是一项长期而系统的工程，各级公安机关必须在已取得显著成效的基础上，进一步更新观念、改进工作思路，积极打造"一切为了群众"的民生警务，为保障和改善民生做好公共安全服务，为实现社会主义和谐社会的目标奠定基础。

（一）工作现状

随着当今世界经济全球化、世界多极化、社会信息化的迅猛发展，我国信息化、工业化、市场化、国际化程度也不断深化。新形势下，中国共产党第十七届中央委员会第五次全体会议通过的"十二五"规划中，明确提出了全面提高信息化水平，加快经济社会各领域信息化建设的要求，强调"以信息共享、互联互通为重点，大力推进国家电子政务网络建设，整合提升政府公共服务和管理能力。确保基础信息网络和重要信息系统安全"。对公安工作而言，传统安全威胁与非传统安全因素相结合，虚拟网络与现实社会相联系，境内因素与境外因素相互交织，对传统的警务理念和警务模式产生巨大挑战。只有以信息化领导公安改革，加快信息化建设的步伐，才能顺应时代发展的大势，回应人民群众的新期待和新要求。

（二）公安信息化的基本特征

公安信息化通过把迅猛发展的信息技术引入公安工作中，对传统警务模式进行深刻的变革，实现了公安信息和警力资源的数字化，促进了多警种之间的协同作战，规范了各个警务环节的工作流程，形成了各警务活动在时间和空间上交互的立体化应用，推进了服务民生新机制的建立。

第一，警务资源数字化。传统的警务资源以实物为主，而公安信息化是在虚拟网络中实现对人、财、物、信息等资源的分析、整合、加工、存储等。

第二，公安工作一体化。公安信息化依托共享的信息资源和统一的信息系统开展公安活动，将分散的警务活动和警力资源组成有机的整体，强调各警种之间的协同、合作，充分发挥信息在网络中快速传递、有效衔接、综合利用的优势。

第三，公安工作专业化。公安信息化对公安工作各个环节进行明确分工，要求公安工作各部门、各环节都按照严格的要求搜集、分析、应用信息资源，在各自分工的基础上，形成科学化、规范化的公安信息警务工作机制。

第四，公安工作立体化。公安信息化强调各警种在整合的信息应用平台中实现相互的沟通与协作，并及时、快速地将信息通过网上警务室、微博等形式传递给公众，满足人民群众足不出户办理各项事务的需求。

第五，公安工作时代化。公安信息化要求公安工作必须与时俱进，用群众喜闻乐见的网络媒介加强与群众的沟通。新时期，公安机关应该创新公安工作思路，充分利用警务QQ、网上办事平台等渠道，着力构建及时、高效、便捷、亲民的公安网络模式，形成人民满意的民生公安机制。

（三）公安信息化的可行性与必要性

随着我国信息化、城镇化进程的加快，人口流动性增加，违法犯罪活动日益动态化、科技化、复杂化、多元化，职业犯罪、跨国跨境犯罪激增。运用现代科学技术，对各地区人口、治安状况、警情等进行系统的分析和整合，是解决警务效能不高、警力相对不足的有效手段，是提高公安机关维护社会稳定、服务百姓民生的重要途径。公安信息化也是保障和改善民生的必要手段。随着网络的普及，人民群众使用网络的频率大大提高，对公安机关的科技化、信息化需求也不断增长，因此，逐步建立满足群众查询、咨询、互动、监督等需求的现代化公安机制，是切实保障和改善民生的必施之策。我国金盾工程建立了"三类基础设施"，开发了"三大应用平台"，建设了"四类应用系统"，为公安信息化提供了强有力的技术支持。"三基"工程的开展使基层公安信息化程度大幅提高，基层公安业务信息在采集、使用和维护上实现了信息化流程。因此，我国公安机关将会在信息资源开发、信息技术应用和信息网络建设中建立现代服务型公安机制。

（四）公安信息化建设尚需解决的问题

回首近年来公安信息化建设工作，成效明显，但同时也要清醒地认识到，我国的公安信息化建设水平仍存在一些需要改进和提高的问题。

一是公安信息化应用意识需进一步提高强化。通过近年来的强制养成教育，绝大多数的基层公安民警养成了上班先浏览公安网的工作习惯，自觉运用公安信息化手段开展工作。但仍有极少数公安民警，特别是有的年龄偏大的民警，受传统思维方式和工作模式的影响，仍存在对公安信息化认识程度不高、应用意识不强、应用技能不精的问题。

二是公安信息化社会资源需进一步整合。从公安信息化社会资源整合情况看，目前，旅馆、网吧、金融系统的人员信息库实现了与公安相关业务数据库挂接，移动、联通、工商、保险、税务等实名制人员信息较多的行业尚未实现与公安相关业务数据库挂接。

三是信息化基础建设需进一步完善。从350兆移动终端使用情况看，信号覆盖，存在较多盲区。从社会监控资源建设情况看，部分街道监控资源建设比较薄弱。

四是信息化管理触角需进一步延伸。当前，随着道路建设、城市建筑、餐饮娱乐等行业的建设和发展，流动人口的数量明显增加，呈现出数量多、流动快、分布广的特点，需要把信息化治安管理系统逐步应用到这些行业，确保流动人口信息采集的时效性和准确性，既降低工作成本，又提高工作效率。

五是信息化作战技能需进一步提高。有的民警只注重对本警种的信息数据库进行学习研究，对其他警种的信息数据库不学习、不研究，在应用上只进行简单的数据查询，缺乏网上信息数据比对、案件串并的意识和技能，致使网上破案的效率不高。

（五）加强信息化建设的几点建议

公安信息化建设是公安工作发展的必由之路，也是向科技要警力、要战斗力的必然选择。笔者认为，应在以下几个方面不断完善和加强：

1. 科学规划，规范建设

信息化建设是一项长期的系统工程，必须随着信息社会的发展而不断完善和发展。公安机关应从实际需要出发，制定《信息化建设长远规划》，不断探索和完善符合公安工作科学发展需要、符合防控打击违法犯罪需要、符合社会管理创新需要、符合执法规范化建设需要的信息化公安体系，推动公安工作扎实有效开展。在建设中，应本着"高标准建设、按实际需要建设"的原则，避免基础设施和应用系统低水平的重复建设，切实做到成熟一个、建设一个、应用一个。

2. 面向实战，注重应用

信息化建设的落脚点就是应用，以高效率应用辅助公安实战。在应用的问题上，应解决好三个方面的问题：一要解决好"想用"的问题。针对个别民警信息化应用意识不强的问题，要通过强制教育、强制养成、严格考核，逼着民警养成信息化应用意识，使不懂信息化的领导失去指挥权、不懂信息化的民警失去工作权，营造信息化应用的浓厚氛围。二要解决好"会用"的问题。把信息化应用技能培训纳入教育训练工作的重点，采取集中培训、实战演练、比武竞赛等多种形式，强化教育培训，真正把民警培养成为信息化应用的行家里手。对于新进入公安队伍的人员，应把信息化教育培训作为必学、必训、必考科目，建立不懂信息化就进不了公安队伍的选人用人机制。三要解决好"用好"的问题。要依托信息化实现社会管理创新，不断提升信息化在打击犯罪、治安管理、安全防控、执法办案的应用效能，努力实现精确打击、精细管理、精密防控、精准执法的目标要求。

3. 整合资源，多点辐射

信息化建设要发挥更大的作用，必须依托社会信息资源，努力实现互联互通、资源共享的目标要求。因此，建议上级公安机关加强与移动、联通、工商、保险、税务等实名制人员信息较多的行业协调与沟通，实现这些行业的人员信息库与公安相关业务数据库链接，进一步拓宽信息碰撞空间，提高发现、管控和打击的信息覆盖面。特别是移动、联通等通信部门的人员信息，量大、面广、人员多，实现链接具有十分重要的作用。

4. 延伸触角，扩大覆盖

进一步加强流动人口管理系统建设，积极借鉴旅馆业管理的成功经验，把治安管理系统应用到企业、道路建设、城市建筑、餐饮娱乐等流动人口相对集中的行业，采取以业管人的工作思路，明确流动人口比较集中行业的管理责任，变公安机关的入户查为行业单位的主动报，切实做到人来及时登记，人走及时注销。进一步加强监控系统建设，积极争取党委、政府的支持，坚持点、线、面相结合的建设思路，即加强重点单位、要害部位以及校园的监控系统建设，确保"点"上不失控；加强重点交通线路监控系统建设，提高对道路交通的监控能力，确保"线"上不失控；加强繁华街区监控系统建设，并逐步向农村发展，确保"面"上不失控。通过建立全方位、广覆盖的监控网络，不断提高发现和打击违法犯罪的能力，为侦查破案提供有力支持。

5. 立足实际，加强装备

针对社区和农村公安工作的需要，各警务室接入公安无线移动设备，通过使用无线网卡，保障各警务室接入公安网，推动警务室工作的开展。针对基层和一线民警执法工作的需要，为民警配备警务通，便于随时比对信息。

6. 严格考核，严明奖惩

考核奖惩是推动工作落实的最有效手段。省厅、市局通过对信息化建设进行考核排名，有力地推动了信息化建设工作的扎实深入开展。市、县级公安机关也要根据实际情况，制定切实可行、便于操作的信息化考核奖惩办法，切实把信息化建设作为考核所属部门和民警的重要内容，分值上有所侧重，内容上更加具体。在奖惩上，部门信息化不达标将失去评优评先资格，民警信息化不会用、用不好将失去评优评先和提拔使用资格；对于信息化应用得好、工作实绩突出的，在评优评先和提拔使用上优先考虑，营造争先恐后的浓厚氛围，推动信息化建设持续、协调、健康发展。要牢固树立长期建、长期抓、长期用的思想，以高质量、高效率的信息化普及应用，推动公安工作科学发展、和谐发展、跨越发展。

(六) 创新公安信息化工作的思路

公安信息化是牵动公安机制改革的重要纽带，必须坚持以信息化推动公安机制创新，提升公安工作效能；必须顺应时代潮流，大力实施科技强警战略，提升管理现实社会和虚拟社会的能力和水平。针对公安工作和队伍建设中存在的观念陈旧以及体制性、机制性障碍等问题，应迫切推动信息化理念、体制机制、管理模式和工作方法的创新。

1. 理念创新

思想是行动的先导。推进公安信息化，一方面应该在全国各级公安机关树立信息化的理念，加深"不懂信息化的领导将失去指挥权，不懂信息化的民警将失去工作权"的思想认识。首先，加强对领导干部的信息化教育，增强向科技要警力、向信息要战斗力的意识，提高信息化管理和应用能力，从而为组织成员树立榜样；其次，应该加大公安信息化的宣传力度，加强对民警公安信息化建设的培训和教育，鼓励民警借助新技术、新方法提高工作效率和战斗力，提升为人民服务的本领。另一方面，公安机关应该树立民生理念，将满足群众的需求作为一切工作的出发点和落脚点，将"执法为民"贯穿于公安工作的全过程，加强与人民群众的沟通和交流，通过网络听民生、解民难、集民智，实现办案法律效果与社会效果的统一。

2. 体制、机制创新

（1）人才供应机制。人力资源是组织不断发展的动力，因此，应当将引进高科技人才作为基础性工作。进一步优化人才政策，为优秀人才施展才华提供良好的环境，并加强对在职民警的教育和培训，普及科学技术，充分发挥现有人才的潜力，提高全体民警网络运用和操作的能力，促进公安业务与现代科学技术相结合，保证公安工作不断创新。

（2）资金保障机制。要努力争取各级党委和政府的支持。增加资金投入力度，增加电脑设备的配备数量，并及时更新操作系统，为公安机关信息化提供硬件基础。另外，公安机关应当充分利用社会资金，建立资金问效机制，使信息化专项资金全部投入到硬件改善和软件提升上，做到资金来源广泛、资金利用合法、资金使用高效。

（3）创新警务模式，建立打防控一体化机制。公安信息化建设能有效预防各警种、各部门打防脱节、各自为战的难题。首先，建立预警机制。由各级主管部门主持召开例会，对辖区治安状况进行调研总结、归纳分析和综合判断，并通过网站及时发布治安状况预警通报，从而为重点区域治安防控工作提供科学的指导。其次，建立联动机制。各警种通过网络资源的高度共享，实现线索的及时发现和共享，形成快速联动机制，加强对社会治安的综合治理。

3. 管理模式创新

首先，创新领导方式，使决策指挥高效化。公安机关的领导应该改变传统的领导方式，采用民众喜闻乐见的工作方法，通过网络微博、邮箱和论坛等加强与下级、群众的沟通和交流，形成便捷、高效的指挥决策机制。

其次，创新管理方式，实现队伍管理规范化。公安信息化建设的规范化包括信息采集规范化、信息整合规范化和信息共享规范化等方面。一是公安信息化应当鼓励民警通过电子阅览室、电子图书馆等媒介拓宽的学习渠道，通过上传、下载文件等方式加强资源共享。建立学习型公安机关。二是在借助计算机辅助办案的同时，也借助计算机建立公正、全面的绩效考核机制和切实有效的激励机制，量化民警的工作任务和工作质量，及时通过发布优秀个人的名单进行激励，并且通过树立标杆，形成示范效应。

最后，创新服务方式，实现公共服务网络化。通过网络为公众提供公共服务，一方面可以向科技要警力，有效缓解警力不足的制约；另一方面，实现信息化管理是社会管理创新的重要组成部分，可以提高计划、组织、领导、控制的效率，多渠道创新工作思路，促进政府由管理型向服务型转变。

4. 方式方法创新

公安机关不仅要通过公安网中海量的信息资源进行网上摸排、DNA 比对、指纹鉴定、物证鉴定和信息检索，提高侦破案件、打击和预防犯罪效率，还应该改变日常的工作方法，完善公安公众服务专网，开通查询、咨询、事务办理、监督、举报等便民通道，建立治安、侦查、交通管理、出入境等特色专栏，定期发布与群众生活息息相关的法律法规、服务信息等。及时回复群众的提问和咨询，快速办理群众提交的户籍办理、出入境管理、交通管理等事务。公安机关应当加强与群众的互动和交流，通过群众喜闻乐见的网络媒介实现警民互动。建立和谐的警民关系。互动板块要求公安机关派专门人员进行不间断、实时接受群众的咨询、监督、举报等。在倾听民声的同时解民忧。大力推行网络执法监督。重视群众的举报和监督，并将群众监督、举报信息进行及时有效的反馈，发现问题后立即整改，真正做到思想上尊重群众、感情上贴近群众、工作上依靠群众。[①]

第二节 金盾工程

"金盾工程"，实质上就是公安通信网络与计算机信息系统建设工程，是国家电子政务建设的 12 个

---

① 宋文静：《浅谈我国公安工作信息化的现状与创新》，载安徽警官职业学院学报。

重要业务系统之一。2003年8月，经国务院批准，国家发改委正式批复了《"金盾"工程初步设计方案和资金概算》。2003年9月2日至3日，公安部组织召开了全国"金盾"工程工作会议，标志着"金盾"工程建设正式启动。2006年5月19日，全国"金盾工程"一期建设项目如期完成。

"金盾工程"是我国公安机关利用现代信息通信技术，增强统一指挥、快速反应、协调作战、打击犯罪的能力，提高公安工作效率和侦查破案水平，以适应我国在现代经济和社会条件下实现动态管理和打击犯罪的需要，实现科技强警目标的重要举措。

一、发展历程及建设背景

公安机关自1984年起在全国开展公安通信及计算机网络基础建设。

1986年后开始在部分地区和主要公安业务中开展计算机应用开发和推广工作。

从1992年开始，公安人口信息、交通管理信息、公安边防口岸及出入境管理信息和公安要闻、公安业务统计等信息化业务先后上网运行。

1993年，公安部启动了我国的犯罪信息中心（CCIC）建设，主要管理在逃人员和被盗车辆。CCIC于1994年年底分批投入运行。

1998年，公安部为适应我国在现代经济和社会条件下实现动态管理和打击犯罪的需要，实现"科技强警"，增强公安系统统一指挥、快速反应、协调作战、打击犯罪的能力，提高公安工作效率和侦查破案水平，提出建设"金盾工程"。

"金盾工程"实质上就是公安通信网络与计算机信息系统建设工程。它是利用现代化信息通信技术，增强公安机关快速反应、协同作战的能力；提高公安机关的工作效率和侦查破案水平，适应新形势下社会治安的动态管理。目的是实现以全国犯罪信息中心（CCIC）为核心，以各项公安业务应用为基础的信息共享和综合利用，为各项公安工作提供强有力的信息支援。

"金盾工程"的主要内容包括以下4个方面：全国公安综合业务通信网、全国违法犯罪信息中心（CCIC）、全国公安指挥调度系统工程、全国公共网络安全监控中心。

1998年9月，公安部根据中央领导要求加强公安信息化工作步伐的指示，通过了公安部科技强警总体规划框架并向国务院提出了"全国公安信息化工程——金盾工程"的意见。

同年11月，公安部向国务院上报了《关于实施公安信息化工程——金盾工程的请示》经罗干同志圈阅同意于12月送国家计委审批。

1999年1月时任公安部部长的贾春旺同志在全国公安厅（局）长会议上正式宣布：在全国范围内正式启动公安信息化工程——金盾工程建设。

在2000年全国公安厅（局）长会议上贾春旺同志再次强调："要以金盾工程为龙头，大力提高公安工作的科技含量。"

二、总体建设目标

落实"科技强警"战略决策，在现有的公安信息化基础设施和装备的基础上，充分利用先进的技术手段建成和不断完善全国公安通信网络和全国公安信息系统，推动公安各业务系统的应用，与全国信息化发展水平相适应，实现以各项公安业务为基础，以全国犯罪信息中心（CCIC）为核心，以全国公安工作信息化为目标的信息共享和综合应用。为公安机关打击犯罪维护国家政治安定和社会稳定，提高办公效率和执法能力；为社会提供信息服务，全面建成面向21世纪的全国公安信息化基本体系。

三、建设情况

"金盾工程"总体工程5年内完成，分两期建设。

（一）调研立项基础准备工作（1998—1999年）

自从1984年公安系统计算机网路建设正式启动后，我国公安系统分期启动了"中国犯罪信息中心"（CCIC），并于1994年年底正式运行。经过十几年的发展，公安系统在网络、有线通信、行动通信系统等信息基础建设方面都取得了重大进展。同时，服务于公安机关刑事执法和行政执法的计算机业务信息应用也取得了很大的成绩。

1998年，公安部提出建设"金盾工程"，并进行调研、立项等基础准备工作。

（二）"金盾工程"一期建设（1999—2002年）

"金盾工程"一期工程要重点建设好一、二、三级信息通信网络以及大部分应用数据库和共享平台等工程，周期暂定为3年。

"金盾工程"一期主要完成公安基础通信设施和网络平台建设。基础通信设施主要包括有线通信、移动/无线通信、卫星通信；网络平台建设主要包括电话专网、计算机专网、电视会议系统。

经过第一阶段为期3年的前期基础建设后开始正式起步，已于2001年4月被国家计委正式立项，列为国家信息化的重点工程之一，从此，"金盾工程"进入全面推进的阶段。预计到2004年，"金盾工程"将在全国范围内100%完成连接公安部到各省、自治区、直辖市的一级网，以及连接省到各地市的二级网的建设；在连接地市到各区县的三级网建设方面，不同地区根据发展水平和投资力度的不同，已分别完成60%~80%不等。在北京、上海等地，三级网和区县到派出所的接入网都已经100%完成。总体而言，"金盾工程"的实施力度将比人们的预期要大。

（三）"金盾工程"二期建设（2002—2004年）

"金盾工程"二期工程主要任务是完善三级网及延伸终端建设，全面完成基础研究部门所需要的应用系统，全面实现公安工作通信多媒体化、业务信息共享、公安工作信息化，周期暂定为2年。

历经十余年的不断改革与发展，"金盾工程"所使用的技术也囊括了语言识别技术、指纹识别技术、面部识别技术、远程扫描技术、自动分析推测技术、数据流量监测与统计技术、域名劫持技术、端口封锁技术、IP封锁技术、TLS证书阻断技术、HTTP协议关键字过滤及阻断技术、间歇完全封锁国际出口技术、拦截电子邮件通信技术、大规模网络特定信息截取技术、大范围宽带网络动态阻断技术等。

四、整体建设内容

主要包括公安基础通信设施和网络平台建设、公安计算机应用系统建设、公安工作信息化标准和规范体系建设、公安网络和信息安全保障系统建设、公安工作信息化运行管理体系建设和全国公共信息网络安全监控中心建设等。全国公安计算机网络分为三级，连接公安部至省、自治区、直辖市的网络为一级网，连接省、自治区、直辖市至市地的网络为二级网；连接市地至县（市）区的网络为三级网。

（一）正式启动

2001年7月16日，全国公安"金盾工程"办公室主任工作会议在北京召开。这次会议的主要任务是，认真学习贯彻江泽民同志"七一"重要讲话和关于信息化工作的指示精神，按照部党委的总体要求和"金盾工程"领导小组的部署，进一步认清形势，明确任务，落实措施，交流经验，全面加快"金盾工程"建设的步伐。会议召开前，时任公安部部长贾春旺看望了与会代表并与全体代表合影留念。时任公安部部长助理朱恩涛出席会议并发表讲话。时任公安部科委主任李润森作工作报告。

2003年9月2日至3日，公安部组织召开了全国"金盾工程"工作会议。会议进一步明确了"金盾工程"建设目标和任务，并对如何组织实施提出了具体要求。这次会议的召开标志着"金盾工程"建设正式启动。公安部对"金盾工程"建设项目进行了深入研究和全面统筹安排，在公安部的统一规划、统一领导、统一组织下，按计划启动了"金盾工程"网络、应用、安全、标准、网络安全监察等方面的项目。

（二）公网隔绝

2004年4月6日，公安部举行发布会，通报公安机关科技强警工作有关情况。公安部科技局副局长刘烁说,"金盾工程"是在社会信息化的大背景下,实现公安机关内部信息化的一个科技建设项目。它只是考虑到公安机关相关公安工作的特殊性,而构建的一个在互联网与公共互联网完全隔绝的局域网。

(三) 完成情况

1. 一期初步验收

2006年5月19日,全国"金盾工程"一期建设项目如期完成。受国家发展和改革委员会的委托,公安部在京主持召开了"金盾工程"一期建设项目初步验收会议。时任公安部副部长、"金盾工程"领导小组组长张新枫出席会议并讲话,时任部长助理孙永波主持会议,参加会议的还有公安部聘请的19名"金盾工程"验收专家组成员及公安部"金盾工程"验收委员会成员。

张新枫在讲话中指出,公安信息化应用是检验"金盾工程"建设成效的根本标准,但全国公安信息化应用水平还不平衡。下一步,要采取各种有效手段,加强普及基层应用,提高信息共享的水平,进一步掀起全国信息化应用新高潮。

"金盾工程"一期建设完成了全国公安一、二、三级主干网和接入网的建设任务,80%的公安基层所队接入主干网,每百名民警拥有联网计算机达40台;规划建设的60个应用系统已投入运行;公安信息网安全保障体系基本建成;开发了"金盾工程项目管理系统",实现了档案管理的信息化,共形成立项、管理、标准、施工、培训、验收六大类档案9000余件等。

会上,验收专家组成员认真听取了公安部"金盾工程"一期建设总结报告,观看了"金盾工程"在线应用演示,分组审查了"金盾工程"一期建设技术报告、财务报告、审计报告、安全风险评估报告。专家组一致认为,"金盾工程"一期建设项目较好地完成了建设任务,实现了先进性和实用性的统一,系统功能和性能指标达到或超过了项目初步设计指标,工程质量优良,在维护稳定、打击犯罪、治安管理、队伍建设、服务群众等公安工作领域发挥了重要作用,取得了显著效益,同意通过初步验收。

"金盾工程"验收委员会成员在听取各组检查意见后认为,"金盾工程"一期建设项目构建了具有公安特色的公安信息化应用体系框架,信息应用基本覆盖了公安机关的主要业务工作,初步实现了"纵向贯通、横向集成、互联互通"的公安信息应用格局,明显地提升了公安战斗力。

2. 一期全面实现

2006年9月26日,全国公安信息中心工作会在重庆召开。全国公安机关经过三年艰苦努力,"金盾工程"一期建设的目标已全面实现,公安工作信息化能力显著提高。

3. 一期竣工验收

2006年11月16日,全国公安信息化建设项目"金盾工程"在北京正式通过国家竣工验收。"金盾工程"建成了"基本满足当前急需的科学、规范、实用的公安工作信息化框架体系",基本实现了"信息化基础设施比较完备,信息应用种类比较齐全,部分公安业务工作在全国范围内实现信息化工作流程"的目标要求,初步呈现了"纵向贯通、横向集成、互联互通"的整体公安信息化应用格局。

公安信息通信三级主干网全面建成,90%以上公安基层所队完成了网络接入。各级公安信息中心普遍建立了多层架构的应用系统运行平台、网络和系统运行监控和管理系统。全国公安机关联网设备数量快速增长,广大基层民警基本具备了利用网络开展信息化应用的条件。

全国公安机关在全面推进"金盾工程"建设过程中,坚持边建设、边应用,公安信息化应用转化为公安战斗力的优势已经开始凸显。一是提升了公安机关侦查破案、打击犯罪的能力和水平。各地公安机关普遍建立了违法犯罪人员、刑事案件、在逃人员、指纹等信息系统,并积极利用社会信息开展网上侦查、网上办案。二是提高了行政管理水平和服务群众的能力。全国绝大多数户籍派出所都实现了窗口办公,部分城市开展了网上户口迁移,实现了"一站式"办理。各种牌证业务办理均实现了网络化应用。2006年全国出入境管理及边防部门共使用信息系统检查入出境人员3亿多人次,办理各类证件2000多万份,在严密出入境管理的同时,提高了工作效率。许多地方公安机关利用信息化手段开展执法办案和服务管理，不仅提高了工作效率，也节省了办案经费，降低了警务成本，使得公安队伍建设和管理更加科学、合理、规范、有序。

公安信息化安全体系初具规模，为公安信息化健康发展提供了必不可少的安全保障。公安身份认证和访问控制管理系统（PKI/PMI平台）建设基本完成，部、省两级和部分地市的机要传输保密系统建设已经完成，建成并不断完善了全国公安信息网"一机两用"监控系统建设，普遍安装使用了网络版病毒查杀软件，初步建立了入侵检测和漏洞扫描系统，处置网上安全事件的应急机制基本形成。

本着体制创新、机制创新的原则，在部、省、市三级公安信息通信部门职能重组的基础上，组建了专司信息网络和信息系统运行维护和服务保障的公安信息中心，初步形成一支专司公安信息网络和系统运行管理和服务保障专业队伍。

在"金盾工程"一期建设过程中，制定并及时修订了《公安信息化标准体系表》，制定、修订并颁布了529个行业标准规范，为公安信息化建设和应用提供了管理和技术上的依据。

4. 二期开展部署

2006年12月18日至20日，全国"金盾工程"建设工作会议在南京召开。会议全面回顾了"金盾工程"一期建设的主要成果，系统总结了一期建设的主要经验，并对开展"金盾工程"二期建设进行部署。时任公安部副部长、"金盾工程"领导小组组长张新枫同志出席会议并讲话，时任公安部党委委员、部长助理、办公厅主任、金盾工程领导小组副组长孙永波同志主持会议。时任江苏省委常委、政法委书记林祥国同志看望了与会代表，时任副省长张九汉同志到会致辞。时任"金盾工程"领导小组顾问李润森同志出席会议。时任省长助理、公安厅厅长黄明同志介绍了全省公安机关开展信息化建设和应用的情况，南京、南通市公安局以及连云港、宿迁市和如皋、海门市部分基层民警在线汇报演示了网上信息实战应用情况。重庆、山西、广东、黑龙江等省市公安厅（局），杭州、乌海等市公安局介绍了开展公安信息化建设的经验。会上表彰了67个"全国公安机关'金盾工程'一期建设先进集体"、33个"全国人口信息管理系统建设先进集体"和200名"全国公安机关'金盾工程'一期建设先进个人"、100名"全国人口信息管理系统建设先进个人"。各省、自治区、直辖市公安厅（局）主管"金盾工程"的领导、金盾办负责人，各省会（首府）市、副省级市公安局局长，公安部机关有关业务局以及部属第一、第三研究所的有关负责同志等250余人出席了会议。

5. 二期全面实施

2009年1月13日至14日，公安部在河南省郑州市召开全国"金盾工程"二期工作会议。时任公安部党委委员、副部长张新枫强调，各级公安机关要深入贯彻落实全国公安厅局长会议和"南京会议"精神，以科学发展观为指导，全面实施"金盾工程"二期建设，进一步加快公安信息化建设，努力开创公安信息化工作新局面。

2009年2月，时任国务委员、公安部党委书记、部长孟建柱再次强调："要正确处理'大案'与'小案'的关系，既要严厉打击严重暴力犯罪，又要有效整治多发性侵财犯罪，既要集中精力破大案，又要坚持不懈管小案，切实增强人民群众的安全感。"时任公安部党委委员、副部长张新枫进一步明确了"要认真贯彻落实孟建柱部长提出的公安机关'既要破大案，又要管小案'的要求，用信息化手段破解'管小案'难题，积极创建全国信息共享、整体联动、高效率、低成本的'打击犯罪新机制'，进一步提升公安机关打击犯罪的能力水平，更好地回应人民群众的新期待"的思想，着重提出："全国公安机关一定要深刻认识信息化时代对公安工作带来的新挑战新机遇，以推进'金盾工程'（二期）建设，特别是'大情报系统'建设为契机，进一步解放思想，改革创新，切实加强公安基层基础工作，不断推进公安体制机制创新，全面提升公安机关维护稳定、打击犯罪、服务群众的能力水平。"

"金盾工程"（二期）工程的建设，不仅是公安工作服务于现代经济建设与社会发展的迫切需要，现代执法工作、打击犯罪活动和保障经济建设的迫切需要，也是维护国家安全与稳定的一项重大措施，对我国民主与法制建设将产生积极而深远的影响。

6. "金盾工程"（二期）工程的建设意义主要体现

（1）有利于带动和促进公安工作的现代化、正规化建设，加快现代公安机制的形成。

通过"金盾工程"（二期）的建设，促进信息技术在公安工作中的广泛应用，并以此为抓手重新审视、改造有关业务工作的各个环节和流程，尽量减少重复、交叉和不合理之处，提高业务流程的规范性和科学性，带动和促进公安工作的现代化、正规化建设，有效推动公安工作运行机制的改革创新，加快现代公安机制的形成，实现公安工作的跨越式发展。

（2）有利于提升公安机关的战斗力、提高公安工作的整体水平。

通过"金盾工程"（二期）的建设，进一步拓展信息技术为公安业务工作服务的广度和深度，增强公安工作的发展后劲，为侦查破案、防控犯罪、提高治安行政管理水平和预防治安灾害事故等提供强大动力和有力的技术支撑，使公安工作的整体水平和工作效率显著提高，牢牢掌握公安工作主动权，切实地担负起巩固共产党执政地位、维护国家长治久安、保障人民安居乐业的重大政治和社会责任。

（3）有利于提高公安机关行政管理和公共服务水平。

通过"金盾工程"（二期）的建设，创新工作模式、完善公安机制，构建完善、高效的公安电子系统，改善公安机关的公共服务水平，进一步提升公安机关在行政管理和公共服务等方面的效率和质量，为我国改革发展创造和谐稳定的社会环境和公正高效的法治环境。

"金盾工程"（二期）建设是在一期工程的基础上进行扩充、扩展、完善和提高。增加公安业务信息应用类型，拓展公安信息系统的应用深度和广度，进一步提高公安工作的信息化程度；完善三级网及延伸终端建设，以及各项公安业务应用系统，逐步实现多媒体通信，全面实现公安工作信息化；普及公安基层所队计算机配置和数字网络专线接入，扩大网络基本服务范围；安全保障体系更加完备，完成具有较高容灾能力的公安部异地信息网络中心建设。

"金盾工程"（二期）建设的主要内容包括：优化完善网络基础设施、安全技术设施、信息中心技术系统三类基础设施，建设推广情报信息、警用地理、部门间信息共享服务三大应用平台，对人口、交通、人事等一期建设的公安信息系统进行功能扩展，新建多发性侵财案件管理、吸毒人员动态管控等信息系统。

7. 金盾工程的体系结构：根据公安部金盾工程总体规划，"金盾工程"的体系结构由四个层次、三个体系组成

四个层次为：

（1）通信基础设施；

（2）综合业务信息网；

（3）公安综合信息应用系统；

（4）公安工作信息化工程的用户。

三个体系为：

（1）公安网络和信息安全保障体系；

（2）公安信息化运行管理体系；

（3）公安工作信息化标准规范体系。

五、应用系统

（一）全国公安快速查询综合信息系统（CCIC）和城市公安综合信息系统建设

CCIC主要包括：在逃人员信息系统、失踪及不明身份人员（尸体）信息系统、通缉通报信息系统、被盗抢、丢失机动车（船）信息系统等。

城市公安综合信息系统建设是以城市公安信息中心为核心，以城市三级综合通信网为基础，建立与公安业务紧密结合的网络化综合信息系统和相互关联的业务信息数据库，实现信息的综合采集、管理和利用，实现对实战部门全面、快速、准确的信息支援，提高公安机关的工作效率、管理水平和科

学决策能力。

（二）公安业务系统

治安管理信息系统，主要包括：常住人口和流动人口管理信息系统；

刑事案件信息系统，主要包括：违法犯罪人员信息系统、涉案物品管理系统、指纹自动识别系统；

出入境管理信息系统，主要包括：证件签发管理信息、出入境人员管理信息系统；

监管人员信息系统，主要包括：看守所在押人员信息系统、拘役所服刑人员信息系统、行政（治安）拘留人员信息系统、收容教育人员信息系统、强制戒毒人员信息系统；

交通管理信息系统，主要包括：进口机动车辆信息系统、机动车辆管理信息系统、驾驶员管理信息系统、道路交通违章信息系统、道路交通事故信息系统；禁毒信息系统；办公管理信息系统。

（三）其他系统

建设全国公安电视会议系统；提高完善现有的行动通信指挥系统；逐步普及移动终端。

六、服务方式

（一）种类信息开放程度可分为四种开放级别

1. 面向社会
2. 面向公安系统
3. 面向本业务系统
4. 面向特定对象

（二）用户访问方法主要有

1. 计算机联网实时访问
2. 计算机联网非实时查询
3. 无线移动终端查询
4. 人工查询

七、有益启示

启示之一：转变观念，主动迎接信息时代。

自20世纪80年代以来，我国在公安信息化建设方面先后完成了公安有线通信、无线通信、卫星通信、犯罪信息中心等建设工程，为我国公安信息化工作打下了基础。但由于受当时的技术、经济条件等因素的制约，以模拟信道为基础的公安通信与计算机网络，其部分软硬件设备和网络功能已不能满足公安工作的要求。随着社会主义现代化建设的不断深入和信息时代的到来，公安执法业务量增加很快，工作难度加大，面临严峻的挑战，公安工作的现代化已成为一项紧迫的任务。公安部领导充分认识到公安工作信息化对于公安工作现代化的重大作用，于1999年年初正式启动了全国公安工作信息化工程——"金盾工程"。因此"金盾工程"是我国公安部门坚持科技强警，搞好全国公安工作信息化建设，主动迎接信息时代的一项重要工程。

启示之二：明确目标，让网络为我所用。

"金盾工程"是为满足公安业务工作对信息的准确性、实效性和迫切性的需要，以城市级信息系统为基础和核心，以通信网络为依托，跨部门、跨地区的现代化公安信息综合管理和应用系统。"金盾工程"的目标非常明确，即"向科技要警力"。建设"金盾工程"，就是要在沟通各省市公安系统局域网、内部网的基础上，借用现代高科技和通信网络技术，为各级公安部门提供及时、准确的信息查询服务，实现公安系统的数字化、信息化办公，提高公安工作效率和侦查破案水平。因此，"金盾工程"是从现实的要求出发，为解决公安部门存在的实际问题而开展的，目的性非常明确。

启示之三：重视人才培养，让科技产生效益。

网络建设是一个复杂的高科技工程，一个网络要能顺利运行必须在其背后有一整套的技术支持，需要有一批懂技术的维护人员。在这方面，与其他政府部门相比，公安部门有明显的优势。因为公安部有自己的科技局，还有几个研究所从事技术方面的开发。另外，一个网络能否发挥作用还要看使用者的应用水平。"金盾工程"从开始建设之日起就非常重视对内部人员的培训工作。公安部又发出通知，要求公安民警必须具备一定的计算机和网络技能，以期从科技进步中获得警力。

政府公务员科技水平偏低，是我国各级政府部门的一个普遍现象。而目前国内IT界，尤其是网络界的高薪及自由的工作环境，使政府网站很难吸引高水平的技术人才。所以，培养人才在政府部门信息化过程中显得尤为重要，因为只有掌握科技并会使用科技的人，才能真正让科技产生效益。

随着政府各职能部门领导干部对网络提高政府管理效率的重要作用的认识不断提高、网络建设的目的进一步明确、电子网络相关的配套技术不断完善、政府公务员素质的提高以及借鉴和学习公安机关"金盾工程"的成功经验，政府网站将会得到改善并发挥其应有的作用，更好地为社会主义建设服务。

第三节　公安信息化网络体系

一、公安专用计算机网

公安专用计算机网是连接各级公安机关计算机的专用通信网络，它由三级主干网和接入网组成。

公安一级网是指公安部到各省市区公安厅（局）的网络，一级主干网带宽大于600兆；二级网是省公安厅到各市州公安局的网络，二级主干网的带宽大于100兆；三级网是各市州公安局到分县局的网络，三级主干网带宽一般为100兆，个别为4兆；四级网是市县公安局到基层所队的网络，属于接入网，基本带宽为2兆。

接入网是指骨干网络到用户终端之间的所有设备。

公安网采用TCP/IP网络协议组网，统一进行TCP/IP地址编码和命名。

二、公安专用有线/电话通信网

公安专用有线/电话通信网：包括电话、传真、数据、图像等的专用通信网。它是通过租用电信运营商的通信线路而构建的。

三、公安专用移动/无线通信网

（一）公安无线通信的总体发展状况

1. 公安无线通信建设已初具规模

无线通信规模性建设自1980年起步以来，在技术上经历了常规系统、模拟集群系统、数字集群系统、移动数据传输等几个发展阶段。网络结构上也从相对独立的系统向区域联网发展。警用功能得到了极大的丰富和提高。通信内容从单纯的话音通信向话音、数据综合通信转化。建设规模逐步扩大，据统计，截至2002年年底，全国公安系统装备的移动电台已达28万部。

2. 公安机关的性质和工作特点决定了公安机关对在移动状态下快速、安全、可靠的指挥调度通信的长期需要

实践证明，无线通信在公安机关有效开展日常警务、执行各项重大活动和警卫任务的安全保卫以及处置突发事件中发挥着不可或缺的重要保障作用。反面教训也说明，因为缺乏无线通信手段而造成工作被动甚至丧失战机进而导致民警负伤或牺牲的事件也不乏其例。近一时期各地无线系统建设大部分也得益于国家或地方政府举办的重要活动，这不仅客观证实了公安机关对无线通信的需求，也说明目前的基础还很薄弱。为此，各级公安机关必须把无线通信作为公安信息通信整体工作中的一项重要内容，加快建设，促进公安信息通信工作的协调、全面发展。

(二) 公安无线通信不同于普通的个人移动通信，在保障平时警务联系的同时，必须保证战时状态的绝对畅通

公安无线通信建设应坚持实事求是、因地制宜的原则，走公网与专网相结合的道路，加强管理与应用培训工作，符合并不断满足公安业务工作特别是一线工作的特殊需要。

(三) 模拟、数字集群主要使用350兆频段，无线图像传输使用336~340兆频段

同频单工常规系统：对讲机之间直接通信，不经过中继台中转，接收与发送频率相同。通信范围市区2~3公里，开阔地5~10公里。

异频半双工常规系统：对讲机之间经过中继台中转通信，通信距离达50~60公里。

公安模拟集群：允许多种类型用户使用通信信道，用户间实现不同基站一对一或一对多通信，对用户实现群呼、紧急呼叫、用户有线、动态重组、繁忙派对等。单基站覆盖半径大约20公里。

无线图像传输：图像格式MPEG-2，需要中继转发车。

移动接入及应用系统：由移动终端、移动通信网络、移动接入网、安全隔离区和公安信息网组成。

四、公安专用卫星通信网

20世纪90年代初，公安部制定了建设公安卫星专用网络规划。历经十几年的建设，公安卫星专用通信网络逐渐发展成以公安部为中心，遍及全国400多卫星小站和40多辆移动卫星通信车的承载图像、语音和各类数据业务的综合卫星网络。在全国公安部门建设卫星通信网，是为了实现公安现代化的目标，是公安通信发展的一个重要举措之一。

随着2004年"金盾工程"的全面建设，公安信息网络基础设施也逐渐改善，基于网络的视频、语音和数据业务的综合应用，逐步由卫星转入"地面"公安专用网络的运行。同时，随着国际恐怖主义的越发猖獗，各类应急突发事件、群体性事件的不断升级，公安卫星通信也已从日常通信保障转为应急通信保障，主要承载了处理公安机关执行各种重大安保活动、警卫任务以及突发事件中现场图像、语音、数据与公安部的实时通信，成为公安机关进行实战指挥调度中必不可少的通信保障。

五、公安卫星通信网的主要任务

公安卫星通信网是公安专网的重要组成部分，它与现有的地面有线专网、无线移动通信网相结合，形成一个天地互补，互为备份的完整通信网络，具有实时性强、覆盖区域广、信息容量大、保密性强等特点。其主要任务包括：

1. 提供公安信息高速公路，填补地面专网的空白，为部、省两级提供图像传输链路，满足图像、数据通信需要

2. 弥补地面专网横向通信、越级通信难的问题，满足跨省跨地区通信需要

3. 弥补邮电线路少、质量差的问题，满足三边（边远地区、边境口岸、边防驻地）公安部门通信需要

4. 弥补超短波移动通信网覆盖范围局限于城市的问题，满足大范围可搬移应急通信的需要

5. 作为地面专网已开展的各种业务的备用通信手段，提高公安通信专网的可靠性

六、公安卫星通信网的综合应用

根据公安卫星通信网承担的主要任务和具备的能力，借鉴国内外卫星通信应用经验，并考虑到未来的发展趋势，公安卫星通信网的综合应用应做到：

1. 尽快发挥卫星宽带通信的优势，开通公安信息高速公路，填补地面专网的空白，开展图像通信业务

卫星图像通信应在两个方面开展工作，发挥作用。一是采纳地面电视会议的成熟技术、设备，开发控制设备，发挥卫星通信"居高临下"优势，使用2~3条卫星信道，开展电视技术、电视教学和图

像报送业务。其难点主要是通信与加密系统集成和电视会议的控制、管理系统的开发。应采取借鉴地面经验，先填空白，逐步完善的办法，实现此项应用。二是采纳桌面多媒体技术、设备，发挥卫星数字通信和 AMA 技术的优势，实现较高质量电视电话业务的要求。网状卫星桌面多媒体系统开发是个难点，虽然应用要求迫切，但可能需要较长的时间才能解决。

2. 积极发挥卫星通信建设快、应用见效快的优势，采用卫星信道作为中继电路，连接各地电话交换机，开展加密话音及传真通信，迅速解决有线专网横向通信、越级通信难的问题，满足跨省跨地区通信需要

应用卫星话音和传真通信的难点，不是能否通，而是要通得可靠、质量高。需要通过积累使用 KU 频段大量技术数据，才能够确定卫星系统的实际可通率；需要积累大量工程经验，才能够制定全网话音信道电平标准，实现可靠、优质通信。实践证明，随着网络运行时间的积累，此项应用水平将会不断地提高。

3. 抓紧卫星网与计算机信息网的协调工作，发挥星状子网作用，满足数据通信需要

卫星数据联网通信，重点开展了利用星状子网的 LAN 口，采用 TCP/IP 协议，实现公安信息网的互联。卫星数据通信的难点主要是选择卫星数据传输方式和计算机参数，提高传输效率。应通过大量试验，积累数据，科学分析，制定标准来解决。

4. 充分发挥卫星通信"居高临下"的优势。积极开展话音、数据广播的开发工作，促进广播会议、GPS 联网服务、短信息警讯通播等公安业务的开展

促进卫星直播电视、卫星直播电脑等新业务在公安系统及早得到应用。

5. 注重卫星固定通信与移动通信协调发展，重视卫星可搬移站系统研究工作，当前应重点开展以图像通信为主的综合业务系统开发工作，服务范围应满足各省在本省内全覆盖通信

此项应用的主要难点是系统开发，解决天线既能满足技术指标，又能便携的问题。应采取先能用、再完善的办法。[①]

七、公安视频监控网

公安视频监控网是公安网络的基础设施，是为各级公安机关提供音视频、图像等信息的通信网络。

八、公安信息化基本应用系统

（一）公安部八大资源库

1. 全国人口基本信息资源库
2. 全国出入境人员信息资源库
3. 全国警员基本信息资源库
4. 全国安全重点单位信息资源库
5. 全国违法犯罪人员信息资源库
6. 全国在逃人员信息资源库
7. 全国被盗抢汽车信息资源库
8. 全国驾驶员/机动车信息资源库

（二）公安综合应用系统

1. 派出所综合系统
2. 公安综合平台
3. 全国公安综合信息查询系统

---

① 李国庆：《论公安卫星通信网的综合应用》，载《警察技术》1999 年第 2 期。

（三）公安应用支撑系统
1. 公共数据交换系统
2. 基于PKI/PMI的身份认证和访问控制系统
3. 请求服务系统
4. 公安搜索引擎系统
5. 警用地理信息系统

第四节　公安网络和信息安全管理基本知识

网络和信息安全就是保障网络服务的可用性和信息的完整性，使计算机网络系统免受毁坏、替换、盗窃和丢失。

网络和信息安全的特性：保密性、完整性、可靠性和可用性。

网络和信息安全的主要内容：网络安全体系结构、网络攻击手段与防范措施、网络安全设计、安全标准规范、安全测评与认证、安全监测技术、安全设备、安全管理、安全审计及网络犯罪侦查、安全法律、安全教育等。

网络和信息安全的重要性体现在：复杂的国际和国内形势、对公安信息化的依赖程度日益提升、公安信息化的快速发展对管理提出了更高的要求。

网络安全常见问题：
①存在信息泄密隐患，泄密事件时有发生；
②网络边界不清，缺乏有效管理；
③系统和设备存在漏洞，严重危及网络安全运行；
④把控不严，权限管理不规范；
⑤没有形成群防群治的安全管理局面。

一、公安信息安全相关法律法规

《公安机关人民警察使用公安信息网违规行为行政处分暂行规定》

第一条　为切实加强公安信息网络安全管理工作，规范公安机关人民警察使用公安信息网，落实"谁主管、谁负责"、"谁使用、谁负责"的管理责任制，根据《中华人民共和国人民警察法》、《中华人民共和国计算机信息系统安全保护条例》等有关法律、法规，制定本规定。

第二条　公安机关人民警察（以下简称公安民警）使用公安信息网行为，是指公安民警在公安信息网上进行的软硬件安装与开发、信息发布、信息查阅、应用等行为。

第三条　对公安民警违反规定使用公安信息网的，应当根据违纪行为的性质、情节和后果，依据本规定给予行政处分。

第四条　违反"一机两用"规定，将公安信息网及设备外联其他信息网络，或者擅自拆除监控程序、逃避监控、扰乱上网注册工作的，给予通报批评或者警告处分；造成严重后果的，给予记过以上处分。

第五条　编制或者传播计算机病毒等破坏程序，故意扫描、侵入公安信息系统，破坏公安信息网站、窃取数据的，给予记大过或者降级处分；造成严重后果的，给予撤职或者开除处分。

第六条　擅自在公安信息网上开设与工作无关的个人网站（页）、聊天室、BBS等网站（页）的，给予警告处分；造成严重后果的，给予记过处分。

第七条　在公安信息网上捏造或者歪曲事实，散布谣言，侮辱、诽谤、诋毁他人，破坏他人名誉的，给予警告或者记过处分；情节严重的，给予记大过以上处分。

第八条　在公安信息网上编造、转发危害国家安全、淫秽色情、封建迷信等有害信息的，给予记大过或者降级处分；情节严重的，给予撤职或者开除处分。

第九条 未经审查和批准，从其他信息网络直接下载、转发、粘贴信息到公安信息网，造成病毒感染或者其他不良后果的，给予警告处分；后果特别严重的，给予记过以上处分。

第十条 擅自允许非公安民警登录、使用公安信息网，或者擅自向社会提供公安信息网站和应用系统数据的，给予通报批评或者警告处分；造成严重后果的，给予记过以上处分。

第十一条 对于管理松懈，多次发生公安民警违规使用公安信息网行为，或者导致发生公安信息网重大安全案（事）件的单位，除对直接责任人给予处分外，对单位有关领导根据规定给予通报批评或者行政处分。

第十二条 对发生公安信息网重大安全案（事）件隐瞒不报、压案不查、包庇袒护的，对所在单位有关领导应当从重处理。

第十三条 对违反本规定，构成犯罪的，应当依法追究刑事责任；错误比较严重，又不宜给予开除处分的，应当予以辞退。

第十四条 公安边防、消防、警卫部队官兵使用公安信息网违规行为，参照本规定进行处理。

公安院校学生，公安机关聘用、借调人员以及其他经允许可以使用公安信息网的人员，其违规行为由所在单位根据有关规定处理。

第十五条 本规定由公安部监察局负责解释。

第十六条 本规定自公布之日起施行。

二、公安信息安全保障体系及管理策略

（一）公安信息安全保障体系

组织体系：部省市三级，部门领导、安全主管部门、应用部门三方责任。

制度体系：《公安计算机信息系统安全保护规定》《公安机关人民警察使用公安信息网违规行为行政处分暂行规定》《公安信息网联网设备及应用系统注册管理办法》。

工作机制：组织保障、日常巡检、违规查处、安全通报、应急响应五项内容。

（二）公安信息安全技术体系

"三建"：建一套信息安全保障系统，建一套身份认证与访问控制管理系统，建一套公安信息网安全监控系统。

"三防"：防火墙、防病毒、防灾难。

"一保障"：建立公安网"一机两用"监控体系，防止公安网内设备非法连接互联网，保障公安信息网边界安全。

（三）信息安全管理

宣传教育培训。

安全巡检与监测：部省市三级巡检，包括：PKI/PMI 平台管理工作、"一机两用"、防范病毒、防范入侵和攻击、漏洞扫描、违规监控、接入平台等。

（四）安全检查："四个严禁"和"八条纪律"

1. 四个严禁

（1）严禁在非涉密计算机上处理涉密内容；

（2）严禁在计算机硬盘内存储绝密级信息；

（3）严禁将工作用计算机和涉密移动存储介质带回家；

（4）严禁在互联网上使用涉密移动存储介质。

2. 八条纪律

（1）不准在非涉密网上存储、传输和发布涉及国家秘密的信息；

（2）不准在公安网上编制或传播计算机病毒等破坏程序；

（3）不准在公安网上建立与公安工作无关的网站、网页和服务；
（4）不准在公安网上传输、粘贴有害信息或与工作无关的信息；
（5）不准擅自对公安网进行扫描、探测和入侵公安信息系统；
（6）不准对公安信息和资源越权访问、违规使用；
（7）不准私自允许非公安人员接触和使用公安网网络和信息；
（8）不准采取各种手段逃避、妨碍、对抗公安网络和信息安全保密检查。

三、公安信息网络安全法律法规

（一）国家级的法律法规

1.《中华人民共和国计算机信息系统安全保护条例》

第一章　总则

第一条　为了保护计算机信息系统的安全，促进计算机的应用和发展，保障社会主义现代化建设的顺利进行，制定本条例。

第二条　本条例所称的计算机信息系统，是指由计算机及其相关的和配套的设备、设施（含网络）构成的，按照一定的应用目标和规则对信息进行采集、加工、存储、传输、检索等处理的人机系统。

第三条　计算机信息系统的安全保护，应当保障计算机及其相关的和配套的设备、设施（含网络）的安全，运行环境的安全，保障信息的安全，保障计算机功能的正常发挥，以维护计算机信息系统的安全运行。

第四条　计算机信息系统的安全保护工作，重点维护国家事务、经济建设、国防建设、尖端科学技术等重要领域的计算机信息系统的安全。

第五条　中华人民共和国境内的计算机信息系统的安全保护，适用本条例。

未联网的微型计算机的安全保护办法，另行制定。

第六条　公安部主管全国计算机信息系统安全保护工作。

国家安全部、国家保密局和国务院其他有关部门，在国务院规定的职责范围内做好计算机信息系统安全保护的有关工作。

第七条　任何组织或者个人，不得利用计算机信息系统从事危害国家利益、集体利益和公民合法利益的活动，不得危害计算机信息系统的安全。

第二章　安全保护制度

第八条　计算机信息系统的建设和应用，应当遵守法律、行政法规和国家其他有关规定。

第九条　计算机信息系统实行安全等级保护。安全等级的划分标准和安全等级保护的具体办法，由公安部会同有关部门制定。

第十条　计算机机房应当符合国家标准和国家有关规定。在计算机机房附近施工，不得危害计算机信息系统的安全。

第十一条　进行国际联网的计算机信息系统，由计算机信息系统的使用单位报省级以上人民政府公安机关备案。

第十二条　运输、携带、邮寄计算机信息媒体进出境的，应当如实向海关申报。

第十三条　计算机信息系统的使用单位应当建立健全安全管理制度，负责本单位计算机信息系统的安全保护工作。

第十四条　对计算机信息系统中发生的案件，有关使用单位应当在24小时内向当地县级以上人民政府公安机关报告。

第十五条　对计算机病毒和危害社会公共安全的其他有害数据的防治研究工作，由公安部归口管理。

第十六条　国家对计算机信息系统安全专用产品的销售实行许可证制度。具体办法由公安部会同有关部门制定。

第三章 安全监督

第十七条 公安机关对计算机信息系统安全保护工作行使下列监督职权：

（一）监督、检查、指导计算机信息系统安全保护工作；

（二）查处危害计算机信息系统安全的违法犯罪案件；

（三）履行计算机信息系统安全保护工作的其他监督职责。

第十八条 公安机关发现影响计算机信息系统安全的隐患时，应当及时通知使用单位采取安全保护措施。

第十九条 公安部在紧急情况下，可以就涉及计算机信息系统安全的特定事项发布专项通令。

第四章 法律责任

第二十条 违反本条例的规定，有下列行为之一的，由公安机关处以警告或者停机整顿：

（一）违反计算机信息系统安全等级保护制度，危害计算机信息系统安全的；

（二）违反计算机信息系统国际联网备案制度的；

（三）不按照规定时间报告计算机信息系统中发生的案件的；

（四）接到公安机关要求改进安全状况的通知后，在限期内拒不改进的；

（五）有危害计算机信息系统安全的其他行为的。

第二十一条 计算机机房不符合国家标准和国家其他有关规定的，或者在计算机机房附近施工危害计算机信息系统安全的，由公安机关会同有关单位进行处理。

第二十二条 运输、携带、邮寄计算机信息媒体进出境，不如实向海关申报的，由海关依照《中华人民共和国海关法》和本条例以及其他有关法律、法规的规定处理。

第二十三条 故意输入计算机病毒以及其他有害数据危害计算机信息系统安全的，或者未经许可出售计算机信息系统安全专用产品的，由公安机关处以警告或者对个人处以5000元以下的罚款、对单位处以15000元以下的罚款；有违法所得的，除予以没收外，可以处以违法所得1至3倍的罚款。

第二十四条 违反本条例的规定，构成违反治安管理行为的，依照《中华人民共和国治安管理处罚法》的有关规定处罚；构成犯罪的，依法追究刑事责任。

第二十五条 任何组织或者个人违反本条例的规定，给国家、集体或者他人财产造成损失的，应当依法承担民事责任。

第二十六条 当事人对公安机关依照本条例所作出的具体行政行为不服的，可以依法申请行政复议或者提起行政诉讼。

第二十七条 执行本条例的国家公务员利用职权，索取、收受贿赂或者有其他违法、失职行为，构成犯罪的，依法追究刑事责任；尚不构成犯罪的，给予行政处分。

第五章 附则

第二十八条 本条例下列用语的含义：

计算机病毒，是指编制或者在计算机程序中插入的破坏计算机功能或者毁坏数据，影响计算机使用，并能自我复制的一组计算机指令或者程序代码。

计算机信息系统安全专用产品，是指用于保护计算机信息系统安全的专用硬件和软件产品。

第二十九条 军队的计算机信息系统安全保护工作，按照军队的有关法规执行。

第三十条 公安部可以根据本条例制定实施办法。

第三十一条 本条例自发布之日起施行。

（1994年2月18日公布）

2.《信息安全等级保护管理办法》

《信息安全等级保护管理办法》是为规范信息安全等级保护管理，提高信息安全保障能力和水平，维护国家安全、社会稳定和公共利益，保障和促进信息化建设，根据《中华人民共和国计算机信息系统安全保护条例》等有关法律法规而制定的办法。由四部委下发，公通字〔2007〕43号文。

第一章 总则

第一条

为规范信息安全等级保护管理，提高信息安全保障能力和水平，维护国家安全、社会稳定和公共利益，保障和促进信息化建设，根据《中华人民共和国计算机信息系统安全保护条例》等有关法律法规，制定本办法。

第二条

国家通过制定统一的信息安全等级保护管理规范和技术标准，组织公民、法人和其他组织对信息系统分等级实行安全保护，对等级保护工作的实施进行监督、管理。

第三条

公安机关负责信息安全等级保护工作的监督、检查、指导。国家保密工作部门负责等级保护工作中有关保密工作的监督、检查、指导。国家密码管理部门负责等级保护工作中有关密码工作的监督、检查、指导。涉及其他职能部门管辖范围的事项，由有关职能部门依照国家法律法规的规定进行管理。国务院信息化工作办公室及地方信息化领导小组办事机构负责等级保护工作的部门间协调。

第四条

信息系统主管部门应当依照本办法及相关标准规范，督促、检查、指导本行业、本部门或者本地区信息系统运营、使用单位的信息安全等级保护工作。

第五条

信息系统的运营、使用单位应当依照本办法及其相关标准规范，履行信息安全等级保护的义务和责任。

第二章 等级划分与保护

第六条

国家信息安全等级保护坚持自主定级、自主保护的原则。信息系统的安全保护等级应当根据信息系统在国家安全、经济建设、社会生活中的重要程度，信息系统遭到破坏后对国家安全、社会秩序、公共利益以及公民、法人和其他组织的合法权益的危害程度等因素确定。

第七条

信息系统的安全保护等级分为以下五级：

第一级，信息系统受到破坏后，会对公民、法人和其他组织的合法权益造成损害，但不损害国家安全、社会秩序和公共利益。

第二级，信息系统受到破坏后，会对公民、法人和其他组织的合法权益产生严重损害，或者对社会秩序和公共利益造成损害，但不损害国家安全。

第三级，信息系统受到破坏后，会对社会秩序和公共利益造成严重损害，或者对国家安全造成损害。

第四级，信息系统受到破坏后，会对社会秩序和公共利益造成特别严重损害，或者对国家安全造成严重损害。

第五级，信息系统受到破坏后，会对国家安全造成特别严重损害。

第八条

信息系统运营、使用单位依据本办法和相关技术标准对信息系统进行保护，国家有关信息安全监管部门对其信息安全等级保护工作进行监督管理。

第一级信息系统运营、使用单位应当依据国家有关管理规范和技术标准进行保护。

第二级信息系统运营、使用单位应当依据国家有关管理规范和技术标准进行保护。国家信息安全监管部门对该级信息系统信息安全等级保护工作进行指导。

第三级信息系统运营、使用单位应当依据国家有关管理规范和技术标准进行保护。国家信息安全监管部门对该级信息系统信息安全等级保护工作进行监督、检查。

第四级信息系统运营、使用单位应当依据国家有关管理规范、技术标准和业务专门需求进行保护。国家信息安全监管部门对该级信息系统信息安全等级保护工作进行强制监督、检查。

第五级信息系统运营、使用单位应当依据国家管理规范、技术标准和业务特殊安全需求进行保护。国家指定专门部门对该级信息系统信息安全等级保护工作进行专门监督、检查。

第三章　等级保护的实施与管理

第九条

信息系统运营、使用单位应当按照《信息系统安全等级保护实施指南》具体实施等级保护工作。

第十条

信息系统运营、使用单位应当依据本办法和《信息系统安全等级保护定级指南》确定信息系统的安全保护等级。有主管部门的，应当经主管部门审核批准。

跨省或者全国统一联网运行的信息系统可以由主管部门统一确定安全保护等级。

对拟确定为第四级以上信息系统的，运营、使用单位或者主管部门应当请国家信息安全保护等级专家评审委员会评审。

第十一条

信息系统的安全保护等级确定后，运营、使用单位应当按照国家信息安全等级保护管理规范和技术标准，使用符合国家有关规定，满足信息系统安全保护等级需求的信息技术产品，开展信息系统安全建设或者改建工作。

第十二条

在信息系统建设过程中，运营、使用单位应当按照《计算机信息系统安全保护等级划分准则》（GB17859-1999）、《信息系统安全等级保护基本要求》等技术标准，参照《信息安全技术　信息系统通用安全技术要求》（GB/T20271-2006）、《信息安全技术　网络基础安全技术要求》（GB/T20270-2006）、《信息安全技术　操作系统安全技术要求》（GB/T20272-2006）、《信息安全技术　数据库管理系统安全技术要求》（GB/T20273-2006）、《信息安全技术　服务器技术要求》、《信息安全技术　终端计算机系统安全等级技术要求》（GA/T671-2006）等技术标准同步建设符合该等级要求的信息安全设施。

第十三条

运营、使用单位应当参照《信息安全技术　信息系统安全管理要求》（GB/T20269-2006）、《信息安全技术　信息系统安全工程管理要求》（GB/T20282-2006）、《信息系统安全等级保护基本要求》等管理规范，制定并落实符合本系统安全保护等级要求的安全管理制度。

第十四条

信息系统建设完成后，运营、使用单位或者其主管部门应当选择符合本办法规定条件的测评机构，依据《信息系统安全等级保护测评要求》等技术标准，定期对信息系统安全等级状况开展等级测评。第三级信息系统应当每年至少进行一次等级测评，第四级信息系统应当每半年至少进行一次等级测评，第五级信息系统应当依据特殊安全需求进行等级测评。

信息系统运营、使用单位及其主管部门应当定期对信息系统安全状况、安全保护制度及措施的落实情况进行自查。第三级信息系统应当每年至少进行一次自查，第四级信息系统应当每半年至少进行一次自查，第五级信息系统应当依据特殊安全需求进行自查。

经测评或者自查，信息系统安全状况未达到安全保护等级要求的，运营、使用单位应当制订方案进行整改。

第十五条

已运营（运行）或新建的第二级以上信息系统，应当在安全保护等级确定后30日内，由其运营、使用单位到所在地设区的市级以上公安机关办理备案手续。

隶属于中央的在京单位，其跨省或者全国统一联网运行并由主管部门统一定级的信息系统，由主管部门向公安部办理备案手续。跨省或者全国统一联网运行的信息系统在各地运行、应用的分支系统，应当向当地设区的市级以上公安机关备案。

第十六条

办理信息系统安全保护等级备案手续时，应当填写《信息系统安全等级保护备案表》，第三级以上信息系统应当同时提供以下材料：

（一）系统拓扑结构及说明；

（二）系统安全组织机构和管理制度；

（三）系统安全保护设施设计实施方案或者改建实施方案；

（四）系统使用的信息安全产品清单及其认证、销售许可证明；

（五）测评后符合系统安全保护等级的技术检测评估报告；

（六）信息系统安全保护等级专家评审意见；

（七）主管部门审核批准信息系统安全保护等级的意见。

第十七条

信息系统备案后，公安机关应当对信息系统的备案情况进行审核，对符合等级保护要求的，应当在收到备案材料之日起的10个工作日内颁发信息系统安全等级保护备案证明；发现不符合本办法及有关标准的，应当在收到备案材料之日起的10个工作日内通知备案单位予以纠正；发现定级不准的，应当在收到备案材料之日起的10个工作日内通知备案单位重新审核确定。

运营、使用单位或者主管部门重新确定信息系统等级后，应当按照本办法向公安机关重新备案。

第十八条

受理备案的公安机关应当对第三级、第四级信息系统的运营、使用单位的信息安全等级保护工作情况进行检查。对第三级信息系统每年至少检查一次，对第四级信息系统每半年至少检查一次。对跨省或者全国统一联网运行的信息系统的检查，应当会同其主管部门进行。

对第五级信息系统，应当由国家指定的专门部门进行检查。

公安机关、国家指定的专门部门应当对下列事项进行检查：

（一）信息系统安全需求是否发生变化，原定保护等级是否准确；

（二）运营、使用单位安全管理制度、措施的落实情况；

（三）运营、使用单位及其主管部门对信息系统安全状况的检查情况；

（四）系统安全等级测评是否符合要求；

（五）信息安全产品使用是否符合要求；

（六）信息系统安全整改情况；

（七）备案材料与运营、使用单位、信息系统的符合情况；

（八）其他应当进行监督检查的事项。

第十九条

信息系统运营、使用单位应当接受公安机关、国家指定的专门部门的安全监督、检查、指导，如实向公安机关、国家指定的专门部门提供下列有关信息安全保护的信息资料及数据文件：

（一）信息系统备案事项变更情况；

（二）安全组织、人员的变动情况；

（三）信息安全管理制度、措施变更情况；

（四）信息系统运行状况记录；

（五）运营、使用单位及主管部门定期对信息系统安全状况的检查记录；

（六）对信息系统开展等级测评的技术测评报告；

（七）信息安全产品使用的变更情况；

（八）信息安全事件应急预案，信息安全事件应急处置结果报告；
（九）信息系统安全建设、整改结果报告。
第二十条
公安机关检查发现信息系统安全保护状况不符合信息安全等级保护有关管理规范和技术标准的，应当向运营、使用单位发出整改通知。运营、使用单位应当根据整改通知要求，按照管理规范和技术标准进行整改。整改完成后，应当将整改报告向公安机关备案。必要时，公安机关可以对整改情况组织检查。
第二十一条
第三级以上信息系统应当选择使用符合以下条件的信息安全产品：
（一）产品研制、生产单位是由中国公民、法人投资或者国家投资或者控股的，在中华人民共和国境内具有独立的法人资格；
（二）产品的核心技术、关键部件具有我国自主知识产权；
（三）产品研制、生产单位及其主要业务、技术人员无犯罪记录；
（四）产品研制、生产单位声明没有故意留有或者设置漏洞、后门、木马等程序和功能；
（五）对国家安全、社会秩序、公共利益不构成危害；
（六）对已列入信息安全产品认证目录的，应当取得国家信息安全产品认证机构颁发的认证证书。
第二十二条
第三级以上信息系统应当选择符合下列条件的等级保护测评机构进行测评：
（一）在中华人民共和国境内注册成立（港澳台地区除外）；
（二）由中国公民投资、中国法人投资或者国家投资的企事业单位（港澳台地区除外）；
（三）从事相关检测评估工作两年以上，无违法记录；
（四）工作人员仅限于中国公民；
（五）法人及主要业务、技术人员无犯罪记录；
（六）使用的技术装备、设施应当符合本办法对信息安全产品的要求；
（七）具有完备的保密管理、项目管理、质量管理、人员管理和培训教育等安全管理制度；
（八）对国家安全、社会秩序、公共利益不构成威胁。
第二十三条
从事信息系统安全等级测评的机构，应当履行下列义务：
（一）遵守国家有关法律法规和技术标准，提供安全、客观、公正的检测评估服务，保证测评的质量和效果；
（二）保守在测评活动中知悉的国家秘密、商业秘密和个人隐私，防范测评风险；
（三）对测评人员进行安全保密教育，与其签订安全保密责任书，规定应当履行的安全保密义务和承担的法律责任，并负责检查落实。
第四章　涉密信息系统的分级保护管理
第二十四条
涉密信息系统应当依据国家信息安全等级保护的基本要求，按照国家保密工作部门有关涉密信息系统分级保护的管理规定和技术标准，结合系统实际情况进行保护。
非涉密信息系统不得处理国家秘密信息等。
第二十五条
涉密信息系统按照所处理信息的最高密级，由低到高分为秘密、机密、绝密三个等级。
涉密信息系统建设使用单位应当在信息规范定密的基础上，依据涉密信息系统分级保护管理办法和国家保密标准BMB17-2006《涉及国家秘密的计算机信息系统分级保护技术要求》确定系统等级。对于包含多个安全域的涉密信息系统，各安全域可以分别确定保护等级。

保密工作部门和机构应当监督指导涉密信息系统建设使用单位准确、合理地进行系统定级。

第二十六条

涉密信息系统建设使用单位应当将涉密信息系统定级和建设使用情况，及时上报业务主管部门的保密工作机构和负责系统审批的保密工作部门备案，并接受保密部门的监督、检查、指导。

第二十七条

涉密信息系统建设使用单位应当选择具有涉密集成资质的单位承担或者参与涉密信息系统的设计与实施。

涉密信息系统建设使用单位应当依据涉密信息系统分级保护管理规范和技术标准，按照秘密、机密、绝密三级的不同要求，结合系统实际进行方案设计，实施分级保护，其保护水平总体上不低于国家信息安全等级保护第三级、第四级、第五级的水平。

第二十八条

涉密信息系统使用的信息安全保密产品原则上应当选用国产品，并应当通过国家保密局授权的检测机构依据有关国家保密标准进行的检测，通过检测的产品由国家保密局审核发布目录。

第二十九条

涉密信息系统建设使用单位在系统工程实施结束后，应当向保密工作部门提出申请，由国家保密局授权的系统测评机构依据国家保密标准BMB22-2007《涉及国家秘密的计算机信息系统分级保护测评指南》，对涉密信息系统进行安全保密测评。

涉密信息系统建设使用单位在系统投入使用前，应当按照《涉及国家秘密的信息系统审批管理规定》，向设区的市级以上保密工作部门申请进行系统审批，涉密信息系统通过审批后方可投入使用。已投入使用的涉密信息系统，其建设使用单位在按照分级保护要求完成系统整改后，应当向保密工作部门备案。

第三十条

涉密信息系统建设使用单位在申请系统审批或者备案时，应当提交以下材料：

（一）系统设计、实施方案及审查论证意见；

（二）系统承建单位资质证明材料；

（三）系统建设和工程监理情况报告；

（四）系统安全保密检测评估报告；

（五）系统安全保密组织机构和管理制度情况；

（六）其他有关材料。

第三十一条

涉密信息系统发生涉密等级、连接范围、环境设施、主要应用、安全保密管理责任单位变更时，其建设使用单位应当及时向负责审批的保密工作部门报告。保密工作部门应当根据实际情况，决定是否对其重新进行测评和审批。

第三十二条

涉密信息系统建设使用单位应当依据国家保密标准BMB20-2007《涉及国家秘密的信息系统分级保护管理规范》，加强涉密信息系统运行中的保密管理，定期进行风险评估，消除泄密隐患和漏洞。

第三十三条

国家和地方各级保密工作部门依法对各地区、各部门涉密信息系统分级保护工作实施监督管理，并做好以下工作：

（一）指导、监督和检查分级保护工作的开展；

（二）指导涉密信息系统建设使用单位规范信息定密，合理确定系统保护等级；

（三）参与涉密信息系统分级保护方案论证，指导建设使用单位做好保密设施的同步规划设计；

（四）依法对涉密信息系统集成资质单位进行监督管理；

（五）严格进行系统测评和审批工作，监督检查涉密信息系统建设使用单位分级保护管理制度和技术措施的落实情况；

（六）加强涉密信息系统运行中的保密监督检查。对秘密级、机密级信息系统每两年至少进行一次保密检查或者系统测评，对绝密级信息系统每年至少进行一次保密检查或者系统测评；

（七）了解掌握各级各类涉密信息系统的管理使用情况，及时发现和查处各种违规违法行为和泄密事件。

第五章 信息安全等级保护的密码管理

第三十四条

国家密码管理部门对信息安全等级保护的密码实行分类分级管理。根据被保护对象在国家安全、社会稳定、经济建设中的作用和重要程度，被保护对象的安全防护要求和涉密程度，被保护对象被破坏后的危害程度以及密码使用部门的性质等，确定密码的等级保护准则。

信息系统运营、使用单位采用密码进行等级保护的，应当遵照《信息安全等级保护密码管理办法》、《信息安全等级保护商用密码技术要求》等密码管理规定和相关标准。

第三十五条

信息系统安全等级保护中密码的配备、使用和管理等，应当严格执行国家密码管理的有关规定。

第三十六条

信息系统运营、使用单位应当充分运用密码技术对信息系统进行保护。采用密码对涉及国家秘密的信息和信息系统进行保护的，应报经国家密码管理局审批，密码的设计、实施、使用、运行维护和日常管理等，应当按照国家密码管理有关规定和相关标准执行；采用密码对不涉及国家秘密的信息和信息系统进行保护的，须遵守《商用密码管理条例》和密码分类分级保护有关规定与相关标准，其密码的配备使用情况应当向国家密码管理机构备案。

第三十七条

运用密码技术对信息系统进行系统等级保护建设和整改的，必须采用经国家密码管理部门批准使用或者准于销售的密码产品进行安全保护，不得采用国外引进或者擅自研制的密码产品；未经批准不得采用含有加密功能的进口信息技术产品。

第三十八条

信息系统中的密码及密码设备的测评工作由国家密码管理局认可的测评机构承担，其他任何部门、单位和个人不得对密码进行评测和监控。

第三十九条

各级密码管理部门可以定期或者不定期对信息系统等级保护工作中密码配备、使用和管理的情况进行检查和测评，对重要涉密信息系统的密码配备、使用和管理情况每两年至少进行一次检查和测评。在监督检查过程中，发现存在安全隐患或者违反密码管理相关规定或者未达到密码相关标准要求的，应当按照国家密码管理的相关规定进行处置。

第六章 法律责任

第四十条

第三级以上信息系统运营、使用单位违反本办法规定，有下列行为之一的，由公安机关、国家保密工作部门和国家密码工作管理部门按照职责分工责令其限期改正；逾期不改正的，给予警告，并向其上级主管部门通报情况，建议对其直接负责的主管人员和其他直接责任人员予以处理，并及时反馈处理结果：

（一）未按本办法规定备案、审批的；

（二）未按本办法规定落实安全管理制度、措施的；

（三）未按本办法规定开展系统安全状况检查的；

（四）未按本办法规定开展系统安全技术测评的；

（五）接到整改通知后，拒不整改的；
（六）未按本办法规定选择使用信息安全产品和测评机构的；
（七）未按本办法规定如实提供有关文件和证明材料的；
（八）违反保密管理规定的；
（九）违反密码管理规定的；
（十）违反本办法其他规定的。

违反前款规定，造成严重损害的，由相关部门依照有关法律、法规予以处理。

第四十一条

信息安全监管部门及其工作人员在履行监督管理职责中，玩忽职守、滥用职权、徇私舞弊的，依法给予行政处分；构成犯罪的，依法追究刑事责任。

第七章 附则

第四十二条

已运行信息系统的运营、使用单位自本办法施行之日起180日内确定信息系统的安全保护等级；新建信息系统在设计、规划阶段确定安全保护等级。

第四十三条

本办法所称"以上"包含本数（级）。

第四十四条

本办法自发布之日起施行，《信息安全等级保护管理办法（试行）》（公通字［2006］7号）同时废止。

3. 中共中央保密委员会办公室、国家保密局关于国家秘密载体保密管理的规定

第一章 总 则

第一条 为加强国家秘密载体的保密管理，确保国家秘密的安全，根据《中华人民共和国保守国家秘密法》及其实施办法，制定本规定。

第二条 本规定所称国家秘密载体（以下简称秘密载体），是指以文字、数据、符号、图形、图像、声音等方式记载国家秘密信息的纸介质、磁介质、光盘等各类物品。磁介质载体包括计算机硬盘、软盘和录音带、录像带等。

第三条 本规定适用于负责制作、收发、传递、使用、保存和销毁秘密载体的所有机关、单位（以下统称涉密机关、单位）。

第四条 秘密载体的保密管理，遵循严格管理、严密防范、确保安全、方便工作的原则。

第五条 涉密机关、单位应当指定专门机构或人员负责本机关、单位秘密载体的日常管理工作。

第六条 各级保密工作部门对所辖行政区域内涉密机关、单位执行本规定负有指导、监督、检查的职责。

上级机关对下级机关、单位执行本规定负有指导、监督、检查的职责。

涉密机关、单位的保密工作机构对本机关、单位执行本规定负有指导、监督、检查的职责。

第二章 秘密载体的制作

第七条 制作秘密载体，应当依照有关规定标明密级和保密期限，注明发放范围及制作数量，绝密级、机密级的应当编排顺序号。

第八条 纸介质秘密载体应当在本机关、单位内部文印室或保密工作部门审查批准的定点单位印制。

磁介质、光盘等秘密载体应当在本机关、单位内或保密工作部门审查批准的单位制作。

第九条 制作秘密载体过程中形成的不需归档的材料，应当及时销毁。

第十条 制作秘密载体的场所应当符合保密要求。使用电子设备的应当采取防电磁泄漏的保密措施。

第三章　秘密载体的收发与传递

第十一条　收发秘密载体，应当履行清点、登记、编号、签收等手续。

第十二条　传递秘密载体，应当选择安全的交通工具和交通线路，并采取相应的安全保密措施。

第十三条　传递秘密载体，应当包装密封；秘密载体的信封或者袋牌上应当标明密级、编号和收发件单位名称。

使用信封封装绝密级秘密载体时，应当使用由防透视材料制作的、周边缝有纫线的信封，信封的封口及中缝处应当加盖密封章或加贴密封条；使用带子封装时，带子的接缝处应当使用双线缝纫，带口应当用铅志进行双道密封。

第十四条　传递秘密载体，应当通过机要交通、机要通信或者派专人进行，不得通过普通邮政或非邮政渠道传递；设有机要文件交换站的城市，在市内传递机密级、秘密级秘密载体，可以通过机要文件交换站进行。

第十五条　传递绝密级秘密载体，必须按下列规定办理：

（一）送往外地的绝密级秘密载体，通过机要交通、机要通信递送。

中央部级以上，省（自治区、直辖市）、计划单列市厅级以上和解放军驻直辖市、省会（省府）、计划单列市的军级以上单位及经批准地区的要害部门相互来往的绝密级秘密载体，由机要交通传递。

不属于以上范围的绝密级秘密载体由机要通信传递。

（二）在本地传递绝密级秘密载体，由发件或收件单位派专人直接传递。

（三）传递绝密级秘密载体，实行二人护送制。

第十六条　向我驻外机构传递秘密载体，应当按照有关规定履行审批手续，通过外交信使传递。

第十七条　采用现代通信及计算机网络等手段传输国家秘密信息，应当遵守有关保密规定。

第四章　秘密载体的使用

第十八条　涉密机关、单位收到秘密载体后，由主管领导根据秘密载体的密级和制发机关、单位的要求及工作的实际需要，确定本机关、单位知悉该国家秘密人员的范围。任何机关、单位和个人不得擅自扩大国家秘密的知悉范围。

涉密机关、单位收到绝密级秘密载体后，必须按照规定的范围组织阅读和使用，并对接触和知悉绝密级秘密载体内容的人员作出文字记载。

第十九条　阅读和使用秘密载体应当在符合保密要求的办公场所进行；确需在办公场所以外阅读和使用秘密载体的，应当遵守有关保密规定。

阅读和使用绝密级秘密载体必须在指定的符合保密要求的办公场所进行。

第二十条　阅读和使用秘密载体，应当办理登记、签收手续，管理人员要随时掌握秘密载体的去向。

第二十一条　传达国家秘密时，凡不准记录、录音、录像的，传达者应当事先申明。

第二十二条　复制秘密载体，应当按照下列规定办理：

（一）复制绝密级秘密载体，应当经密级确定机关、单位或其上级机关批准；

（二）复制制发机关、单位允许复制的机密、秘密级秘密载体，应当经本机关、单位的主管领导批准；

（三）复制秘密载体，不得改变其密级、保密期限和知悉范围；

（四）复制秘密载体，应当履行登记手续；复制件应当加盖复制机关、单位的戳记，并视同原件管理；

（五）涉密机关、单位不具备复制条件的，应当到保密工作部门审查批准的定点单位复制秘密载体。

第二十三条　汇编秘密文件、资料，应当经原制发机关、单位批准，未经批准不得汇编。

经批准汇编秘密文件、资料时，不得改变原件的密级、保密期限和知悉范围；确需改变的，应经原制发机关、单位同意。

汇编秘密文件、资料形成的秘密载体，应当按其中的最高密级和最长保密期限标志和管理。

第二十四条　摘录、引用国家秘密内容形成的秘密载体，应当按原件的密级、保密期限和知悉范围管理。

第二十五条　因工作需要携带秘密载体外出，应当符合下列要求：

（一）采取保护措施，使秘密载体始终处于携带人的有效控制之下；

（二）携带绝密级秘密载体应当经本机关、单位主管领导批准，并有二人以上同行；

（三）参加涉外活动不得携带秘密载体；因工作确需携带的，应当经本机关、单位主管领导批准，并采取严格的安全保密措施；禁止携带绝密级秘密载体参加涉外活动。

第二十六条　禁止将绝密级秘密载体携带出境；因工作需要携带机密级、秘密级秘密载体出境的，应当按照有关保密规定办理批准和携带手续。

携带涉密便携式计算机出境，按前款规定办理。

第五章　秘密载体的保存

第二十七条　保存秘密载体，应当选择安全保密的场所和部位，并配备必要的保密设备。

绝密级秘密载体应当在安全可靠的保密设备中保存，并由专人管理。

第二十八条　工作人员离开办公场所，应当将秘密载体存放在保密设备里。

第二十九条　涉密机关、单位每年应定期对当年所存秘密载体进行清查、核对，发现问题及时向保密工作部门报告。

按照规定应当清退的秘密载体，应及时如数清退，不得自行销毁。

第三十条　涉密人员、秘密载体管理人员离岗、离职前，应当将所保管的秘密载体全部清退，并办理移交手续。

第三十一条　需要归档的秘密载体，应当按照国家有关档案法律规定归档。

第三十二条　被撤销或合并的涉密机关、单位，应当将秘密载体移交给承担其原职能的机关、单位或上级机关，并履行登记、签收手续。

第六章　秘密载体的销毁

第三十三条　销毁秘密载体，应当经本机关、单位主管领导审核批准，并履行清点、登记手续。

第三十四条　销毁秘密载体，应当确保秘密信息无法还原。

销毁纸介质秘密载体，应当采用焚毁、化浆等方法处理；使用碎纸机销毁的，应当使用符合保密要求的碎纸机；送造纸厂销毁的，应当送保密工作部门指定的厂家销毁，并由送件单位二人以上押运和监销。

销毁磁介质、光盘等秘密载体，应当采用物理或化学的方法彻底销毁。

第三十五条　禁止将秘密载体作为废品出售。

第七章　罚　则

第三十六条　涉密人员或秘密载体的管理人员违反本规定，情节轻微的，由本机关、单位的保密工作机构给予批评教育；情节严重、造成重大泄密隐患的，保密工作部门应当给予通报批评，所在单位应当将其调离涉密岗位。

涉密机关、单位违反本规定造成泄密隐患的，由其所在行政区域的保密工作部门或所在系统的上级保密工作机构发出限期整改通知书；该机关、单位应当在接到通知书后30日内提出整改方案和措施，消除泄密隐患，并向保密工作部门或保密工作机构写出书面报告。

第三十七条　违反本规定泄露国家秘密的，按照有关规定给予责任人行政或党纪处分；情节严重构成犯罪的，依法追究刑事责任。

第八章　附　则

第三十八条　用于记录秘密载体收发、使用、清退、销毁的登记簿，应当由有关部门指定专人妥善保管。

第三十九条　国家秘密设备和产品按照《国家秘密设备、产品的保密规定》管理。

第四十条　本规定由国家保密局负责解释。

第四十一条　本规定自2001年1月1日起施行。已有的秘密载体保密管理规定，凡与本规定不一致的以本规定为准。

【注意】所涉及的公安信息网络安全法律法规以国家级和公安部的规定为准。因为各省的情况不同，要求存在差异。

(二) 公安部规章制度

1. 公安计算机信息系统安全保护规定

第一章　总则

第一条　为了加强全国公安计算机信息系统安全保护工作，确保公安信息网络安全运行，根据国家有关法律、法规，制定本规定。

第二条　本规定适用于全国公安机关计算机信息系统的安全保护工作。有关涉密信息系统安全保护的相关规定另行制定。

第三条　公安机关计算机信息系统安全保护工作的基本任务是开展安全管理工作，保障计算机信息系统的环境安全、网络系统安全、运行安全和信息安全。

第四条　各级公安机关信息通信部门主管公安计算机信息系统安全保护工作，公安计算机信息系统的安全监控和运行由各级公安机关信息中心承担。

第五条　公安机关计算机信息系统安全保护工作坚持积极防御、综合防范的方针，坚持安全技术与规范化管理相结合的原则，坚持"专网专用"、"专机专用"的原则，实行"谁管理、谁负责"、"谁使用、谁负责"的安全责任制。

第六条　公安机关计算机使用单位和个人，都有保护计算机信息系统和信息安全的责任和义务。

第二章　组织机构与职责

第七条　公安部信息通信部门设立专门的公安信息网络安全管理（以下简称"信息安全管理"）机构，各省（自治区、直辖市）公安厅（局）信息通信部门应当设立专门的信息安全管理机构或专门的信息安全管理岗位，各市（地）、县级公安机关可以设立或指定专门的信息安全管理机构或专门的信息安全管理人员，负责和协调本级公安机关计算机信息系统安全保护工作。

第八条　各级公安机关计算机使用单位应当明确本单位的信息安全管理人员，有条件的可以确定专职的信息安全管理人员。

第九条　对调离信息安全管理岗位的人员，应当履行相应的手续，并更换其使用的系统账号和口令。

第十条　信息安全管理机构和信息安全管理人员履行以下职责：

（一）组织制定本部门计算机信息系统安全保障体系总体方案及相应的安全策略；

（二）指导和监督本级计算机使用单位的信息安全管理工作；

（三）采取各种技术措施，保护计算机信息系统和信息的安全；

（四）监督、检查、分析计算机信息系统安全运行情况；

（五）组织制定信息安全应急预案，建立应急响应机制；

（六）对信息安全案（事）件进行技术调查，协助有关单位做好处理工作；

（七）负责公安机关使用计算机信息系统安全产品的管理；

（八）负责公安身份认证和访问控制系统的建设和运行管理；

（九）组织公安计算机信息系统安全教育、培训工作。

第十一条　信息安全管理人员应当具备政治可靠、思想进步、作风正派、技术合格、工作责任心强等基本素质。

第三章　管理制度

第十二条　各级信息安全管理机构和计算机使用单位应当依据《中华人民共和国计算机信息系统安全保护条例》、《计算机信息系统安全保护等级划分准则》以及本规定，制定保障公安计算机信息系统安全的管理制度，主要包括如下内容：

（一）计算机机房安全管理规范；
（二）计算机信息系统安全岗位工作职责；
（三）公安应用系统运行安全管理规范；
（四）信息安全保护管理规范；
（五）公安机关上网信息审批规程；
（六）计算机信息系统设备安全操作规程；
（七）计算机信息系统工程建设安全管理规范；
（八）应急案（事）件处理规程；
（九）其他与安全保护相关的规范。

第十三条　严禁下列操作行为：

（一）非法侵入他人计算机信息系统；
（二）未经授权对他人计算机信息系统的功能进行删除、修改、增加和干扰，影响计算机信息系统正常运行；
（三）故意制作、传播计算机病毒等破坏程序；
（四）将公安机关使用的计算机及网络设备同时连接公安信息网和国际互联网；
（五）公安机关使用的计算机及网络设备在未采取安全隔离措施的情况下同时连接公安信息网和外单位网络；
（六）将存有公安信息的计算机擅自连接国际互联网或其他公共网络；
（七）擅自在公安信息网上开设与公安工作无关的网站和网页；
（八）发布有害信息；
（九）擅自对公安计算机信息系统和网络进行扫描；
（十）对信息安全案（事）件或重大安全隐患隐瞒不报。

第四章　应急处理

第十四条　公安计算机信息系统因人为因素或自然原因而严重影响系统运行并产生严重后果或不良影响的事件为紧急事件。

第十五条　针对各类紧急事件，应当制订应急预案。应急预案包括紧急措施、应急联络手段、资源备用、操作程序、系统和数据恢复措施等。对应急预案的关键环节应当定期进行演习。

第十六条　在发生紧急事件时，为避免造成更大损失和影响，信息安全管理机构有权采取以下措施：

（一）拆除可能影响安全或有安全隐患的设备或部件；
（二）隔离相关的服务器或网络；
（三）关闭相关的服务器或网络。

紧急事件情形消除后，信息安全管理机构应当及时解除所采取的前款措施。

第五章　安全监督

第十七条　公安机关计算机信息系统建设单位在项目建设前应当将设计方案报同级信息安全管理机构进行安全审核。

第十八条　项目实施中，公安计算机信息系统采用的关键安全技术设备应当接受同级信息安全管理机构的监督和检查。

第十九条　项目施工完成后，应当报请同级信息安全管理机构进行安全验收，通过验收后方可投入运行。

第二十条　信息安全管理机构应当定期对管辖范围内的计算机信息系统和使用单位进行安全检查。

第六章　安全产品管理

第二十一条　公安机关计算机信息系统使用的安全产品必须通过国家有关部门的认证和许可，符合相关等级保护要求。关键产品必须通过公安部信息安全管理机构组织的专项检测。

第二十二条　公安机关计算机信息系统中凡涉及机要密码的，按有关规定执行。

第二十三条　公安机关计算机信息系统使用的安全产品必须接受同级信息安全管理机构的审核，并报上一级信息安全管理机构备案。

第七章　罚则

第二十四条　违反本规定，存在计算机信息系统安全隐患的单位，由上一级信息安全管理机构发出整改通知，并限期整改。逾期未改的，视情节轻重对直接责任者及主管领导予以通报批评。造成严重后果的，给予行政处分。

第二十五条　违反本规定，发生重大安全案件和事故的单位，由信息安全管理机构或上级主管部门视情节轻重对直接责任者及主管领导予以通报批评或给予行政处分，违反国家法律、法规或者规章规定的，由有关部门依法追究法律责任。

第八章　附则

第二十六条　各省、自治区、直辖市公安厅、局可以根据本规定制定具体实施办法。

第二十七条　本规定自二OO三年十二月十五日起实施。

2. 公安信息通信网联网设备及应用系统注册管理办法

第一章　总　则

第一条　为加强对公安信息通信网联网设备、边界接入以及应用系统的安全管理，规范注册行为，保障公安网络和信息安全，根据有关法律、法规制定本办法。

第二条　本办法适用于各级公安机关对公安信息通信网的安全管理工作。有关涉密部分的安全管理规定另行制定。

第三条　公安信息通信网联网设备、边界接入和应用系统经过注册方可连接公安信息通信网运行。

第二章　部门职责

第四条　部、省、地（市）三级公安机关信息通信部门是公安信息通信网联网设备、边界接入和应用系统注册的主管部门，负责对注册申请进行审核和登记备案；对注册设备进行巡查监控和监督管理；发现违规行为应通知有关单位限期改正，对造成严重后果的会同纪检监察部门依法依纪进行查处。

第五条　公安信息通信网联网设备、边界接入和应用系统的使用单位是注册责任单位，应设信息安全管理员负责本部门的注册信息上报和安全检查；配合信息通信部门做好注册和安全监督工作。

第三章　设备注册

第六条　入网设备注册

（一）需连接公安信息通信网的设备，由设备使用单位负责对入网设备进行安全检查，并向本级信息通信部门提交《公安信息通信网设备入网注册申请表》（见附件1）。

（二）信息通信部门负责对注册信息进行审核，并做好安全检查的技术支持。同时定期或不定期地组织公安信息通信网的安全检查。

（三）对准许入网的设备，业务用计算机由使用单位负责网上注册，注册信息应当完整真实；其他设备由信息通信部门在监测系统中注册登记。

第七条　出网设备注销

（一）公安信息通信网中的设备因报废、停用、更换等原因需退出公安信息通信网的，均需向本级信息通信部门提交《公安信息通信网设备变更/出网注销申请表》（见附2）。

（二）使用单位的信息安全管理员要对出网设备存储的敏感数据、文件和网络配置等信息进行清理删除。

（三）信息通信部门负责注销出网设备的注册信息，并做好相关技术处理工作。

第八条　设备的使用单位、使用人及网络地址等信息发生变动时，需向本级信息通信部门提交《公安信息通信网设备变更/出网注销申请表》，更新设备注册信息。

第九条　需送外维修的设备，应当按照本办法第七条规定的工作程序办理，并送定点维修单位进行维修。重要计算机设备在维修前应将硬盘等信息存储部件拆除。设备维修结束后应按入网注册工作程序办理。

第十条　临时联入公安信息通信网的设备，使用单位需向本级信息通信部门申请，并进行入网安全检查，使用完毕即办理出网注销手续。信息通信部门应进行技术处理并做好备案登记。

第十一条　发生"一机两用"等违规行为被停机使用的设备，由责任单位报经地市级以上公安机关信息通信部门进行安全检测和审查，通过安全检查后才能再次启用。

第四章　边界接入注册

第十二条　公安机关各业务部门通过公安信息通信网接收外部信息，应向本级公安机关信息通信部门申报，并逐级上报至省级公安机关信息通信部门审批。公安部各直属单位通过公安信息通信网接收外部信息，由公安部信息通信局统一受理并承办。使用单位应当提交《公安信息通信网边界接入注册登记表》（见附件3）。

第十三条　部、省、地（市）三级公安信息中心分别建立公安信息通信网边界接入平台，统一负责对外信息服务和接收外部信息的边界接入管理。边界接入平台不得连接国际互联网。公安机关其他部门不得擅自建立与外部的网络连接。

第十四条　已注册的边界接入的内容和方式发生变化时，使用单位应当重新办理注册手续。边界接入停用时，使用单位应提出申请，信息通信部门负责注销登记。

第五章　应用系统注册

第十五条　需连接公安信息通信网运行的应用系统，由应用系统使用单位向同级信息通信部门提交《公安信息通信网应用系统注册登记表》（见附件4和附件5）及相关材料，并报地（市）级以上公安信息通信部门进行入网安全检测、标准审核等核查工作。

第十六条　经检测、审核合格的应用系统，信息通信部门负责登记并备案管理。

第十七条　已注册需升级的应用系统，使用单位应重新报批；需停用、报废的应用系统，使用单位应提出申请，信息通信部门负责注销登记。

第六章　安全监督

第十八条　各级公安机关信息通信部门应当监督、检查、监测已注册设备、边界接入和应用系统的运行、管理以及安全技术措施的落实情况，并定期组织进行安全检查，对安全检查中发现的问题，提出整改意见。

第十九条　当发生由于设备、边界接入和应用系统等不符合入网要求，并严重影响公安信息通信网正常运行的紧急情况时，信息通信部门有权中断其与公安信息通信网的连接，关闭、拆除、封存可能影响安全或有安全隐患的设备，并调查事件原因。

第七章　法律责任

第二十条　对未经注册的设备、边界接入和应用系统，信息通信部门有权予以阻断入网，由此造成的后果由使用单位承担。对公安信息通信网络造成严重危害的，信息通信部门应当会同公安纪检、监察、督察部门追究使用单位和责任人的责任。触犯国家有关法律法规的，由有关部门依法追究法律责任。

第二十一条　违反本办法，擅自将公安信息通信网及设备外联其他网络、卸载监控程序、逃避监控、扰乱注册工作的，按照《公安机关人民警察使用公安信息网违规行为行政处分暂行规定》给予使用单位和有关责任人相应处分。

第二十二条　对在规定期限内未完成整改的使用单位，信息通信部门有权暂停其连接公安信息通信网。

第八章　附　则

第二十三条　本办法中下列用语含义为：

（一）注册，是指对连接公安信息通信网的设备、边界接入和应用系统的相关信息进行审批和登记备案。

（二）设备，是指连接公安信息通信网并使用公安网络地址的各类计算机设备、网络设备、安全专用设备，以及语音、视频、存储备份、传输交换等专用设备。

（三）边界接入，是指通过公安信息通信网对外提供、接收信息时，所采用的数据交换方式。

（四）应用系统，是指在公安信息通信网上运行的各类业务信息系统和网站。

第二十四条　本办法实施前已使用的边界接入、应用系统，由使用单位补办审批手续。

第二十五条　各级公安机关可依照本办法，结合本地实际情况制定实施细则。

第二十六条　本办法自印发之日起实施。

3.《公安机关人民警察使用公安信息网违规行为行政处分暂行规定》

第一条　为切实加强公安信息网络安全管理工作，规范公安机关人民警察使用公安信息网，落实"谁主管、谁负责""谁使用、谁负责"的管理责任制，根据《中华人民共和国人民警察法》、《中华人民共和国计算机信息系统安全保护条例》等有关法律、法规，制定本规定。

第二条　公安机关人民警察（以下简称公安民警）使用公安信息网行为，是指公安民警在公安信息网上进行的软硬件安装与开发、信息发布、信息查阅、应用等行为。

第三条　对公安民警违反规定使用公安信息网的，应当根据违纪行为的性质、情节和后果，依据本规定给予行政处分。

第四条　违反"一机两用"规定，将公安信息网及设备外联其他信息网络，或者擅自拆除监控程序、逃避监控、扰乱上网注册工作的，给予通报批评或者警告处分；造成严重后果的，给予记过以上处分。

第五条　编制或者传播计算机病毒等破坏程序，故意扫描、侵入公安信息系统，破坏公安信息网站、窃取数据的，给予记大过或者降级处分；造成严重后果的，给予撤职或者开除处分。

第六条　擅自在公安信息网上开设与工作无关的个人网站（页）、聊天室、BBS 等网站（页）的，给予警告处分；造成严重后果的，给予记过处分。

第七条　在公安信息网上捏造或者歪曲事实，散布谣言，侮辱、诽谤、诋毁他人，破坏他人名誉的，给予警告或者记过处分；情节严重的，给予记大过以上处分。

第八条　在公安信息网上编造、转发危害国家安全、淫秽色情、封建迷信等有害信息的，给予记大过或者降级处分；情节严重的，给予撤职或者开除处分。

第九条　未经审查和批准，从其他信息网络直接下载、转发、粘贴信息到公安信息网，造成病毒感染或者其他不良后果的，给予警告处分；后果特别严重的，给予记过以上处分。

第十条　擅自允许非公安民警登录、使用公安信息网，或者擅自向社会提供公安信息网站和应用系统数据的，给予通报批评或者警告处分；造成严重后果的，给予记过以上处分。

第十一条　对于管理松懈，多次发生公安民警违规使用公安信息网行为，或者导致发生公安信息网重大安全案（事）件的单位，除对直接责任人给予处分外，对单位有关领导根据规定给予通报批评或者行政处分。

第十二条　对发生公安信息网重大安全案（事）件隐瞒不报、压案不查、包庇袒护的，对所在单位有关领导应当从重处理。

第十三条　对违反本规定，构成犯罪的，应当依法追究刑事责任；错误比较严重，又不宜给予开除处分的，应当予以辞退。

第十四条　公安边防、消防、警卫部队官兵使用公安信息网的违规行为，参照本规定进行处理。

公安院校学生、公安机关聘用、借调人员以及其他经允许可以使用公安信息网的人员，其违规行为由所在单位根据有关规定处理。

第十五条　本规定由公安部监察局负责解释。

第十六条　本规定自公布之日起施行。

（公安部2005年4月12日颁布）

4．公安信息系统数字身份证书管理办法（试行）

第一章　总则

第一条　为加强和规范全国公安机关人民警察使用公安信息系统数字身份证书（以下简称证书）在公安信息网上从事相关公安业务工作的管理，根据《中华人民共和国计算机信息系统安全保护条例》和公安部《公安计算机信息系统安全保护规定》及其他有关法律法规，制定本办法。

第二条　公安信息系统数字身份证书是经公安身份认证系统数字签名的包含持有者信息（包括姓名、身份证号、机构代码、职级、岗位、任职等）以及公开密钥的文件，存储在物理介质中使用保管。

第三条　公安信息系统数字身份证书的管理单位为公安各级信息通信部门。

第四条　本办法适用于在公安信息网上从事相关公安业务工作的个人与单位。公安信息系统数字身份证书的发放范围为各级公安机关的在职人民警察和部门，发放原则为"按需发放"。

第二章　职责

第五条　证书采用部、省二级的分级管理办法。

第六条　公安部信息通信局负责部机关、直属机构和特别省份的警员证书的签发与管理。

第七条　各省、直辖市、自治区信息通信部门负责本省（直辖市、自治区）范围内的警员证书的签发与管理。

第八条　部、省两级通信部门在下属单位设立的证书注册中心和受理点，负责管辖范围内的证书受理、审核、制作、发放等相关工作。

第九条　证书持有者所在单位对证书持有者的证书申请、更新、停用、撤销、补发及使用负有审批和监管职责。

第十条　政工或人事部门对警员的身份信息属实性负有监督的责任，并通过警员信息资源库的共享，为公安身份认证与访问控制管理系统提供警员身份信息支持。

第三章　证书申领与变更

第十一条　证书申请与审核。证书申请者如实填写《公安信息系统数字身份证书申请表》，由申请者所在单位审批同意，提交到所属的证书受理点，受理点负责比对申请者填写内容与警员信息资源库是否一致。

第十二条　证书领取。原则上证书由证书申请者所在单位代领代发。

第十三条　证书更新。证书持有者的工作部门、职级、岗位、任职等信息有变动时，应及时填写《公安信息系统数字身份证书撤销/停用、恢复、更新申请表》，由本单位审批，提交到所属的证书受理点。

第十四条　证书停用与恢复。半年以上不需要使用证书的证书持有者应及时填写《公安信息系统数字身份证书撤销/停用、恢复、更新申请表》，由本单位审批，提交到所属的证书受理点；需要重新使用证书时，再申请恢复。

第十五条　证书撤销与收回。不再具备使用证书资格的证书持有者，应及时填写《公安信息系统数字身份证书撤销/停用、恢复、更新申请表》，由本单位审批，提交到所属的证书受理点，并将证书介质交回原证书制作单位。

第十六条　证书补发申报。发现证书介质丢失或损坏后，应及时向各级信息通信部门报告，并申请停用或撤销证书。确实无法找回或修复证书介质的，可申请补发，补发程序按证书申请程序办理。

第四章 证书介质管理

第十七条 证书介质按照"专人专用"的原则使用，按照"谁持有，谁负责"的原则管理。

第十八条 证书持有者领取证书后应及时更改证书介质保护口令，防止他人冒用。证书持有者应定期更改证书介质保护口令，若发现口令可能泄露，应立即更改。

第十九条 证书使用完毕，证书持有者应立即从计算机上取下证书介质并妥善保管，防止他人非法使用。

第二十条 严禁未经批准将证书转借他人使用。

第二十一条 严禁私自借用或盗用他人证书。

第五章 罚则

第二十二条 私自借出、盗用他人证书或恶意使用证书等原因造成安全案件或事故的，视其情节轻重，予以通报批评或行政处分，违反国家法律或有关规定的，由有关部门依法追究其法律责任。

第二十三条 不能严格执行本管理办法造成工作失误，后果严重的对责任人进行批评教育，对其所在单位或责任人予以通报批评。

第六章 附则

第二十四条 本办法由公安部信息通信局负责解释。

第二十五条 各地可依照本办法结合本地实际情况，制定相应管理细则。

第二十六条 本办法自发布之日起施行。

四、公安网网络安全知识

(一)"一机两用"知识

1. "一机两用"的定义

"一机两用"行为指公安信息网内的计算机设备同外网（互联网）进行连接的行为。包括同时连接公安网和互联网，以及断开公安网后连接互联网。

2. "一机两用"发生的原因

（1）操作失误，将公安信息网内的计算机设备同外网（互联网）进行连接。

（2）计算机送外修时，被其他人接入互联网（收发邮件、升级系统、下载驱动程序等）。

（3）将连接公安网的计算机设备带到公共环境后（在线或离线），不小心接入互联网，或被无线上网系统自动接入互联网。

（4）有意外联互联网。

3. "一机两用"行为的危害

（1）引入计算机病毒。

（2）导致公安网络被黑客攻击。

（3）造成公安专网内部信息泄露。

4. "一机两用"对公安机关人民警察的影响

根据《公安机关人民警察使用公安信息网违规行为行政处分暂行规定》，违反"一机两用"规定的，给予通报批评或者警告处分；造成严重后果的，给予记过以上处分。

5. 计算机注册的方法

首次连接公安网时，会弹出要求注册的窗口，按照提示如实、完整地填写相关项目（所有带*的项必须填写），点击"注册"即可。

(二)防病毒知识

1. 计算机病毒的定义

广义定义：能够引起计算机故障，破坏计算数据的程序统称为计算机病毒。

标准定义：计算机病毒，是指编制或者在计算机程序中插入的破坏计算机功能或者毁坏数据，影响计算机使用,并能自我复制的一组计算机指令或者程序代码。

2. 计算机病毒的危害

造成数据毁坏、丢失;破坏系统如硬盘、主板等硬件;影响网络正常功能,甚至网络瘫痪;破坏系统软件;为系统留"后门",为黑客窃取数据提供途径;降低计算机系统性能。

3. 最常用的防病毒措施

安装防病毒软件及时查杀病毒并且给系统打补丁,进入公安网上的"补丁检测中心",系统会自动检测到计算机需要安装的补丁,选择需要安装的补丁,下载安装。连接到公安网的计算机都要安装补丁,一般一周要检测一次是否需要安装新补丁。

4. 如何安装防病毒软件

目前,各省大部分地方都建成了网络版防病毒软件,网络上提供下载安装。建议安装网络版,能够及时升级和配置。

(三) 数字证书有关知识

1. 什么是数字证书

数字证书,又可称之为"数字身份证""网络身份证",是由PKI系统的认证中心发放并数字签名的电子文件,主要用来证明持证者的真实身份。数字证书可以存放在计算机硬盘、软盘、IC卡、U盘或CPU卡中。

2. 数字证书如何使用

可以使用数字证书登录全国公安身份认证与访问控制管理系统网站(https://10.1.1.111/gaca/index.php),访问全国各地应用系统,查询各类信息资源。

3. 公安民警使用数字证书有什么要求

(1) 按规定申领证书,及时更换默认口令,妥善保管证书。

(2) 多使用证书。

(四) 违规网站有关知识

1. 网站上哪些信息是违规的

(1) 有害信息:危害国家安全、淫秽色情、封建迷信等。

(2) 不健康言论:散布谣言、侮辱、诽谤、诋毁他人的言论等。

(3) 与工作无关的网站(页)、论坛、视频点播等。

(4) 违规栏目:交友、娱乐、电影频道等。

(5) 违规服务:网络游戏、聊天室、BBS、BT、迅雷、P2P下载、即时通信等。

2. 个人开设违规网站的后果

根据《公安机关人民警察使用公安信息网违规行为行政处分暂行规定》,开设违规网站的处分有:警告、记过、记大过、降级、撤职和开除。

【本章小结】

在"第一章 公安信息化技术基础概述"中介绍的主要内容包括:公安信息化的概念;我国公安信息化建设的现状;我国"金盾工程"建设背景、建设目标、建设情况等;公安信息化网络体系;公安网络和信息安全管理基本知识,以及使用公安网注意事项。

【公安实训练习】

一、选择题(单)

1. 对准许连接公安网的计算机,要由使用单位进行安全检查,并需提交《公安信息通信网设备入网注册申请表》。负责接受申请表的部门为(   )。

A. 上级网络监察部门　B. 本级信息通信部门　C. 上级信息通信部门　D. 本级网络监察部门

2. 某民警用数码相机拍了些相关证据照片，要写一份关于案件进展的图文并茂的报告，最适合他写报告的软件是（　　）。

3. 公安信息系统数字证书的PIN码重试次数是有限的，超过重试次数，则PIN码锁死，那么重试次数最多为（　　）。
　A. 3次　　B. 5次　　C. 10次　　D. 8次

4. 新制作完成的公安数字身份证书，我们首先要对其如何处理？（　　）
　A. 插入本机电脑进行查询，看看制作后的证书是不是好用　B. 对原始密码进行更改
　C. 仔细保存起来，以免损坏　　　　　　　　　　　　D. 以上都不是

5. "出网"指曾接入公安信息网的计算机（　　）连接公安信息网。
　A. 不再　　B. 永久　　C. 曾经　　D. 移到其他单位

6. 登录公安部人口信息查询系统应采用哪种方式？（　　）
　A. 口令方式访问　　B. 匿名方式访问　　C. 指纹认证方式访问　　D. 数字身份证书方式访问

7. "进不来""拿不走""看不懂""改不了""走不脱"是网络信息安全建设的目的。其中，"拿不走"是指下面哪种安全服务？（　　）
　A. 数据加密　　B. 身份认证　　C. 数据完整性　　D. 访问控制

8. 在大多数情况下，病毒侵入计算机系统以后，（　　）。
　A. 病毒程序将立即破坏整个计算机软件系统
　B. 计算机系统将立即不能执行我们的各项任务
　C. 病毒程序将迅速损坏计算机的键盘、鼠标等操作部件
　D. 一般并不立即发作，等到满足某种条件的时候，才会进行破坏活动

9. 民警王某使用的公安数字身份证书密码忘记了，他需要如何做才能重新获取密码使用证书？（　　）
　A. 自己格式化证书
　B. 在本地计算机上下载数字证书在线管理系统即可重新设置密码
　C. 必须到市局科技处由市局中心安全管理员使用数字证书解锁盘对忘记密码的数字身份证书进行密码解锁
　D. 丢弃证书

10. 公安网计算机硬盘损坏后，以下哪种说法是正确的？（　　）
　A. 可以将该台公安网计算机闲置
　B. 损坏的硬盘不可以带离公安机关进行返厂维修，应该登记后统一封存保管
　C. 登记后可以带离公安机关进行返厂维修
　D. 可以直接将损坏硬盘丢弃

答案：1-5　BCCBA　6-10　DDDCB

二、选择题（多）

1. 通过多种渠道广泛采集信息，依靠社会力量进行社会化采集是指（　　）。
　A. 房屋中介　　B. 行政机关　　C. 企事业单位　　D. 娱乐场所

2. 使用关键词检索时，要检索结果包括"社区"并且包括"治安"的所有网页，则关键词可以是（　　）。
　A. 社区治安　　B. 社区+治安　　C. 社区＆治安　　D. 社区-治安

3. 使用关键词检索时，要检索结果包括"社区"但是不包括"物业"和"业主委员会"的所有网页，则关键词可以是（　　）。

A. 社区-"物业业主委员会"　　B. 社区-(物业 and 业主委员会)
C. 社区-(物业 or 业主委员会)　D. 社区-(物业%业主委员会)

4. 使用关键词检索时，要检索结果包括"交通肇事"并且包括"老太太"的所有网页，则关键词可以是（　　）。
A. 交通肇事 and 老太太　　B. 交通肇事 老太太　　C. 交通肇事+老太太　　D. 交通肇事 & 老太太

5. 设置密码的规则有（　　）。
A. 使用复杂密码　　B. 经常更换密码　　C. 使用警号作为密码　　D. 使用较长密码

6. 公安信息采集的手段有（　　）。
A. 利用专业工具采集　　B. 利用经验教训采集　　C. 利用网络采集　　D. 利用传统工具采集

7. 公安信息系统数字证书包含持有者信息有（　　）。
A. 姓名　　B. 等级　　C. 岗位　　D. 身份证号

8. 使用关键词检索时，要检索结果包括"盗窃"，但不包括"团伙"的所有网页，则关键词可以是（　　）。
A. 盗窃 0 团伙　　B. 盗窃=团伙　　C. 盗窃！团伙　　D. 盗窃-团伙

9. 公安信息采集的途径有（　　）。
A. 接受群众报警求助　　B. 案件推理　　C. 入户走访调查　　D. 利用社会化手段搜索

10. 常用的专业公安信息采集工具有（　　）。
A. 数码相机　　B. 摄像机　　C. 活体指纹采集仪　　D. 投影机

11. 在日常工作中，公安民警常用应用软件有（　　）。
A. Office 软件包　　B. 杀毒软件　　C. 网络浏览器　　D. 压缩软件

12. 公安信息系统数字证书的访问方式有（　　）。
A. 单点访问方式　　B. 多点访问方式　　C. 特权访问方式　　D. 增强型单点访问方式

13. 属于公安信息的密级分类的是（　　）。
A. 绝密级　　B. 内部级　　C. 秘密级　　D. 机密级

14. 下列行为属于"一机两用"的是（　　）。
A. 使用公安网专用笔记本在家上网
B. 用打开无线网卡的笔记本连接公安网
C. 将新买的计算机用最新的杀毒软件处理后直接联入公安网
D. 将新买的无线网络设备同时连接公安网和互联网

15. 下列属于公安八大信息资源库的是（　　）。
A. 全国警员基本信息资源库
B. 全国出入境人员信息资源库
C. 全国安全重点单位信息资源库
D. 全国在逃人员信息资源库

答案：1. ABCD　2. ABC　3. AB　4. ABCD　5. ABD　6. ACD　7. ACD　8. CD　9. ACD　10. ABC　11. ABCD　12. AD　13. ABCD　14. ABD　15. ABCD

三、判断题

1. 在公安信息录入中，"二代证"读卡器提高了信息采集质量。答案为：
2. 公安信息系统数字证书的发放范围是各级公安机关在职的人民警察和部门，发放原则是每人一个。答案为：
3. 公安网专用计算机的操作系统只要重装后，就可以连接到互联网中使用。答案为：
4. 利用网络进行采集工作的民警要特别掌握搜索引擎的使用，收集涉及本单位管控人群或案

（事）件的网上信息。答案为：

5. 公安网络专用计算机出现故障时，要先将重要的存储部件拆除后再送到指定的维修单位维修。答案为：

6. 有了公安信息系统数字证书就可以访问所有的公安信息系统。答案为：

7. 民警在采集信息时，可以按照主观愿望增加或减少内容。答案为：

8. 发生"一机两用"违规行为被停用的计算机，经过最新杀毒检查后就可以继续连接到公安网中使用。答案为：

9. 目前，办公常用的计算机为微型计算机，主要为台式计算机和笔记本电脑。答案为：

10. 必须按照"谁接（处）警谁采集、谁采集谁负责"的原则，准确如实采集以"五何"（何人、何地、何物、何事、何果）要素为重点的相关信息。答案为：

11. 民警所在单位要定期检查或抽查个人对于工具的使用、保管情况，发现问题及时整改。各类工具采集的信息数据格式要按照本单位的工作实际统一要求。答案为：

12. 公安网的入网计算机 IP 地址可以任意配置。答案为：

13. 任何人不得在中国公安信息网上存储、传输任何有害信息，一经发现要按照法律法规追究当事人责任。答案为：

14. 处理涉密信息的计算机应专机专用，按保密要求设置开机口令，定期对口令进行更换。答案为：

15. 凡是公安机关没有正式对外公开的信息，都是保密信息。用来存储这些保密信息的计算机存储介质，就是涉密计算机存储介质，就需要采取保密管理措施。答案为：

16. 凡是涉及国家秘密的信息不得在公安网的非涉密域和互联网等其他非涉密网上发布。答案为：

17. 数字证书第一次授权有效期为 10 年。答案为：

18. 当发生自然网络安全事件时，应根据实际情况，在保障人身安全的前提下，首先保障设备安全，然后是数据的安全。答案为：

19. 公安民警不得擅自允许非公安人员登录、使用公安信息网，不得擅自向社会提供公安信息网站和各类应用系统的信息数据。答案为：

20. 证书介质持有者发现证书介质遗失、被盗时，应立即向所在单位领导书面报告，并向信息通信部门申请原证书的停用或撤销。答案为：

答案：1-5 对错错对对　6-10 错错错对错　11-15 错错对对对　16-20 对错对对对

第二章 公安信息的采集、录入技术

【教学目标】

1. 公安信息的采集
2. 公安信息的录入
3. 键盘键位分区
4. 键盘指法
5. 搜狗拼音输入法使用技巧
6. 图片的录入、转化与文字提取

第一节 公安信息的采集与录入

一、公安信息

（一）信息

虽然经常使用信息这个词语，可是对它的确切含义并不清楚，经常将它与消息、数据、情报、信号、知识等概念混同起来。在人们生活的时空范围内，存在着各种各样的信息，它的种类繁多。信息的概念非常广泛，从不同的角度对信息可下不同的定义。纵观人们对信息的认识历史，提出的信息概念不下百种。对人类而言，人的五官生来就是为了感受信息的，它们是信息的接收器，它们所感受到的一切都是信息。

数据不是信息，数据往往用来指那些零散的、片断的、没有联系的事物；而对数据进行挖掘，找出其内在联系，形成有价值的、整体性的东西，就变成了信息。情报是特定的信息，它产生于特定的领域；情报具有信息所不具备的保密性、特定性、时间性等特点。信号通常应用于通信领域，它与"信息"的区别比较明显；信号是信息的载体，信息是信号的内容。消息往往用于指那些最新的动态。同样的一条消息，对于不同的人，其所表现出来的信息内容可能会有所不同。

信息具有的基本特征如下：

(1) 可量度。信息可采用某种度量单位进行度量，并进行信息编码。
(2) 可识别。信息可采用直观识别、比较识别和间接识别等多种方式来把握。
(3) 可转换。信息可以从一种形态转换为另一种形态。
(4) 可存储。信息可以存储。
(5) 可处理。人脑就是最佳的信息处理器。计算机也具有信息处理功能。
(6) 可传递。信息的传递是与物质和能量的传递同时进行的。
(7) 可再生。信息经过处理后，可以以其他形式再生。
(8) 可压缩。信息可以进行压缩，可以用不同信息量来描述同一事物。
(9) 可利用。信息具有一定的实效性和可利用性。

（10）可共享。信息具有扩散性，因此可共享。

（二）信息处理

信息处理就是对信息的接收、存储、转化、传送和发布等。随着计算机科学的不断发展，计算机已经从初期的以计算为主的计算工具，逐渐演变成了信息处理的工具。在计算机信息处理领域，从计算机能处理的信息形式看，信息可以分为文本信息、多媒体信息和超媒体信息；从信息的结构化程度看，信息可以分为结构化信息、半结构化信息和非结构化信息。在信息安全领域，信息有公开的信息、一般保密信息和绝密信息等。

进一步分析计算机信息处理的过程，可以看到，信息接收包括信息的感知、信息的测量、信息的识别、信息的获取以及信息的输入等；信息存储就是把接收到的信息或转换、传送或发布中间的信息通过存储设备进行缓冲、保存、备份等处理；信息转化就是把信息根据人们的特定需要进行分类、计算、分析、检索、管理和综合等处理；信息传送把信息通过计算机内部的指令或计算机之间构成的网络从一地传送到另一地；信息发布就是把信息通过各种表示形式展示出来。

计算机信息处理的过程实际上与人类信息处理的过程一致。人们对信息处理也是先通过感觉器官获得的，通过大脑和神经系统对信息进行传递与存储，最后通过言行或其他形式发布信息。

（三）公安信息资源

信息资源是指人通过一系列的认识和创造过程，采用符号形式储存在一定载体（包括人的大脑）之上的，可供利用的全部信息。信息资源是人类社会活动、物质生产、文化生活中获取的一切信息的总称。

公安信息资源就是指公安机关在维护国家安全、维护社会治安稳定、打击违法犯罪、保护公民的人身安全人身自由合法权益、服务群众等工作中，收集、整理、加工、传递和利用一切信息的总和。

公安信息种类繁杂，数据量庞大，为了更好地对公安数据信息存储、转化、分析、管理，将公安信息进行合理分类。常用的公安信息资源分类方法是按照公安工作的业务性质进行划分，根据公安信息系统的资源需求来区分。

（1）户政管理类。主要包括常住人口信息资源、暂住人口信息资源、工作对象信息资源、出租房屋信息资源。

（2）治安管理类。主要包括旅店宿登信息资源、特种行业信息资源、枪支管理信息资源、涉毒人员管理信息资源、重点单位管理信息资源、治安案件信息资源。

（3）刑侦管理类。主要包括刑事案件信息资源、违法犯罪人员信息资源、在逃人员信息资源、被盗抢机动车信息资源、被盗抢枪支信息资源。

（4）交通管理类。主要包括驾驶员档案信息资源、机动车档案信息资源、交通违法肇事信息资源。

（5）涉外管理类。主要包括出入境信息资源、中国公民护照信息资源。

（6）监管类。主要包括看守关押人员信息资源、治安拘留人员信息资源、收容教养信息资源、隔离戒毒信息资源。

二、信息采集

（一）信息采集概念

信息采集是指信息资源方面的准备工作，主要包括对信息的收集和处理。公安机关的信息采集是指公安民警围绕开展的公安业务工作所进行的信息采集工作。既有传统的笔记、口记、心记方法，也有现代的计算机、录音笔、数码照相机、摄像机、监控设备、指纹活体采集设备等电子采集方法，同时还包括对采集到的信息进行分类、归纳、整理、入档等步骤最终形成有效的信息采集。

公安信息采集是公安信息化的起点，也是公安信息化的基础，一切信息化活动的应用都必须依托于信息采集。只有鲜活的信息采集工作开展，才能使信息化工作成为有源之水。信息采集由于是围绕公安业务工作开展的，因此也有公安业务工作的相关要求，体现了信息采集主体公安民警的特殊性，信息采集内容的安全保密性，信息应用的合法性。

公安信息采集内容要客观地体现采集对象的原本信息；公安信息采集范围要尽可能地覆盖全部采集对象，力争达到没有信息采集死角；公安信息采集时间上要及时准确，鲜活的信息才能准确地体现采集对象的真实信息，才能真正体现信息应用的价值所在；信息采集的集中处理，只有信息的集中才能达到信息的共享，才能为全国各地的公安工作服务。

（二）信息采集原则

1. 信息采集的客观性

信息采集是对采集对象真实、客观的体现，必须保证采集信息真实地体现采集对象的信息。在信息采集过程中要注意采集对象的真实，信息采集源的真实可靠；同时还要保证采集过程中客观准确地反映采集对象，不能因为采集人员的技术水平或采集工具的使用情况而影响采集效果，更不能因为采集人员的责任心而编造采集信息。错误的信息、虚假的信息、误差的信息都应该在采集过程中避免出现，只有这样才能保证信息化工作的开展顺利进行，才能体现信息化建设的真正意义。

2. 信息采集的规范性

在信息采集过程中有相关公安工作业务的要求，必须满足业务要求才能为业务工作所采用，才能为具体业务工作服务。信息采集还要满足相关技术手段的规范要求，不符合技术要求的信息也就无法利用信息手段加以管理和应用。因此，信息采集工作既要符合具体公安业务工作的规范要求，还要符合相关技术手段的规范要求。

3. 信息采集的时效性

信息采集是对采集对象的真实客观反映，随着时间的变化采集对象也在不断地变化。如果采集信息不能跟上采集对象的变化而变化，也就不能准确地体现采集对象。同时信息采集工作也要快速、准确、有条不紊地进行，不能因为工作的效率而影响工作的进度，从而影响信息采集的真实内容。

4. 信息采集的广泛性

信息采集工作要广泛全面地推开，至少在一个区域要广泛全面地铺开。相同区域内有的地区开展信息采集工作，有的地区不开展信息采集工作，会造成采集对象的转移，也就无法真实地把握采集对象的内容，不能真实准确地反映采集对象的信息。

5. 信息采集的持久性

信息采集工作不是短期的工作任务，更不是近期的专项行动，它是一项长期的工作任务。信息采集是围绕公安工作任务长期存在的工作任务，必须建立信息采集的长效机制，只要工作任务存在，信息采集任务也就存在。

（三）信息采集途径

1. 公安业务工作中收集相关业务信息

在实际的公安工作过程中，有很多业务信息需要进行采集、筛选、分类、汇总，这些信息也是信息采集的主要获取途径之一。在治安管理过程中，相关特种行业的管理信息采集；在刑事案件现场勘查过程中，犯罪现场信息的采集；在监所管理过程中，被监管人员的信息采集；在消防监管过程中，消防安检的信息采集；在网安管理过程中，网上营运以及服务场所的信息采集。在公安工作的具体业务中有很多信息需要采集，只要有业务工作的存在就有相关业务信息的存在，也就同样需要进行信息采集。

2. 人民群众举报求助过程中收集信息

公安业务信息采集并不能全面地采集到所有的信息数据，有时人民群众的举报求助也是获取信息的途径之一。处置报警求助既是公安机关的法定职责，也是公安机关的业务所在。在报警求助过程中会有很多隐藏在人民群众中的信息能够挖掘出来，这些信息往往是公安具体业务工作过程中不太容易采集到的信息，也是对公安工作具有重要意义的信息。

3. 公安工作过程中需要架设设备获取信息

在公安工作过程中为了更好地维护国家的安全、社会的稳定、人身的权利，需要架设信息获取设备进行监管服务，在这些监管设备中可以获取大量的信息。在实际的交通道路管理过程中，摄像监控设备可以获取大量的车辆以及相关人员信息；在网络监管过程中，可以大量地获取相关的网络信息。

4. 公安机关相关业务部门的信息报送采集

公安机关内部有时也需要进行信息交流，同样也可以采集到大量的信息，如刑事案件侦查过程中相关人员的信息采集；治安管理过程中在逃人员信息采集分析。由于公安机关具体的业务不是孤立的业务，而是各种业务之间具有千丝万缕的联系，因此各业务部门之间也需要信息交流采集。

5. 社会力量信息采集

公安机关的工作不是公安机关内部事物的处理，而是为社会提供必要的安全保证，为人们的生活、工作、学习提供安全稳定的环境。因此，公安机关必须拥有相关的社会信息才能更好地管控社会，为社会提供服务和帮助。社会信息采集可以形成全社会的信息大采集，有效弥补了信息采集面狭窄的缺陷。

（四）信息采集方法

1. 根据信息采集主体应用的方法不同，分为人工采集方法和系统采集方法

（1）人工采集方法。人工采集方法就是指信息采集主体利用手工输入信息的方法采集信息。该方法具有采集信息灵活多样，能够真实准确地体现信息采集对象的信息内容。人工信息采集方法同样具有信息采集时间较长，耗费人力、物力、财力较大，对于一些原始不可复制的信息采集较为适用。在实际公安业务中，现场勘查信息采集、询问笔录信息、物品扣押等内容都是各种案件各不相同的信息内容，因此只能通过手工的人为录入信息为主，利用各种系统管理为辅。

（2）系统采集方法。由于现代科技的发展，一些信息采集可以完全不同人工采集就可以获取相关的信息，节省了大量的人力、物力。但系统采集信息相对比较固定，比较城市化，无法达到客观准确的要求。在实际的交通道路管理监控系统中，一些交通流量信号就是利用系统自动采集，在实际公安工作需要时再进行调取应用。在网络信息监管时也可以利用系统进行自动的信息采集，获取相关的网络信息。系统信息采集有时也是需要人为的干预，进行微调，只是采用以系统采集为主，以人工采集为辅的信息采集模式。

2. 根据信息采集主体与信息内容的采集关系进行划分，可以分为直接采集方法和间接采集方法

（1）直接采集方法。直接采集方法是指通过实地调查、采访、亲身经历、亲眼目睹获得的第一手资料的信息采集方法。直接信息采集方法是信息采集主体亲自获取信息，是经过主体的验证的信息。

（2）间接采集方法。间接采集方法是指通过某种介质或载体间接获取信息的方法。间接信息采集方法并没有采集主体的亲身体验，而是间接途径的信息获取。

三、信息录入

（一）信息录入概念

信息录入是指将采集到的各种形式的信息，按照具体应用系统的要求进行输录的过程。由于信息采集内容的不同，信息所表现的形式也不尽相同，有些信息是以文本、字符、数值形式采集的，有些信息是以声音、图片形式采集的，有些信息是以视频、动画形式采集的。可以说采集到的信息形式多种多样，要将这些信息录入应用系统当中必须使其信息的格式符合系统的需要，符合系统要求的信息才能录入信息系统中。

（二）信息录入原则

1. 规范性原则

规范性是指在信息录入时必须满足录入系统的规范要求，不满足系统规范要求的信息是不能通过信息录入的。各种信息系统在应用之前都要有相应的数据字典，数据字典中规范了各种信息录入时应该满足的格式规范要求。例如，文本输入的字符串的长短；数据输入的表示范围；图片输入时的尺寸大小和文件内容大小；声音输入时的声音频率和声音音量大小；视频输入时的内容大小等。所有采集

到的信息必须符合数据字典的要求才能录入信息系统中，才能被使用。

2. 真实性原则

为了达到信息的规范性一定要注意信息的真实性，不要因为信息的规范而造成了信息失真，不能够如实体现信息本身的原意。例如，图片信息的内容大小压缩时不能失去图像原来的信息内容，简单的图片尺寸大小并不能够真实地体现原信息的内容。失真的、无效的信息录入到信息系统之中只能对信息化建设造成干扰，降低信息系统的使用效率。

3. 完整性原则

在进行信息系统录入信息时要保证信息录入的完整性。所谓完整性，就是指录入的信息应该具备的信息就不能丢失，应该有的信息项目就不能削减。缺失信息项目内容的信息是不完整的信息，只有完整地信息内容才能完整地体现信息的原内容，体现信息的本意。

4. 及时性原则

在信息采集之后要尽可能迅速地将信息录入信息系统中，信息录入是具有时效性的。采集信息不是无休止地等待录入状态，只有录入信息系统中的信息才是鲜活的，才能充分发挥信息系统的作用。在信息录入满足及时性的时候，一定要注意信息的真实性、完整性和规范性，不合格的信息反而可能造成负面效应。

（三）信息录入流程

1. 整理

无论何种方式采集的信息，都必须对信息进行整理，按照信息系统的完整性要求进行整理。整理就是对信息进行录入前的分析完善，对于一些不够完整的信息内容要进行补充。例如，出生日期信息系统要求要有年月日，则必须完善信息内容具备年月日的要求。整理的同时也是对信息项目的完整程度进行整理。例如，常住人口信息系统中应该具备的信息项目必须满足。整理就是使信息无论从信息内容还是从信息项目上都满足信息系统的要求。

2. 规范

在满足信息内容和信息项目的要求之后，要对信息的格式进行规范。按照信息系统的数据字典进行信息规范，满足信息系统的格式规范要求。对信息进行规范的过程中不要改变信息的原意，以修改信息原意来满足信息系统的要求是不可取的、无意义的工作。在信息系统适用初期可以对信息系统的要求规范进行调整，以此来满足信息本意的不变。

3. 输录

信息输录是信息录入的实施阶段。信息输录根据信息系统的不同可以分为单机录入、多机录入。在信息输录时要注意信息的准确录入，不要丢失信息内容。在了解信息系统的基础之上能够充分了解录入信息的技巧，能够提高录入信息的准确度和效率。

4. 校对

录入结束后，应当对输入的内容加以检查后才能提交入库。校对是对前面信息输录的核实、检查，防止错误的信息录入信息系统中。校对分为输录校对和查询校对，输录校对是在输录信息的同时进行检查、核实；查询校对是在信息输录之后查询浏览检查信息的准确度。

（四）信息录入方法

1. 文字、字符、数值录入方法

文字、字符、数值录入是在信息录入中最常使用的方法。一般情况是通过键盘、鼠标来完成信息录入的，有些时候也可能会利用其他计算机输入设备，例如，光笔、触摸屏等方法输入信息。

2. 声音录入方法

声音录入方法较为复杂，录入途径也是多种多样。通过计算机现有的录音软件进行输入声音信息；通过录音笔将声音录入信息；通过光碟或其他存储介质录入声音信息；还可以在有的信息系统中直接现场录音。

3. 视频录入方法

视频录入方法也较为复杂，录入途径同样是多种多样。通过录像机录入视频信息；通过监控摄像录入视频信息；通过文件导入视频信息等。

4. 图像录入方法

图像录入方法有扫描仪扫描图像进行录入信息；数码照相机导入图像信息；也可以通过绘图软件导入图像信息。

5. 卡信息录入方法

对于各种信息卡内容的读取卡信息也越来越多。例如，身份证读卡信息、会员卡读卡信息等。

第二节　文字录入——搜狗拼音输入法

在目前众多的输入法中，搜狗拼音输入法始终凭借其高效、人性化设计的优势排在输入法排行榜的榜首位置，虽然与五笔输入法以及二笔输入法相比，它不是最快的，但其要求较低，不需要经过专业的培训，只要学过拼音就可以立即上手，也被广大的公安民警所使用。下面就介绍一下搜狗拼音输入法的日常使用及技巧。

一、搜狗拼音输入法概述

（一）基本介绍

搜狗拼音输入法是 2006 年 6 月由搜狐（SOHU）公司推出的一款 Windows 平台下的汉语拼音输入法。搜狗拼音输入法是基于搜索引擎技术的、特别适合网民使用的、新一代的输入法产品，用户可以通过互联网备份自己的个性化词库和配置信息。搜狗拼音输入法为中国国内现今主流汉字拼音输入法之一，奉行永久免费的原则。

（二）软件特点

1. 网络新词

搜狐公司将网络新词作为搜狗拼音最大优势之一。鉴于搜狐公司同时开发搜索引擎的优势，搜狐声称在软件开发过程中分析了 40 亿网页，将字、词组按照使用频率重新排列。在官方首页上还有搜狐制作的同类产品首选字准确率对比。用户使用表明，搜狗拼音的这一设计的确在一定程度上提高了打字的速度。

2. 快速更新

不同于许多输入法依靠升级来更新词库的办法，搜狗拼音采用不定时在线更新的办法大大减少了用户自己造词的时间。

3. 整合符号

这一项在同类产品中也有做到的，如拼音加加。但搜狗拼音将许多符号表情也整合进词库，如输入"haha"得到"^_^"。另外，还提供一些用户自定义的缩写，如输入"QQ"，则显示"我的 QQ 号是××××××"等。

4. 笔画输入

输入时以"u"作引导可以"h"（横）、"s"（竖）、"p"（撇）、"n"［捺，也作"d"（点）］、"t"（提）用笔画结构输入字符。值得一提的是，竖心的笔顺是点点竖（nns），而不是竖点点。

5. 手写输入

最新版本的搜狗拼音输入法支持扩展模块，联合开心逍遥笔增加手写输入功能，当用户按 u 键时，拼音输入区会出现"打开手写输入"的提示，或者查找候选字超过两页也会提示，点击可"打开手写输入"（如果用户未安装，点击会打开扩展功能管理器，可以点"安装"按钮在线安装）。该功能可帮助用户快速输入生字，极大地增加了用户的输入体验。

6. 输入统计

搜狗拼音提供一个统计用户输入字数、打字速度的功能，但每次更新都会清零。

7. 输入法登录

可以使用输入法登录功能登陆搜狗、搜狐、chinaren、17173等网站会员。

8. 个性输入

用户可以选择多种精彩皮肤，更有每天自动更换一款的皮肤系列功能。最新版本按"i"键可开启快速换肤。

9. 细胞词库

细胞词库是搜狗首创的、开放共享、可在线升级的细分化词库功能。细胞词库包括但不限于专业词库，通过选取合适的细胞词库，搜狗拼音输入法几乎覆盖所有的中文词汇。

二、搜狗拼音输入法新手入门

（一）怎样切换出搜狗输入法

将鼠标移到要输入的地方，点一下，使系统进入输入状态，然后按"Ctrl+Shift 键"切换输入法，按到搜狗拼音输入法出来即可。当系统仅有一个输入法或者搜狗输入法为默认的输入法时，按下"Ctrl键+空格键"即可切换出搜狗拼音输入法。

由于大多数人只用一种输入法，为了方便、高效起见，你可以把自己不用的输入法删除，保留一种自己最常用的输入法即可。你可以通过系统的"语言文字栏"右键的"设置"选项把自己不用的输入法删除（注意：这里的删除并不是卸载，以后还可以通过"添加"选项进行添加）。

（二）怎样进行翻页选字

搜狗拼音输入法默认的翻页键是"逗号（,）句号（。）"，即输入拼音后，按句号（。）进行向下翻页选字，相当于PageDown键，找到所选的字后，按其相对应的数字键即可输入。我们推荐你用这两个键翻页，因为用"逗号""句号"时手不用移开键盘主操作区，效率最高，也不容易出错。

输入法默认的翻页键还有"减号（-）""等号（=）""左右方括号（[ ]）"，你可以通过"设置属性"→"按键"→"翻页键"来进行设定。

（三）怎样进行中英文切换输入

输入法默认是按下"Shift"键就切换到英文输入状态，再按一下"Shift"键就会返回中文状态。用鼠标点击状态栏上面的中字图标也可以切换。

除了"Shift"键切换以外，搜狗输入法也支持回车输入英文和V模式输入英文。在输入较短的英文时使用能省去切换到英文状态下的麻烦。

输入英文：输入英文，直接敲回车即可。

输入中文：输入中文拼音，利用空格键或者直接利用数字键选定。

（四）怎样修改候选词的个数

你可以通过在状态栏上面右键菜单里的【设置属性】→【外观】→【候选词个数】来修改，你的选择范围是3~9个。

输入法默认的是5个候选词，搜狗的首词命中率和传统的输入法相比已经大大提高，第一页的5个候选词能够满足绝大多数时的输入。推荐选用默认的5个候选词。如果候选词太多会造成查找时的困难，导致输入效率下降。

5个候选词：
```
de|
1.的  2.得  3.地  4.德  5.嘚
```

9个候选词：
```
de|
1.的  2.得  3.地  4.德  5.嘚  6.徳  7.锝  8.底  9.淂
```

(五) 怎样使用自定义短语

自定义短语是通过特定字符串来输入自定义好的文本，自定义短语在设置选项的"高级"选项卡中，默认开启。点击"自定义短语设置"即可。

你可以进行添加、删除、修改自定义短语。设置自己常用的自定义短语可以提高输入效率。例如，使用 yx，1=wangshi@sogou.com，输入了 yx，然后按下空格就输入了 wangshi@sogou.com。使用 sfz，1=130123456789，输入了 sfz，然后按下空格就可以输入 130123456789。经过改进后的自定义短语支持多行、空格以及指定位置。

(六) 怎样设置固定首字

搜狗用自定义短语的功能来实现固定首字。你可以通过上面的自定义短语功能来修改。方法如图 2-1 所示：

双击选项，进入编辑界面：

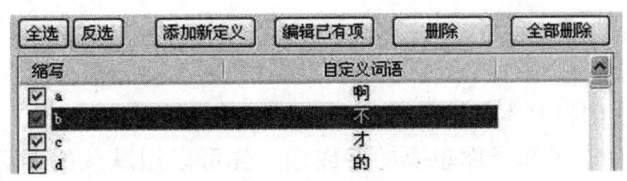

图 2-1　编辑界面

如果你想打"b"时第一个出现的是"吧"，可以改成"不"，然后点击"保存"修改，然后再输入"b"第一个就是"不"了（见图 2-2）。

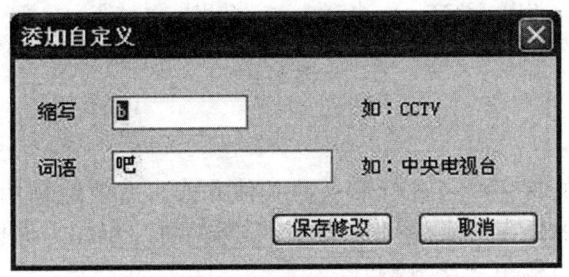

图 2-2　添加自定义界面

目前的 22 个固定首字母的高频字是：

a=啊　b=吧　c=才　d=的　f=飞　g=个　h=好　j=就　k=看　l=了　m=吗　n=你
o=哦　p=平　q=去　r=人　s=是　t=他　w=我　x=想　y=一　z=在

三、搜狗拼音输入法应用技巧

(一) 天气预报随意查

不经意间和 QQ 上的好友聊到"明天天气"，搜狗输入法会非常贴心地即时显示出当地明天的天气情况。同样地，输入"天气""今天天气""天气预报"等相关词汇时，搜狗也会显示相应的天气信息（见图 2-3、图 2-4）。

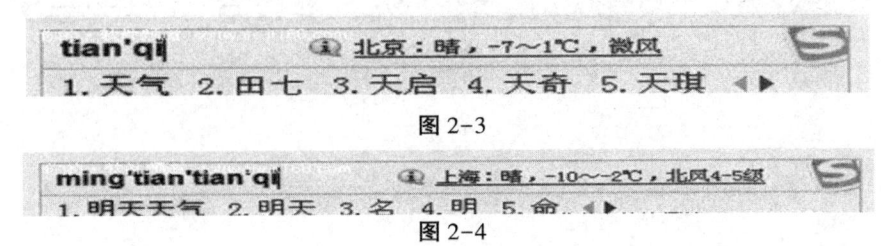

图 2-3

图 2-4

其实天气预报在电视里也可以看到，在搜索引擎或者相关的网站也能查到，但是很多人都会忘记去查，出门才发现忘记带雨伞。而将这个功能植入输入过程中，很容易让用户留意到，并且免去了烦琐的操作，十分便捷。

（二）节日节气信息即时显示

与天气查询功能类似，当用户在输入"春节""腊八"等农历传统节日或者24节气时，搜狗输入法会显示对应的日期和星期。并且，搜狗很智能，当你输入"去年春节"或者"明年腊八"，它也能推算出对应的信息（见图2-5、图2-6）。

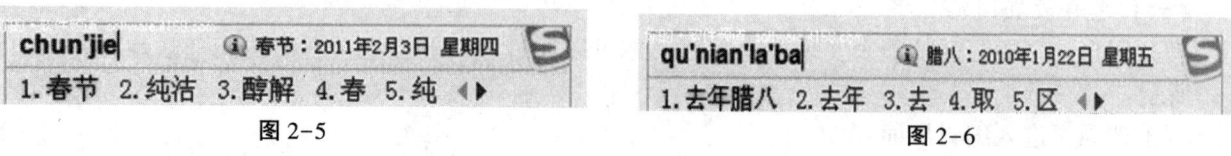

图2-5　　　　　　　　　　　　　图2-6

（三）搜狗输入法全拼、简拼技巧

1. 全拼

全拼输入是拼音输入法中最基本的输入方式。你只要用"Ctrl+Shift 键"切换到搜狗输入法，在输入窗口输入拼音即可，然后依次选择你想要的字或词。你可以用默认的翻页键"逗号（，）""句号（。）"来翻页。

全拼模式如图2-7所示：

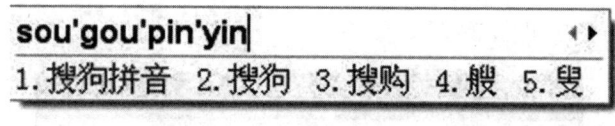

图2-7

2. 简拼

简拼是输入声母或声母的首字母来进行输入的一种方式，有效地利用简拼，可以大大地提高输入效率。搜狗输入法现在支持的是声母简拼和声母的首字母简拼。例如，你想输入"张靓颖"，你只要输入"zhly"或者"zly"都可以输出"张靓颖"。

同时，搜狗输入法支持简拼全拼的混合输入，例如：你输入"srf""sruf""shrfa"都是可以得到"输入法"的。

请注意：这里的声母首字母简拼的作用和模糊音中的"z, s, c"相同。但是，这属于两回事，即使你没有选择设置里的模糊音，你同样可以用"zly"输入"张靓颖"。有效地用声母的首字母简拼可以提高输入效率，减少误打，例如，你输入"指示精神"四个字，如果你输入传统的声母简拼，只能输入"zhshjsh"，需要输入的多而且多个h容易造成误打，而输入声母的首字母简拼，"zsjs"能很快得到你想要的词。

简拼模式1如图2-8所示：

图2-8

简拼模式 2 如图 2-9 所示：

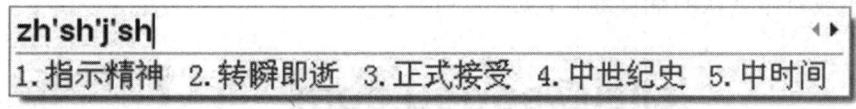

图 2-9

还有，简拼由于候选词过多，可以采用简拼和全拼混用的模式，这样能够兼顾最少输入字母和输入效率。例如，你想输入"指示精神"，你输入"zhishijs""zsjingshen""zsjingsh""zsjings"都是可以的。打字熟练的人会经常使用全拼和简拼混用的方式。

（四）搜狗输入法双拼、模糊音、繁体

1. 双拼

双拼是用定义好的单字母代替较长的多字母韵母或声母来进行输入的一种方式。例如，如果 T=t，M=ian，键入两个字母"TM"就会输入拼音"tian"。使用双拼可以减少击键次数，但是需要记忆字母对应的键位，熟练之后效率会有一定提高。

如果使用双拼，要在设置属性窗口把双拼选上即可。

特殊拼音的双拼输入规则有：

对于单韵母字，需要在前面输入字母 O+韵母。例如，输入 OA→A，输入 OO→O，输入 OE→E。

而在自然码双拼方案中，和自然码输入法的双拼方式一致，对于单韵母字，需要输入双韵母，例如，输入 AA→A，输入 OO→O，输入 EE→E。

2. 模糊音

模糊音是专为对某些音节容易混淆的人所设计的。当启用了模糊音后，例如，sh<-->s，输入"si"也可以出来"十"，输入"shi"也可以出来"四"。

搜狗支持的模糊音有：

声母模糊音：s<-->sh,c<-->ch,z<-->zh,l<-->n,f<-->h,r<-->l。

韵母模糊音：an<-->ang,en<-->eng,in<-->ing,ian<-->iang,uan<-->uang。

【提示】：由于地域的差异，南方音主要是少介音；平卷不分；ing/in、an/ang、en/eng 不分；轻音不轻；不会发 zh、ch、sh、r 卷舌音，儿化不卷；e 的发音也不一样，南方人发 e 这个音的时候比较短促。还有些个别的区别特征，比如，湖南的 h、f 不分等，至于北方人普通话相对好些，不过也存在 r、y 不分，平卷舌不分等。

3. 繁体

在状态栏上面右键菜单里的【简->繁】选中即可进入繁体中文状态。再点击一下即可返回简体中文状态。

（五）搜狗输入法之网址输入模式

网址输入模式是我们特别为网络设计的便捷功能，让你能够在中文输入状态下就可以输入几乎所有的网址。目前的规则是：

输入以 www.http:ftp:telnet:mailto: 等开头的字母时，自动识别进入英文输入状态，后面可以输入如 www.sogou.com,ftp://sogou.com 类型的网址（见图 2-10、图 2-11）。

图 2-10   图 2-11

输入非 www. 开头的网址时，可以直接输入如 abc. abc 就可以了（但是不能输入 abc123. abc 类型网址，因为句号还被当作默认的翻页键）（见图 2-12）。

图 2-12

输入邮箱时，可以输入前缀不含数字的邮箱，例如，leilei@ sogou. com。

（六）搜狗输入法 U 模式笔画输入及笔画筛选

1. U 模式笔画输入

U 模式是专门为输入不会读的字所设计的。在输入 u 键后，依次输入一个字的笔顺，笔顺为：h 横、s 竖、p 撇、n 捺、z 折，就可以得到该字，同时小键盘上的 1、2、3、4、5 也代表 h、s、p、n、z。这里的笔顺规则与普通手机上的五笔画输入是完全一样的。其中点也可以用 d 来输入。由于双拼占用了 u 键，智能 ABC 的笔画规则不是五笔画，所以双拼和智能 ABC 下都没有 u 键模式。

值得一提的是，竖心的笔顺是点点竖（nns），而不是竖点点。

例如，输入【你】字，如图 2-13 所示：

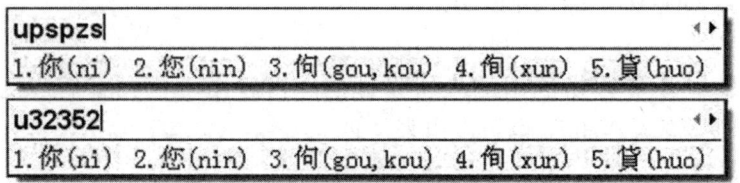

图 2-13

2. 笔画筛选

笔画筛选用于输入单字时，用笔顺来快速定位该字。使用方法是输入一个字或多个字后，按下"tab"键（"tab"键如果是翻页的话也不受影响），然后用 h 横、s 竖、p 撇、n 捺、z 折依次输入第一个字的笔顺，直到找到该字为止。五个笔顺的规则同上面的笔画输入的规则。要退出笔画筛选模式，只需删掉已经输入的笔画辅助码即可。

例如，快速定位【珍】字，输入了 zhen 后，按下【tab】，然后输入珍的前两笔【hh】，就可定位该字，如图 2-14 所示。

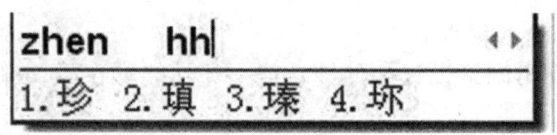

图 2-14

（七）搜狗输入法 V 模式及插入日期

1. V 模式

V 模式中文数字是一个功能组合，包括多种中文数字的功能。只能在全拼状态下使用：

（1）中文数字金额大小写：输入【v424.52】，输出【肆佰贰拾肆元伍角贰分】；

（2）罗马数字：输入 99 以内的数字如【v12】，输出【XII】；

（3）年份自动转换：输入【v2015.8.8】或【v2015-8-8】或【v2015/8/8】，输出【2015 年 8 月

8 日】；
　　（4）年份快捷输入：输入【v2016n12y25r】，输出【2016 年 12 月 25 日】。
　　2. 插入日期
　　【插入当前日期时间】的功能可以方便地输入当前的系统日期、时间、星期，并且你还可以用插入函数自己构造动态的时间。例如，在回信的模板中使用。此功能是用输入法内置的时间函数通过【自定义短语】功能来实现的。由于输入法的自定义短语默认不会覆盖用户已有的配置文件，所以你要想使用下面的功能，需要恢复【自定义短语】的默认配置（也就是说，如果你输入了 rq 而没有输出系统日期，请打开【选项卡】→【高级】→【自定义短语设置】→点击【恢复默认配置】即可）。注意：恢复默认配置将丢失自己已有的配置，请自行保存手动编辑。输入法内置的插入项有：
　　（1）输入【rq】（日期的首字母），输出系统日期【2015 年 12 月 28 日】；
　　（2）输入【sj】（时间的首字母），输出系统时间【2015 年 12 月 28 日 19：19：04】；
　　（3）输入【xq】（星期的首字母），输出系统星期【2015 年 12 月 28 日　星期一】。
　　自定义短语中的内置时间函数的格式请见自定义短语默认配置中的说明。
　　【注意】：利用扫描仪进行信息录入将在第四章中具体介绍。

第三节　图片的录入——截图工具与画图

　　所谓截图，也就是将电脑屏幕显示的全部或者部分内容截取下来保存为图片格式。使用截图工具可以方便地将屏幕上的内容抓取下来，保存为图片格式后分享到网络上或者作为素材使用。这对于我们进行涉计算机犯罪的现场勘查的取证有着先天优势，因为它不需要借助任何其他应用程序及工具。
　　说到截图功能，资格最老估计非它莫属。没有哪一款截图软件或截图方式比它更历史悠久、比它更简单快捷，它可以说是所有屏幕捕捉的鼻祖。利用键盘上的"PrintScreen"，用户只需轻轻一按，就可以瞬间轻松截取当前的屏幕画面，再配合附件中的画图程序，即可进行简单编辑操作。

一、截图工具

　　在 Windows 7 系统中，系统程序的"附件"中比 WindowsXP 系统多了一个比较实用的小软件，那就是截图工具。这个小软件比拷屏键灵活多了，基本上可以满足简单的截图需求。
　　1. 进入"开始"菜单，单击"所有程序"
　　2. 在"所有程序"中找到"附件"，其中有个剪刀套红圈的"截图工具"，如果想便捷地找到使用，建议右键选择"锁定到任务栏"
　　3. 打开或激活想要截图的画面，打开截图工具或单击截图工具的"新建"按钮就可以开始截图了，按住左键进行拖动，发现有一部分变亮，那是选取的部分
　　4. 选取结束后，松开左键，就完成了截取，默认截取后复制到剪贴板
　　我们可以利用工具中的笔和橡皮，对截图进行处理。不过这里的"橡皮"工具和其他软件里的橡皮工具不同，不能随意擦除，只能起到撤销的作用。
　　5. 处理完毕，如果想要截图，单击"保存"按钮进行保存

二、画图

　　画图是微软 Windows 操作系统的预装软件之一，也是实现最基本和简单的图像绘画程序。其实它是一个位图编辑器，可以对各种位图格式的图画进行编辑，用户可以利用它直接绘制图画，也可以对已有的图片进行编辑修改（包括保存在硬盘中的图片或者是临时保存在剪贴板中的图片），在编辑完成后，可以以 PNG、BMP、JPG、GIF 等格式存档。
　　Microsoft Windows 7 及以上版本开始使用新版画图。

界面如下图所示采用 Ribbon 菜单。分别为"主页菜单""查看菜单"。文件菜单采用双列设计，这点与 Office 2007 比较相近。

（一）"画图"中图片的保存

1. 点击或单击"文件"，然后点击或单击"保存"
2. 在"文件名"框中输入文件的名称
3. 在"保存类型"框中选择想要的文件格式
4. 在"画图"中编辑图片时，可以通过键盘快捷方式 Ctrl+S 将其快速保存

（二）"画图"中打开现有的图片文件

1. 点击或单击"文件"，然后点击或单击"打开"
2. 选择要在"画图"中打开的文件，然后点击或单击"打开"

（三）"画图"功能的基本使用

1. 绘制线条

通过依次单击"开始""所有程序""附件"和"画图"，打开画图。

可以在"画图"中使用多个不同的工具绘制线条。你所使用的工具及所选择的选项决定了线条在你的绘图中显示的方式。以下工具可用于在"画图"中绘制线条。

【"铅笔"工具】

使用"铅笔"工具 可绘制细的、任意形状的直线或曲线。

（1）在"主页"选项卡的"工具"组中，单击"铅笔"工具 。
（2）在"颜色"组中，单击"颜色1"，再单击某种颜色，然后在图片中拖动指针进行绘图。
（3）若要使用颜色2（背景）颜色绘图，请在拖动指针时单击鼠标右键。

【刷子】

使用"刷子"工具 可绘制具有不同外观和纹理的线条，就像使用不同的艺术刷一样。使用不同的刷子，可以绘制具有不同效果的任意形状的线条和曲线。

（1）在"主页"选项卡上，单击"刷子"下面的向下箭头。
（2）单击要使用的艺术刷。
（3）单击"尺寸"，然后单击某个线条尺寸，这将决定刷子笔画的粗细。
（4）在"颜色"组中，单击"颜色1"，再单击某种颜色，然后拖动指针进行绘图。
（5）若要使用颜色2（背景）颜色绘图，请在拖动指针时单击鼠标右键。

【"直线"工具】

使用"直线"工具 可绘制直线。使用此工具时，可以选择线条的粗细，还可以选择线条的外观。

（1）在"主页"选项卡的"形状"组中，单击"直线"工具 。
（2）单击"尺寸"，然后单击某个线条尺寸，这将决定线条的粗细。
（3）在"颜色"组中，单击"颜色1"，再单击某种颜色，然后拖动指针绘制直线。
（4）若要使用颜色2（背景）颜色画线，请在拖动指针时单击鼠标右键。
（5）（可选）若要更改线条样式，请在"形状"组中单击"边框"，然后单击某种线条样式。

【提示】

若要绘制水平直线，请在从一侧到另一侧绘制直线时按住 Shift 键。
若要绘制垂直直线，请在向上或向下绘制直线时按住 Shift 键。

【"曲线"工具】

使用"曲线"工具 可绘制平滑曲线。

(1) 在"主页"选项卡的"形状"组中,单击"曲线"工具。
(2) 单击"尺寸",然后单击某个线条尺寸,这将决定线条的粗细。
(3) 在"颜色"组中,单击"颜色1",再单击某种颜色,然后拖动指针绘制直线。
(4) 若要使用颜色2(背景)颜色画线,请在拖动指针时单击鼠标右键。
(5) 创建直线后,在图片中单击希望曲线弧分布的区域,然后拖动指针调节曲线。

2. 绘制其他形状

可以使用"画图"在图片中添加其他形状。已有的形状除了传统的矩形、椭圆、三角形和箭头之外,还包括一些有趣的特殊形状,如心形、闪电形或标注等。如果你希望自定义形状,可以使用"多边形"工具(见图2-15)。

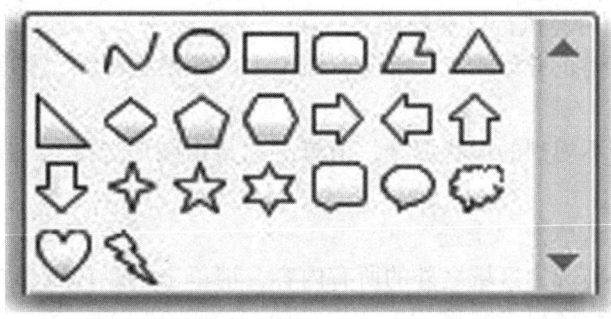

图 2-15

3. 添加文本

在"画图"中,还可以在图片中添加文本或消息。

【"文本"工具】

使用"文本"工具 A 可以在图片中输入文本。
(1) 在"主页"选项卡的"工具"组中,单击"文本"工具的图片。
(2) 在希望添加文本的绘图区域拖动指针。
(3) 在"文本工具"下,在"文本"选项卡的"字体"组中单击字体、大小和样式(见图2-16)。

图 2-16

(4) 在"颜色"组中,单击"颜色1",然后单击用于文本的颜色。
(5) 键入要添加的文本。
(6) (可选)如果希望填充文本区域的背景,请在"背景"组中,单击"半透明"。在"颜色"

组中,单击"颜色2",然后单击用于文本区域的背景色。

(7)(可选)如果要更改文本框中一些文本的外观,请选择要更改的文本,然后选择新的字体、大小和样式,或为选定文本选择颜色。

4. 选择并编辑对象

在"画图"中,你可能希望对图片或对象的某一部分进行更改。为此,你需要选择图片中要更改的部分,然后进行编辑。你可以进行的一些更改包括:调整对象大小、移动或复制对象、旋转对象或裁剪图片使之只显示选定的项。

【"选择"工具】

使用"选择"工具 可以选择图片中要更改的部分。

(1)在"主页"选项卡的"图片"组中,单击"选择"下面的向下箭头。

(2)根据你希望选择的内容执行以下操作之一:

● 若要选择图片中的任何正方形或矩形部分,请单击"矩形选择",然后拖动指针以选择图片中要编辑的部分。

● 若要选择图片中任何不规则的形状部分,请单击"自由图形选择",然后拖动指针以选择图片中要编辑的部分。

● 若要选择整个图片,请单击"全选"。

● 若要选择图片中除当前选定区域之外的所有内容,请单击"反向选择"。

● 若要删除选定的对象,请单击"删除"。

(3)执行以下操作,确定颜色2(背景)颜色是否已包含在你的选择中:

● 若要在选择中包含背景色,请清除"透明选择"。粘贴所选内容时,会同时粘贴背景色,并且填充颜色将显示在粘贴的项目中。

● 若要使选择内容变为透明以便在选择中不包含背景色,请单击"透明选择"。粘贴所选内容时,任何使用当前背景色的区域都将变成透明色,从而允许图片中的其余部分正常显示。

【裁剪】

使用"剪切" 可剪切图片,使图片中只显示所选择的部分。"剪切"功能可用于更改图片,以便只有选定的对象或人可见。

(1)在"主页"选项卡的"图像"组中,单击"选择"下面的箭头,然后单击要进行的选择类型。

(2)拖动指针以选择图片中要显示的部分。

(3)在"图像"组中,单击"剪切"。

(4)若要将剪切后的图片另存为新文件,请单击"画图"按钮 ,指向"另存为",然后单击当前图片的文件类型。

(5)在"文件名"框中,键入新文件名,然后单击"保存"。

将剪切后的图像另存为新图片文件可防止覆盖原始图片文件。

【旋转】

使用"旋转" 可旋转整个图片或图片中的选定部分。

根据要旋转的对象,执行下列操作之一:

若要旋转整个图片,请在"主页"选项卡上的"图像"组中,单击"旋转",然后单击"旋转方向"。

若要旋转图片的某个对象或某部分,请在"主页"选项卡上的"图像"组中,单击"选择"。拖动指针选择要旋转的区域或对象,单击"旋转",然后单击"旋转方向"。

【擦除图片中的某部分】

使用"橡皮擦"工具 可以擦除图片中的区域。

（1）在"主页"选项卡的"工具"组中，单击"橡皮擦"。

（2）单击"尺寸"，接着单击选择橡皮擦尺寸，然后将橡皮擦拖过图片中要擦除的区域。你所擦除的所有区域都将显示背景色（颜色2）。

5. 调整整个图片或图片中某部分的大小

使用"调整大小" 功能可调整整个图像、图片中某个对象或某部分的大小。你还可以扭曲图片中的某个对象，使之看起来呈倾斜状态。

【调整整个图片大小】

在"主页"选项卡中的"图像"组中，单击"调整大小"。

（1）在"调整大小和扭曲"对话框中，选中"保持纵横比"复选框，以便调整大小后的图片保持与原来相同的纵横比。

（2）在"调整大小"区域中，单击"像素"，然后在"水平"框中输入新宽度值或在"垂直"框中输入新高度值，单击"确定"。

（3）如果选中了"保持纵横比"复选框，则你只需输入水平值（宽度）或垂直值（高度）。"调整大小"区域中的其他框会自动更新。

例如，如果图片为320×240像素并且想在保持相同纵横比的情况下使其尺寸减少一半，请在"调整大小"区域中，选中"保持纵横比"复选框，然后在"水平"框中输入160。新的图片大小将是原始图片大小的一半，为160×120像素。

【调整图像中某部分的大小】

（1）在"主页"选项卡中，单击"选择"，然后拖动指针以选择要调整大小的区域或对象。

（2）在"主页"选项卡中的"图像"组中，单击"调整大小"。

（3）在"调整大小和扭曲"对话框中，选中"保持纵横比"复选框，以便调整大小后的部分保持与原来相同的纵横比。

（4）在"调整大小"区域中，单击"像素"，然后在"水平"框中输入新宽度值或在"垂直"框中输入新高度值。单击"确定"。

如果选中了"保持纵横比"复选框，则你只需输入水平值（宽度）或垂直值（高度）。"调整大小"区域中的其他框会自动更新。

例如，如果你所选择的部分为320×240像素并且想在保持相同纵横比的情况下使其尺寸减少一半，请在"调整大小"区域中，选中"保持纵横比"复选框，然后在"水平"框中输入160。该部分将变成原始大小的一半，为160×120像素。

【更改绘图区域大小】

根据要调整绘图区域大小的方式，执行以下操作之一：

若要使绘图区域变得大些，请将绘图区域边缘上其中一个白色小框拖到所需的尺寸。

若要通过输入特定尺寸来调整绘图区域大小，请单击"画图"按钮，然后单击"属性"。在"宽度"和"高度"框中，输入新的宽度和高度值，然后单击"确定"。

【扭曲对象】

（1）在"主页"选项卡中，单击"选择"，然后拖动指针以选择要调整大小的区域或对象。

（2）单击"调整大小"。

（3）在"调整大小和扭曲"对话框中，在"倾斜（角度）"区域的"水平"和"垂直"框中键入选定区域的扭曲量（度），然后单击"确定"。

6. 移动和复制对象

选择对象后，可以剪切或复制选定项，这样便可以重复使用图片中某个对象，或将对象（选中后）移动到图片中的新位置。

【剪切和粘贴】

使用"剪切" 功能可剪切选定对象并将其粘贴到图片中的另一位置。剪切选定区域后，被剪切的区域将显示背景色。因此，如果图片使用纯色背景，您可能希望在剪切对象之前更改"颜色2"颜色，使之与背景色匹配。

（1）请在"主页"选项卡的"图像"组中，单击"选择"，然后拖动指针以选择要剪切的区域或对象。

（2）在"剪贴板"组中，单击"剪切"。

（3）在"剪贴板"组中，单击"粘贴"。

（4）仍选定该对象，将其移动到图片中希望显示的新位置。

【复制和粘贴】

使用"复制" 功能可复制"画图"中选定的对象。如果您希望在图片中多次显示某些线条、形状或文本，则此选项很有用。

（1）请在"主页"选项卡的"图像"组中，单击"选择"，然后拖动指针以选择要复制的区域或对象。

（2）在"剪贴板"组中，单击"复制"。

（3）在"剪贴板"组中，单击"粘贴"。

（4）仍选定该对象，将其移动到图片中希望复制内容显示的新位置。

【将图片粘贴到"画图"中】

使用"粘贴来源"将现有图片文件粘贴到"画图"中。粘贴图片文件之后，即可以在不更改原始文件的情况下对其进行编辑（只要你使用与原始文件不同的文件名保存编辑后的图片）。

（1）在"剪贴板"组中，单击"粘贴"下的箭头，然后单击"粘贴来源"。

（2）找到要粘贴到"画图"中的图片文件，然后单击"打开"。

7. 处理颜色

有很多工具专门帮助你处理"画图"中的颜色。这些工具允许你在"画图"中绘制和编辑内容时使用期望的颜色。

【颜料盒】

"颜料盒"指示当前的"颜色1（前景色）"和"颜色2（背景色）"颜色。颜料盒的使用方式取决于你在"画图"中进行的操作。

使用颜料盒时，可以进行下列一项或多项操作：

若要更改选定的前景色，请在"主页"选项卡的"颜色"组中，单击"颜色1"，然后单击某个色块。

若要更改选定的背景色，请在"主页"选项卡的"颜色"组中，单击"颜色2"，然后单击某个色块。

（1）若要用选定的前景颜色绘图，请拖动指针。

（2）若要用选定的背景颜色绘图，请在拖动指针时单击鼠标右键。

【颜色选取器】

使用"颜色选取器"工具 可以设置当前前景色或背景色。通过从图片中选取某种颜色，可以确保在"画图"中绘图时使用所需的颜色，以使颜色匹配。

（1）在"主页"选项卡的"工具"组中，单击"颜色选取器" 。

（2）单击图片中要设置为前景色的颜色，或者右键单击图片中要设置为背景色的颜色。

【用颜色填充】

使用"用颜色填充"工具 可为整个图片或封闭图形填充颜色。

（1）在"主页"选项卡的"工具"组中，单击"用颜色填充" 。

（2）在"颜色"组中，单击"颜色1"，然后依次单击选择某种颜色以及要填充该颜色的区域内部。

（3）若要删除颜色并将其替换为背景色，请单击"颜色2"，再单击某一种颜色，然后右键单击要填充该颜色的区域。

【编辑颜色】

使用"编辑颜色" 功能可以选取新颜色。在"画图"中混合颜色以便选择要使用的确切颜色。

（1）在"主页"选项卡的"颜色"组中，单击"编辑颜色"。

（2）在"编辑颜色"对话框中，单击调色板中的某种颜色，然后单击"确定"。所选择的颜色将显示在其中一个颜色框中，以便在"画图"中使用该颜色。

第四节　图片转换为数字图像——扫描仪（一体机）

在日常公安工作中，我们公安民警经常遇到需要将书本、杂志、照片中的图像录入电脑以便使用的情况。例如，犯罪嫌疑人照片、现场勘查照片等，我们都可以用扫描仪来实现，而集打印、复印、扫描、传真于一体的一体机更是办公不可或缺的办公设备。下面就介绍一下如何利用惠普一体机的扫描功能来获取图像信息。

一、概述

利用扫描仪将照片、杂志彩页等素材转成数字图像，需要将扫描的内容放在扫描仪内，扫描仪会提供光源照亮图片，通过光线和镜头将图片进行成像曝光处理，不同的光线会得到不同的处理，并以数字的方式重新组合后输送到计算机中存储和显示，这样普通的照片或图片就会转化为数字图像了。通常扫描仪带有扫描驱动程序和应用软件，我们可以在扫描软件界面对扫描进行设置。

二、操作方法/步骤

1. 打开一体机扫描仪上盖，把要扫描的文件或图片面朝下压在下面（见图2-17）

图 2-17

2. 在电脑里双击"我的电脑"，在我的电脑里点扫描仪图标（一体机安装好驱动以后就有这个图标了）

3. 在弹出的对话框中选择"扫描仪和照相机向导"，然后点击"确定"

4. 点击"下一步",选择图片类型"彩色照片",纸张来源"平板",再点击"下一步"(见图2-18)

图 2-18

5. 输入文件名,文件格式,保存位置,如我输入文件名"557",文件格式"JPG",保存位置"桌面",点击"下一步"(见图2-19)

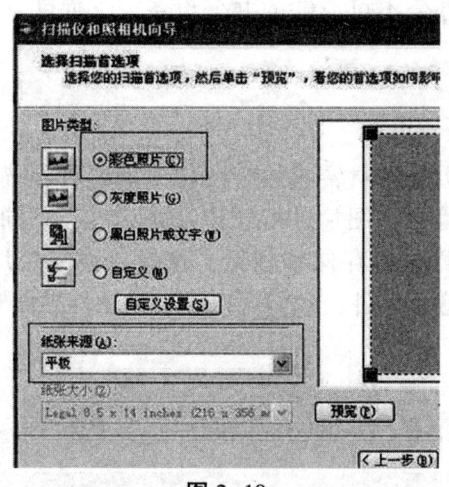

图 2-19

6. 开始扫描,有进度条显示
7. 扫描完,选择"什么都不做,我已处理完这些照片",点击"下一步",点击"完成"(见图2-20)

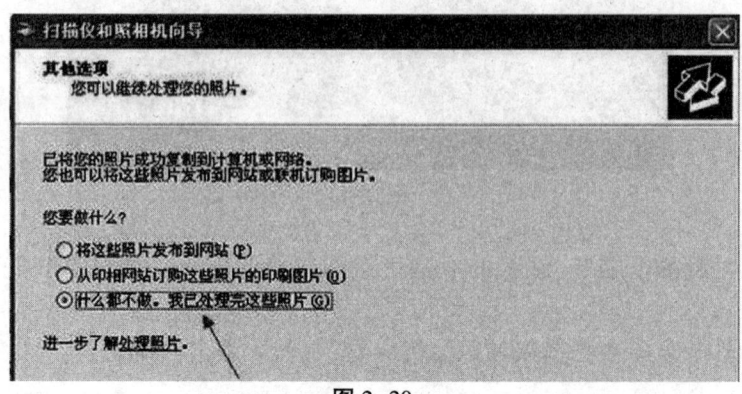

图 2-20

8. 这时桌面上就有了一个"557.jpg"扫描图片

第五节　图片中文字的提取——汉王 OCR 文字识别软件

在日常工作或生活中，许多信息资料需要转化成电子文档以便应用与管理。但因信息数字化处理的方式落后，不但费时费力，而且资金耗费巨大，造成了大量文档资料的积压，因此急需一种快速高效的软件系统来满足这种海量录入需求。文字量少的情况下，我们不会担心，手动输入也耗费不了多少时间，就怕有时候面对的是庞大的文字输入工作。这个时候我们就需要 OCR 软件的帮助了。

一、概述

汉王 PDFOCR 新增打开与识别 PDF 文件功能，支持文字型 PDF 的直接转换和图像型 PDF 的 OCR 识别：既可以采用 OCR 的方式，将 PDF 文件转换为可编辑文档；也可以采用格式转换的方式直接转换文字型 PDF 文件为文本。本软件系统应用 OCR（Optical Character Recognition）技术，是为满足书籍、报纸杂志、报表票据、公文档案等录入需求而设计的软件系统。

二、提取图片中的文字方法

1. 打开图像，点击左上角"打开图像"按钮，选择你需要提取文字的图像打开。支持 TIF、JPG、BMP、PDF 四种格式（见图 2-21）。

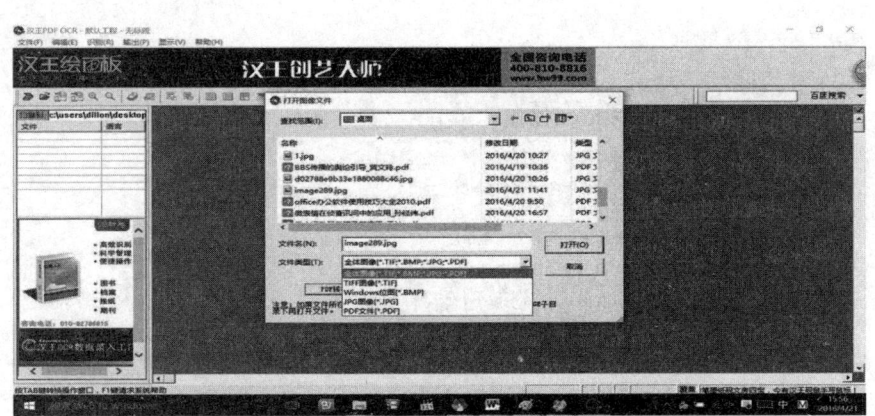

图 2-21

2. 如果图像插入后，直接用鼠标在图片上圈定需要提取文字的区域

【注意】图像显示不清楚，可以点击软件上边按钮"显示"—"缩放图像"—"放大镜显示"。

3. 圈定需要提取的文字区域后，点击"开始识别"按钮即可（见图 2-22）

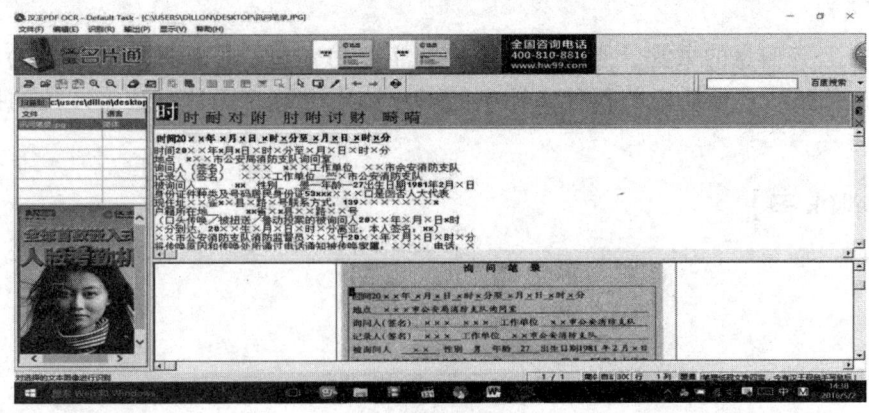

图 2-22

4. 点击上边"输出"按钮，保存即可（见图2-23）

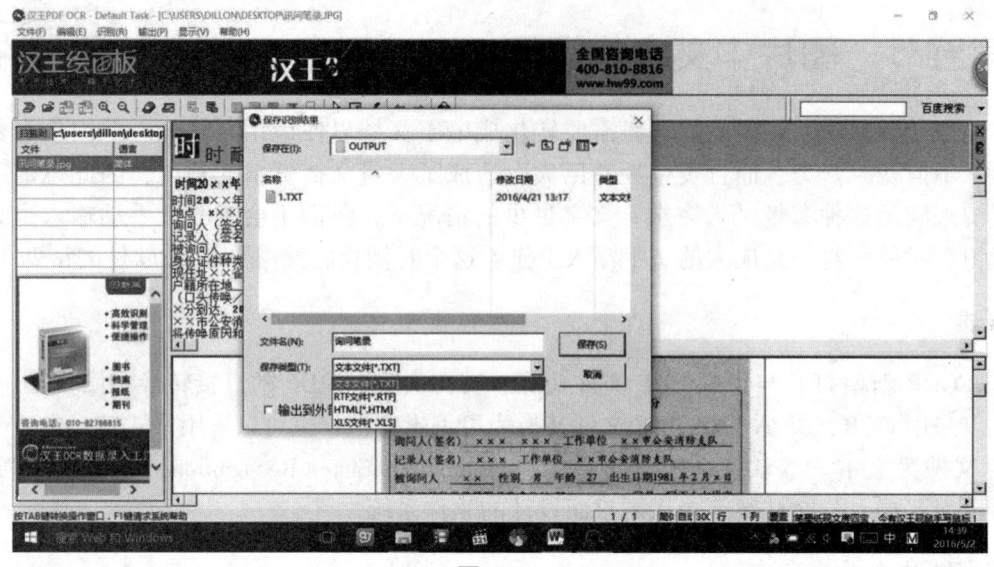

图 2-23

5. 效果预览，接下来可以继续整理段落文字等（见图2-24）

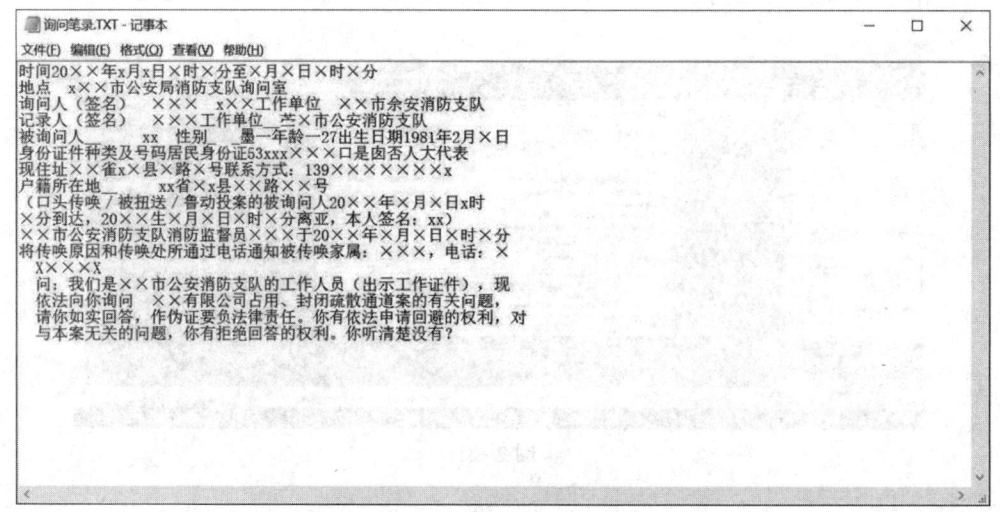

图 2-24

【本章小结】

在"第二章　公安信息的采集、录入技术"中的主要内容包括：掌握键盘与指法；搜狗输入法的基础使用方法和应用技巧；纸质版的各种文档中的图片转化为数字图片；数字图片的提取与修改；提取图片中文字的方法。

【公安实训练习】

略。

第三章　计算机与涉警移动终端系统的使用

【教学重点】

1. 了解计算机系统与常用设备
2. 了解常用警用移动终端
3. 掌握常用办公设备的使用与技巧
4. 掌握 Windows 7 操作系统的使用

【教学难点】

1. 了解常用警用移动终端
2. 掌握常用办公设备的使用与技巧
3. 掌握 Windows 7 操作系统的使用

第一节　计算机系统与常用设备

一、概述

（一）计算机发展简史

世界上第一台电子计算机诞生于 1946 年 2 月，它是美国军方为了计算炮弹的弹道轨迹而委托美国宾夕法尼亚大学研制的，取名为 ENIAC（Electronic Numerical Integrator And Calculator 的缩写，读作"埃尼阿克"）。它使用了 18000 多个电子管、1500 个继电器、70000 只电阻，每小时耗电 140 千瓦，占地 167 平方米，重达 30 吨，计算机速度为每秒 5000 次加法运算。虽然它的功能远远不如现代的一台普通计算机，但它作为计算机大家族的鼻祖，它的诞生使信息处理技术进入了一个崭新的时代，标志着人类文明的一次飞跃和电子计算机时代的开始。

ENIAC 诞生后，数学家冯·诺依曼提出了重大的改进理论，主要有两点：其一是电子计算机应该以二进制为运算基础；其二是电子计算机应采用"存储程序"方式工作，并且进一步明确指出了整个计算机的结构应由五个部分组成：运算器、控制器、存储器、输入设备和输出设备。冯·诺依曼的这些理论的提出，解决了计算机的运算自动化的问题和速度配合问题，对后来计算机的发展起到了决定的作用。直至今天，绝大部分的计算机还是采用冯·诺依曼方式工作。

1. 第一代计算机（1946—1957 年）

这段时期称为"电子管计算机时代"。其主要元件采用的是电子管，由于一部计算机需要几千个电子管，每个电子管都会散发大量的热量，因此，如何散热是一个令人头痛的问题。电子管的寿命最长只有 3000 小时，计算机运行时常常发生由于电子管被烧坏而使计算机死机的现象。第一代计算机主要用于科学研究和工程计算。

2. 第二代计算机（1958—1964年）

由于在计算机中采用了比电子管更先进的晶体管，所以这段时期称为"晶体管计算机时代"。晶体管比电子管小得多，不需要暖机时间，消耗能量较少，处理更迅速、更可靠。第二代计算机的程序语言从机器语言发展到汇编语言。接着，高级语言 FORTRAN 语言和 COBOL 语言相继开发出来并被广泛使用，同时，开始使用磁盘和磁带作为辅助存储器。第二代计算机与第一代计算机相比较，它的体积和价格都下降了，而且使用的人也增多，促进了计算机工业迅速发展。第二代计算机主要用于商业、大学教学和政府机关。

3. 第三代计算机（1965—1971年）

集成电路被应用到计算机中来，因此这段时期被称为"中小规模集成电路计算机时代"。集成电路（Integrated Circuit，简称 IC）是做在晶片上的一个完整的电子电路，这个晶片比手指甲还小，却包含了几千个晶体管元件。第三代计算机的特点是体积更小、价格更低、可靠性更高、计算速度更快。第三代计算机的代表是 IBM 公司花了50亿美元开发的 IBM 360 系列。

4. 第四代计算机（1972年至现在）

1972年到现在，被称为"大规模或超大规模集成电路计算机时代"。第四代计算机使用的元件依然是集成电路，不过，这种集成电路已经大大改善，它包含着几十万到上百万个晶体管，人们称之为大规模集成电路（Large-Scale Integrated Circuit，简称 LSI）和超大规模集成电路（Very Large Scale Integrated Circuit，简称 VLSI）。1975年，美国 IBM 公司推出了个人计算机 PC（PersonaI Computer），从此，人们对计算机不再陌生，计算机开始深入到人类生活的各个方面。

（二）计算机的特点

电子计算机在处理信息上，具有以下主要特点：

1. 运算速度快

运算速度快是计算机的一个最显著的特点。计算机的运算速度通常用每秒钟执行定点加法的次数或平均每秒钟执行指令的条数来衡量。计算机的运算速度已由早期的每秒几千次（如 ENIAC 机每秒钟仅可完成5000次定点加法）发展到现在的最高可达每秒几千亿次乃至万亿次。

2. 计算精度高

在科学研究和工程设计中，对计算的结果精度有很高的要求。一般的计算工具只能达到几位有效数字，而计算机对数据处理的结果精度可达到十几位、几十位有效数字，根据需要甚至可达到任意的精度。

3. 存储容量大

计算机的存储器可以存储大量数据，这使计算机具有了"记忆"功能。目前，计算机的存储容量越来越大，已高达百万兆乃至更高数量级的容量。计算机具有"记忆"功能，是与传统计算工具的一个重要区别。

4. 具有逻辑判断功能

计算机的运算器除了能够完成基本的算术运算外，还具有比较、判断等逻辑运算的功能。这种能力是计算机处理逻辑推理问题的前提。

5. 自动化程度高，通用性强

由于计算机的工作方式是将程序和数据预先存放在机器内，工作时按程序规定的操作，一步一步地自动完成，一般无须人工干预，因而自动化程度高。这一特点是一般计算工具所不具备的。

6. 可靠性高

随着计算机技术的发展，计算机的可靠性也大大提高，在恶劣的环境下也能无故障地运行几个月甚至几年。

（三）计算机的分类

随着计算机技术的迅速发展和应用领域不断扩大，计算机的种类也越来很多，可以从不同的角度对计算机进行分类。

1. 按照计算机工作原理分类

可划分为模拟式电子计算机、数字式电子计算机和混合式电子计算机。

2. 按照计算机应用特点分类

可划分为通用计算机和专用计算机。

3. 按照计算机性能分类

可划分为巨型机、大型机、小型机、微型机、服务器和工作站。

二、计算机系统的组成

一个完整的计算机系统是由硬件（hardware）系统和软件（software）系统两部分组成的。硬件是指客观存在的物理实体，是构成计算机看得见、摸得着的物理元件的总称。软件是指运行在计算机硬件上的程序、运行程序所需的数据和相关文档的总称。硬件是软件发挥作用的舞台和物质基础，软件是使计算机系统发挥强大功能的灵魂，两者相辅相成，缺一不可。一般将没有安装软件的计算机称为"裸机"。计算机系统的各种功能都是由硬件与软件共同完成的。

为了进一步认识计算机系统的组成，对计算机系统有一个比较清晰的了解，下面介绍计算机的基本结构。

半个世纪以来，计算机已发展成为一个庞大的家族，尽管各种类型的计算机的性能、结构、应用等存在着差异，但它们的基本结构一直是由控制器、运算器、存储器、输入设备和输出设备五个基本部分组成，它们之间的关系如图3-1所示。

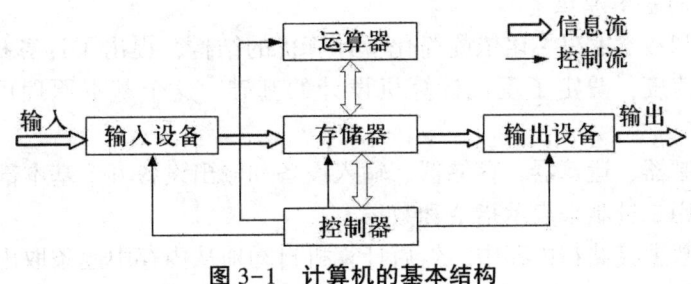

图3-1　计算机的基本结构

图3-1中的信息流代表数据或指令，控制流代表控制信号，在计算机中表现为高低电平形式。下面分别介绍各个组成部分的功能。

（一）控制器

控制器主要由指令寄存器、译码器、程序计数器和控制电路组成，控制器是用来控制计算机各部件协调工作，并使整个处理过程有条不紊地进行，是计算机的指挥中心。它的基本功能就是从内存中取指令和执行指令，即控制器按程序计数器指出的指令地址从内存中取出该指令进行译码，然后根据该指令功能向有关部件发出控制命令，执行该指令。另外，控制器在工作过程中，还要接收各部件反馈回来的信息。简言之，控制器就是协调指挥计算机各部件工作的元件，它的基本任务就是根据各类指令的需要综合有关的逻辑条件与时间条件产生相应的微命令。

（二）运算器

运算器又称算术逻辑单元（Arithmetic Logic Unit，简称ALU），是计算机对数据进行加工处理的部件，它的主要功能是执行各种算术运算和逻辑运算。算术运算指各种数值运算，包括加、减、乘、除等。逻辑运算是进行逻辑判断的非数值运算，包括与、或、非、比较、移位等。运算器在控制器的控制下实现其功能，运算结果由控制器指挥送到内存储器中。

通常把运算器和控制器集成在一起，合称为中央处理单元（Central Processing Unit，简称CPU），又称为中央处理器。

（三）存储器

存储器具有记忆功能，它的主要功能是用来保存信息，如数据、指令和运算结果等。存储器分为内存储器（简称内存）和外存储器（简称外存）两大类。内存也称主存储器（简称主存），它直接与CPU相连接，存储容量较小，但速度快，用来存放当前运行程序的指令和数据，并直接与CPU交换信息。外存又称辅助存储器（简称辅存），它是内存的扩充。外存存储容量大，价格低，但存储速度较慢，一般用来存放大量暂时不用的程序、数据和中间结果，需要时，可成批地和内存储器进行信息交换。外存不能和CPU直接交换信息，必须通过内存来实现外存和CPU之间的信息交换，不能被计算机系统的其他部件直接访问。

（四）输入设备

输入设备是用来接受用户输入的原始数据和程序的设备，它是重要的人机接口。它的主要功能是负责将输入的程序和数据转换成计算机能识别的二进制数存放内存中。

（五）输出设备

输出设备是用于将存放在内存中的数据输出的设备。它的主要功能是负责将计算机处理后的结果转变为人们所能接受的形式并通过显示、打印等方式输出。

通常将输入设备和输出设备合称为输入/输出设备，简称I/O（Input/Output）设备。

三、计算机的工作原理

要了解计算机的工作原理，必须从以下3个方面来说明计算机的工作原理。

（一）"存储程序"的基本原理

1946年，美籍匈牙利数学家冯·诺依曼简化了计算机的结构，提出了计算机"存储程序"的基本原理，提高了计算机的速度，奠定了现代计算机设计的基础。这个基本原理可以概括为以下三个基本点：

1. 计算机应包括控制器、运算器、存储器、输入设备和输出设备五个基本部分
2. 计算机内部应采用二进制来表示指令和数据
3. 将编好的程序和数据存储在内存中，然后计算机自动地从内存中逐条取出指令和数据进行分析、处理和执行

（二）指令及其执行过程

指令是计算机能够识别和执行的一些基本操作，通常包含操作码和操作数两部分。操作码规定计算机要执行的基本操作类型，如加法操作；操作数则告诉计算机哪些数据参与操作。计算机系统中所有指令的集合称为计算机的指令系统。每种计算机都有一套自己的指令系统，它规定了该计算机所能完成的全部基本操作，如数据传送、算术和逻辑运算、I/O等。一条指令的执行过程可以分为下面四步：

1. 取出指令。把要执行的指令从内存取到CPU中
2. 分析指令。把指令送到指令译码器中进行分析
3. 执行指令。根据指令译码器的译码结果向各个部件发出相应的控制信号，完成指令规定的操作功能
4. 形成下条指令的地址，为执行下条指令做好准备

（三）程序的执行过程

程序是由若干条指令构成的指令序列。计算机运行程序时，实际上是顺序执行程序中所包含的指令，即不断重复"取出指令、分析指令、执行指令"这个过程，直到构成程序的所有指令全部执行完毕，就完成了程序的运行，实现了相应的功能。

四、计算机进制与信息编码

（一）进位计数制

1. 进位计数制的概念

在人类历史发展的过程中，根据生产、生活交流的需要，人们创立了数。数制就是用一定的符号和规则来表示数的方法。

进位计数制是指用一组特定的数字符号按照先后顺序排列起来，从低位向高位进位计数表示数的方法，简称进制。例如，十进制数 2615 就是用 2、6、1、5 这 4 个数码从低位到高位排列起来的，表示二千六百一十五。在进位计数制中包含两个基本要素："基数"和"位权"。

（1）基数：一种进位计数制中允许使用的基本数字符号的个数称为基数。这些数字称为数码或数符。

（2）位权：就是单位数码在该数位上所表示的数量。位权是以指数形式表达，指数的底是计数进位制的基数。例如，在十进制数 327.5 中，3 表示的是 300（$3×10^2$），2 表示的是 20（$2×10$），5 表示的是 0.5（$5×10^{-1}$）。

任何一个数都可以按位权展开式表示，位权展开式又称为乘权求和。

一般地，任何一个 n 位 R 进制数都是可以用数字乘权求和的形式来表达的，其公式为：

$(K_1K_2\cdots K_n)R = K_1×R^{n-1}+K_2×R^{n-2}+\cdots+K_n×R^0$

其中，R 为基数，可以是 2、8、10、16 等。

另外，在运算中还应遵守"逢 R 进 1，退 1 当 R"的进位规则。

2. 常用的进位计数制介绍

常用的进位计数制有二进制、八进制、十进制和十六进制。

（1）二进制

二进制，它有两个数码：0 和 1。

进位规则是"逢二进 1，退 1 当二"。因此运算规则如下：

二进制加法规则：0+0=0　　　0+1=1　　　1+0=1　　　1+1=10
二进制减法规则：0-0=0　　　1-0=1　　　1-1=0　　　10-1=1
二进制乘法规则：0×0=0　　　0×1=0　　　1×0=0　　　1×1=1

在计算机中之所以采用二进制的主要原因是：

①实现容易。二进制数只有两个符号，即 0 和 1。可以用两种对立物理状态来表示它，而且能够很容易制造具有两个稳定状态的电子元件。电子元件两个稳定状态在需要时也很容易被相互转换。例如，二极管的导通和截止、晶体管的导通与截止、电平的高和低、脉冲的有和无等，它们都可以用来表示 0 和 1，实现起来非常容易。

②便于使用逻辑代数。逻辑代数是计算机科学的数学基础，又称为布尔代数。二进制数的"1"和"0"正好可以表示逻辑值"真"和"假"，为计算机进行逻辑运算及对计算机逻辑线路进行分析与设计提供方便。

③运算简单。二进制数的加法和乘法规则都只有四条，非常简单，比使用十进制运算规则简单得多，所以，实现二进制运算的电子线路也大为简化。

④记忆和传输可靠。电子元件对立的两种状态，识别起来较容易，同时提高电路抗干扰能力，使电路工作更可靠。

当然，事物总是一分为二的，尽管二进制有许多优点，但仍存在书写起来太长，阅读与记忆不方便等不足。因此，人们在书写和记忆时常采用八进制和十六进制。

（2）八进制

八进制有八个数码：0、1、2、3、4、5、6、7。

进位规则是"逢八进1，退1当八"。

十六进制有十六个数码：0、1、2、3、4、5、6、7、8、9、A、B、C、D、E、F。

进位规则是"逢十六进1，退1当十六"。

（3）十进制

日常生活中最常用的是十进制。

十进制有十个数码：0、1、2、3、4、5、6、7、8、9。

进位规则是"逢十进1，退1当十"。

二进制、八进制、十进制和十六进制这4种进制之间的对应关系如表3-1所示。

表3-1　4种进制之间的对应关系

十进制	二进制	八进制	十六进制	十进制	二进制	八进制	十六进制
0	0	0	0	8	1000	10	8
1	1	1	1	9	1001	11	9
2	10	2	2	10	1010	12	A
3	11	3	3	11	1011	13	B
4	100	4	4	12	1100	14	C
5	101	5	5	13	1101	15	D
6	110	6	6	14	1110	16	E
7	111	7	7	15	1111	17	F

为了避免以上不同进位数制的数在使用时产生混淆，在给出一个数时，应指明它的数制，通常用字母 D、B、O、H 或用下标 10、2、8、16 分别表示十进制、二进制、八进制和十六进制数。其中十进制可以不作标明。

例：1124D、11011B、374O、4FE2H

或 $(1124)_{10}$、$(11011)_2$、$(374)_8$、$(4FE2)_{16}$

（二）数制之间的相互转换

1. R 进制数转换为十进制数

方法特别简单，先将 R 进制数按位权展开式展开，然后按十进制规则进行计算，其计算结果就是转换后的十进制数。

例：将 $(325)_8$、$(1010011)_2$ 转换为十进制数。

$(325)_8 = 3 \times 8^2 + 2 \times 8^1 + 5 \times 8^0 = 192 + 16 + 5 = 213$

$(1010011)_2 = 1 \times 2^6 + 0 \times 2^5 + 1 \times 2^4 + 0 \times 2^3 + 0 \times 2^2 + 1 \times 2^1 + 1 \times 2^0 = 64 + 16 + 2 + 1 = 83$

2. 十进制数转换为 R 进制数

这里的 R 通常是表示二、八、十六。转换规则分成整数部分和小数部分：

整数部分：采用"除以 R 取余法"。即用十进制数反复地除以 R，记下每次所得的余数，直至商为 0。将所得余数按最后一个余数到第一个余数的顺序依次排列起来即为转换结果。

例：将十进制数 $(124)_{10}$ 转换成二进制数，转换过程如下：

```
2 | 124 …… 余数 0   低
2 |  62 …… 余数 0    ↑
2 |  31 …… 余数 1    |
2 |  15 …… 余数 1    |
2 |   7 …… 余数 1    |
2 |   3 …… 余数 1    |
2 |   1 …… 余数 1   高
      0
```

所以，$(124)_{10}$ = $(1111100)_2$。

小数部分：采用"乘以 R 取整法"。即用十进制小数乘以 R，得到一个乘积，将乘积的整数部分取出来，将乘积的小数部分再乘以 R，重复以上过程，直至乘积的小数部分为 0 或满足转换精度要求为止，最后将每次取得的整数依次从左到右排列即为转换结果。若要转换成二进制小数，则采用"乘 2 取整法"。

将十进制数 $(0.625)_{10}$ 转换成二进制小数的过程如下：

0.625×2 = 1.250…… 取出整数部分 1   高
0.250×2 = 0.500…… 取出整数部分 0
0.500×2 = 1.000…… 取出整数部分 1   低

小数部分为 0.000，转换结束。

所以，$(0.625)_{10}$ = $(0.101)_2$。在本例中，能够精确转换，没有丝毫误差。特别要注意的是，并非所有的十进制小数都能完全准确地转换成对应的二进制小数，$(0.1)_{10}$ 就是一个例子，有兴趣的读者不妨试一试，看看转换过程中会出现什么情况。

对于既有整数部分又有小数部分的十进制数，转换成 R 进制数，转换规则是：将该十进制数的整数部分和小数部分分别进行转换，然后将两个转换结果拼接起来即可。

例：将 $(124.625)_{10}$ 转换成二进制数：

因为　　$(124)_{10}$ = $(1111100)_2$
　　　　$(0.625)_{10}$ = $(0.101)_2$

所以　$(124.625)_{10}$ = $(1111100.101)_2$

以上介绍了十进制数与 R 进制数（在此主要是指二进制、八进制及十六进制数）的相互转换方法，为便于记忆，可简单归纳为：R 至十，位权展开式求和；十至 R，用整部除 R 取余，小数乘 R 取整，并特别注意转换结果的排列规则（除 R 取余法是"先余为低，后余为高"；乘 R 取整法是"先整为高，后整为低"）。

3. 二进制数与八进制、十六进制数之间的特殊转换

由于二进制数与八进制、十六进制数的特殊关系（8 和 16 都是 2 的整数次幂：$8=2^3$，$16=2^4$），所以由二进制转换成八进制、十六进制，或者作反向的转换，都非常简单。

（1）二进制数与八进制数的相互转换。把一个二进制整数转换成八进制数的方法是，从二进制数的小数点开始从右向左，将每三位数字分成一组（最后一组若不足三位，可不补 0），把每组数换成对应的八进制数码即得到转换结果。

例：将二进制整数 10101111001 转换成八进制数的过程如下：

分组：　10　101　111　001　　（整数分组，不足三位，可不补 0）
对应值：　2　 5　 7　 1　　（每组对应一位八进制数）
结果：$(10101111001)_2$ = $(2571)_8$

把二进制小数转换成八进制数的方法与整数转换相同，只是应注意以下两点：

①分组方向是小数点开始从左向右；
②分组时末尾若不足三位，必须在右边补 0，补足三位，否则会出错，读者应特别注意。

例：把二进制数 11100101.1101 转换成八进制数的过程如下：

11　100　101.　110　100　　（小数分组，不足三位，必须补 0）
3　 4　 5.　 6　 4

所以，$(11100101.1101)_2$ = $(345.64)_8$

本例中，小数部分分组时，最末一组只有一位，应补两个 0，成为"100"，若不补 0，将得到错误结果：$(11100101.1101)_2$ = $(345.61)_8$。

八进制数转换成二进制数的方法与上述转换过程相反,转换时,将每一位八进制数展开为对应的三位二进制数字串,然后把这些数字串依次拼接起来即得到转换结果。

例:把八进制数 532.07 转换成二进制数的过程如下:

  5 3 2. 0 7

101 011 010. 000 111

所以,$(532.07)_8 = (101011010.000111)_2$

再看一个例子,把八进制 21.34 转换成二进制数的过程如下:

  2 1. 3 4

010 001. 011 100

将转换结果中的前导 0 及小数部分尾部的 0 去掉,所以,$(21.34)_8 = (10001.0111)_2$。

（2）二进制数与十六进制数的相互转换。二进制数与十六进制数的相互转换方法和上述二进制与八进制间的转换相同,只是在转换时,用四位二进制数与一位十六进制数互换,具体过程不再赘述,下面给出一些转换实例：

  例:$(1101\ 0101\ 1011)_2 = (D5B)_{16}$

    $(100\ 1111.1010)2 = (4F.A)16$

    $(ABC)16 = (1010\ 1011\ 1100)2$

    $(E64.5A)16 = (1110\ 0110\ 0100.0101\ 101)_2$

（3）八进制数与十六进制数的相互转换。这两种数制的相互转换可借助二进制或十进制作为桥梁来进行。

  例:$(576)_8 = (101111110)_2 = (17E)_{16}$

    $(2FB)_{16} = (763)_{10} = (1373)_8$

注意:每一位八进制数可用三位二进制数表示,每位十六进制数可用四位二进制数表示,这是以上三种数制相互转换的要点,并且必须记住表 3-1 中所列的基本对应关系。

（三）计算机中的数据单位

计算机内所有的信息（无论是程序还是数据）都以二进制的形式存放。其中,一个二进制是数据的最小单位,称为位（bit）。计算机处理信息时,一般以一组二进制数作为一个整体,这组二进制数称为一个字（word）。一个字的二进制位数自然数为字长。不同计算机系统内部的字长不同。计算机中常用的字长有 8 位、16 位、32 位、64 位等。字长是衡量计算机性能的一个重要指标。

一般用字节（Byte）作为基本单位来度量计算机存储容量。一个字节由 8 位二进制数组成。在计算机内部,一个字节可以表示一个数据,也可以表示一个英文字母或其他特殊字符;一个或几个字节还可以表示一条指令;两个字节可以表示一个汉字等。

有关存储的常用度量单位及其换算关系如下:

$1KB = 2^{10}Byte = 1024B$（Byte）

$1MB = 2^{20}Byte = 1024kB = 1024B \times 1024B$（Byte）

$1GB = 2^{30}Byte = 1024MB = 1024 \times 1024 \times 1024B$（Byte）

$1TB = 2^{40}Byte = 1024GB = 1024 \times 1024 \times 1024 \times 1024B$（Byte）

其中,K、M、G、T 分别称为千、兆、吉、太。

为了便于对计算机内的数据进行有效的管理和存取,需要对内存单元进行编号,即给每个存储单元一个地址。每个存储单元存放一个字节的数据。如果需要对某一个存储单元进行存储,必须先知道该单元的地址,然后才能对该单元进行信息的存取。应当注意,存储单元的地址和存储单元的内容是不同的。

（四）数据编码

1. 数据与信息的概念

数据（data）是指计算机能够接收和处理的物理符号,包括字符（character）、表格（table）、声音

（sound）、图形（picture）和影像（video）等。数据可以在物理介质上记录和传输。

数据有两种形态。一种形态称为人类可读形式的数据，简称人读数据。例如，图书、资料、音像制品等。另一种形式称为机器可读形式的数据，简称机读数据。例如，印刷在物品上的条形码，录制在磁带、磁盘、光盘上的数码，穿在纸带和卡片上的各种孔等，都是通过特制的输入设备将这些信息传输给计算机处理，它们都属于机器可读数据。

信息本身也是数据，但数据不一定是信息。

单独的数据通常不能表示完整的意义，经过解释并赋予一定的意义后便成为信息，因此信息是人们消化了的数据，是数据的具体含义。数据与信息既有联系又有区别。数据是信息的载体，信息则是数据的具体内涵。对同一数据可能有不同的解释，使之成为内容不完全相同的信息，如 36 可以是年龄 36 岁，也可以是鞋长 36 码。对同一信息也可能用不同的数据来表示。例如，同样一条新闻，可能在不同的报纸上发布，但文字内容可能不同。

2. 计算机中的字符信息编码

在计算机处理的数据中，除了数值型数据外，非数值型数据（如字符、图形）也占很大比重。其中字符是日常生活中使用最频繁的非数值型数据，它包括了英文字母、数字、符号以及汉字等。由于计算机只能识别二进制代码，为了能够对字符进行识别和处理，同样要对字符进行二进制编码表示。每一个英文字符和一个确定的编码相对应，而一个汉字字符和一组确定编码相对应。

计算机中英文字符主要用 ASCII 编码，简体中文字符主要用变形的国标码。

（1）ASCII 码。ASCII 码是"美国信息交换标准代码"（American Standard Code for Information Interchange）的简称，该标准已经被国际标准化组织（ISO）指定为国际标准，是国际上使用最广泛的一种字符编码。

ASCII 码的编码规则是：ASCII 码是 7 位码，即每个字符用 7 位二进制数（$b_6b_5b_4b_3b_2b_1b_0$）来表示，共有 $2^7=128$ 个字符。在计算机中，每个 ASCII 码字符可存放在一个字节中，最高位（d_7）为校验位用"0"填充，后 7 位为编码值，如表 3-2 所示。

表 3-2　ASCII 码表

$b_6b_5b_4$ / $b_3b_2b_1b_0$	000	001	010	011	100	101	110	111
0000	NUL	DEL	空格	0	@	P	`	P
0001	SOH	DC1	!	1	A	Q	a	Q
0010	STX	DC2	"	2	B	R	b	R
0011	ETX	DC3	#	3	C	S	c	S
0100	EOT	DC4	$	4	D	T	d	T
0101	ENG	NAK	%	5	E	U	e	U
0110	ACK	SYN	&	6	F	V	f	V
0111	BEL	ETB	'	7	G	W	g	W
1000	BS	CAN	(	8	H	X	h	X
1001	HT	EM	)	9	I	Y	I	Y
1010	LE	SUB	*	:	J	Z	J	Z
1011	VT	ESC	+	;	K	[	K	{
1100	FF	FS	,	<	L	\	L	|
1101	CR	GS	-	=	M	]	M	}
1110	SO	RS	.	>	N	^	N	~
1111	SI	US	/	?	O	_	O	DEL

值得注意的是，在 ASCII 码表中，三组常用字符——阿拉伯数字、大写英文字母、小写英文字母，它们的 ASCII 码值都是分别连续递增的。也就是说，知道了每组字符中的第一个字符的 ASCII 码值，则该组中的其他字符的 ASCII 码值都是可以计算出来的。例如，若已知字符"A"的 ASCII 码值为 65，则字符"E"的 ASCII 码值为 69，字符"J"的 ASCII 码值为 74。

此外，ASCII 码表中的可打印字符在 PC 机标准键上都可以找到，当通过键盘输入字符时，每个字符实际是按 ASCII 码转换为相应二进制数字串，屏幕上显示相应字符，同时将该字符的 ASCII 码送入计算机的存储器中。例如，在键盘上输入字符"CHI"则计算机中处理是"01000011 01001000 01001001"。

前面介绍是 7 位 ASCII 码，称基本 ASCII 码。若用 8 位编码的 ASCII 码，共有 $2^8 = 256$ 个字符，称为扩展 ASCII 码，主要是能增加字符使用数量。

（2）汉字编码。文字（字符、汉字）信息的编码体系包括机内码、输入码、字形码、交换码、地址码和控制码。其中最主要的是机内码、输入码和字形码。

英文为拼音文字，所有的字均由 26 个字母拼组而成，加上数字等其他符号，常用的字符仅有 95 种，所以 ASCII 码采用 7 比特编码已经够用，一个字符只须占一个字节。汉字为非拼音文字，如果一字一码，2000 个汉字需要 2000 种码才能区分。显然，汉字编码比英文字符编码要复杂得多。

①国标码。1981 年，我国颁布了用于信息处理的汉字国家标准——《中华人民共和国国家标准（GB2312-80）通讯用汉字字符集·基本集》，该标准常称为 GB2312-80 汉字编码标准，简称为汉字国标，它是汉字交换码的国家标准，所以又称"国标码"。该标准收入了 6763 个常用汉字（其中一级常用汉字 3755 个，二级不常用汉字 3008 个），以及英、俄、日文字母与其符号 682 个，共有 7445 个符号。任何汉字编码都必须包括该标准规定的这两级汉字。

此外，GBK 码是新的国标码，是扩展的汉字国家标准（GB30001-94.1），该标准简称为 GBK 国标。GBK 码除包含了 GB2312 码外，还收录了其他 20982 个汉字，因此，现在国标码是指 GBK 码。

国标码规定，每个字符由一个 2 字节代码组成。每个字节的最高位恒为"0"，其余 7 位用于组成各种不同的码值，如图 3-2 所示。

b_7	b_6	b_5	b_4	b_3	b_2	b_1	b_0	b_7	b_6	b_5	b_4	b_3	b_2	b_1	b_0
0	×	×	×	×	×	×	×	0	×	×	×	×	×	×	×

图 3-2 汉字国标码的编码格式

两个字节的代码，共可表示 128×128 = 16384 个符号，而国标码的基本集目前仅有 7000 多个符号，所以足够使用。

②汉字机内码。机内码是计算机内部进行文字（字符、汉字）信息处理时使用的编码，简称内码。当文字信息输入到计算机中后，都要转换为机内码，才能进行各种处理，如存储、加工、传输、显示和打印等。对一种文字，其机内码是唯一的。

计算机既要处理汉字，也要处理英文。为了实现中、英文兼容，通常利用字节的最高位来区分某个码值是代表汉字还是 ASCII 码字符。具体的做法是，若最高位为"1"视为汉字符，为"0"视为 ASCII 字符。所以，汉字机内码可在上述国标码的基础上，把两个字节的最高位一律由"0"改"1"而构成。例如，汉字"大"字的国标码 3473H，两个字节的最高位均为"0"。把两个最高位全改成"1"，变成 B4F3H，就可得"大"字的机内码。由此可见，同一汉字的汉字国标码与汉字机内码内容并不相同，而对 ASCII 字符来说，机内码与国标码的码值是一样的。汉字机内码是变形的国标码，这种变形又正好将中文和英文区分开来。

③汉字输入码（外码）。汉字输入曾经是应用计算机进行汉字处理的"瓶颈"，近年来，经过人们细心研究，现已有了键盘输入、语音输入和字形识别三种输入方法。其中，目前仍以键盘输入使用最

普遍。汉字输入码是汉字信息由键盘输入计算机时使用的编码，简称外码，是通过使用键盘的字母键和数字键编码输入汉字的方法。每一种键盘汉字输入法都有相应的编码方法，可以划分为流水码、音码、形码和音型结合码四种类型。

英文输入时，想输入什么字符便按什么键，输入码与机内码总是一致的。汉字输入则不同，假设现在要输入汉字"成"字，在键盘上按"cheng"键，这里的"cheng"便是"成"字的输入编码。汉字输入法非常多，最广泛使用的是五笔字型输入法和拼音输入法。

需要指出的是，无论采用哪一种汉字输入法，当用户向计算机输入汉字时，存入计算机中的总是它的机内码，与所采用的输入法无关。实际上不管使用何种输入法，在输入码与机内码之间存在着一种对应关系，很容易通过"输入管理程序"把输入码转换为机内码。可见，输入码仅是供用户选用的编码，故也称为"外码"，而机内码则是供计算机识别的"内码"，其码值是唯一的。二者通过键盘管理程序来转换，如图3-3所示。

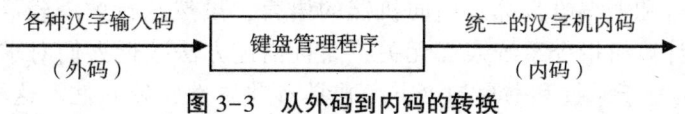

图3-3　从外码到内码的转换

④汉字字形码。汉字字形码是指汉字字形存储在字库中的数字化代码，用于计算机显示和打印输出汉字的"形"，即字形码决定了汉字显示和打印的外形。字形码是汉字的点阵表示，称为"字模"。同一文字符号，可以有多种"字模"，也就是字体或字库。

综上可知，无论英文字符还是中文字符，在机内一律用二进制编码来表示。但因汉字字符和英文字符数量悬殊，所以后者可采用单字节码，前者必须采用双字节码。又因二者共用一个存储器，导致汉字内码不同于它的交换码；二者要共用同一键盘，使汉字不得不实行编码输入。汉字库占用的空间，也远比英文字库（称为字符发生器）大。汉字处理较纯英文处理需要更多的时间与空间。

（3）英文字符的全角与半角。英文字符存储用一个字节，汉字用两个字节，早期显示时英文字符用8×16点阵，汉字用16×16点阵，即显示时汉字比英文字符宽一倍，在中文处理时会有半边汉字，出现不整齐的现象，与通常的中文方格不一致，于是在汉字编码时，把所有英文字符又按汉字编码方式再一次编码，仍是两个字节存储，显示和汉字一样宽，并把中文特有的标点符号如空心句号也进行了处理，这样显示时就和习惯一致了。汉字编码方式的英文字符称为英文字符的全角符号，ASCII编码方式的英文字符称为半角符号。

五、计算机的软件系统

计算机软件系统可分为系统软件和应用软件两大类。系统软件处于硬件和应用软件之间，具有计算机各种应用所需的通用功能，是支持应用软件的平台。而应用软件则是用户为解决实际问题开发的专门程序，如财务管理软件包、统计软件包等。

（一）系统软件

系统软件是在计算机系统中直接服务于计算机系统的由计算机厂商或专业软件开发商提供的，给用户使用的操作系统环境和控制计算机系统按照操作系统要求运行的软件。它包括操作系统、语言处理程序、编译和连接程序、数据库系统、服务程序等。

1. 操作系统

操作系统（operating system）是控制和管理计算机硬件和软件资源，合理地组织计算机工作流程以及方便用户使用计算机的程序的集合。一般都具有处理机管理、存储管理、设备管理、文件管理和用户接口五大功能。使用操作系统的目的有两个：一是管理计算机系统的所有资源；二是方便用户使用计算机而在计算机与用户之间提供接口。目前常用的操作系统有UNIX、LINUX、Windows等。

2. 语言处理程序

计算机语言一般分为三类，它们是机器语言、汇编语言和高级语言。对计算机语言进行有关处理（编译、解释和汇编）的程序称为语言处理程序。

机器语言：用直接与计算机联系的二进制代码指令表达的计算机编程语言称为机器语言。这种语言对于机器而言不需要任何翻译，但不易记忆、难以修改。因为计算机只能接受以二进制形式表示的机器语言，所以任何高级语言最后都要翻译成二进制代码组成的程序（目标程序）才能在计算机上运行。

汇编语言：用能反映指令功能的助记符表达的计算机语言称为汇编语言（assembler ianguage），它是符号化的机器语言。用汇编语言写出的程序称为汇编语言源程序，机器无法执行它，必须用计算机配置好的汇编程序把它翻译成机器语言目标程序，机器才能执行。这个翻译过程称为汇编过程。汇编语言比机器语言在编写、修改、阅读方面均有很大改进，运行速度也快，但掌握起来比较困难。

高级语言：机器语言和汇编语言都是面向机器的语言，虽然执行效率较高，但编写效率很低。高级语言是一种与具体的计算机指令系统表面无关，而且描述方法接近人们对求解过程或问题的表达方法（倾向自然性语言），易于掌握和书写的语言，并具有共享性、独立性。这种语言所用的一套符号、标记更接近人们的日常习惯，便于理解记忆。常用的高级程序设计语言有：Visual Basic、C++、JAVA 等。

3. 编译和连接程序

编辑输入的高级语言程序称为源程序，源程序经过编译程序的编译生成目标程序，连接程序把这些目标程序组成一个可执行的程序。这种方式称为程序的编译执行方式。过程如图3-4所示。

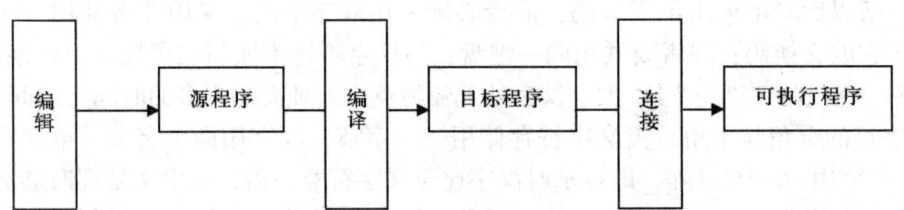

图3-4 源程序连接成可执行程序的过程

4. 服务程序

服务程序包括诊断程序和测试程序等，是专门用于计算机硬件性能测试和系统故障诊断维护的系统程序，如能对CPU、驱动器、接口、内存等设备的性能和故障进行检测。

5. 数据库系统

数据库系统是一个复杂的系统，它由硬件、操作系统、数据库、数据库管理系统等构成。它实现了有组织地、动态地存储大量关联数据，方便多用户访问，它与文件系统的重要区别是数据的充分共享、交叉访问与应用程序的高度独立性。它的特点有查询迅速且准确、数据结构化且统一管理、数据冗余度小、具有较高的数据独立性、数据共享性好、数据控制功能强等。常见的数据库管理系统有 Access、SQL Server 和 Oracle 等。

（二）应用软件

应用软件是用户利用计算机及其提供的系统软件为解决实际问题而设计的计算机程序，是指除系统软件外的所有软件，是由各种应用软件包和各种应用程序组成。由于计算机已渗透到各个领域，因此，按其服务对象的不同，可以分为通用软件和专用软件。

1. 通用软件

是为解决某一类问题而开发的，这类问题是大多数用户都会遇到和使用的，如办公软件 MS Office、绘图软件 AutoCAD、图像处理软件 Photoshop 等。

2. 专用软件

是针对特殊用户的要求而设计的软件，如银行的金融处理系统、交通信号灯的自动控制系统等。

六、计算机硬件系统

目前，微型计算机（简称微型机或微机）主要包括台式电脑即 PC 机和笔记本电脑，如图 3-5、图 3-6 所示的分别是台式电脑和笔记本电脑的外观。

图 3-5　台式电脑（lenovo）

图 3-6　笔记本电脑（lenovo）

下面着重介绍微型机中常见的硬件及其功能。

（一）中央处理器（CPU）

微型机的中央处理器又称为微处理器，它是整个微型机系统的核心，可以直接访问内存储器。它安装在主板的 CPU 插座中，是由制作在一块芯片上的运算器、控制器、若干寄存器以及内部数据通路构成的。

其中，运算器的主要功能是完成数据的算术和逻辑运算。控制器一般由指令寄存器、译码器、程序计数器和控制电路组成，它根据指令的要求，对微型计算机各部件发出相应的控制信息，使它们协调工作。寄存器用来暂存指令和经常使用的数据。如图 3-7 所示的是 Intel 公司酷睿 2 至尊四核 QX9770 芯片。目前，世界上生产微处理器芯片的公司主要有 Intel 和 AMD 两家著名公司（见图 3-7）。

由于微处理器的性能指标对整个微型机具有重大影响，因此，人们往往用 CPU 型号作为衡量微型机档次的标准。通常 Intel 系列 CPU 性能由低到

图 3-7　微处理器芯片

高依次为：8086→80286→80386→80486→Pentium→PentiumⅡ→PentiumⅢ→PentiumⅣ→Core→Core2→Core i3→Core i5→Core i7→Core i9 等。对于相同档次的 CPU，在比较性能时还需看其主频（时钟频率）高低。一般来说，主频越高，运算速度越快，性能也越好。

此外，微型机的字长也是影响性能和速度的一个重要因素。微型机的字长首先是指操作数寄存器的长度，然后还要考虑出入处理器的数据宽度。通常微型机的字长可分为 8 位、16 位、32 位、64 位等。字长越长，则表示数的有效位数越多，精度也越高。因此，决定微型机的性能指标主要是 CPU 的主频和字长。

（二）存储器

微型机的存储器分为两大类：一类是内存储器（简称内存或主存），主要是临时存放当前运行的程序和所使用的数据；另一类是外存储器（简称外存或辅存），主要是用于永久存放暂时不使用的程序和数据。程序和数据在外存中以文件的形式存储，一个程序需要运行时，首先从外存调入内存，然后在

内存中运行。

存储器中能够存放的最大数据信息量称为存储器的容量。存储器容量的基本单位是字节（Byte），记作 B。由于存储器中存储的一般是二进制数据，二进制数只有 0 和 1 两个代码，因而计算机技术中常把一位二进制数称为一位（bit），记作 b。1 个字节包含 8 位，即 1B=8b。在实际中为了便于表示大容量存储器，还常用 KB、MB、GB、TB 为单位，其换算关系为：

1KB=1024B，1MB=1024KB，1GB=1024MB，1TB=1024GB

1. 内存储器

绝大多数内存储器是由半导体材料构成的，如图 3-8 所示。按其功能可分为：随机访问存储器（Random Access Memory，简称 RAM）和只读存储器（Read Only Memory，简称 ROM）等。

图 3-8 内存条

（1）RAM 主要是用来根据需要随时读写。它的特点是通电时存储的内容可以保持，断电后，存储的内容立即消失。RAM 可分为动态（Dynamic RAM）和静态（Static RAM）两大类。所谓动态随机存储器 DRAM，是用 MOS 电路和电容来作存储元件的。由于电容会放电，所以需要定时充电以维持存储内容的正确，例如，每隔 2ms 刷新一次，因此称之为动态存储器。所谓静态随机存储器 SRAM，是用双极型电路或 MOS 电路的触发器来作存储元件的，它没有电容放电造成的刷新问题。只要有电源正常供电，触发器就能稳定地存储数据。DRAM 的特点是集成密度高，主要用于大容量存储器。SRAM 的特点是存取速度快，主要用于高速缓冲存储器。微型机中配置的内存就是指 RAM 内存。目前，一般内存选配的容量是 4~16G。

（2）ROM 主要用来存放固定不变的程序和数据，如 BIOS 程序。它的主要特点是只能读出原有的内容，不能由用户再写入新内容。原来存储的内容是由厂家一次性写入的，因此断电后信息不会丢失，能永久保存下来。ROM 可分为可编程（programmable）ROM、可擦除可编程（erasable programmable）ROM、电擦除可编程（electrically erasable programmable）ROM。例如，EPROM 存储的内容可以通过紫外光照射来擦除，这使它的内容可以反复更改。

（3）其他内存储器。

①高速缓冲存储器 Cache。随着 CPU 工作频率的不断提高，CPU 对 RAM 的存取速度也提出了更高的要求。因为如果 RAM 的存取速度太慢的话，那么 CPU 将不得不处于等待状态，这将极大地影响系统工作效率。这时就需要使用具有更高存取速度的存储芯片。

但是，由于在现有技术条件下高速存储芯片的价格太高，因此如果大量使用高速存储芯片，则可能带来系统成本过高的问题。为了解决这一问题，在现代计算机设计中采用了高速缓冲存储器技术。

所谓高速缓冲存储器 Cache，就是一种位于 CPU 与内存之间的存储器。它的存取速度比普通内存快得多，但容量有限。Cache 主要用于存放当前内存中使用最多的程序块和数据块，并以接近 CPU 工作速度的方式向 CPU 提供数据。由于在大多数情况下，一段时间内程序的执行总是集中于程序代码的某一较小范围，因此，如果将这段代码一次性装入高速缓存，则可以在一段时间内满足 CPU 的需要，从而使得 CPU 对内存的访问变为对高速缓存的访问，以提高 CPU 的访问速度和整个系统的性能。

②CMOS 存储器。CMOS 是一小块特殊的内存，它保存着计算机的当前配置信息，如日期、时间、硬盘容量、内存容量等。这些信息大多是系统启动时所必需的或者是可能经常变化的。如果把这些信息存放在 RAM 中，则系统断电后数据无法保存；如果存放在 ROM 中，又无法修改（例如硬盘升级或修改时间）。而 CMOS 的存储方式则介于 RAM 和 ROM 之间。CMOS 靠电池供电，而且耗电量极低，因此在计算机关机后仍能长时间保存信息。

2. 外存储器

由于价格和技术方面的原因，内存的存储容量受到限制。为了满足存储大量的信息，就需要采用价格便宜的外存储器。目前，常用的外存储器有硬盘、光盘、U 盘和移动硬盘等。由于外存储器设置在计算机外部，所以也可归属计算机外部设备。

（1）硬盘。硬盘是最重要的外存储器，它是由一组同样大小、涂有磁性材料的铝合金圆盘片环绕一个共同的轴心组成的。硬盘一般都封装在一个质地较硬的金属腔体里，然后将整个硬盘固定在主机箱内，因而它不能像软盘那样随时放入和拿出，不便于携带，如图 3-9 所示。同时硬盘内的洁净度要求非常高，采用密封型空气循环方式和空气过滤装置，不得任意拆卸。

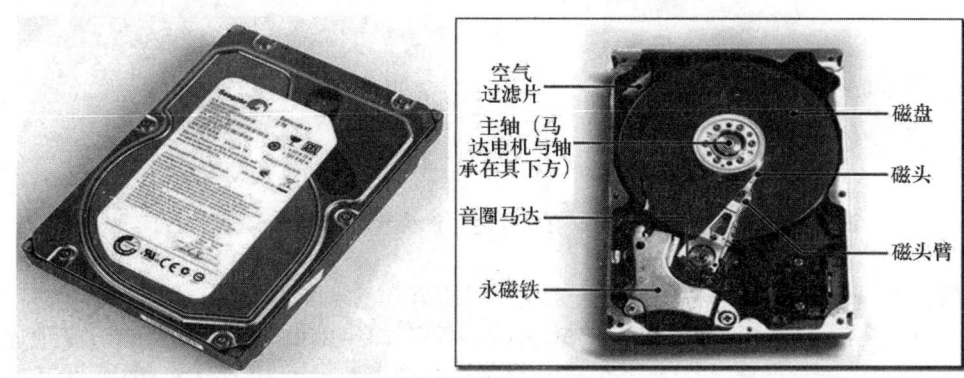

图 3-9 硬盘及内部结构

硬盘在出厂时必须经过以下三个步骤才能正常使用：
①对硬盘进行低级格式化；
②对硬盘进行分区；
③对硬盘进行高级格式化。
通常这些工作都是由硬盘经销商完成，到达用户手中的硬盘可以直接使用。

硬盘具有存储容量大、存取速度快、可靠性高、每兆字节成本低等优点。目前，市面上流行的是容量为 160G、250G、320G 等规格的硬盘，而且随着磁盘记录技术的迅速发展，硬盘存储容量得到了大幅度提高，已经出现了存储容量 2560G（约 2.5TB）的硬盘，甚至在不久的将来会出现存储容量 5TB 乃至更大容量的硬盘。

影响硬盘的首要性能指标是存储容量。一个硬盘一般由多个盘片组成，盘片的每一面都有一个读写磁头（head）。硬盘使用时通过格式化将盘片划分成若干个同心圆，每个同心圆都称为磁道，磁道的编号从最外层以 0 开始（第 0 道），每个盘片上划分的磁道数是相同的。许多盘片组中相同磁道从上向下就形成了一个想象的圆柱，称为硬盘的柱面（cylinder）。同时将每个磁道再划分为若干扇区，扇区容量仍为 512 字节。硬盘容量的计算公式为：

硬盘容量＝512B/扇区×扇区数/磁道×磁道数（柱面数）/磁头×磁头数

例：一个硬盘由 64 个磁头，18898 个柱面（磁道），每个磁道有 63 扇区，则此硬盘的容量为：
512×65×10256×63＝21503139840B≈20GB

影响硬盘的另一个重要性能指标是存取速度。影响存取速度的因素有：平均寻道时间、数据传输率、盘片旋转速度（转速）以及缓冲存储器（缓存）容量等。如普通硬盘转速一般有 5400rpm、

7200rpm，笔记本硬盘转速一般是 4200rpm、5400rpm，服务器硬盘转速基本都采用 10000rpm，甚至 15000rpm。较高的转速可缩短硬盘的平均寻道时间和实际读写时间，但随着硬盘转速的不断提高也带来了温度升高、电机主轴磨损加大、工作噪音增大等负面影响。

由于软盘和硬盘分别是在以塑料或铝合金为基盘的两面涂以磁性材料，因此通常将软盘和硬盘统称为磁盘。

（2）光盘。光盘是近年来发展迅速的一种外存储介质。它主要利用激光技术读写信息，可以存放各种文字、声音、图形、图像等信息，还具有价格低、容量大、易长期保存等优点。

目前，常用于计算机系统的光盘可分为两大类：激光磁盘（Compact Disk，简称 CD）和数字视频光盘或数字多用途光盘（Digital Video Disk or Digital Versatile Disk，简称 DVD）。

不论哪种光盘在读写时需将光盘放入相应的光盘驱动器（简称光驱）中，光驱有内置式和外置式两种，如图 3-10 所示。内置式光驱是固定安装在主机箱内，外置式光驱在使用时是通过数据线与计算机相连。由光盘、光驱构成了光盘存储器。

图 3-10 内置式 DVD 驱动器（左）和外置式 DVD 驱动器（右）

CD 光盘可分为只读型光盘、一次性写入光盘、可擦除型光盘等。

①只读型光盘（Compact Disk Read Only Memory，简称 CD-ROM）。是由生产厂家预先写入数据或程序，出厂后用户只能读取，而不能写入、修改。信息是以一系列 0 和 1 存入 CD 盘的，在盘片上用平坦表面表示 0，而用凹坑端部（即凹坑的前沿和后沿）表示 1。光盘表面有一个保护涂层覆盖，让使用者无法触摸到数据的凹坑，这有助于盘片不被划伤、印上指纹和黏附其他杂物。

②一次性写入光盘（Compact Disk Recordable，简称 CD-R）。这种光盘可由用户一次写入，多次读出。通过在光盘上加一层可一次性记录的染色层，然后在专用的光盘刻录机（也是一种光驱，主要具有写入数据的功能，普通光驱不具有此功能）中进行写入。读盘的速度高于刻录的速度。

③可擦除型光盘（Compact Disk ReWritable，简称 CD-RW）。这种光盘可由用户反复多次写入，多次读出。通过在光盘上加一层可改写的染色层，然后在专用的光盘刻录机中进行写入。

用 CD-R 或 CD-RW 光盘作计算机外存，因具有更换性而消除了联机存储容量的限制。

DVD 光盘也可分为只读型 DVD 光盘（Digital Video Disk Read Only Memory，简称 DVD-ROM）、一次性写入 DVD 光盘（Digital Video Disk Recordable，简称 DVD-R）、可擦除型 DVD 光盘（Digital Video Disk ReWritable，简称 DVD-RW）等。

CD 光盘有一个数据传输速率的指标，称为倍速。一倍速的数据传输速率是 150Kbps，记为"1X"，常见的光驱速度有"48X""52X"等。CD 光盘的存储容量比较大，一张 4.72 英寸（120mm）的 CD 光盘，其实际容量可达 650MB。而同样尺寸的 DVD 光盘则存储容量更大，可达 4.7~17.7GB。目前，DVD 驱动器已经成为微型机的标准配置。

（3）U 盘和移动硬盘。U 盘即 USB 盘的简称，而优盘只是 U 盘的谐音称呼，如图 3-11 所示。U 盘是采用闪存（flash memory）存储技术的 USB 外存储器，是闪存的一种，因此也叫闪盘。其最大的特点就是小巧易于携带、存储容量大、可靠性高、可以热插拔并且价格便宜。一般的 U 盘容量有 1G、2G、4G、8G、16G 等。正是由于它携带方便，是移动存储设备之一，所以当然不是长期插在机箱里了，可以把它挂在胸前、吊在钥匙串上甚至放进钱包里。U 盘内写入的数据可以长期保存，断电后不会丢失，因此可以当作外存来使用。

对于需要存储的数据量更大时，还可以使用其他的容量更大的可移动存储设备，这就是可移动硬盘，如图 3-12 所示。

图 3-11　U 盘

图 3-12　移动硬盘

移动硬盘（mobile hard disk），顾名思义，是以硬盘为存储介质，强调便携性的外存储产品。市场上绝大多数的移动硬盘都是以标准硬盘为存储介质，而只有很少部分的是以微型硬盘（1.8 英寸硬盘等）为存储介质，但价格因素决定着主流移动硬盘还是以标准笔记本硬盘为存储介质。因为采用硬盘为存储介质，移动硬盘在数据的读写模式与标准 IDE 硬盘是相同的。移动硬盘多采用 USB、IEEE1394 等传输速度较快的接口，可以较高的速度与系统进行数据传输。

移动硬盘的优点：

①容量大。移动硬盘可以提供相当大的存储容量，是一种较具性价比的移动存储产品。市场中的移动硬盘能提供 80GB、120GB、160GB 等最高可达 4TB 的容量，在一定程度上满足了用户的需求。

②传输速度高。移动硬盘大多采用 USB、IEEE1394 接口，能提供较快的数据传输速度。

③使用方便。主流的微型机都配备了 2~8 个 USB 接口功能，USB 设备在大多数版本的 Windows 操作系统中，都可以不用安装驱动程序，具有真正的"即插即用"特性，使用起来灵活方便。

④可靠性提升。移动硬盘以高速、大容量、轻巧便捷等优点赢得许多用户的青睐，而更大的优点还在于其存储数据的安全可靠性。它采用以硅氧为材料的磁盘驱动器，以更加平滑的盘面为特征，有效地降低了盘片可能影响数据可靠性和完整性的不规则盘面的数量，更高的盘面硬度使移动硬盘具有很高的可靠性。

（三）输入/输出设备

1. 输入设备

输入设备负责将数字、文字、符号、图形、图像、声音等形式的信息输入计算机中。常用的输入设备有键盘、鼠标、扫描仪等。

（1）键盘。键盘是计算机中最基本的输入设备。用户可以通过键盘输入命令、数据、程序等信息，或通过一些操作键和组合键来控制信息的输入、编辑，或对系统的运行进行一定程度的干预和控制。它是人机交互的一个主要媒介。微型机工作时，一刻也离不开键盘，如果系统不安装键盘，连加电自检程序都无法通过。传统的有 101 键盘、104 键盘、108 键盘等，目前在微型机上常用的是 104 键盘。按照功能的不同，可以将键盘分为 4 个键区，分别是主键盘区、功能键区、编辑键区和数字键区，如图 3-13 所示。

图 3-13　104 键盘示意图

（2）鼠标。鼠标因形似老鼠而得名，鼠标的标准称呼是鼠标器，英文名"Mouse"，是目前除键盘之外的最常见的一种基本输入设备，如图3-14所示。鼠标的出现是为了使计算机的操作更加简便，用来代替键盘那烦琐的指令，其主要作用是通过移动鼠标可快速定位屏幕上的对象，如光标、图标等，从而实现执行命令、设置参数和选择菜单等输入操作。

鼠标的分类可以依据外形分为两键鼠标、三键鼠标、滚轴鼠标和感应鼠标。两键鼠标和三键鼠标的左右按键功能完全一致，一般情况下，用不着三键鼠标的中间按键，但在使用某些特殊软件时（如AutoCAD等），这个键也会起一些作用；滚轴鼠标和感应鼠标在笔记本电脑上用得很普遍，往不

图3-14 鼠标

同方向转动鼠标中间的小圆球，或在感应板上移动手指，光标就会向相应方向移动，当光标到达预定位置时，按一下鼠标或感应板，就可执行相应功能。

也可以根据其工作原理来分类：机械式鼠标、光电式鼠标、光机式鼠标、无线鼠标和3D鼠标。

①机械式鼠标。机械式鼠标的底部有一个中滚球，滚球的位置边缘有互成90°的两个滚轴，分别用来感受水平和垂直两个方向上的移动。滚球一动，带动两个转轴（分别为X转轴、Y转轴），便能输入鼠标水平和垂直两个方向上移动的距离。机械式鼠标是早期最常用鼠标，原理简单、操作方便，只是准确度、灵敏度不是很高，适用于一般的软件操作。

②光电式鼠标。又称为光学鼠标，在其底部没有滚轮，也不需要借助反射板来实现定位，其核心部件是发光二极管、微型摄像头、光学引擎和控制芯片。工作时发光二极管发射光线照亮鼠标底部的表面，同时微型摄像头以一定的时间间隔不断进行图像拍摄。鼠标在移动过程中产生的不同图像传送给光学引擎进行数字化处理，最后再由光学引擎中的定位DSP芯片对所产生的图像数字矩阵进行分析。由于相邻的两幅图像总会存在相同的特征，通过对比这些特征点的位置变化信息，便可以判断出鼠标的移动方向与距离，这个分析结果最终被转换为坐标偏移量实现光标的定位。目前，微型机配置的鼠标均为光电式鼠标。

③光机式鼠标。光机式鼠标具有光学和机械的混合结构，是在机械鼠标基础上进行改良，通过引入光学技术来提高鼠标的定位精度。

④无线鼠标和3D鼠标。新出现无线鼠标和3D振动鼠标都是比较新颖的鼠标。无线鼠标器是为了适应大屏幕显示器而生产的。所谓"无线"，即没有物理信号线连接，而是采用两节七号电池无线摇控，鼠标器有自动休眠功能，电池可用上一年，接收范围在1.8m以内。3D振动鼠标是一种新型的鼠标器，它不仅可以当作普通的鼠标器使用，而且具有以下几个特点：

• 具有全方位立体控制能力。它具有前、后、左、右、上、下六个移动方向，而且可以组合出前右，左下等的移动方向。

• 外形和普通鼠标不同。一般由一个扇形的底座和一个能够活动的控制器构成。

• 具有振动功能，即触觉回馈功能。玩某些游戏时，当被敌人击中时，会感觉到鼠标也振动了。

• 是真正的三键式鼠标。无论DOS或Windows环境下，鼠标的中间键和右键都能大派用场。

鼠标一般可通过RS232C串行接口、PS/2鼠标插口或USB接口与微型机相连。如果经常进行网上冲浪或是进行电子书籍的阅读和写作，用滚轮鼠标会比较适合。

下面简要介绍鼠标的基本操作。

鼠标控制着屏幕上的一个指针形光标（）。当鼠标移动时，鼠标光标就会随着鼠标的移动而在屏幕上移动。鼠标有六种基本操作，可以用来实现不同的功能。具体操作名称与作用如下：

●单击。将鼠标指针指向某一对象,按一下鼠标左键,称为左单击,其作用是选择一个对象或选项;将鼠标指针指向某一对象,按一下鼠标右键,称为右单击,其作用是弹出快捷菜单,它是执行命令的一种很方便的方式。

●双击。将鼠标指针指向某一对象,快速地按两下鼠标左键然后松开,其作用是可以用来启动一个程序或打开一个窗口。

●移动。握住鼠标在桌子上来回移动,这时屏幕上的鼠标箭头会跟着来回移动,如将鼠标箭头从屏幕上的一个位置移动到另一个位置,就要进行移动操作。

●指向。移动鼠标,将鼠标指针放到某一对象上,其作用是会激活对象或显示该对象的有关提示信息。

●拖动。也称为拖曳或拖放,即将鼠标指针移到该对象上,按住鼠标左键不放并拖动到预定位置,然后松开鼠标左键。其作用是可以使用鼠标将一个对象拖动到一个新的位置。

鼠标指针是屏幕上随鼠标移动的图形元素,它随鼠标操作的不同,在屏幕上显示多种形状,常见的有如下一些:

▶:在屏幕上,有一个表示鼠标当前位置的小光标。鼠标移动时,屏幕上的小光标也随着移动。鼠标指针大部分时间呈现此状态,表示此时鼠标可以选择对象。

⌛:当鼠标指针出现此形状时,表示系统正在执行某操作,要求用户等待。

I:编辑文本时,鼠标指针会变成一个长形垂直条。

🖑:需要单击打开某个链接时鼠标指针变成一个手形。

↕↔↘↗:鼠标在窗口边缘的时候,就变成此四种鼠标指针之一,可以通过拖动改变窗口大小的双箭头。

▶⌛:当应用程序抢先运行时,鼠标指针出现此形状,称为后台运行状态。此时不必专门等待,可以处理其他任务。

✥:当鼠标指针出现此形状时,可用键盘上的方向键移动对象,按回车键,对象即可到达新位置。

🚫:表示当前操作不可用。

正确把握鼠标的方法是,让食指和中指分别自然地放置在鼠标的左键和右键上,拇指横向放在鼠标左侧,无名指和小指放在鼠标右侧,拇指与无名指及小指轻轻握住鼠标;手掌心贴住鼠标后部,手腕自然垂放在桌面上,工作时带动鼠标做平面运动,如图3-15所示。

(3)扫描仪。扫描仪是一种光机电一体化的高科技产品。它是将各种形式的图像信息输入计算机的重要工具,是继键盘和鼠标之后的第三代计算机输入设备,也是功能极强的一种输入设备。人们通常将扫描仪用于计算机图像的输入,从最直接的图片、照片、胶片到各类图纸图形以及各类文稿资料都可以用扫描仪输入到计算机中进而实现对这些图像形式的信息的处理、管理、使用、存贮、输出等。目前,扫描仪已广泛应用于各类图形图像处理、出版、印刷、广告制作、办公自动化、多媒体、图文数据库、图文通信、工程图纸输入等许多领域。

目前市场上扫描仪种类很多,按不同的标准可分成不同的类型。按扫描原理可将扫描仪分为以CCD为核心的平板式扫描仪、手持式扫描仪和以光电倍增管为核心的滚筒式扫描仪;按扫描图像幅面的大小可分为小幅面的手持式扫描仪、中等幅面的台式扫描仪和大幅面的工程图扫描仪;按扫描图稿的介质可分为反射式(纸材料)扫描仪和透射式(胶片)扫描仪以及既可扫反射稿又可扫透射稿的多用途扫描仪。按用途可将扫描仪分为可用于各种图稿输入的通用型扫描仪和专门用于特殊图像输入的专用型扫描仪，如条码读入器、卡片阅读机等。

平板式扫描仪主要为 A4 和 A3 幅面，其中又以 A4 幅面的扫描仪用途最广、功能最强、种类最多、销量最大，是扫描仪家族的代表性产品。此类扫描仪的性能已达很高的水平。如图 3-16 所示是平板式扫描仪的一种。

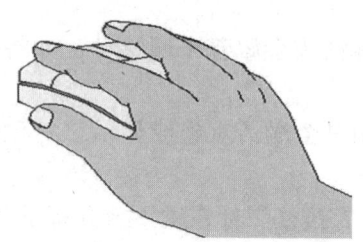

图 3-15　鼠标的握法

图 3-16　平板式扫描仪

2. 输出设备

输出设备负责将主机内的信息转换成数字、文字、符号、图形、图像、声音等形式进行输出。常用的输出设备有显示器、打印机等。

（1）显示器。显示器又称监视器，是微型机不可缺少的输出设备。其作用是将主机处理后的信息转换成光信号，最终将其以文字、数字、图形、图像形式显示出来。它是人机交互的另一个主要媒介。从早期的黑白世界到现在的色彩世界，显示器走过了漫长而艰辛的历程，随着显示器技术的不断发展，显示器的分类也越来越明细。目前，常用的显示器包括阴极射线管（Cathode Ray Tube，简称 CRT）显示器、液晶显示器（Liquid Crystal Display，简称 LCD）、LED（Light Emitting Diode，简称 LED）显示器和等离子显示器（Plasma Display Panel，简称 PDP）等。

① CRT 显示器。CRT 显示器是早期应用最广泛的显示器，也是十几年来，形状与使用功能变化最小的电脑外设产品之一，如图 3-17 所示。其优点是显示分辨率高、价格便宜、使用寿命较长；缺点是电源消耗大、体积大等。随着电子技术的不断发展，显示器的内在品质也一直在飞速发展，按照不同的标准，CRT 显示器可划分为不同的类型。

● 按大小分类

从十几年前的 12 英寸黑白显示器到现在 19 英寸、21 英寸大屏彩色显示器，CRT 经历了由小到大的过程，现在市场上以 19 英寸为主。

● 按调控方式不同

CRT 显示器的调控方式从早期的模仿调节到数字调节，再到 OSD 调节走过了一条极其漫长的道路。

模仿调节是在显示器外部设置一排调节按钮来手动调节亮度、对比度等一些技术参数。由于此调节所能达到的功效有限，不具备视频模式功能。另外，模仿器件较多，出现故障的概率较大，而且可调节的内容极少，所以目前已销声匿迹。

数字调节是在显示器内部加入专用微处理器，操作更精确，能够记忆显示模式，而且其使用的多是微触式按钮，寿命长故障率低，这种调节方式曾红极一时。

OSD 调节严格来说，应算是数控方式的一种。它能以量化的方式将调节方式直观地反映到屏幕上，很容易上手。OSD 的出现，使显示器的调节方式上了一个新台阶。现在市场上的主流产品大多采用此调节方式。

● 按显像管种类的不同

显像管是显示器生产技术变化最大的环节之一，同时也是衡量一款显示器档次高低的重要标准，按照显像管表面平坦度的不同可分为球面管、平面直角管、柱面管、纯平管。

球面管：从最早的绿显、单显到目前的许多 14 英寸显示器，基本上都是球面屏幕的产品，它的缺陷非常明显，在水平和垂直方向上都是弯曲的。

平面直角管：采用了扩张技术，因此曲率相对于球面显像管较小，从而减小了球面屏幕上特别是四角的失真和反光现象，配合屏幕涂层等新技术的采用，显示器的质量有较大提高。

柱面管：柱面显像管采用栅式荫罩板，在垂直方向上已不存在任何弯曲，在水平方向上还略有一点弧度，但比普通显像管平整了许多。

纯平管：显示器的纯平化无疑是 CRT 彩显今后发展的主题，这种显像管在水平和垂直方向上均实现了真正的平面，使人眼在观看时的聚焦范围增大，失真反光都被减少到了最低限度，因此看起来更加逼真舒适（见图 3-17）。

②LCD 显示器。LCD 显示器即液晶显示屏是一种采用液晶控制透光度技术来实现色彩的显示器，如图 3-18 所示。LCD 显示器与 CRT 显示器相比，具有图像质量细腻稳定、低辐射、完全平面、对人身体健康影响较小等优点，但一般价格较贵。

图 3-17　CRT 显示器

图 3-18　LCD 显示器

依据驱动方式来分类可分为静态驱动（static）、单纯矩阵驱动（simple matrix）以及主动矩阵驱动（active matrix）三种。

根据 LCD（液晶）所采用的材料构造，可分为 TN、STN、FSTN、DSTN、CSTN、TFT 等诸多类别：
- TN 型 LCD。所谓 TN，是指 Twisted Nematic 扭曲向列型 LCD。
- STN 型 LCD。所谓 STN，是指 Super Twisted Nematic 超扭曲向列型 LCD，即通常所说的单色 LCD。
- DSTN 型 LCD。所谓 DSTN，是指 Dual Super Twisted Nematic 双超扭曲向列型 LCD（即通常所说的微彩 LCD），意即通过双扫描方式来扫描扭曲向列型液晶显示屏，达到完成显示的目的。
- FSTN 型 LCD。所谓 FSTN，是指 Film Super Twisted Nematic 薄层超扭曲向列型 LCD
- CSTN 型 LCD。所谓 CSTN，是指 Colors Super Twisted Nematic 彩色超扭曲向列型 LCD。

一般采用透射式（transmissive）照明方式，透射式屏幕要使用外加光源照明，称为背光（backlight），照明光源要安装在 LCD 的背后。透射式 LCD 在正常光线及暗光线下，显示效果都很好，但在户外，尤其在日光下，很难辨清显示内容，而背光需要电源产生照明光线，要消耗电功率。目前，许多手机上液晶屏即为 CSTN 型 LCD。

- TFT 型 LCD。所谓 TFT，就是指 Thin Film Transistor 薄片式晶体管 LCD（即通常所说的真彩 LCD），意即每个液晶像素点都是由集成在像素点后面的薄膜晶体管来驱动，从而可以做到高速度、高亮度、高对比度显示屏幕信息。目前，笔记本电脑和台式电脑配置的液晶显示屏即为 TFT 型 LCD。

③LED 显示器。LED 显示器是一种通过控制半导体发光二极管的显示方式，它集微电子技术、计算机技术、信息处理于一体，以其色彩鲜艳、动态范围广、亮度高、寿命长、工作稳定可靠等优点，成为最具优势的新一代显示媒体。与 LCD 显示器相比，LED 在亮度、功耗、可视角度和刷新速率等方面，都更具优势。LED 与 LCD 的功耗比大约为 1∶10，而且更高的刷新速率使得 LED 在视频方面有更好的性能表现，能提供宽达 160° 的视角，可以显示各种文字、数字、彩色图像及动画信息，也可以播放电视、录像、VCD、DVD 等彩色视频信号，多幅显示屏还可以进行联网播出。有机 LED 显示屏的单个元素反应速度是 LCD 液晶屏的 1000 倍，在强光下也可以照看不误，并且适应 -40℃ 的低温。利用

LED 技术，可以制造出比 LCD 更薄、更亮、更清晰的显示器，拥有广泛的应用前景。目前，LED 显示器已广泛应用于大型广场、商业广告、体育场馆、信息传播、新闻发布、证券交易等，可以满足不同环境的需要。

④等离子显示器。PDP（plasma display panel，等离子显示器）是采用了近几年高速发展的等离子平面屏幕技术的新一代显示设备。等离子显示器具有：高亮度、高对比度，纯平面图像无扭曲，超薄设计、超宽视角；还具有齐全的输入接口：等离子显示器具备了 DVD 分量接口、标准 VGA/SVGA 接口、S 端子、HDTV 分量接口（Y、Pr、Pb）等，可接收电源、VCD、DVD、HDTV 和电脑等各种信号的输出，环保无辐射，分辨率高、占用空间少且可作为家中的壁挂电视使用，代表了未来微型机显示器的发展趋势。

等离子显示器的特点：
- 等离子显示亮度高，因此可在明亮的环境之下欣赏大幅画面的影像。
- 色彩还原性好，灰度丰富，能够提供格外亮丽、均匀平滑的画面。
- 对迅速变化的画面响应速度快，此外，等离子平而薄的形状也使得其优势更加明显。
- 等离子显示器的体积小、重量轻、无辐射。
- 由于等离子各个发射单元的结构完全相同，因此不会出现显像管常见的图像的集合变形。
- 等离子屏幕亮度非常均匀，没有亮区和暗区；而传统显像管的屏幕中央总是比四面亮度要高一些。
- 等离子不会受磁场的影响，具有更好的环境适应能力。
- 等离子屏幕不存在聚集的问题。因此，显像管某些区域因聚焦不良或年月已久开始散焦的问题得以解决，不会产生显像管的色彩漂移现象。
- 表面平直使大屏幕边角处的失真和颜色纯度变化得到彻底改善，高亮度、大视角、全彩色和高对比度，使等离子图像更加清晰，色彩更加鲜艳，效果更加理想，令传统 CRT 显示器叹为观止。

（2）打印机。打印机作为计算机重要的输出设备已被广大用户所接受，也已成为办公自动化系统的一个重要设备。它的作用就是打印输出电脑里的文件，可以打印文字，也可以打印图片。打印机种类很多，按照打印工作原理，可以分为针式、喷墨和激光打印机三大类。

①针式打印机（dot-matrix printer）：如图 3-19 所示。针式打印机中的打印头由多支金属撞针组成，撞针排列成一直行。当指定的撞针到达某个位置时，便会弹射出来，在色带上打击一下，让色素印在纸上做成其中一个色点，配合多个撞针的排列样式，便能在纸上打印出文字或图形。针式打印机的优点是耗材便宜（包括打印色带和打印纸）；缺点是打印速度慢，噪音大，打印分辨率低。此外，针式打印机可以打印多层纸，因此，在票据打印中经常选用它。

②喷墨打印机（inkJet printer）：如图 3-20 所示。喷墨打印机使用大量的喷嘴，将墨点喷射到纸张上。由于喷嘴的数量较多，且墨点细小，能够做出比针式打印机更细致、混合更多种的色彩效果。喷墨打印机的优点是从低档到高档的都有，其价格可以适合各种层次的需要；打印效果优于针式打印机、无噪音，并且能够打印彩色图像；缺点是打印速度慢、墨盒消耗快，并且耗材贵，特别是彩色墨盒。

③激光打印机（LASER printer）：如图 3-21 所示。激光打印机是利用碳粉附着在纸上而成像的一种打印机。主要是利用激光打印机内的一个控制激光束的磁鼓，借着控制激光束的开启和关闭，当纸张在磁鼓间卷动时，上下起伏的激光束会在磁鼓产生带电核的图像区，此时打印机内部的碳粉会受到电荷的吸引而附着在纸上，形成文字或图形。由于碳粉属于固体，而激光束有不受环境影响的特性，所以激光打印机可以长年保持印刷效果清晰细致，打印在任何纸张上都可得到好的效果。激光打印机是各种打印机中打印效果最好的，其打印速度快、噪音小，缺点是耗材贵、价格高，而且一般黑白居多。

图 3-19 针式打印机

图 3-20 喷墨打印机

图 3-21 激光打印机

（四）微型计算机性能指标

要全面衡量一台微型机的性能，必须用系统的观点来综合考虑。除了前面已经介绍的 CPU 类型、主频、字长、存储容量这些主要的性能指标外，还应该考虑以下指标：

1. 运算速度

运算速度是指计算机进行数值运算的快慢程度，它是衡量计算机性能的一项重要指标。通常所说的计算机运算速度（平均运算速度），是指每秒钟所能执行的指令条数，一般用"百万条指令/秒"（MIPS，Million Instruction Per Second）来描述。同一台计算机，执行不同的运算所需时间可能不同，因而对运算速度的描述常采用不同的方法。运算速度通常有两种表示方法：一种是把计算机在 1s 内完成定点加法的次数记为该机的运算速度，称为"定点加法速度"；另一种是把计算机在 1s 内平均完成的四则运算次数记为该机的运算速度，称为"平均速度"。

常用的有 CPU 时钟频率（主频）、每秒平均执行指令数（ips）等。微型计算机一般采用主频来描述运算速度，例如，Pentium Ⅳ 2.3G 的主频为 2.4 GHz，Core 2.66G 的主频为 2.66GHz。一般来说，主频越高，运算速度就越快。

2. 外部设备配置

外部设备配置是指一套计算机系统所配置的外部设备种类及其性能指标。一台微型计算机可配置外部设备的数量以及配置外部设备的类型，对整个系统的性能有重大影响。例如，所配显示器是 CRT 还是 LCD，分辨率是多少；是否配有打印机，是激光的还是喷墨的以及是否配有摄像头等，都是外部设备选择中要考虑的问题。

3. 软件配置

软件配置情况直接影响微型计算机系统的使用和性能的发挥。通常应配置的软件有：操作系统、高级语言及工具软件等，另外，还可配置数据库管理系统和各种应用软件。

4. 可靠性

计算机的可靠性是指计算机连续无故障运行的最长时间，以"小时"计。可靠性越高，则表示计算机无故障运行的时间越长。

5. 性能价格比

在全面考虑一台计算机的综合性能指标时，性能价格比是一个不可忽视的因素。性能优良，价格合理，可以促进该种型号的计算机的推广应用。例如，微型计算机与其他几种机型比，性能价格比较高，因此在社会生活各方面获得了更广泛的应用。

上述几个方面是全面衡量一个计算机系统性能的基本技术指标，但对于不同用途的计算机，在性能指标上的侧重应有所不同。

（五）微型计算机系统集成

微型机系统的结构与普通计算机相比，既有共同之处，又有其自身的特点。一个完整的微型机系统仍然是由硬件系统和软件系统两大部分构成，其微型机系统的组成如图 3-22 所示。

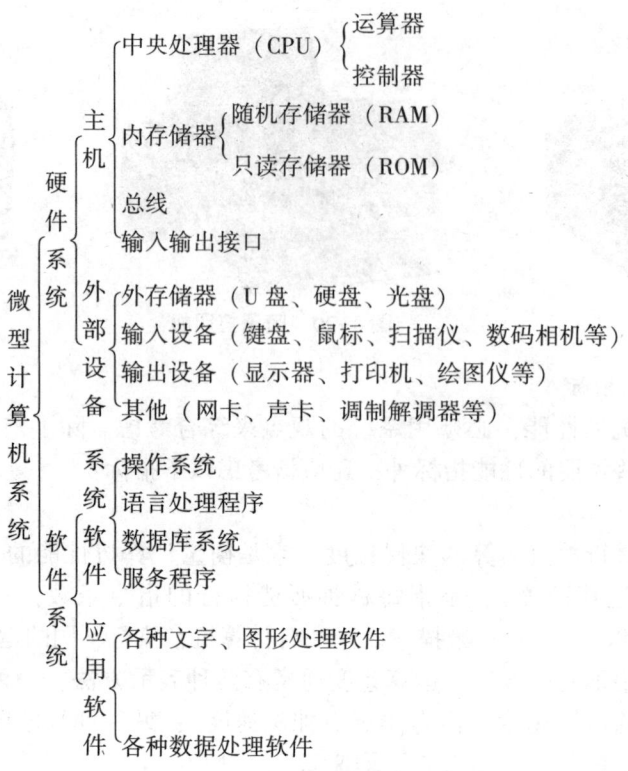

图 3-22　微型计算机系统

一台微型机从用户角度看，它的硬件一般是由主机、显示器、键盘、鼠标、音箱、打印机等设备构成。主机是微型机中最重要的组成部件，打开微型机主机箱盖板后，可以看到安放在其中的主板、CPU、内存、硬盘、光驱、显示卡、电源等。典型的主机箱内部结构如图 3-23 所示。

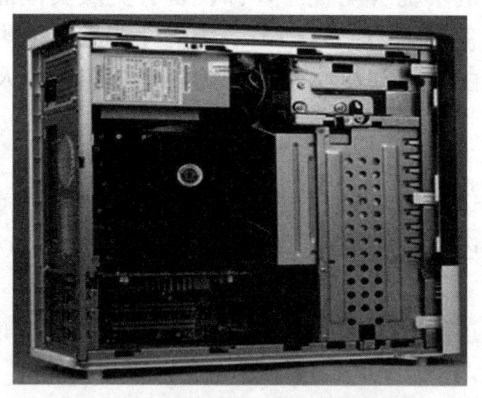

图 3-23　微型机主机箱内部结构图

其中主板是主机箱中最大的电路板，又称为母板，其外观如图 3-24 所示。在主板上集成了 CPU 插座、内存插槽、控制芯片组、总线扩展槽、BIOS 芯片、键盘与鼠标插座以及各种外设接口等。微型机正是通过主板将 CPU、内存、显卡、声卡、网卡、键盘、鼠标等部件连接成一个整体并协调工作的。随着超大规模集成电路技术的发展，主板的集成度越来越高，芯片数目越来越少，故障率逐步减少，速度及稳定性也随之提高。

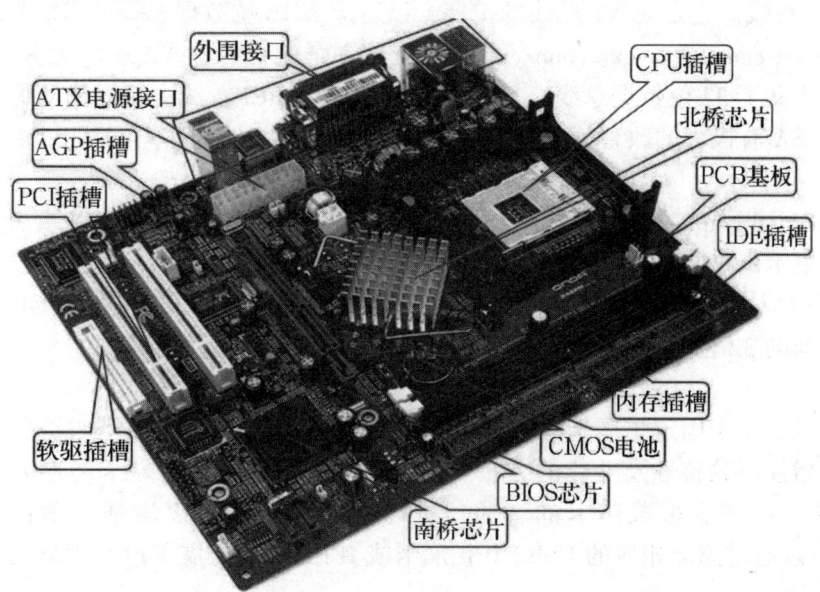

图 3-24 微型机主板结构

1. CPU 插座

不同的主板的外形虽然不尽相同，但它们除了 CPU 不同之外，其他部分并没有太大的区别。

CPU 要插在主板上，主板上就要有对应的位置，这就是 CPU 插座，也称为 CPU 接口。CPU 经过这么多年的发展，采用的接口方式有引脚式、卡式、触点式、针脚式等。不同类型的 CPU 具有不同的 CPU 插座，因此选择 CPU，就必须选择带有与之对应插座类型的主板。主板 CPU 插座类型不同，在插孔数、体积、形状方面都有变化，所以不能互相接插。目前 CPU 接口都是针脚式，主要有 Socket 775、Socket 754、Socket 939、Socket 940、Socket 603、Socket 604、Socket 478 等。

主板还有 AT 主板、ATX 主板、BTX 主板之分。早期的主板都是 AT 主板，与之相适应的电源是 AT 电源，关机时要按开关按钮。后来 ATX 主板改进了，配之以 ATX 电源，这样实现了微型机的软件开/关机（即开关机时不再按电源开关按钮）和绿色节能功能，现在的微机主板就是 ATX 主板。而 BTX 则是英特尔推出的最新一代主板，它将通过预装的 SRM（支持及保持模块）优化散热系统，特别是对 CPU 而言，同时还将完全取消传统的串口、并口、PS/2 等接口。

2. 系统总线

总线（bus）是一组能为多个部件服务的公共信息传送线路，是计算机各部件之间的传送数据、地址和控制信息的公共通路。它分为 CPU 内部使用的内部总线（internal bus）和 CPU 对外联系的外部总线（external bus）。在 CPU 内部，寄存器之间和算术逻辑部件 ALU 与控制部件之间传输数据所用的总线称为内部总线。外部总线又称为系统总线，它是 CPU 与内存 RAM、ROM 和输入/输出设备接口之间进行通信的通路，一般有三组。

• 地址总线（address bus）传送 CPU 发出的地址信息，是单向总线。

• 数据总线（data bus）传送数据信息，是双向总线，CPU 既可通过数据总线从内存或输入设备读入数据，又可通过数据总线将 CPU 内部数据送至内存或输出设备。

• 控制总线（control bus）传送控制信息，有些是 CPU 向内存及外设发出的信息，有些是外设等发送给 CPU 的信息，因此，控制总线中每一根线的传送方向是一定的。

总线标准是指计算机部件各生产厂家都需要遵守的系统总线要求，从而使不同厂家生产的部件能够互换。微机系统采用的总线标准种类很多，目前常见的有以下几种：

• ISA（industrial standard architecture）总线是 IBM 公司 1984 年为推出 PC/AT 机而建立的系统总线

标准,所以也叫 AT 总线。它是对 XT 总线的扩展,以适应 8/16 位数据总线要求。目前已经被淘汰。

• PCI(peripheral component interconnect)总线是当前最流行的总线之一,它是由 Intel 公司推出的一种局部总线。它定义了 32 位数据总线,且可扩展为 64 位。PCI 总线主板插槽的体积比原 ISA 总线插槽还小,其功能比 ISA 有极大的改善,支持突发读写操作,最大传输速率可达 132MB/s,可同时支持多组外围设备。

• AGP(accelerated graphics port)总线是在 PCI 总线基础上发展起来的,主要针对图形显示进行优化,专门用于图形显示卡。它是 Intel 公司于 1996 年 7 月公布的一种新型视频接口技术标准,使用 AGP 必须对 PC 机的系统结构作相应的改变,主板上要有 AGP 插槽,用以安插符合 AGP 标准的图形卡,系统芯片组要有一个新的 32 位 I/O 口,用于与插槽连接。

3. 扩展插槽

扩展插槽是主板上用于固定扩展卡并将其连接到系统总线上的插槽,也叫扩展槽、扩充插槽。扩展槽是一种添加或增强电脑特性及功能的方法。例如,不满意主板整合显卡的性能,可以添加独立显卡以增强显示性能;不满意板载声卡的音质,可以添加独立声卡以增强音效;不支持 USB2.0 或 IEEE1394 的主板可以通过添加相应的 USB2.0 扩展卡或 IEEE1394 扩展卡以获得该功能等。目前,主板上提供的扩展插槽有:

• 内存插槽:黑色插槽,用于安装内存条。目前,主板上的内存插槽主要是 DIMM(Dual Inline Memory Module,双列直插内存模块)槽。它又分为 SDRAM 槽、DDR 槽、DDR2 槽,分别支持 SDRAM、DDR、DDR2 内存条。

• ISA 插槽:ISA 插槽是基于 ISA 总线的扩展插槽,其颜色一般为黑色。其工作频率为 8MHz 左右,为 16 位插槽,最大传输率 8MB/s,可插接显卡、声卡、网卡以及所谓的多功能接口卡等扩展插卡。其缺点是 CPU 资源占用太高,数据传输带宽太小,是已经被淘汰的插槽接口。

• PCI 插槽:PCI 插槽是基于 PCI 局部总线(pedpherd component interconnect,周边元件扩展接口)的扩展插槽,其颜色一般为乳白色。其位宽为 32 位或 64 位,工作频率为 33MHz,最大数据传输率为 133MB/s(32 位)和 266MB/s(64 位)。可插接显卡、声卡、网卡、内置 Modem、内置 ADSL Modem、USB2.0 卡、IEEE1394 卡、IDE 接口卡、RAID 卡、电视卡、视频采集卡以及其他种类繁多的扩展卡。PCI 插槽是主板的主要扩展插槽,通过插接不同的扩展卡可以获得目前电脑能实现的几乎所有外接功能。

• AGP 插槽:通常都是棕色,用于安装 AGP 总线结构的显示卡。需要注意的是它不与 PCI、ISA 插槽处于同一水平位置,而是内进一些,这使得 PCI、ISA 卡不可能插得进去,当然 AGP 插槽结构也与 PCI、ISA 完全不同,所以不可能插错。

4. I/O 接口

I/O 接口是主板上用于连接各种外部设备的接口。通过这些 I/O 接口,可以把键盘、鼠标、打印机、外置 Modem、扫描仪、闪存盘、MP3 播放机、DC、DV、硬盘、手机、写字板等外部设备连接到计算机上。

• IDE(integrated drive electronics,集成驱动电路)接口:更准确地称谓是 ATA(advanced technology attachment,高级附加技术)接口,用于连接硬盘和光驱。IDE 接口从诞生至今就一直在不断发展,性能也不断地提高,其具有价格低廉、兼容性强的特点,为其奠定了其他类型硬盘无法替代的地位。目前已经发展到 ATA-133 接口。

• SCSI(small computer system interface,小型计算机系统接口)接口:是同 IDE(ATA)完全不同的硬盘接口,它具有应用范围广、多任务、带宽大、CPU 占用率低以及热插拔等优点,但较高的价格使得它很难如 IDE 硬盘般普及,因此 SCSI 硬盘主要应用于中、高端服务器和高档工作站中。

• SATA(serial ATA)接口:是一种完全不同于并行 ATA 的新型硬盘接口。采用串行连接方式,串行 ATA 总线使用嵌入式时钟信号,具备了更强的纠错能力,与以往相比其最大的区别在于能对传输指令（不仅仅是数据）进行检查，如果发现错误会自动矫正，这在很大程度上提高了数据传输的可靠性。SATA 接口还具有结构简单、支持热插拔的优点。

- COM 接口：串行通信接口，简称串口，是采用串行通信协议的 I/O 接口。串口一般用来连接鼠标和外置 Modem 以及老式摄像头和写字板等设备，目前部分新主板已开始取消该接口。
- LPT 接口：并行通信接口，简称并口，也就是说，是采用并行通信协议的 I/O 接口。一般用来连接打印机、扫描仪等，所以并口又被称为打印口。
- PS/2 接口：这是一种鼠标和键盘的专用接口，是一种 6 针的圆形接口。PS/2 接口的传输速率比 COM 接口稍快一些，而且是 ATX 主板的标准接口。需要注意的是，在连接 PS/2 接口鼠标时不能错误地插入键盘 PS/2 接口（当然，也不能把 PS/2 键盘插入鼠标 PS/2 接口）。一般情况下，鼠标的接口为绿色、键盘的接口为紫色。
- USB 接口：它是应用在 PC 领域的接口技术。USB 接口具有传输速度快、使用方便、支持热插拔、连接灵活、独立供电等优点，可以连接鼠标、键盘、打印机、扫描仪、摄像头、闪存盘、MP3 机、手机、数码相机、移动硬盘、外置光软驱、USB 网卡、ADSL Modem、Cable Modem 等几乎所有的外部设备。
- IEEE1394 接口：一种高效的串行接口标准，功能强大而且性能稳定，支持热拔插和即插即用。它可以在一个端口上连接多达 63 个设备，设备间采用树形或菊花链拓扑结构。没有 IEEE1394 接口的主板也可以通过插接 IEEE1394 扩展卡的方式获得此功能。
- 网卡接口：计算机通过它与其他计算机网络设备连接起来。目前，常见的网络接口主要有 RJ-45 接口、FDDI 接口、ATM 接口等。大多数微型机的网卡及接口都是集成在主板上。
- 声卡接口：计算机通过它与音响设备连接起来。它通常包括 3 个音频插孔：蓝色的是线路输入插孔，粉色的是麦克风输入插孔，绿色的是扬声器输出插孔。大多数微型机的声卡及接口都是集成在主板上。
- 显卡接口：计算机通过它与显示器连接起来。目前的显卡接口类型有 VGA（video graphics array，视频图像阵列）接口和 DVI（digital visual interface，数字视频接口）。目前，大多数的显示器支持的是 VGA 接口。为了节约成本，通常将显卡及接口集成在主板上。

第二节　常用警用移动终端

一、警务通

首先，公安信息系统的特点是网络固定，离开有线网络不能访问；设备固定，离开 PC 端或笔记本不能访问；地点固定，在外执勤或外出时不能访问；时间固定，非工作期间不能访问。而基层民警的工作特点是移动性强，活动范围特殊；突发性强，时间无法预测；任务紧急，要求处理迅速；警情各异，需要综合分析大量的案情信息。所以传统的公安信息系统由于其自身特点的局限性，已经无法满足公安人员随时随地获取信息支撑的需求。

由于公安工作的特点要求基层民警能够随时随地地获取公安信息系统的支撑，以便更迅速地响应社会对公安工作者的要求，为了让公安信息化插上移动的翅膀，"移动警务通"便千呼万唤始出来，变成了整个公安部门期待已久的办案利器。

（一）概述

通常来说，移动警务通是一个基于 Android 平台的 C/S 架构应用项目，mysql5.0 作为数据库，技术上则采用基于 http 的 Servlet 框架提供应用服务。它是在无线通信网络、移动终端以及现有公安信息系统的基础上实现的公安应用，它为公安人员检索信息、案情录入、案件取证、现场执法等提供了极大的帮助。

从业务上来说，移动警务通根据现在流行的"数字警察"的理念，提出了结合 GPRS、CDMA、4G

等多种无线网络及多种移动终端的移动警务通系统解决方案，实现公安系统移动互联及相关的业务应用，将现有的系统功能通过移动互联技术扩展到每个警员手中，做到随时随地查询综合信息资源，提高办公效率（见图3-25）。

移动警务系统是用来满足公安行业对于移动性、突发性、紧急性强的要求的高科技产品，该系统集成了数据查询、现场执法以及GPS定位等功能，为公安部门提供了一种最灵活、最快捷的一站式全程解决方案。

移动接入方式：无线运营商与公安机房建立光纤专线，移动终端通过无线网络、专线连接接入公安外网，经过公安安全平台后，与公安内网信息中心进行信息交互。

终端设备选择：对移动终端型号款式不限制，具备服务器、网络设备即可。

移动终端包括：普通手机或专用警用终端、便携式打印机。

（二）警务通终端与普通手机的区别

1. 要有专业所需的功能：
- 二代证读卡
- 条码扫描
- RFID
- 打印
- 实时图像传输

2. 更高的环境要求
- 低温工作
- 强光下工作
- 高防护等级

3. 要更高的安全性
- 身份认证
- 安全存储
- 加密传输

图3-25

（三）警务通普遍功能

1. 移动查询

对人口、车辆、全国CCIC等八大资源库进行查询，对公安业务信息诸如刑事侦查、经济侦查、治安巡查、流动人口、出入境等综合信息进行查询。

2. 现场信息采集

对现场信息进行采集，可采集信息包括音频、视频、文本、图片等多种，并可对这些信息进行标记批注、分发、上传、共享。

3. 通过移动定位进行指挥调度

在发生紧急事件、重大事故时，指挥中心可通过GPS、LBS、WI-FI等各种无线信号进行定位，及时准确掌握警员、机动车辆位置，从而进行统一指挥调度。

4. 勤务管理

可对警员出警轨迹、日志管理、勤务考核管理、查岗查勤、勤务汇总等进行勤务管理。

5. 移动办公

政务通知、政务邮箱、工作计划、工作任务、移动公文处理、日程安排、办公助手、法律法规。

6. 移动视频

在移动终端流畅清晰地点播、多播、广播视频监控信息。可用于监控、路况查询、现场取证等。

(四)特色移动警务终端

1. 华为警务通(见图3-26)

信息查询是移动警务系统最基本的应用项目。它依托本地的公安信息综合查询系统,以移动终端作为载体完成公安信息基于五要素的关联查询。例如,机动车车辆查询、驾驶员查询、被盗抢车辆查询、在逃人员查询等(见图3-27)。

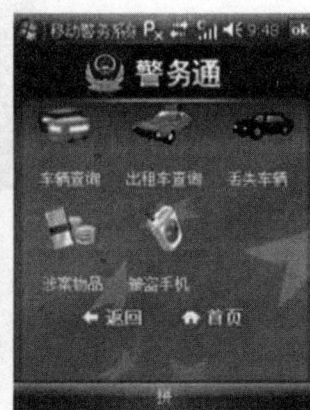
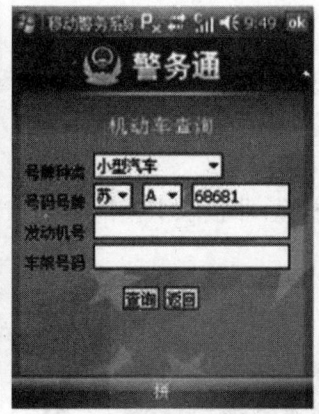
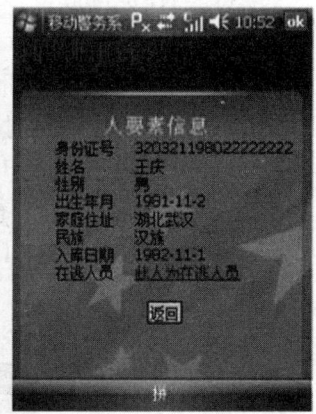

图3-26　　　　　　　　　　　　　　　　图3-27

2. 二代证、二维码、智能移动警务手持终端(见图3-28)

图3-28

3. 二代证+二维码+指纹(模块外挂式)移动警务手持终端(见图3-29)

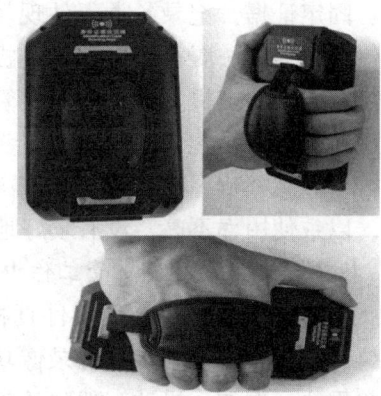

图3-29

4. 银联卡支付+便携式打印机+指纹库比对+强光可见（交警专用手持终端）（见图 3-30）

(1) 全国追逃数据比对；
(2) 屏幕强光下可见；
(3) 触屏寒冷气候下灵敏；
(4) 银联信用卡支付；
(5) 二代证读取；
(6) 高清视频传输；
(7) 3G 通信，一键报警；
(8) 全国指纹库比对；
(9) 内置式热敏打印机。

5. 指纹核查+二代证查验+非接触卡读取+人像比对（治安专用移动警务 PAD）（见图 3-31）

图 3-30

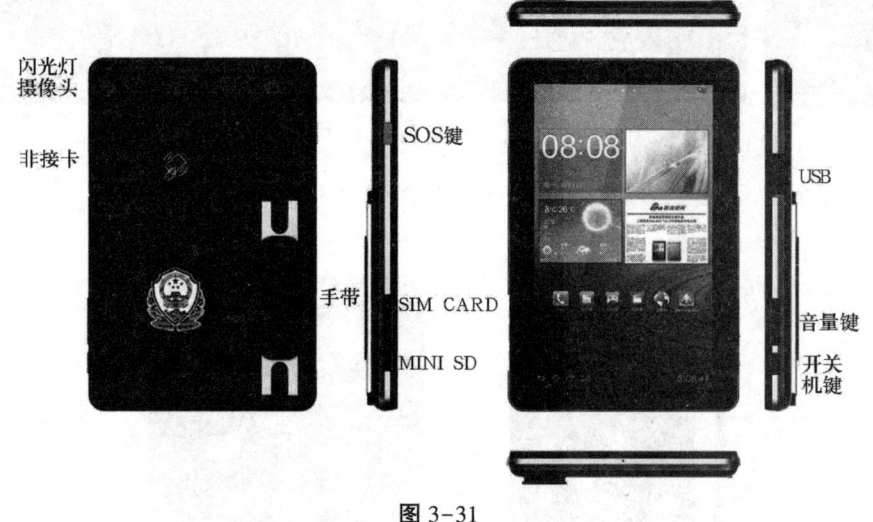

图 3-31

二、执法记录仪

在当前交通执法环境趋于复杂，人民群众对交通民警规范执法期望值越来越高的背景下，交通民警作为在公开场所中执法量最大的警种，要进一步提升执法公信力，推广使用现代科技执法装备，是基层公安交警部门的必然选择。执法记录仪是一种具有同步录音录像功能的便携式执法取证设备，对及时收集、固定证据，记录各类事件现场处置情况，实现公正执法、文明执勤，保护民警和当事人合法权益，保障民警依法履行职责，促进提高执法水平，监督执法行为提供了重要保障，也为创新队伍管理工作带来了新的契机。各级公安交管部门也出台了有关执法记录仪的使用管理规范，并将使用情况纳入推进执法规范化建设和执法质量考核的重要内容，要求对其携带、使用和管理按照单警装备管理规定进行，做到"出警必携带、处警必使用"。但在实际工作中，由于一线民警对执法记录仪重要性认识不足，以致使用率不高，没有较好地发挥其规范执法、震慑交通违法行为者的作用。

（一）执法记录仪在公安交管工作中的重要作用

1. 及时收集固定证据，还原事件真相

由于执法记录仪具有同步录音录像功能，对一些瞬间灭失的违法事实可以及时取证固定，在现场执法中至关重要。例如，机动车驾驶员未按规定系安全带当场系上的；非紧急情况下在高速公路上违法停车后、随意掉头的；故意遮挡号牌后撤除的；客运车辆超员乘客快速散去的等违法行为当事人拒绝接受检查处罚的，如果没有有力的证据，在纠正处罚时执勤民警将十分被动，甚至引来不明真相的群众围观指责，也或会因证据不足造成案件撤销败诉。

2. 警示震慑违法行为人，自觉遵守法律法规

交通民警执勤在执勤执法时，经常会有过路群众围观。但是，随之而来的就是由于群众围观，经常造成交通违法行为人，尤其是一些女性驾驶人或驾驶人的女性亲属在现场无理取闹、妨碍执法，总爱在围观群众面前"表演"一番，不配合交警管理，或抓住执勤民警的一些口误，博得不明真相群众的同情，致使民警正常执法活动难以保障。如果民警正常使用执法记录仪并提前告知违法行为人，使其意识到自己的一举一动、一言一行都将被录音录像，直接会使其收敛不良举动。

3. 监督规范民警执法行为，保障民警合法权益

执法记录仪在正常使用过程中对民警是否依法按程序文明规范执法都会即时记录，督促民警在工作中不能有丝毫懈怠，既规范了民警执法活动，更有助于提升民警的执法水准，尤其是在参与一般程序交通事故、突发性事件、群体性事件的现场处置，以及治安刑事案件的先期处置工作中，能够履行一名"无声督察"的职责。另一方面，在执法活动中，遇到当事人的恶意投诉执法记录仪也能够及时予以澄清，维护民警的合法权益。所以，执法记录仪已经成为一线民警的忠诚"战友"。

（二）执法记录仪使用率不高的原因分析

1. 相当部分民警执法观念亟待转变

规范使用执法记录仪是深入推进执法规范化建设、强化交警队伍行风建设、保障民警正当执法权益的一项重要举措。一些一线民警的思想认识还停留在"心底无私天地宽"的层面，认为只要我依照法律办事，就不会有什么问题。尤其是一些老民警，认为自己经验丰富，足以处理遇到的任何事情，"这么多年都没什么事"，没有及时转变执法理念，执法证据意识、执法规范意识、诉讼意识，自我保护意识也不强。

2. 对执法记录仪"双刃剑"功能特点心存余悸

执法记录仪记录了民警执勤执法的全过程，可以说也是一把"双刃剑"。正是这一点，许多民警怕自己的不规范执法行为被记录下来，对应用执法记录仪积极性不高，甚至片面认为这是领导对执法民警的一种监督措施和手段，把它当作一个累赘。

3. 部分民警不能熟练使用执法记录仪

执法记录仪是一个新生事物，更新换代快，性能操作不尽相同，在领配发记录仪之后，虽然及时组织了培训，但仍有一些民警未能熟练掌握其性能和操作规程。不会用是导致当前执法记录仪使用率不高的原因之一。

4. 监督考核不完善

目前，执法记录仪的使用，尚处在推广阶段，支队对大队、大队对中队的执法监督和考核工作仅要求每月定期报送少数简易处理的交通违法案件匹配的记录信息，因此一线执勤单位还停留在应付检查考核的层面。

5. 执法记录仪的性能有待提高

现在的执法记录仪普遍存在的问题主要是电池容量小，内存容量不大，持续拍摄片段时间短，充电一次仅能连续拍摄3~4个小时，断电后日期、时间要重新校正，而且充电时间比较长，远远不能满足民警的日常工作，携带不方便和悬挂的位置会被反光背心遮挡。

（三）规范使用执法记录仪的几点建议

1. 提高思想认识，更新执法理念

要按照上级公安机关的部署要求，紧密结合"三访三评"深化大走访活动，进一步加强规范执法思想教育。要以正反两面典型案例为题材，加强警示教育和正面引导，切实提高民警对使用执法记录仪的重要性和必要性的思想认识，自觉更新执法理念，强化执法证据意识、执法规范意识、诉讼意识和自我保护意识，从源头上杜绝随意执法，执法随意，有效避免不实信访投诉对民警个人和公安交警

部门形象的损害。

2. 强化业务培训，提升民警执法能力

要通过"以会代训""战训合一、轮值轮训""三个必训""以案说法"等多种形式，加强民警业务素质培训，全面提升民警的法律、法规和交管业务素质；要将执法记录仪的使用技能作为教育训练、岗位练兵的重要内容，确保100%民警熟练掌握执法记录仪使用操作技能；深入开展"执法标兵""岗位能手""服务明星"等创评活动，营造典型引领的浓厚氛围，进一步增强全体民警学法、用法的积极性和主动性，全面提升一线执勤民警执法能力，从而敢于在镜头面前执法，自觉接受群众和各级领导监督，提高执法透明度和执法公信力。

3. 为路面民警添置性能好、配置高、待机时间长的执法记录仪

现场执法记录仪应集数码摄像、数码录音、数码照相、对讲通信四大功能于一身，无须手持，一键式操作，像素达500万以上。需具有超强存储功能和强劲电源，还具有防水、防震、防尘功能。可以长时间工作，在关闭显示屏的情况下，能连续拍摄12小时以上。

4. 完善使用管理制度，强化监督考核

要结合实际工作进一步修订和完善执法记录仪使用制度，特别是要结合执法记录仪使用，针对日常执法活动中容易出现的细节问题，完善执法程序，规范办案流程，为规范执法提供制度保障。要将使用执法记录仪情况列入执法质量考评重要内容，实行"一票否决"制，采取从交通管理综合信息平台随机抽查和现场监督的方式，促使民警做到"出警必携带、处警必使用"。

（四）PLUSTEK 警务通执法记录仪

1. 外观按键说明（见图 3-32、图 3-33）

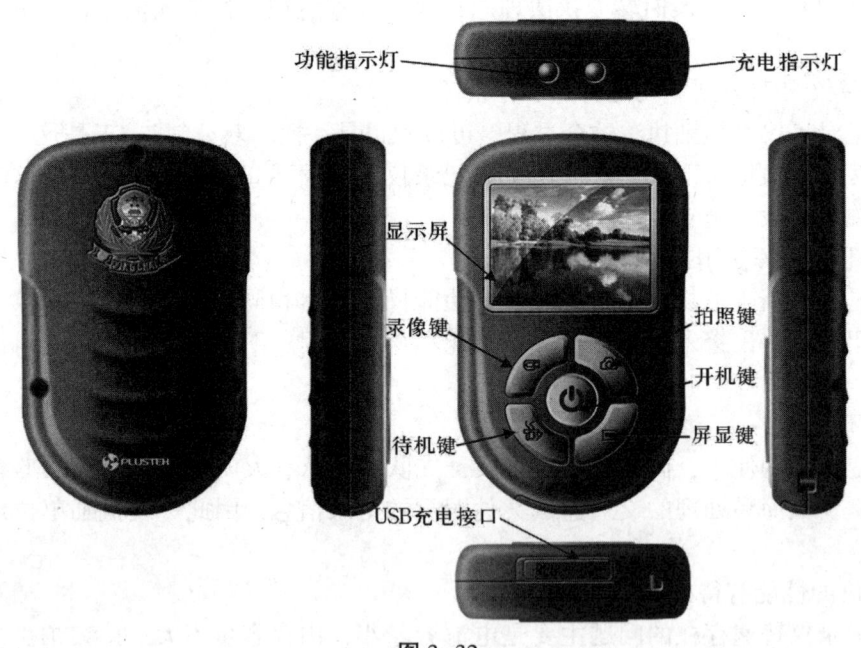

图 3-32

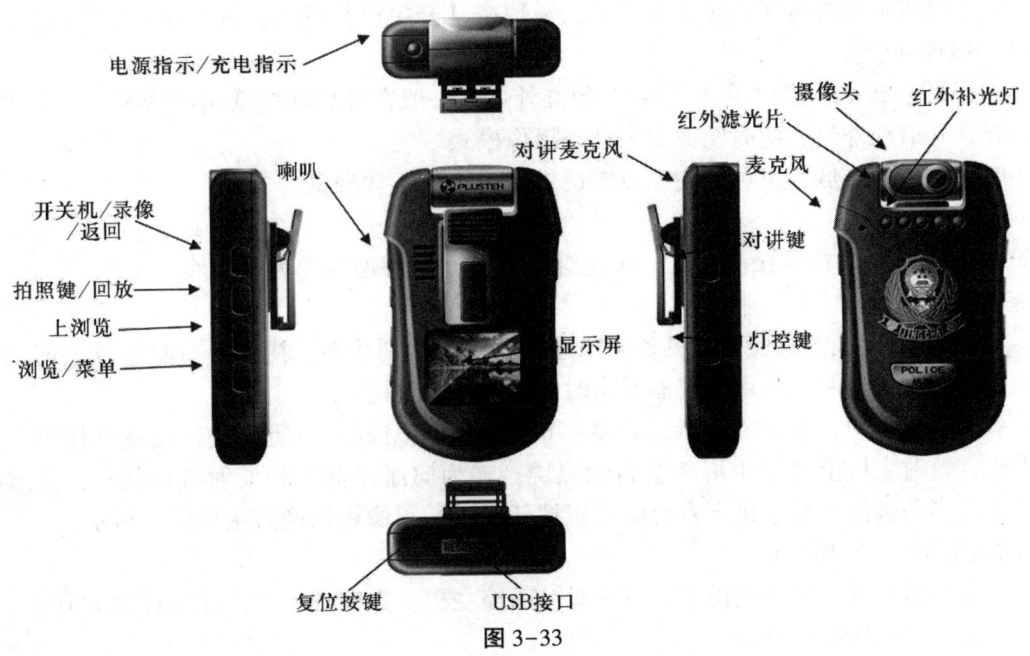

图 3-33

2. 操作说明

(1) 开关机。

开机：按住【开关机/录像】键红灯亮，2秒"嘀"一声开机。

关机（待机）：任何模式下，按住【开关机/录像】键2秒"嘀嘀嘀"三声关机，关机前会自动保存正在录制的视频。关机时，主机遥控接收为待机状态，随时可使用遥控器开机。

自动关机：开机后，不进行任何操作，30s后自动关机。

(2) 拍照模式。

按住【开关机/录像】键2秒"嘀"一声开机，进入主模式。

短按一下【拍照】键，转到拍照模式，"咔嚓"一声提示已拍照一张。

(3) 录像模式。

①短按一下【开关机/录像】键"嘀"一声，开始录像，再按一下【开关机/录像】键"嘀嘀"两声提示表示停止录像，录像并已保存。

②录像分辨率选择：在主模式下，短按【菜单】键，进入菜单模式进行图像分辨率的转换（分辨率为：1280×720、720×576、720×480、640×480），【拍照】键确认并返回主模式，默认模式为720×480格式。

(4) 浏览模式。

可进行照片的浏览与录像文件的播放。

进入浏览：在主模式下，短按【上浏览】键进入到上下浏览模式，用上下键选中相应录像或拍照文件夹，按【回放】键进入，选中相应文件后即可按【回放】键播放。

退出浏览：浏览模式下，短按【开关机】键，返回到主模式下。

切换浏览：短按【上浏览】键或【下浏览】键切换图片及录像，浏览时：

图片文件标志，屏幕右上角有蓝色三角标志；

录像文件标志，屏幕右上角有红色录像机标志。

录像回放：浏览模式下，如浏览对象为录像文件，短按【回放】键启动播放，在播放时按【上浏览】键为减小音量，按【下浏览】键为增加音量，再次短按【回放】键可暂停回放，再按一次将返回上级模式。

备注：浏览模式不能直接切换至拍照模式，需短按【开关机】键，进入主模式后再操作相应功能。

(5) 红外摄像功能。

短按【手控灯】按键，可以手动开启/关闭红外灯，一般在外界环境低照度情况下，可将滤光镜从镜头上方拨开并开启红外灯，此时图像变为红外摄像模式。

色彩还原能力将会降低，也可能会变成黑白录像，这是正常现象。

(6) 对讲功能。

可选配 USB 专用对讲机连接对讲机，实现对讲功能（对讲连接线为选配件）。

(7) 遥控器使用。

遥控器功能，RF 无线编码遥控，具备全向遥控及身份识别功能，操作具有隐蔽性。使用遥控器可以遥控开关机，录像及拍照。使用遥控器看实时画面时用屏显键。

备注：遥控器按键中，无浏览功能，需要在机器上操作浏览。当遥控进行按键操作时，主机将切换到遥控模式，这时主机上的 TFT 屏将会自动黑屏，转为向遥控器视频发射待机状态，按遥控器的屏显键可查看主机当前画面，在主机上查看时可短按任何键，图像将切换到主机屏上显示。

(8) 遥控器的对码操作。

出厂时，遥控器已进行了对码设置，可一对一遥控主机，具有唯一性，并且有掉电记忆功能。

但在以下情况可重新执行对码：

①遥控器丢失，换用新遥控器时；

②出现一直遥控不到主机时。

对码操作步骤如下：

①首先按住遥控器开机键+待机键约 5s，遥控器指示灯开始闪烁，这时遥控器会发射 10s 对码指令。

②在 10s 内按下需要对码的主机复位键 1s 后松开，主机会自动对码，对码成功后主机将会执行自动开机命令，这表示对码成功。

③如不成功，请再次执行上述 1、2 步骤，直到对码成功。

④对码成功后即可正常遥控主机相应功能。

备注：对码时，遥控器离主机约 0.5m 远即可。

备注：

①遥控器模式下，开机后，按遥控器上【录像】及【拍照】键会直接拍照和录像，提示音同按键操作一样。

②屏幕要切换到遥控器显示，需要按【屏显键】切换，此时主机不显示，遥控可对主机进行操作，按一次为点亮，再按为关闭屏幕。为了提高电池使用时间及寿命，内部程式执行显示时间为 15s，超时会自动黑屏，主机发射图像也为 15s，超时后自动停止发射，当主机关闭视频信号发射时，遥控器上会显示雪花噪点。这时可再次按屏显键唤出图像显示。

③如需切换到主机显示，可短按主机任意键，在主机开机遥控未切换的情况下遥控不能操作。

(9) 充电。

本产品采用聚合物锂电池，约 4h 充满电，充满电后电源指示灯由红灯亮转为红灯灭。

正常充满电后可持续工作 6h 以上，待机时间约 400h。

可使用两种方式充电：

使用 USB 通信线连接电脑 USB 接口，根据不同电脑主板 USB 接口电流不同，可能出现充电不满的现象，属正常。

使用市电转 USB 适配器，通信线连接适配器与主机。

注：为安全起见，请采用本产品随机配送充电器充电。

(10) 遥控器充电。

锂电池，350mA 时，可使用市电转 USB 适配器接通信线进行充电。

充电时间 2h，不开屏幕可连续使用 20d 以上，有屏显时视情况而定，一般一周以上时间。

3. 设备软件安装与电脑的连接

（1）软件安装。

警务执法记录仪与电脑的通信需要先开机并通过警务执法记录仪工具软件来实现，支持的操作系统包括 Windows 2000、Windows XP、Vista 及 windows 7。

①开始安装：

将配套软件光碟放入电脑光驱中拷贝文件至电脑，将记录仪开机并连接数据线接入电脑，电脑会显示界面如图 3-34 所示：选择从列表或指定位置安装，然后点"下一步"（见图 3-34）。

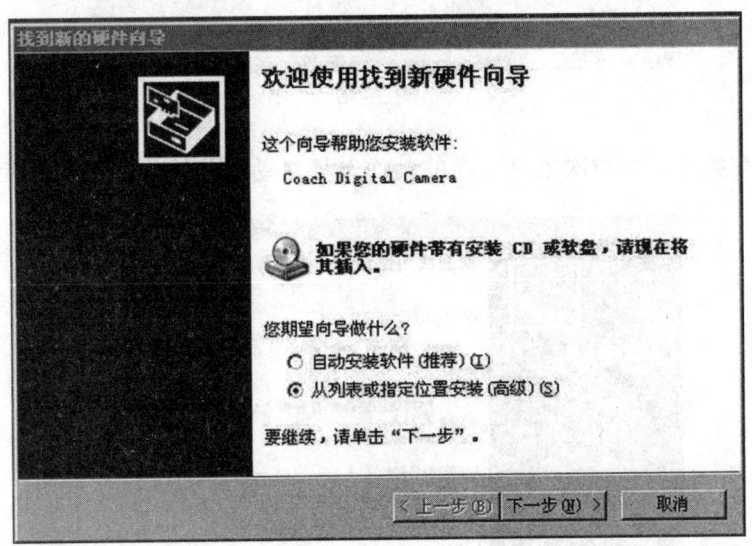

图 3-34

②选择安装程序的位置"1C 加密驱动和软件"文件夹中"加密驱动"中选择相应的系统驱动（如电脑为 XP 系统，则选择安装 Windows XP 驱动）。显示界面如图 3-35 所示：点击"下一步"进入下一步。

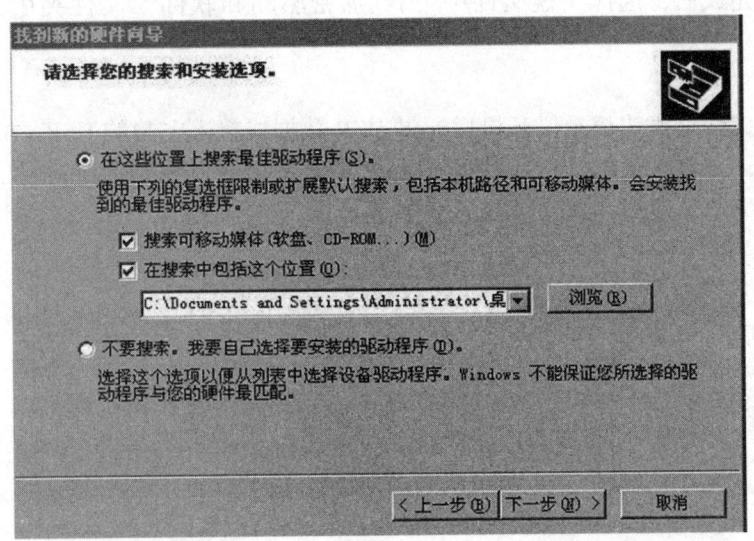

图 3-35

③自动安装驱动程序，显示界面如图 3-36 所示：安装完成点击"确定"。

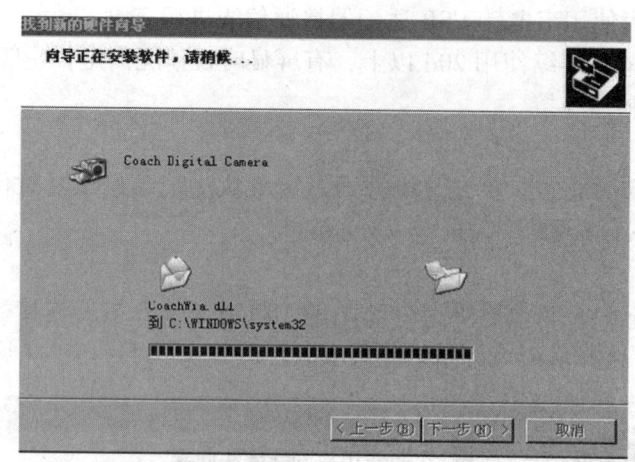

图 3-36

④此次程序安装完成后，会再次重复上面的动作选择自动安装软件。显示界面如图 3-37 所示：

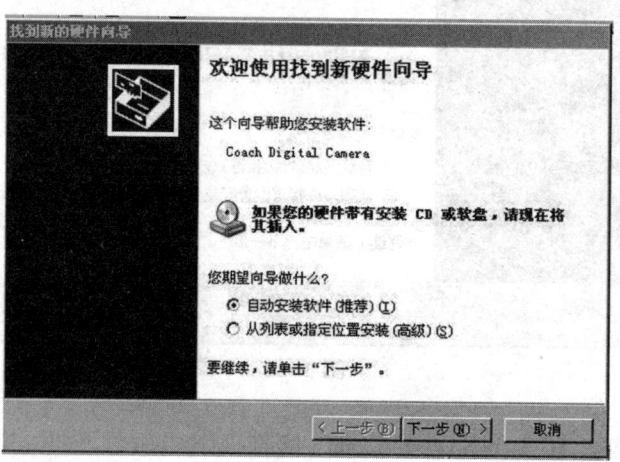

图 3-37

⑤程序全部安装完成后，选择光盘文件中"1C 加密驱动和软件"文件夹中"加密软件"中 RT-CRW.exe。

（2）设备与电脑的连接。

上述软件安装完成后将执法记录仪开机后通过 USB 数据线接入电脑的 USB。

通过运行本软件，并输入正确的密码，操作系统才能将记录仪识别为标准的 U 盘模式，用户才能对记录仪的内容进行浏览、回放。软件操作方法如下：

①点击电脑开始菜单—程序—警务通执法记录仪。

②运行界面如图 3-38 所示：默认密码为 88888888。

③输入正确密码后，记录仪将从加密模式转换成普通 U 盘模式，这时可以从"我的电脑"里打开记录仪相应的盘符查看和删除文件。

④如果设备没有接入电脑，软件会自动提示，界面如图 3-39 所示：

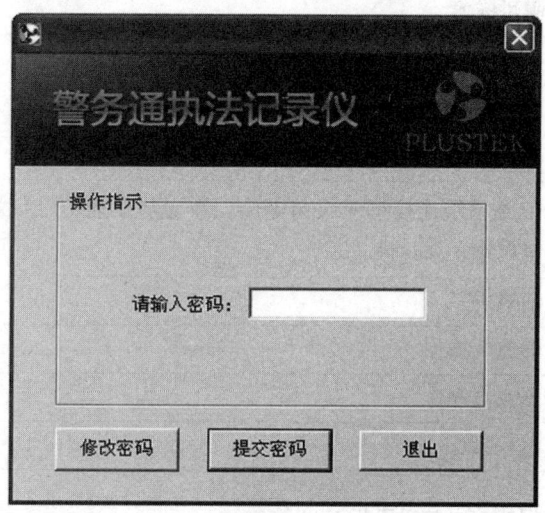 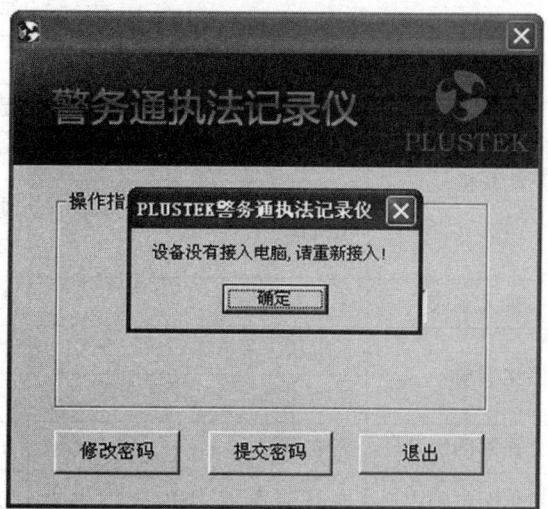

图 3-38　　　　　　　　　　　　　图 3-39

⑤记录仪正确连接电脑，同时登录密码输入正确后，软件会自动提示：密码正确，记录仪设备启动成功。现在就可以在"我的电脑"里打开记录仪相应的盘符查看和删除文件了（见图3-40）。

⑥软件密码的修改如下（注：修改新密码时长度为8位）：（见图3-41）。

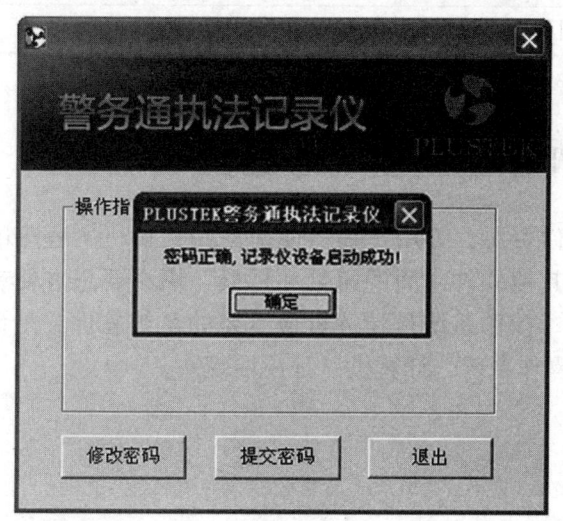 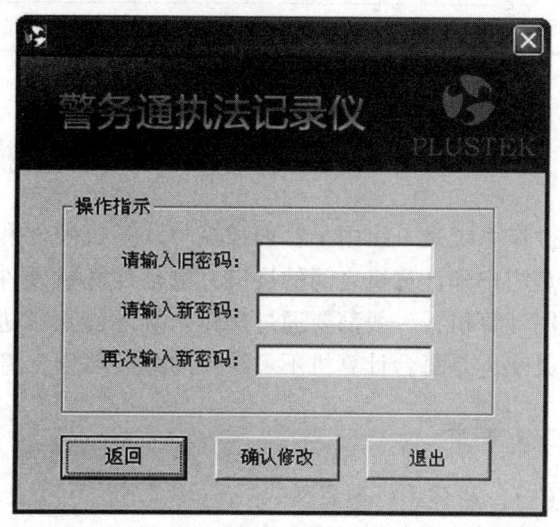

图 3-40　　　　　　　　　　　　　图 3-41

4. 更改记录仪时间

记录仪的录像文件里均有时间标签，为确保录像文件时间的准确性，可以用专用程序对记录仪时间进行校正，具体方法如下：

①将记录仪开机通过 USB 数据线连接电脑。记录仪为摄像头状态，不要运行管理软件将记录仪转换为 U 盘状态。

②运行随机光盘内"时间修改工具"目录下的执行文件"同步时间.exe"更改时间就行了。

5. 常见故障排除方法，见表 3-3

表 3-3　常见故障排除表

故障现象	故障诊断	故障排除
主机不能开机	电池耗尽	足额充电 3.5h
	主机保护	点按【Reset】按钮后，重新开机
	主机保护	使用 USB 通信线连接记录仪与电脑，数次热拔插记录仪端接口，激活设备，重开机
遥控主机无响应	丢失对码信息	需要重新对码
遥控器无响应	低电压，屏变暗	对遥控器充电操作
	电池无电	对遥控器充电操作
主机工作时间短	充电不足	足额充电 4h 以上
拷贝数据至电脑中途中断	电脑前面板 USB 接口供电不足	建议数据线接电脑后面板 USB 接口
电脑不能识别记录仪	数据线问题	更换数据线
	客户端程序未安装	安装客户端程序（已包含了驱动程序安装）
	驱动程序未成功安装	临时关闭防护系统，重新安装客户端程序
遥控距离短	遥控器金属吊索部分为天线	遥控时请拿住此位置，电池电压低，需充电

第三节　Windows 7 操作系统的使用与维护

操作系统是一组用于管理和控制计算机硬件和软件资源，为用户提供便捷使用计算机的程序的集合，是用户和计算机之间的接口，也是计算机硬件与其他软件之间的纽带和桥梁。用户要想方便有效地使用计算机，一般都要通过操作系统才能正常进行。操作系统是计算机最重要的系统软件，是计算机的灵魂，是每台计算机不可缺少的组成部分。离开操作系统，计算机只是一堆废铁。

一、概述

（一）操作系统的定义

操作系统应包括以下三个基本概念：

1. 操作系统是一个由少则上万行、多则几百万行代码组成的庞大软件集合，是计算机系统软件的核心

2. 操作系统的功能是控制和管理计算机所有硬件和软件资源，使它们有条不紊、高效安全地工作，是计算机系统的管理和指挥机构

3. 操作系统是人们为了能更好、更方便地使用计算机而开发的，是用户和计算机系统之间的交互界面和桥梁，用户正是通过操作系统和计算机打交道的

（二）操作系统的作用

操作系统的作用是调度、分配和管理所有的硬件和软件系统，使其统一协调地运行，以满足用户实际操作的需求。操作系统为使用计算机的用户合理组织工作流程，并向其提供功能强大、使用便利以及扩展的工作环境。其主要作用体现在以下两方面：

1. 有效管理计算机资源

操作系统要合理地组织计算机的工作流程，使软件和硬件之间、用户和计算机之间、系统软件和

应用软件之间的信息传输和处理流程准确畅通；操作系统要有效地管理和分配计算机系统的硬件和软件资源，使得有限的系统资源能够发挥更大的作用。其主要工作之一就是有序地管理计算机中的全部资源，提高计算机系统的工作效率。

2. 为用户提供友好的界面

操作系统通过内部极其复杂的综合处理，为用户提供友好、便捷的操作界面，以便用户无须了解计算机硬件或系统软件的有关细节就能方便地使用计算机，提高用户的工作效率。

（三）微型计算机常用的操作系统

1. DOS 操作系统

DOS 是 Disk Operating System 的缩写，意思是磁盘操作系统，是微软公司开发的、早期微型计算机使用最广泛的操作系统，是单用户单任务的操作系统，采用字符用户界面，主要靠字符信息进行人机交换。

在 Windows 7 中提供了对部分 DOS 程序的支持，用户可以在 Windows 7 的"程序"菜单的"附件"中，选中"命令提示符"项，启动 DOS。在打开的 DOS 窗口中可以使用字符命令运行各种应用程序和进行文件管理。目前，在一些计算机硬件管理和编程场合还常常会用到 DOS 命令。

2. Windows 操作系统

Windows 操作系统是微软公司在 MS—DOS 系统的基础上创建的一个多任务的图形用户界面。目前有代表性的有 Windows XP、Windows Vista、Windows 7 等，另外还有 Windows Server 等网络版系列。Windows 操作系统已经成为风靡全球的计算机操作系统。从发展历史来看，Windows 操作系统一直是朝着增加或提高多媒体性、方便性、网络性、安全性、稳定性发展的。

Microsoft 公司于 2009 年推出中文版 Windows 7，其核心版本号为 Windows NT 6.1。Windows 7 可供家庭及商业工作环境、笔记本电脑、平板电脑、多媒体中心等使用。Windows 7 版本有：家庭普通版、家庭高级版、专业版、企业版、旗舰版。

3. Unix 操作系统

Unix 操作系统是一种性能先进、功能强大、使用广泛的多用户、多任务的操作系统。

1969 年诞生于贝尔实验室，是典型的交互式分时操作系统，具有开放性、公开源代码、易扩充、易移植等特点。用户可以方便地向系统中添加新功能和工具，具有强大的网络与通信功能。可以安装与运行在微型机、工作站乃至大型机上。因其稳定可靠的特点而在金融、保险等行业广泛应用。

4. Linux 操作系统

Linux 是一个免费、源代码开放、自由传播、类似于 Unix 的操作系统，是一个基于 UNIX 的多用户、多任务、支持多线程和多 CPU 的操作系统。它既可以做各种服务器操作系统，也可以安装在微机上，并提供上网软件、文字处理软件、绘图软件、动画软件等，它除了命令操作外还提供了类似 Windows 风格的图形界面。缺点是兼容性差，使用不习惯。目前，Linux 操作系统在嵌入式系统应用开发中表现出了不可替代的优势。

提示：手机 Android 系统是一种以 Linux 与 JAVA 为基础的开放源代码操作系统，主要使用于便携设备。中国大陆地区较多人使用"安卓"。Android 操作系统最初由 Andy Rubin 开发，被谷歌收购后则由 Google 公司和开放手机联盟领导及开发，主要支持手机与平板。

二、Windows 7 基本操作

（一）Windows 7 桌面

"桌面"是在安装好中文版 Windows 7 后，用户启动计算机登录到系统后看到的整个屏幕界面，它是用户和计算机进行交流的窗口，上面可以存放用户经常用到的应用程序和文件夹图标，用户可以根据自己的需要在桌面上添加各种快捷图标，在使用时双击图标就能够快速启动相应的程序或文件。

用户可以通过桌面管理的计算机，与以往任何版本的 Windows 相比，中文版 Windows 7 桌面有着更加漂亮的画面、更富个性的设置和更为强大的管理功能。

当用户安装好中文版 Windows 7 登录系统，可以看到如图 3-42 所示桌面。

1. 桌面上的图标

图标是指在桌面上排列的小图像，它包含图形、说明文字两部分，如果用户把鼠标放在图标上停留片刻，桌面上会出现对图标所表示内容的说明或者是文件存放的路径，双击图标就可以打开相应的内容。

安装好中文版 Windows 7，启动后的桌面默认图标即系统图标说明如下：

"Administrator"图标：它用于管理"Administrator"下的文件和"我的文档"等文件夹，可以保存图片、音乐、下载和其他文档，它是系统默认的文档保存位置。

图 3-42　Windows 7 桌面

"计算机"图标：用户通过该图标可以实现对计算机硬盘驱动器、文件夹和文件的管理，可以访问连接到计算机的硬盘驱动器、照相机、扫描仪和其他硬件以及有关信息。

"网络"图标：该项中提供了公用网络和本地网络属性，在双击展开的窗口中用户可以进行查看工作组中的计算机、查看网络位置及添加网络位置等工作。

"回收站"图标：在回收站中暂时存放着用户已经删除的文件或文件夹等一些信息，当用户还没有清空回收站时，可以从中还原删除的文件或文件夹。

"Internet Explorer"图标：用于浏览互联网上的信息，通过双击该图标可以访问网络资源。

如果用户想恢复桌面上系统默认的图标，可执行下列操作：

（1）右击桌面，在弹出的快捷菜单中选择"个性化"命令。

（2）在打开的对话框中单击"更改桌面图标"，打开"桌面图标设置"对话框。

（3）在"桌面图标"选项组中选中"我的电脑、网上邻居"等复选框（若取消选择则在桌面隐藏该图标），单击"确定"按钮返回到"个性化"对话框。

（4）单击"应用"按钮，然后关闭该对话框，这时用户就可以看到系统默认的图标。

2. 创建桌面图标

桌面上的图标实质上就是打开各种程序和文件的快捷方式，用户可以在桌面上创建自己经常使用的程序或文件的图标，这样使用时直接在桌面上双击即可快速启动该项目。

创建桌面图标可执行下列操作：

（1）右击桌面上的空白处，在弹出的快捷菜单中选择"新建"命令。

（2）利用"新建"命令下的子菜单，用户可以创建各种形式的图标，比如，文件夹、快捷方式、文本文档等，如图 3-43 所示。

（3）当用户选择了所要创建的选项后，在桌面会出现相应的图标，用户可以为它命名，以便于识别。

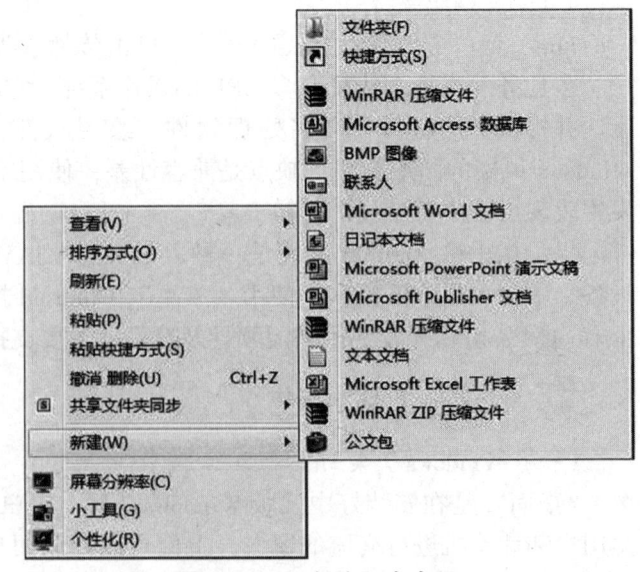

图 3-43　"新建"命令组

其中当用户选择了"快捷方式"命令后，出现一个"创建快捷方式"向导，该向导会帮助用户创建本地或网络程序、文件、文件夹、计算机或 Internet 地址的快捷方式，可以手动键入项目的位置，也可以单击"浏览"按钮，在打开的"浏览文件夹"窗口中选择快捷方式的目标，确定后，即可在桌面上建立相应的快捷方式。

3. 图标的排列与查看

当用户在桌面上创建了多个图标时，如果不进行排列，会显得非常凌乱，这样不利于用户选择所需要的项目，而且影响视觉效果。使用排列图标命令，可以使用户的桌面看上去整洁而富有条理。用户需要对桌面上的图标进行位置调整时，可在桌面上的空白处右击，在弹出的快捷菜单中选择"排序方式"命令，在子菜单项中包含了多种排列方式，如图 3-44 所示。

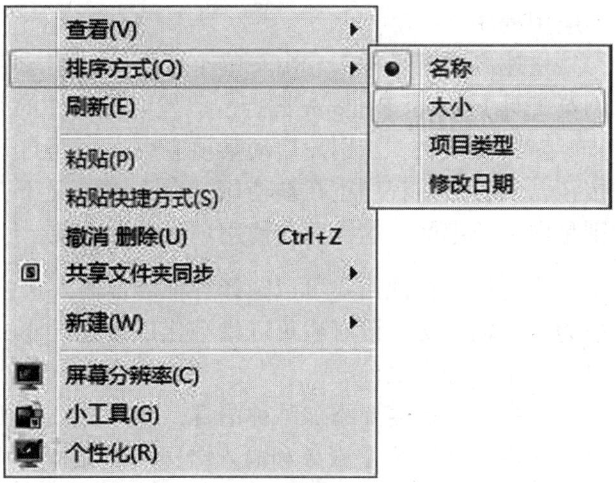

• 名称：按图标名称开头的字母或拼音顺序排列。

• 大小：按图标所代表文件的大小的顺序来排列。

• 项目类型：按图标所代表的文件的类型来排列。

图 3-44　"排序方式"命令

• 修改日期：按图标所代表文件的最后一次修改时间来排列。

当用户选择"查看"子菜单其中几项后，在其旁边出现"√"标志，说明该选项被选中，再次选择这个命令后，"√"标志消失，即表明取消了此选项。如果用户选择了"自动排列"命令，在对图标进行移动时会出现一个选定标志，这时只能在固定的位置将各图标进行位置的互换，而不能拖动图标到桌面上任意位置。而当选择了"对齐到网格"命令后，如果调整图标的位置时，它们总是成行成列地排列，也不能移动到桌面上任意位置。当用户取消了"显示桌面图标"命令前的"√"标志后，桌面上将不显示任何图标。

4. 图标的重命名与删除

若要给图标重新命名，可执行下列操作：

（1）在该图标上右击。

（2）在弹出的快捷菜单中选择"重命名"命令。

（3）当图标的文字说明位置呈反色显示时，用户可以输入新名称，然后在桌面上任意位置单击，即可完成对图标的重命名。

桌面的图标失去使用的价值时，就需要删掉。同样，在所需要删除的图标上右击，在弹出的快捷菜单中执行"删除"命令。

用户也可以在桌面上选中该图标，然后在键盘上按下"Delete"键直接删除。当选择删除命令后，系统会弹出一个对话框询问用户是否确实要删除所选内容并移入回收站。用户单击"是"，删除生效，单击"否"或者是单击对话框的关闭按钮，此次操作取消。

（二）任务栏与开始菜单

1. 任务栏

任务栏是位于桌面最下方的一个小长条，它显示了系统正在运行的程序和打开的窗口、当前时间等内容，用户通过任务栏可以完成许多操作，而且也可以对它进行一系列的设置。

（1）任务栏的组成。任务栏可分为"开始"菜单按钮、快速启动工具栏、窗口按钮栏和通知区域等几部分，如图 3-45 所示。

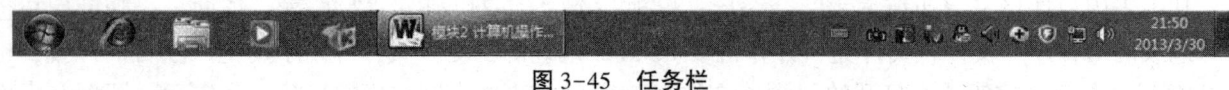

图 3-45　任务栏

"开始"菜单按钮：单击此按钮，可以打开"开始"菜单，在用户操作过程中，要用它打开大多数的应用程序。

快速启动工具栏：它由一些小型的按钮组成，单击可以快速启动程序，一般情况下，它包括网上浏览工具 Internet Explorer 图标、收发电子邮件的程序 Outlook Express 图标和显示桌面图标等。

窗口按钮栏：当用户启动某项应用程序而打开一个窗口后，在任务栏上会出现相应的有立体感的按钮，表明当前程序正在被使用，在正常情况下，按钮是向下凹陷的，而把程序窗口最小化后，按钮则是向上凸起的，这样可以使用户观察更方便。

语言栏：在此用户可以选择各种语言输入法，单击"▇"按钮，在弹出的菜单中进行选择可以切换为中文输入法，语言栏可以最小化以按钮的形式在任务栏显示，单击右上角的还原小按钮，它也可以独立于任务栏之外。

如果用户还需要添加某种语言，可在语言栏任意位置右击，在弹出的快捷菜单中选择"设置"命令，即可打开"文字服务和输入语言"对话框，用户可以进行设置默认输入语言，对已安装的输入法进行添加、删除，添加世界各国的语言以及设置输入法切换的快捷键等操作。

隐藏和显示按钮：按钮"▲"的作用是隐藏不活动的图标和显示隐藏的图标。如果用户在任务栏属性中选择"隐藏不活动的图标"复选框，系统会自动将用户最近没有使用过的图标隐藏起来，以使任务栏的通知区域不至于很杂乱，它在隐藏图标时会出现一个小文本框提醒用户。

扬声器：任务栏右侧小喇叭形状的按钮，单击后出现音量控制对话框，用户可以通过拖动上面的小滑块来调整扬声器的音量，单击小喇叭可进行"静音"或取消"静音"切换，设置"静音"则扬声器的声音消失。若单击扬声器图标可打开"扬声器属性"对话框，如图 3-46 所示，可设置扬声器平衡、效果、驱动等。

当用户右击扬声器按钮，在弹出的快捷菜单中单击"音量合成器"，在打开的对话框中，显示了有关音频的设备和应用程序信息，此时也可以对其进一步调整。

当用户右击扬声器按钮，在弹出的快捷菜单中单击"声音"，在"声音"选项卡中，用户可以改变应用于 Windows 和程序事件中的声音方案，单击

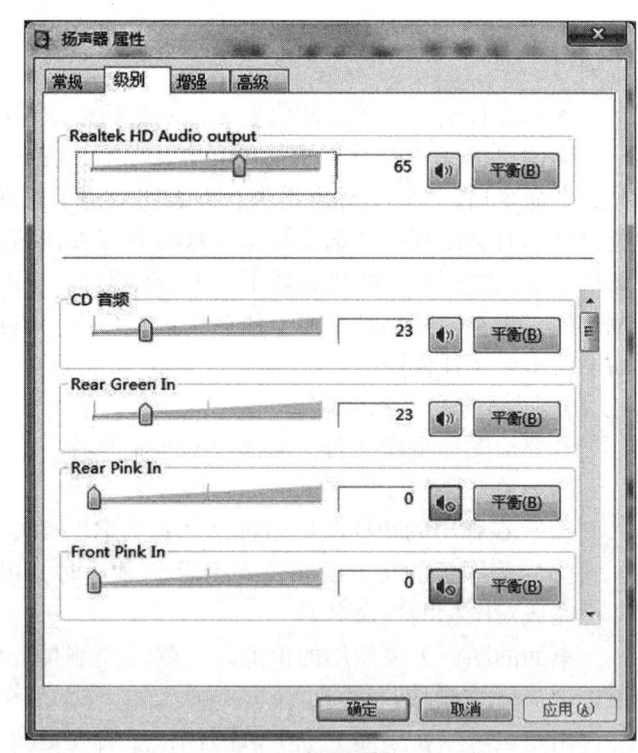

图 3-46　"扬声器属性"对话框

"浏览"按钮，在打开的对话框中可根据系统提供的多种设置声音方案。

日期指示器：在任务栏的最右侧，显示了当前的时间和日期，单击打开"日期和时间属性"对话框，用户可以在该对话框中完成时间和日期的校对、时区的设置，还可以设置使用与 Internet 时间同步，可以使本机上的时间与互联网上的时间保持一致。

（2）自定义任务栏。系统默认的任务栏位于桌面的最下方，用户可以根据自己的需要把它拖到桌面的任何边缘处及改变任务栏的宽度，通过改变任务栏的属性，还可以让它自动隐藏。

①任务栏的属性。用户在任务栏上的非按钮区域右击,在弹出的快捷菜单中选择"属性"命令,即可打开"任务栏和开始菜单属性"对话框,如图3-47所示。

在"任务栏外观"选项组中,用户可以通过对复选框的选择来设置任务栏的外观。

锁定任务栏:当锁定后,任务栏不能被随意移动或改变大小。

自动隐藏任务栏:当用户不对任务栏进行操作时,它将自动消失,当用户需要使用时,可以把鼠标放在任务栏位置,它会自动出现。

使用最小图标:设置小图标显示。

屏幕上的任务栏位置:底部、左侧、右侧、顶部。

任务栏按钮:把相同的程序或相似的文件归类分组合并而使用同一个按钮,这样不至于在用户打开很多窗口时,按钮变得很小而不容易被辨认,使用时,只要找到相应的按钮组就可以找到要操作的窗口名称。

在"通知区域"选项组中,用户可以选择把最近没有点击过的图标隐藏起来以便保持通知区域的简洁明了。单击"自定义"按钮,在打开的"自定义通知"对话框中,用户可以进行隐藏或显示图标的设置,如图3-48所示。

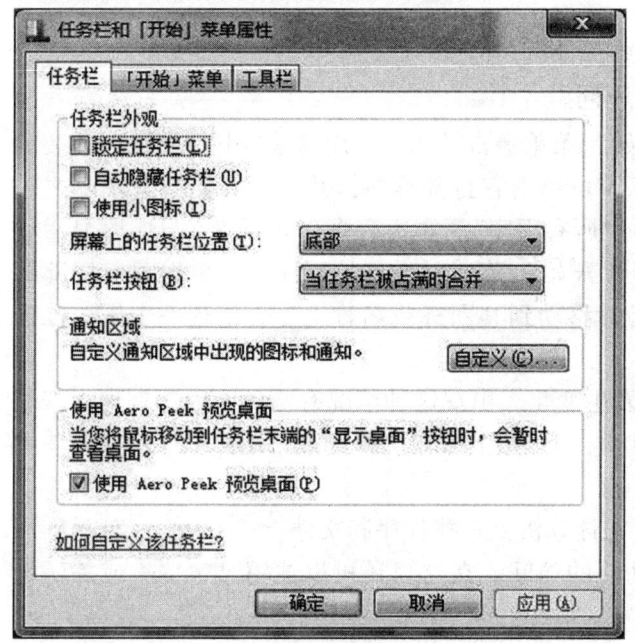

图3-47　"任务栏和开始菜单"对话框

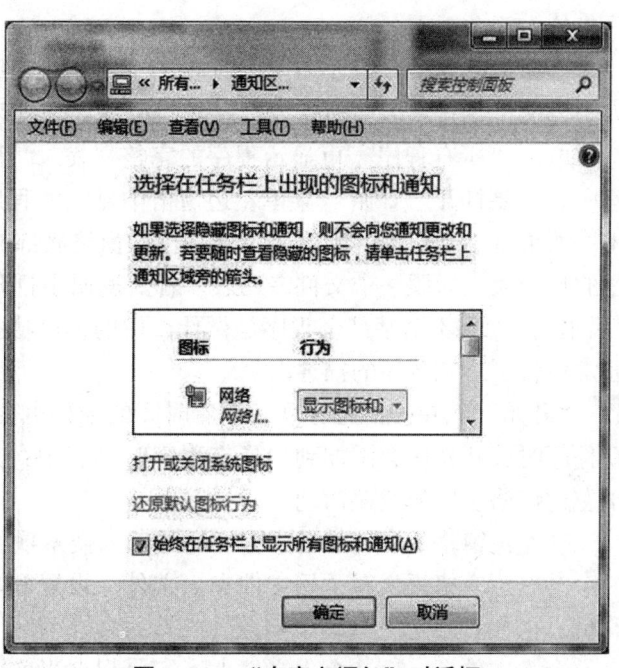

图3-48　"自定义通知"对话框

②改变任务栏及各区域大小。当任务栏位于桌面的下方妨碍了用户的操作时,可以把任务栏拖动到桌面的任意边缘,在移动时,用户先确定任务栏处于非锁定状态,然后在任务栏上的非按钮区按下鼠标左键拖动,到所需要边缘再放手,这样任务栏就会改变位置。

有时用户打开的窗口比较多而且都处于最小化状态时,在任务栏上显示的按钮会变得很小,用户观察会很不方便,这时,可以改变任务栏的宽度来显示所有的窗口,把鼠标放在任务栏的上边缘,当出现双箭头指示时,按下鼠标左键不放,拖动到合适位置再松开手,使任务栏变宽,即可显示所有的按钮。

任务栏中的各组成部分所占比例也是可以调节的,当任务栏处于非锁定状态时,各区域的分界处将出现两竖排凹陷的小点,把鼠标放在上面,出现双向箭头后,按下鼠标左键拖动即可改变各区域的大小。

2. "开始"菜单

如图3-49所示,"开始"菜单是计算机程序、文件夹和设置的主门户。之所以称为"菜单",是因为它提供一个选项列表,就像餐馆里的菜单那样。至于"开始"的含义,在于它通常是用户要启动或打开某项内容的位置。

(1)使用"开始"菜单可执行的任务。使用"开始"菜单可执行的任务有:启动程序,打开常用的文件夹,搜索文件、文件夹和程序,调整计算机设置,获取有关Windows操作系统的帮助信息,关闭计算机,注销Windows或切换到其他用户账户等。

(2)打开"开始"菜单。单击屏幕左下角的"开始"按钮◉,或者按键盘上的Windows徽标键⊞均可打开"开始"菜单。

(3)"开始"菜单的组成部分。如图3-49所示,"开始"菜单分为三个基本部分:

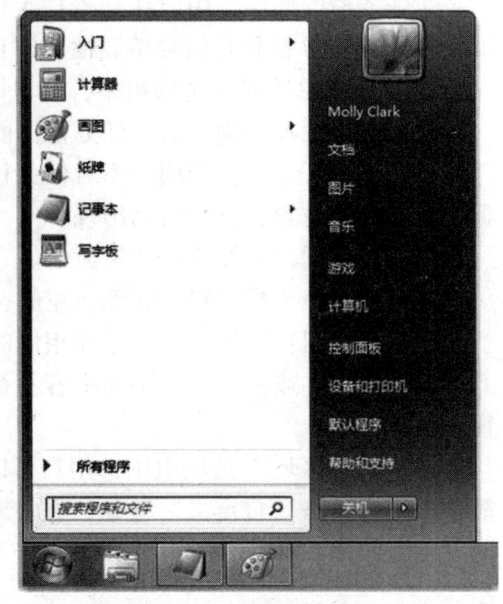

图3-49 "开始"菜单

①左边的大窗格显示计算机上程序的一个短列表。计算机制造商可以自定义此列表,所以其确切外观会有所不同。

单击"所有程序"可显示程序的完整列表。"开始"菜单最常见的一个用途是打开计算机上安装的程序。若要打开"开始"菜单左边窗格中显示的程序,可单击它打开程序,并且"开始"菜单随之关闭。如果看不到所需的程序,可单击左边窗格底部的"所有程序"。左边窗格会立即按字母顺序显示程序的长列表,后跟一个文件夹列表。若要返回刚打开"开始"菜单时看到的程序,可单击菜单底部的"后退"。如果不清楚某个程序是做什么用的,可将指针移动到其图标或名称上。会出现一个框,该框通常包含了对该程序的描述。

"开始"菜单中的程序列表随着时间的推移也会发生变化,出现这种情况有两种原因:首先,安装新程序时,新程序会添加到"所有程序"列表中;其次,"开始"菜单会检测最常用的程序,并将其置于左边窗格中以便快速访问。

②左边窗格的底部是搜索框,通过键入搜索项可在计算机上查找程序和文件。

③右边窗格提供对常用文件夹、文件、设置和功能的访问。在这里还可以注销Windows或关闭计算机。

个人文件夹:打开个人文件夹(它是根据当前登录到Windows的用户命名的)。例如,如果当前用户是Molly Clark,则该文件夹的名称为Molly Clark。此文件夹依次包含特定于用户的文件,其中包括"文档""音乐""图片"和"视频"文件夹。

文档:打开"文档"文件夹,你可以在这里存储和打开文本文件、电子表格、演示文稿以及其他类型的文档。

图片:打开"图片"文件夹,你可以在这里存储和查看数字图片及图形文件。

音乐:打开"音乐"文件夹,你可以在这里存储和播放音乐及其他音频文件。

游戏:打开"游戏"文件夹,你可以在这里访问计算机上的所有游戏。

计算机:打开一个窗口,你可以在这里访问磁盘驱动器、照相机、打印机、扫描仪及其他连接到计算机的硬件。

控制面板:打开"控制面板",你可以在这里自定义计算机的外观和功能、安装或卸载程序、设置网络连接和管理用户账户。

设备和打印机:打开一个窗口,你可以在这里查看有关打印机、鼠标和计算机上安装的其他设备的信息。

默认程序：打开一个窗口，你可以在这里选择要让 Windows 运行于诸如 Web 浏览活动的程序。

帮助和支持：打开 Windows 帮助和支持，你可以在这里浏览和搜索有关使用 Windows 和计算机的帮助主题。

（4）自定义"开始"菜单。应用自定义可以控制要在"开始"菜单上显示的项目。例如，可以将喜欢的程序的图标附到"开始"菜单以便访问，也可从列表中移除程序。还可以选择在右边窗格中隐藏或显示某些项目。

右击"任务栏"，在弹出的快捷菜单中单击"属性"打开"任务栏和'开始'菜单"对话框，单击"'开始'菜单"选项卡打开图3-50所示"自定义'开始'菜单"对话框。

①将程序图标锁定到"开始"菜单。如果定期使用程序，可以通过将程序图标锁定到"开始"菜单以创建程序的快捷方式。锁定的程序图标将出现在"开始"菜单的左侧。

右键单击想要锁定到"开始"菜单中的程序图标，然后单击"锁定到'开始'菜单"。若要解锁程序图标，右键单击它，然后单击"从'开始'菜单解锁"。

若要更改固定的项目的顺序，可将程序图标拖动到列表中的新位置。

②从"开始"菜单删除程序图标。从"开始"菜单删除程序图标不会将它从"所有程序"列表中删除或卸载该程序。

单击"开始"按钮，右键单击要从"开始"菜单中删除的程序图标，然后单击"从列表中删除"。

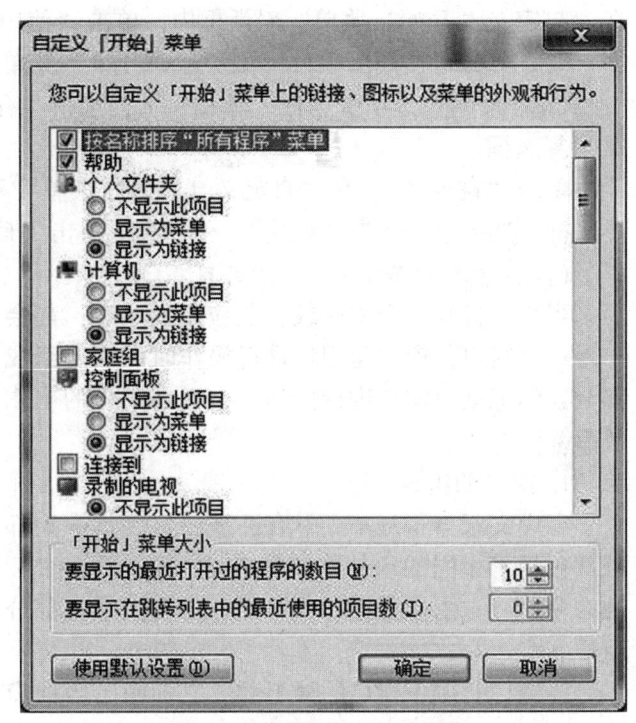

图3-50 自定义"开始"菜单

③移动"开始"按钮。"开始"按钮位于任务栏左侧，尽管不能从任务栏删除"开始"按钮，但可以移动任务栏及与任务栏在一起的"开始"按钮。

右键单击任务栏上的空白空间。如果其旁边的"锁定任务栏"有复选标记，请单击它以删除复选标记。

单击任务栏上的空白空间，然后按下鼠标按钮，并拖动任务栏到桌面的四个边缘之一。当任务栏出现在所需的位置时，释放鼠标按钮。

④清除"开始"菜单中最近打开的文件或程序。清除"开始"菜单中最近打开的文件或程序不会将它们从计算机中删除。

单击打开"任务栏和'开始'菜单属性"。单击"'开始'菜单"选项卡。若要清除最近打开的程序，请清除"存储并显示最近在'开始'菜单中打开的程序"复选框。若要清除最近打开的文件，请清除"存储并显示最近在'开始'菜单和任务栏中打开的项目"复选框，然后单击"确定"。

⑤调整频繁使用的程序的快捷方式的数目。"开始"菜单显示最频繁使用的程序的快捷方式。可以更改显示的程序快捷方式的数量（这可能会影响"开始"菜单的高度）。

单击打开"任务栏和'开始'菜单属性"。单击"'开始'菜单"选项卡，然后单击"自定义"。在"自定义'开始'菜单"对话框的"要显示的最近打开过的程序的数目"框中，输入想在"开始"菜单中显示的程序数目，单击"确定"，然后再次单击"确定"。

⑥自定义"开始"菜单的右窗格。可以添加或删除出现在"开始"菜单右侧的项目,如计算机、控制面板和图片。还可以更改一些项目,以使它们显示如链接或菜单。

单击打开"任务栏和'开始'菜单属性"。单击"'开始'菜单"选项卡,然后单击"自定义"。在"自定义'开始'菜单"对话框中,从列表中选择所需选项,单击"确定",然后再次单击"确定"。

⑦还原"开始"菜单默认设置。可以将"开始"菜单还原为其最初的默认设置。

单击打开"任务栏和'开始'菜单属性"。单击"'开始'菜单"选项卡,然后单击"自定义"。在"自定义'开始'菜单"对话框中,单击"使用默认设置",单击"确定",然后再次单击"确定"。

⑧将"最近使用的项目"添加至"开始"菜单。单击打开"任务栏和'开始'菜单属性"。单击"'开始'菜单"选项卡。在"隐私"下,选中"存储并显示最近在'开始'菜单和任务栏中打开的项目"复选框。

单击"自定义"。在"自定义'开始'菜单"对话框中,滚动选项列表以查找"最近使用的项目"复选框,选中它,单击"确定",然后再次单击"确定"。

(三) 中文版 Windows 7 的窗口

当用户打开一个文件或者是应用程序时,都会出现一个窗口,窗口是用户进行操作时的重要组成部分,熟练地对窗口进行操作,会提高用户的工作效率。

1. 窗口的组成

在中文版 Windows 7 中有许多窗口,其中大部分都包括了相同的组件,如图 3-51 所示是一个标准的窗口,它由标题栏、菜单栏、工具栏等几部分组成。

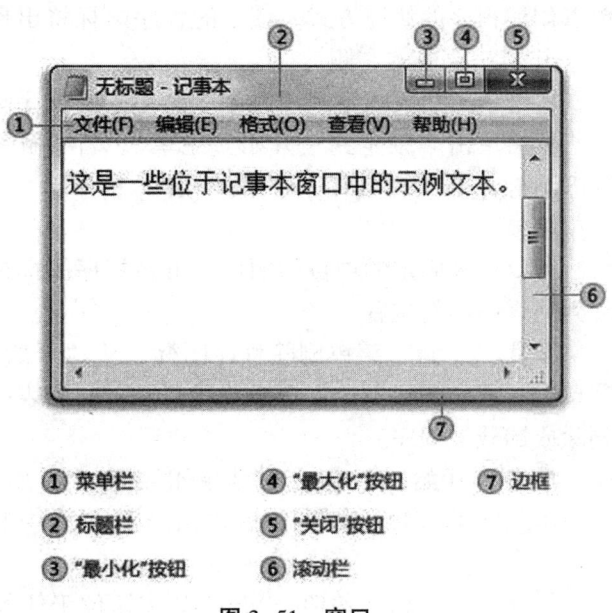

图 3-51 窗口

标题栏:位于窗口的最上部,它标明了当前窗口的名称,左侧有控制菜单按钮,右侧有最小化、最大化或还原以及关闭按钮。

菜单栏:在标题栏的下面,它提供了用户在操作过程中要用到的各种访问途径。

工具栏:在其中包括了一些常用的功能按钮,用户在使用时可以直接从上面选择各种工具。

状态栏:它在窗口的最下方,标明了当前有关操作对象的一些基本情况。

工作区域:它在窗口中所占的比例最大,显示了应用程序界面或文件中的全部内容。

滚动条:当工作区域的内容太多而不能全部显示时,窗口将自动出现滚动条,用户可以通过拖动水平或者垂直的滚动条来查看所有的内容。

在中文版 Windows 7 系统中,有的窗口左侧新增加了链接区域,这是以往版本的 Windows 所不具有的,它以超级链接的形式为用户提供了各种操作的便利途径。一般情况下,链接区域包括几种选项,用户可以通过单击选项名称的方式来隐藏或显示其具体内容。

"任务"选项:为用户提供常用的操作命令,其名称和内容随打开窗口的内容而变化,当选择一个对象后,在该选项下会出现可能用到的各种操作命令,可以在此直接进行操作,而不必在菜单栏或工具栏中进行,这样会提高工作效率,其类型有"文件和文件夹任务""系统任务"等。

"其他位置"选项:以链接的形式为用户提供了计算机上其他的位置,在需要使用时,可以快速转到有用的位置,打开所需要的其他文件,如"收藏夹""库""计算机""网络""更改视图方式"等。

2. 窗口的操作

窗口操作在 Windows 系统中是很重要的，不但可以通过鼠标使用窗口上的各种命令来操作，而且可以通过键盘来使用快捷键操作。基本的操作包括打开、缩放、移动等。

(1) 打开窗口。当需要打开一个窗口时，可以通过下面两种方式来实现：

①选中要打开的图标，然后双击打开；

②在选中的图标上右击，在其快捷菜单中选择"打开"命令。

(2) 移动窗口。用户在打开一个窗口后，不但可以通过鼠标来移动窗口，而且可以通过鼠标和键盘的配合来完成。移动窗口时用户只需要在标题栏上按下鼠标左键拖动，移动到合适的位置后再松开，即可完成移动的操作。

用户如果需要精确地移动窗口可以在标题栏上右击，在打开的快捷菜单中选择"移动"命令，当屏幕上出现移动标志时，再通过按键盘上的方向键移动到合适的位置后用鼠标单击或者按回车键确认即可。

(3) 缩放窗口。窗口不但可以移动到桌面上的任何位置，而且还可以随意改变大小将其调整到合适的尺寸：

①当用户只需要改变窗口的宽度时，可把鼠标放在窗口的垂直边框上，当鼠标指针变成双向的箭头时，可以任意拖动。如果只需要改变窗口的高度时，可以把鼠标放在水平边框上，当指针变成双向箭头时进行拖动。当需要对窗口进行等比缩放时，可以把鼠标放在边框的任意角上进行拖动。

②用户也可以用鼠标和键盘的配合来完成，在标题栏上右击，在打开快捷菜单中选择"大小"命令，应用键盘上的方向键来调整窗口的高度和宽度，调整至合适位置时，用鼠标单击或者按回车键结束。

(4) 最大化、最小化窗口。当用户在对窗口进行操作的过程中，可以根据自己的需要，把窗口最小化、最大化等。

最小化按钮：在暂时不需要对窗口操作时，可把它最小化以节省桌面空间，用户直接在标题栏上单击此按钮，窗口会以按钮的形式缩小到任务栏。

最大化按钮：窗口最大化时铺满整个桌面，这时不能再移动或者是缩放窗口。用户在标题栏上单击此按钮即可使窗口最大化。

还原按钮：当把窗口最大化后想恢复原来打开时的初始状态，单击此按钮即可实现对窗口的还原。

用户在标题栏上双击可以对窗口进行最大化与还原切换。每个窗口标题栏的左方都会有一个表示当前程序或者文件特征的控制菜单按钮，单击即可打开控制菜单，应用控制菜单与右击标题栏所弹出的快捷菜单的操作内容一致。

用户也可以通过快捷键来完成以上操作。用 Alt+空格键来打开控制菜单，然后根据菜单中的提示，在键盘上输入相应的字母，比如，最小化输入字母"N"，通过这种方式可以快速完成相应的操作。

(5) 切换窗口。当用户打开多个窗口时，需要在各个窗口之间进行切换，下面是几种切换方式：

当窗口处于最小化状态时，用户在任务栏上选择所要操作窗口的按钮，然后单击即可完成切换。当窗口处于非最小化状态时，可以在所选窗口的任意位置单击，当标题栏的颜色变深时，表明完成对窗口的切换。

用 Alt+Tab 组合键来完成切换，用户可以在键盘上同时按下 Alt 和 Tab 两个键，屏幕上会出现切换任务栏，在其中列出了当前正在运行的窗口，用户这时可以按住 Alt 键，然后在键盘上按 Tab 键从"切换任务栏"中选择所要打开的窗口，选中后再松开两个键，选择的窗口即可成为当前窗口，如图 3-52 所示。

图 3-52 切换任务栏

（6）关闭窗口。用户完成对窗口的操作后，在关闭窗口时有下面几种方式：

直接在标题栏上单击"关闭"按钮 ⊠。

双击控制菜单按钮。

单击控制菜单按钮，在弹出的控制菜单中选择"关闭"命令。

使用 Alt+F4 组合键。如果用户打开的窗口是应用程序，可以在文件菜单中选择"退出"命令，同样也能关闭窗口。如果所要关闭的窗口处于最小化状态，可以在任务栏上选择该窗口的按钮，然后在右击弹出的快捷菜单中选择"关闭"命令。用户在关闭窗口之前要保存所创建的文档或者所作的修改，如果忘记保存，当执行了"关闭"命令后，会弹出一个对话框，询问是否要保存所作的修改，选择"是"后保存关闭，选择"否"后不保存关闭，选择"取消"则不能关闭窗口，可以继续使用该窗口。

3. 窗口的排列

当用户在对窗口进行操作时打开了多个窗口，而且需要全部处于全显示状态，这就涉及排列的问题，在中文版 Windows 7 中为用户提供了三种排列的方案可供选择："层叠窗口""堆叠显示窗口"和"并排显示窗口"。

在任务栏上的非按钮区右击，在弹出的快捷菜单中选择排列方式。

在选择了某项排列方式后，在任务栏快捷菜单中会出现相应撤销该选项的命令。例如，用户执行了"层叠窗口"命令后，任务栏的快捷菜单会增加一项"撤销层叠"命令，可撤销当前窗口排列。

（四）使用对话框

对话框是用户与计算机系统之间进行信息交流的窗口，对话框是特殊类型的窗口，在对话框中用户可以对选项选择，对系统进行对象属性的修改或者设置。

1. 对话框的组成

对话框的组成和窗口有相似之处，例如，都有标题栏，但对话框要比窗口更简洁、更直观、更侧重于与用户的交流，它一般包含有标题栏、选项卡与标签、文本框、列表框、命令按钮、单选按钮和复选框等部分。

标题栏：位于对话框的最上方，系统默认的是深蓝色，上面左侧标明了该对话框的名称，右侧有关闭按钮，有的对话框还有帮助按钮。

选项卡和标签：在系统中有很多对话框都是由多个选项卡构成的，选项卡上写明了标签，以便进行区分。用户可以通过各个选项卡之间的切换来查看不同的内容，在选项卡中通常有不同的选项组。例如，在"任务栏和开始菜单"对话框中包含了"任务栏""开始菜单""工具栏"三个选项卡，如图 3-53 所示。

文本框：在有的对话框中需要用户手动输入某项内容，还可以对各种输入内容进行修改和删除操作。一般在其右侧会带有向下的箭头，可以单击箭头在展开的下拉列表中查看最近曾经输入过的内容。比如，在桌面上单击"开始"按钮，选择"运行"命令，可以打开"运行"对话框，这时系统要求用户输入要运行的程序或者文件名称，如图 3-54 所示。

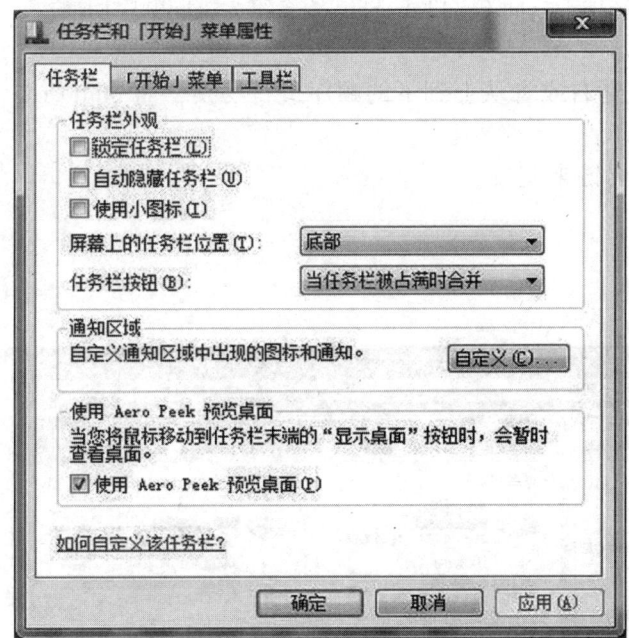
图 3-53 "任务栏和'开始'菜单"对话框

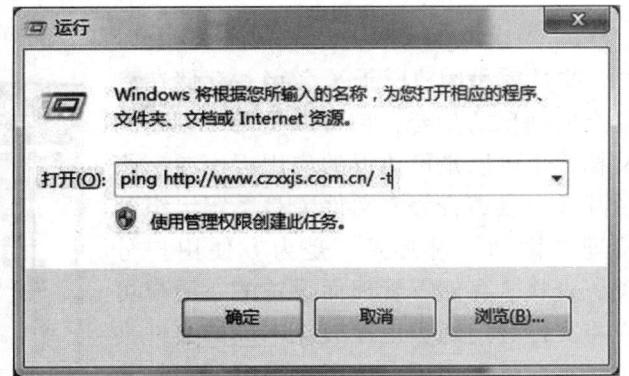
图 3-54 "运行"对话框

列表框：有的对话框在选项组下已经列出了众多的选项，用户可以从中选取，但是通常不能更改。比如，前面我们所讲到的"显示属性"对话框中的桌面选项卡，系统自带了多张图片，用户是不可以修改的。

命令按钮：它是指在对话框中圆角矩形并且带有文字的按钮，常用的有"确定""应用""取消"等。

单选按钮：它通常是一个小圆形，其后面有相关的文字说明，当选中后，在圆形中间会出现一个绿色的小圆点，在对话框中通常是一个选项组中包含多个单选按钮，当选中其中一个后，别的选项是不可以选的。

复选框：它通常是一个小正方形，在其后面也有相关的文字说明，当用户选择后，在正方形中间会出现一个"√"标志，它是可以任意选择的。

另外，在有的对话框中还有调节数字的按钮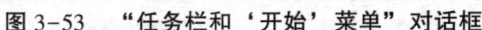，它由向上和向下两个箭头组成，用户在使用时分别单击箭头即可增加或减少数字。

2. 对话框的操作

对话框的操作包括对话框的移动、关闭、对话框中的切换等。下面介绍关于对话框的有关操作。

（1）对话框的移动和关闭。用户要移动对话框时，可以在对话框的标题上按下鼠标左键拖动到目标位置再松开，也可以在标题栏上右击，选择"移动"命令，然后在键盘上按方向键来改变对话框的位置，到目标位置时，用鼠标单击或者按回车键确认，即可完成移动操作。

关闭对话框的方法有下面几种：单击"确认"按钮或者"应用"按钮，可在关闭对话框的同时保存用户在对话框中所作的修改。如果用户要取消所作的改动，可以单击"取消"按钮，或者直接在标题栏上单击"关闭"按钮，也可以在键盘上按 Esc 键退出对话框。

（2）在对话框中的切换。由于有的对话框中包含多个选项卡，在每个选项卡中又有不同的选项组，在操作对话框时，可以利用鼠标来切换，也可以使用键盘来实现。

在不同的选项卡之间的切换：

用户可以直接用鼠标来进行切换，也可以先选择一个选项卡，即该选项卡出现一个虚线框时，按键盘上的方向键来移动虚线框，这样就能在各选项卡之间进行切换。

用户还可以利用 Ctrl+Tab 组合键从左到右切换各个选项卡，而 Ctrl+Tab+Shift 组合键为反向顺序切换。

在相同的选项卡中的切换：

在不同的选项组之间切换，可以按 Tab 键以从左到右或者从上到下的顺序进行切换，而 Shift+Tab 键则按相反的顺序切换。

相同的选项组之间的切换，可以使用键盘上的方向键来完成。

三、资源管理

（一）文件和文件夹

文件就是用户赋予了名字并存储在磁盘上的信息的集合，它可以是用户创建的文档，也可以是可执行的应用程序或一张图片、一段声音等。文件夹是系统组织和管理文件的一种形式，是为方便用户分类、查找、存储等管理而设置的，用户可以将文件分门别类地存放在不同的文件夹中。在文件夹中可存放所有类型的文件和下一级文件夹、磁盘驱动器及打印队列等内容。

图 3-55 资源管理器

1. 创建新文件夹

用户可以创建新的文件夹来存放具有相同类型或相近形式的文件，创建新文件夹可执行下列操作步骤：

（1）双击桌面"计算机"图标，打开"资源管理器"，如图 3-55 所示。

（2）双击要新建文件夹的磁盘，打开该磁盘。

（3）选择"文件"→"新建"→"文件夹"命令，或单击右键，在弹出的快捷菜单中选择"新建"→"文件夹"命令，即可新建一个文件夹。

（4）在新建的文件夹名称文本框中输入文件夹的名称，单击 Enter 键或用鼠标单击其他地方确认即可。

2. 移动和复制文件或文件夹

在实际应用中，有时用户需要将某个文件或文件夹移动或复制到其他地方以便使用，这时就需要用到移动或复制命令。移动文件或文件夹就是将文件或文件夹放到其他地方，执行移动命令后，原位置的文件或文件夹消失，出现在目标位置；复制文件或文件夹就是将文件或文件夹复制一份，放到其他地方，执行复制命令后，原位置和目标位置均有该文件或文件夹。

移动和复制文件或文件夹的操作步骤如下：

（1）选择要移动或复制的文件或文件夹。

（2）单击"编辑"→"剪切"→"复制"命令，或单击右键，在弹出的快捷菜单中选择"剪切"→"复制"命令。

（3）选择目标位置。

（4）选择"编辑"→"粘贴"命令，或单击右键，在弹出的快捷菜单中选择"粘贴"命令即可。

若要一次移动或复制多个相邻的文件或文件夹，可按住 Shift 键选择多个相邻的文件或文件夹；若要一次移动或复制多个不相邻的文件或文件夹，可按住 Ctrl 键选择多个不相邻的文件或文件夹；若非选文件或文件夹较少，可先选择非选文件或文件夹，然后单击"编辑"→"反向选择"命令即可；若要选择所有的文件或文件夹，可单击"编辑"→"全部选定"命令或按 Ctrl+A 键。

3. 重命名文件或文件夹

重命名文件或文件夹就是给文件或文件夹重新命名一个新的名称，使其可以更符合用户的要求。

重命名文件或文件夹的具体操作步骤如下：

（1）选择要重命名的文件或文件夹。

（2）单击"文件"→"重命名"命令，或单击右键，在弹出的快捷菜单中选择"重命名"命令。

（3）这时文件或文件夹的名称将处于编辑状态（蓝色反白显示），用户可直接键入新的名称进行重命名操作。

也可在文件或文件夹名称处直接单击两次（两次单击间隔时间应稍长一些，以免使其变为双击），使其处于编辑状态，键入新的名称进行重命名操作。

4. 删除文件或文件夹

当有的文件或文件夹不再需要时，用户可将其删除，以利于对文件或文件夹进行管理。删除后的文件或文件夹将被放到"回收站"中，用户可以选择将其彻底删除或还原。

删除文件或文件夹的操作如下：

（1）选定要删除的文件或文件夹。若要选定多个相邻的文件或文件夹，可按 Shift 键进行选择；若要选定多个不相邻的文件或文件夹，可按 Ctrl 键进行选择。

（2）选择"文件"→"删除"命令，或单击右键，在弹出的快捷菜单中选择"删除"命令。

（3）弹出"确认文件/文件夹删除"对话框，如图 3-56 所示。

（4）若确认要删除该文件或文件夹，可单击"是"按钮；若不删除该文件或文件夹，可单击"否"按钮。

图 3-56　"删除文件"对话框

从网络位置删除的项目、从可移动媒体（例如，优盘、移动硬盘）删除的项目或超过"回收站"存储容量的项目将不被放到"回收站"中，而被彻底删除且不能还原。

5. 删除或还原"回收站"中的文件或文件夹

"回收站"为用户提供了一个安全的删除文件或文件夹的解决方案，用户从硬盘中删除文件或文件夹时，Windows XP 会将其自动放入"回收站"中，直到用户将其清空或还原。

删除或还原"回收站"中文件或文件夹的操作步骤如下：

（1）双击桌面上的"回收站"图标。

（2）打开"回收站"对话框，如图 3-57 所示。

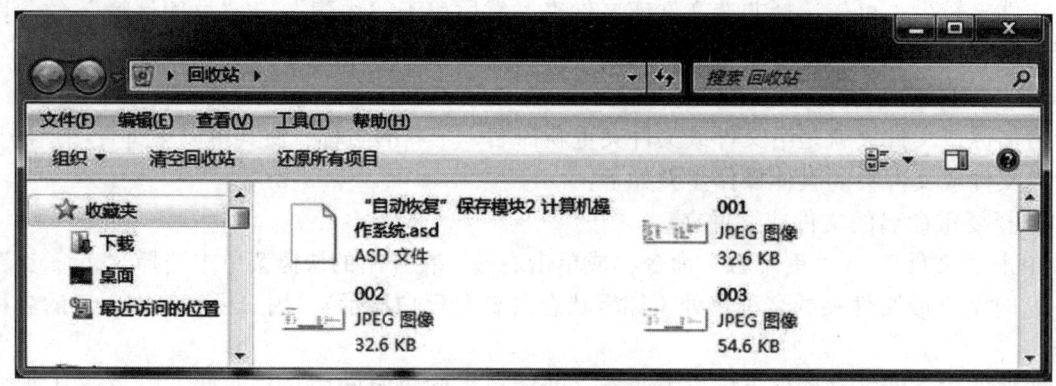

图 3-57 "回收站"对话框

（3）若要删除"回收站"中所有的文件和文件夹，可单击"清空回收站"命令；若要还原所有的文件和文件夹，可单击"还原所有项目"命令；若要还原文件或文件夹，可选中该文件或文件夹，单击窗口中的"恢复此项目"命令，或右击该对象选择"还原"，若要还原多个文件或文件夹，可按 Ctrl 键选定多个文件或文件夹。

删除"回收站"中的文件或文件夹，意味着将该文件或文件夹彻底删除，无法再还原；若还原已删除文件夹中的文件，则该文件夹将在原来的位置重建，然后在此文件夹中还原文件；当"回收站"满后，Windows 7 将自动清除"回收站"中的空间以存放最近删除的文件和文件夹。也可以选中要删除的文件或文件夹，将其拖到"回收站"中进行删除。若想直接删除文件或文件夹，而不将其放入"回收站"中，可在拖到"回收站"时按住 Shift 键，或选中该文件或文件夹，按 Shift+Delete 键。

6. 更改文件或文件夹属性

文件或文件夹包含三种属性：只读、隐藏和存档。若将文件或文件夹设置为"只读"属性，则该文件或文件夹不允许更改和删除；若将文件或文件夹设置为"隐藏"属性，则该文件或文件夹在常规显示中将不被看到；若将文件或文件夹设置为"存档"属性，则表示该文件或文件夹已存档，有些程序用此选项来确定哪些文件需做备份。

更改文件或文件夹属性的操作步骤如下：

（1）选中要更改属性的文件或文件夹。

（2）选择"文件"→"属性"命令，或单击右键，在弹出的快捷菜单中选择"属性"命令，打开"属性"对话框。

（3）选择"常规"选项卡，如图 3-58 所示。

（4）在该选项卡的"属性"选项组中选定需要的属性复选框。

（5）单击"应用"按钮，并"确定"。

若是对文件夹设置属性，单击"应用"后在出现的对话框中可选择"仅将更改应用于该文件夹"或"将更改应用于该文件夹、子文件夹和文件"选项，单击"确定"按钮即可关闭该对话框。在"常规"选项卡中，单击"确定"按钮即可应用该属性。

7. 搜索文件和文件夹

有时候用户需要查看某个文件或文件夹的内容，却忘记了该文件或文件夹存放的具体位置或名称，这时 Windows 7 提供的搜索文件或文件夹功能就可以帮用户查找该文件或文件夹。

搜索文件或文件夹的具体操作如下：

单击"开始"按钮，在"搜索"栏输入文件或文件夹，输入信息即开始搜索，Windows 7 会将搜索的结果显示在当前对话框中，如图 3-59 所示。

双击搜索后显示的文件或文件夹，即可打开该文件或文件夹。

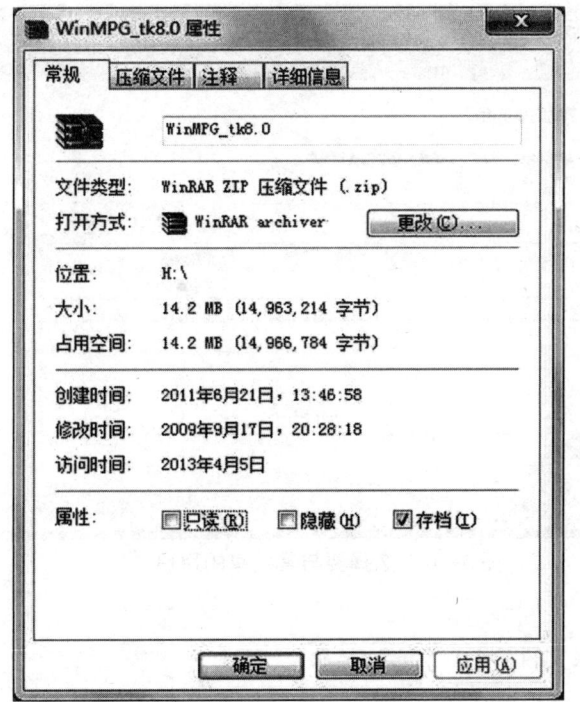 

图 3-58　"常规"选项卡　　　　　图 3-59　"搜索"对话框

8. 设置共享

Windows 7 网络方面的功能设置更加强大,可以与他人共享单个文件和文件夹,甚至整个库。共享某些内容最快速的方式是使用新的"共享对象"菜单。共享选项取决于共享的文件和计算机连接到的网络类型:家庭组、工作组或域。

(1) 在家庭组中共享文件和文件夹。右键单击要共享的项目,然后单击"共享对象",如图 3-60 所示。

选择下列选项之一:

家庭组(读取):此选项与整个家庭组共享项目,但只能打开该项目,家庭组成员不能修改或删除该项目。

家庭组(读取/写入):此选项与整个家庭组共享项目,可打开、修改或删除该项目。

如果尝试共享一个 Windows 7 公用文件夹中的某些内容,"共享对象"菜单将显示一个称为"高级共享设置"的选项。此选项将引导访问"控制面板",可以在其中打开或关闭"公用文件夹共享"。

(2) 在工作组或域中共享文件和文件夹。右键单击要共享的项目,单击"共享对象",然后单击"特定用户",此选项将打开文件共享向导,允许选择与其共享项目的单个用户。如图 3-61 所示,在"文件共享"向导中,单击文本框旁的箭头,从列表中单击名称,然后单击"添加"。

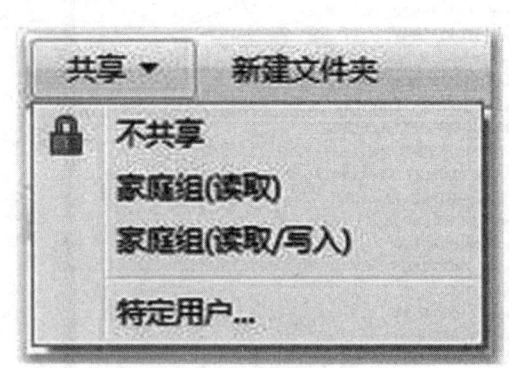

图3-60 "共享对象"选项

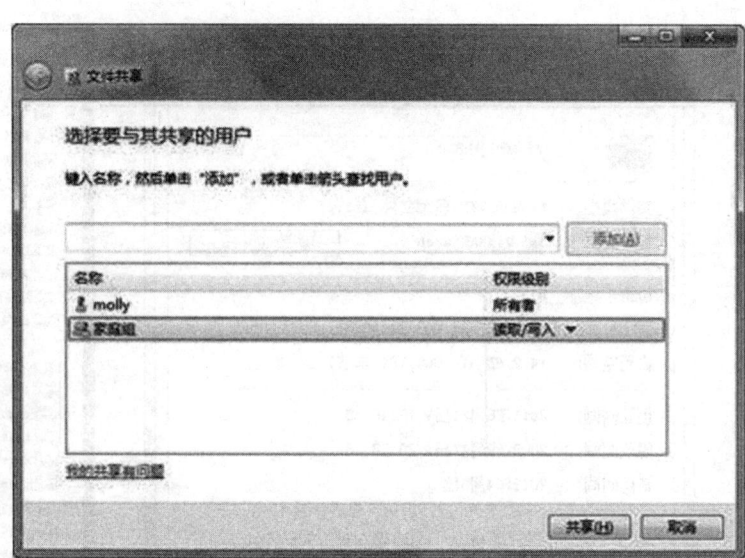

图3-61 选择要与其共享的用户

在"权限级别"列下,选择下列选项之一:

读取:收件人可以打开文件,但不能修改或删除文件。

读取/写入:收件人可以打开、修改或删除文件。

添加完用户后,单击"共享",如果系统提示输入管理员密码或进行确认,请键入该密码或提供确认。

收到项目已共享的确认信息后,执行以下操作之一:

如果安装了电子邮件程序,单击"电子邮件"向某人发送指向共享文件的链接。单击"复制"将显示的链接自动复制到 Windows 剪贴板,然后可以将其粘贴到电子邮件、即时消息或其他程序。完成后,单击"完成"。

如果看不到"共享对象"菜单,则可能是正在尝试共享网络或其他不受支持的位置上的项目。当选择个人文件夹之外的文件时,该菜单也不会出现。

如果启用了密码保护的共享,则要与其共享的用户必须在你的计算机上具有用户账户和密码才能访问共享项目。密码保护的共享位于控制面板中的"高级共享设置"下。默认情况下,该共享处于打开状态。

(3)停止共享文件或文件夹。右键单击要停止共享的项目,单击"共享对象",单击"不共享"。

(4)访问其他家庭组计算机上的文件、文件夹或库。单击"开始"按钮,然后单击用户名。在导航窗格(左窗格)中的"家庭组"下单击要访问其文件的用户的用户账户。在文件列表中,双击要访问的库,然后双击所需的项目。

(5)公用文件夹。可以通过将文件和文件夹复制或移动到 Windows 7 公用文件夹之一(例如,公用音乐或公用图片)来共享文件和文件夹。依次单击"开始"按钮、用户账户名称,单击"库"旁边的箭头展开文件夹进行查找。

在默认情况下,公用文件夹共享处于关闭状态(除非是在家庭组中)。"公用文件夹共享"打开时,计算机或网络上的任何人均可以访问这些文件夹。在其关闭后,只有在你的计算机上具有用户账户和密码的用户才可以访问。

打开或关闭"公用文件夹共享"的步骤如下:

单击打开"高级共享设置"。单击 V 形图标展开当前的网络配置文件。

在"公用文件夹共享"下,选择下列选项之一:

①启用共享以便可以访问网络的用户可以读取和写入公用文件夹中的文件
②关闭公用文件夹共享（登录到此计算机的用户仍然可以访问这些文件夹）
单击"保存更改"。如果系统提示输入管理员密码或进行确认，则键入该密码或提供确认。
打开或关闭密码保护的共享的步骤如下：
单击打开"高级共享设置"。单击 V 形图标展开当前的网络配置文件。
在"密码保护的共享"下，选择下列选项之一：
①启用密码保护的共享
②关闭密码保护的共享
单击"保存更改"。如果系统提示你输入管理员密码或进行确认，请键入该密码或提供确认。

（6）高级共享。出于安全考虑，在 Windows 中有些位置不能直接使用"共享对象"菜单共享。若要共享整个驱动器或系统文件夹（包括 Users 和 Windows 文件夹），需要启用"高级共享"。

一般情况下，不建议共享整个驱动器或 Windows 系统文件夹。

使用"高级共享"共享的步骤如下：

右键单击驱动器或文件夹，单击"共享对象"，然后单击"高级共享"。

如图 3-62 所示，在显示的对话框中，单击"高级共享"。如果系统提示输入管理员密码或进行确认，需键入该密码或提供确认。

在"高级共享"对话框中，选中"共享该文件夹"复选框。

若要指定用户或更改权限，需单击"权限"。

单击"添加"或"删除"来添加或删除用户或组。

选择每个用户或组，选中要为该用户或组分配的权限对应的复选框，然后单击"确定"。

完成后，单击"确定"。

在 Windows 7 中，不能共享驱动器后有美元符号的驱动器的根目录。例如，不能将 D 驱动器的根目录共享为"D＄"，但可以将其共享为"D"或任何其他名称。

9. 文件夹选项

"文件夹选项"对话框，是系统提供给用户设置文件夹的常规及显示方面的属性，设置关联文件的打开方式及脱机文件等的窗口。

打开"文件夹选项"对话框的步骤为：
①单击"开始"按钮，选择"控制面板"命令。
②打开"控制面板"对话框。
③双击"文件夹选项"图标，即可打开"文件夹选项"对话框。也可以通过双击桌面上的"计算机"图

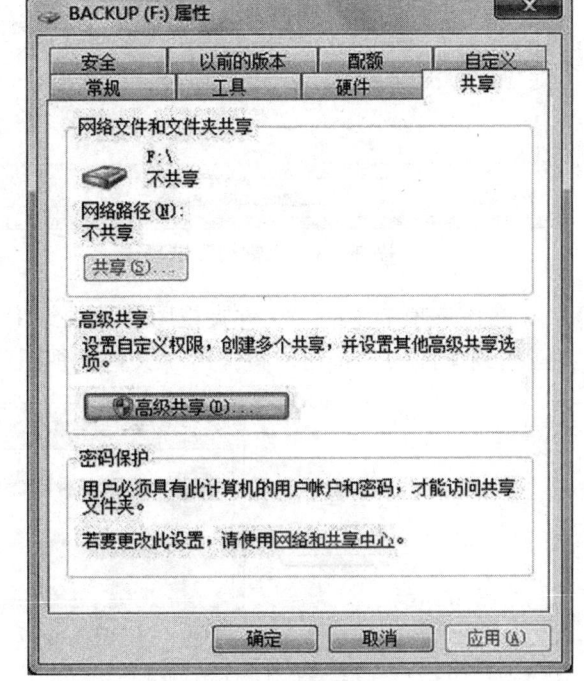

图 3-62　高级共享

标，在打开的对话框中单击"工具"→"文件夹选项"命令，打开"文件夹选项"对话框。在该对话框中有常规、查看、文件类型和脱机文件四个选项卡。下面我们就来讲解这四个选项卡中各命令所能实现的功能。

（1）"常规"选项卡。该选项卡用来设置文件夹的常规属性，如图 3-63 所示。

该选项卡中的"浏览文件夹"选项组可设置文件夹的浏览方式，在打开多个文件夹时是在同一窗口中打开还是在不同的窗口中打开。

"打开项目的方式"选项组用来设置文件夹的打开方式，可设定文件夹通过单击打开还是通过双击打开。若选择"通过单击打开项目"单选按钮，则"根据浏览器设置给图标标题加下划线"和"仅当

指向图标标题时加下划线"选项变为可用状态，可根据需要选择在何时给图标标题加下划线。

"导航窗格"选项组用于设置是否显示所有文件夹或自动扩展到当前文件夹。

在"导航窗格"选项组下有一个"还原为默认值"按钮，单击该按钮，可还原为系统默认的设置方式。单击"应用"按钮，即可应用设置方案。

（2）"查看"选项卡。该选项卡用来设置文件夹的显示方式，如图3-64所示。

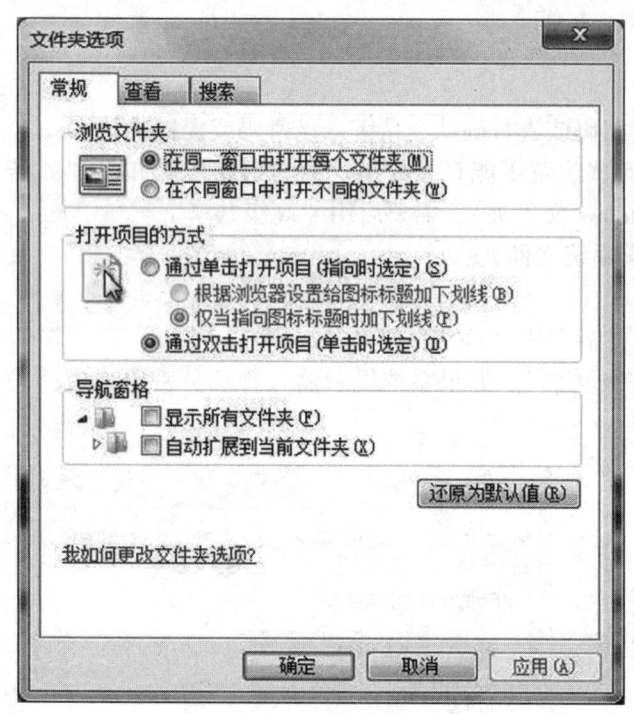
图3-63 "常规"选项卡

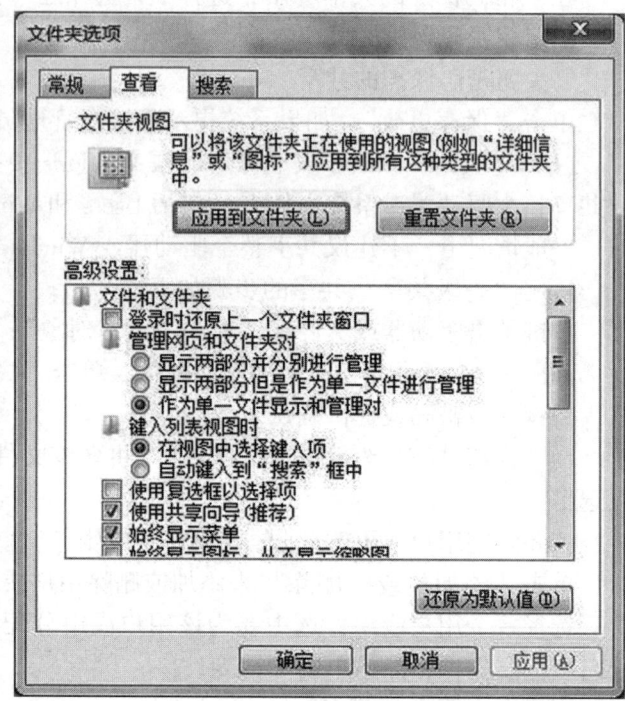
图3-64 "查看"选项卡

在该选项卡中的"文件夹视图"选项组中有"应用到文件夹"和"重置文件夹"两个按钮。单击"应用到文件夹"按钮，将弹出"文件夹视图"对话框，如图3-65所示。

图3-65 "文件夹视图"对话框

单击"是"按钮，可使所有文件夹应用当前文件夹的视图设置，单击"重置文件夹"按钮，弹出"文件夹视图"对话框，单击"是"按钮，可将所有文件夹还原为默认视图设置。

在"高级设置"列表框中显示了有关文件和文件夹的一些高级设置选项，用户可根据需要选择需要的选项，单击"应用"按钮即可应用所选设置。

单击"还原为默认值"按钮，可还原为系统默认的选项设置。

（3）"搜索"选项卡。"搜索"选项卡如图3-66所示。

在该选项卡中的"搜索内容"列表框中，设置无论是否有索引都搜索文件名和内容；始终搜索文件名和内容。

在该选项卡中的"搜索方式"列表框中，用于设置在搜索文件夹时，在搜索结果中包括子文件夹；

查找部分匹配；使用自然语言搜索；在文件夹中搜索系统文件时不使用索引。

（二）使用资源管理器

资源管理器可以以分层的方式显示计算机内所有文件的详细图表。使用资源管理器可以更方便地实现浏览、查看、移动和复制文件或文件夹等操作，用户可以不必打开多个窗口，而只在一个窗口中就可以浏览所有的磁盘和文件夹。

打开资源管理器的步骤如下：

（1）单击"开始"按钮，打开"开始"菜单。

（2）选择"更多程序"→"附件"→"Windows资源管理器"命令，打开"Windows资源管理器"对话框，如图 3-67 所示。

（3）在该对话框中，左边的窗格显示了所有收藏夹、库、磁盘和文件夹列表，窗口下边用于显示选定的磁盘和文件夹信息，右侧窗格中列出了选定磁盘和文件夹可以执行的任务等详细信息。

（4）在左边的窗格中，若收藏夹、库、驱动器或文

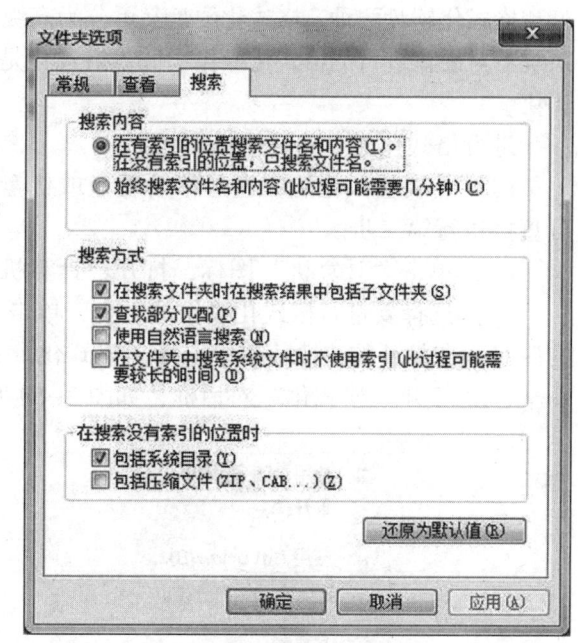

图 3-66　"搜索"选项卡

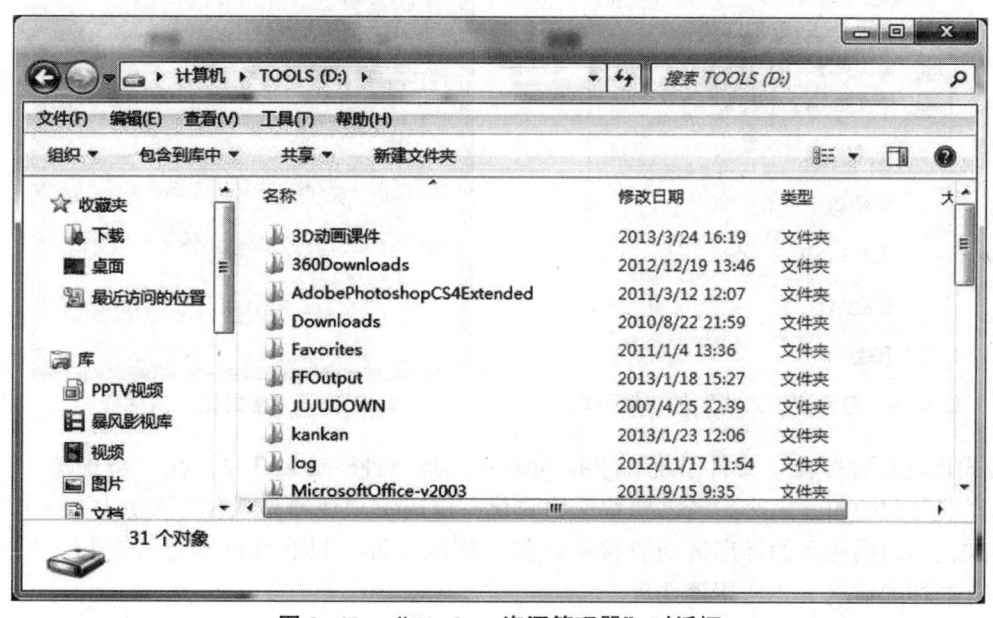

图 3-67　"Windows 资源管理器"对话框

件夹前面有三角符号，表明该驱动器或文件夹有下一级子项目，单击该三角符号可展开或折叠其所包含的项目。

（5）若要移动或复制文件或文件夹，可选中要移动或复制的文件或文件夹，单击右键，在弹出的快捷菜单中选择"剪切"或"复制"命令。单击指定并打开磁盘或文件夹。单击右键，在弹出的快捷菜单中选择"粘贴"命令即可。

（三）管理磁盘

1. 格式化磁盘

格式化磁盘就是在磁盘内进行分割磁区，作内部磁区标示，以方便存取。格式化磁盘可分为格式化硬

盘和格式化软盘两种。格式化硬盘又可分为高级格式化和低级格式化，高级格式化是指在 Windows 7 操作系统下对硬盘进行的格式化操作；低级格式化是指在高级格式化操作之前，对硬盘进行的分区和物理格式化。

进行格式化磁盘的具体操作如下：

（1）若要格式化的磁盘是移动硬盘或优盘，应先将其插入相应接口；若要格式化的磁盘是硬盘，可直接执行第二步。

（2）单击"计算机"图标，打开"计算机"窗口，或打开资源管理器。

（3）选择要进行格式化操作的磁盘，单击"文件"→"格式化"命令，或右击要进行格式化操作的磁盘，在打开的快捷菜单中选择"格式化"命令，如图 3-68 所示。

（4）打开"格式化"对话框，如图 3-69 所示。

图 3-68 包含"格式化"的快捷菜单

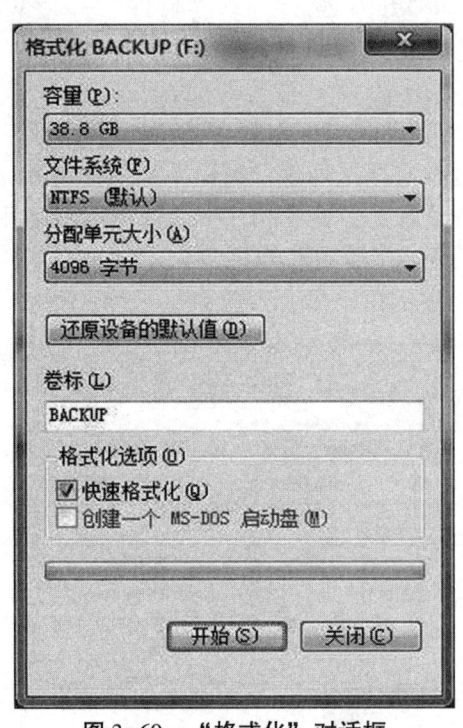
图 3-69 "格式化"对话框

（5）格式化硬盘时可在"文件系统"下拉列表中选择 NTFS 或 FAT32，在"分配单元大小"下拉列表中可选择要分配的单元大小。若需要快速格式化，可选中"快速格式化"复选框。

快速格式化不扫描磁盘的坏扇区而直接从磁盘上删除文件。只有在磁盘已经进行过格式化而且确认该磁盘没有损坏的情况下才使用该选项。

（6）单击"开始"按钮，将弹出"格式化警告"对话框，若确认要进行格式化，单击"确定"按钮即可开始进行格式化操作。

（7）这时在"格式化"对话框中的"进程"框中可看到格式化的进程。

（8）格式化完毕后，将出现"格式化完毕"对话框，单击"确定"按钮即可。

值得注意的是格式化磁盘将删除磁盘上的所有信息。

2. 清理磁盘

使用磁盘清理程序可以帮助用户释放硬盘驱动器空间，删除临时文件、Internet 缓存文件和可以安全删除不需要的文件，腾出它们占用的系统资源，以提高系统性能。

执行磁盘清理程序的具体操作如下：

（1）单击"开始"按钮，选择"所有程序"→"附件"→"系统工具"→"磁盘清理"命令。

（2）打开"选择驱动器"对话框，如图3-70所示。

（3）在该对话框中可选择要进行清理的驱动器。选择后单击"确定"按钮可弹出该驱动器的"磁盘清理"对话框，选择"磁盘清理"选项卡，如图3-71所示。

（4）在该选项卡中的"要删除的文件"列表框中列出了可删除的文件类型及其所占用的磁盘空间大小，选中某文件类型前的复选框，在进行清理时即可将其删除；在"获取的磁盘空间总数"中显示了若删除所有选

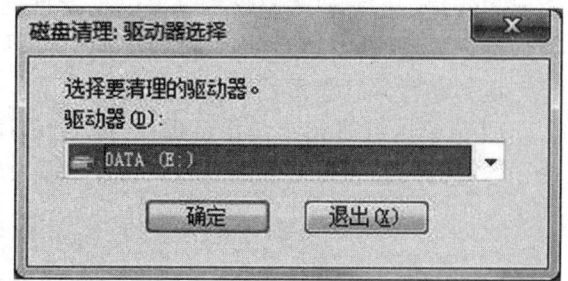

图3-70　"选择驱动器"对话框

中复选框的文件类型后，可得到的磁盘空间总数；在"描述"框中显示了当前选择的文件类型的描述信息，单击"查看文件"按钮，可查看该文件类型中包含文件的具体信息。

（5）单击"确定"按钮，将弹出"磁盘清理"确认删除对话框，单击"是"按钮，弹出显示清理进度的"磁盘清理"对话框，清理完毕后，该对话框将自动消失。

（6）若要删除不用的可选Windows组件或卸载不用的安装程序，可选择"其他选项"选项卡，如图3-72所示。

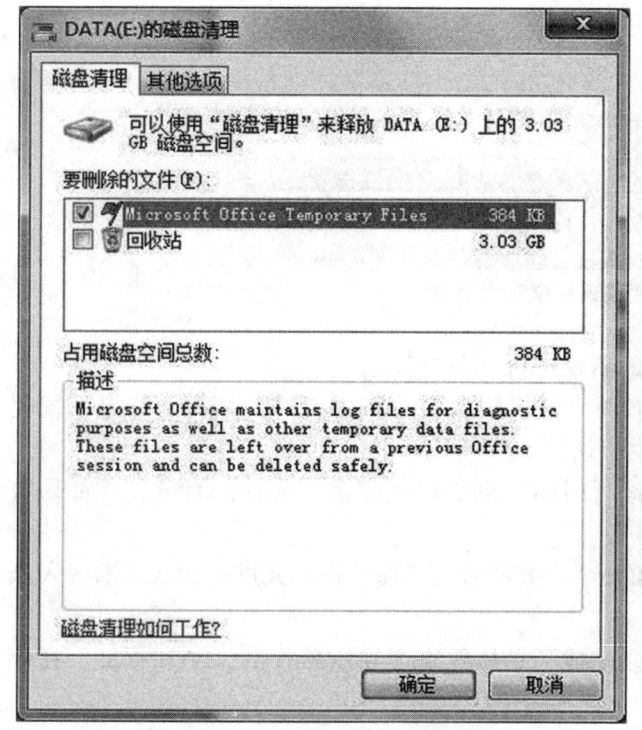

图3-71　"磁盘清理"选项卡

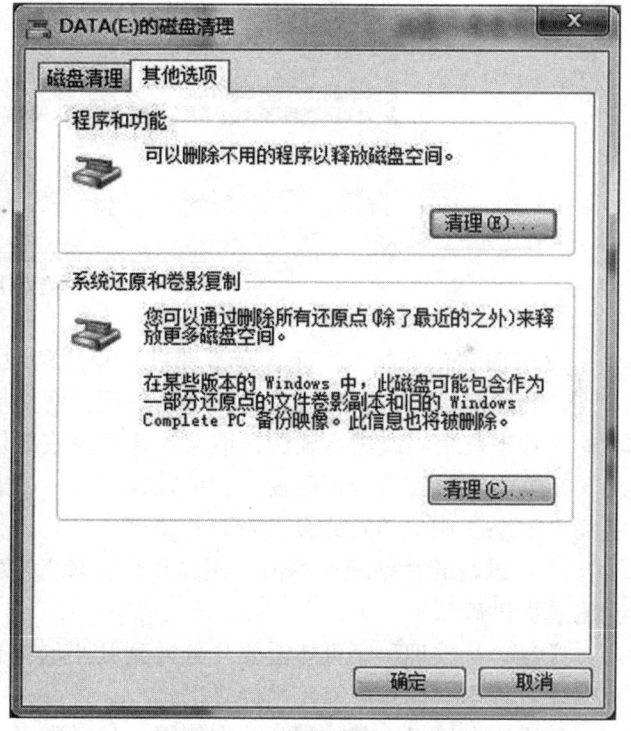

图3-72　"其他选项"选项卡

（7）在该选项卡中单击"程序和功能"选项组中的"清理"按钮，打开"程序和功能"窗口，可卸载或更改已安装的程序，若在该窗口中单击"打开或关闭Windows功能"可删除不用的可选Windows组件。

在"磁盘清理"选项卡中单击"系统还原和卷影复制"选项组中的"清理"按钮，可以通过所有还原点（除了最近的之外）来释放更多的磁盘空间。在某些版本的Windows中，此磁盘可能包含作为一部分还原点的文件卷影副本和旧的Windows Complete PC备份映像，删除些信息释放空间。

3. 整理磁盘碎片

碎片会使硬盘执行能够降低计算机速度的额外工作。可移动存储设备（如USB闪存驱动器）也可

能成为碎片。磁盘碎片整理程序可以重新排列碎片数据，以便磁盘和驱动器能够更有效地工作。磁盘碎片整理程序可以按计划自动运行，但也可以手动分析磁盘和驱动器以及对其进行碎片整理。

运行磁盘碎片整理程序的具体操作如下：

（1）单击"开始"按钮，选择"所有程序"→"附件"→"系统工具"→"磁盘碎片整理程序"命令，打开"磁盘碎片整理程序"对话框，如图 3-73 所示。

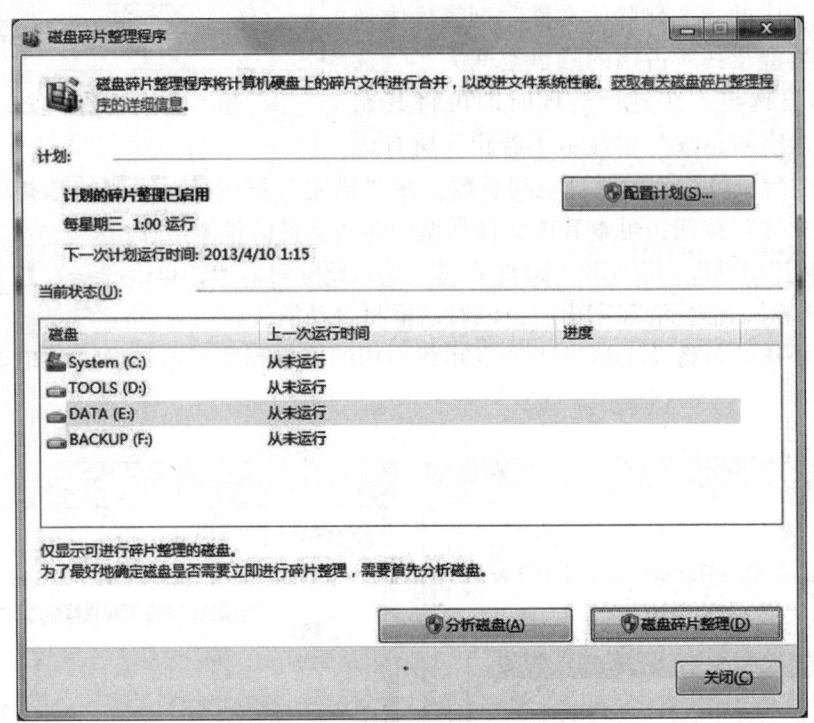

图 3-73 "磁盘碎片整理程序"对话框

（2）在"当前状态"下，选择要进行碎片整理的磁盘进行"分析磁盘"。

若要确定是否需要对磁盘进行碎片整理，请先单击"分析磁盘"分析磁盘碎片情况。如果系统提示输入管理员密码或进行确认，请键入该密码或提供确认。

在 Windows 完成分析磁盘后，可以在"上一次运行时间"列中检查磁盘上碎片的百分比。如果数字高于 10%，则应该对磁盘进行碎片整理。

（3）磁盘碎片整理。单击"磁盘碎片整理"。如果系统提示输入管理员密码或进行确认，请键入该密码或提供确认。

磁盘碎片整理程序可能需要几分钟到几小时才能完成，具体取决于硬盘碎片的大小和程度。在碎片整理过程中，仍然可以使用计算机。

如果磁盘已经由其他程序独占使用，或者磁盘使用 NTFS 文件系统、FAT 或 FAT32 之外的文件系统格式化，则无法对该磁盘进行碎片整理。

不能对网络位置进行碎片整理。

如果此处未显示希望在"当前状态"下看到的磁盘，则可能是因为该磁盘包含错误。这时应该首先尝试修复该磁盘，然后返回磁盘碎片整理程序重试。

4. 查看磁盘属性

磁盘的属性通常包括磁盘的类型、文件系统、空间大小、卷标信息等常规信息，以及磁盘的查错、碎片整理等处理程序和磁盘的硬件信息等。

（1）查看磁盘的常规属性。磁盘的常规属性包括磁盘的类型、文件系统、空间大小、卷标信息等，查看磁盘的常规属性可执行以下操作：

①双击"我的电脑"图标，打开"我的电脑"对话框。

②右击要查看属性的磁盘图标，在弹出的快捷菜单中选择"属性"命令。

③打开"磁盘属性"对话框，选择"常规"选项卡，如图 3-74 所示。

④在该选项卡中，用户可以在最上面的文本框中键入该磁盘的卷标；在该选项卡的中部显示了该磁盘的类型、文件系统、已用空间及可用空间等信息；在该选项卡中以饼图显示了该磁盘的容量、已用空间和可用空间的比例信息。

（2）工具选项卡。"工具"选项卡如图 3-75 所示，包括查错、碎片整理和备份三项内容。

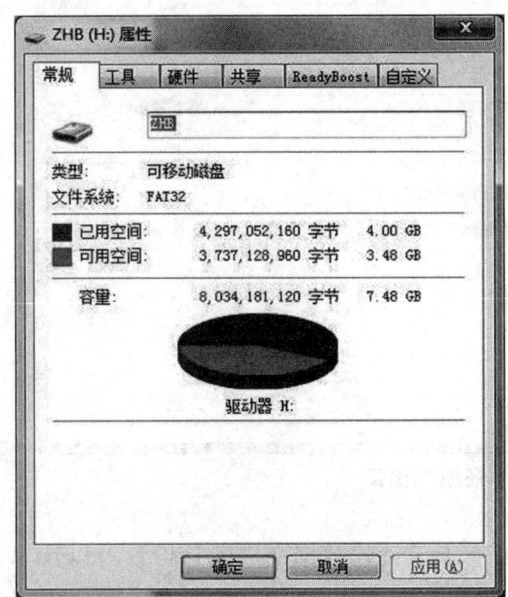

图 3-74　"常规"选项卡

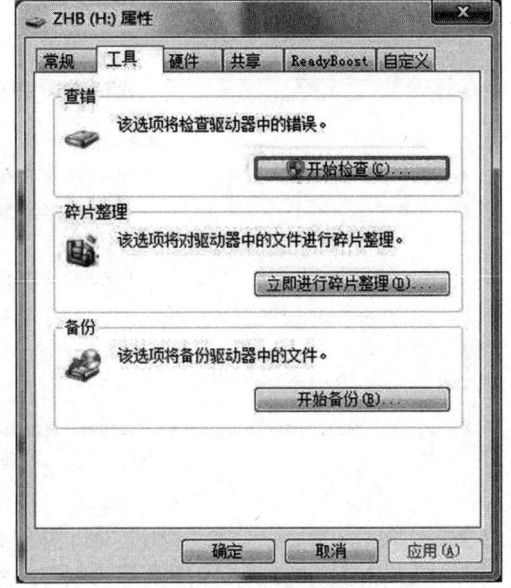

图 3-75　"工具"选项卡

①进行磁盘查错。用户在经常进行文件的移动、复制、删除及安装、删除程序等操作后，可能会出现坏的磁盘扇区，这时可执行磁盘查错程序，以修复文件系统的错误、恢复坏扇区等。

执行磁盘查错程序的具体操作如下：

双击"计算机"图标，打开"计算机"窗口。

右击要进行磁盘查错的磁盘图标，在弹出的快捷菜单中选择"属性"命令。

打开"磁盘属性"对话框，选择"工具"选项卡。

单击"查错"选项组中的"开始检查"按钮，弹出"检查磁盘"对话框，如图 3-76 所示。

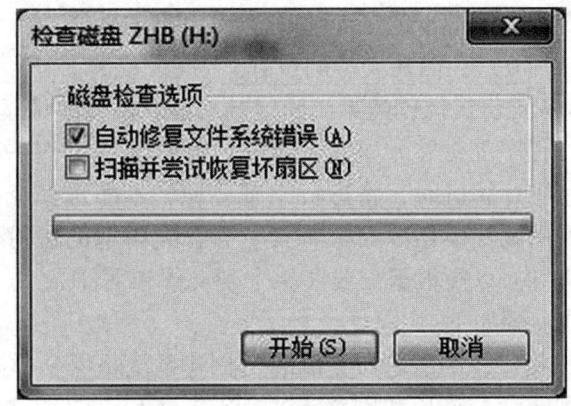

图 3-76　"检查磁盘"对话框

在该对话框中用户可选择"自动修复文件系统错误"和"扫描并尝试恢复坏扇区"选项，单击"开始"按钮，即可开始进行磁盘查错，在"进度"框中可看到磁盘查错的进度。

磁盘查错完毕后将弹出"正在检查磁盘"对话框，单击"确定"按钮即可。

②单击"碎片整理"选项组中的"开始整理"按钮，可执行"磁盘碎片整理程序"。

③备份与还原。单击"开始备份"打开"备份和还原"窗口，如图3-77所示。

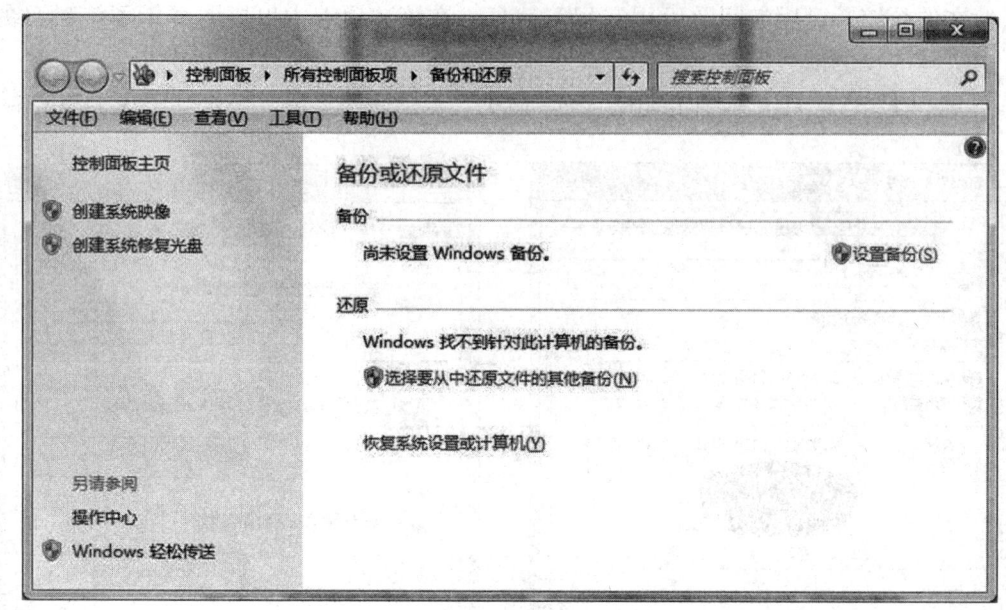

图3-77 "备份和还原"窗口

● 文件备份。Windows备份允许为使用计算机的所有人员创建数据文件的备份。可以让Windows选择备份的内容或者你可以选择要备份的个别文件夹、库和驱动器。默认情况下，将定期创建备份。可以更改计划，并且可以随时手动创建备份。设置Windows备份之后，Windows将跟踪新增或修改的文件和文件夹并将它们添加到你的备份中。

创建文件备份的操作步骤如下：

单击打开"备份和还原"。

如果以前从未使用过Windows备份，如图3-77所示，请单击"设置备份"，然后按照向导中的步骤操作。如果系统提示输入管理员密码或进行确认，请键入该密码或提供确认。

如果以前创建了备份，则可以等待定期计划备份发生，或者可以通过单击"立即备份"手动创建新备份。

建议不要将文件备份到安装Windows的硬盘中，防止因出现系统故障而损坏备份文件。将用于备份的介质（外部硬盘、DVD或CD）存储在安全的位置。

● 系统映像备份。Windows备份提供创建系统映像的功能，系统映像是驱动器的精确映像。系统映像包含Windows和系统设置、程序及文件。如果硬盘或计算机无法工作，则可以使用系统映像来还原计算机的内容。当系统映像还原计算机时，将进行完整还原，不能选择个别项进行还原，当前的所有程序、系统设置和文件都将因系统映像还原而被替换。尽管此类型的备份包括个人文件，但还是建议使用Windows备份定期备份文件，以便根据需要还原个别文件和文件夹。

创建系统映像备份的操作步骤如下：

单击打开"备份和还原"窗口，单击窗口左侧的"创建系统映像"弹出相应对话框（见图3-78），指定创建的位置（可以指定到磁盘、碟片和网络上），单击"下一步"，指定要备份的磁盘（见图3-79），单击"下一步"创建系统映像。

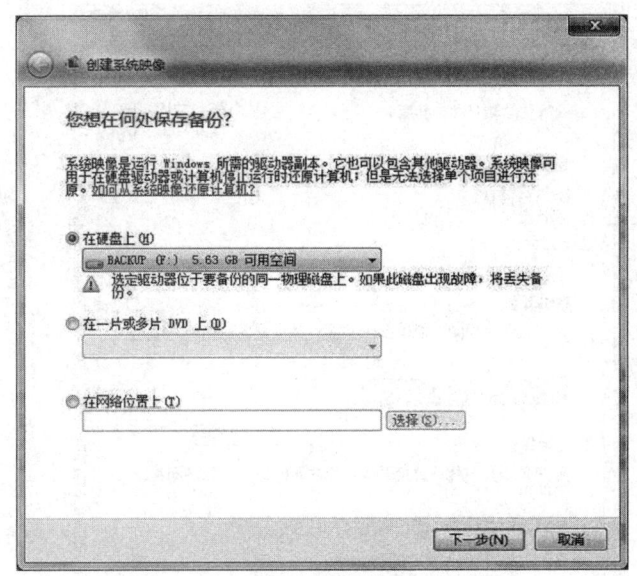 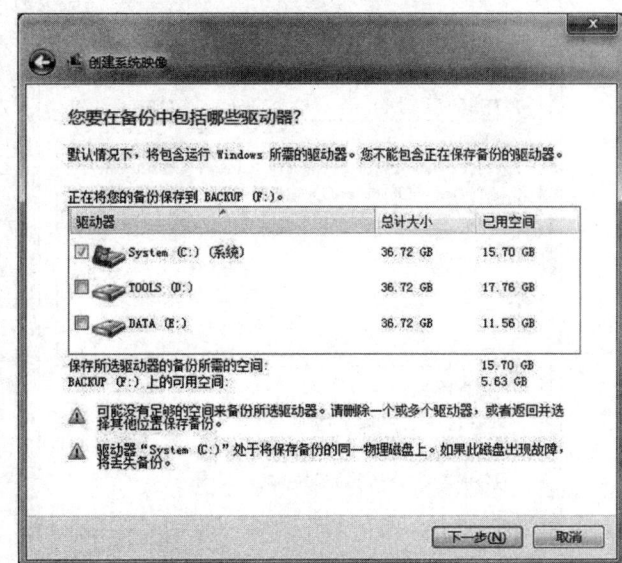

图 3-78 指定存放系统映像的位置　　　　图 3-79 指定要备份的磁盘

● 从备份还原文件。可以还原丢失、受到损坏或意外更改的备份版本的文件，也可以还原个别文件、文件组或者已备份的所有文件。

从备份还原文件的操作步骤如下：

单击打开"备份和还原"。

若要还原文件，请单击"还原我的文件"。若要还原所有用户的文件，请单击"还原所有用户的文件"。若要浏览备份的内容，请单击"浏览文件"或"浏览文件夹"。浏览文件夹时，将无法查看文件夹中的个别文件。若要查看个别文件，使用"浏览文件"选项。

（3）查看磁盘的硬件信息及更新驱动程序。若用户要查看磁盘的硬件信息或更新驱动程序，可执行下列操作：

①双击"计算机"图标，打开"计算机"窗口。

②右击磁盘图标，在弹出的快捷菜单中选择"属性"命令。

③打开"磁盘属性"对话框，选择"硬件"选项卡，如图 3-80 所示。

④在该选项卡中的"所有磁盘驱动器"列表框中显示了计算机中的所有磁盘驱动器。单击某一磁盘驱动器，在"设备属性"选项组中即可看到关于该设备的信息。

⑤单击"属性"按钮，可打开设备属性对话框，在该对话框中显示了该磁盘设备的详细信息。

⑥若用户要更新驱动程序，可选择"驱动程序"选项卡。

⑦单击"更新驱动程序"按钮，即可在弹出的"硬件升级向导"对话框中更新驱动程序。单击"驱动程序详细信息"按钮，可查看驱动程序文件的详细信息；单击"返回驱动程序"按钮，可在更新失败后，用备份的驱动程序返回原来安装的驱动程序；单击"卸载"按钮，可卸载该驱动程序。

⑧单击"确定"或"取消"按钮，可关闭该对话框。

（4）查看并设置共享。如图 3-81 所示，应用"共享"选项卡可以查看当前磁盘、网络文件和文件夹的共享信息。应用"高级共享"可以设置自定义权限，创建多个共享，并设置其他高级共享选项。应用"密码保护"可以设置打开此共享的用户账户和密码。

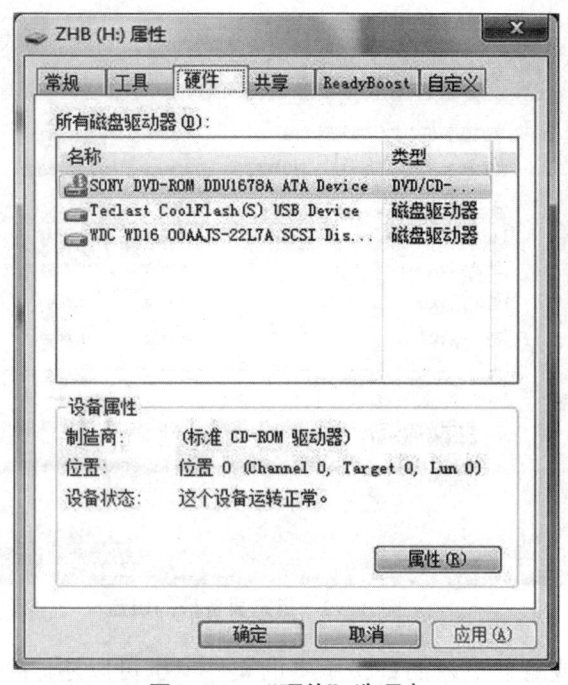

图 3-80 "硬件"选项卡

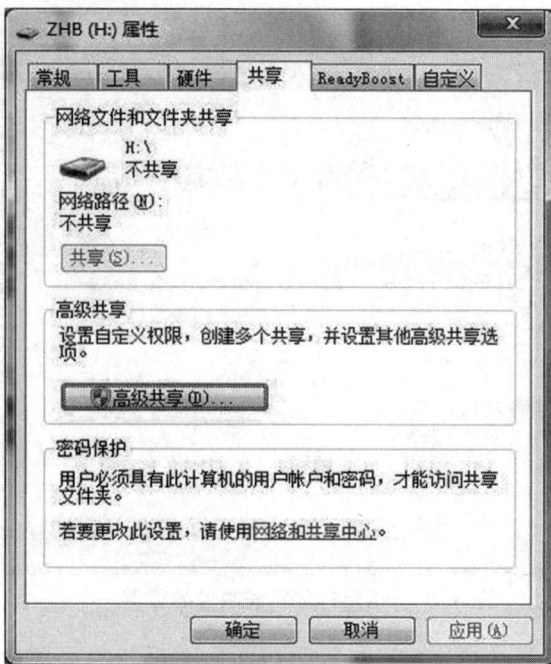

图 3-81 "共享"选项卡

（5）设置"ReadyBoost"。如图 3-82 所示，应用"ReadyBoost"选项卡可以查看、设置当前设备上的可用空间以加快系统速度。可设置的选项包括：

不使用这个设备；

该设备专用于"ReadyBoost"；

使用这个设备，选择该项时可设置该设备上的预留空间用于加快系统速度，保留的空间将不用于文件存储。

（6）自定义。如图 3-83 所示，应用"自定义"选项卡可以设置优化文件夹和文件夹图片。

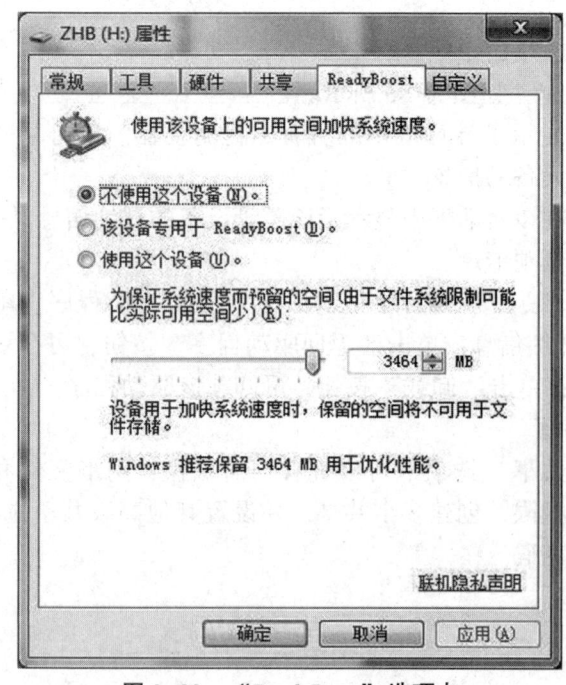

图 3-82 "ReadyBoost"选项卡

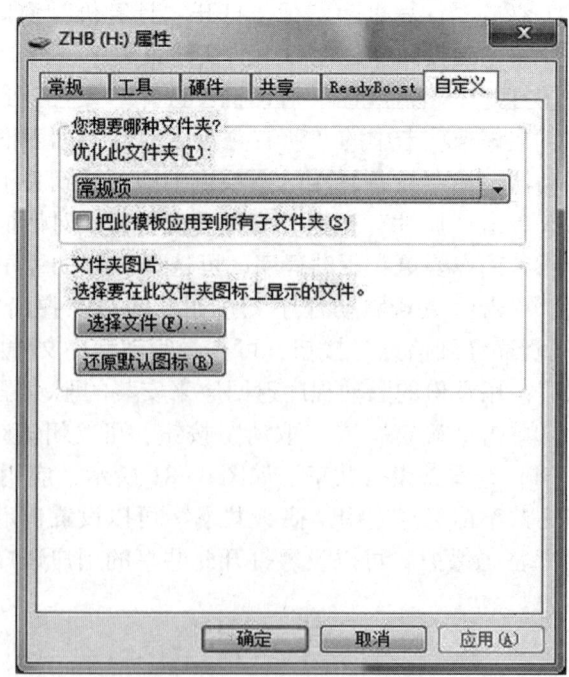

图 3-83 "自定义"选项卡

四、控制面板

(一) Windows 7 控制面板简介

"控制面板"是 Windows 7 的功能控制和系统配置中心,提供丰富的专门用于更改 Windows 外观和行为方式的工具。可以使用"控制面板"更改 Windows 的设置,这些设置几乎控制了有关 Windows 外观和工作方式的所有设置,用户对 Windows 进行设置,使其更加适合应用的需要。

打开"控制面板"的方法:选择"开始"→"控制面板"命令,打开"控制面板"。

首次打开"控制面板"时,将看到如图 3-84 所示的"控制面板"分类视图,这些项目按照分类进行组织。

图 3-84 控制面板分类视图窗口

在分类视图下,用鼠标指针指向某图标或类别名称,可查看"控制面板"中某一项目的详细信息。单击项目图标或类别名,可打开该项目。部分项目会打开可执行的任务列表和选择的单个控制面板项目。

在控制面板窗口"查看方式"中选择"大图标""小图标",可以看到所需的具体项目,双击项目图标,即可打开该项目。控制面板经典视图如图 3-85 所示。

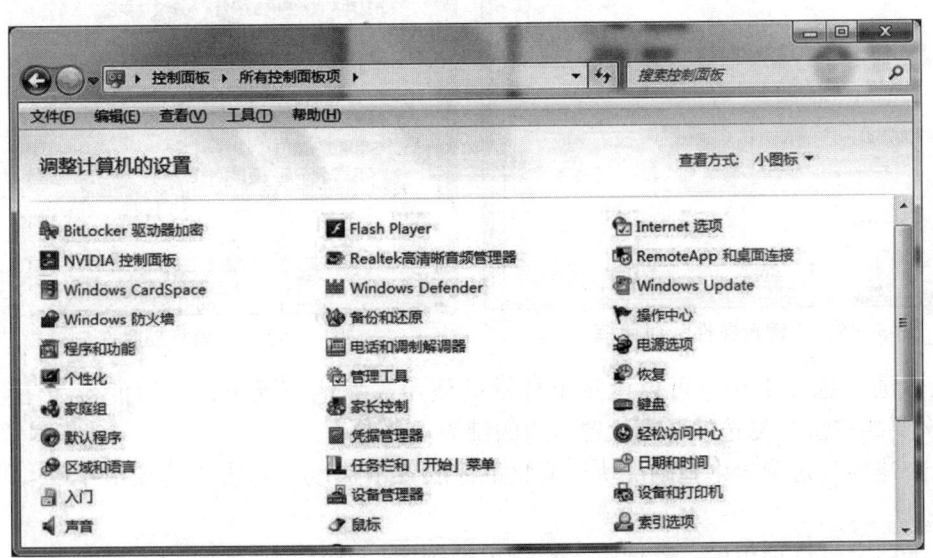

图 3-85 控制面板经典视图窗口

(二) Windows 7 控制面板应用

1. 键盘、鼠标等输入设备的设置

(1) 键盘的属性设置。利用键盘的属性设置功能,可以对键盘输入的手感、灵敏度、按键的延缓时间重复速度等进行设置。

对键盘的属性设置的方法是:

选择"开始"→"控制面板",若控制面板是分类视图,则单击"打印机和其他硬件"选项,在打开的"打印机和其他硬件"窗口中,单击"键盘"图标。若是控制面板经典视图,直接双击"键盘"图标。进入如图 3-86 所示"键盘属性"对话框。

单击"速度"标签,在"字符重复"框架中,拖动"重复延迟"和"重复速度"调节滑动条,设置相应的延迟时间和重复速率值。拖动"光标闪烁速度"调节滑动条,设置光标闪烁速度。

(2)鼠标的设置。在现在的计算机应用中,不管是操作系统还是应用程序,几乎都是基于视窗的用户界面,即都支持鼠标操作。鼠标已成为广大用户使用最频繁的设备之一。Windows 7 提供方便、快捷的鼠标键设置方法,用户可根据自己的个人习惯、性格和喜好设置鼠标。

①设置鼠标键。鼠标键是指鼠标上的左右按键。根据个人习惯,可将鼠标设置为适合于右手操作或左手操作,还可设置打开一个项目时使用的鼠标操作为单击还是双击。设置鼠标键的具体操作步骤如下:

● 打开"鼠标属性"对话框

打开"鼠标属性"对话框的操作与打开键盘属性的操作步骤相同:

选择"开始"→"控制面板",若是控制面板分类视图,则单击"打印机和其他硬件"选项,在打开的"打印机和其他硬件"窗口中,单击"鼠标"。若是控制面板经典视图,直接双击"鼠标"图标。打开如图 3-87 所示的"鼠标属性"对话框。

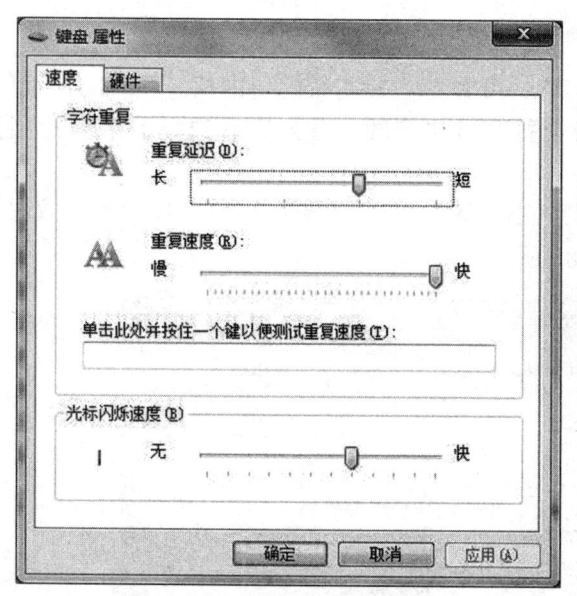

图 3-86 "键盘属性"对话框

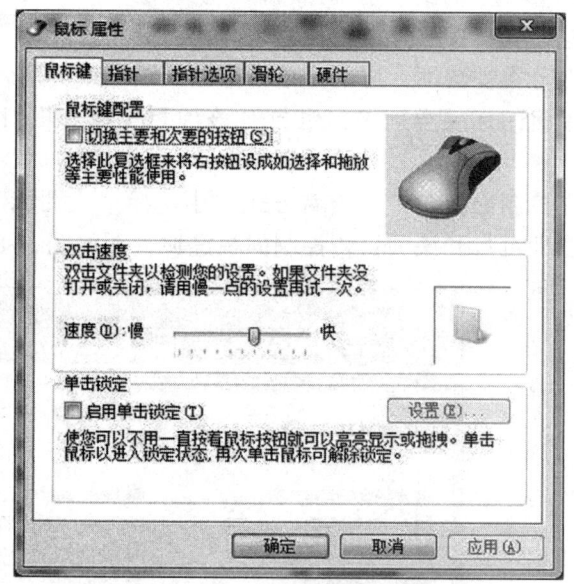

图 3-87 "鼠标属性"对话框

● 在"鼠标键"选项卡中,可以设置鼠标键的使用。默认情况下,左边的键为主要键,若选中"切换主要和次要的按钮"复选框,则设置右边的键为主要键。

● 在"双击速度"选项组中拖动滑块可调整鼠标的双击速度,双击该选项组中的文件夹图标可检验设置的速度。

● 在"单击锁定"选项组中,若选中"启用单击锁定"复选框,则可以在移动项目时不用一直按着鼠标键就可实现,单击"设置"按钮,在弹出的"单击锁定的设置"对话框中可调整实现单击锁定需要按鼠标键或轨迹球按钮的时间。

②设置鼠标指针的显示外观。

● 在"鼠标属性"对话框中,选择"指针"选项卡。

● 在"方案"下拉列表框中选择一种系统自带的指针方案,然后在"自定义"列表框中,选中要选择的指针。

如果希望指针带阴影,可同时选中"启用指针阴影"复选框。

如果希望使用鼠标设置的系统默认值，可单击"使用默认值"按钮。
- 若用户对某种样式不满意，可将其选中后，单击"浏览"按钮，打开"浏览"对话框，在"浏览"对话框中选择一种喜欢的鼠标指针样式，单击"打开"按钮，即可将所选样式应用到所选鼠标指针方案中。
- 设置完毕，单击"应用"按钮，使设置生效。

③设置鼠标的移动方式。
- 在"鼠标属性"对话框中，选择"指针选项"选项卡。
- 在"移动"选项区域中，用鼠标拖动滑块，可调整鼠标指针移动速度的快慢。
- 在"取默认按钮"选项区域中，选中"自动将指针移动到对话框中的默认按钮"复选框，则在打开对话框时，鼠标指针会自动放在默认按钮上。
- 在"可见性"选项区域中，若选中"显示指针轨迹"复选框，则在移动鼠标指针时会显示指针的移动轨迹，拖动滑块可调整轨迹的长短；若选中"在打字时隐藏指针"复选框，则在输入文字时将隐藏鼠标指针；若选中"当按 Ctrl 键时显示指针的位置"复选框，则按 Ctrl 键时会以同心圆的方式显示指针的位置。
- 设置完毕，单击"应用"按钮，使设置生效。

2. 字体的安装与删除

字体用于显示屏幕上文本和打印文本。

（1）字体的安装。将新字体添加到计算机系统中的步骤为：

①打开"字体"窗口。选择"开始"→"控制面板"，若是控制面板分类视图，单击"外观和主题"选项，打开"外观和主题"窗口，在"另请参阅"任务窗格中单击"字体"。若是控制面板经典视图，直接双击"字体"图标。打开如图 3-88 所示的"字体"窗口。

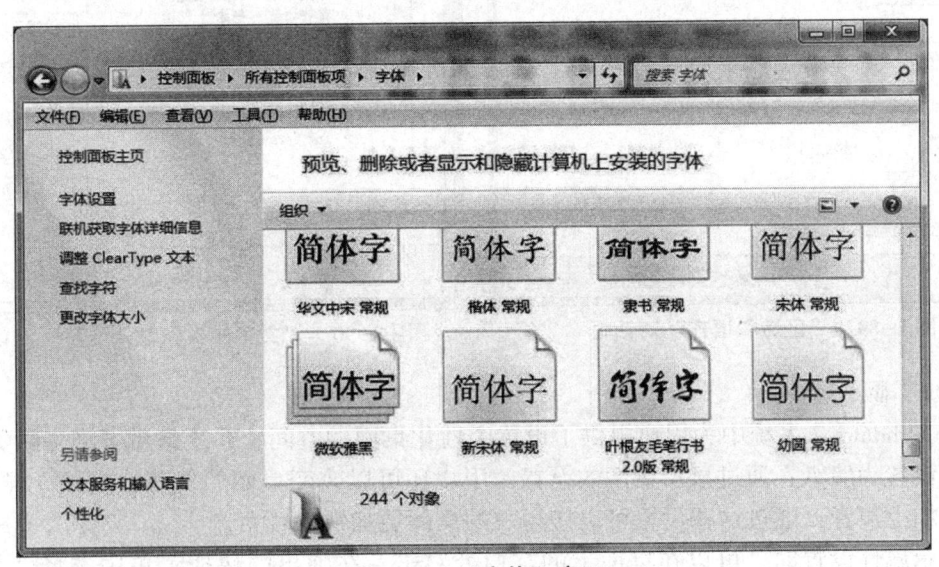

图 3-88 "字体"窗口

②安装新字体。右键单击要安装的字体，然后单击"安装"。

还可以通过将字体拖动到"字体"控制面板页来安装字体或应用复制粘贴到字体文件夹。

（2）字体的删除。单击打开"字体"，单击要删除的字体。若要一次选择多种字体，请在单击每种字体时按住 Ctrl 键。在工具栏中，单击"删除"。

3. 区域语言设置

通过"控制面板"中的"区域选项"，可以更改 Windows 7 显示日期、时间、货币和数字的方式。也可以选择公制或者美国的度量制。如果使用多种语言工作，或与说其他语言的人交流，则可能需要安装其他语言组。安装的每个语言组均允许输入和阅读时使用该组语言（例如，西欧和美国、中欧等）撰写的文档。每种语言均有默认的键盘布局，但许多语言还有其他的布局。

进行区域设置的方法是：选择"开始"→"控制面板"，若是控制面板分类视图，则单击"日期、时间、语言和区域设置"选项，在打开的"日期、时间、语言和区域设置"窗口中，单击"区域和语言"。若是控制面板经典视图，直接双击"区域和语言"图标。打开如图3-89所示的"区域和语言"对话框。

在"格式"选项卡中，单击要使用的日期、时间、数字和货币格式。若对系统给出的选项不满意，还可以通过单击"其他设置"按钮进行自定义设置。

在"键盘和语言"选项卡中，单击"更改键盘"打开"文字服务和输入语言"对话框（见图3-90），在该对话框中可以进行多种输入语言、文字服务和键盘布局的选择，可以设置语言栏的显示方式，定义输入法的快捷键，还可以对输入法编辑器、语音和手写识别程序进行设置。

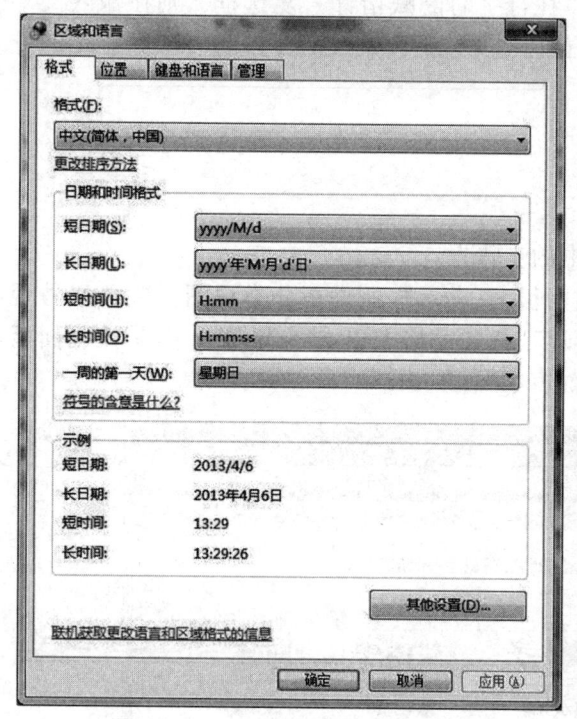
图3-89 "区域和语言"对话框

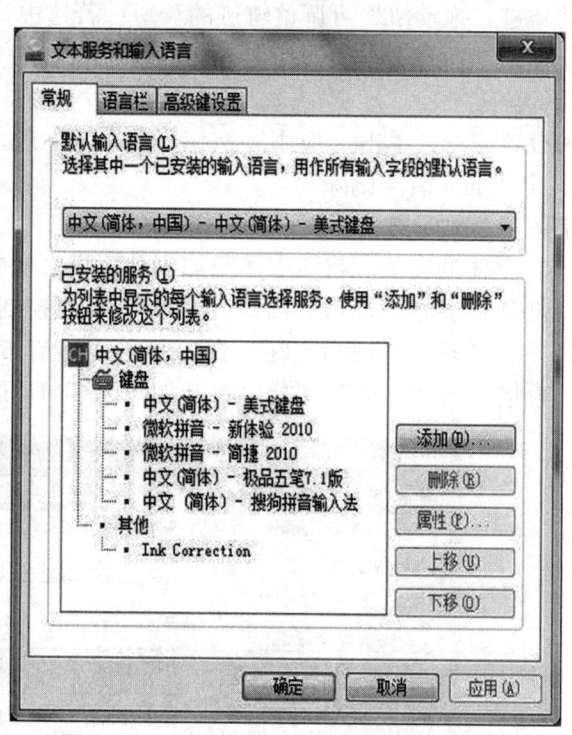
图3-90 "文字服务和输入语言"对话框

4. Windows 7 显示属性

在中文版 Windows 7 系统中为用户提供了设置个性化桌面的空间，系统自带了许多精美的图片，用户可以将它们设置为墙纸；通过显示属性的设置，用户还可以改变桌面的外观，或选择屏幕保护程序，还可以为背景加上声音，通过这些设置可以使用户的桌面更加赏心悦目。

在进行显示属性设置时，可以在桌面上的空白处右击，在弹出的快捷菜单中选择"属性"命令，这时会出现"显示"窗口（见图3-91），在其中包含的功能项："调整分辨率""校准颜色""更改显示器设置""个性化"等，用户可以在各项中进行个性化设置。也可以直接在图3-91中选择较小、中等、较大来改变屏幕上的文本大小以及其他选项。

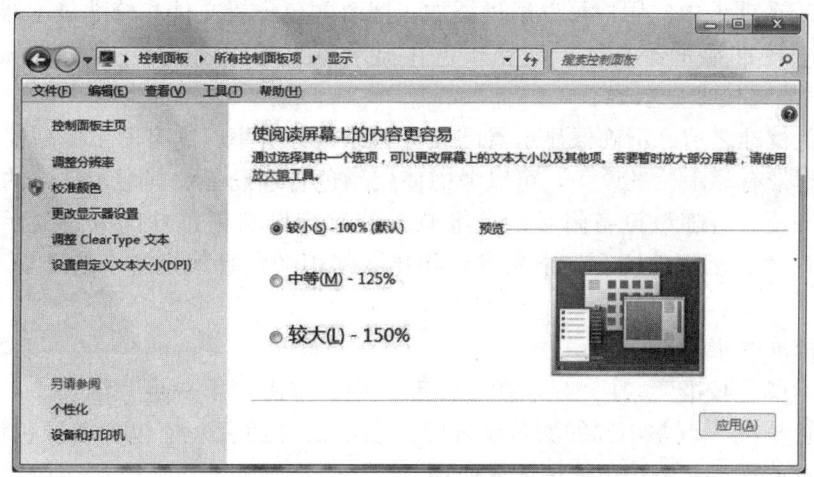

图 3-91 "显示"窗口

（1）调整分辨率。显示器提高显示清晰的画面，不仅有利于用户观察，而且会很好地保护视力，特别是对于一些专业从事图形、图像处理的用户来说，对显示屏幕分辨率的要求是很高的，单击左侧"调整分辨率"打开图 3-92 所示窗口。

在"分辨率"中，用户可以单击下拉按钮来调整其分辨率，分辨率越高，在屏幕上显示的信息越多，画面就越逼真。在"方向"中选择显示方向。

单击"高级设置"按钮，弹出"通用即插即用监视器"对话框，在其中有关于显示器及显卡的硬件信息设置，如图 3-93 所示。

图 3-92 调整分辨率

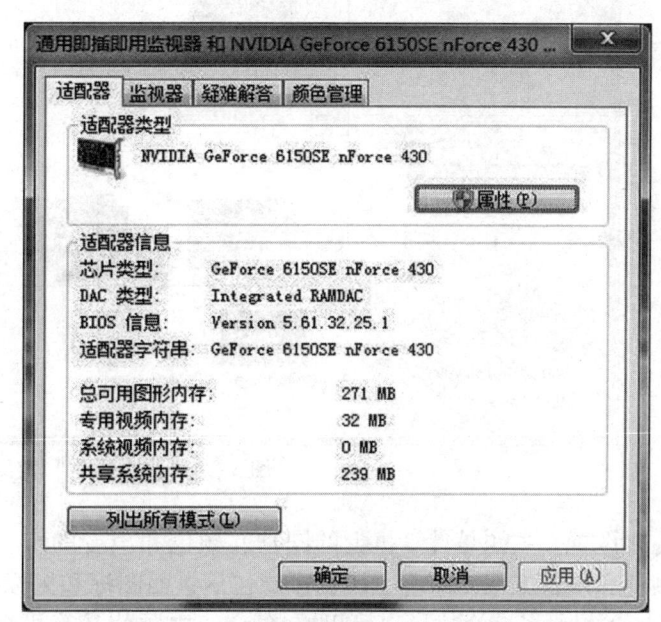

图 3-93 "通用即插即用监视器"对话框

如图 3-93 所示，在"适配器"选项卡中，显示了显示适配器的类型，以及适配器的其他相关信息，包括芯片类型、内存大小等。单击"属性"按钮，弹出"适配器"属性对话框，用户可以在此查看适配器的使用情况，还可以进行驱动程序的更新。单击"列出所有模式"可以选择系统提供的包含分辨率、颜色、刷新频率的多种模式。

在"监视器"选项卡中，用户可以设置监视器的颜色、刷新频率。

在"疑难解答"选项卡中，可以设置有助于用户诊断与显示有关的问题。

在"颜色管理"选项卡中,用户可以通过添加、修改颜色配置文件和校准显示器。

(2)校准颜色。校准显示器有助于确保颜色在显示器上的正确显示。在 Windows 中,可以使用"显示颜色校准"功能来校准显示器。

在开始显示颜色校准之前,请确保显示器已设置为原始分辨率,这有助于提高校准结果的准确性。

如果其他软件附带有显示校准设备,可以考虑使用颜色管理设备及其附带软件的"显示颜色校准"功能。使用校准设备及通常随该设备附带的校准软件能够帮助获得最佳的颜色显示效果。通常来说,与使用可视校准(在"显示颜色校准"中完成)相比,使用颜色管理设备来校准显示器能够获得更好的校准效果。

开始显示颜色校准的步骤:

单击打开"显示颜色校准"。在"显示颜色校准"中,单击"下一步"继续。

使用"显示颜色校准"调整不同的颜色设置后,显示器将拥有一个包含新颜色设置的新校准。新的校准将与屏幕显示关联,并由颜色管理程序使用。

(3)个性化设置。单击"个性化"弹出如图 3-94 所示"个性化"窗口。应用"个性化"窗口可以个性化设置桌面背景、窗口颜色、声音、屏幕保护程序等。

图 3-94 "个性化"窗口

①主题设置。主题是计算机上的图片、颜色和声音的组合。它包括桌面背景、屏幕保护程序、窗口边框颜色和声音方案。某些主题也可能包括桌面图标和鼠标指针。

Windows 提供了多个主题。可以选择 Aero 主题使计算机个性化;如果计算机运行缓慢,可以选择 Windows 7 基本主题;如果希望屏幕更易于查看,可以选择高对比度主题,还可以联机获取更多主题。

②自定义主题

• 更改桌面图标。

可以选择在桌面上显示或隐藏常用的 Windows 功能,如"计算机""网络"和"回收站"。

按照以下步骤将快捷方式添加至桌面显示:

单击打开"个性化",在左窗格中单击"更改桌面图标",在"桌面图标"下选中要在桌面上显示的每个图标对应的复选框,清除与不想要显示的图标对应的复选框,然后单击"确定"。

若将相应图标复选框的"√"取消,则取消相应图标在桌面的显示。
● 更改鼠标指针。
单击打开"个性化",在左窗格中单击"更改鼠标指针",接着单击打开"鼠标属性",接着单击"指针"选项卡选择新的鼠标指针方案。若要更改单个指针,则在"自定义"下单击列表中要更改的指针。
● 桌面背景。
如图3-94所示,单击"桌面背景",用户可以设置自己的桌面背景,在"背景"中,提供了多种风格的图片,可根据自己的喜好来选择图片或纯色,也可以通过浏览的方式调入自己喜爱的图片,还可以设置图片显示间隔时间,以幻灯片的方式显示。
对选择的图片有"填充""适应""居中""平铺""拉伸"五种位置设置选择。
● 窗口颜色。
如图3-94所示,单击"窗口颜色",在"窗口颜色和外观"窗口中用户可以改变窗口边框、开始设置菜单、任务栏颜色和透明效果。
单击"高级外观设置"打开"窗口颜色和外观"对话框(见图3-95),在"项目"中选择更具体的项目设置个性化颜色和字体。
● 声音。
如图3-94所示,单击"声音"打开"声音"对话框(见图3-96),设置声音方案和程序事件。

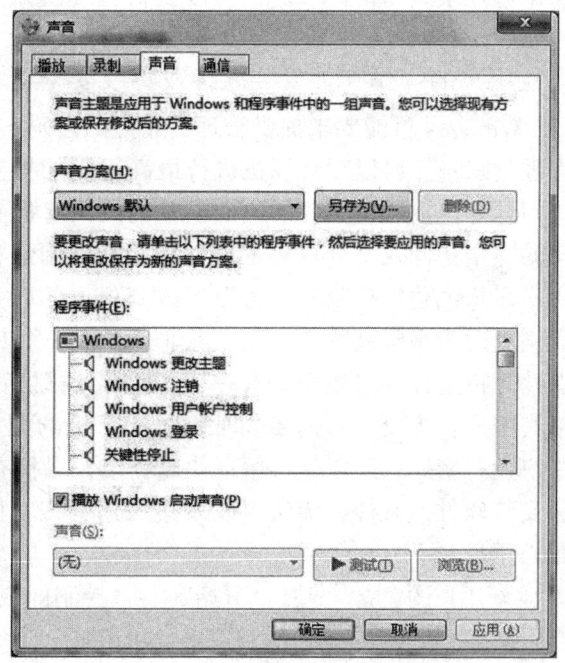

图3-95 "窗口颜色和外观"对话框　　　　图3-96 "声音"对话框

● 屏幕保护程序。
当用户暂时不对计算机进行任何操作时,可以使用"屏幕保护程序"将显示屏幕屏蔽,这样可以节省电能,有效地保护显示器,并且防止其他人在计算机上进行任意的操作,从而保证数据的安全。
单击"屏幕保护程序",打开"屏幕保护程序设置"对话框(见图3-97),在"屏幕保护程序"下拉列表框中提供了各种静止和活动的样式,当用户选择了一种活动的程序后,可以设置程序参数。
如果用户要调整监视器的电源设置来节省电能,单击"更改电源设置"按钮设置电源计划,制定适合自己的节能方案。

5. 用户账户

Windows 7 中允许多个用户登录，不同的用户可以使用该系统拥有不同的个性化设置，各用户在使用公共系统资源的同时，可以设置富有个性的工作空间。在 Windows 7 环境下切换用户账户的时候，不需要重新启动计算机，只要在"用户账户"窗口在更改用户登录和注销方式中快速切换，不用关闭所有程序就可以快速切换到另一个用户账户。在退出计算机系统时，出现一个要求用户进行选择的对话框，这时可以选择"切换用户"命令，就能够保留当前用户正在运行的程序，而迅速登录到另一个用户账户。当该用户再次登录时，可以返回切换前的状态。

Windows 7 系统中有三种类型的账户：

标准账户：适用于日常计算。标准账户可防止用户作出会对该计算机的所有用户造成影响的更改（如删除计算机工作所需要的文件），从而帮助保护计算机。建议为每个用户创建一个标准账户。当使用标准账户登录到 Windows 时，可以执行管理员账户下的几乎所有的操作，但是如果要执行影响该计算机其他用户的操作（如安装软件或更改安全设置），则 Windows 可能要求提供管理员账户的密码。

图 3-97　"屏幕保护程序设置"对话框

管理员账户：可以对计算机进行最高级别的控制。是针对可以对计算机进行全系统更改、安装程序和访问计算机上所有文件的人而设置的。只有拥有计算机管理员账户的人才拥有对计算机上其他用户账户的完全访问权。计算机管理员账户可以创建和删除计算机上的其他用户账户，可以为计算机上其他用户账户创建账户密码，可以更改其他人的账户名、图片、密码和账户类型。但是无法将自己的账户类型更改为受限制账户类型，除非至少有一个其他用户在该计算机上拥有计算机管理员账户类型，以确保计算机上任何时候至少有一个人拥有计算机管理员账户。

来宾账户：主要针对需要临时使用计算机的用户。在计算机上没有账户的用户可以使用的账户。来宾账户没有密码，所以他们可以快速登录，以检查电子邮件或者浏览 Internet。登录到来宾账户的用户无法安装软件或硬件，无法更改来宾账户类型，但可以访问已经安装在计算机上的程序，可以更改来宾账户图片。

（1）新用户的建立。选择"开始"→"控制面板"，若是控制面板分类视图，则单击"用户账户"选项。若是控制面板经典视图，直接双击"用户账户"图标。打开如图 3-98 所示的"用户账户"窗口。

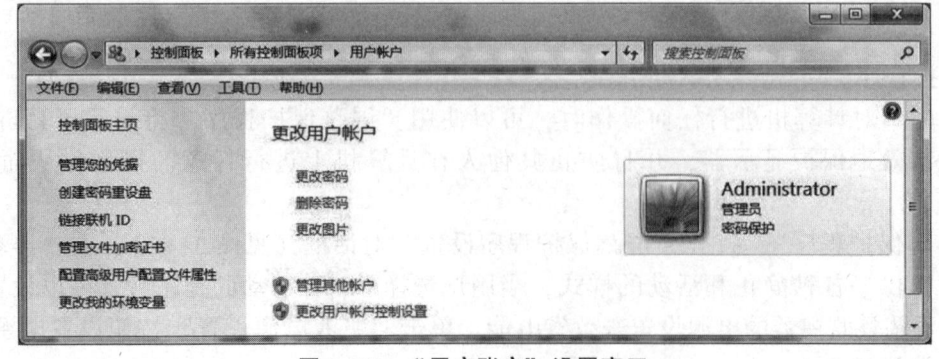

图 3-98　"用户账户"设置窗口

在"用户账户"窗口中,单击"管理其他账户"弹出"管理账户"窗口(见图3-99),单击"创建一个新账户",如图3-100所示,在打开的向导窗口中键入新用户账户的名称,设置账户类型,然后单击"创建账户"完成账户创建。

图3-99 "管理账户"窗口

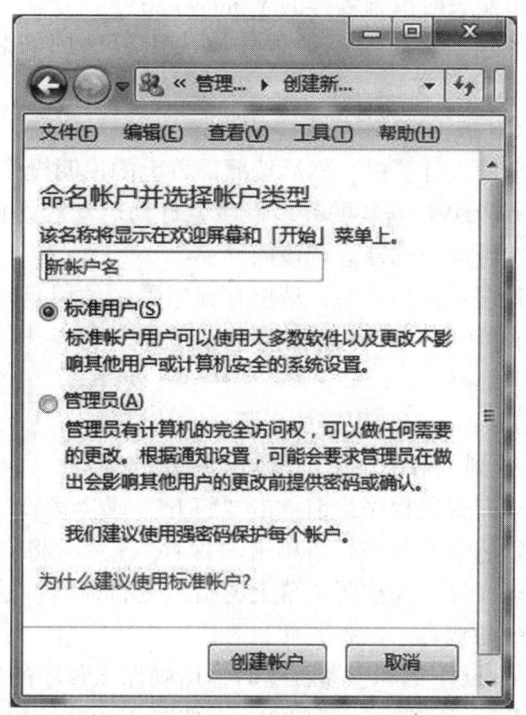

图3-100 "创建新账户"窗口

(2)用户账户的删除。当系统中的某一用户账户不再使用,可从如图3-99所示的"管理账户"窗口中单击要删除的用户,在弹出的如图3-101所示"更改账户"窗口中,单击"删除账户",在紧接出现的窗口中选择是否保留删除账户的文件,如果保留选"保留文件",不保留选"删除文件",在最后出现的确认删除窗口中,选择"删除账户",即可删除该用户。

(3)用户账户设置更改。在如图3-101所示"更改账户"窗口中,单击"更改账户名称",可更改用户账户的登录名。

单击"更改密码",可创建更改用户账户的密码;单击"删除密码",可删除用户账户的密码。

单击"更改图片"可以更改用户账户的登录图标。

单击"更改账户类型"可以更改用户的账户类型。

单击"设置家长控制"可以限制儿童使用计算机的时段、可以玩的游戏类型以及可以运行的程序。当家长控制阻止了对某个游戏或程序的访问时,将显示一个通知声明已阻止该程序。孩子可以单击通知中的链接,以请求获得该游戏或程序的访问权限。家长可以通过输入账户信息来允许其访问。若要为孩子设置家长控制,需要有一个自己的管理员用户账户。在开始设置之前,确保要为其设置家长控制的每个孩子都有一个标准的用户账户。家长控制只能应用于标准用户账户。

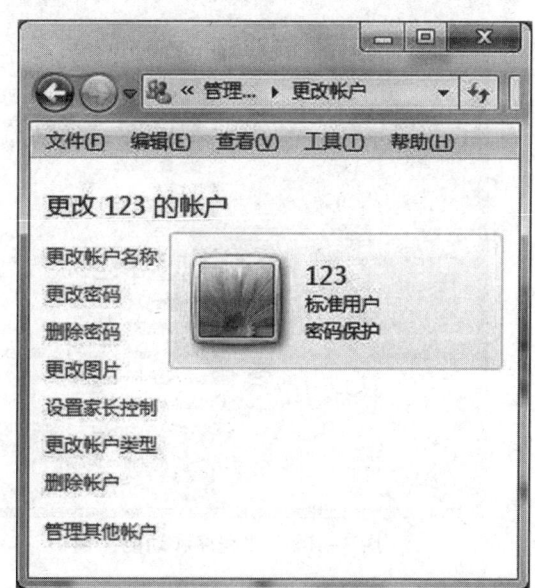

图3-101 "更改账户"窗口

6. 程序和功能

（1）添加新程序。"添加程序"可以帮助用户管理计算机上的程序和组件。使用该项功能可从光盘、软盘或网络上添加程序，或者通过 Internet 添加 Windows 升级程序或增加新的功能，还可以添加或删除在初始安装时没有选择的 Windows 组件。

①安装程序。如何添加程序取决于程序的安装文件所处的位置。通常程序从 CD 或 DVD、从 Internet 或从网络安装。

• 从 CD 或 DVD 安装程序的步骤

将光盘插入计算机，然后按照屏幕上的说明操作。

从 CD 或 DVD 安装的许多程序会自动启动程序的安装向导。在这种情况下，将显示"自动播放"对话框，然后进行选择运行该向导。

如果程序不开始安装，请检查程序附带的信息。该信息可能会提供手动安装该程序的说明。如果无法访问该信息，还可以浏览整张光盘，然后打开程序的安装文件（文件名通常为 Setup.exe 或 Install.exe）。

• 从 Internet 安装程序的步骤

在 Web 浏览器中，单击指向程序的链接。

若要立即安装程序，请单击"打开"或"运行"，然后按照屏幕上的指示进行操作。

若要以后安装程序，请单击"保存"，然后将安装文件下载到计算机上。做好安装该程序的准备后，双击该文件，并按照屏幕上的指示进行操作。这是比较安全的选项，因为可以在继续安装前扫描安装文件中的病毒。

从 Internet 下载和安装程序时，请确保该程序的发布者以及提供该程序的网站是值得信任的。

②打开/关闭 Windows 功能。在如图 3-102 所示的"程序和功能"窗口单击"打开或关闭 Windows 功能"，打开如图 3-103 所示的"Windows 功能"对话框，若要打开一种功能，则选择其复选框。若要关闭一种功能，则清除其复选框。

安装 Windows 7 功能的操作时一般需要准备 Windows 7 安装盘备用。

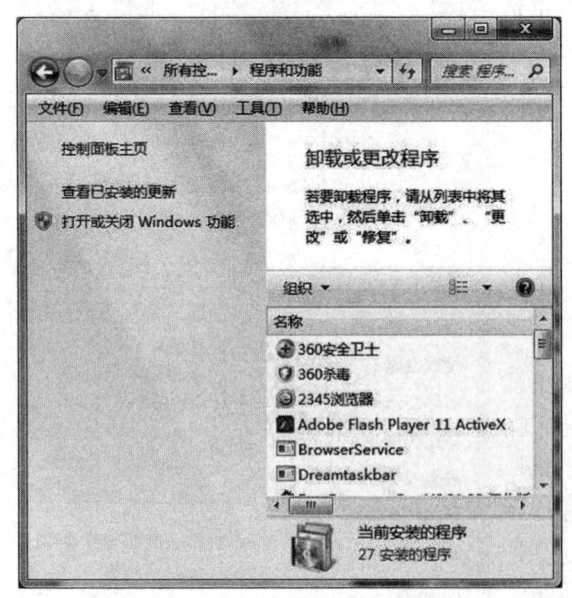
图 3-102　"程序和功能"窗口

图 3-103　"Windows 组件向导"对话框

（2）卸载或更改程序。如果不再使用某个程序，或者如果希望释放硬盘上的空间，则可以从计算机上卸载该程序。可以使用"程序和功能"卸载程序，或通过添加或删除某些选项来更改程序配置。

单击打开"程序和功能",选择程序,然后单击"卸载"。

除了卸载选项外,某些程序还包含更改或修复程序选项,但许多程序只提供卸载选项。若要更改程序,请单击"更改"或"修复"。

(3)查看已安装的更新。单击"查看已安装的更新",系统列出当前安装的更新列表,选定列表项可卸载该更新。

7. 系统

在"控制面板"中单击"系统"图标打开"系统"窗口,应用该窗口可以查看有关计算机的基本信息,进行设备管理和远程设置,设置系统保护,进行高级系统设置。

单击"更改设置"打开"系统属性"对话框(见图3-104),在"计算机名"选项卡中可设置计算机描述。单击"网络ID"可使用向导将计算机加入到域、工作组和家庭组。单击"更改"按钮打开"计算机名/域"对话框,更改计算机名称,设置隶属的域和工作组。

域、工作组和家庭组之间的区别:域、工作组和家庭组表示在网络中组织计算机的不同方法。它们之间的主要区别是对网络中的计算机和其他资源的管理方式。网络中基于 Windows 的计算机必须属于某个工作组或某个域。家庭网络中的基于 Windows 的计算机也可以属于某个家庭组,但不是必需的。家庭网络中的计算机通常是工作组的一部分,也可能是家庭组的一部分,而工作区网络上的计算机通常是域的一部分。

(1)设备管理器。如图3-105所示,设备管理器提供计算机上所安装硬件的图形视图。所有设备都通过一个称为"设备驱动程序"的软件与 Windows 通信。使用设备管理器可以安装和更新硬件设备的驱动程序、修改这些设备的硬件设置以及解决问题。使用设备管理器只能管理"本地计算机"上的设备。在"远程计算机"上,设备管理器将仅以只读模式工作,此时允许查看该计算机的硬件配置,但不允许更改该配置。

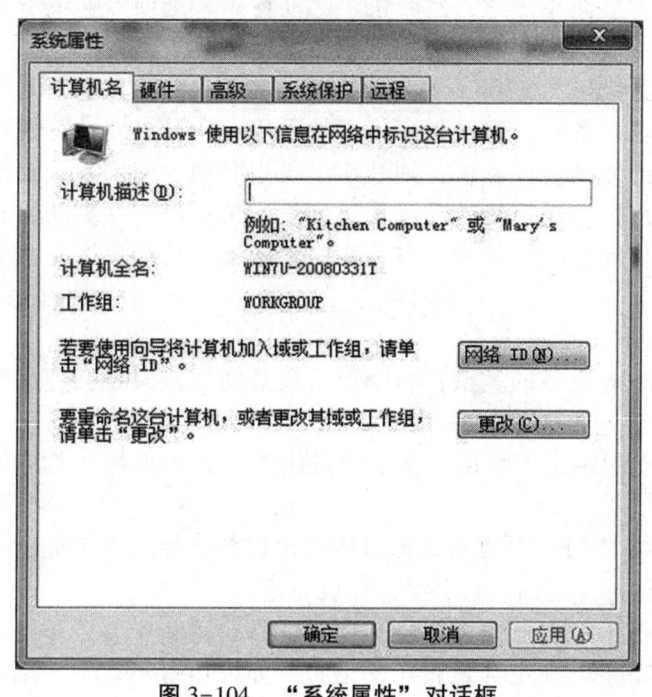

图 3-104 "系统属性"对话框

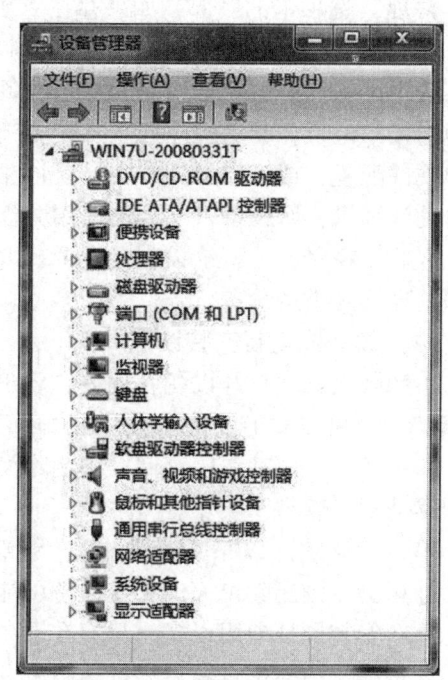

图 3-105 "设备管理器"窗口

打开"设备管理器"的方法:单击"开始"按钮,在搜索框中键入"设备管理器",然后在结果列表中单击"设备管理器";打开"控制面板"中的"系统",单击"设备管理器"。

(2)查看设备信息。使用设备管理器,可以看到硬盘配置的详细信息,包括其状态、正在使用的驱动程序以及其他信息。

①查看设备的状态。打开设备管理器，双击要查看的设备类型，右键单击所需的设备，然后单击"属性"，在"常规"选项卡上，"设备状态"区域显示当前状态的描述。

如果设备遇到问题，则显示问题的类型。还可能看到问题代码和编号以及建议的解决方案。如果显示"检查解决方案"按钮，还可以通过单击该按钮向 Microsoft 提交 Windows 错误报告。

②查看隐藏的设备。最常见的隐藏设备类型是安装了其驱动程序、但当前并未连接的设备。在打开的设备管理器"查看"菜单上单击"显示隐藏的设备"可以查看计算机上的隐藏设备。

③查看有关设备驱动程序的信息。在打开的设备管理器中查找并右键单击所需的特定设备，然后单击"属性"；在"驱动程序"选项卡上显示有关当前已安装驱动程序的信息，单击"详细信息"按钮可以查看更详细的驱动程序信息。

（3）安装设备及其驱动程序。

①安装即插即用设备。将新设备插入计算机中，在"发现新硬件"对话框中选择"查找并安装驱动程序软件"，选择此选项将开始安装过程。若选择"稍后再询问我"则不安装设备且不更改计算机的配置，如果下次登录到计算机时该设备仍插入，则会再次显示此对话框。若选择"不要为此设备再次显示此消息"，选择此选项，会将即插即用服务配置为不安装此设备的驱动程序，并且不会使设备起作用。若要完成设备驱动程序的安装，必须断开设备，然后重新进行连接。

②安装非即插即用设备。打开设备管理器，右键单击细节窗格中顶部的节点，单击"添加过时硬件"，在"添加硬件向导"中，单击"下一步"，然后按屏幕上的说明执行操作。

③更新或更改用于设备的驱动程序。打开设备管理器，双击要更新或更改的设备的类型，右键单击所需的设备，然后单击"更新驱动程序"，按照"更新驱动程序软件"向导中的说明执行操作。

④启用或禁用即插即用设备。启用即插即用设备：打开设备管理器，右键单击所需的设备，然后单击"启用"。如果设备处于禁用状态，则只列出"启用"。也可以在设备的"属性"页上启用设备。在"常规"选项卡的底部，如果存在"更改设置"则单击它，然后在"驱动程序"选项卡上单击"启用"。如果系统提示重新启动计算机，则直到重新启动计算机后才启用设备。

禁用设备：右键单击所需的特定设备，然后单击"禁用"。禁用设备时，物理设备虽然保持与计算机的连接，但设备驱动程序处于禁用状态。启用设备时，驱动程序将再次可用。如果想使计算机拥有多种硬件配置，或者如果拥有在扩展槽中使用的便携式计算机，则禁用设备很有用。如果系统提示重新启动计算机，则设备将不会被禁用并继续运行，直到重新启动计算机为止。禁用设备并重新启动计算机之后，将释放分配给设备的资源，并可以将其分配给其他设备。某些设备无法禁用，如磁盘驱动器和处理器之类的设备。

（4）卸载或重新安装设备。

①卸载设备。打开设备管理器，双击要卸载的设备的类型，右键单击所需的特定设备，然后单击"卸载"。也可以双击设备，然后在"驱动程序"选项卡上单击"卸载"。

如果还要从驱动程序存储区中删除设备驱动程序包，则在"确认设备删除"页中选择"删除此设备的驱动程序软件"。

单击"确定"以完成卸载过程。卸载过程完成时，需要从计算机中拔出设备。如果系统提示重新启动计算机，则删除未完成，且设备可能继续运行，直到重新启动计算机为止。

重新安装即插即用设备。只有在设备工作不正常或已完全停止工作时才需要重新安装设备。重新安装设备前，请尝试重新启动计算机并检查设备，以确定其是否正常运行。如果运行不正常，则请尝试重新安装该设备。

②重新安装即插即用设备。打开设备管理器，按照前面过程中的说明执行操作以卸载设备。

如果提示重新启动计算机，则执行以下步骤：

插入设备，然后重新启动计算机。Windows 在重新启动之后将检测并重新安装该设备。

如果未提示重新启动计算机，请执行以下步骤：

在设备管理器的"操作"菜单中,单击"扫描检测硬件改动",按照屏幕上的说明进行相关操作。

8. 网络和共享中心

应用网络和共享中心(见图3-106)可以设置使用家庭或小型办公网络,共享Internet连接或打印机、查看和处理共享文件,以及共享计算机程序等。

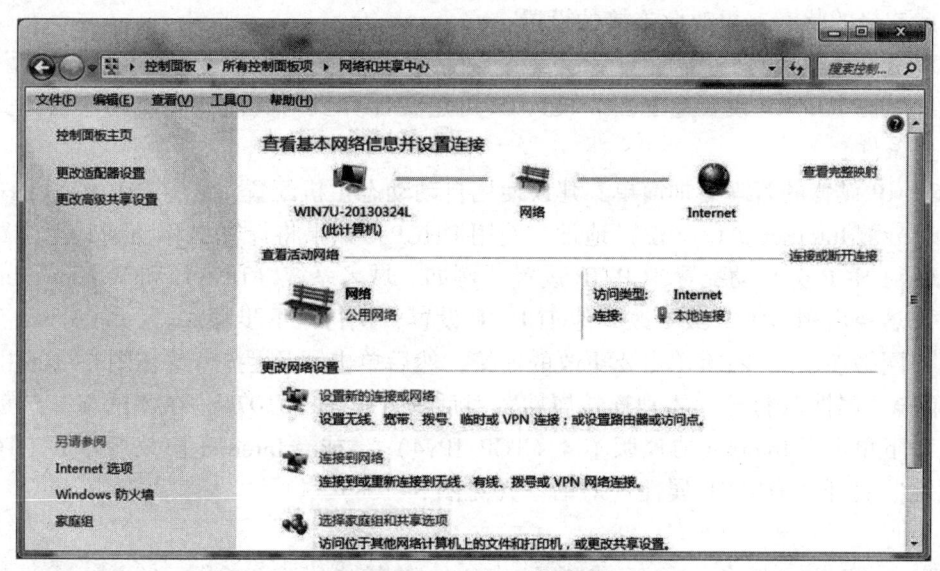

图3-106 网络和共享中心

(1)设置家庭/小型办公网络。设置家庭网络确定所希望的网络类型并具备必要硬件之后,需要执行以下四个步骤:

①安装所有必要的硬件。在需要网络适配器的所有计算机中安装网络适配器,将网络适配器通过网络传输介质、网络设备(路由器/交换机/调制解调器)连接到计算机。

②设置Internet连接。要设置Internet连接,则需要电缆或DSL调制解调器以及由Internet服务提供商(ISP)提供的账户。若不需要Internet连接,则使用网络来共享Internet连接。有关创建Internet连接的详细操作请参阅教材网络部分。

③连接计算机。连接计算机的方法——其配置取决于所拥有的网络适配器、调制解调器和Internet连接的类型。同时,还取决于是否要在网络上的所有计算机中共享Internet连接。常见的连接方法有:

• 以太网网络

使用以太网连接时,需要集线器、交换机或路由器来连接计算机。若要共享Internet连接,则需要使用路由器。将路由器连接到已与调制解调器相连的计算机。

• 无线网络

对于无线网络,在连接到路由器的计算机上运行设置网络向导。该向导将指导完成向网络添加其他计算机和设备的过程。如果需要,需键入网络安全密钥。

• HomePNA网络

对于HomePNA网络,每台计算机都需要有HomePNA网络适配器(通常是外部网络适配器),并且计算机所在的每个房间内都有电话插孔。

• Powerline网络

对于Powerline网络,每台计算机都需要有Powerline网络适配器(通常是外部网络适配器),并且计算机所在的每个房间内都有电源插座。

④运行设置网络向导(仅适用于无线网络)。如果是有线网络,插入以太网电缆后即可连接。如果是无线网络,则在连接到路由器的计算机上运行设置网络向导。

(2) 更改适配器设置。

① "网络连接"窗口。单击如图 3-106 所示"网络和共享中心"窗口左侧的"更改适配器设置"打开"网络连接"窗口。

在窗口中单击需要更改的本地连接可以更改的设置项目：禁用此网络设备、诊断这个连接、重命名连接、查看此连接的状态、更改此连接的设置。

在窗口中双击本地连接打开"本地连接状态"对话框，可以更改本地连接属性、禁用和诊断连接。

② 改网络适配器 TCP/IP 设置适配器。TCP/IP 可定义计算机与其他计算机的通信方式，是实现计算机联网的必要条件。

若要使 TCP/IP 设置的管理更加简单，建议使用自动动态主机配置协议（DHCP），DHCP 会为网络中的计算机自动分配 Internet 协议（IP）地址。使用 DHCP，如果将计算机移动到其他位置，则不必更改 TCP/IP 设置，DHCP 会自动配置 TCP/IP 设置 [例如，域名系统（DNS）和 Windows Internet 名称服务（WINS）]。若要启用 DHCP 或更改其他 TCP/IP 设置，执行以下步骤：

单击打开"网络连接"，右键单击要更改的连接，然后单击"属性"。或在图 3-106 中单击"本地连接"，然后单击"属性"打开"本地连接属性"对话框（见图 3-107）。在"网络"选项卡"此连接使用下列项目"下单击"Internet 协议版本 4（TCP/IPv4）"或"Internet 协议版本 6（TCP/IPv6）"，然后单击"属性"打开"TCP/IP 属性"对话框（见图 3-108）。

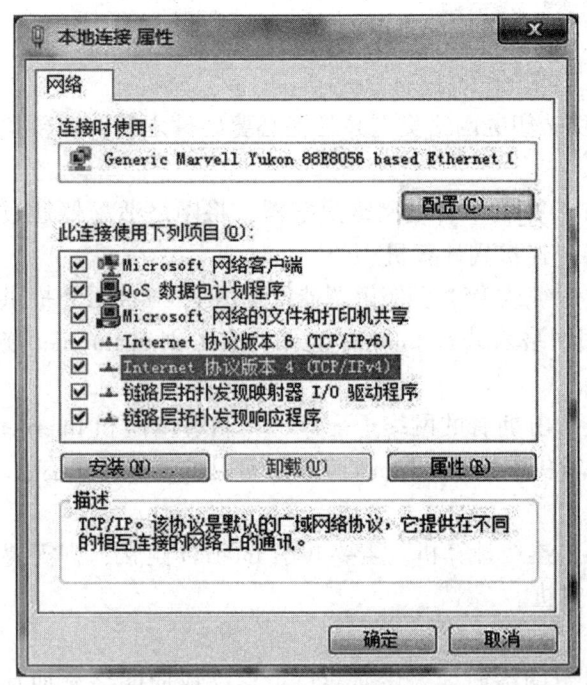
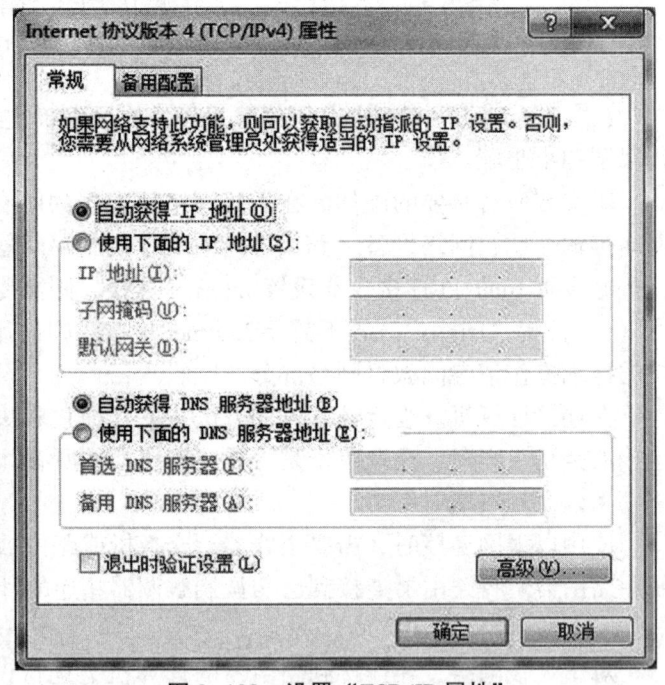

图 3-107　设置"本地连接属性"　　　　图 3-108　设置"TCP/IP 属性"

若要指定 IPv4 IP 地址设置，请执行下列操作之一：
- 若要使用 DHCP 自动获得 IP 设置，请单击"自动获得 IP 地址"，然后单击"确定"。
- 若要指定 IP 地址，请单击"使用下面的 IP 地址"，然后在"IP 地址""子网掩码"和"默认网关"框中，键入 IP 地址设置。

若要指定 IPv6 IP 地址设置，请执行下列操作之一：
- 若要使用 DHCP 自动获得 IP 设置，则单击"自动获取 IPv6 地址"，然后单击"确定"。
- 若要指定 IP 地址，则单击"使用下面的 IPv6 地址"，然后在"IPv6 地址""子网前缀长度"和"默认网关"框中，键入 IP 地址设置。

若要指定 DNS 服务器地址设置，请执行下列操作之一：

●若要使用 DHCP 自动获得 DNS 服务器地址，则单击"自动获得 DNS 服务器地址"，然后单击"确定"。

●若要指定 DNS 服务器地址，则单击"使用下面的 DNS 服务器地址"，然后在"首选 DNS 服务器"和"备用 DNS 服务器"框中，键入主 DNS 服务器和辅助 DNS 服务器的地址。

（3）更改高级共享设置。单击如图 3-106 所示"网络和共享中心"窗口左侧的"更改高级共享设置"，打开"高级共享设置"窗口，可以更改以下内容的设置：网络发现、文件和打印机共享、公用文件夹共享、受密码保护的共享、家庭组连接以及文件共享连接。

①网络发现。如果已启用网络发现，则此计算机可以发现其他网络计算机和设备，而其他网络计算机也可发现此计算机。

存在三种网络发现状态：

●启用

此状态允许计算机查看其他网络计算机和设备，并允许其他网络计算机上的人可以查看你的计算机。这使共享文件和打印机变得更加容易。

●禁用

此状态阻止计算机查看其他网络计算机和设备，并阻止其他网络计算机上的用户查看你的计算机。

●自定义

这是一种混合状态，在此状态下与网络发现有关的部分设置已启用，但不是所有设置都启用。例如，可以启用网络发现，但系统管理员可能已经更改了影响网络发现的防火墙设置。

网络发现需要启动 DNS 客户端、功能发现资源发布、SSDP 发现和 UPnP 设备主机服务，从而允许网络发现通过 Windows 防火墙进行通信，并且其他防火墙不会干扰网络发现。

启用网络发现的步骤：单击打开"高级共享设置"，单击 V 形图标展开当前的网络配置文件，单击"启用网络发现"，然后单击"保存更改"。

连接到网络时，必须选择一个网络位置。有四个网络位置：家庭、工作、公用和域。根据选择的网络位置，Windows 为网络分配一个网络发现状态，并为该状态打开合适的 Windows 防火墙端口。

②文件和打印机。启用文件和打印机共享时，网络上的用户可以访问通过此计算机共享的文件和打印机。

●共享文件或文件夹

最快速的方式是使用"共享对象"菜单，将文件夹设置为共享并赋予权限后，将需要共享的文件或文件夹放到该共享文件夹中，通过联网的其他计算机就可以访问该共享文件了。或将某个网络设置为家庭组时，此网络上的特定文件将会自动共享。

●共享打印机

在家庭办公网络中共享打印机的最常见的方式是将打印机连接到其中一台 PC，然后在 Windows 中设置共享，这称为"共享打印机"。共享打印机的优点是它可与任何 USB 打印机协同工作。缺点是连接打印机的主机必须打开，否则网络中的其他计算机将不能访问共享打印机。将某个网络设置为家庭组时，此网络上的打印机和特定文件将会自动共享。

"网络打印机"（设计为作为独立设备直接连接到计算机网络中的设备）在大型办公室中被广泛使用。现在打印机制造商越来越多地提供各种适用于家庭网络中的网络打印机的廉价的喷墨打印机和激光打印机。网络打印机与共享打印机相比不同的是不受主机的影响，可以随时使用。网络打印机有两种常见类型：有线和无线。

手动连接到家庭组打印机的步骤：

在网络连接打印机的计算机上，单击"开始"按钮，再单击"控制面板"，在搜索框中键入家庭组，然后单击"家庭组"。确保已选中"打印机"复选框（如果没有，请选中，然后单击"保存更改"），单击打开"家庭组"，单击"安装打印机"，如果尚未安装该打印机的驱动程序，则在出现的对话框中单击"安装驱动程序"。

③公用文件夹共享。打开公用文件夹共享时，网络上包括家庭组成员在内的用户都可以访问公用文件夹中的文件。

还可以通过将文件和文件夹复制或移动到 Windows 7 公用文件夹之一（例如，公用音乐或公用图片）来共享文件和文件夹。可以通过依次单击"开始"按钮、用户账户名称，然后单击"库"旁边的箭头展开文件夹进行查找。

默认情况下，公用文件夹共享处于关闭状态（除非是在家庭组中）。"公用文件夹共享"打开时，计算机或网络上的任何人均可以访问这些文件夹。在其关闭后，只有在你的计算机上具有用户账户和密码的用户才可以访问。

打开或关闭"公用文件夹共享"的步骤：

单击打开"高级共享设置"，单击 V 形图标展开当前的网络配置文件，在"公用文件夹共享"下，选择下列选项之一：

启用共享以便可以访问网络的用户读取和写入公用文件夹中的文件；

关闭公用文件夹共享（登录到此计算机的用户仍然可以访问这些文件夹）。

单击"保存更改"。

④媒体流。当媒体流被打开时，网络上的人员和设备便可以访问该计算机上的图片、音乐以及视频。该计算机还可以在网络上查找媒体。

⑤文件共享连接。Windows 7 使用 128 位加密帮助保护文件共享连接，某些设备不支持 128 位加密，必须使用 40 或 56 位加密。

⑥密码保护的共享。如果已启用密码保护的共享，则只有具备此计算机的用户账户和密码的用户才可以访问共享文件、连接到此计算机的打印机以及公用文件夹。若要使其他用户具备访问权限，必须关闭密码保护的共享。

五、Windows 7 应用程序工具

Windows 7 自带了一些非常方便而且又非常实用的应用程序，它们一般存在于附件组中，如"记事本""写字板""计算器""画图"等。

（一）记事本

"记事本"是一个简单的文本编辑器，使用它可以进行一些简单文本编辑，比如，输入、读取无格式的文本（一般为 .TXT 格式）。

以下是打开"记事本"的两种方法：

单击"开始"按钮。在搜索框中键入"记事本"，然后在结果列表中单击"记事本"。

执行"开始"→"所有程序"→"附件"→"记事本"就会启动"记事本"程序。

打开的"记事本"界面如图 3-109 所示。

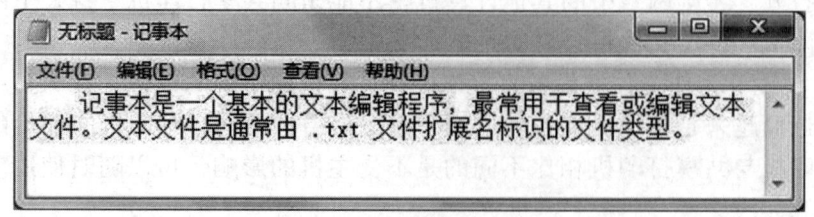

图 3-109 记事本界面

"记事本"是一个单文档用户界面（SDI，Single Document Interface）编辑器，即在同一时间内只能

打开一个文档窗口。如果想打开一个新的文档窗口，就必须关闭前一个窗口。

将光标放进其空白区（也称编辑区）里，就可以通过键盘输入字符。需要注意的是，在默认情况下，使用"记事本"输入或显示的字符不会自动换行。若输入的文本超过了窗口右边界，就会自动出现水平滚动条。若按一下回车键，可以强制性换行。使用强制换行或滚动条显示都不太方便，可以执行"格式"→"自动换行"命令，设置其具备自动换行功能。

可以对输入的文本进行删除、复制、移动等操作，还可进行保存、打印操作等。关于文本的删除、复制、移动等操作与前面讲到的文件和文件夹的删除、复制、移动类似，在此不再重复。下面就介绍文档的管理操作。

文档的保存：执行"文件→保存"命令。如果是首次保存就会出现提示保存的对话框，在对话框里可以选择文档的路径及文件名。如果是再次保存，就不会出现对话框，而是以相同的名字在原位置保存。

文档另存为：对于打开的旧文档，执行"文件"→"另存为"命令。就会出现"另存为"对话框。可以选择一个新路径和新的文件名将它另存一份。当然，对于新的文档也可以执行"文件"→"另存为"命令。

文档的新建：执行"文件"→"新建"命令。如果当前存在一个尚未保存的文档，就会出现保存提示信息。单击"是"或"否"按钮后就可完成新建文档操作。

文档的打开：执行"文件"→"打开"命令，可以打开已经存在的文档。

文档的打印：执行"文件"→"打印"命令。如果有打印机就可以将当前文档打印出来。

（二）写字板

"写字板"与"记事本"类似，也是一个单文档用户界面的文本编辑器，但它的功能比"记事本"强，它可以对文本设置格式，也可以存取 RTF（rich text format）格式的文件。

"写字板"的很多操作和功能与 Word 相似，Word 虽然功能强大，但是其体积也非常大，需要占据很大的磁盘空间。而写字板是 Windows 自带的附件之一，其体积小，节省空间。

执行"开始"→"所有程序"→"附件"→"写字板"命令，打开写字板程序，其界面如图 3-110 所示。

与"记事本"的界面相比，写字板的窗口复杂了许多，除了有标题栏、菜单栏外，还多了两个工具栏、一个标尺。这与后面要讲的 Word 很相似。所以，在此不详述操作方法。

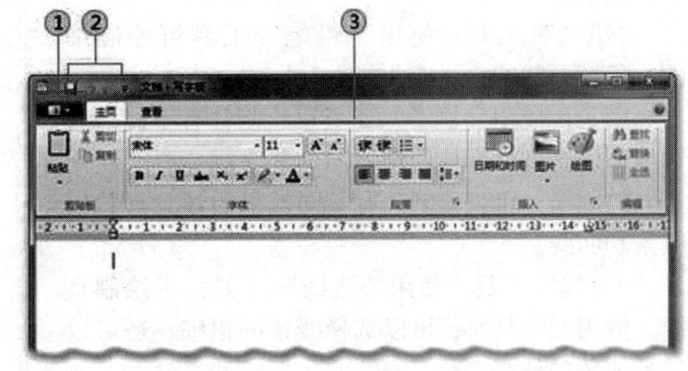

①"写字板"按钮　②快速访问工具栏
③功能区

图 3-110　"写字板"窗口

（三）计算器

可以使用"计算器"进行如加、减、乘、除这样简单的运算。"计算器"还提供了编程计算器、科学型计算器和统计信息计算器的高级功能。

可以单击"计算器"按钮来执行计算，或者使用键盘键入进行计算。通过按 NumLock，还可以使用数字键盘键入数字和运算符。

执行"开始"→"所有程序"→"附件"→"计算器"命令打开计算器窗口。

其操作方法常用的有以下三种方法：

1. 用鼠标单击窗口上的按钮

这是一种最简单直观的方法，直接用鼠标单击其面板上所对应的操作数或操作符，最后单击一下"="按钮，就可在窗口上方的文本框中出现计算结果。例如，计算"11+9=20"可以用鼠标依次单击面板上的"11""+""9""="就会得到"20"这个结果。

2. 直接按键盘

键盘上一些操作数或操作符与"计算器"上对应的操作数或操作符的功能是一样的，直接按键盘上的按钮就可达到运算的目的。例如，计算"12×5=60"这个运算，打开计算器窗口后，直接按键盘上的"12""*""5""="，同样会在计算器面板的文本框中出现结果"60"。

3. 数据粘贴到"计算器"

操作方法：在写字板、记事本、Word等应用程序中先输入数据或表达式，然后选中该数据或表达式，"复制"后再到计算器窗口执行"粘贴"操作，这时在计算器面板的文本框中就会得到结果。

如打开"写字板"，输入"2005-326+810="并将其选中执行"复制"命令。回到计算器面板，执行"粘贴"命令，就会得到结果"2489"。

Windows 7 提供的"计算器"模式有：标准型、科学型、程序员、统计信息。

执行"查看"→"科学型"可切换到相应模式界面。

（四）画图

"画图"是 Windows 7 中的一项功能，可用于在空白绘图区域或在现有图片上创建绘图。你在"画图"中使用的很多工具都可以在"功能区"中找到，"功能区"位于"画图"窗口的顶部。如图3-111所示，显示了"画图"中的"功能区"和其他部分区域。

画图应用程序的启动：执行"开始"→"所有程序"→"附件"→"画图"命令启动画图程序。

1. 绘制线条

可以在"画图"中使用多个不同的工具绘制线条。所使用的工具及所选择的选项决定了线条在绘图中显示的方式量，以下工具可用于在"画图"中绘制线条。

"铅笔"工具：使用"铅笔"工具可绘制细的、任意形状的直线或曲线。

刷子：使用"刷子"工具可绘制具有不同外观和纹理的线条，就像使用不同的艺术刷一样。使用不同的刷子，可以绘制具有不同效果的任意形状的线条和曲线。

"直线"工具：使用"直线"工具，可绘制直线。使用此工具时，可以选择线条的粗细，还可以选择线条的外观。

"曲线"工具：使用"曲线"工具可绘制平滑曲线。

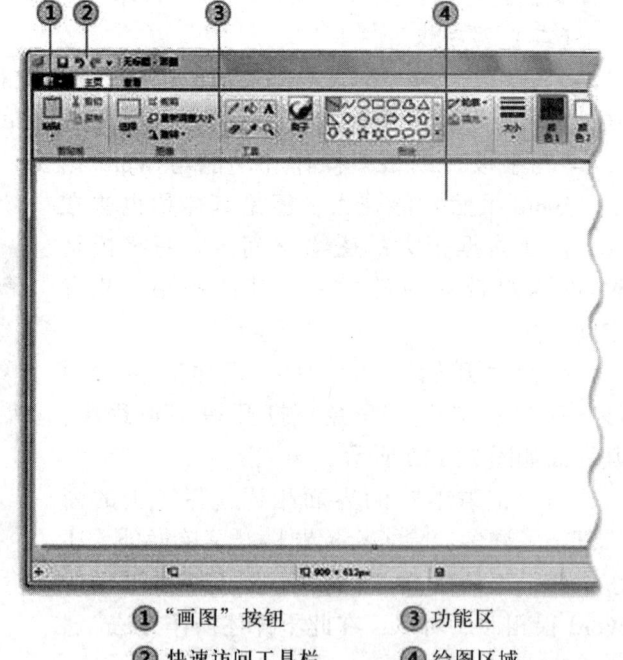

① "画图"按钮　③ 功能区
② 快速访问工具栏　④ 绘图区域

图3-111　画图窗口

2. 绘制其他形状

可以使用"画图"在图片中添加其他形状。已有的形状除了传统的矩形、椭圆、三角形和箭头之外，还包括一些有趣的特殊形状，如心形、闪电形或标注等。如果希望自定义形状，可以使用"多边形"工具。

3. 添加文本

在"画图"中，还可以在图片中添加文本或消息。

4. 选择并编辑对象

在"画图"中可能希望选择图片或对象的某一部分进行更改。为此，需要选择图片中要更改的部分，然后进行编辑。可以进行的更改包括：调整对象大小、移动或复制对象、旋转对象或裁剪图片使之只显示选定的项。

选择并编辑对象的工具有："选择"工具、裁剪、旋转、"橡皮擦"工具。

5. 调整整个图片或图片中某部分的大小

使用"重设大小"功能可调整整个图像、图片中某个对象或某部分的大小。还可以扭曲图片中的某个对象，使之看起来呈倾斜状态。

调整整个图片大小：如果图片为 320×240 像素并且想在保持相同纵横比的情况下使其尺寸减少一半，则在"重设大小"区域中选中"保持纵横比"复选框，然后在"水平"框中输入 160。新的图片大小将是原始图片大小的一半，为 160×120 像素。

调整图像中某部分的大小：如果所选择的部分为 320×240 像素并且想在保持相同纵横比的情况下使其尺寸减少一半，则在"重设大小"区域中，选中"保持纵横比"复选框，然后在"水平"框中输入 160。该部分将变成原始大小的一半，为 160×120 像素。

更改绘图区域大小：若要使绘图区域变得大些，则将绘图区域边缘上其中一个白色小框拖到所需的尺寸。若要通过输入特定尺寸来调整绘图区域大小，则单击"画图"按钮，然后单击"属性"，在"宽度"和"高度"框中输入新的宽度和高度值，然后单击"确定"。

扭曲对象：在"主页"选项卡中，单击"选择"，然后拖动指针以选择要调整大小的区域或对象，单击"重设大小"，在"调整大小和扭曲"对话框中，在"倾斜（角度）"区域的"水平"和"垂直"框中键入选定区域的扭曲量（度），然后单击"确定"。

6. 移动和复制对象

选择对象后，可以剪切或复制选定项。这样便可以重复使用图片中某个对象，或将对象（选中后）移动到图片中的新位置。

剪切和粘贴：使用"剪切"功能可剪切选定对象并将其粘贴到图片中的另一位置。剪切选定区域后，被剪切的区域将显示背景色。因此，如果图片使用纯色背景，可以在剪切对象之前更改"颜色 2"颜色，使之与背景色匹配。

复制和粘贴：使用"复制"功能可复制"画图"中选定的对象。如果希望在图片中多次显示某些线条、形状或文本，则此选项很有用。

将图片粘贴到"画图"中：使用"粘贴来源"将现有图片文件粘贴到"画图"中。粘贴图片文件之后，即可以在不更改原始文件的情况下对其进行编辑（只要使用与原始文件不同的文件名保存编辑后的图片）。

7. 处理颜色

有很多工具专门帮助处理"画图"中的颜色。这些工具允许在"画图"中绘制和编辑内容时使用期望的颜色。

（1）颜料盒。"颜料盒"指示当前的"颜色 1（前景色）"和"颜色 2（背景色）"颜色。使用颜料盒时，可以进行下列一项或多项操作：

若要更改选定的前景色，在"主页"选项卡的"颜色"组中单击"颜色 1"，然后单击某个色块。

若要更改选定的背景色，在"主页"选项卡的"颜色"组中单击"颜色 2"，然后单击某个色块。

若要用选定的前景颜色绘图，则拖动指针。

若要用选定的背景颜色绘图，则在拖动指针时单击鼠标右键。

（2）颜色选取器。使用"颜色选取器"工具可以设置当前前景色或背景色。通过从图片中选取某种颜色可以确保在"画图"中绘图时使用所需的颜色，使颜色更加匹配。

（3）用颜色填充。使用"用颜色填充"工具可为整个图片或封闭图形填充颜色。

（4）编辑颜色。使用"编辑颜色"功能可以选取新颜色。在"画图"中混合颜色以便选择要使用的确切颜色。

8. 查看图片

在"画图"中更改视图允许你选择处理图片的方式。可以根据需要放大图片的特定部分或整个图片。相反，如果图片太大也可以缩小图片。此外，还可以在"画图"中显示标尺和网格线，它们有助于更好地在"画图"中工作。

放大镜：使用"放大镜"工具可以放大图片的某一部分。

放大和缩小：使用"放大"和"缩小"工具可查看图像的较大或较小视图。

标尺：使用"标尺"可查看位于绘图区域顶部的水平标尺和位于绘图区域左侧的垂直标尺。使用标尺可以查看图片的尺寸，在调整图片大小时此功能会很有帮助。

网格线：在"画图"中绘图时使用"网格线"来对齐形状和线条。网格线能够在绘图时帮助提供对象尺寸的可视参考，还能够帮助对齐对象。

全屏：使用"全屏"可以全屏方式查看图片。

(9)保存和使用图片

在"画图"中编辑图片时，应经常保存图片，以免意外丢失。保存图片后可以在计算机上使用保存后的图片或通过电子邮件与他人共享。

（五）录音机

可使用录音机来录制声音并将其作为音频文件保存在计算机上。可以从不同音频设备录制声音，例如，计算机上插入声卡的麦克风。录音的音频输入源的类型取决于所拥有的音频设备以及声卡上的输入源。

使用录音机录制音频的方法：

确保有音频输入设备（如麦克风）连接到计算机，单击打开"录音机"（见图3-112）。

图3-112 录音机

单击"开始录制"，若要停止录制音频，则单击"停止录制"。

如果要继续录制音频，则单击"另存为"对话框中的"取消"，然后单击"继续录制"。继续录制声音，然后单击"停止录制"。

单击"文件名"框为录制的声音键入文件名，然后单击"保存"将录制的声音另存为音频文件。

（六）截图工具

可以使用截图工具捕获屏幕上任何对象的屏幕快照或截图，然后对其添加注释、保存或共享该图像。

可以捕获以下任何类型的截图：

"任意格式截图"围绕对象绘制任意格式的形状。

"矩形截图"在对象的周围拖动光标构成一个矩形。

"窗口截图"选择一个窗口，例如，希望捕获的浏览器窗口或对话框。

"全屏幕截图"捕获整个屏幕。

截图工具应用程序的启动：执行"开始"→"所有程序"→"附件"→"截图工具"命令启动截图工具程序，其窗口如图3-113所示。

捕获截图的步骤：单击打开"截图工具"，单击

图3-113 截图工具

"新建"按钮旁边的箭头,从列表中选择"任意格式截图""矩形截图""窗口截图"或"全屏幕截图",然后选择要捕获的屏幕区域。

保存截图的步骤:捕获截图后,在标记窗口中单击"保存截图"按钮,在"另存为"对话框中输入截图的名称,选择保存截图的位置,然后单击"保存"。

(七) 桌面小工具

Windows 7 随附的小工具包括日历、时钟、联系人、提要标题、幻灯片放映、图片拼图板。计算机上安装的所有桌面小工具都位于"桌面小工具库"中,可以将任何已安装的小工具添加到桌面上。将小工具添加到桌面之后,可以移动它、调整它的大小以及更改它的选项。

右键单击桌面,在弹出的快捷菜单中单击"小工具"打开"小工具"窗口,如图 3-114 所示。

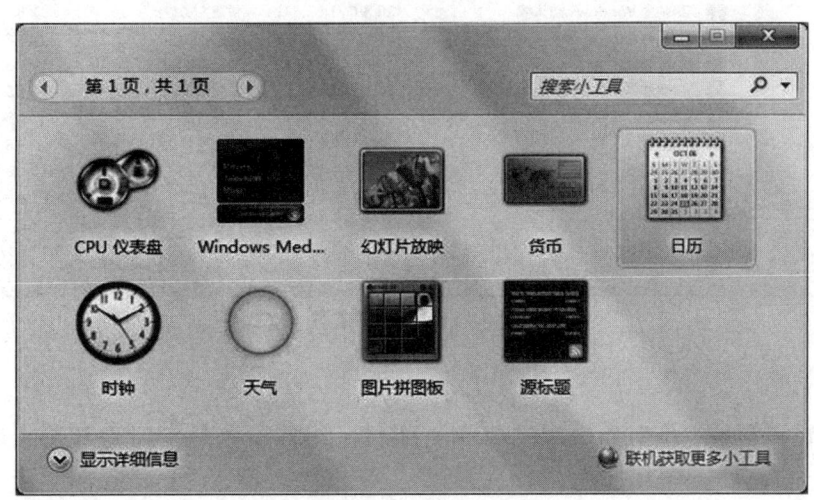

图 3-114 桌面小工具

1. 下载安装"小工具"

如图 3-114 所示,单击"联机获取更多小工具"可到网上下载安装更多小工具。

2. 卸载/还原小工具

右键单击桌面,然后单击"小工具",打开"小工具"窗口,右键单击小工具,然后单击"卸载"。

如果卸载的是 Windows 附带的小工具,则可以按照以下步骤将其还原到桌面小工具库中:依次单击"开始"菜单下"控制面板",然后在搜索框中键入"还原小工具",单击"还原 Windows 上安装的桌面小工具"。

3. 如何向桌面添加以及从桌面删除小工具

向桌面添加小工具的步骤:右键单击桌面,然后单击"小工具",双击"小工具"将其添加到桌面。

从桌面删除小工具的步骤:右键单击要删除的小工具,然后单击"关闭小工具"。

(八) 管理工具

管理工具是控制面板中的一个文件夹,它包含用于系统管理员和高级用户的工具。

单击打开"管理工具",该文件夹中的很多工具(如"计算机管理"),是包含其自身的帮助主题的 Microsoft 管理控制台(MMC)管理单元。

单击"开始"菜单→"所有程序"→"控制面板"→"系统和安全"→"管理工具",打开管理工具窗口(见图 3-115),该文件夹中包括如下常用的管理工具:

图 3-115　管理工具

1. 组件服务

组件服务是配置和管理组件对象模型（COM）组件。组件服务是专门为开发人员和管理员使用而设计的。

2. 计算机管理

通过使用单个综合的桌面工具管理本地或远程计算机。使用"计算机管理"可以执行很多任务，如监视系统事件、配置硬盘以及管理系统性能。

3. 数据源（ODBC）

使用开放式数据库连接（ODBC）将数据从一种类型的数据库（"数据源"）移动到其他类型的数据库。

4. 事件查看器

查看有关事件日志中记录的重要事件（如程序启动、停止或安全错误）的信息。

5. iSCSI 发起程序

配置网络上存储设备之间的高级连接。

6. 本地安全策略

查看和编辑组策略安全设置。

7. 性能监视器

查看有关中央处理器（CPU）、内存、硬盘和网络性能的高级系统信息。

8. 打印管理

管理打印机和网络上的打印服务器以及执行其他管理任务。

9. 服务

管理计算机的后台中运行的各种服务。

10. 系统配置

识别可能阻止 Windows 正确运行的问题。

11. 任务计划程序

计划要自动运行的程序或其他任务。

12. 具有高级安全的 Windows 防火墙

在该计算机以及网络上的远程计算机上配置高级防火墙设置。

13. Windows 内存诊断

检查计算机内存以查看是否正常运行。

六、Windows 7 常用快捷键汇总

表 3-4 F 键的快捷键

F1	帮助
F2	重命名
F3	搜索文件或文件夹
F4	显示"我的电脑"和"Windows 资源管理器"中的"地址"栏列表
F5	刷新
F6	切换元素
F10	激活菜单栏
F11	切换全屏暂时发于 Windows 中
F12	Word 里另存文档

表 3-5 Ctrl 键的快捷键

Ctrl+A	选择所有项目
Ctrl+B	IE 收藏夹整理或字体加粗（Word）
Ctrl+C（COPY）或 Ctrl+Insert	复制
Ctrl+D	加入收藏夹
Ctrl+E	IE 搜索或资源管理器搜索或 IE 历史网址显示
Ctrl+F（Find）/+Winie	搜索或资源管理器搜索或文本搜索
Ctrl+O（Open）	打开文件窗口
Ctrl+S（Save）	文件保存
Ctrl+V（Paste）被占	粘贴
Ctrl+X（Cut）被占	剪切（移动）
Ctrl+Y	恢复上一步的操作（Ctrl+Z 过头时候用）
Ctrl+Z	撤销上一步的操作
Ctrl+F5	强行刷新
Ctrl+Alt+End	快速关机
Ctrl+Alt+Home	快速重启
Ctrl+鼠标滑轮	页面字体大小变换
Ctrl+Shift 或 Ctrl+空格	快速地切换中英文切换输入法

【注意】F5 只是普通刷新网页，而 Ctrl+F5 使网页与本机储存的网页时间标记相同，仍然重新整理目前网页。

表 3-6　WIN 键的快捷键

Win 键+R	打开
Win 键+左键	把当前窗口停靠在屏幕左侧
Win 键+右键	可以把窗口靠到右侧
Win 键+上	最大化或者恢复前台窗口
Win 键+下	最小化激活窗口
Win 键+HOME	最小化所有除了当前窗口，Win 键打开"开始"菜单
Win 键+D	显示桌面
Win 键+E	打开资源管理器/"我的电脑"
Win 键+F	查找所有文件
Win 键+Ctrl+F	打开"查找：计算机"对话框
Win 键+R	打开
Win 键+M	最小化所有窗口
Win+SHIFT+M	还原最小化的窗口
Win 键+Ctrl+M	重新恢复上一项操作前窗口的大小和位置
Win 键+Break/Pause	打开"系统属性"对话框
Win+L	如果连接到网络域，则锁定你的计算机，或者如果没有连接到网络域，则切换用户
Win+P	选择投影方式，在显示器与投影间相互切换，这个需要在电脑连接投影设备后使用
Win+PAUSE：	打开系统属性

【本章小结】

在"第三章　计算机与涉警移动终端系统的使用"中的主要内容包括：计算机系统与常用设备；常用警用移动终端；Windows 7 操作系统的使用（基本操作和应用、文件与文件夹资源管理、控制面板、管理工具应用、应用程序工具应用）。

【公安实训练习】

略。

第四章　多媒体技术在公安工作中的应用

【教学重点】

1. 了解媒体、多媒体和多媒体技术的相关知识
2. 了解视频的基础知识
3. 掌握视频处理工具的基本使用（Movie maker、视频编辑专家）
4. 了解音频的基础知识
5. 掌握音频处理工具的基本使用（mp3DirectCut、cool edit pro）
6. 了解图像的基础知识
7. 掌握图像处理工具的基本使用（ACDSEE、Photoshop）

【教学难点】

1. 掌握视频处理工具的基本使用（Movie maker、视频编辑专家）
2. 掌握音频处理工具的基本使用（mp3DirectCut、cool edit pro）
3. 掌握图像处理工具的基本使用（ACDSEE、Photoshop）

第一节　多媒体技术概述

一、基本概念

（一）媒体定义

"媒体"一词来源于拉丁语"Medium"，音译为媒介，意为两者之间。媒体是指传播信息的媒介。它是指人借助用来传递信息与获取信息的工具、渠道、载体、中介物或技术手段。也可以把媒体看作为实现信息从信息源传递到受信者的一切技术手段。媒体有两层含义：一层含义是指信息的物理载体（即存储和传递信息的实体），如书本、挂图、磁盘、光盘、磁带以及相关的播放设备等；另一层含义是指信息的表现形式（或者说传播形式），如文字、声音、图像、动画等。多媒体计算机中所说的媒体，是指后者而言，即计算机不仅能处理文字、数值之类的信息，而且还能处理声音、图形、电视图像等各种不同形式的信息。

（二）媒体的划分

国际电话电报咨询委员会CCITT（Consultative Committee on International Telephone and Telegraph，国际电信联盟ITU的一个分会）把媒体分成以下五类：

1. 感觉媒体（perception medium）

指直接作用于人的感觉器官，使人产生直接感觉的媒体，如引起听觉反应的声音，引起视觉反应的图像等。

2. 表示媒体（representation medium）

指传输感觉媒体的中介媒体，即用于数据交换的编码，如图像编码（JPEG、MPEG等）、文本编码（ASCII码、GB2312等）和声音编码等。

3. 表现媒体（presentation medium）：指进行信息输入和输出的媒体，如键盘、鼠标、扫描仪、话筒、摄像机等为输入媒体；显示器、打印机、喇叭等为输出媒体。

4. 存储媒体（storage medium）

指用于存储表示媒体的物理介质，如硬盘、软盘、磁盘、光盘、ROM及RAM等。

5. 传输媒体（transmission medium）

指传输表示媒体的物理介质，如电缆、光缆等。

（三）多媒体定义

"多媒体"一词译自英文"Multimedia"，而该词又是由"multiple"和"media"复合而成的。媒体（medium）原有两重含义：一是指存储信息的实体，如磁盘、光盘、磁带、半导体存储器等，中文常译作媒质；二是指传递信息的载体，如数字、文字、声音、图形等，中文译作媒介。所以，与多媒体对应的一词是单媒体（monomedia），从字面上看，多媒体就是由单媒体复合而成的。

多媒体技术从不同的角度来说有不同的定义。比如，有人定义"多媒体计算机是一组硬件和软件设备；结合了各种视觉和听觉媒体，能够产生令人印象深刻的视听效果。在视觉媒体上，包括图形、动画、图像和文字等媒体，在听觉媒体上，则包括语言、立体声响和音乐等媒体。用户可以从多媒体计算机同时接触到各种各样的媒体来源"。还有人定义多媒体是"传统的计算媒体——文字、图形、图像以及逻辑分析方法等与视频、音频以及为了知识创建和表达的交互式应用的结合体"。概括起来就是：多媒体技术，即是计算机交互式综合处理多媒体信息——文本、图形、图像和声音，使多种信息建立逻辑连接，集成为一个系统并具有交互性。简言之，多媒体技术就是具有集成性、实时性和交互性的计算机综合处理声、文、图信息的技术。多媒体在中国也有自己的定义，一般认为，多媒体技术指的就是能对多种载体（媒介）上的信息和多种存储体（媒介）上的信息进行处理的技术。

（四）多媒体关键技术

由于多媒体系统需要将不同的媒体数据表示成统一的结构码流，然后对其进行变换、重组和分析处理，以进行进一步的存储、传送、输出和交互控制。所以，多媒体的传统关键技术主要集中在以下四类中：数据压缩技术、大规模集成电路（VLSI）制造技术、大容量的光盘存储器（CD-ROM）、实时多任务操作系统。因为这些技术取得了突破性的进展，多媒体技术才得以迅速发展，而成为像今天这样具有强大的处理声音、文字、图像等媒体信息的能力的高科技。

但说到当前要用于互联网络的多媒体关键技术，有些专家却认为可以按层次分为媒体处理与编码技术、多媒体系统技术、多媒体信息组织与管理技术、多媒体通信网络技术、多媒体人机接口与虚拟现实技术，以及多媒体应用技术六个方面，而且还应该包括多媒体同步技术、多媒体操作系统技术、多媒体中间件技术、多媒体交换技术、多媒体数据库技术、超媒体技术、基于内容检索技术、多媒体通信中的QoS管理技术、多媒体会议系统技术、多媒体视频点播与交互电视技术、虚拟实景空间技术等。

（五）多媒体组成部分

一般的多媒体系统由如下内容组成：

多媒体硬件系统、多媒体操作系统、媒体处理系统工具和用户应用软件。

1. 多媒体硬件系统

包括计算机硬件、声音/视频处理器、多种媒体输入/输出设备及信号转换装置、通信传输设备及接口装置等。其中，最重要的是根据多媒体技术标准而研制生成的多媒体信息处理芯片和板卡、光盘驱动器等。

2. 多媒体操作系统

或称为多媒体核心系统（multimedia kernel system），具有实时任务调度、多媒体数据转换和同步控制对多媒体设备的驱动和控制，以及图形用户界面管理等。

3. 媒体处理系统工具

或称为多媒体系统开发工具软件，是多媒体系统的重要组成部分。

4. 用户应用软件

根据多媒体系统终端用户要求而定制的应用软件或面向某一领域的用户应用软件系统，它是面向大规模用户的系统产品。

（六）多媒体技术

多媒体技术是专指于电脑程序中处理图形、图像、影音、声讯、动画等的电脑应用技术。

1. 基本概述

我们所提到多媒体技术中的媒体主要是指利用电脑把文字、图形、影像、动画、声音及视频等媒体信息都数位化，并将其整合在一定的交互式界面上，使电脑具有交互展示不同媒体形态的能力。它极大地改变了人们获取信息的传统方法，符合人们在信息时代的阅读方式。

多媒体技术的发展改变了计算机的使用领域，使计算机由办公室、实验室中的专用品变成了信息社会的普通工具，广泛应用于工业生产管理、学校教育、公共信息咨询、商业广告、军事指挥与训练，甚至家庭生活与娱乐等领域。

2. 多媒体技术应用的意义在于

• 使计算机可以处理人类生活中最直接、最普遍的信息，从而使得计算机应用领域及功能得到了极大的扩展。

• 使计算机系统的人机交互界面和手段更加友好和方便，非专业人员可以方便地使用和操作计算机。

• 多媒体技术使音像技术、计算机技术和通信技术三大信息处理技术紧密地结合起来，为信息处理技术发展奠定了新的基石。

多媒体技术发展已经有多年的历史了，到目前为止，声音、视频、图像压缩方面的基础技术已逐步成熟，并形成了产品进入市场，现在热门的技术如模式识别、MPEG压缩技术、虚拟现实技术正在逐步走向成熟，相信不久也会进入市场。

3. 多媒体技术涉及面相当广泛，主要包括

• 音频技术：音频采样、压缩、合成及处理、语音识别等。

• 视频技术：视频数字化及处理。

• 图像技术：图像处理，图像、图形动态生成。

• 图像压缩技术：图像压缩、动态视频压缩。

• 通信技术：语音、视频、图像的传输。

4. 基本类型

（1）文本。文本是以文字和各种专用符号表达的信息形式，它是现实生活中使用最多的一种信息存储和传递方式。用文本表达信息给人充分的想象空间，它主要用于对知识的描述性表示，如阐述概念、定义、原理和问题以及显示标题、菜单等内容。

（2）图像。图像是多媒体软件中最重要的信息表现形式之一，它是决定一个多媒体软件视觉效果的关键因素。

（3）动画。动画是利用人的视觉暂留特性，快速播放一系列连续运动变化的图形、图像，也包括画面的缩放、旋转、变换、淡入淡出等特殊效果。通过动画可以把抽象的内容形象化，使许多难以理解的教学内容变为生动有趣。合理使用动画可以达到事半功倍的效果。

（4）声音。声音是人们用来传递信息、交流感情最方便、最熟悉的方式之一。在多媒体课件中，

按其表达形式，可将声音分为讲解、音乐、效果三类。

（5）视频影像。视频影像具有时序性与丰富的信息内涵，常用于交代事物的发展过程。视频非常类似于我们熟知的电影和电视，有声有色，在多媒体中充当着重要的角色。

5. 多媒体技术的特点

（1）能够完成在内容上相关联的多媒体信息的处理和传送，如声音、活动图像、文本、图形、动画等。

（2）交互式工作，而不是简单的单向或双向传输。

（3）网络联结，即各种媒体信息是通过网络传输的，而不是借助CD-ROM等存储载体来传递的。

6. 应用领域

（1）教育（形象教学、模拟展示）：电子教案、形象教学、模拟交互过程、网络多媒体教学、仿真工艺过程。

（2）商业广告（特技合成、大型演示）：影视商业广告、公共招贴广告、大型显示屏广告、平面印刷广告。

（3）影视娱乐业（电影特技、变形效果）：电视/电影/卡通混编特技、演艺界MTV特技制作、三维成像模拟特技、仿真游戏、赌博游戏。

（4）医疗（远程诊断、远程手术）：网络多媒体技术、网络远程诊断、网络远程操作（手术）。

（5）旅游（景点介绍）：风光重现、风土人情介绍、服务项目。

（6）人工智能模拟（生物、人类智能模拟）：生物形态模拟、生物智能模拟、人类行为智能模拟。

二、多媒体技术应用现状与发展

多媒体技术应用是当今信息技术领域发展最快、最活跃的技术，是新一代电子技术发展和竞争的焦点。多媒体技术融计算机、声音、文本、图像、动画、视频和通信等多种功能于一体。多媒体技术借助日益普及的高速信息网，可实现计算机的全球联网和信息资源共享，因此被广泛应用在咨询服务、图书、教育、通信、军事、金融、医疗等诸多行业，并正潜移默化地改变着我们生活的面貌。

1. 多媒体技术应用现状

多媒体技术是使用计算机交互式综合技术和数字通信网络技术处理多种表示媒体——文本、图形、图像、视频和声音，使多种信息建立逻辑联结，集成一个交互式系统。

它主要涉及如下几个部分：

CAI与远程教学、GIS与数字地球、多媒体远程监控等。

（1）CAI及远程教育系统。根据一定的教学目标，在计算机上编制一系列的程序，设计和控制学习者的学习过程，使学习者通过使用该程序，完成学习任务，这一系列计算机程序称为教育多媒体软件或称为CAI（Computer Assist Instruction 计算机辅助教学）。

网络远程教育模式依靠现代通信技术及多媒体技术的发展，大幅度地提高了教育传播的范围和时效，使教育传播不受时间、地点、国界和气候的影响。CAI的应用，使学生真正打破了明显的校园界限，改变了传统的"课堂教学"概念，突破时空的限制，接受到来自不同国家、教师的指导，可获得除文本以外更丰富、直观的多媒体教学信息，共享教学资源，它可以按学习者的思维方式来组织教学内容，也可以由学习者自行控制和检测，使传统的教学由单向转向双向，实现了远程教学中师生之间、学生与学生之间的双向交流。

（2）地理信息系统（GIS）。地理信息系统（GIS）获取、处理、操作、应用地理空间信息，主要应用在测绘、资源环境的领域。与语音图像处理技术比较，地理信息系统技术的成熟相对较晚，软件应用的专业程度相对也较高，随着计算机技术的发展，地理信息技术逐步成为一门新兴产业。

除了大型GIS平台之外，设施管理、土地管理、城市规划、地籍测量的专业应用多媒体技术也越来越多。

（3）多媒体监控技术。将图像处理、声音处理、检索查询等多媒体技术综合应用到实时报警系统中，改善了原有的模拟报警系统，使监控系统更广泛地应用到工业生产、交通安全、银行保安、酒店管理等领域中。它能够及时发现异常情况，迅速报警，同时将报警信息存储到数据库中以备查询，并交互地综合图、文、声、动画多种媒体信息，使报警的表现形式更为生动、直观，人机界面更为友好。

2. 发展趋势

总的来看，多媒体技术正向两个方面发展：一是网络化发展趋势，与宽带网络通信等技术相互结合，使多媒体技术进入科研设计、企业管理、办公自动化、远程教育、远程医疗、检索咨询、文化娱乐、自动测控等领域；二是多媒体终端的部件化、智能化和嵌入化，提高计算机系统本身的多媒体性能，开发智能化家电。

（1）多媒体技术的网络化发展趋势。技术的创新和发展将使诸如服务器、路由器、转换器等网络设备的性能越来越高，包括用户端CPU、内存、图形卡等在内的硬件能力空前扩展，人们将受益于无限的计算和充裕的带宽，它使网络应用者改变以往被动地接受处理信息的状态，并以更加积极主动的姿态去参与眼前的网络虚拟世界。

多媒体技术的发展将使多媒体计算机形成更完善的计算机支撑的协同工作环境，消除了空间距离的障碍，也消除了时间距离的障碍，为人类提供更完善的信息服务。

交互的、动态的多媒体技术能够在网络环境创建出更加生动逼真的二维与三维场景，人们还可以借助摄像等设备，把办公室和娱乐工具集合在终端多媒体计算机上，可在世界任一角落与千里之外的同行在实时视频会议上进行市场讨论、产品设计，欣赏高质量的图像画面。新一代用户界面（UI）与智能人工（intelligent agent）等网络化、人性化、个性化的多媒体软件的应用还可使不同国籍、不同文化背景和不同文化程度的人们通过"人机对话"，消除他们之间的隔阂，自由地沟通与了解。

世界正迈进数字化、网络化、全球一体化的信息时代。信息技术将渗透到人类社会的方方面面，其中网络技术和多媒体技术是促进全面实现信息社会的关键技术。MPEG曾成功地发起并制定了MPEG-1、MPEG-2标准，现在MPEG组织也已完成了MPEG-4标准的1、2、3、4版本的标准，2001年9月完成MPEG-7标准的制定工作，同时在2001年12月完成MPEG-21的制定工作。

多媒体交互技术的发展，使多媒体技术在模式识别、全息图像、自然语言理解（语音识别与合成）和新的传感技术（手写输入、数据手套、电子气味合成器）等基础上，利用人的多种感觉通道和动作通道（如语音、书写、表情、姿势、视线、动作和嗅觉等），通过数据手套和跟踪手语信息，提取特定人的面部特征，合成面部动作和表情，以并行和非精确方式与计算机系统进行交互，可以提高人机交互的自然性和高效性，实现以三维的逼真输出为标志的虚拟现实。

蓝牙技术的开发应用，使多媒体网络技术无线电化。数字信息家电，个人区域网络，无线宽带局域网，新一代无线、互联网通信协议与标准，对等网络与新一代互联网络的多媒体软件开发，综合原有的各种多媒体业务，将会使计算机无线网络异军突起，牵起网络时代的新浪潮，使得计算机无处不在，各种信息随手可得。

（2）多媒体终端的部件化、智能化和嵌入化发展趋势。目前，多媒体计算机硬件体系结构，多媒体计算机的视频音频接口软件不断改进，尤其是采用了硬件体系结构设计和软件、算法相结合的方案，使多媒体计算机的性能指标进一步提高，但要满足多媒体网络化环境的要求，还需对软件作进一步的开发和研究，使多媒体终端设备具有更高的部件化和智能化，对多媒体终端增加如文字的识别和输入、汉语语音的识别和输入、自然语言理解和机器翻译、图形的识别和理解、机器人视觉和计算机视觉等智能。

主要用于数学运算及数值处理，随着多媒体技术和网络通信技术的发展，需要CPU芯片本身具有更高的综合处理声、文、图信息及通信的功能，因此我们可以将媒体信息实时处理和压缩编码算法做到CPU芯片中。

从目前的发展趋势看，可以把这种芯片分成两类：一类是以多媒体和通信功能为主。融合CPU芯片原有的计算功能,它的设计目标是用在多媒体专用设备,家电及宽带通信设备,可以取代这些设备中的 CPU 及大量 ASIC 和其他芯片。另一类是以通用 CPU 计算功能为主,融合多媒体和通信功能,它们的设计目标是与现有的计算机系列兼容,同时具有多媒体和通信功能,主要用在多媒体计算机中。

随着多媒体技术的发展,TV 与 PC 技术的竞争与融合越来越引人注目,传统的电视主要用在娱乐,而 PC 重在获取信息。随着电视技术的发展,电视浏览收看功能、交互式节目指南、电视上网等功能应运而生。而 PC 技术在媒体节目处理方面也有了很大突破,视音频流功能的加强,搜索引擎,网上看电视等技术相应出现,比较来看,收发 E-Mail、聊天和视频会议终端功能更是 PC 与电视技术的融合点,而数字机顶盒技术适应了 TV 与 PC 融合的发展趋势,延伸出"信息家电平台"的概念,使多媒体终端集家庭购物、家庭办公、家庭医疗、交互教学、交互游戏、视频邮件和视频点播等全方位应用于一体,代表了当今嵌入化多媒体终端的发展方向。

嵌入式多媒体系统可应用在人们生活与工作的各个方面,在工业控制和商业管理领域,如智能工控设备、POS/ATM 机、IC 卡等;在家庭领域,如数字机顶盒、数字式电视、WebTV、网络冰箱、网络空调等消费类电子产品,此外,嵌入式多媒体系统还在医疗类电子设备、多媒体手机、掌上电脑、车载导航器、娱乐、军事方面等领域有着巨大的应用前景。

第二节　视频处理技术

视觉是人类感知外部世界的一个最重要的途径。计算机视频技术是把我们带到近于真实世界的最强有力的工具。在多媒体技术中,视频信息的获取及处理无疑占有举足轻重的地位。视频处理技术在目前乃至将来都是多媒体应用的一个核心技术。

一、视频的基础知识

(一)视频的定义

人类接受的信息 70% 来自视觉,其中活动图像是信息量最丰富、直观、生动、具体的一种承载信息的媒体。视频(Video)就其本质而言,实际上就是其内容随时间变化的一组动态图像(25 或 30 帧/s),所以视频又叫作运动图像或活动图像。

从数学角度描述,视频指随时间变化的图像,或称为时变图像。时变图像是一种时-空亮度图案(spatial-temporal intensity pattern),可以表示为 $s(x, y, t)$,其中 (x, y) 是空间变量,t 是时间变量。

(二)视频信号的特点

内容随时间而变化。

伴随有与画面动作同步的声音(伴音)。

图像与视频是两个既有联系又有区别的概念:静止的图片称为图像(image),运动的图像称为视频(video)。此外,两者的信源方式不同,图像的输入要靠扫描仪、数字照相机等设备;而视频的输入是电视接收机、摄像机、录像机、影碟机以及可以输出连续图像信号的设备。

(三)视频的分类

1. 模拟视频(analog video)

模拟视频是一种用于传输图像和声音的并且随时间连续变化的电信号。早期视频的记录、存储和传输都是采用模拟方式。

模拟视频具有以下特点:

①以模拟电信号的形式来记录;

②依靠模拟调幅的手段在空间传播;

③使用盒式磁带录像机将视频作为模拟信号存放在磁带上。

模拟视频的不足：

①不适合网络传输，在传输效率方面先天不足；

②图像随时间和频道的衰减较大；

③不便于分类、检索和编辑。

2. 数字视频（digital video-DV）

视频的数字化过程包括采样、量化和编码。

数字视频克服了模拟视频的局限性，这是因为数字视频可以大大降低视频的传输和存贮费用、增加交互性（数字视频可通过光纤等介质高速随机读取）及精确再现真实情景的稳定图像。

数字视频的应用已经非常广泛，并带来一个全新的应用局面。包括直接广播卫星（DBS）、有线电视、数字电视在内的各种通信应用均需要采用数字视频。近年出现的一些消费产品，如 VCD 和 DVD，数字式便携摄像机，都是以 MPEG 视频压缩为基础的。

数字视频的优点如下：

（1）适合于网络应用。在网络环境中，视频信息可以很方便地实现资源的共享，通过网络线、光纤，数字信号可以很方便地从资源中心传到办公室和家中。视频数字信号可以长距离传输而不会产生任何不良影响，而模拟信号在传输过程中会有信号损失。

（2）再现性好。模拟信号由于是连续变化的，所以不管复制时采用的精确度多高，失真总是不可避免的，经过多次复制以后，误差就很大。数字视频可以不失真地进行无限次拷贝，其抗干扰能力是模拟图像无法比拟的。它不会因存储、传输和复制而产生图像质量的退化，从而能够准确地再现图像。

（3）便于计算机编辑处理。模拟信号只能简单调整亮度、对比度和颜色等，极大地限制了处理手段和应用范围。而数字视频信号可以传送到计算机内进行存储、处理，很容易进行创造性地编辑与合成，并进行动态交互。

数字视频的缺陷是处理速度慢，所需的数据存储空间大，从而使数字图像的处理成本增高。通过对数字视频的压缩，可以节省大量的存储空间。光盘技术的应用也使得大量视频信息的存储成为可能。

（四）视频格式

1. AVI

AVI 格式：它的英文全称为 Audio Video Interleaved，即音频视频交错格式。它于 1992 年被 Microsoft 公司推出，随 Windows 3.1 一起被人们所认识和熟知。所谓"音频视频交错"，就是可以将视频和音频交织在一起进行同步播放。这种视频格式的优点是图像质量好，可以跨多个平台使用，其缺点是体积过于庞大，而且更加糟糕的是压缩标准不统一，最普遍的现象就是高版本 Windows 媒体播放器播放不了采用早期编码编辑的 AVI 格式视频，而低版本 Windows 媒体播放器又播放不了采用最新编码编辑的 AVI 格式视频，所以我们在进行一些 AVI 格式的视频播放时，常会出现由于视频编码问题而造成的视频不能播放或即使能够播放，但存在不能调节播放进度和播放时只有声音没有图像等一些莫名其妙的问题，如果用户在进行 AVI 格式的视频播放时遇到了这些问题，可以通过下载相应的解码器来解决。

2. MPG

MPG 就是通过 MPEG 编码的媒体文件。

3. MPEG

MPEG 是活动图像专家组（Moving Picture Experts Group）的缩写，MPEG 组织最初得到的授权是制定用于"活动图像"编码的各种标准，随后扩充为"伴随的音频"及其组合编码。后来针对不同的应用需求，解除了"用于数字存储媒体"的限制，成为现在制定"活动图像和音频编码"标准的组织。MPEG 组织现已推出很多种压缩标准，下面我们对这些标准作一个简单的介绍：

（1）MPEG-1。MPEG-1 标准于 1993 年 8 月公布，用于传输 1.5Mb/s 数据传输率的数字存储媒体运动图像及其伴音的编码。我们常见的 VCD 格式就是采用这种格式编码。

（2）MPEG-2。MPEG 组织于 1994 年推出 MPEG-2 压缩标准，以实现视/音频服务与应用互操作的可能性。MPEG-2 标准是针对标准数字电视和高清晰度电视在各种应用下的压缩方案和系统层的详细规定，编码率从每秒 3Mb/s~100Mb/s，标准的正式规范在 ISO/IEC13818 中。MPEG-2 不是 MPEG-1 的简单升级，在系统和传送方面作了更加详细的规定和进一步的完善，特别适用于广播级的数字电视的编码和传送，被认定为 SDTV 和 HDTV 的编码标准。常用的 DVD 就是采用这种格式编码。

（3）MPEG-4。MPEG 组织于 1999 年 2 月正式公布了 MPEG-4（ISO/IEC14496）标准第一版本。同年年底发布 MPEG-4 第二版，且于 2000 年年初正式成为国际标准。

MPEG-4 与 MPEG-1 和 MPEG-2 有很大的不同。MPEG-4 不只是具体压缩算法，它是针对数字电视、交互式绘图应用（影音合成内容）、交互式多媒体（WWW、资料撷取与分散）等整合及压缩技术的需求而制定的国际标准。MPEG-4 标准将众多的多媒体应用集成于一个完整的框架内，旨在为多媒体通信及应用环境提供标准的算法及工具，从而建立起一种能被多媒体传输、存储、检索等应用领域普遍采用的统一数据格式。

与 MPEG-1、MPEG-2 相比，MPEG-4 具有如下独特的优点：基于内容的交互性；高效的压缩性；通用的访问性。MPEG-4 提供了易出错环境的鲁棒性，来保证其在许多无线和有线网络及存储介质中的应用，此外，MPEG-4 还支持基于内容的可分级性，即把内容、质量、复杂性分成许多小块来满足不同用户的不同需求，支持具有不同带宽、不同存储容量的传输信道和接收端。

MPEG-4 的主要应用领域有：因特网多媒体应用；广播电视；交互式视频游戏；实时可视通信；交互式存储媒体应用；演播室技术及电视后期制作；采用面部动画技术的虚拟会议；多媒体邮件；移动通信条件下的多媒体应用；远程视频监控；通过 ATM 网络等进行的远程数据库业务等。

4. MOV

在所有视频格式当中，也许 MOV 格式是最不知名的。也许你会听说过 QuickTime，MOV 格式的文件正是由它来播放的。在 PC 几乎一统天下的今天，从 Apple 移植过来的 MOV 格式自然是受到排挤的。它具有跨平台、存储空间要求小的技术特点，而采用了有损压缩方式的 MOV 格式文件，画面效果较 AVI 格式要稍好一些。到目前为止，它共有 4 个版本，其中以 4.0 版本的压缩率最好。这种编码支持 16 位图像深度的帧内压缩和帧间压缩，帧率每秒 10 帧以上。现在这种格式有些非编软件也可以对它进行处理，其中包括 ADOBE 公司的专业级多媒体视频处理软件 AFTEREFFECT 和 PREMIERE。

5. RM

RM 格式是 RealNetworks 公司开发的一种流媒体视频文件格式，它主要包含 Real Audio、Real Video 和 Real Flash 三部分。Real Media 可以根据网络数据传输的不同速率制定不同的压缩比率，从而实现在低速率的 Internet 上进行视频文件的实时传送和播放。

6. WMV

WMV（Windows Media Video）是微软公司开发的一种数字视频压缩格式。WMV 文件一般同时包含视频和音频两部分。视频部分使用 Windows Media Video 编码，音频部分使用 Windows Media Audio 编码。WMV 是微软推出的一种流媒体格式，它是由"同门"的 ASF（Advanced Stream Format）格式升级延伸来的。在同等视频质量下，WMV 格式的体积非常小，因此很适合在网上播放和传输。

二、视频处理工具——Movie Maker

1. 首先是完成了 Movie Maker 的安装（截图工具 Windows 7 自带）
2. 双击"打开"，出现如下界面，以 2.6 的版本为例
3. 在屏幕的左上方你可以看到"电影任务"这一项目，下边有导入视频、导入图片、导入音频或音乐三个项目

点击相应的项目，如果你只是用图片做的话点击导入图片就好了，接着开始查找电脑里边的图片，选择你需要的图片，可以同时选择多个图片（方法 1：按住 Ctrl 单击选择你要的所有的图片；方法 2：直接使用鼠标左键拖选）（见图 4-1）。

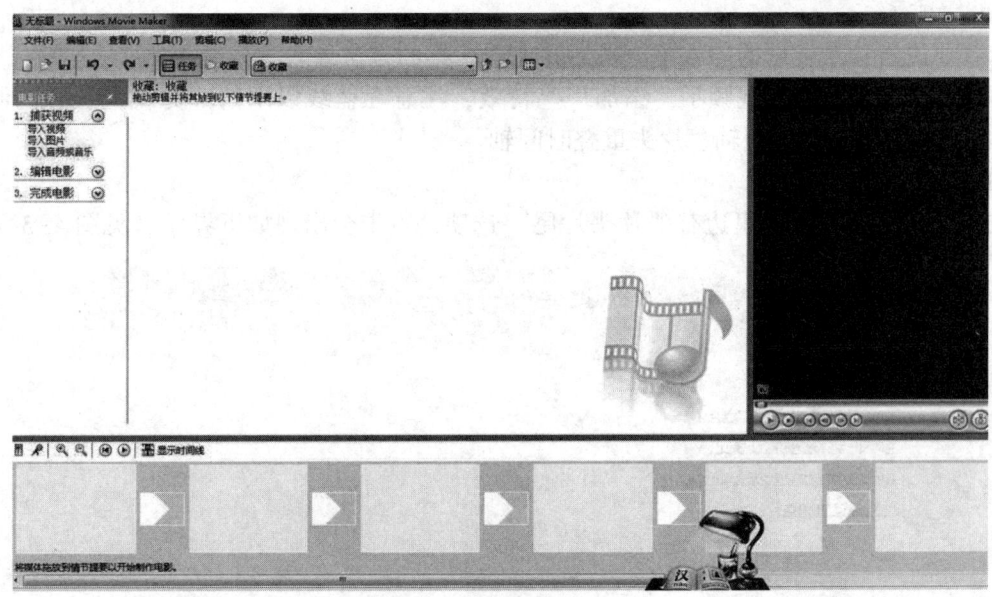

图 4-1　Movie Maker 界面

4. 选完之后就点击导入即可

这时你就可以点击屏幕中上部导入的图片，按住左键拖入到屏幕下方的时间线上的空白地方（见图 4-2）。

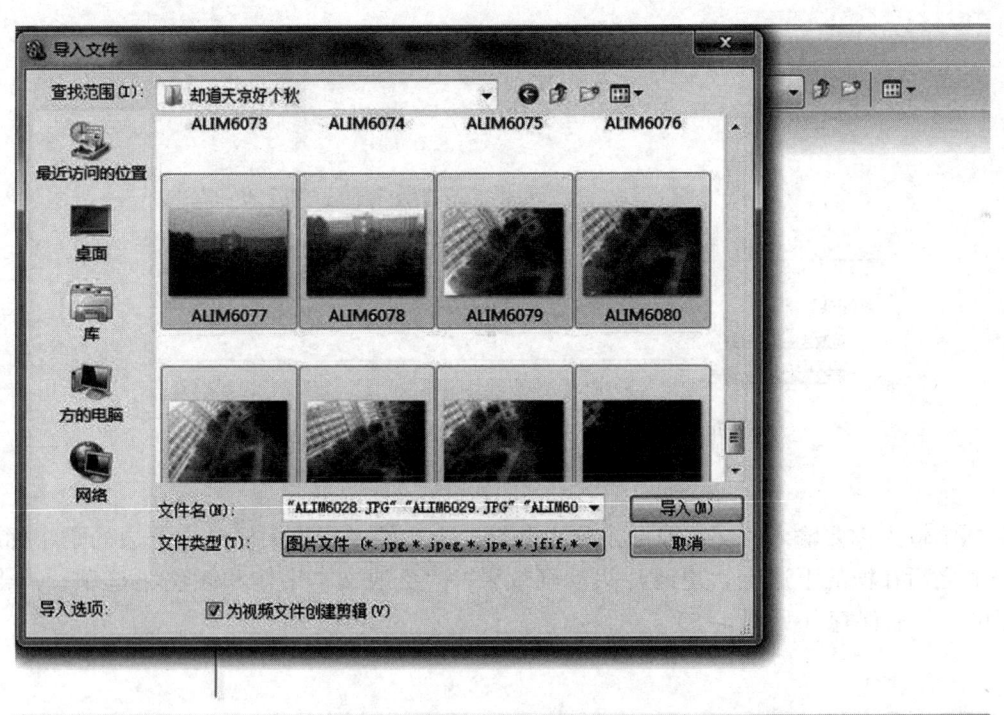

图 4-2　导入图片

5. 如果你对每一张图片有顺序要求的话你就需要一张一张地拖入，没有什么要求的话你就直接按 Ctrl+A（全选）选择所有图片，移动鼠标放在任意一张图片上按住左键拖动到屏幕下方的时间线上即可，计算机会自动排序的，也可拖动改变位置

如果有些已经拖入的图片你不想要了，直接在时间轴上单击"选择"，然后点 Delete 即可。图片的

导入基本上就完成了。

6. 接着就要进行背景音乐的导入了，采用和上面一样的方法导入背景音乐

7. 下面就要进一步地修饰视频了，添加一些特效，注意在蓝线以下的部分就是视频的制作区，其中有视频时间轴、背景音乐时间轴、片头重叠时间轴。

8. 添加片头、片尾

（1）在"工具"下拉菜单里边有"片头片尾"选项，点击会出现如下界面（见图4-3）：

图4-3　片头片尾

（2）如要在片头添加文本，点击即可出现如下界面（见图4-4）：

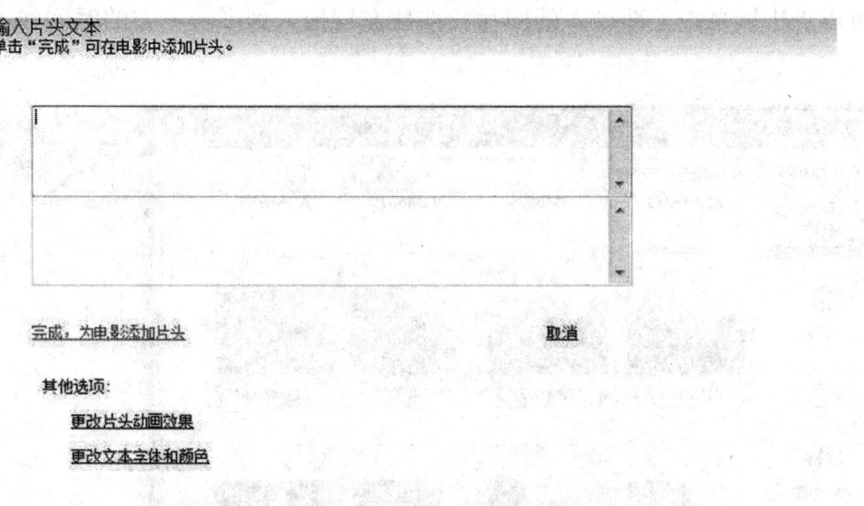

图4-4　添加片头

（3）在框中输入你要输入的文字即可，分为两行，上边的一行是大标题，下边的是小标题。

（4）完成之后在框的下边有"更改片头动画效果""更改文本字体和颜色"选项，点击进行你想要的设置即可，然后保存（见图4-5）。

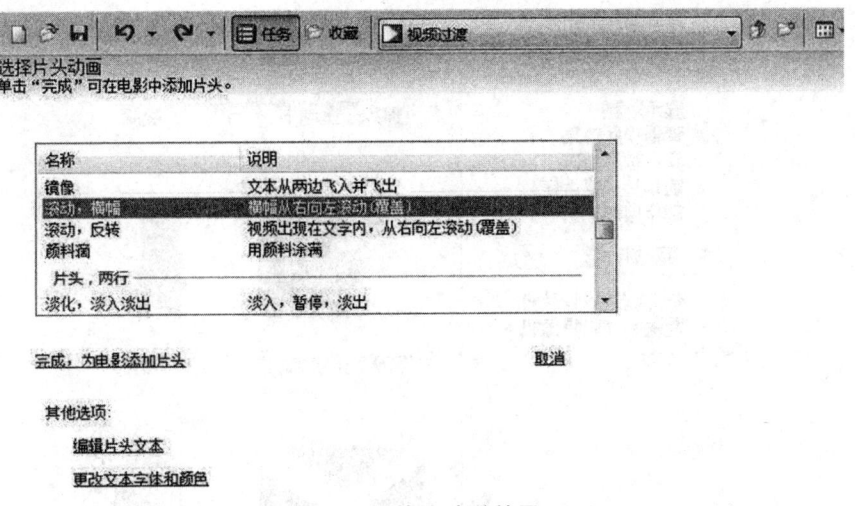

图 4-5　片头动画效果

注意：如果还要修改文本的字体颜色等千万不要点击"完成，为电影添加片头"，而应该点击最下方的"更改文本字体和颜色"进行修改。

（5）更改文本字体和颜色（见图 4-6），进行设置即可。

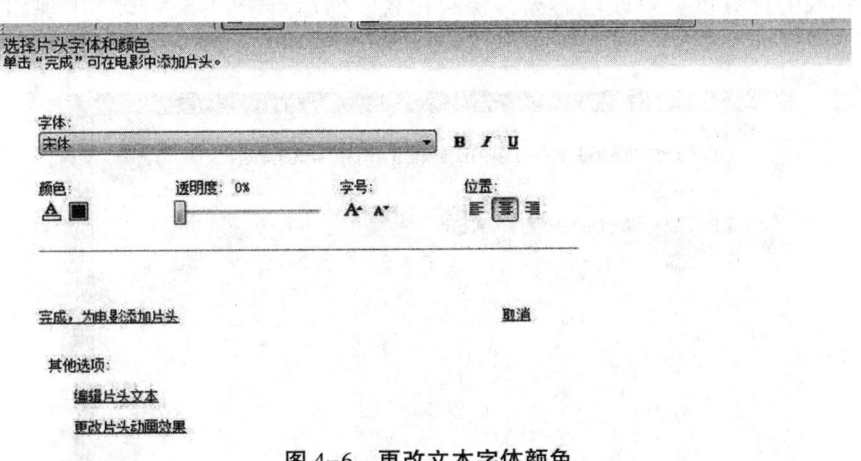

图 4-6　更改文本字体颜色

完成这些以后就可以点击"完成，为电影添加片头"。片尾的添加以及其他文本的添加处理类似。

（6）完成视频后就是输出视频了。

点击"任务"直至出现最原始的界面"电影任务"。

第三个选项是"完成电影"。

下边有"保存到我的计算机"，点击即可（见图 4-7）。

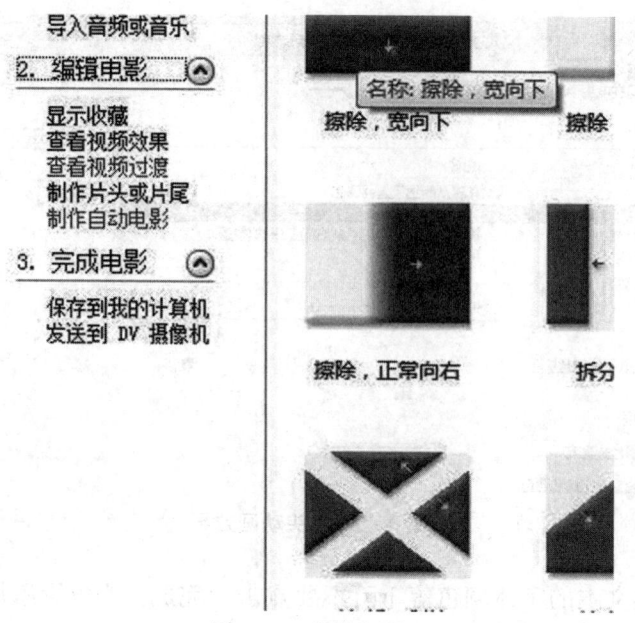

图 4-7 完成电影

点击"保存到我的计算机"修改电影名，保存位置，然后点击"下一步"出现如下界面（见图 4-8）：

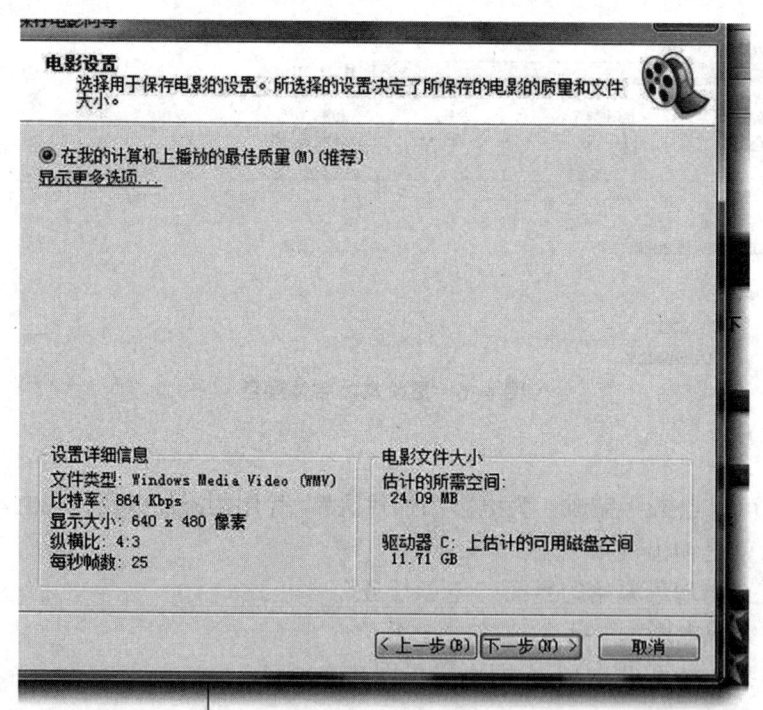

图 4-8 保存到计算机

（7）单击"显示更多的选项"出现如下界面，选择你要的输出模式即可。也可以使用默认的推荐格式，然后点击"下一步"（见图 4-9）。

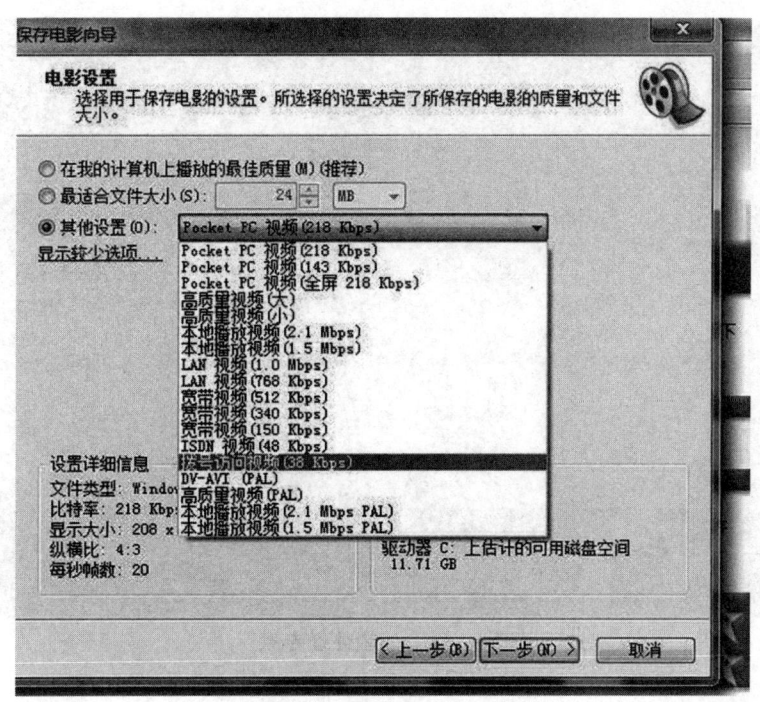

图 4-9　选择输出格式

（8）点击"下一步"后出现如下界面，说明开始保存输出电影了（见图 4-10）。

图 4-10　输出电影

（9）完成了电影的制作。打开你的电影查看播放效果，并在其他计算机上试一试播放的效果如何以及兼容性的问题。

三、视频处理工具——视频编辑专家

视频编辑专家是一款专业的视频编辑软件，包含视频合并专家、AVI MPEG 视频合并专家、视频分割专家、视频截取专家、RMVB 视频合并专家的所有功能，是视频爱好者必备的工具（见图 4-11）。

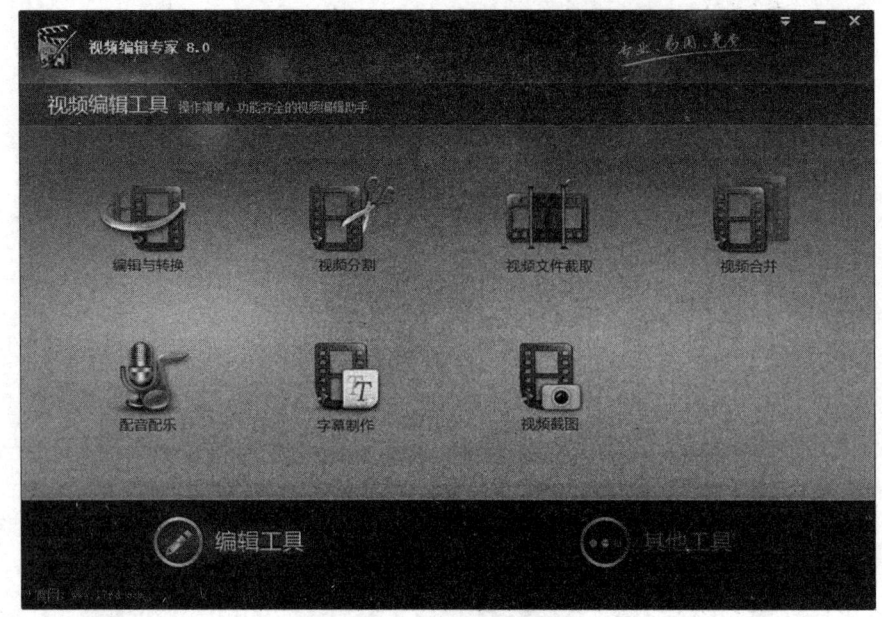

图 4-11 视频处理专家

功能简介：

1. 编辑与转换

可以转换 MPEG 1/2/4、AVI、ASF、SWF、DivX、Xvid、RM、RMVB、FLV、SWF、MOV、3GP、WMV、PMP、VOB、MP3、MP2、AU、AAC、AC3、M4A、WAV、WMA、OGG、FLAC 等各种音视频格式；而且支持音量调节、时间截取、视频裁剪、添加水印和字幕等功能。

2. 视频分割

把一个视频文件分割成任意大小和数量的视频文件。

3. 视频文件截取

从视频文件中提取你感兴趣的部分，制作成视频文件。

4. 视频合并

把多个不同或相同的音视频格式文件合并成一个音视频文件。

5. 配音配乐

给视频添加背景音乐以及配音。

6. 字幕制作

给视频添加字幕。

7. 视频截图

从视频中截取精彩画面。

第三节 音频处理技术

一、音频的基础知识

音频是多媒体技术中媒体的一种，由于音频信号是一种连续变化的模拟信号，而计算机只能处理和记录二进制的数字信号，因此，音频信号必须经过一定的变化和处理，变成二进制数据后才能送到计算机进行编辑和存储。

1. 音频信号所携带的信息大体上可分为语音、音乐和音响三类

（1）语音是指具有语言内涵和人类约定的特殊媒体；

（2）音乐是规范的符号化了的声音；

（3）音响指其他自然声音，如动物的叫声、机器的轰鸣声、风雨雷电声等。

2. 音频格式

（1）WAV：由 Microsoft 公司开发的一种 WAV 声音文件格式，是如今电脑上最为常见的声音文件格式，它符合 RIFF（Resource Interchange File Format）文件规范，用于保存 Windows 平台的音频信息资源，被 Windows 平台及其应用程序所广泛支持。Wave 格式支持 MSADPCM、CCITTALaw、CCITT μ Law 和其他压缩算法，支持多种音频位数、采样频率和声道，但其缺点是文件体积较大（一分钟 44kHz、16bit Stereo 的 WAV 文件约占用 10MB 硬盘空间）。

（2）WMA：WMA 的全称是 Windows Media Audio，它是微软公司推出的与 MP3 格式齐名的一种新的音频格式。由于 WMA 在压缩比和音质方面都超过了 MP3，更是远胜于 RA（Real Audio），即使在较低的采样频率下也能产生较好的音质。

（3）MP3：MP3 是 Internet 上最流行的音乐格式，最早起源于 1987 年德国一家公司的 EU147 数字传输计划，它利用 MPEGAudioLayer3 的技术，将声音文件用 1：12 左右的压缩率压缩，变成容量较小的音乐文件，使传输和储存更为便捷，更利于互联网用户在网上试听或下载到个人计算机。注：Premiere Pro 可以直接使用 MP3 格式的音频。

二、音频处理工具—— mp3DirectCut

MP3 虽然不是音质最好的格式，但却是当前应用最广泛的音频格式，除了歌曲之外，其他一些相关语音资料，比如，相声、英语听力、手机铃声大都也采取 MP3 格式。这为广大用户带来了更多的便利，不仅分享传播方便，也可更方便地进行后期处理加工，制作一些自己独特的音频内容，如切断一段歌曲最爱内容，制作一段手机铃声，截取某个相声经典段子，为视频添加背景等。此时，一款强劲的免费的 MP3 剪切工具——mp3DirectCut 可以帮你快速切割指定区域内容。

首次启动将提示你选择语言界面，确认提示后将自动切换至语言选择界面，完成语言选择之后将自动重启软件。现在就可以正式开始剪切工作了。依次执行"文件/打开"选择你需要进行剪切的 MP3 文件，接着你可以使用两种操作方法来完成剪切。mp3DirectCut 软件界面如图 4-12 所示：

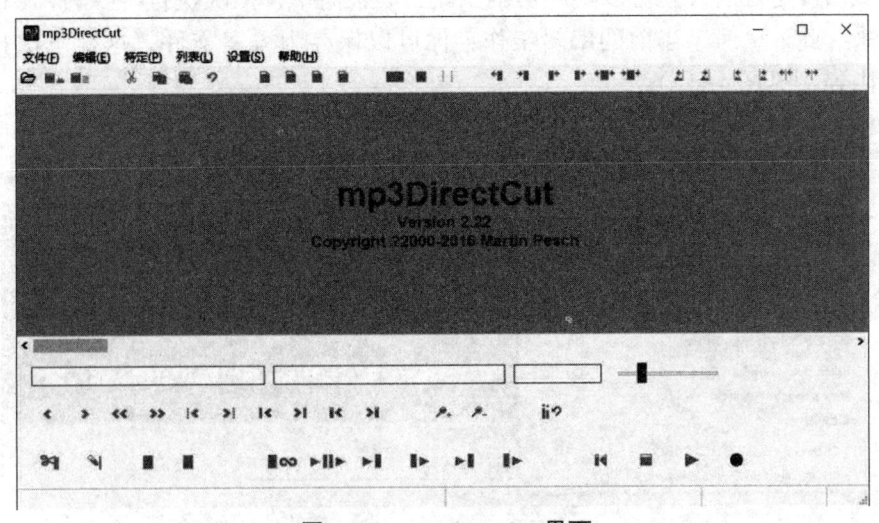

图 4-12 mp3DirectCut 界面

（一）如何设定剪切区域

1. 拖动滑块

如果对音频文件的内容相当熟悉，知道自己想要切割内容所处的开始时间和结束时间，则可以直接拖动滑块来设置切割区域的起始点和终点（见图4-13）。具体操作：滑块至起始点之后，点击 ▌ "设置起点"，接着继续拖动滑块至终点，最后点击 ▌ "设置终点"。小贴士：在 滑块拖动过程中可以随时观察"输入"处"当前"所显示的时间点。

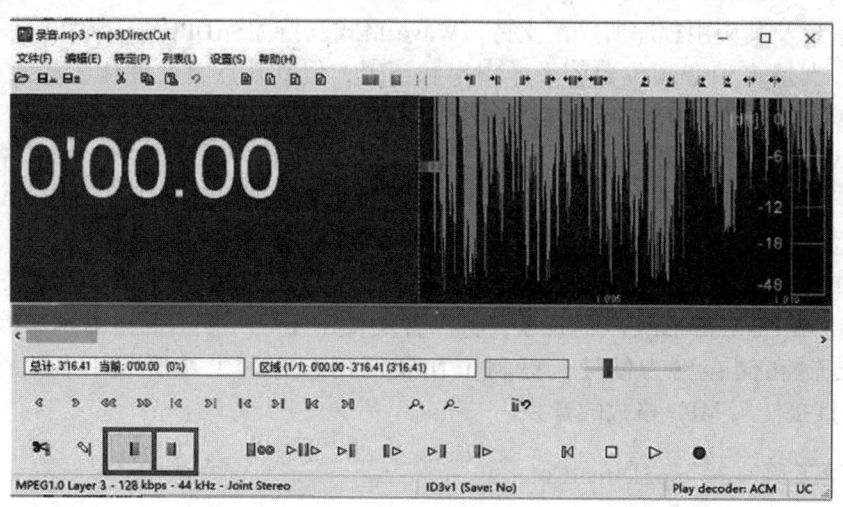

图4-13 拖动滑块

2. 播放剪切

除了拖动滑块之外，你也可在歌曲播放的过程中，设置你需要的剪切区域。具体操作：点击 ▷ "播放"按钮开始播放歌曲，当播放至切割开始点，就可依次点击 □ "停止"- ▌ "设置起点"，随后继续进行播放，直至需要的终点再按停止，并点击 ▌ "设置终点"结束区域设定。

（二）保存切割后内容

完成剪切区域的设定之后，就可以实施切割工具了。很简单，依次执行"文件/保存选区"就可将选取内容保存下来。此外，对于当前的编辑工作，你可以保存为方案文件，这样下次打开时可以继续使用当前的编辑内容（见图4-14）。

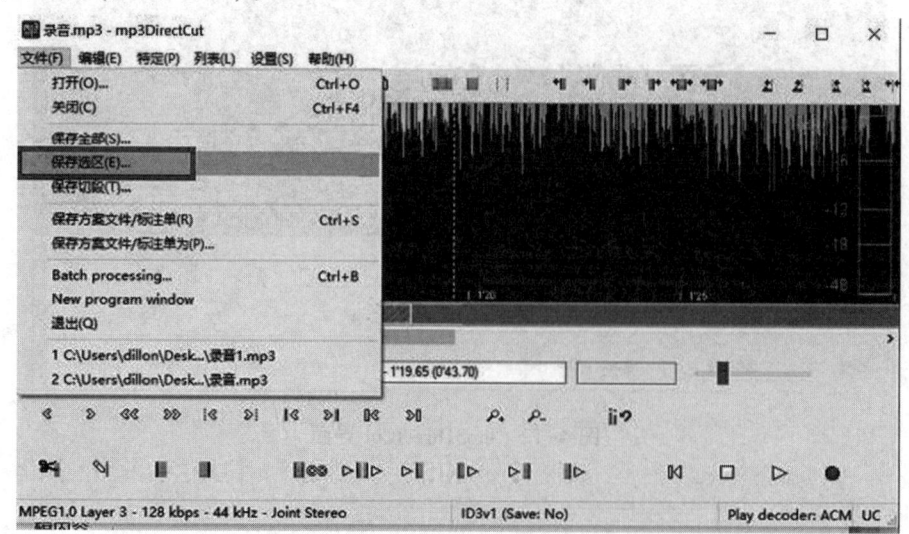

图4-14 保存选区

（三）其他

除了剪切 MP3 功能之外，软件还提供了录制功能，而且使用上也非常简单，点击主界面"录制"启用录音功能，随后单击"播放"后即开始正式录制工作。注：使用录制功能，系统需要安装 LAME 编码（见图 4-15）。具体操作：首先将 LAME 的"lame_ enc. dll"文件解压至 mp3DirectCut 安装目录，随后执行"设置/配置/Encoder"进入参数设置对话框，并勾选"Use lame_ enc. dll"，根据个人需要，还可以就一些细节参数进行调整。

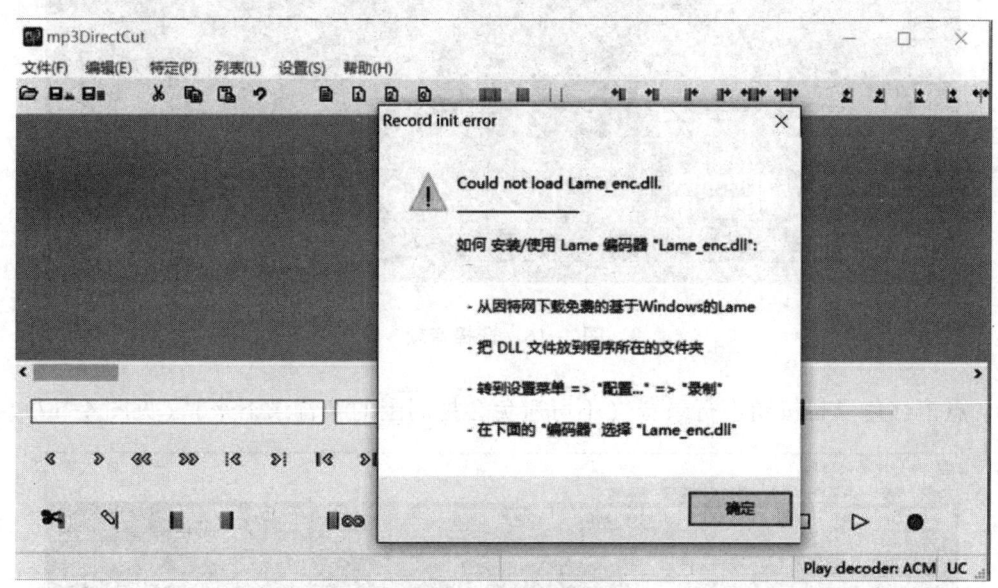

图 4-15　其他功能

三、音频处理工具——Cool Edit Pro

Adobe Audition（前 Cool Edit Pro）是美国 Adobe Systems 公司（前 Syntrillium Software Corporation）开发的一款功能强大、效果出色的多轨录音和音频处理软件，而且它还提供多种特效为你的作品增色：放大、降低噪音、压缩、扩展、回声、失真、延迟等。你可以同时处理多个文件，轻松地在几个文件中进行剪切、粘贴、合并、重叠声音操作。使用它可以生成的声音有：噪音、低音、静音、电话信号等。该软件还包含有 CD 播放器，其他功能还包括：支持可选的插件；崩溃恢复；支持多文件；自动静音检测和删除；自动节拍查找；录制等。另外，它还可以在 AIF、AU、MP3、Raw PCM、SAM、VOC、VOX、WAV 等文件格式之间进行转换，并且能够保存为 Real Audio 格式。

（一）利用 Cool Edit Pro 实现录音操作步骤

第一步：打开 Cool Edit Pro 音频编辑软件，点击音轨 1 中的"R"（见图 4-16）。

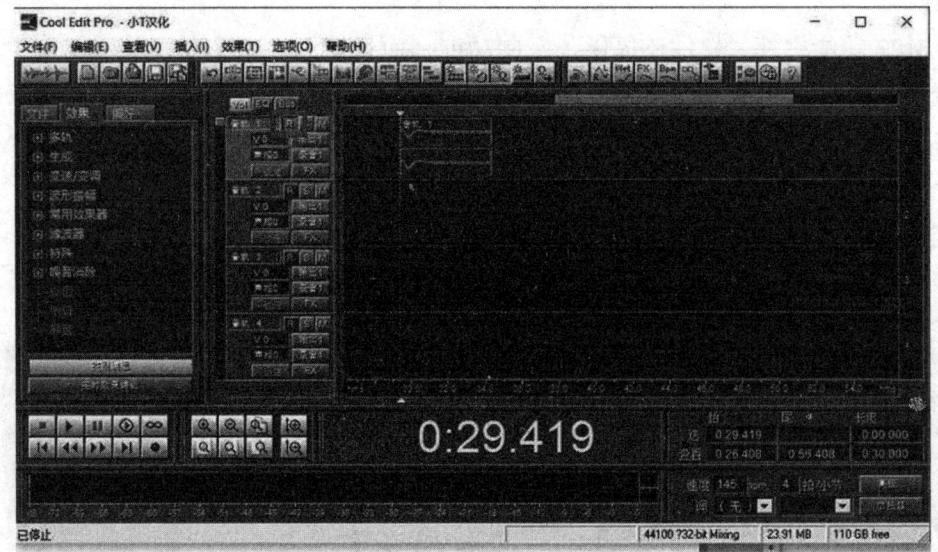

图 4-16 选择音轨

第二步：点击红色录音按钮进行录音（不可避免会把周围的噪音录下来）（见图 4-17）。

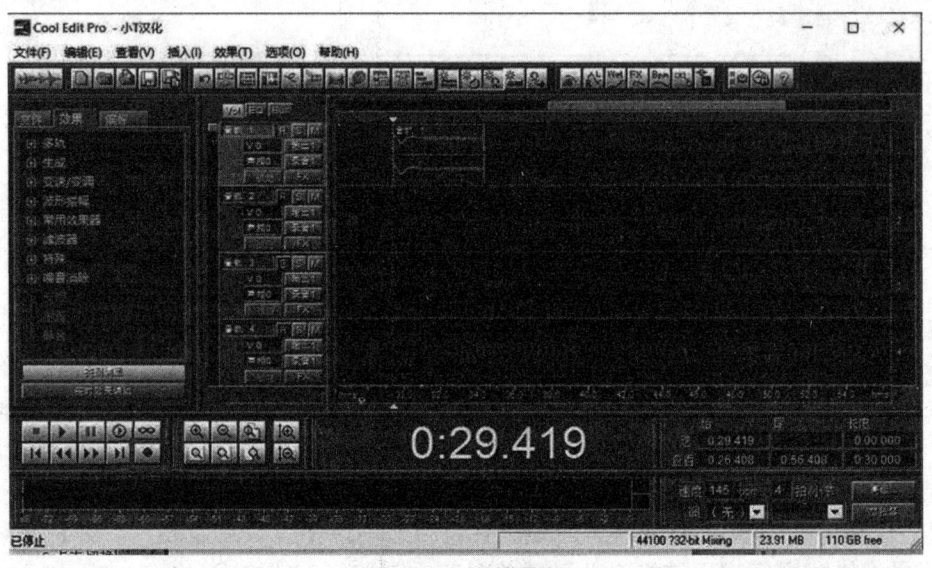

图 4-17 开始录制

第三步：录音结束后点击"停止"（见图 4-18）。

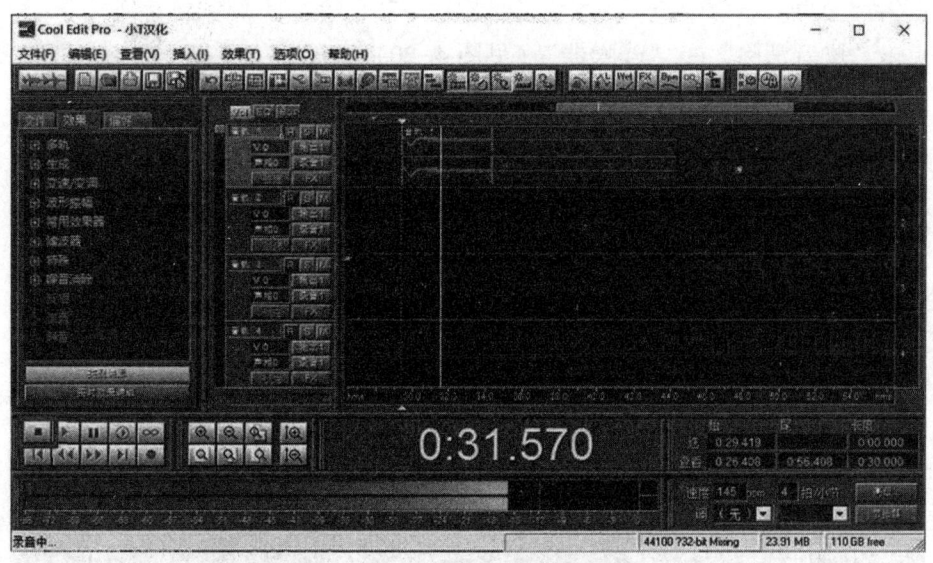

图 4-18　停止录制

提示：Cool Edit Pro 录音时，会产生不少临时文件，这些文件所占的硬盘空间很大。所以在录完一首歌后，确认不再需要进行改动时，就可以将这些临时文件删除。单击"文件→临时文件空间"，在临时文件夹空间管理对话框中，可以清除历史记录，并可以查看临时文件夹的路径，然后通过手工方式清除。

（二）利用 Cool Edit Pro 实现智能分割

第一步：打开文件后，依次按"编辑"→"自动提示"→"标记乐句"，即可看见有被红色（在每首歌的开头）和蓝色（在结尾）的小标签标记，双击标签，即可选定一段音频文件。

第二步：按"文件"→"保存选区区域"，即可保存成另一文件。

（三）利用 Cool Edit Pro 实现降噪处理

第一步：打开录制的音频文件，点击工具栏中的 切换为波形编辑界面（见图 4-19）。

图 4-19　切换波形编辑界面

第二步：点击"效果"。

第三步：点击"噪音消除"→"降噪器"（见图4-20）。

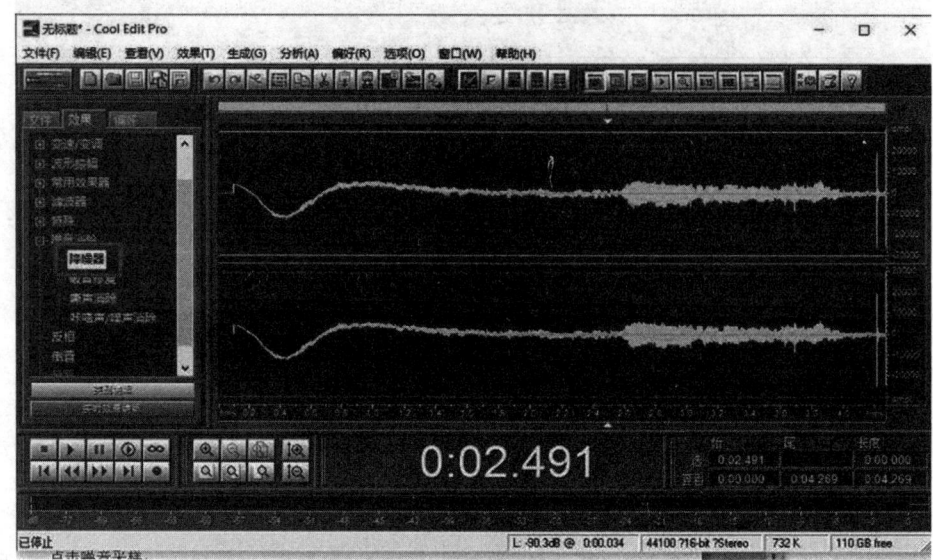

图4-20　降噪器

第四步：点击降噪器对话框中的"噪音采样"（见图4-21）。

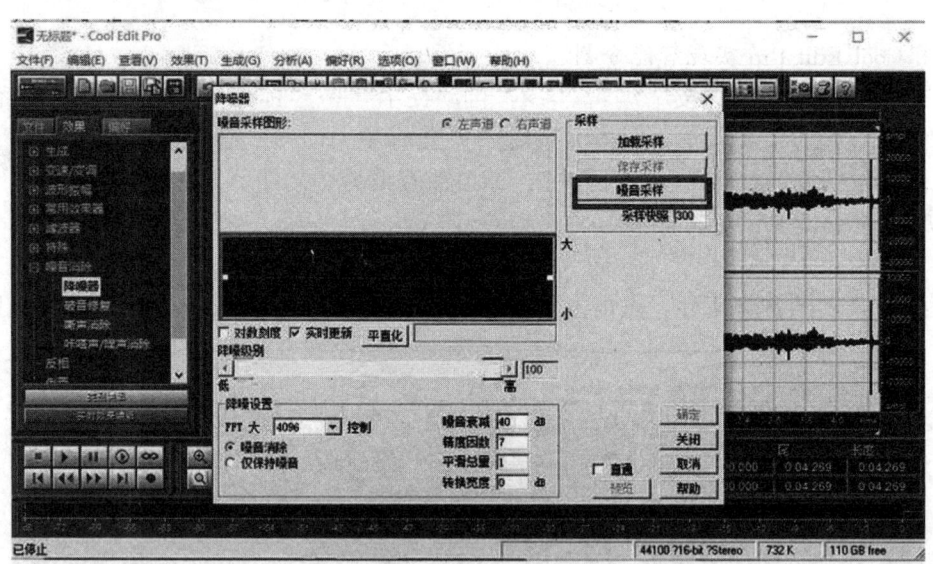

图4-21　噪音采样

第五步：根据需要选择降噪级别，并点击降噪器对话框中的"确定"。

第六步：再次点击工具栏中的 切换为波形编辑界面。

第七步：打开你要降噪的录音文件。

第八步：双击需要降噪的录音文件（以"录音.MP3"为例）（见图4-22）。

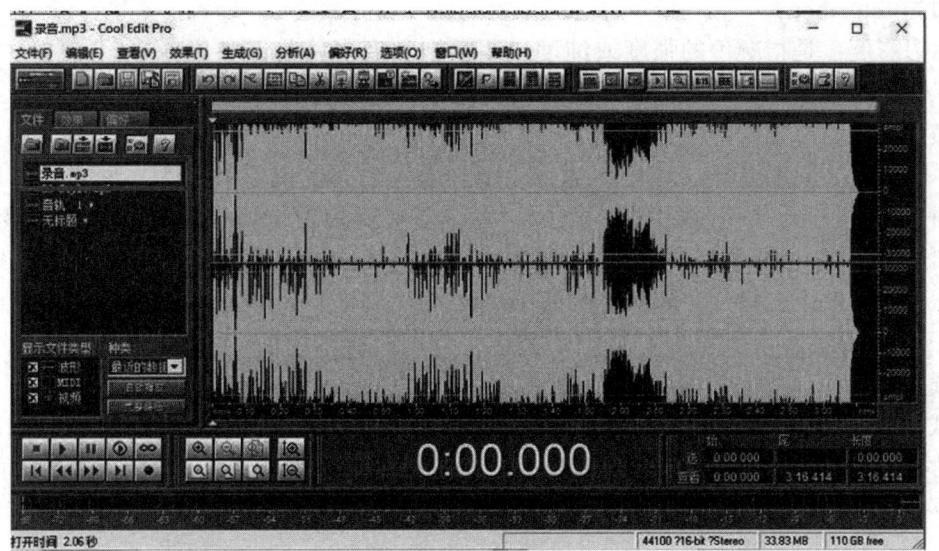

图 4-22 选择降噪文件

第九步：点击"效果"，再点击"降噪器"。

第十步：直接点击降噪器对话框中的"确定"。

第十一步：最后对降噪完的音频文件进行保存。

提示：即使录制环境非常安静，还是会有部分杂音，所以一般录制的声音首先要进行降噪处理。我们可以通过降噪器自动消除录制声音中的环境噪音，也可以打开"预览"，自己拖动直线来进行调整直到满意。值得注意的是，过多的降噪会对声音有一定的损失。

第四节　图像处理技术

一、图像的基础知识

在严峻复杂的社会治安形势下，日益繁重的侦查破案任务和不断健全的新要求层出不穷，人工传统的办案方式已无法满足当前工作需要，向科技要警力已成为公安系统的当务之急。

应用数字图像处理系统中的技术，如大连恒锐、北大方正、极明源名捕等处理系统，能够揭示和提取常规技术难以发现的犯罪痕迹，提高图像的清晰度，分离目标信息，纠正图像变形等，为刑事诉讼提供科学、准确、客观的证据，是侦查办案的有效的现代化科技手段。

（一）基本概念

1. 亮度（brightness）

就是各种图像模式下的图形原色（如 RGB 图像的原色为 R、G、B 三种）的明暗度。亮度就是明暗度的调整。例如，灰度模式，就是将白色到黑色间连续划分为 256 种色调，即由白到灰，再由灰到黑。在 RGB 模式中则代表各种原色的明暗度，即红、绿、蓝三原色的明暗度，如将红色加深就成了深红色。

2. 色相（hue）

色相就是从物体反射或透过物体传播的颜色。也就是说，色相就是色彩颜色，对色相的调整也就是在多种颜色之间的变化。在通常的使用中，色相是由颜色名称标识的。例如，光由红、橙、黄、绿、青、蓝、紫七色组成，每一种颜色代表一种色相。

3. 饱和度（saturation）

也可以称为彩度，是指颜色的强度或纯度。调整饱和度也就是调整图像彩度。将一个彩色图像降低饱和度为 0 时，就会变为一个灰色的图像；增加饱和度时就会增加其彩度。

4. 对比度（contrast）

就是指不同颜色之间的差异。对比度越大，两种颜色之间的反差就越大，反之，对比度越小，两种颜色之间的反差就越小，颜色越相近。例如，将一幅灰度的图像增加对比度后，会变得黑白鲜明，当对比度增加到极限时，则变成了一幅黑白两色的图像。反之，将图像对比度减到极限时，就成了灰度图像，看不出图像效果，只是一幅灰色的底图。

(二) 常见颜色模式

1. RGB 模式

RGB 模式是 Photoshop 中最常用的一种颜色模式。不管是扫描输入的图像，还是绘制的图像，几乎都是以 RGB 的模式存储的。这是因为在 RGB 模式下处理图像较为方便，而且 RGB 的图像比 CMYK 图像文件要小得多，可以节省内存和存储空间。在 RGB 模式下，用户还能够使用 Photoshop 中所有的命令和滤镜。

RGB 模式：由红、绿、蓝三种原色组合而成，由这三种原色混合产生出成千上万种颜色。在 RGB 模式下的图像是三通道图像，每一个像素由 24 位的数据表示，其中 RGB 三种原色各使用了 8 位，每一种原色都可以表现出 256 种不同浓度的色调，所以三种原色混合起来就可以生成 1670 万种颜色，也就是我们常说的真彩色。

2. Bitmap（位图）模式

Bitmap 模式也称为位图模式，该模式只有黑色和白色两种颜色。它的每一个像素只包含 1 位数据，占用的磁盘空间最少。因此，在该模式下不能制作出色调丰富的图像，只能制作一些黑、白两色的图像。当要将一幅彩图转换成黑白图像时，必须转换成灰度模式的图像，然后再转换成只有黑、白两色的图像，即位图模式图像。

3. Grayscale（灰度）模式

此模式的图像可以表现出丰富的色调，表现出自然界物体的生动形态和景观。但它始终是一幅黑白图像，就像我们通常看到的黑白电视和黑白照片一样。灰度模式中的像素是由 8 位的位分辨率来记录的，因此能够表现出 256 种色调。利用 256 种色调我们就可以使黑白图像表现得相当完美。

灰度模式的图像可以直接转换成黑白图像和 RGB 的彩色图像，同样黑白图像和彩色图像也可以直接转换成灰度图像。但需要注意的是，当一幅灰度图像转换成黑白图像后再转换成灰度图像，将不再显示原来图像的效果。这是因为灰度图像转换成黑白图像时，Photoshop 会丢失灰度图像中的色调，因而转换后丢失的信息将不能恢复。同样道理，RGB 图像转换成灰度图像也会丢失所有的颜色信息，所以当由 RGB 图像转换成灰度图像，再转换成 RGB 的彩色图像时，显示出来的图像颜色将不具有彩色。

(三) 图像文件格式

1. PNG（Portable Network Graphic Format）格式

PNG 是可携式网络图像（Portable Network Graphics）的英文缩写。PNG 是从网络上开始发展的，目的是替代 GIF 和 JPG 格式，PNG 图像文件格式也是当今游戏中常用的图像资源文件格式。PNG 图像文件支持的图像颜色非常丰富，存储灰度图时可使用 16 位色深表示，存储真彩色图像时色深更可达到 48 位之多。

PNG 是目前保证最不失真的格式，它汲取了 GIF 和 JPG 二者的优点，存储形式丰富，兼有 GIF 和 JPG 的色彩模式；它的另一个特点是能把图像文件压缩到极限以利于网络传输，但又能保留所有与图像品质有关的信息，因为 PNG 是采用无损压缩方式来减少文件的大小，这一点与牺牲图像品质以换取高压缩率的 JPG 有所不同；它的第三个特点是显示速度很快，只需下载 1/64 的图像信息就可以显示出低分辨率的预览图像；第四个特点是，PNG 同样支持透明图像的制作，透明图像在制作网页图像的时候很有用，我们可以把图像背景设为透明，用网页本身的颜色信息来代替设为透明的色彩，这样可让图像和网页背景很和谐地融合在一起。

PNG 的缺点是不支持动画应用效果，如果在这方面能有所加强，简直就可以完全替代 GIF 和 JPEG 了。Macromedia 公司的 Fireworks 软件的默认格式就是 PNG。现在，越来越多的软件开始支持这一格式，而且在网络上也越来越流行。

最后有一点需要注意，PNG 图像格式是 Windows 7 操作系统以及之后的 Windows 操作系统默认的图像存储格式。

2. BMP（Bitmap）格式

BMP：是一种与硬件设备无关的图像文件格式，使用非常广。它采用位映射存储格式，除了图像深度可选以外，不采用其他任何压缩，因此，其文件所占用的空间很大。BMP 文件的图像深度可选 1bit、4bit、8bit 及 24bit。

由于 BMP 文件格式是 Windows 环境中交换与图有关的数据的一种标准，因此在 Windows 环境中运行的图形图像软件都支持 BMP 图像格式。

3. SVG（Scalable Vector Graphics）格式

SVG 可以算是目前最火热的图像文件格式了，意思为可缩放的矢量图形。它是基于 XML（Extensible Markup Language），由 World Wide Web Consortium（W3C）联盟进行开发的。严格来说，应该是一种开放标准的矢量图形语言，可让你设计激动人心的、高分辨率的 Web 图形页面。用户可以直接用代码来描绘图像，可以用任何文字处理工具打开 SVG 图像，通过改变部分代码来使图像具有互交功能，并可以随时插入 HTML 中通过浏览器来观看。

它提供了目前网络流行格式 GIF 和 JPEG 无法具备的优势：可以任意放大图形显示，但绝不会以牺牲图像质量为代价；字在 SVG 图像中保留可编辑和可搜寻的状态；平均来讲，SVG 文件比 JPEG 和 GIF 格式的文件要小很多，因而下载也很快。可以相信，SVG 的开发将会为 Web 提供新的图像标准。

4. GIF（Graphics Interchange Format）格式

GIF 的原义是"图像互换格式"，是 Compu Serve 公司在 1987 年开发的图像文件格式。GIF 文件的数据，是一种基于 LZW 算法的连续色调的无损压缩格式。其压缩率一般在 50% 左右，它不属于任何应用程序。目前几乎所有相关软件都支持它，公共领域有大量的软件在使用 GIF 图像文件。GIF 图像文件的数据是经过压缩的，而且采用了可变长度等压缩算法。所以 GIF 的图像深度从 1bit 到 8bit，也即 GIF 最多支持 256 种色彩的图像。GIF 格式的另一个特点是其在一个 GIF 文件中可以存多幅彩色图像，如果把存于一个文件中的多幅图像数据逐幅读出并显示到屏幕上，就可构成一种最简单的动画。

GIF 分为静态 GIF 和动画 GIF 两种，支持透明背景图像，适用于多种操作系统，"体型"很小，网上很多小动画都是 GIF 格式。其实 GIF 是将多幅图像保存为一个图像文件，从而形成动画，所以归根结底 GIF 仍然是图片文件格式。

5. TIFF（Tag Image File Format）格式

TIFF 格式是 Macintosh 上广泛使用的图形格式，具有图形格式复杂、存储信息多的特点。3DS、3DS MAX 中的大量贴图就是 TIFF 格式的。TIFF 最大色深为 32bit，可采用 LZW 无损压缩方案存储。该格式（文件扩展名为 .TIF 或 .TIFf）可以制作质量非常高的图像，由于它支持具有 alpha 通道的 CMYK、RGB、Lab、索引颜色和灰度图像以及无 alpha 通道的位图模式图像因而经常用于出版印刷。它可以显示上百万的颜色（尽管灰度图像仅局限于 256 色或底纹），通常用于比 GIF 或 JPEG 格式更大的图像文件。如果你要在一个并非创建该图像的程序中编辑图像，则以这种格式保存将很有帮助，因为多种程序都可以识别它。

6. JPEG（Joint Photographic Expert Group）格式

JPG：静态图像专家组制定的静态图像压缩标准，全称 JPEG。它具有很高的压缩比，虽然其压缩方式属于有损压缩，但图像质量却非常高，在 100% 质量的压缩情况下肉眼几乎看不出有什么损耗，并且其文件容量却非常小，如一张几 M 的 BMP 图像压成 JPG 后只有几十到 n 百 K 的大小。因此，在网络图像传输、视频序列帧中使用非常广泛。

联合摄影专家组制定的压缩标准 DCT 来压缩储存的图像文件格式。最大特点是文件非常小。它是一种有损压缩的静态图像文件存储格式。适合网上图像传输支持灰度图像、RGB 真彩色图像和 CMYK 真彩色图像。

7. TGA（Targa Image Format）格式

是 Truevision 公司为其 Targa 显示卡而专门设计的图像文件格式。适用于表现色彩复杂并极富变化的图像，如相片、3D 图形等。由于这些图像每一像素的颜色值变化很大，其重复性低，因此并不强调压缩的运用。TGA 的结构比较简单，属于一种图形、图像数据的通用格式，它可存储 ALPHA 通道，在多媒体领域有很大影响，是计算机生成图像向电视转换的一种首选格式。一般我们在生成序列帧时就采用这种格式，如 3DSMAX 生成动画用于影视合成时就采用此格式生成序列帧。

8. PSD 格式

PSD 格式是 Photoshop 特有的图像文件格式，支持 Photoshop 中所有的图像类型。它可以将所编辑的图像文件中的所有有关图层和通道的信息记录下来。所以，在编辑图像的过程中，通常将文件保存为 PSD 格式，以便于重新读取需要的信息。但是，PSD 格式的图像文件很少为其他软件和工具所支持。所以，在图像制作完成后，通常需要转换为一些比较通用的图像格式，以便于输出到其他软件中继续编辑。另外，用 PSD 格式保存图像时，图像没有经过压缩。所以，当图层较多时，会占很大的硬盘空间。图像制作完成后，除了保存为通用的格式以外，最好再存储一个 PSD 的文件备份，直到确认不需要在 Photoshop 中再次编辑该图像。不过，值得一提的是，Photoshop、Premiere、AfterEffcts 三款软件同属 Adobe 公司的产品，所以后两个软件可以直接导入 PSD 格式，这对于我们的影视制作非常有用。

（四）"像素"与分辨率

1. "像素"

"像素"（pixel）是由 picture（图像）和 element（元素）两个单词的字母所组成的，是用来计算数码影像的一种单位，如同摄影的相片一样，数码影像也具有连续性的浓淡阶调，我们若把影像放大数倍，会发现这些连续色调其实是由许多色彩相近的小方点所组成，这些小方点就是构成影像的最小单位"像素"。这种最小的图形的单元能在屏幕上显示通常是单个的染色点。像素越高位，其拥有的色板就越丰富，越能表达颜色的真实感。

2. 分辨率

分辨率是指在单位长度内所含有的点（即像素）的多少。通常我们会将分辨率混淆，认为分辨率就是指图像分辨率，其实分辨率有很多种，可以分为以下几种类型：

（1）图像分辨率。图像分辨率就是每英寸图像含有多少个点或像素，分辨率的单位为点/英寸（英文缩写为 dpi）。例如，300dpi 就表示该图像每英寸含有 300 个点或像素。在 Photoshop 中也可以以 cm（厘米）为单位来计算分辨率。图像分辨率的默认单位是 dpi。

在数字化图像中，分辨率的大小直接影响图像的品质。分辨率越高，图像越清晰，所产生的文件也就越大，在工作中所需的内存和 CPU 处理时间也就越多。所以在制作图像时，不同品质的图像就需设置适当的分辨率，才能最经济有效地制作出作品，如用于打印输出的图像的分辨率就需要高一些，如果只是在屏幕上显示的作品（如多媒体图像或网页图像），就可以低一些。

另外，图像的尺寸大小、图像的分辨率和图像文件大小三者之间有着密切的关系。一个分辨率相同的图像，如果尺寸不同，它的文件大小也不同，尺寸越大，所保存的文件也就越大。同样，增加一个图像的分辨率，也会使图像文件变大。

（2）设备分辨率。设备分辨率是指每单位输出长度所代表的点数和像素。它与图像分辨率有着不同之处，图像分辨率可以更改，但设备分辨率则不可以更改。如平时常见的计算机显示器、扫描仪和数字照相机等设备，各自都有一个固定的分辨率。

（3）屏幕分辨率。屏幕分辨率又称为屏幕频率，是指打印灰度级图像或分色所用的网屏上每英寸的点数，它是用每英寸上有多少行来测量的。

（4）位分辨率。位（bits）分辨率也称位深，用来衡量每个像素存储的信息位数。这个分辨率决定在图像的每个像素中存放多少颜色信息。如一个 24 位的 RGB 图像，即表示其各原色 R、G、B 均值，因此每一个像素所存储的位数即为 24 位。

（5）输出分辨率。输出分辨率是指激光打印机等输出设备在输出图像的每英寸上所产生的点数。

（五）图像类型

在计算机中，图像是以数字方式来记录、处理和保存的，所以图像也可以说是数字化图像。图像类型大致可以分为以下两种：矢量式图像与位图式图像。这两种类型的图像各有特色，也各有优缺点，两者各自的优点恰好可以弥补对方的缺点。因此在绘图与图像处理过程中，往往需将这两种类型的图像交叉运用，才能取长补短，使用户的作品更为完善。

1. 矢量式图像

矢量式图像以数学描述的方式来记录图像内容。它的内容以线条和色块为主。例如，一条线段的数据只需要记录两个端点的坐标、线段的粗细和色彩等。因此它的文件所占的容量较小，也可以很容易地进行放大、缩小或旋转等操作，并且不会失真，可用于制作 3D 图像。但这种图像有一个缺点，即不易制作色调丰富或色彩变化太多的图像，而且绘制出来的图形不是很逼真，无法像照片一样精确地描述自然界的景观，同时也不易在不同的软件间交换文件。

制作矢量式图像的软件有 FreeHand、Illustrator、CorelDRAW、AutoCAD 等。美工插图与工程绘图多数在矢量式软件上进行。

2. 位图式图像

位图式图像弥补了矢量式图像的缺陷，它能够制作出颜色和色调变化丰富的图像，可以逼真地表现自然界的景观，同时也可以很容易地在不同软件之间交换文件，这就是位图式图像的优点。而缺点则是它无法制作真正的 3D 图像，并且图像缩放和旋转时会产生失真现象，同时文件较大，对内存和硬盘空间容量的需求也较高。

位图式图像是由许多点组成的，这些点称为像素（pixel）。当许许多多不同颜色的点（即像素）组合在一起后便构成了一幅完整的图像。例如，照片由银粒子组成，屏幕图像由光点组成，印刷品由网点组成。位图式图像在保存文件时，它需要记录下每一个像素的位置和色彩数据，因此，图像像素越多（即分辨率越高），文件也就越大，处理速度也就越慢。但由于它能够记录下每一个点的数据信息，因而可以精确地记录色调丰富的图像，可以逼真地表现自然界的图像，达到照片般的品质。

Adobe Photoshop 属于位图式的图像软件，用它保存的图像都为位图式图像，但它能够与其他矢量图像软件交换文件，且可以打开矢量式图像。在制作 Photoshop 图像时，像素的数目和密度越高，图像就越逼真。记录每一个像素或色彩所使用的位的数量，决定了它可能表现出的色彩范围。

二、Windows 7 系统自带工具的图像处理

1. 利用 print screen 键或 Alt+print screen 键实现图像获取

print screen 快捷键截图是所有窗口。

Alt+print screen 快捷键截图是活动窗口。

提示：通过 print screen 键或 Alt+print screen 键获取的图像保存在系统剪切板中。

2. 利用"截图工具"实现图像获取

Windows 7 系统自带有截图工具，它不仅可以按照常规用矩形、窗口、全屏方式截图，还可以随心所欲地按任意形状截图。截图完成以后，还可以对图片做涂鸦、保存、发邮件等，使用非常方便。

Windows 7 系统截图工具的调用方式：

方法一：依次单击"开始"按钮—"所有程序"—"附件"—"截图工具"；

方法二：单击"开始"按钮，在搜索框中输入"截图"，从搜索结果中点击"截图工具"；

方法三：单击"开始"按钮，在搜索框中输入"SnippingTool"，从搜索结果中点击"截图工具"。

打开 Windows 7 截图工具以后，单击"新建"按钮右边的小三角按钮，在弹出的下拉菜单中选择截图模式，有四种选择："任意格式截图"（不规则形状）、"矩形截图""窗口截图"和"全屏幕截图"。

拖动鼠标绘制一条围绕截图对象的不规则线条，然后松开鼠标，任意形状的截图就完成了。线条如果不闭合，Windows 7 截图工具会自动将首尾用直线连接（见图 4-23）。

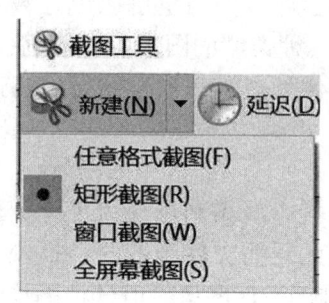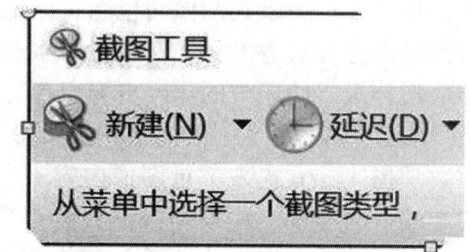

图 4-23 选择截图模式

Windows 7 截图可以保存为 JPG、PNG、GIF 以及单个网页 MHT 文件。

截图完成之后，Windows 7 还提供了一些简单的处理工具：保存、复制、发邮件、笔、荧光笔、橡皮。

其中"笔"和"荧光笔"都可以在截图上自由涂鸦，它们的区别是"笔"画出来的痕迹是不透明的，适合用来添加注解什么的；"荧光笔"的笔迹是透明的，适合用来作突出显示。"橡皮"用来擦除笔迹，点击一次就擦除一条笔迹。

3. 利用"画图"工具实现图像编辑

（1）在平时处理图片时有需要裁剪的地方，在画图中就可以做到，画图中有矩形裁剪和自由图形选择裁剪，通常用的是矩形裁剪。选择你想要的图片区域裁剪后按下 Ctrl+C 键或者 Crtl+X 键剪切并选择新建文件然后按 Crtl+V 键复制。

（2）画图中图片大小的调整有"重新调整大小和扭曲"和"图片属性调整"，"重新调整大小和扭曲"内含重新调整大小的百分比和像素，主要是缩小调整的图片比例，还有倾斜角度的调整；"图片属性调整"是对图片原有像素不变进行裁剪调整，还有照片的尺寸和颜色选择。

（3）可以使用"画图"在图片中添加其他形状。已有的形状除了传统的矩形、椭圆、三角形和箭头之外，还包括一些有趣的特殊形状，如心形、闪电形或标注等。如果你希望自定义形状，可以使用多边形工具；Windows 7 画图"颜料盒"颜色非常丰富，在编辑图像时可以有针对性地用画笔添加颜色。

（4）画图中"工具"功能很强大，有"铅笔、颜色填充、文本编辑、橡皮擦、颜色选取器、放大器"，根据名字就能知道用处了，"文本编辑"时画图页面会有所变化，和 Office 2007 的文字编辑界面相近。

（5）画图还可以完成图片的旋转、刷子、各种颜色的添加改变，完成图像编辑后对文件的保存格式比较多样，简单易用的画图还有好多功能等着你去发现，在使用时可以用到快捷键，都是有提示的。

三、图像文件简单编辑处理——ACDSEE

随着多媒体技术的发展，我们可能在电脑上做的事情也越来越多，而收集各种精美的图片成了很多人的一个爱好。在电脑中浏览图片有很多工具，下面我们要介绍的是 ACDSYSTEM 公司推出的共享软件 ACDSEE，ACDSEE 是一个专业的图形浏览软件，它功能非常强大，几乎支持目前所有的图形文件格式，是目前最流行的图形浏览工具。

1. ACDSEE 的特点

（1）最好的图像浏览器，对图像可以进行放大、缩小的操作。

（2）可以对电脑内的图片进行组织和管理。

（3）可以对图片进行简单的编辑、调整大小、重新曝光、反转、改变时间戳。

ACDSEE 之所以如此受欢迎，不仅仅是因为它能看很多种类的图片文件，还能观看各种影音文件，这个是 Windows 图像浏览器所不具备的特点。

不仅如此，ACDSEE 还是一个可以压缩、解压缩的软件，如果我们加以利用的话，它也完全可以作为一个不错的压缩工具来使用。

2. 图像格式转换

ACDSEE 可轻松实现 JPG、BMP、GIF 等图像格式的任意转化。最常用的是将 BMP 转化为 JPG，这样可大大减小课件的体积。

该操作支持批量转换文件格式：按住 Ctrl 键选多个文件，然后点击右键，选择转换的相应命令。

3. 获取图像

（1）截取屏幕图像：ACDSEE 显然不像 HyperSnap 那么专业，但截取桌面、窗口或选中的区域还是力所能及的事。点击"工具"→"动作"，点击"获取"图标，选择"屏幕"并点击"确定"按钮，然后按需要选择即可。

（2）从扫描仪中获取图像：点击主工具栏上的"获得"→"扫描仪"→"设置"进行扫描前的设置，设置自动保存的命名规则、保存格式（BMP、JPG）、保存位置，然后调出扫描仪操作对话框进行扫描。关于格式，需要转移或放入课件中的一般是 JPG 格式，若是用 OCR 进行文字识别的话，就必须是 TIFF 或 BMP 了。

4. 批量重命名

我们经常需要图片有序，按住 Ctrl 键的同时点击选择需要重命名的文件，然后点击右键，选择"批量重命名"即可。

5. 建立文件清单

课件制作好后刻成的光盘，或手中的素材光盘，我们都可以用 ACDSEE 制作文件清单。运行 ACDSEE，从目录树中找到光盘，从菜单的"工具"中选择"生成文件列表"，便产生一个文本文件，文件名为 Folder-Contents，存放于临时目录 TEMP 下，该文件记录了光盘中的文件夹和文件信息。

6. 批量转换文件格式

在制作课件时，可能会收集到各种格式的图片文件，利用 ACDSEE 可以为它们转换成同一种格式，方法如下，在 ACDSEE 中选中要转换的文件，选择"工具"的"格式转换"，（或者，单击鼠标右键，选"转换……"）

7. ACDSEE 的简单处理

完全安装 ACDSEE5.0 Power Pack 会默认安装图像编辑工具 ACD FotoCanvas 2.0，通过使用软件中的一些工具，能够方便地增强图像效果。方法是：在需要处理的图像上点右键，选择"编辑"图标，打开编辑器并载入需要编辑的图像。

（1）裁剪：裁剪是最常用的编辑功能，将扫描后图像的黑边去掉，将扫描图像中的电路图插入试卷等，都要用到裁剪。

（2）调整大小：虽然在课件制作平台中也可以调整图像的大小，但运行时当图像大小和实际大小不相同时，在演示时电脑要先处理后显示，会出现课件运行效率低的问题。在 ACDSEE 中调整图像大小非常简单，点击工具栏的相关按钮（在上面的工具栏中），在弹出的对话框中输入百分比或重新指定图像的大小即可（不要取消保持外观比率，否则会失真）。

（3）旋转：从数码相机中拍摄的素材或扫描仪获得的图片会出现角度不合适的情况，此时就需要将图像进行旋转，这在 ACDSEE 中易如反掌。

（4）翻转：在平面镜成像的课件中，若需要对称的两个物体，便可通过翻转制作得到。

（5）调节曝光：图片的亮暗不满足要求或为了某种效果，往往要改变图片的曝光量，在图片编辑器中很容易完成这种操作。

8. ACDSEE10 的高级应用

（1）编辑网页图片。选择所需图片，点击工具栏"编辑图像"按钮进入，在这里你可以进行图片尺寸调整、添加文本、裁剪、旋转照片操作。如果你对图片的颜色方面不太满意，还可以进行曝光、阴影/高光、颜色、锐化、噪点等效果调整。在编辑面板中点击"效果"进入，软件的"效果"选项类似于 Photoshop 的滤镜，目前提供了 30 多种特殊效果，例如、边缘、光、绘画、浮雕、像素化等。在"选择一个类别"中选择"全部效果"，就可以看到软件内置全部效果了，鼠标双击一个效果来执行它。

（2）制作 Flash 动画。首先定位到需要处理的照片文件夹，在窗口中选择所需图片，点击菜单"创建"→"创建幻灯片"，进入"建立幻灯片向导"，在对话框中选择幻灯片的类型为"Macromedia Flash 幻灯片（.swf 文件格式）"，点击"下一步"继续。进入"添加图像"，由于一开始就选择了所需图片，所以不需要再次添加了，如果要作调整，可以在这里完成，接下来就是"设置转场"了，这非常重要，最终生成的 Flash 动画效果是否出色就看这里如何设置了。我们需要为每一张图片选择一个"转场"效果，软件内置有：淡入淡出、仓门、光驱、拉伸、滑动等效果。如果你的照片很多，嫌逐一设置比较麻烦，可以在对话框中勾选"全部应用"，就能实现效果的批量添加，进入"设置幻灯片选项"，由于我们的幻灯片是在网页中使用，这里我们选择播放方式为"自动"，勾选"自动重复播放幻灯片"，点击"下一步"继续。

进入"输出选项"，设置"Flash 尺寸"，为了保证最终效果，请按照图片的实际尺寸设置（注：大家最好提前将所需图片的尺寸都统一起来），如果部分图像尺寸不相符，可以勾选"拉伸图像以适合屏幕"。最后设置输出的 SWF 文件的目录及工程文件目录，在网页编辑工具中将生成的 SWF 文件插入，就能为网页添加一个漂亮的 Flash 相册了。

（3）创建 HTML 相册。Flash 动画很漂亮，不过如果打算一次展示几十乃至上百张照片，采用 Flash 就不太合适了。这时可以试试 ACDSee 制作 HTML 相册的功能。

依然先选择所需的照片，点击菜单"创建"→"创建 HTML 相册"，软件目前内置了 9 组不同风格的网页样式，由于为了保持 HTML 相册的整体风格，实际上可供用户修改的 HTML 相册参数很少，如果不追求一些个性化的东西，你可以直接点击"生成相册"按钮生成效果。需要做自定义设置的用户，点击"下一步"按钮继续。

接下来均是一些个性化设置，大家根据提示添加即可，如图库标题、页眉、页脚、输出文件夹等。

在"缩略图和图像"设置中，虽然可以设置的参数比较多，例如，行、列的设置，缩略图的尺寸、格式，图片的尺寸、格式等，但是不建议大家作大幅的参数修改，因为这涉及 HTML 相册输出的整体效果问题。ACDSee 生成的所有 HTML 相册均支持幻灯片播放模式，所以还可以自行设置间隔时间。

四、图像文件高级编辑处理——初识 Photoshop

Adobe Photoshop，简称"PS"，是由 Adobe Systems 开发和发行的图像处理软件。Photoshop 主要处理以像素所构成的数字图像。使用其众多的编修与绘图工具，可以有效地进行图片编辑工作。PS 有很多功能，在图像、图形、文字、视频、出版等各方面都有涉及。

2003 年，Adobe Photoshop 8 被更名为 Adobe Photoshop CS。2013 年 7 月，Adobe 公司推出了最新版本的 Photoshop CC，自此，Photoshop CS6 作为 Adobe CS 系列的最后一个版本被新的 CC 系列取代。

Adobe 支持 Windows 操作系统、安卓系统与 Mac OS，但 Linux 操作系统用户可以通过使用 Wine 来运行 Photoshop。

从功能上看，该软件可分为图像编辑、图像合成、校色调色及特效制作部分等。

图像编辑是图像处理的基础，可以对图像作各种变换，如放大、缩小、旋转、倾斜、镜像、透视等。也可进行复制、去除斑点、修补、修饰图像的残损等。这在婚纱摄影、人像处理制作中有非常大的用场，去除人像上不满意的部分，进行美化加工，得到让人非常满意的效果。

图像合成则是将几幅图像通过图层操作、工具应用合成完整的、传达明确意义的图像，这是美术设计的必经之路；该软件提供的绘图工具让外来图像与创意很好地融合，使图像的合成天衣无缝。

校色调色是该软件中深具威力的功能之一，可方便快捷地对图像的颜色进行明暗、色偏的调整和校正，也可在不同颜色进行切换以满足图像在不同领域如网页设计、印刷、多媒体等方面的应用。

特效制作在该软件中主要由滤镜、通道及工具综合应用完成，包括图像的特效创意和特效字的制作，如油画、浮雕、石膏画、素描等常用的传统美术技巧都可借由该软件特效完成。而各种特效字的制作更是很多美术设计师热衷于该软件的研究的原因。

五、Photoshop 的基本功能

（一）范围的选取

在 Photoshop 中处理图像时，进行范围选取是一项比较重要的工作。选取范围的优劣、准确与否，都与图像编辑的成败有着密切的关系。因此，在最短的时间内进行有效的、精确的范围选取能够提高工作效率并有助于提高图像编辑质量，创作出生动活泼的艺术作品。

在 Photoshop 中不管是执行滤镜、色彩或色调的高级功能，还是进行简单的复制、粘贴与删除等编辑操作，都与当前的选取范围有关，即图像操作只对选取范围以内的区域才有效，而对选取范围以外的图像区域不起作用。因此，编辑图像时必须选定要执行功能的区域范围，才能有效地进行编辑。

范围选取的方法有很多种，可以使用工具箱中的工具，也可以使用菜单命令，还可以通过图层、通道、路径来制作选取范围。

1. 选框工具（M）

其中包括矩形、椭圆、单行、单列选框工具。按 Shift+M 可以在矩形和圆之间切换。

选择工具，然后在页面上直接拖动操作即可绘制。如果按 Shift 键则可以画正方形或者正圆；如果按 Alt 键可以从中心点绘制矩形或者圆；如果按 Alt+Shift 键则可以从中心点绘制正方形或者正圆的选框。如果想取消选框工具，则选择"选择/取消选区"或者按 Ctrl+D 组合键。按 Alt+Delete 键可填充前景色、按 Ctrl+Delete 键可填充背景色。

2. 套索工具（L）

套索工具是一种常用的范围选取工具，工具箱中包含了 3 种类型的套索工具：曲线套索工具、多边形套索工具和磁性套索工具。

（1）曲线套索工具：使用套索工具，可以选取不规则形状的曲线区域。也可以设定消除锯齿和羽化边缘的功能。

（2）多边形套索工具：使用多边形套索工具可以选择不规则形状的多边形，如三角形、梯形和五角星等区域。

（3）磁性套索工具：磁性套索工具是一个新型的、具有选取功能的套索工具。该工具具有方便、准确、快速选取的特点，是任何一个选框工具和其他套索工具无法相比的。

3. 魔棒工具（W）

魔棒工具的主要功能是用来选取范围。在进行选取时，魔棒工具能够选择出颜色相同或相近的区域。使用魔棒选取时，用户还可以通过工具栏设定颜色值的近似范围。

技巧：配合选框工具和选取范围反转命令（inverse），更容易选择。

当选取了一个图像区域后，可能因它的位置大小不合适而需要进行移动和改变，也可能需要增加或删减选取范围，以及对选取范围进行旋转、翻转和自由变换等。这里只介绍最常用的通道和蒙板功能。

（1）通道。通道主要用于保存颜色数据，利用它可以查看各种通道信息且可以对通道进行编辑，从而达到编辑图像的目的。在对通道进行操作时，我们可以分别对各原色通道进行明暗度、对比度的调整，甚至可以对原色通道单独执行滤镜命令，制作出许多特殊效果。但图像颜色、模式的不同决定通道的数量和模式也不同，在 Photoshop 软件中主要有如下四种：

复合通道：不同模式的图像其通道的数量也不一样。在默认情况下，位图、灰度和索引模式的图像只有一个通道，RGB 和 LAB 模式的图像有三个通道，CMYK 色彩模式的图像有四个通道。

单色通道：在通道面板中单色通道都显示为灰色，它通过 0~256 的灰度来表示颜色。在通道中很难控制图像的颜色效果，所以我们一般不采取直接修改颜色通道的方法改变图像的颜色。

专色通道：在进行颜色比较多的特殊印刷时，除了默认的颜色通道，我们还可以在图像中创建专色通道。

Alpha 通道：用于保存蒙板，不被屏蔽的区域不受任何编辑操作的影响，从而增强图像的编辑操作。

通道的功能：

（1）能存储选区；

（2）能保存颜色数据；

（3）能用滤镜进行修改和编辑等。

通道的操作：

①新建通道。在 Channels 面板菜单中单击 New Channel（新通道）命令。

在 Color Indicates（颜色指示）选项组中，可以选择新建通道的颜色显示方式。

• Masked Areas（蒙板覆盖的区域）：新建的通道中有颜色的区域代表被遮盖的范围，而没有颜色的区域为选取范围。

• Selected Areas（选取范围）：新建的通道中没有颜色的区域代表被遮盖的范围，而有颜色的区域为选取范围。

单击 Color 颜色框可以打开 Color Picker（颜色拾取器）对话框，可以从中选择用于显示蒙板颜色，默认情况下该颜色为半透明的红色。在颜色框右边有一个 Opacity（不透明度）文本框，可以用来设置蒙板颜色的不透明度。

在知道了蒙板颜色的作用后，对 Color Indicates 选项组的困惑也会随之迎刃而解。即选择 Masked Aresa 单选按钮时，透明区域是选取范围，而选择 Selected Areas 单选按钮时，则透明区域变为遮盖范围，蒙板颜色的区域反而变为选取范围的内容。

②复制和删除通道。保存了一个选取范围后，对该选取范围（即通道中的蒙板）进行编辑时，通常要将该通道的内容复制后再编辑，以免编辑后不能还原。

复制通道的方法：先选中要复制的通道，然后单击 Channels 面板菜单中的 Duplicate Channel（复制通道）命令，打开 Duplicate Channel 对话框，可以设置以下内容：

• 在 As（为）文本框中可设置复制后的通道名称。

• 在 Document（文档）下拉列表框中可选择要复制的目标图像文件。

• 若选择 Invert（反相）复选框，那么就等于执行了 Image/Adjustments/Invert 命令，复制后的通道颜色即会以反相显示。

注：如果在 Channels 面板中删除其中一个原色通道，则图像的颜色模式马上就变为 Multichannel（多通道）颜色模式。

③分离与合并通道。使用 Channels 面板菜单中的 Split Channels（分离通道）命令可将一幅图像中的各个通道分离出来，成为一个单独的文件存在。执行通道命令后，每一个通道都会从原图像中分离出来，同时关闭原图像文件。分离后的图像都将以单独的窗口显示在屏幕上，这些图像都是灰度图，不含任何彩色，并在其标题栏上显示其文件名。

分离后的通道经过编辑和修改后，可以重新合并成一幅图像。单击 Channles 面板菜单中的 Merge Channels（合并通道）命令。

注：合并通道时，各源文件的分辨率和尺寸必须相同，否则不能进行合并。

④专色通道。Photoshop 中除了可以新建 Alpha 通道外，还可以新建专色通道。建立专色通道的方法：首先单击 Channels 面板菜单中的 New Spot Channel（新专色通道）命令，或按住 Ctrl 键单击 Create new channel（创建通道）按钮。

在 Channels 面板中专色通道会按次序排列在各原色通道下面，如果在新建专色通道时，已经含有 Alpha 通道，则专色通道会将 Alpha 通道挤到其下面去。专色通道不能移动到各原色通道的上方，除非这个图像模式转换成了多通道的颜色模式，此时才可以拖动专色通道来调整其位置。

（2）蒙板。

蒙板用来保护遮盖的区域，让被遮盖的区域不受任何编辑操作的影响。

蒙板与选取范围的功能是相同的，两者之间可以互相转换，但它们本质上有所区别。选取范围是一个透明无色的虚框，在图像中只能看出它的虚框形状，但不能看出经过羽化边缘后的选取范围效果。而蒙板则是以一个实实在在的形状出现在 Channels 面板中，可以对它进行修改和编辑，然后转换为选取范围应用到图像中。

蒙板的产生的编辑：

①蒙板的产生。在 Photoshop 中蒙板的应用非常广泛，产生蒙板的方法也很多。通常有以下几种方法：（1）使用 Save Selection 的功能就可以产生一个蒙板，或者直接单击 Channels 面板上的 Save selection as channel（将选取范围存储为通道）按钮也可以将选取范围保存为蒙板。（2）利用 Channels 面板的功能先建立一个 Alpha 通道，然后用绘图工具或其他编辑工具在该通道上编辑也可以产生一个蒙板。（3）使用层蒙板功能，可在 Channels 面板中产生一个蒙板。（4）使用工具箱中的快速蒙板功能产生一个快速蒙板。

②快速蒙板。快速蒙板功能可以快速地将一个选取范围变成一个蒙板，然后对这个快速蒙板进行修改或编辑，以完成精确的选取范围，此后再转换为选取范围使用。

注：从快速蒙板模式切换到标准模式时，Photoshop 会将颜色灰度值大于 50% 的像素转换成被遮盖区域，而小于或等于 50% 的像素转换为选取范围。

（二）Photoshop 绘图

1. 修复画笔工具

修复画笔工具是 Photoshop7.0 新增的工具，使用它可以将图案的全部或部分连续复制到同一或另一幅图像中，并且与被复制图像的原底产生互为补色的图案。

注：使用修复画笔工具进行复制时，在取样的图像上会出现一个十字线标记，表明当前正应用取样的原图的部分。

2. 修复工具

修复工具的功能的使用方法类似于修复画笔工具，在修复工具栏中还有 Heal Selection 和 Use Pattern 按钮设置。使用 Heal Selection 按钮可以在选取范围内消除杂纹并模糊图像，使接缝拼接得更好；使用 Use Pattern 按钮可以在选取范围内填充图案内容。

3. 画笔工具

画笔工具可以绘制出比较柔和的线条，其效果如同用毛笔画出的线条。在画笔工具的工具栏中可以设置不透明度、色彩混合模式和浓度选项。

4. 铅笔工具

铅笔工具常用来画一些颜色突出的线条，如同平常使用铅笔绘制的图形一样。铅笔工具可以设置不透明度和色彩混合模式选项。除了这几个选项之外，还有一个 Auto Erase（自动擦除）复选框。作用是：当它被选中后，铅笔工具即实现擦除的功能，也就是说，在与前景色颜色相同的图像区域中绘图时，会自动擦除前景色而填入背景色。

5. 图章工具

图章工具共分为两类：橡皮图章和图案图章。橡皮图章工具能够将一幅图像的全部或部分复制到同一幅图像或其他图像中；使用图案图章工具可以将定义的图案内容复制到同一幅图像或其他图像中。

注：使用图章工具时，可以选用不同大小的画笔进行操作。此外，将一幅图像中的内容复制到其他图像时，这两幅图像的颜色模式必须是相同的。

6. 橡皮擦工具

橡皮擦工具用于擦除图像颜色，并在擦除的位置上填入背景色，如果擦除的内容是透明的图层，那么擦除后会变为透明。使用橡皮擦工具时，可以在 Brushes 面板中设置不透明度、渐隐和湿边。此外，还可以在 Mode 下拉列表中选择 Pencil（铅笔）或 Block（块）的擦除方式来擦除图像。

7. 背景橡皮擦工具

背景橡皮擦工具与橡皮擦工具一样，用来擦除图像中的颜色，但两者有所区别，即背景橡皮擦工具在擦除颜色后不会填上背景色，而是将擦除的内容变为透明。如果所擦除的图层是背景层，那么使用背景橡皮擦工具擦除后，会自动将背景层变为不透明的层。

8. 魔术橡皮擦工具

魔术橡皮擦工具与橡皮擦工具的功能一样，可以用来擦除图像中颜色，但该工具有其独特之处，即使用它可以擦除一定容差度内的相邻颜色，擦除颜色后不会以背景色来取代擦除颜色，最后也会变成一透明图层。

在魔术橡皮擦工具的工具栏中，可以设置 Tolerance（容差）、Anti-aliased（消除锯齿）、Contiguous（相邻）、Use All Layers（用于所有图层）和 Opacity（不透明度）等选项。

9. 渐变工具

使用渐变工具可以创建多种颜色间的逐渐混合，实质上就是在图像中或图像的某一区域填入一种具有多种颜色过渡的混合色。

10. 油漆桶工具

油漆桶工具可以在图像中填充颜色，但它只对图像中颜色相近的区域进行填充。要使油漆桶工具在填充颜色时更准确，那么可在其工具栏中设置参数。这些参数包括色彩混合模式（mode）、不透明度（opacity）、消除锯齿（anti-aliased）、容差（tolerance）、邻近像素（contiguous）和填充内容（fill）等。

11. 模糊、锐化和涂抹工具

使用模糊工具和锐化工具可以分别产生清晰和模糊的图像效果。模糊工具的原理是降低图像相邻像素之间的反差，使图像的边界或区域变得柔和，产生一种模糊的效果。而锐化工具与模糊工具刚好相反，它是增大图像相邻像素间的反差，从而使图像看起来清晰、明了。

涂抹工具是模拟用手搅拌绘制的效果。使用涂抹工具能把最先单击处的颜色提取出来，并与鼠标拖动之处的颜色相融合。

12. 加深、减淡和海绵工具

加深工具和减淡工具是色调工具，使用它们可以改变图像特定区域的曝光度，使图像变暗或变亮。使用海绵工具能够非常精确地增加或减少图像区域的饱和度。

（三）图像编辑

1. 修改图像尺寸和分辨率

一幅图像的质量好坏与图像的分辨率和尺寸大小是息息相关的，同样大小的图像，其分辨率越高，图像越清晰。当固定尺寸而增加分辨率时，Photoshop 必须在图像中增加像素数目；反之，当固定尺寸而减少分辨率时，则会删除部分像素。这时 Photoshop 就会在图像中重新取样，以便在失真最少的情况下增减图像中的像素数目。

2. 修改画布大小

画布是指绘制和编辑图像的工作区域，也就是图像显示区域。调整画布大小可以在图像四边增加空白区域，或者裁切掉不需要的图像边缘。调整画布大小的方法：单击 Image/Canvas Size 命令。

3. 裁切图像

裁切就是将图像四周没有用的部分去掉，只留下中间有用的部分，并不是简单地删除图像内容，所以裁切后图像的尺寸将变小。在 Photoshop 中提供了一个既方便又好用的工具——裁切工具。使用裁切工具不但可以自由控制裁切的大小和位置，而且可以在裁切的同时对图像进行旋转、变形，以及改变图像分辨率等操作。

4. 裁切图像空白边缘

Photoshop 还提供了一种较为特殊的方法，即裁切图像空白边缘。也就是当图像四周出现空白内容而要将它裁切掉时，可以直接将其去除，而不必像使用裁切工具那样需要经过选取裁切范围才能裁切。

（四）图层功能

图层功能是 Photoshop 中一种非常有用的功能，也是使用得最多的功能，它的作用就相当于将各个图形对象放在不同的层中，利用层把各个图形对象分隔起来，在对某一对象进行编辑和操作时不会影响到其他对象。图层与图层之间可以合成、组合和改变叠放次序。

图层可以独立存在易于修改，同时还可以控制透明度、颜色混合模式，从而能够产生许多特殊的效果。

图层可以被分成多种类型：有文本图层（type layer）、调整图层（adjustment layer）、背景图层（background layer）、形状图层（shape layer）和填充图层（fill layer）。不同的图层，其应用场合和实现的功能也有所差别，操作使用方法各有不同。

1. 普通图层

普通图层是指用一般方法建立的图层，是一种最常用的图层，几乎所有的 Photoshop 功能都可以在这种图层上得到应用。普通图层可以通过混色模式来实现同其他图层的融合。

2. 背景图层

背景（background）图层是一种不透明的图层，用于图像的背景。

背景图层的特点：

（1）背景图层是一个不透明的图层，它有一个以背景色为底色的颜色。

（2）背景图层不能进行图层不透明度（opacity）和色彩混合模式（mode）的控制。

（3）背景图层的图层名称始终以 background 为名，在 layers 面板的底层。

（4）用户无法移动背景图层的叠放次序，无法对背景进行锁定操作。

如果一定要更改背景图层的不透明度和色彩混合模式，则可以将它转换成普通图层。双击 background 图层或单击 Layer/New/Layer FormBackground 命令。

3. 调整图层

调整图层（adjustment layer）是一种比较特殊的图层，这种类型的图层主要用来控制色调和色彩的调整。调整图层的方法：单击 Layer/New Adjustment Layer 命令。

注：在使用调整图层进行色彩或色调调整时，如果不想对在调整图层下方的所有图层都作用，则可以将调整图层与在其下方的图层编组，这样该调整图层就只对编组的图层起作用，而不会影响其他没有编组的图层。

4. 文本图层

文本图层就是用文本工具建立的图层。一旦在图像中输入文字，就会自动产生一个文本图层。

文本图层的特点：

（1）文本图层含有文字内容和文字格式，可以单独保存在文件中，并且可以反复修改和编辑。

（2）文本图层的名称默认以当前输入的文本作为图层名称，以便于辨识。

（3）在文本图层上不能使用众多的工具来着色和绘图，如喷枪、画笔、历史记录画笔、铅笔等。

（4）Photoshop 中的许多命令都不能直接在文本图层上应用。

5. 填充图层

fill layer（填充图层）可以在当前图层中填入一种颜色（纯色或渐变色）或图案，并结合图层蒙板的功能，从而产生一种遮盖特效。图层蒙板的作用不仅仅在于遮盖图像不需要的区域，它还有更大的作用，即可以对图层蒙板做各样的编辑，因此借助图层蒙板，可以在图层中产生许多特殊效果。

实际上，填充图层的功能就等于 fill 命令再加上图层蒙板的功能。因此，使用填充图层功能就好比给图像执行 fill（填充）功能一样，可以产生一种填充效果，只不过填充图层的功能更为强大、更为方便而已。

使用填充图层不但可以在图像或选取范围中填入纯色和图案，还可以填充渐变颜色。此外，填充图层是作为一个图层保存在图像中的，无论如何修改和编辑，都不会影响其他图层和整个图像的品质，并且它还具有可以反复修改和编辑的功能。

基于图层的编辑有如下操作：

（1）新建图层组。要创建一个图层组，只要在 Layers 面板底部单击"创建图层组"按钮，就可以在当前图层上方建立一个图层组。

（2）移动、复制和删除图层。

①移动图层。要移动图层中的图像，可以使用移动工具来移动。在移动图层中的图像时，如果要移动整个图层的内容，则不需要先选取范围再进行移动，而只要先将要移动的图层设为作用图层，然后用移动工具或按住 Ctrl 键拖动操作就可以移动图像；如果是要移动图层中的某一块区域，则必须先选取范围后，再使用移动工具进行移动。

②复制图层。复制图层是较为常用的操作，可将某一图层复制到同一图像中，或者复制到另一幅图像中。当在同一幅图像中复制图层时，最快速的方法就是将图层拖动至创建新图层按钮上，复制后的图层将出现在被复制的图层上方。

③删除图层。没有用的图层可以将其删除。方法是：选中要删除的图层，然后单击 Layers 面板上的"删除当前图层"按钮，或者单击 Layers 面板菜单中的 Delete Layer 命令，也可以直接用鼠标拖动图层到删除当前图层按钮上来删除。

（3）调整图层的叠放次序。图像一般由多个图层组成，而图层的叠放次序直接影响图像显示的真实效果，上方的图层总是遮盖其底下的图层。因此，在编辑图像时，可以调整各图层之间的叠放次序来实现最终的效果。在 Layer 面板中将鼠标指针移到要调整次序的图层上，拖动鼠标至适当的位置，就可以完成图层的次序调整。此外，也可以使用 Layer/Arrange 子菜单下的命令来调整图层次序。

（4）锁定图层内容。Photoshop 提供了锁定图层的功能，可以锁定某一个图层和图层组，使它在编辑图像时不受影响，从而给编辑图像带来方便。在图层面板上，其中 Lock 选项组中的 4 个选项用于锁定图层内容。

（五）基本编辑命令

1. 剪切、复制和粘贴

复制的方法：单击 Edit/Copy 命令或按下 Ctrl+C 组合键复制区域中的图像。执行此命令后，Photoshop 会在不影响原图像的情况下，将复制的内容放到 Windows 的剪贴板中，用户可以多次粘贴使用，当重新执行 Copy 命令或执行了 Cut 命令后，剪贴板中的内容才会被更新。粘贴的方法：打开要粘贴的图像，然后单击 Edit/Paste 命令或按下 Ctrl+V 组合键粘贴剪贴板中的图像内容。

剪切的方法：只须单击 Edit/Cut 命令或按 Ctrl+X 组合键即可。但要注意，剪切是将选取范围内的图像剪切掉，并放入剪贴板中。所以，剪切区域内图像会消失，并填充入背景色颜色。

2. 移动图像

粘贴图像后，其位置往往不能满足要求，因此需要移动。通常使用的方法是用工具箱中的移动工具进行移动。

3. 旋转和翻转整个图像

旋转和翻转图像内容，可分为对整个图像和对局部图像（即选取范围中的图像或单个图层）的旋转和翻转。

对整个图像进行旋转和翻转，是通过 Image/Rotate Canvas 子菜单中的命令来完成的，执行这些命令之前，不必选取范围，直接就可以使用。但要注意，这些命令是针对整个图像的。

4. 旋转和翻转局部图像

要对局部的图像进行旋转和翻转，首先应选取一个范围或选中一个作用图层，然后单击 Edit/Transform 子菜单中的旋转和翻转命令。

注：旋转和翻转局部图像时只对当前作用图层有效。

5. 清除图像

要清除图像，必须先选取图像，指定清除的图像内容，然后单击 Edit/Clear 命令或按下 Delete 键即可，删除后的图像会填入背景色。该命令与 Cut 命令类似，但并不相同，Cut 是将图像剪切后放入剪贴板，而 Clear（清除）则是删除但不放入剪贴板。

注：不管是剪切、复制，还是删除，都可以配合使用羽化（Feather）的功能，先对选取范围进行羽化操作，然后进行剪切、复制或清除。这样可以使两个图层之间的图像更快地融合在一起。

（六）路径

路径是由多个节点组成的矢量线条，放大或缩小图像对其没有任何影响。可以将不够精细的选择区域转换为路径后再进行编辑和微调，然后再转换为选择区域进行处理。

1. 闭合路径和开放路径

利用工具箱中的（钢笔工具）和（自由钢笔工具）在图像中创建的路径有两种形态，分别为闭合路径和开放路径。闭合路径一般用于图形和形状的绘制，开放路径用于曲线和线段的绘制。

2. 路径工具介绍

主要包括：钢笔、自由钢笔、添加锚点、删除锚点、转换点。

（1）钢笔工具：可以在图像文件中创建工作路径或图形。

（2）自由钢笔工具：自由钢笔中磁性选项，自由钢笔工具与磁性套索工具的使用方法相似，可以沿图像边界绘制工作路径。

（3）添加锚点和删除锚点工具：可以在创建的路径上单击以增加或删除锚点。

（4）转换工具：

路径面板：路径面板主要用于将图像文件中绘制的路径转换为选择区域，然后通过描绘或填充制作出各种美丽的图像，也可以将选择区域转换为路径，并进行细致的调整。

路径面板中各按钮的主要功能如下：

填充按钮：单击该按钮，将以前景色填充路径。

描边按钮：单击该按钮，将以前景色为路径描边。

转换选择区按钮：单击该按钮，可以将路径转换为选择区域。

转换路径按钮：只有工作区中有选择区域时此按钮才可用。单击该按钮，可以将选择区域转换为路径。

新建按钮：单击该按钮，可以在当前图像中建立新的路径。

删除按钮：单击该按钮，可以删除当前选择的路径。

六、Photoshop 实战应用图像清晰化处理

第一步锐化，选择"滤镜"→"锐化"→"智能锐化"（见图 4-24）。

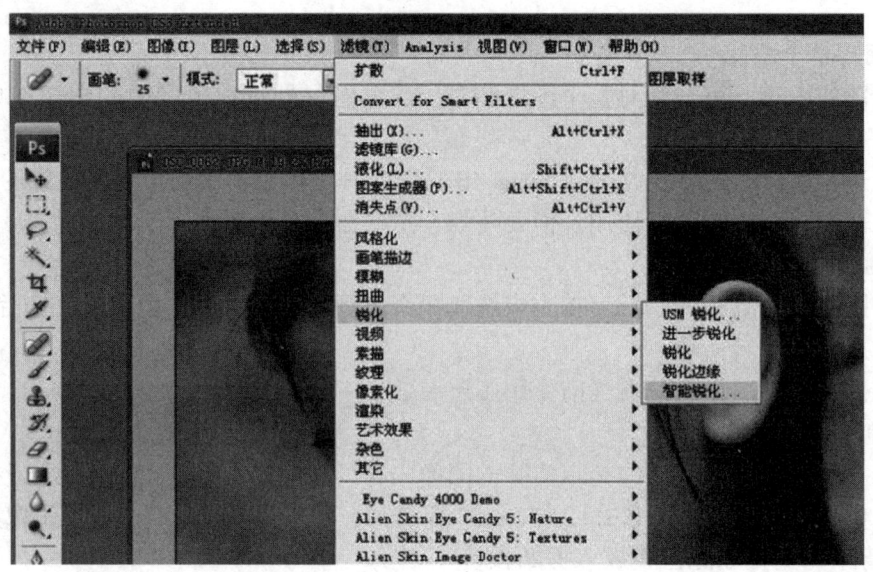

图 4-24 锐化

在弹出对话框中，拖动两个小滑块，调整"数量"及"半径"的值，该数值视你的照片的具体情况而定，一般的"数量"为 100 左右，"半径"为 2.0 左右（见图 4-25）。

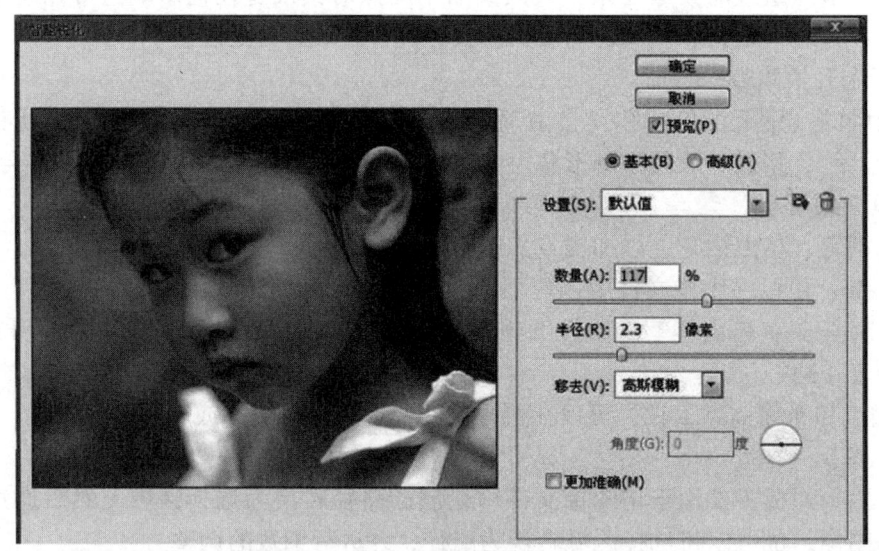

图 4-25 调整"数量"和"半径"

这样调整后，照片的锐度明显增加了，照片也清晰了许多。

第二步调整曲线，点击"图像"→"调整"→"曲线"（见图 4-26）。

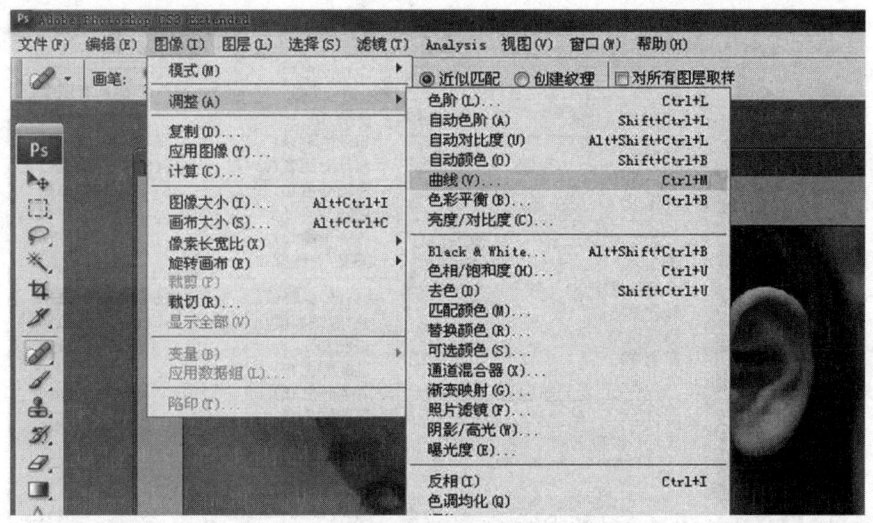

图 4-26 调整曲线

在弹出曲线对话框中点击中间斜线的上四分之一处，出现节点，向上拖拽该节点，使画面增亮，然后再点击斜线下四分之一处，出现节点，向下拖拽该节点，调节到适当位置后点击"确定"。一般曲线调整呈"S"状，相当于调整图片的对比度，但使用"曲线"调整，一般不会损失照片细节，所以这是被经常使用的功能（见图4-27）。

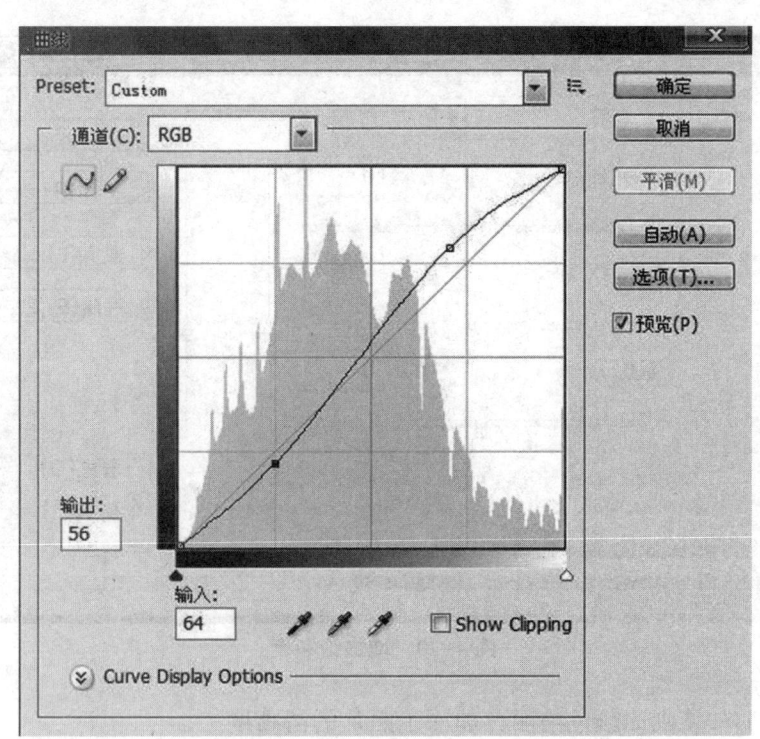

图 4-27 调整成"S"状

经过曲线调整后，对比度加强了，照片更具有层次感了，感觉又清晰了不少。

第三步饱和度，点击"图像"→"调整"→"饱和度"（见图4-28）。

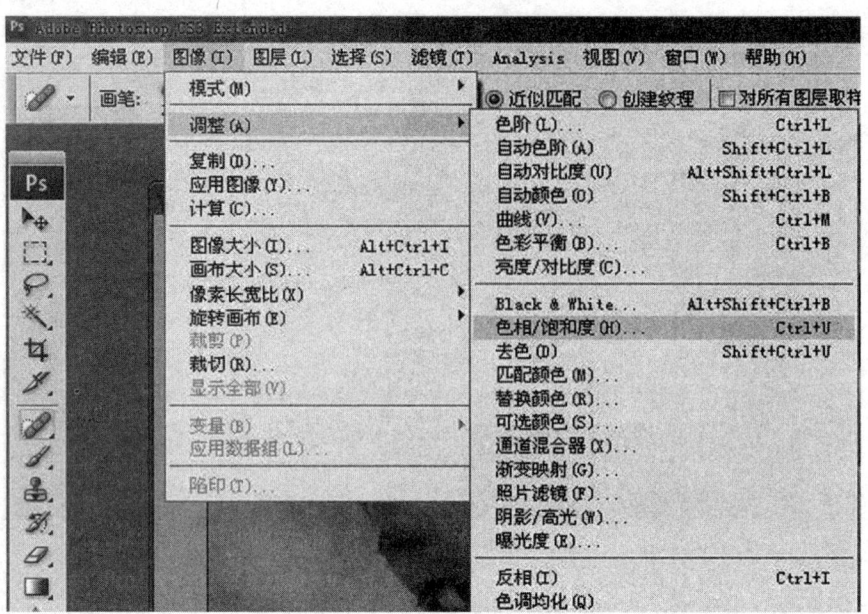

图 4-28 调整饱和度

弹出饱和度对话框,调整中间"饱和度"的滑块,增加图片的色彩饱和度,然后点击"确定",最后将照片另存(见图 4-29)。

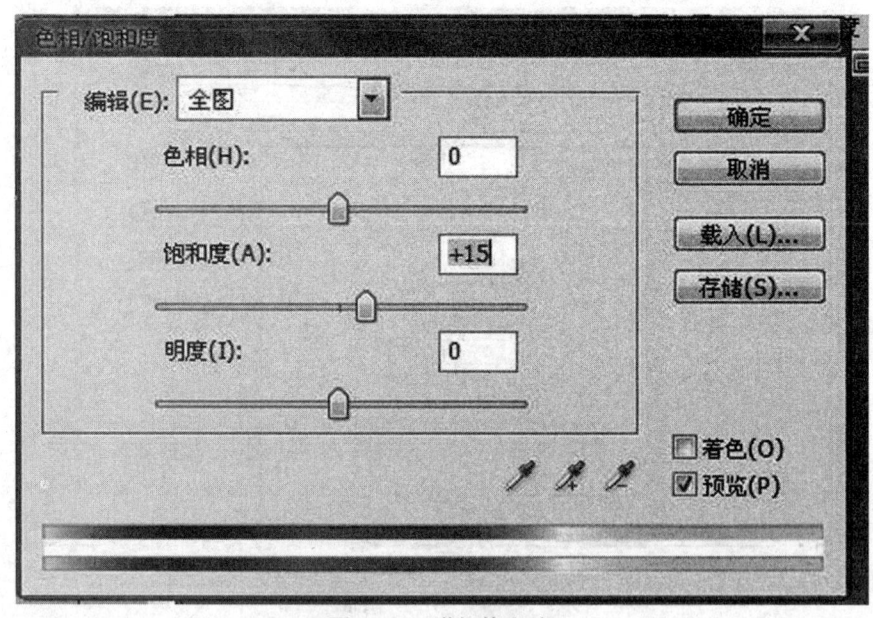

图 4-29 增加饱和度

色彩饱和度的增加,使画面颜色艳丽,加深了照片的清晰度。

对比一下前后经过处理的照片,是不是清晰度又增加不少,而且照片也较之以前更加明亮、通透、鲜艳了(见图 4-30)。

图 4-30 调整结果

【本章小结】

在"第四章 多媒体技术在公安工作中的应用"中主要内容包括:媒体、多媒体和多媒体技术的相关知识;了解视频的基础知识;掌握视频处理工具的基本使用(Movie Maker、视频编辑专家);了解音频的基础知识;掌握音频处理工具的基本使用(mp3DirectCut、Cool Edit Pro);了解图像的基础知识;掌握图像处理工具的基本使用(ACDSEE、Photoshop)。

【公安实训练习】

略。

第五章 网络技术在公安工作中的应用

【教学重点】

1. 了解计算机网络的组成与分类
2. 熟悉网络地址（IP 地址、域名、MAC 地址等）
3. 掌握互联网接入
4. 掌握 Internet 提供的服务
5. 掌握常用的网络命令
6. 掌握公安工作日常 OA 的使用
7. 掌握公安工作中常用的网络应用

【教学难点】

1. 公安工作中常用的网络命令
2. 公安工作中常用的网络应用
3. 公安工作中常用的通信等信息查询

第一节 概 述

一、计算机网络的发展

计算机网络技术的发展速度及其应用的广泛程度是惊人的，计算机网络从形成、发展到广泛应用大致经历了 40 年时间，大体可以将它划分为以下阶段：

20 世纪 50 年代，计算机网络产生。

那时，人们开始将彼此独立发展的计算机技术与通信技术结合起来，完成数据通信技术与计算机通信网络的研究，为计算机网络的产生做好了技术准备，并奠定了理论基础。

20 世纪 60 年代，计算机互联系统形成。

这个阶段的典型代表是 60 年代后期由美国国防部资助、国防部高级研究计划局主持研究建立的 ARPA（ARPANET）网。ARPANET 网络利用租用的通信线路把位于洛杉矶的加利福尼亚大学分校、位于圣芭芭拉的加利福尼亚大学分校、斯坦福大学以及位于盐湖城的犹他州州立大学的计算机主机连接起来，构成了完整主机之间通信任务的通信子网。通过通信子网互联的主机负责运行用户程序，向用户提供资源共享，它们构成了资源子网。

20 世纪 70 年代，出现局域网。

20 世纪 80 年代，CCITT（Consultative Committee on International Telegraph and Telephone）建立了使用国际线路传输声音数据的国际标准，ISO 制定了计算机网络的开放型互联模型 OSI（Open System Interconnection）。

20世纪90年代，计算机网络发展成为社会重要的信息基础设施。

21世纪，网络功能不断完善、速度更快、更普及。

二、计算机网络的分类

现在计算机网络被广泛地使用，出现了多种形式的计算机网络。认识网络的分类有助于我们更好地理解计算机网络，计算机网络的分类方法很多，其中主要方法有：

（一）根据网络的覆盖范围进行分类

按覆盖地理范围的大小，可以把计算机网络分为广域网、城域网和局域网。

1. 广域网 WAN（Wide Area Network）

广域网又被称为远程网，是可在任何一个广阔的地理范围内进行数据、语音、图像信号传输的通信网，在广域网上一般有数百、数千、数万台甚至以上的各种类型的计算机和网络，提供广泛的网络服务。广域网的作用范围通常为几十到几千公里，现在采用了新技术和新设备，广域网的主干线路传输速率可达2.5Gbps。

中国公网 CHINANET、国家公用信息通信网（又名金桥网）CHINAGBN、中国教育科研计算机网 CERNET 都是广域网。

2. 城域网 MAN（Metropolitan Area Network）

城域网设计的目标是满足几十公里范围内的大量企业、机关、公司的多个局域网互联的需求，以实现用户之间的数据、语音、图形与视频等多种信息的传输功能。

3. 局域网 LAN（Local Area Network）

局域网的覆盖范围较小，从几十米到几千米，通信距离一般小于10公里，传输速率在0.1～1000Mbps之间，响应时间为百微秒（μs）级。局域网的特点是组建方便、使用灵活，适合人们建立小型网络的要求，发展迅速，应用广泛，是目前计算机网络中最活跃的分支。

（二）按网络拓扑结构分类

网络中各个节点相互连接的方法和形式称网络拓扑。网络的拓扑结构形式较多，主要分为：总线型、星型、环型和树型。

按照网络的拓扑结构，可把网络分成：总线型网络、环型网络、星型网络、树型网络和网状型网络，如图5-1所示。

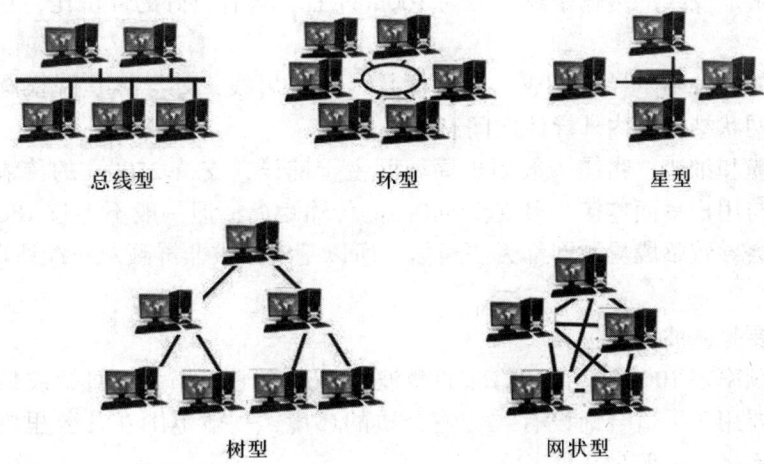

图 5-1 网络拓扑结构

（三）根据网络传输技术进行分类

网络所采用的传输技术决定了网络的主要技术特点，因此根据网络所采用的传输技术对网络进行划分是一种很重要的方法。

在通信技术中，通信信道的类型有两类：广播通信信道与点到点通信信道。在广播通信信道中，多个节点共享一个通信信道，一个节点广播信息，其他节点必须接收信息。而在点到点通信信道中，一条通信信道只能连接一对节点，如果两个节点之间没有直接连接的线路，那么它们只能通过中间节点转接。显然，网络要通过通信信道完成数据传输任务，因此网络所采用的传输技术也只可能有两类，即广播（broadcast）方式和点到点（point-to-point）方式。这样，相应的计算机网络也可以分为两类：

1. 点到点式网络（point-to-point Networks）
2. 广播式网络（broad networks）

三、计算机网络传输介质

网络通信传输介质分为有线介质和无线介质两种。有线介质有双绞线、同轴电缆和光纤三种；无线介质分为微波、红外、蓝牙和卫星等多种。如图 5-2 所示为部分常用的有线传输介质。

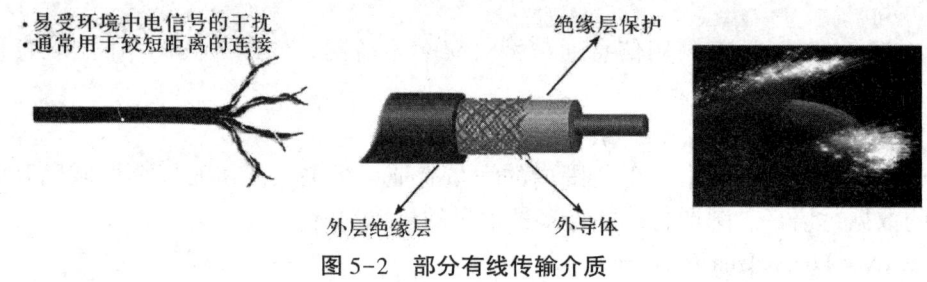

图 5-2 部分有线传输介质

（一）光纤

光纤即光导纤维，利用光导纤维作为光的传输介质，以光波为信号载体的光纤通信，只有 20~30 年的历史，光纤传输媒介比较贵，但传输光波信号不受电磁干扰，适用于长距离、高速率的信号传输。

（二）双绞线

每一对双绞线由绞合在一起的相互绝缘的两根铜线组成，可以用于模拟信号传输或数字信号传输。双绞线分为屏蔽双绞线（STP，Shielded Twisted Pair）和非屏蔽双绞线（UTP，Unshielded Twisted Pair）。屏蔽双绞线抗干扰性好，性能高，用于远程中继线时，最大距离可以达到十几公里，但成本也较高，所以应用不多；非屏蔽双绞线的传输距离一般为 100m 左右，具有较好的性价比，目前被广泛使用。

（三）同轴电缆

同轴电缆由同轴的内外两个导体组成，内导体是一根金属线，外导体是一根圆柱形的套管，一般是细金属线编制成的网状结构，内外导体之间有绝缘层。

同轴电缆分为粗缆和细缆，粗缆一般用于局域网主干铺设，支持 2500m 的传输距离，可以连接数千台设备；细缆一般与用户桌面连接，可支持 800m 的传输距离，但一般不超过 180m，容易出现故障，而且一旦发生故障，会导致整段局域网都无法通信，所以基本已被非屏蔽双绞线所取代。

（四）无线通信

无线通信介质主要是微波和卫星。

微波通信：指用频率在 100MHz 到 10GHz 的微波信号进行通信。大气对微波信号的吸收与散射影响较大，微波通信主要用于不适合铺设有线传输介质的环境，一般范围在几公里内，而且只能用于点到点的通信，速率也不高，一般为几百 Kbps。

卫星通信：指利用人造卫星进行中转的通信方式。商用的通信卫星一般被发射在赤道上方 36000km 的同步轨道上，另外也有中低轨道的小卫星通信，如 Motorala 公司的铱星系统。卫星通信的特点是：适合于很长距离的传输，如国际之间、洲际之间；传输延时较大，一般为 500ms 左右；费用较高。

四、计算机网络协议 TCP/IP

(一) TCP/IP 概述

TCP/IP 是 Transmission Control Protocol/Internet Protocol (传输控制协议/互联网协议) 的缩写。TCP/IP 是目前异种网络通信使用的唯一协议体系,适用于连接多种机型,多种操作系统,既可用于局域网,又可用于广域网,许多厂商的计算机操作系统和网络操作系统产品都采用或含有 TCP/IP 协议,TCP/IP 协议已成为目前的国际标准和工业标准。

(二) TCP/IP 的体系结构

TCP/IP 协议在硬件基础上分为四个层次,自下而上依次是:网络接口层、网际层、传输层和应用层。如表 5-1 所示。

表 5-1 TCP/IP 模型

应用层	DNS、SMTP、FTP、TFTP、TELNET
传输层	TCP、UDP
网际层	ICMP、IP、ARP、RARP
网络接口层	Ethernet、Token Ring、ATM、FDDI 等

五、常见网络命令

(一) ping 命令

ping 是个使用频率极高的实用程序,主要用于确定网络的连通性。这对确定网络是否正确连接,以及网络连接的状况十分有用。简单地说,ping 就是一个测试程序,如果 ping 运行正确,大体上就可以排除网络访问层、网卡、Modem 的输入输出线路、电缆和路由器等存在的故障,从而缩小问题的范围。

ping 能够以毫秒为单位显示发送请求到返回应答之间的时间量。如果应答时间短,表示数据包不必通过太多的路由器或网络,连接速度比较快。ping 还能显示 TTL (Time To Live,生存时间) 值,通过 TTL 值可以推算数据包通过了多少个路由器。

1. 命令格式

ping　主机名

ping　域名

ping　IP 地址

如图 5-3 所示,使用 ping 命令检查到 IP 地址 210.43.16.17 的计算机的连通性,该例为连接正常。共发送了四个测试数据包,正确接收到四个数据包。

2. ping 命令的基本应用

一般情况下,用户可以通过使用一系列 ping 命令来查找问题出在什么地方,或检验网络运行的情况。

下面就给出一个典型的检测次序及对应的可能故障:

(1) ping 127.0.0.1。如果测试成功,表明网卡、TCP/IP 协议的安装、IP 地址、子网掩码的设

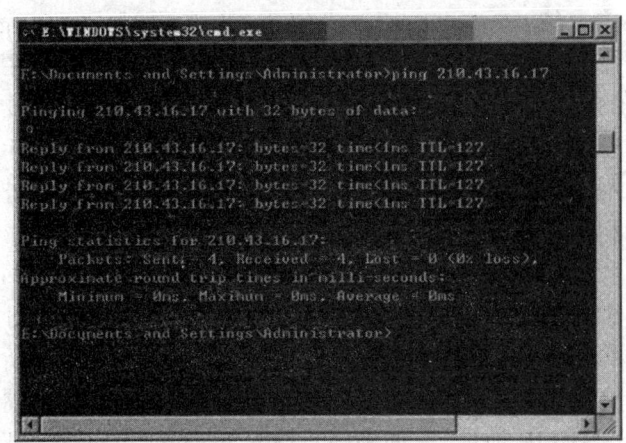

图 5-3　ping 命令语句

置正常。如果测试不成功，就表示 TCP/IP 的安装或设置存在问题。

（2）ping 本机 IP 地址。如果测试不成功，则表示本地配置或安装存在问题，应当对网络设备和通信介质进行测试、检查并排除。

（3）ping 局域网内其他 IP。如果测试成功，表明本地网络中的网卡和载体运行正确。但如果收到 0 个回送应答，那么表示子网掩码不正确或网卡配置错误或电缆系统有问题。

（4）ping 网关 IP。这个命令如果应答正确，表示局域网中的网关路由器正在运行并能够作出应答。

（5）ping 远程 IP。如果收到正确应答，表示成功地使用了缺省网关。对于拨号上网用户则表示能够成功地访问 Internet（但不排除 ISP 的 DNS 会有问题）。

（6）ping local host。local host 是系统的网络保留名，它是 127.0.0.1 的别名，每台计算机都应该将该名字转换成该地址。否则，则表示主机文件（/Windows/host）中存在问题。

（7）ping www.yahoo.com（一个著名网站域名）。对此域名执行 Ping 命令，计算机必须先将域名转换成 IP 地址，通常是通过 DNS 服务器。如果这里出现故障，则表示本机 DNS 服务器的 IP 地址配置不正确，或它所访问的 DNS 服务器有故障。

如果上面所列出的所有 ping 命令都能正常运行，那么计算机进行本地和远程通信基本上就没有问题了。但是，这些命令的成功并不表示你所有的网络配置都没有问题，例如，某些子网掩码错误就可能无法用这些方法检测到。

3. ping 命令的常用参数选项

ping IP-t：连续对 IP 地址执行 ping 命令，直到被用户以 Ctrl+C 中断。

ping IP-l 2000：指定 ping 命令中的特定数据长度（此处为 2000 字节），而不是缺省的 32 字节。

ping IP-n 20：执行特定次数（此处是 20）的 ping 命令。

注意：随着防火墙功能在网络中的广泛使用，当你 ping 其他主机或其他主机 ping 你的主机时，而显示主机不可达的时候，不要草率地下结论。最好与对某台"设置良好"主机的 ping 结果进行对比。

（二）ipconfig 命令

ipconfig 实用程序可用于显示当前的 TCP/IP 配置的设置值。这些信息一般用来检验人工配置的 TCP/IP 设置是否正确。而且，如果计算机和所在的局域网使用了动态主机配置协议 DHCP，使用 ipconfig 命令可以了解到你的计算机是否成功地租用到了一个 IP 地址，如果已经租用到，则可以了解它目前得到的是什么地址，包括 IP 地址、子网掩码和缺省网关等网络配置信息。

下面给出最常用的选项：

（1）ipconfig：当使用不带任何参数选项 ipconfig 命令时，显示每个已经配置了接口的 IP 地址、子网掩码和缺省网关值。

（2）ipconfig/all：当使用 all 选项时，ipconfig 能为 DNS 和 WINS 服务器显示它已配置且所有使用的附加信息，并且能够显示内置于本地网卡中的物理地址（MAC）。如果 IP 地址是从 DHCP 服务器租用的，ipconfig 将显示 DHCP 服务器分配的 IP 地址和租用地址预计失效的日期（见图 5-4）。

（3）ipconfig /release 和 ipconfig /renew：这两个附加选项，只能在向 DHCP 服务器租用 IP 地址的计算机使用。如果输入 ipconfig/release，那么所有接口的租用 IP 地址便重新交付给 DHCP 服务器（归还 IP 地址）。如果用户输入 ipconfig /renew，那么本地计算机便设法与 DHCP 服务器取得联系，并

图 5-4　ipconfig/all 命令

租用一个 IP 地址。大多数情况下网卡将被重新赋予和以前所赋予的相同的 IP 地址。

（三）arp 命令（地址转换协议）

arp 是 TCP/IP 协议族中的一个重要协议，用于确定对应 IP 地址的网卡物理地址。

使用 arp 命令，能够查看本地计算机或另一台计算机的 arp 高速缓存中的当前内容。此外，使用 arp 命令可以人工方式设置静态的网卡物理地址/IP 地址，使用这种方式可以为缺省网关和本地服务器等常用主机进行本地静态配置，这有助于减少网络上的信息量。

按照缺省设置，arp 高速缓存中的项目是动态的，每当向指定地点发送数据并且此时高速缓存中不存在当前项目时，arp 便会自动添加该项目。

常用命令选项：

（1）arp-a：用于查看高速缓存中的所有项目（见图 5-5）。

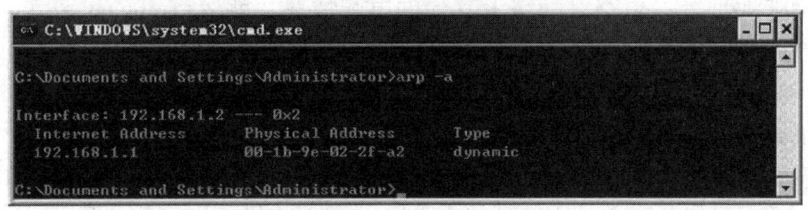

图 5-5　arp-a 命令

（2）arp-a IP：如果有多个网卡，那么使用 arp-a 加上接口的 IP 地址，就可以只显示与该接口相关的 arp 缓存项目。

（3）arp-s IP 物理地址：向 arp 高速缓存中人工输入一个静态项目。该项目在计算机引导过程中将保持有效状态，或者在出现错误时，人工配置的物理地址将自动更新该项目。

（4）arp-d IP：使用本命令能够人工删除一个静态项目。

（四）tracert 命令

tracert 命令用来测量路由情况的技能，即用来显示数据包到达目的主机所经过的路径。

tracert 命令的基本用法是，在命令提示符后键入"tracert host_ name"或"tracert ip_ address"，其中，tracert 是 traceroute 在 Windows 操作系统上的称呼（见图 5-6）。

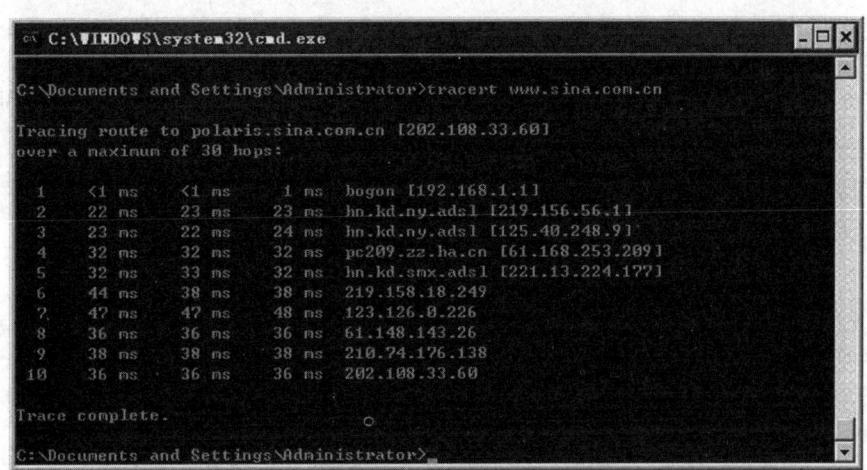

图 5-6　tracert 命令

输出有 5 列：

第一列是描述路径的第 n 跳的数值，即沿着该路径的路由器序号；

第二列是第一次往返时延；

第三列是第二次往返时延；

第四列是第三次往返时延；

第五列是路由器的名字及其输入端口的 IP 地址。

如果源从任何给定的路由器接收到的报文少于 3 条（由于网络中的分组丢失），traceroute 在该路由器号码后面放一个星号，并报告到达那台路由器的少于 3 次的往返时间。

此外，tracert 命令还可以用来查看网络在连接站点时经过的步骤或采取哪种路线，如果是网络出现故障，就可以通过这条命令查看出现问题的位置。

（五）nbtstat 命令

使用 nbtstat 命令可以查看计算机上网络配置的一些信息。使用这条命令还可以查找出别人计算机上一些私人信息。如果想查看自己计算机上的网络信息，可以运行 nbtstat -n，可以得到你所在的工作组、计算机名以及网卡地址等；想查看网络上其他的电脑情况，就运行 nbtstat -a *.*.*.*，此处的 *.*.*.* 用 IP 地址代替就会返回得到那台主机上的一些信息。

（六）netstat 命令

学习使用 netstat 命令，以了解网络当前的状态。

netstat 命令能够显示活动的 TCP 连接、计算机侦听的端口、以太网统计信息、IP 路由表、IPv4 统计信息（对于 IP、ICMP、TCP 和 UDP 协议）以及 IPv6 统计信息（对于 IPv6、ICMPv6、通过 IPv6 的 TCP 以及 UDP 协议）。使用时如果不带参数，netstat 显示活动的 TCP 连接（见图 5-7）。

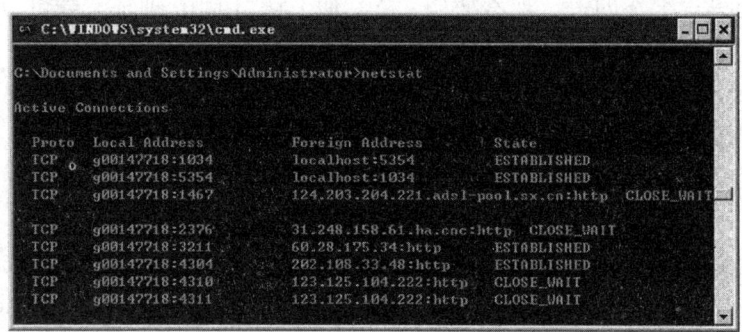

图 5-7　netstat 命令

下面给出 netstat 的一些常用选项：

（1）netstat -a：-a 选项显示所有的有效连接信息列表，包括已建立的连接（established），也包括监听连接请求（listening）的那些连接。

（2）netstat -n：以点分十进制的形式列出 IP 地址，而不是象征性的主机名和网络名（见图 5-8）。

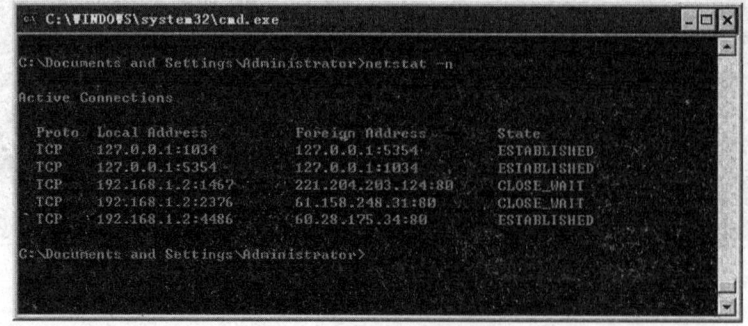

图 5-8　netstat -n 命令

（3）netstat -e：-e 选项用于显示关于以太网的统计数据。它列出的项目包括传送的数据包的总字节数、错误数、删除数、数据包的数量和广播的数量。这些统计数据既有发送的数据包数量，也有接收的数据包数量。使用这个选项可以统计一些基本的网络流量。

（4）netstat-r：-r 选项可以显示关于路由表的信息，类似于 route print 命令时看到的信息。除了显示有效路由外，还显示当前有效的连接。

图 5-9 显示的是一个路由表，其中：Network Destination 表示目的网络，0.0.0.0 表示不明网络，这是设置默认网关后系统自动产生的；127.0.0.0 表示本机网络地址，用于测试；224.0.0.0 表示组播地址；255.255.255.255 表示限制广播地址；Netmask 表示网络掩码，Gateway 表示网关，Interface 表示接口地址，Metric 表示路由跳数。

图 5-9　路由表

（5）netstat-s：-s 选项能够按照各个协议分别显示其统计数据。这样就可以看到当前计算机在网络上存在哪些连接，以及数据包发送和接收的详细情况等。如果应用程序（如 Web 浏览器）运行速度比较慢，或者不能显示 Web 页之类的数据，那么可以用本选项来查看一下所显示的信息。仔细查看统计数据的各行，找到出错的关键字，进而确定问题之所在（见图 5-10）。

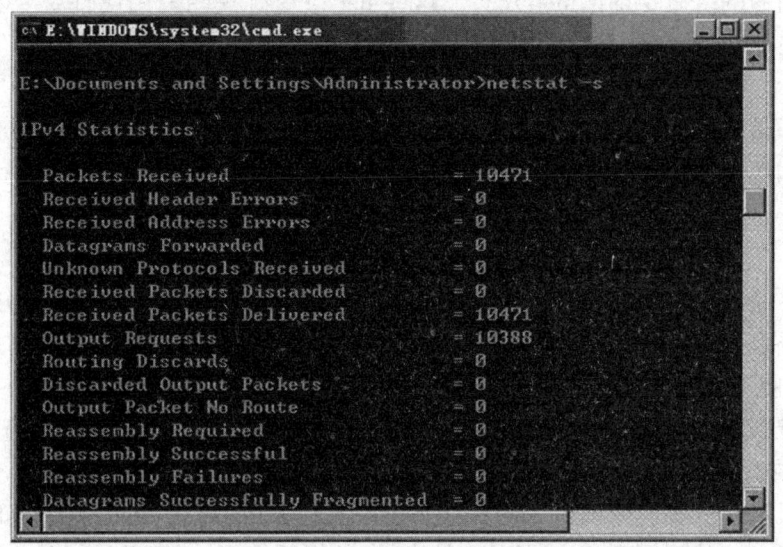

图 5-10　netstat-s 命令

（七）net（NET）命令

了解 net 服务的功能，学会使用 net 服务命令解决有关网络问题。

在命令行键入 net help command，可以在命令行获得 net 命令的语法帮助。例如，要得到关于 net accounts 命令的帮助信息，可键入"net help accounts"。

所有 net 命令都可以使用/y 和/n 命令行选项。例如，net stop server 命令用于提示用户确认停止所有依赖的服务器服务，net stop server/y 表示确认停止并关闭服务器服务。

表 5-2 列出了基本的 NET 命令及其作用：

表 5-2　NET 命令及其作用

命令	例子	作用
NET ACCOUNTS	NET ACCOUNTS	查阅当前账号设置
NET CONFIG	NET CONFIG SERVER	查阅本网络配置信息统计
NET GROUP	NET GROUP	查阅域组（在域控制器上）
NET PRINT	NET PRINT\\printserver\printer1	查阅或修改打印机映射
NET SEND	NET SEND server1 "test message"	向别的计算机发送消息或广播消息
NET SHARE	NET SHARE	查阅本地计算机上共享文件
NET START	NET START Messenger	启动服务
NET STATISTICS	NET STATISTICS SERVER	查阅网络流量统计值
NET STOP	NET STOP Messenger	停止服务
NET USE	NET USE x:\\server1\admin	将网络共享文件映射到一个驱动器字母
NET USER	NET USER	查阅本地用户账号
NET VIEW	NET VIEW	查阅网络上可用计算机

net 命令的执行结果有许多与其他 Windows Server 2003 管理工具所得到的结果相似。但是，net 命令可以在一个地方提供所有信息，并可以把结果定向到打印机或一个标准的文本文件中。

许多服务所使用的网络命令都以 net 开头，这些 net 命令有一些公用属性。要看到所有可用的 net 命令的列表，可以在命令提示符窗口键入 net/? 得到。

（八）at 命令

这个命令的作用是安排在特定日期或时间执行某个特定的命令和程序。当我们知道了远程主机的当前时间，就可以利用此命令让其在以后的某个时间（比如 2min 后）执行某个程序和命令。

语法：at time command \\computer。

（九）ftp 命令

大家对这个命令应该比较熟悉，网络上开放的 ftp 的主机很多，其中很大一部分是匿名的，也就是说，任何人都可以登录上去。现在如果你扫到了一台开放 ftp 服务的主机（一般都是开了 21 端口的机器），如果你还不会使用 ftp 的命令怎么办？下面就给出基本的 ftp 命令使用方法。

首先在命令行键入 ftp 回车，出现 ftp 的提示符，这时候可以键入"help"来查看帮助（任何 DOS 命令都可以使用此方法查看其帮助）。

大家可能看到了，这么多命令该怎么用？其实也用不到那么多，掌握几个基本的就够了。

首先是登录过程，这就要用到 open 了，直接在 ftp 的提示符下输入"open 主机 IP ftp 端口"回车即可，一般端口默认都是 21，可以不写。接着就是输入合法的用户名和密码进行登录了，这里以匿名 ftp 为例介绍。

用户名和密码都是 ftp，密码是不显示的。当提示＊＊＊＊logged in 时，就说明登录成功。这里因为是匿名登录，所以用户显示为 Anonymous。

（十）telnet 命令

功能强大的远程登录命令，几乎所有的入侵者都喜欢用它，屡试不爽。因为它操作简单，如同使用自己的机器一样，只要你熟悉 DOS 命令，在成功以 administrator 身份连接了远程机器后，就可以用它来干你想干的一切了。在命令提示符窗口键入 telnet 回车，再键入 help 就可查看其帮助信息。

六、Internet 概述

随着个人电脑的普及、计算机技术和通信技术的发展，出现了全球化的信息热潮，Internet——国际互联网变为商业化网络，规模不断扩大，覆盖全球，越来越多的人利用计算机网络进行工作和学习，越来越多的人的工作和生活已经离不开 Internet。

Internet 的商业化发展为整个人类社会提供服务，政府部门通过 Internet 公布有关政策和各类信息；公司企业通过 Internet 展示形象、开拓市场、介绍产品、与客户建立联系；科研机构通过 Internet 开展全球性的科技合作和交流；教育单位通过 Internet 实施远程教育；图书馆通过 Internet 向读者提供在线服务；娱乐界通过 Internet 向大众推出多种形式的电子娱乐产品，人们利用 Internet 相互发送电子邮件，进行个人通信，订阅电子出版物，进行网上购物，展示博客。人们通过访问 Internet 上的大量信息资源获取信息，如工具软件、科技文献、咨询报告、商业广告、教学课件、电子地图培训消息，还可获得导游指南、天气预报以及娱乐软件等。近几年来，随着宽带技术的进步，Internet 在我国的发展也非常迅速。

（一）Internet 的起源与发展

Internet 是一个全球性的计算机网络，它的前身可以追溯到 1969 年，美国国防部高级研究工程组织 DARPA（Defense Advanced Research Projects Agency）创办的一项计算机工程 ARPANET，当时国际上冷战形势严峻，ARPANET 的指导思想是要研制一个能经得起故障考验而且能维持正常工作的计算机网络，经过四年的研究，1972 年 ARPANET 正式亮相，该网络建立在 TCP/IP 协议之上，1983 年以后，人们把 ARPANET 称为 Internet。1986 年美国国家科学基金会 NSF 把建立在 TCP/IP 协议集上的 NSFNET 向全社会开放。

Internet 在我国的发展经历了两个阶段：第一阶段实际上只是少数高等院校、研究机构提供了 Internet 的电子邮件服务，还谈不上真正的 Internet；第二阶段从 1994 年开始，实现了和 Internet 的 TCP/IP 连接，从而开通了 Internet 的全功能服务。根据国务院当时的规定，有权直接与国际 Internet 连接的网络有 4 个：中国公用计算机互联网 CHINANET、中国科技网 CSTNET、中国教育科研网 CERNET、中国金桥信息网 CHINAGBN。

（二）Internet 的组成

Internet 主要由通信线路、路由器、主机与信息资源等部分组成。

1. 通信线路

通信线路是 Internet 的基础设施，它负责将 Internet 中的路由器与主机连接起来。Internet 中的通信线路可以分为两类：有线通信线路与无线通信信道。

可以使用"带宽"与"传输速率"等术语来描述通信线路的数据传输能力。

2. 路由器

路由器是 Internet 中最重要的设备之一，它负责将 Internet 中的各个局域网或广域网连接起来。

3. 主机

主机是 Internet 中不可缺少的成员，它是信息资源与服务的载体。Internet 中的主机既可以是大型计算机，又可以是普通的微型计算机或便携计算机。

按照在 Internet 中的用途，主机可以分为两类：服务器与客户机。服务器是信息资源与服务的提供者，它一般是性能较高、存储容量较大的计算机。服务器根据它所提供的服务功能不同，又可以分为数据库服务器、WWW 服务器、FTP 服务器、E-mail 服务器与域名服务器等。客户机是信息资源与服务的使用者，它可以是普通的微型机或便携机。服务器使用专用的服务器软件向用户提供信息资源与服务，而用户使用各类 Internet 客户端软件来访问信息资源或服务。

4. 信息资源

信息资源是用户最关心的问题，它影响 Internet 受欢迎的程度。在 Internet 中提供了很多类型的服务，例如，电子邮件、远程登录、文件传输、WWW 服务、搜索服务、网上聊天、博客与新闻组服务等，通过这些 Internet 服务，我们可以在网上搜索信息、互相交流、网上购物、发布信息与进行娱乐。WWW 服务的出现使信息资源的组织方式更加合理，而搜索引擎的出现使信息的检索更加快捷。

七、Internet 接入

Internet 是目前最大的一个网络，不论在哪里，只要有接入 Internet 的网络节点，就可以通过该节点访问 Internet。普通用户接入 Internet 的方式有电话拨号、ADSL（ISDN）、局域网连入。另外，无线上网正在兴起，一些大宾馆、候车室都提供无线上网服务，为用户提供了方便。

（一）通过电话拨号接入 Internet

拨号接入是个人用户接入 Internet 最早使用的方式之一，也是目前我国个人用户接入 Internet 使用的方式之一。

它的接入非常简单。用户只要具备一条能打通 ISP（Internet 服务供应商）服务电话（比如 16300）的电话线，一台计算机，一台接入的专用设备调制解调器（modem），办理了必要的手续后，就可以上网了。不过电话拨号上网方式的致命缺点在于它的接入速度慢，由于线路的限制，它的最高接入速度只能达到 56Kbps，远远不能满足工作、娱乐的要求。

（二）通过 ADSL、ISDN 专线入网

综合业务数字网（ISDN-Integrated Service Digital Network）是一种能够同时提供多种服务的综合性公用电信网络。

ADSL 是 DSL（数字用户环路）家族中最常用、最成熟的技术，它是英文 Asymmetrical Digital Subscriber Line（非对称数字用户环路）的英文缩写。它是运行在原有普通电话线上的一种高速、宽带技术。所谓非对称，主要体现在上行速率（最高 640Kbps）和下行速率（最高 8Mbps）的非对称性上。与 ISDN 相比，ADSL 的速率要高得多，ADSL 的下行速率可达 8Mbps，它的话音部分占用的是传统的 PSTN 网，而数据部分则接入宽带 ATM 平台。

ADSL 接入 Internet 有虚拟拨号和专线接入两种方式。采用虚拟拨号方式的用户运用类似 Modem 和 ISDN 的拨号程序，在使用习惯上与原来的方式没什么不同。采用专线接入的用户只要开机即可接入 Internet。所谓虚拟拨号，是指用 ADSL 接入 Internet 时同样需要输入用户名与密码（与原有的 Modem 和 ISDN 接入相同）。与前两者不同的是，使用 ADSL 拨号接入 ISP 是激活与 ISP 的连接而不是建立新连接，因此 ADSL 只有快或慢的区别，不会产生接入遇忙的情况。

（三）通过局域网接入 Internet

用路由器将本地计算机局域网作为一个子网连接到 Internet 上，使得局域网的所有计算机都能够访问 Internet。这种连接的本地传输速率可达 100Mb/s 以上，但访问 Internet 的速率要受局域网出口（路由器）的速率和同时访问 Internet 的用户数的影响。

采用局域网接入非常简单，只要用户有一台电脑、一块网卡、一根双绞线，然后去找网络管理员申请一个 IP 地址就可以了。

（四）以 DDN、X.25、帧中继等专线方式入网

许多种类的公共通信线路如 DDN、X.25、帧中继也支持 Internet 的接入，但这些方式接入比较复杂、成本较昂贵，适合于公司、机构单位使用。采用这些接入方式时，需要在用户及 ISP 两端各加装支

持 TCP/IP 协议的路由器，并向电信部门申请相应的数字专线，由用户独自使用。专线方式连接的最大优点是速度快、可靠性高。

（五）以无线方式入网

无线接入使用无线电波将移动端系统（笔记本、iPad、手机等）和 ISP 的基站（base station）连接起来，基站又通过有线方式或卫星通信连入 Internet。

八、IP 地址与 MAC 地址

（一）TCP/IP 协议

IP 协议是 Internet 中最重要的协议，对应于 TCP/IP 参考模型的网络层，IP 协议详细定义了 IP 数据包（datagram）的组成格式。IP 协议的主要功能包括数据包的传输、数据包的路由选择和拥塞控制。

IP 协议只负责产生符合 IP 格式的数据包并进行路由选择，然后将数据包向外发送，它并不关心数据包能否正常到达目的计算机。因为网络拥挤和其他种种可能的网络故障，数据包在传输时可能出现损坏或丢失，有时接收方可能会接收到一个数据包的多个副本，或者数据包到达目的计算机的顺序颠倒。这样就需要一种协议来保证数据传输的可靠性，就是传输控制协议（TCP 协议）。

（二）IP 地址

和电话用户有一个全世界范围内唯一的电话号码一样，所有 Internet 上的计算机都必须有一个唯一的编号作为其在 Internet 的标识用来解决计算机相互通信的寻址问题，这个编号称为 IP 地址。IPv4 规范的 IP 地址是一个 32 位二进制数，为方便起见，通常将 IP 地址每 8 位分成一组用"."隔开，即表示为 A.B.C.D 的形式，其中 A、B、C、D 分别是一个取值范围为 0~255 的十进制整数。这样的表示叫作点分十进制表示。

例如，某台机器的 IP 地址为：11001011 00110001 10000001 01010111，则写成点分十进制表示形式是：203.97.129.87。

Internet 由很多独立的网络互联而成，每个独立的网络，就是一个子网，包含若干台计算机。根据这个模式，Internet 的设计人员用两级层次模式构造 IP 地址，类似电话号码。电话号码的前面一部分是区号，后面一部分是某部电话的号码，像 0750-3783677，0750 是广东江门的区号，3783677 则是号码。IP 地址的 32 个二进制位也被分为两个部分，即网络地址和主机地址，网络地址就像电话的区号，标明主机所在的子网，主机地址则标识出在子网内部的某一主机。

IP 地址的取得方式，简单地说，是某个组织先向 Internet 的 NIC（Network Information Center）申请若干 IP 地址，然后将其向下级组织分配，下级组织再向更下一级的组织分配 IP 地址，各子网的网络管理员将取得的 IP 地址指定给子网中的各台计算机。

（三）子网掩码

每个独立的子网有一个子网掩码。

例如，所有 A 类网络的子网络掩码一定是 255.0.0.0，所有 C 类网络的子网掩码一定是 255.255.255.0。

（四）MAC 地址

MAC（Media Access Control 或者 Medium Access Control）地址，意译为媒体访问控制，或称为物理地址、硬件地址，用来定义网络设备的位置。在 OSI 模型中，第三层网络层负责 IP 地址，第二层数据链路层则负责 MAC 地址。因此一个主机会有一个 MAC 地址，而每个网络位置会有一个专属于它的 IP 地址。MAC 地址的长度是 48 比特（6 字节），由 16 进制的数字组成，分为前 24 位和后 24 位。

MAC 地址对应于 OSI 参考模型的第二层数据链路层，工作在数据链路层的交换机维护着计算机 MAC 地址和自身端口的数据库，交换机根据收到的数据帧中的"目的 MAC 地址"字段来转发数据帧。

网卡的物理地址通常是由网卡生产厂家烧入网卡的 EPROM（一种闪存芯片，通常可以通过程序擦写），它存储的是传输数据时真正赖以标识发出数据的电脑和接收数据的主机地址。

也就是说,在网络底层的物理传输过程中,是通过物理地址来识别主机的,它一定是全球唯一的。例如,著名的以太网卡,其物理地址是48bit(比特位)的整数,如44-45-53-54-00-00,以机器可读的方式存入主机接口中。以太网地址管理机构(除了管这个外还管别的)(IEEE)(IEEE:电气和电子工程师协会)将以太网地址,也就是48比特的不同组合,分为若干独立的连续地址组,生产以太网网卡的厂家就购买其中一组,具体生产时,逐个将唯一地址赋予以太网卡。

形象地说,MAC地址就如同我们身份证上的身份证号码,具有全球唯一性。

1. MAC地址的获取(Windows 2000/XP/Vista/7)

方法一:单击"开始",点击"运行",输入cmd,进入后输入ipconfig/all即可(或者输入ipconfig-all),如图5-11所示。

由此可以看出该网卡的物理地址为:08-62-66-35-23-0F。

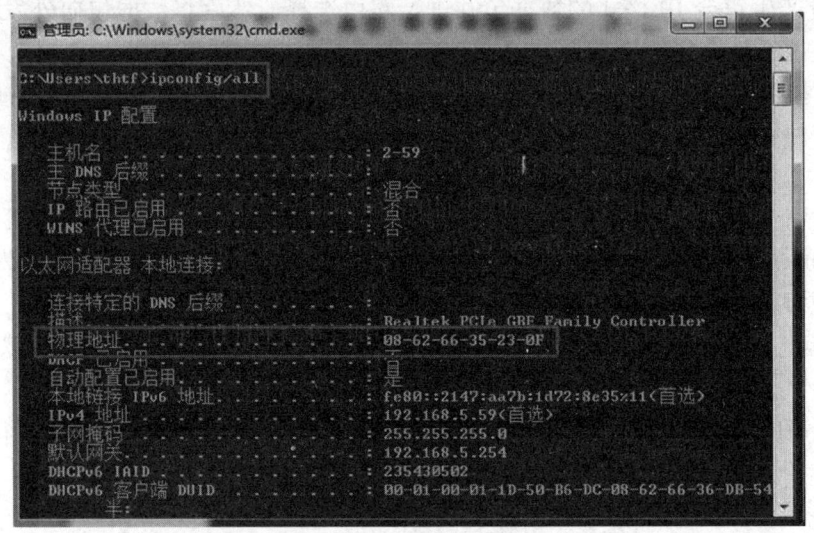

图5-11 利用ipconfig-all命令获取MAC地址

方法二:单击"开始",点击"运行",输入cmd,进入后输入getmac即可(见图5-12)。

图5-12 利用getmac命令获取MAC地址

方法三:还可以通过查看本地连接获取MAC地址:依次单击"本地连接"→"状态"→"常规"→"详细信息",即可看到MAC地址(实际地址),如图5-13所示。

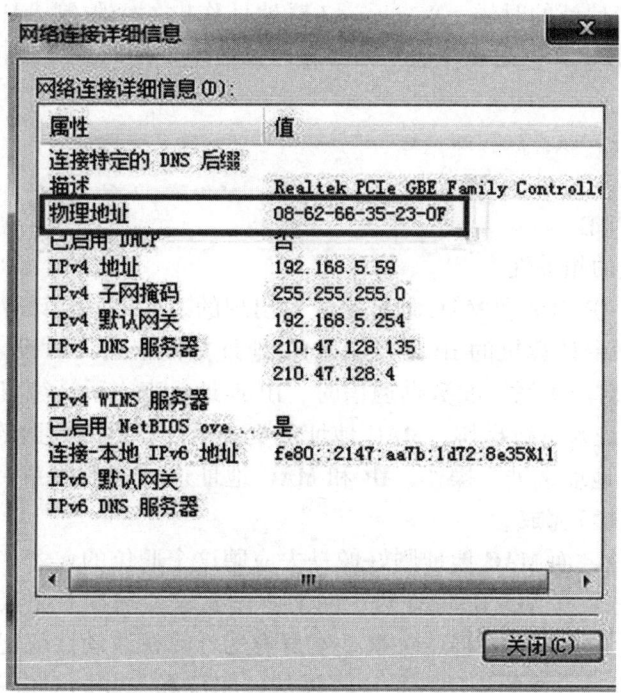

图 5-13　直接查看 MAC 地址

2. MAC 地址的修改（适用于 Windows 7）（见图 5-14）

（1）点击桌面右下角电源与音量之间的"网络连接"按钮，在弹出的对话框最下端有"打开网络和共享中心"。

（2）点击"更改适配器设置"选取要更改的网络连接，点击"属性"。

（3）在执行第二步后会弹出"连接属性"对话框，点击"配置"。

（4）再点击"高级"，在属性中选择网络地址，点击左面的"值"，输入你所需的 MAC 地址后点击"确定"即可。

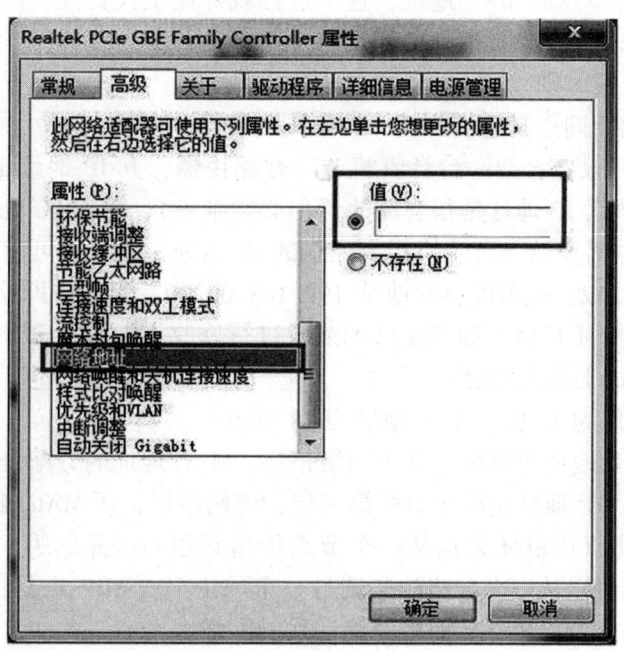

图 5-14　修改 MAC 地址

注意：在修改无线网卡地址的时候，Windows 7 对地址作出一个限制。MAC 出厂地址 12 个数字可以是 0~9，A~F 任何一个数字，但是在 Windows 7 软件修改地址的时候，MAC 地址的第二位必须是 2，6，A 或者 E。

MAC 地址格式：xy：xx：xx：xx：xx：xx

其中：x=0~9，A~F

y=2，6，A 或者 E

3. MAC 地址与 IP 地址的相关性

在一个稳定的网络中，IP 地址和 MAC 地址是成对出现的。如果一台计算机要和网络中另外一台计算机通信，那么要配置这两台计算机的 IP 地址，MAC 地址是网卡出厂时设定的，这样配置的 IP 地址就和 MAC 地址形成了一种对应关系。在数据通信时，IP 地址负责表示计算机的网络层地址，网络层设备（如路由器）根据 IP 地址来进行操作；MAC 地址负责表示计算机的数据链路层地址，数据链路层设备（如交换机）根据 MAC 地址来进行操作。IP 和 MAC 地址这种映射关系由 ARP（Address Resolution Protocol，地址解析协议）协议完成。

IP 地址就如同一个职位，而 MAC 地址则好像是去应聘这个职位的人才，职位既可以让甲坐，也可以让乙坐，同样的道理，一个节点的 IP 地址对于网卡不作要求，基本上什么样的厂家都可以用，也就是说，IP 地址与 MAC 地址并不存在着绑定关系。本身有的计算机流动性就比较强，正如同人才可以给不同的单位干活的道理一样，人才的流动性是比较强的。职位和人才的对应关系就有点像是 IP 地址与 MAC 地址的对应关系。比如，如果一个网卡坏了，可以被更换，而无须取得一个新的 IP 地址。如果一个 IP 主机从一个网络移到另一个网络，可以给它一个新的 IP 地址，而无须换一个新的网卡。当然，MAC 地址除了仅仅具有这个功能还是不够的，就拿人类社会与网络进行类比，通过类比，我们就可以发现其中的类似之处，更好地理解 MAC 地址的作用。无论是局域网还是广域网中的计算机之间的通信，最终都表现为将数据包从某种形式的链路上的初始节点出发，从一个节点传递到另一个节点，最终传送到目的节点。数据包在这些节点之间的移动都是由 ARP 负责将 IP 地址映射到 MAC 地址上来完成的。其实人类社会和网络也是类似的，试想在人际关系网络中，甲要捎个口信给丁，就会通过乙和丙中转一下，最后由丙转告给丁。在网络中，这个口信就好比是一个网络中的一个数据包。数据包在传送过程中会不断询问相邻节点的 MAC 地址，这个过程就好比是人类社会的口信传送过程。相信通过上述例子，我们可以进一步理解 MAC 地址的作用。

4. MAC 地址与 IP 地址的区别

IP 地址和 MAC 地址的相同点是它们都唯一，不同的特点主要有：

（1）对于网络上的某一设备，如一台计算机或一台路由器，其 IP 地址是基于网络拓扑设计出的，同一台设备或计算机上，改动 IP 地址是很容易的（但必须唯一），而 MAC 则是生产厂商烧录好的，一般不能改动。我们可以根据需要给一台主机指定任意的 IP 地址，如我们可以给局域网上的某台计算机分配 IP 地址为 192.168.0.112，也可以将它改成 192.168.0.200。而任一网络设备（如网卡、路由器）一旦生产出来，其 MAC 地址不可由本地连接内的配置进行修改。如果一个计算机的网卡坏了，在更换网卡之后，该计算机的 MAC 地址就变了。

（2）长度不同。IP 地址为 32 位，MAC 地址为 48 位。

（3）分配依据不同。IP 地址的分配是基于网络拓扑，MAC 地址的分配是基于制造商。

（4）寻址协议层不同。IP 地址应用于 OSI 第三层，即网络层，而 MAC 地址应用在 OSI 第二层，即数据链路层。数据链路层协议可以使数据从一个节点传递到相同链路的另一个节点上（通过 MAC 地址），而网络层协议使数据可以从一个网络传递到另一个网络上（ARP 根据目的 IP 地址，找到中间节点的 MAC 地址，通过中间节点传送，从而最终到达目的网络）。

九、域名

IP 地址是访问 Internet 网络上某一主机所必需的标识，它是一个用点分隔的 4 个十进制数，例如，180.149.132.15 代表 hao123 网的网络标识。但是这种枯燥的数字是很难记忆的，因此需要使用容易记忆的名字域名代替 IP 地址，例如，www.hao123.com 是 hao123 网的域名。

Internet 使用域名系统 DNS（Domain Name System）来进行域名与 IP 地址之间的转换，域名是计算机拥有者起的名字，但它必须得到上一级域名管理机构的批准。

（一）组织分层（organizational hierarchy）

组织分层亦称层次命名法，一个域名由多个子域名组成，首先将 Internet 网络上的站点按其所属机构的性质，粗略地分为几类，形成第一级域名。以下是常见的一级域名：

.com 用于商业机构或公司
.net 用于网络服务或管理机构
.edu 用于大中小学等教育机构
.gov 用于各级政府机构
.int 用于国际性组织
.mil 用于军事组织或机构
.org 用于非营利慈善组织及其他机构

在第一级域名的基础上，一般会依据公司、组织或机构名字作为二级域名。第三级域名通常是该站点内某台主机或子域的名字，至于是否还需要有第四级，甚至第五级域名，则视具体情况而定。

例如，www.sina.com，表示新浪公司的 WWW 服务器，域名的排列是按级别从高到低由右至左排列。

（二）地理分层（geographical hierarchy）

按照站点所在地国家的英文名字的两个字母缩写来分配第一级域名的方法叫地理分层。由于 Internet 网已遍及全世界，因此地理分层是一种更好的域名命名方法。在此基础上，再按上述组织分层方式命名。例如，www.pku.edu.cn 就是北京大学网站的域名，cn 是中国的缩写，其他一些国家的缩写如下：

Jp——日本
Fr——法国
Uk——英国
Ca——加拿大
Au——澳大利亚

Internet 起源于美国，Internet 的管理机构大多也设在美国，美国的院校、企业、团体注册域名时，通常使用较高层域，而不在国家代码".US"下注册。

在实际使用过程中，当用户指定某个域名时，总是被自动翻译成相应的 IP 地址，从技术角度看，域名只是地址的一种表示方式，它告诉人们某台计算机在哪个国家、哪个网络上。

十、WWW（万维网）

（一）WWW（万维网）概述

WWW（World Wide Web）简称 3W，也称为万维网，它拥有图形用户界面，使用超文本结构链接。WWW 系统也叫作 Web 系统，它是目前 Internet 上最方便、最受用户欢迎的信息服务类型，它是一种基于超文本（hypertext）方式的信息查询工具，它的影响力已远远超出了计算机领域，并且已经进入广告、新闻、销售、电子商务与信息服务等各个行业。Internet 的很多其他功能，如 E-mail、FTP、Usenet、BBS、WAIS 等，都可通过 WWW 方便地实现。WWW 的出现使 Internet 从仅有少数计算机专家使用变为普通大众也能利用的信息资源，它是 Internet 发展中的一个非常重要的里程碑。

超文本文件由超文本标记语言（Hypertext Markup Language，HTML）格式写成，这种语言是欧洲粒子物理实验室（CERN）提出的 WWW 描述语言。WWW 文本不仅含有文本和图像，还含有作为超链接的词、词组、句子、图像和图标等，这些超链接通过颜色和字体的不同与普通文本区别开来，它含有指向其他 Internet 信息的 URL 地址。将鼠标移到超链接上点击，Web 就根据超链接所指向的 URL 地址跳到不同站点、不同文件。链接同样可以指向声音、影像等多媒体，超文本与多媒体一起构成了超媒体（hypermedia），因而 WWW 是一个分布式的超媒体系统。

WWW 由三部分组成：浏览器（browser）、Web 服务器（web server）和超文本传送协议（HTTP protocol）。浏览器向 Web 服务器发出请求，Web 服务器向浏览器返回其所需的 WWW 文档，然后浏览器解释该文档并按照一定的格式将其显示在屏幕上，浏览器与 Web 服务器使用 HTTP 协议进行互相通信。

（二）统一资源定位符 URL

HTML 的超链接使用统一资源定位器 URL（Uniform Resource Locators）来定位信息资源所在位置。URL 描述了浏览器检索资源所用的协议、资源所在计算机的主机名，以及资源的路径与文件名。Web 中的每一页，以及每页中的每个元素——图形、热字或是帧——也都有自己唯一的地址。

标准的 URL 如下：

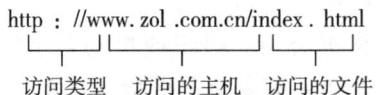

这个例子表示：用户要连接到名为 www.zol.com.cn 的主机上，采用 http 方式读取名为 index.html 的超文本文件。

URL 通过访问类型来表示访问方式或使用的协议，例如：

"ftp：//ftp.pudc.edu.cn/software/readme1.txt"表示要通过 FTP 连接来获得一个名为 readme.txt 的文本文件。

"telnet：//213.19.120.120：8080"表示远程登录到名为 213.19.120.120 的主机的 8080 号端口。

URL 是在一个计算机网络中用来标识、定位某个主页地址的文本。简单地说，URL 提供主页的定位信息，用户可以看到浏览器在定位区内显示 URL。用户一般不需要了解某一主页的 URL，因为有关的定位信息已经被包括在加亮条的链接信息之中，当用户选择某一加亮条时，浏览器就已经知道了它的 URL，同时，浏览器提供让用户直接输入 URL，以便对 WWW 进行访问的功能。URL 也称为"网址"。

（三）超文本传输协议（HTTP）

超文本传输协议 HTTP（Hypertect Transfer Protocol）是 Web 客户机与 Web 服务器之间的应用层传输协议。HTTP 是用于分布式协作超文本信息系统的、通用的、面向对象的协议，它可以用于域名服务或分布式面向对象系统，是基于 TCP/IP 之上的协议。HTTP 会话过程包括以下四个步骤：连接（connection）、请求（request）、应答（response）、关闭（close）。当用户通过 URL 请求一个 Web 页面时，在域名服务器的帮助下获得要访问主机的 IP 地址，浏览器与 Web 服务器建立 TCP 连接，使用默认端口 80。浏览器通过 TCP 连接发出一个 HTTP 请求消息给 Web 服务器，该 HTTP 请求消息包含了所要的页面信息，Web 服务器收到请求后，将请求的页面包含在一个 HTTP 响应消息中，并向浏览器返回该响应消息，浏览器收到该响应消息后释放 TCP 连接，并解析该超文本文件显示在指定窗口中。

第二节　Internet Explorer 9 浏览器的使用

一、IE 浏览器的使用

（一）IE 浏览器的启动和退出

1. 启动浏览器

方法一：菜单法

单击"开始"菜单；选择"开始"菜单下的"所有程序"；单击"所有程序"下的"Internet Explorer"。

方法二：快捷图标方式

双击桌面上的"Internet Explorer"的快捷方式图标。

2. 退出浏览器

方法一：菜单法

单击 IE 浏览器窗口中的"文件"菜单下的"退出"命令。

方法二：按钮法

单击 IE 浏览器窗口右上角的"关闭"按钮" "。

方法三：组合键法

同时按下 Alt+F4 键。

（二）IE 浏览器的界面

IE 浏览器的主窗口界面如图 5-15 所示，由标题栏、菜单栏、收藏夹栏、命令栏、工具栏、状态栏、地址栏、网页信息区等组成，其中菜单栏、收藏夹栏、命令栏、工具栏、状态栏可以通过"查看"菜单设置。

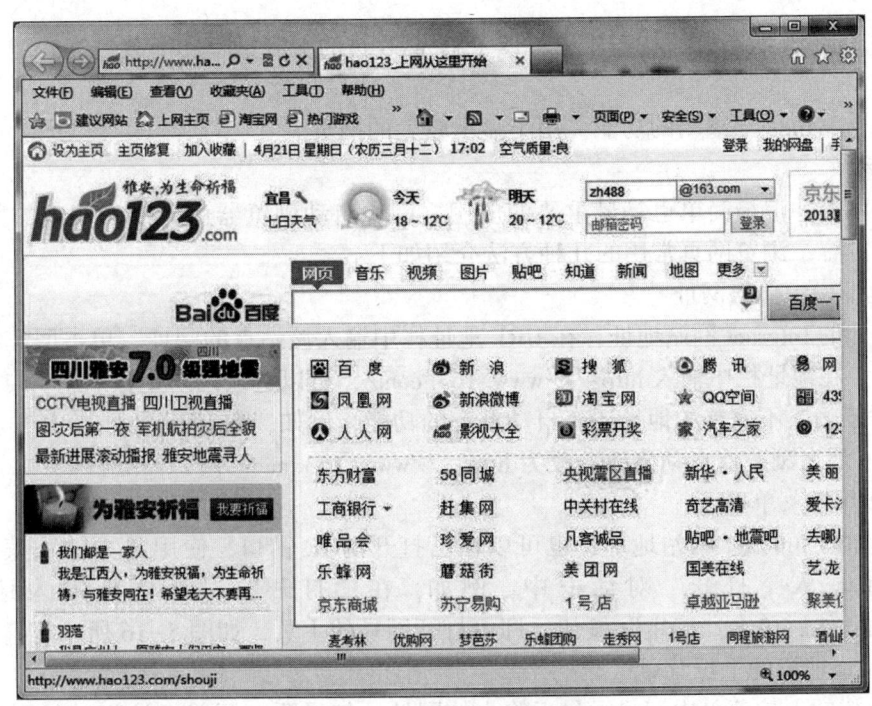

图 5-15　IE 浏览器的界面

1. 标题栏

用于显示当前网页的标题。[图标]分别为最小化按钮、还原按钮、关闭按钮，用于最小化网页、还原网页和关闭网页；[图标]为最大化按钮，用于最大化网页。当窗口处于还原状态时，拖动窗口的标题栏，可以使窗口移动，将鼠标置于窗口四角，出现双箭头时，可以使窗口大小改变。

2. 菜单栏

包括"文件""编辑""查看""收藏夹""工具""帮助"六个菜单项，当鼠标单击某一菜单项时，该菜单项的内容会弹出，可以完成 Internet Explorer 中几乎所有操作。

3. 工具栏

是一些常用菜单的快捷按钮，单击按钮可以完成相应的操作。

标准按钮工具栏各按钮的功能：

返回：返回到当前网页之前浏览过的上一个网页；

前进：使用"返回"按钮后再向下翻阅浏览过的网页；

停止：停止访问当前网页；

刷新：再次访问当前网页；

主页：打开默认的主页；

收藏：显示收藏夹窗口；

工具：显示工具下拉菜单。

4. 地址栏

显示当前网页的 URL 地址，在输入新的 URL 网址即可访问相应的网站。

5. 链接栏

显示常用的和自己喜欢的网页的地址。

6. Web 显示区

显示当前所打开网页的内容。

7. 状态栏

显示当前 IE 的工作状态，从状态栏中可以了解 Web 页的下载过程和下载进度。

8. 滚动条

滚动条类似于 Windows 滚动的功能，用于显示较大的网页。

(三) 浏览网页

浏览网页是网上冲浪最简单也是最重要的应用之一，启动浏览器后，输入相应的网址就可浏览网站上相应网页的内容，浏览网页常用的几种方法介绍如下：

1. 直接在地址栏中输入网址

对于我们已知的 Internet 网站地址，在 URL 地址栏中输入该站点的网址，单击回车键就可进入该网站的主页。例如，在地址栏中输入 http：//www.163.com/，可以进入网易主页。

IE 浏览器对于输入不完整的地址还有自动补齐的功能，例如，在 URL 地址栏中输入"163"，再单击 Ctrl+Enter 键，那么浏览器自动将地址改为 http：//www.163.com 并打开相应网页。

2. 使用"打开"菜单项

对于我们已知的 Internet 网站地址，也可以在已打开的 IE 窗口，使用"文件"菜单中的"打开"菜单项，将地址输入"打开"对话框中。例如，在"打开"对话框中输入地址为 http：//www.hao123.com，然后单击"确定"按钮，即可打开网易的主页，如图 5-16 所示。

3. 使用 URL 地址栏的下拉菜单

在 URL 地址栏的下拉菜单中记录了最近输入的网址，如果要打开曾经访问过的网址，可以在地址栏的下拉菜单中选中将要访问的网站地址。例如，如图 5-17 所示，选中 http：//www.baidu.com，IE 浏览打开百度网站的主页。

图 5-16　在"打开"对话框中输入网址

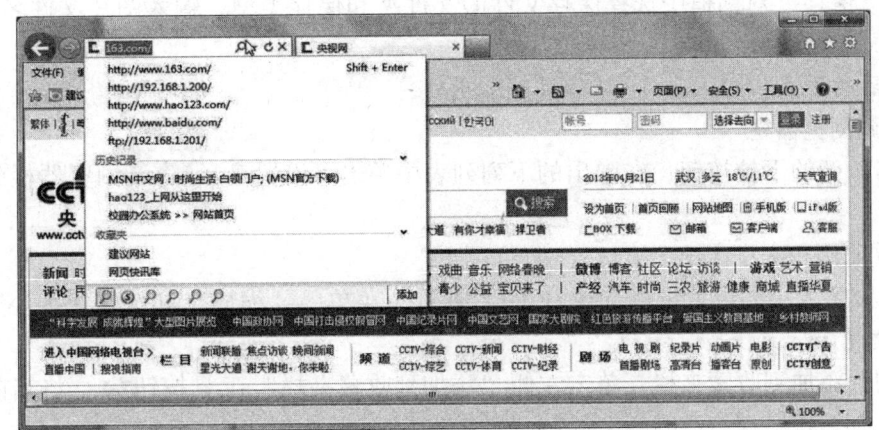

图 5-17　在地址栏下拉菜单中选择网址

4. 使用"历史"浏览网页

单击标准按钮工具栏上的☆"查看收藏夹、源、历史记录"按钮，在历史记录栏中列出了最近一段时间访问过的网页，如果要浏览其中的某一个网页，单击这个网页记录的链接。例如，在历史记录栏中单击 http：//www.163.com，就打开了网易主页，如图 5-18 所示。

5. 使用"收藏夹"浏览网页

对于已保存在"收藏夹"中的网页，可以通过打开"收藏夹"来浏览它，单击标准按钮工具栏上的☆"查看收藏夹、源、历史记录"按钮，在收藏夹栏中列出了收藏的网页。

（四）保存喜欢的网页信息

在网上浏览到有价值的信息，有时需要保存下来。

图 5-18　使用历史记录浏览网页

1. 保存当前网页

选择"文件"菜单→"另存为"选项，弹出保存网页对话框，选择保存文件的文件夹，输入网页的保存文件名、文件类型，单击"保存"。

在文件保存类型列表框的下拉菜单中：

网页，全部：是指当前网页，包括文字、图像、框架、表单等多媒体网页；

Web 档案，单一文件：是指将网页信息保存在一个能与 Outlook 2010 联合使用的文件中；

网页，仅 HTML：是指不包含图像、声音或其他文件的 HTML 画面；

文本文件：是指仅包含文字资料的文本文件。

2. 保存链接网页

IE 可以在不打开网页的情况下，将链接所指的网页下载到硬盘上。

在当前网页中，将鼠标指向文本链接，当出现"手"的形状时，单击鼠标右键，弹出快捷菜单。

选中"目标另存为"，弹出"另存为"对话框，选择保存文件的文件夹和保存类型，输入文件名，单击"保存"按钮，链接网页开始下载，直到下载完毕。

3. 保存网页中的图片

如果需要保存一些网页上的精美图片时，IE 可以不保存网页而只保存网页中的图片。

在当前网页中，将鼠标指向需要保存的图片，单击鼠标右键，弹出快捷菜单，单击"图片另存为"，在弹出的"保存"对话框中选择保存文件的文件夹和保存类型，输入图片文件名，单击"保存"按钮。

（五）浏览器的设置

1. 显示/隐藏浏览器栏

单击"工具"旁的下拉按钮，在弹出的下列列表中单击可设置显示/隐藏浏览器栏的收藏夹、源和历史记录。

2. 设置缩放比例和文字大小

缩放比例和文字大小的设置可以选择 IE 的"查看"菜单→"缩放"和"文字大小"来实现。

3. 收藏夹设置

（1）当前网址添加到收藏夹栏。单击左侧"添加到收藏夹栏"工具按钮，将当前打开的网址添加到收藏夹栏。

（2）加到收藏夹。打开需要添加到收藏夹的网页，单击右侧"查看收藏夹、源、历史记录"按钮，单击"收藏夹"选项卡，如图 5-19 所示，单击右上角"添加到收藏夹"旁的下拉按钮，弹出如图 5-19 所示下拉列表，单击"添加到收藏夹"弹出如图 5-20 所示"添加收藏"对话框，输入名称（或确认默认名称），指定创建位置添加。

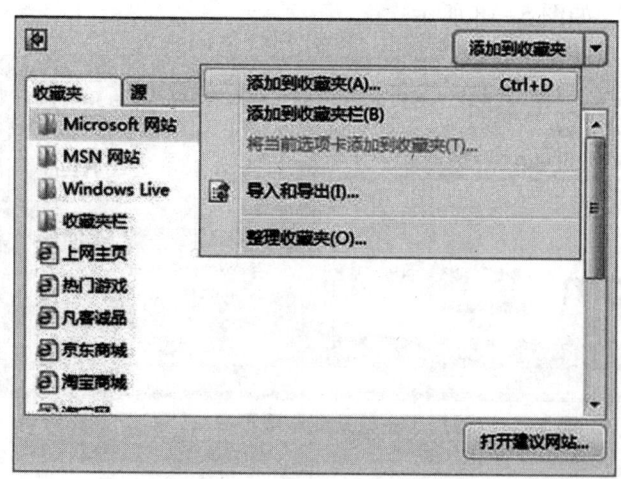

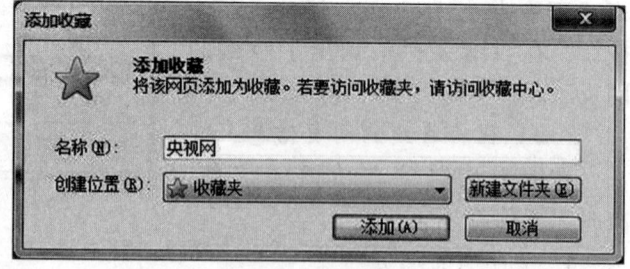

图 5-19 "收藏夹"选项卡　　　　　　图 5-20 添加收藏

（3）整理收藏夹。如图 5-19 所示下拉列表中单击"整理收藏夹"弹出"整理收藏夹"对话框，应用对话框可以新建文件夹、移动网址名称或文件夹、重命名文件夹或网址名称、删除文件夹或网址。

4. 更改默认的主页

打开 IE 浏览器时，系统会自动进入主页，如果要改变这个主页，可以通过修改"Internet 选项"实现。

选择"工具"菜单→"Internet 选项",弹出如图 5-21 所示对话框,在"常规"选项卡"主页"框"地址"栏中的地址即是主页地址。

单击"使用当前页"按钮,设置当前打开的 Web 页为主页;

单击"使用默认页",设置第一次安装 IE 时的主页为当前主页;

单击"使用空白页",设置空的 HTML 页为当前主页。

二、搜索引擎的初级使用

Internet 网上的信息浩如烟海,用户在上网时遇到的最大问题就是如何快速、准确地获取有价值的信息。那么,如何在数以百万个网站中快速、准确查找所需要的信息呢?搜索引擎的出现解决了这个难题。

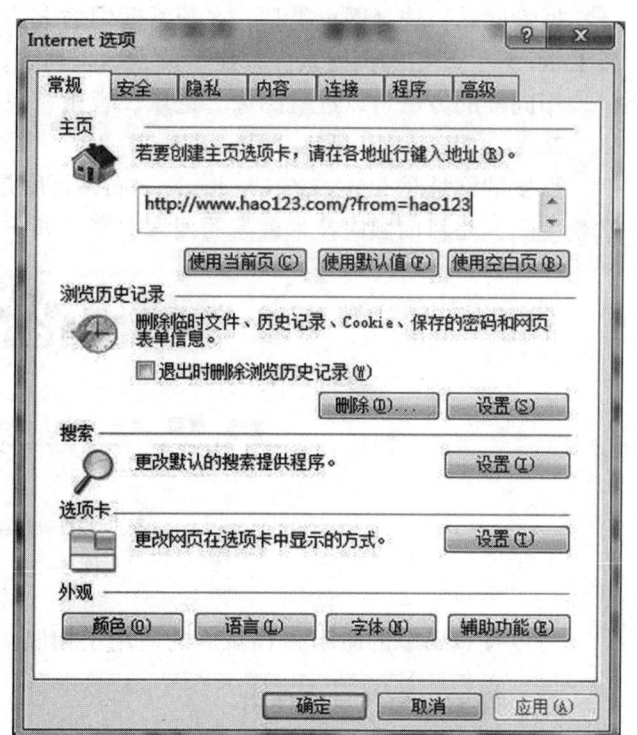

图 5-21　Internet 选项设置对话框

(一) 搜索引擎概念及分类

搜索引擎是 Internet 上的一个 WWW 服务器,它能在未知对方站点的 IP 地址和域名的情况下,通过对主页进行分类、搜索与检索,实现在 Internet 上进行信息搜索(见图 5-21)。

搜索引擎有两种基本类型:

一种是以分类目录为主的搜索引擎,另一种是以全文检索为主的站点。

以分类目录为主的搜索引擎,是按目录分类的网站链接列表,用户不用进行关键词查找,仅靠分类即可找到需要的信息,如 Yahoo 等。

以全文检索为主的搜索引擎,是从互联网上的网站提取信息,将这些信息组织建立自己的数据库,并向用户提供查询服务,如 Google 等。

(二) 两个常用的搜索引擎网站

1. Google 搜索引擎

Google 也称为谷歌,它是一个集图像、新闻、网页目录和 Web 页等搜索于一体的中英文搜索引擎,它检索内容丰富、访问速度快,功能齐全,它的网址是 http：//www.google.cn,如图 5-22 所示为中文版简体主页。

图 5-22　Google 中文版简体主页

Google 可以搜索的信息包括"网页""图片""视频""地图""资讯""音乐""问答""购物""音乐""翻译""导航"等多个链接，单击它们可以进入链接的网页。

搜索网站：选择网页类型，在搜索框中输入关键字，如"四川旅游"，点击"Google 搜索"按钮或按 Enter 键，开始网页搜索，并显示搜索结果列表。

用同样的方法可以进行图像、论坛、音乐、视频等搜索。

2. 百度

百度的网址是 http：//www.baidu.com，百度是国内最大的商业化全文搜索引擎，其功能完备，搜索精度高，是目前国内技术最高的搜索引擎。如图 5-23 所示为百度的主页。

图 5-23 百度的主页

百度搜索引擎的使用和 Google 的使用很相似，可以指定搜索类别后进行相应的搜索。

三、搜索引擎的高级使用

（一）利用搜索命令

搜索引擎的使用一直困扰很多人，面对着简单的搜索框，如何更好地获取自己喜欢或有用的信息其实很简单，但是很多人却并不是很了解，殊不知，搜索引擎其实很实用。

搜索引擎可以帮助我们很方便地查询网上信息，但是当输入关键词后，出现了成百上千个查询结果，而且这些结果中并没有多少是自己想要的东西，这不是因为搜索引擎没有用，而是由于操作者没用好搜索引擎而已。

1. 简单查询

在搜索引擎中输入关键词，比如"网络营销"，然后点击"搜索"按钮即可，系统很快会返回查询结果，这是最简单的查询方法，使用方便，但是查询的结果却不准确，可能包含着许多无用的信息。

2. 使用双引号用（""）

给要查询的关键词加上双引号（半角，以下要加的其他符号同此），可以实现精确的查询，这种方法要求查询结果要精确匹配，不包括演变形式。例如，在搜索引擎的文字框中输入"网络营销"，它就会返回网页中有"网络营销"这个关键字的网址，而不会返回诸如"网络推广"之类网页。

3. 使用加号（+）

在关键词的前面使用加号，也就等于告诉搜索引擎该单词必须出现在搜索结果中的网页上。例如，在搜索引擎中输入"网络营销+博客"就表示要查找的内容必须要同时包含"网络营销、博客"这两个关键词。

4. 使用减号（-）

在关键词的前面使用减号，也就意味着在查询结果中不能出现该关键词。例如，在搜索引擎中输入"网络营销—服务"，它就表示最后的查询结果中一定不包含"服务"。

5. 使用通配符（*和?）（Google 支持）

通配符包括星号（*）和问号（?），前者表示匹配的数量不受限制，后者表示匹配的字符数要受到限制，主要用在英文搜索引擎中。例如，输入"computer*"，就可以找到"computer、computers、 computerised、computerized"等单词,而输入"comp？ter",则只能找到"computer、compater、competer"等单词。

6. 使用布尔检索

所谓布尔检索,是指通过标准的布尔逻辑关系来表达关键词与关键词之间逻辑关系的一种查询方法,这种查询方法允许我们输入多个关键词,各个关键词之间的关系也可以用逻辑关系词来表示。

and,称为逻辑"与",用 and 进行连接,表示它所连接的两个词必须同时出现在查询结果中,例如,输入"电子商务 and 网络营销",它要求查询结果中必须同时包含"电子商务"和"网络营销"。

or,称为逻辑"或",它表示所连接的两个关键词中任意一个出现在查询结果中就可以。例如,输入"电子商务 or 网络营销",就要求查询结果中可以只有"电子商务",或只有"网络营销",或同时包含"电子商务"和"网络营销"。

not,称为逻辑"非",它表示所连接的两个关键词中应从第一个关键词概念中排除第二个关键词。例如,输入"电子商务 not 网络营销",就要求查询的结果中包含"电子商务",但同时不能包含"网络营销"。

7. 使用括号

当两个关键词用另一种操作符连在一起,而你又想把它们列为一组时,就可以对这两个词加上圆括号。

8. 使用元词检索

大多数搜索引擎都支持"元词"(metawords)功能,依据这类功能用户把元词放在关键词的前面,这样就可以告诉搜索引擎你想要检索的内容具有哪些明确的特征。例如,你在搜索引擎中输入"title:清华大学",就可以查到网页标题中带有清华大学的网页。

(二)利用 Baidu 高级搜索引擎

有时我们为了限制搜索范围、搜索时间、过滤关键字等,除了使用搜索命令,还可以使用高级搜索引擎,如图 5-24 所示。

方法/步骤：

(1)目前百度首页不会显示高级搜索按钮及链接,我们可以在页面的顶端点击"设置"—"高级搜索"。

(2)在高级搜索页面可以对"搜索结果""时间""文档格式""关键字位置""站内搜索"进行限制。

(3)在搜索结果中可以根据需要选择"包括以下全部关键词""包括以下的完整关键词""包括以下任意一个关键词"和"不包括以下关键词"。

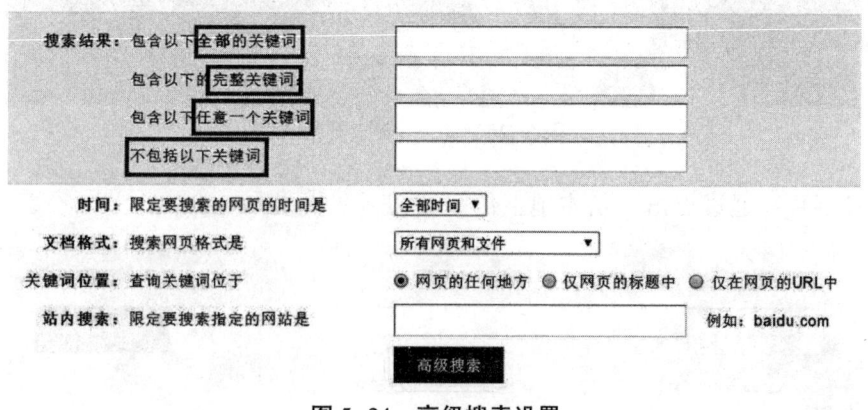

图 5-24 高级搜索设置

(4)如何限定搜索的时间范围？我们可以选择"最近一天""最近一周""最近一月""最近一

年"以及系统默认的"全部时间"。

（5）为了限定搜索的网页格式，我们可以选择"所有网页和文件"、"PDF""Word""Excel""Powerpoint""RTF"以及"所有格式"。

（6）搜索时如何需要限定关键词位置，我们可以选择"网页的任何地方""仅网页的标题中"以及"仅在网页的 URL 中"。

（7）搜索时如需限定要搜索的网站，可以在站内搜索里输入想要搜索的网站域名即可。比如，在"中国刑警学院"网站站内搜索。

（三）百度的图片搜索（相同相似图片）

1. 概念

图片搜索是通过搜索程序，向用户提供互联网上相关的图片资料的服务。

2. 分类

从所使用的技术上来分类，可分为：

（1）基于上下文本（context）的图片搜索（通过关键字查找图片）

通常是通过 Alt 等锚来索引搜索的，你可以访问搜索引擎，比如百度、Google。在搜索框内输入搜索文字，点击右侧的"图片搜索"按钮，即可获得相关图片搜索结果。《浅谈图片搜索引擎的实现》中提出了跨越性的图片搜索的实现，具有很高的参考价值。

（2）基于图片内容的搜索（通过图片查找相同或相似图片）

涉及了数据库管理、计算机视觉、图像处理、模式识别、信息检索和认知心理学等诸多学科，其相关技术主要包括：图像数据模型、特征提取方法、索引结构、相似性度量、查询表达模式、检索方法等。相似图片的检测主要涉及特征表示和相似性度量两类关键技术。图像特征的提取与表达是基于内容的图像处理技术的基础。从广义上讲，图像的特征包括基于文本的特征（如关键字、注释等）和视觉特征（如颜色、纹理、形状等）两类。由于我们需要处理相似图片的识别，这里主要介绍图像视觉特征的提取和表达。

3. 具体操作

第一步：进入百度图片搜索引擎的界面（http：//image.baidu.com/），点击输入栏右侧的"照相机"图标［见图 5-25（a）］。

图 5-25（a） 搜索界面

第二步：上传图片。通过点击"从本地上传"按钮［见图 5-25（b）］。

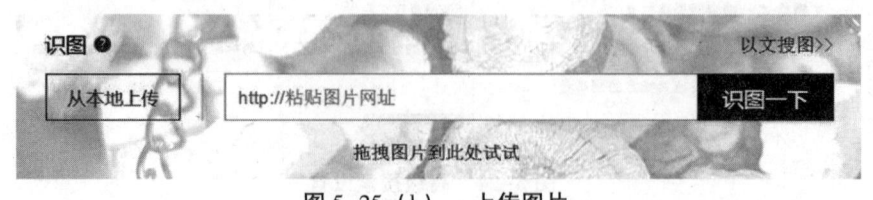

图 5-25（b） 上传图片

第三步：搜索图片。

点击图 5-26 中"更多尺寸"按钮，获取更多图片结果。

结果如图 5-27 所示。

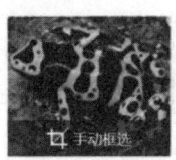

图 5-26　搜索结果

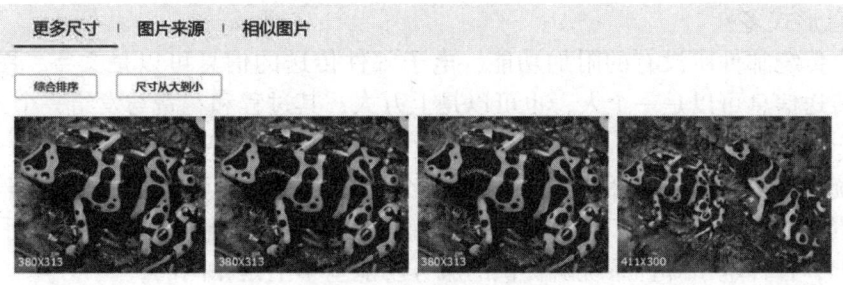

图 5-27　最后搜索结果

第三节　电子邮件

一、电子邮件基础

（一）电子邮件的概念

电子邮件（Electronic Mail）简称为 E-mail，又称电子信箱、电子邮政，它是一种通过 Internet 与其他用户进行联系的快速、简便、价廉的现代化通信手段。电子邮件最早出现在 ARPANET 中，是传统邮件的电子化，它建立在 TCP/IP 的基础上，将数据在 Internet 上从一台计算机传送到另一台计算机。电子邮件可以是文字、图像、声音等方式。

（二）电子邮件的特点

电子邮件是 Internet 的一项基本服务，据统计 Internet 上百分之四十以上的业务量是电子邮件。很多 Internet 用户对 Internet 的了解都是从收发电子邮件开始的。

电子邮件与传统通信方式相比，它具有以下明显特点和优势：

1. 满足人与人之间的通信需求

电子邮件是整个网络间以至所有其他网络系统中直接面向人与人之间信息交流的系统，它的数据发送方和接收方都是人,所以极大地满足了大量存在的人与人之间的通信需求。

2. 用电子手段传送

电子邮件指用电子手段传送信件、单据、资料等信息的通信方法。

3. 电子邮件综合了电话、邮政信件的特点

电子邮件综合了电话通信和邮政信件的特点,它传送信息的速度和电话一样快,又能像信件一样使收信者在接收端收到文字记录。电子邮件系统又称基于计算机的邮件报文系统。它参与了从邮件进入系统到邮件到达目的地为止的全部处理过程。

4. 电子邮件可利用其他任何通信网传送

电子邮件不仅可利用电话网络,而且可利用其他任何通信网传送。在利用电话网络时,还可在其非高峰期间传送信息,这对于商业邮件具有特殊价值。由中央计算机和小型计算机控制的面向有限用户的电子系统可以看作是一种计算机会议系统。电子邮件采用储存—转发方式在网络上逐步传递信息,不像电话那样直接、及时,但费用低廉。

5. 电子邮件传送速度快

电子邮件最大的优势是速度快。发一份电子邮件给美国的一位朋友,通常来说,几分钟甚至几秒钟之内就能到达。

6. 费用低廉

Internet 上的电子邮件的费用比传统邮件便宜得多。发一封航空信到美国要十几元,发一封特快专递更需要上百元,而通过 Internet 发同样的信到美国最多不过几分钱。

7. 传送的信息形式多

电子邮件具有传统邮件所没有的附加功能,电子邮件传送的信息可以是文字、图像、声音、动画等方式。给对方传送信息可以是一个人,也可以是上万人,其过程和花费与发给一个人是一样的。

(三) 电子邮件系统的功能

电子邮件系统可分为用户界面和报文传输两部分,用户界面负责电子邮件的编辑、发送、接收,而报文传输则负责把电子邮件正确、可靠地传送到目的地。目前的电子邮件系统几乎可以运行在任何硬件与软件平台上,各种电子邮件系统所提供的服务功能基本上是相同的。

使用 Internet 的电子邮件程序,用户可以完成对电子邮件的编写与发送、接收、阅读、打印、删除等操作。

1. 附件功能

允许在信件的正文之外发送附件,附件可以是任何种类的文件,附件会随电子邮件的正文发送到收件人的电子邮箱。

2. 转发功能

可以把收到的信件非常方便地转发到别的朋友手中。

3. 回复功能

可以在阅读来信之后马上启动直接回信功能,回信将会发送到原发信人的电子邮箱中。

4. 签名功能

可把签名(包括公司名、职位、联系办法甚至一两句简短的格言等)存入一个签名文件,每次发信的时候,该签名文件会自动附在你信件的后面,省去了每次签名的麻烦。

5. 建立通讯录

可以把常用的收件人的电子邮件地址记录在一个称为别名(nickname)的收件人目录当中,当发送邮件给这些收件人时,可以方便地从收件人目录中选取,省去每次输入电子邮件地址的麻烦。

6. 建立信夹功能

可以建立不同的"信夹",并把收到或发出信件存放在不同的信夹当中,方便进行信件的追踪和查阅。

（四）电子邮箱与电子邮件地址

使用电子邮件的首要条件是要拥有一个电子邮箱（Mail Box），电子邮箱是通过电子邮件服务的机构（一般是ISP）为用户建立的，当用户向ISP申请E-mail账号时，ISP就会在它的E-mail服务器上建立该用户的E-mail账户。建立电子邮箱，实际上是在ISP的E-mail服务器磁盘上为用户开辟一块专用的存储空间，用来存放该用户的电子邮件，这样用户就拥有了自己的电子邮箱，用户的E-mail账户包括用户名（User Name）与用户密码（Password）。通过用户的E-mail账户，用户就可以发送和接收电子邮件。属于某一用户的电子邮箱，任何人可以将电子邮件发送到这个电子邮箱中，但只有电子邮箱的主人使用正确的用户名与用户密码时，才可以查看电子邮箱的信件内容，或对其中的电子邮件作必要的处理。

每个电子邮箱都有一个邮箱地址，称为电子邮件地址（E-mail address），电子邮件地址可以是某个用户的通信地址，也可以是一组用户的地址，E-mail地址的格式是固定的，并且在全球范围内是唯一的。

电子邮件的格式大体可分为三种：邮件头、邮件体和附件。

邮件头相当于传统邮件的信封，它的基本项包括收件人地址、发件人地址和邮件主题。

邮件体就相当于传统邮件的信纸，用户在这里输入邮件的正文。

附件是传统邮件所没有的东西，它相当于在一封信之外，还附带一个"包裹"，这个"包裹"是一个或多个计算机文件，可以是数据文件、声音文件、图像文件或者是程序软件。

用户的E-mail地址格式为：用户名@邮箱所在主机的域名，其中"@"表示"at"，是"在"的意思。主机名指的是拥有独立IP地址的计算机的名字，为方便起见，一般只用邮箱所在主机的域名。用户名是指在该计算机上为用户建立的E-mail账户名，必须是唯一的。例如，在mail.163.com主机上有一个名为zmm188的用户，那么该用户的E-mail地址为zmm188@163.com。

（六）常见电子邮箱和电子邮件处理软件

常见电子邮箱有：Hotmail mail（微软）、Gmail（谷歌）、35mail（35互联）、Yahoo mail（雅虎）、QQ mail（腾讯）、163mail（网易）、126邮箱（网易）、188邮箱（网易）、139邮箱（移动）、189邮箱（电信）、梦网随心邮、新华邮箱、人民邮箱、中国网邮箱、新浪邮箱等。

常见电子邮件处理软件有：KooMail、梦幻快车DreamMail、Foxmail、IncrediMail、Mozilla Thunderbird、Outlook 2010、MailWasher、电子邮件聚合器等。

二、申请电子邮箱

Internet上提供电子邮件服务的网站很多，有免费的，也有收费的，如何申请免费邮箱，下面介绍申请免费电子邮箱的方法。

（一）获取具有免费邮箱功能的站点

若已知提供免费邮箱的站点网址，可直接登录到该网站申请电子邮箱，否则需要通过搜索查找并打开提供免费邮箱服务的网站。

在IE浏览器地址栏输入：www.baidu.com，打开百度主页，在搜索栏输入"免费邮箱"，单击"百度一下"显示免费邮箱网站列表。

（二）打开提供免费邮件服务的网站

在免费邮箱网站列表中单击打开网站，如单击打开"163网易免费邮"，进入站点主页，如图5-28所示。

（三）注册电子邮箱

1. 输入邮件地址和密码

在打开的主页中，如图5-28所示，单击页面右侧下部的"注册网易免费邮"，在弹出的注册页面中输入邮件地址、密码及验证码。邮件地址由申请者预先编定好，一般为6~18个字符，可使用字母、

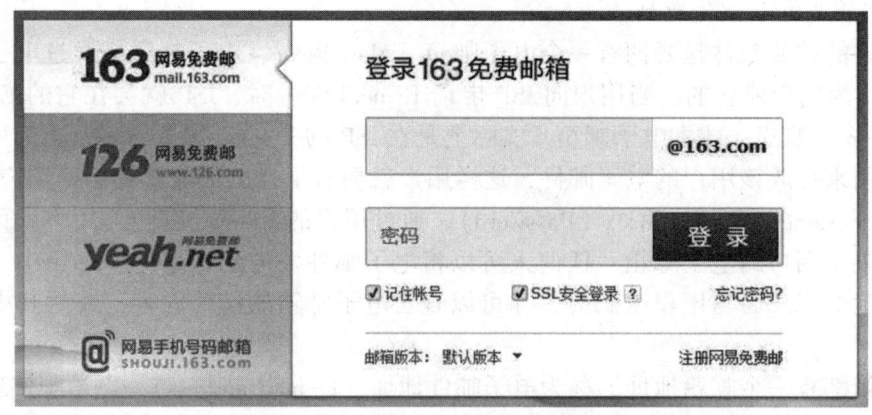

图 5-28　打开"163 网易免费邮"

数字、下划线，有的免费电子邮件申请还支持以手机号码直接注册。输入邮件地址，单击下一项，系统会自动检测该地址是否已被申请，否则需要重新输入新的邮件地址，直到系统提示"恭喜，该邮件地址可注册"方可输入密码项，密码信息由申请者编写，用于下次进入邮箱时验证登录。

如图 5-29 所示，输入邮件地址、密码及验证码，有"＊"标记的是必填项。

2. 立即注册

单击"立即注册"，系统提示"恭喜，您的网易邮箱注册成功！"，系统显示申请成功的完整邮件地址。

三、应用 Outlook 2010 收发电子邮件

应用专用邮箱工具收发电子邮件，可以不登录电子邮箱服务网站进行收发、管理电子邮件，还可以通过设置进行定时自动发送，增加签名等。

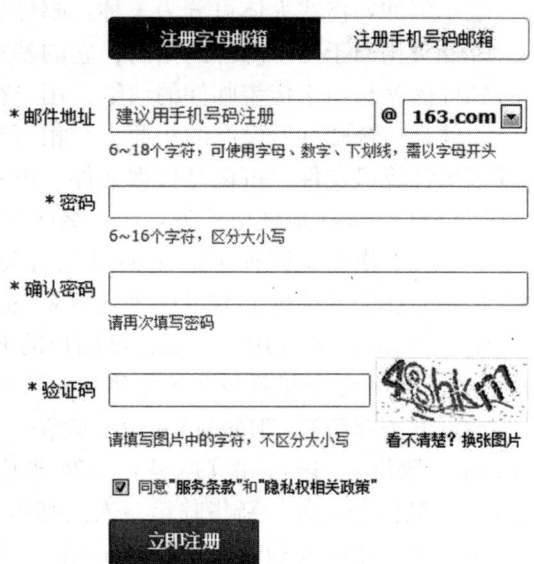

图 5-29　输入邮件地址、密码及验证码

目前可用于电子邮件收发管理的客户端软件很多，下面以 Outlook 2010 为例介绍应用专用邮箱工具方式收发电子邮件的操作方法。

（一）启动 Outlook 2010

双击 Outlook 2010 图标"O"或单击"开始"菜单按扭，选择"程序"中的"MicrosoftOffice""Outlook 2010"，打开的软件界面如图 5-30 所示。

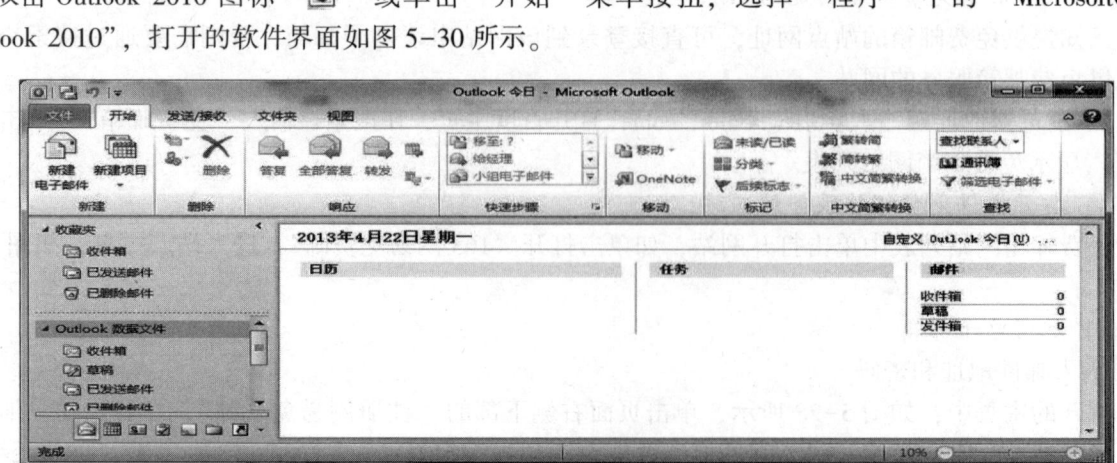

图 5-30　Outlook 2010

（二）创建邮件账号

以已创建的 163 免费 E-mail 邮件账号"zmm188@163.com"为例创建邮件账号。

单击"文件"选项卡"信息"，单击"添加账户"，弹出添加账户向导，选择"电子邮件"。

如图 5-31 所示，在"添加新账户向导"中"您的姓名"中输入"zmm"，"电子邮件"中输入 zmm188@163.com，在"密码"和"重新键入密码"中输入邮箱密码，单击"下一步"系统联机搜索邮件服务器设置并自动配置，若配置成功则弹出"IMAP 电子邮件账号已配置成功"，单击"完成"结束电子邮件账号配置。

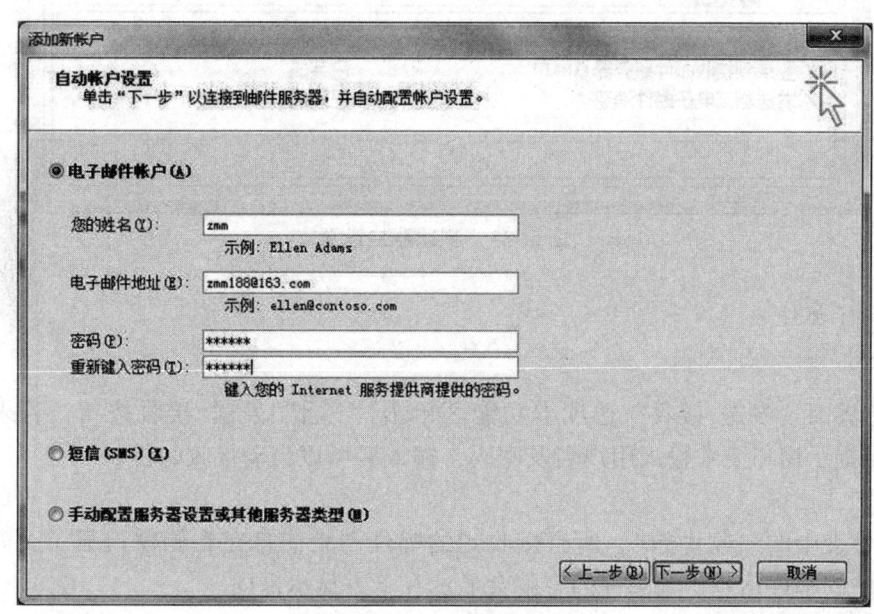

图 5-31　添加新账户

若手动设置账户，单击"文件"选项卡"信息"，单击"账户设置"，弹出账户设置对话框，添加"电子邮件"。在如图 5-32 所示电子邮件服务器设置中设置电子邮件账号和服务器（手动设置时需先到提供免费邮件服务的网站上获取发送和接收服务器的地址）。

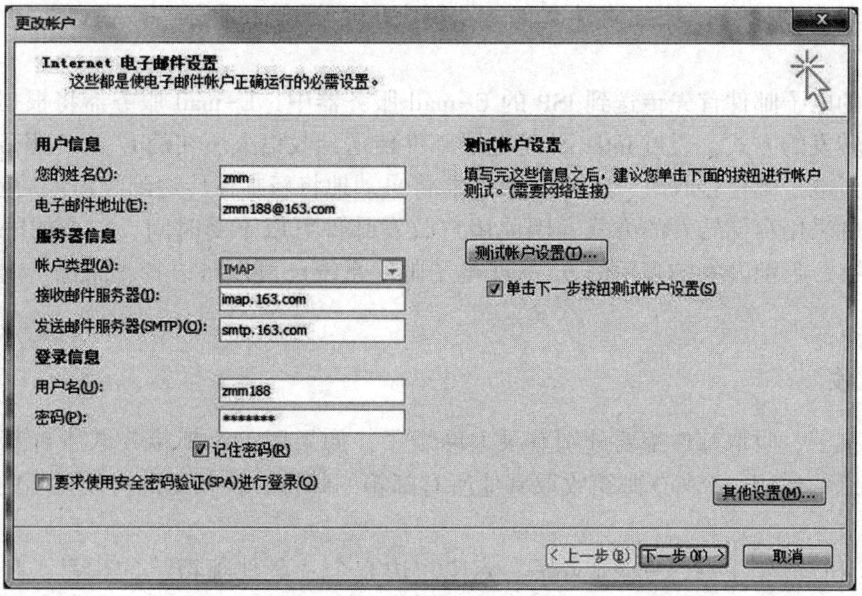

图 5-32　电子邮件服务器设置

单击"下一步",如图 5-33 所示测试账户设置,若提示完成,则账户设置正确,单击"完成"结束电子邮件账号配置。

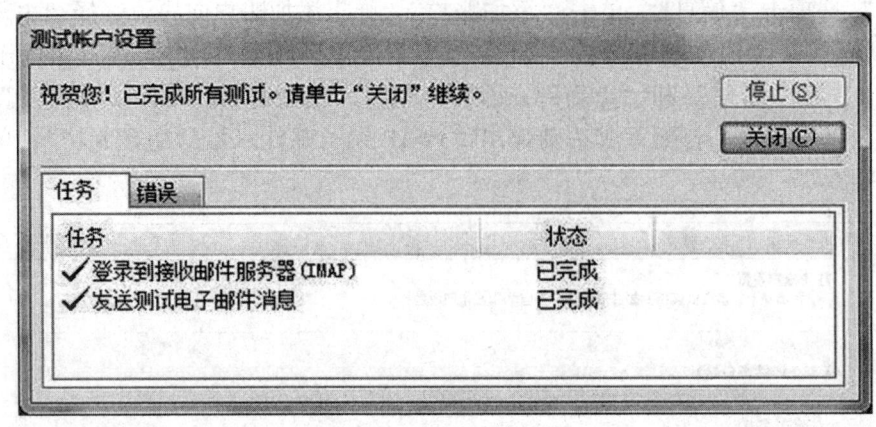

图 5-33 测试账户设置

(三)收发电子邮件

1. 接邮件账号

在 Outlook 主界面"发送/接收"选项卡功能区单击"▩"发送/接收按钮,若未设置"记住密码",则系统弹出提示窗口要求输入用户名及密码,输入后可以自动接收邮件。

2. 收邮件

单击左边文件夹中的"收件箱",所有接收到的邮件列表信息在右侧窗口显示,若要查看邮件内容,可单击列表中的邮件信息,其邮件内容就会显示在下方显示框内。

3. 创建新邮件

在 Outlook 主界面"开始"选项卡功能区单击"新建电子邮件",弹出新邮件编辑窗口。

在"收件人:"后的文本框内输入收信人电子邮件地址,或单击"收件人:"选择已保存联系的邮件地址;在"抄送:"后输入要把邮件同时转抄的电子邮件地址或电子邮件组名,若不需要"抄送"则该栏可不填写;在"主题:"文本框内输入电子邮件主题关键词;在正文区内输入电子邮件正文;若需要发送附件,可单击"附件"添加附件文件。填写完成后单击"发送"按钮可将电子邮件发送给收信人。

用户所发送的电子邮件首先传送到 ISP 的 E-mail 服务器中,E-mail 服务器将根据电子邮件的目的地址,采用存储转发的方式,通过 Internet 将电子邮件传送到收信人所在的 E-mail 服务器。当收信人的计算机开机并通过电子邮件接收时,E-mail 服务器将自动地将新邮件传送到收信人的计算机中。

由于电子邮件采用存储转发的方式,因此用户收发邮件可以不受时间、地点的限制。传统的电子邮件只能传送文字,目前开发的多用途 Internet 电子邮件系统已可以将语音、图像、附件结合到电子邮件中同时发送。

四、邮件代收

邮箱账号太多了,收取邮件都要分别登录太麻烦了,如果用一个邮箱收取所有其他邮箱的邮件会很方便,下面介绍如何用一个 QQ 邮箱收取其他所有邮箱的邮件,代发送的时候显示的也是其他邮箱发送的。

1. 首先进入 QQ 邮箱主页,登录成功后,点击左边有个"其他邮箱"的栏目,在其他邮箱显示页面里点击"立即添加"按钮。

2. 在"添加邮箱账号"对话框中填入需要添加邮箱的账号(需要输入包含域名的全称,如 ***

@sina.com),并点击"下一步"。

3. 填入需要添加邮箱的密码,并点击"验证"。

4. 在弹出的"添加邮箱账号"成功对话框中根据需要选择"收取最近 7 天的邮件""收取全部邮件"或者"暂不收取此邮箱邮件"。

5. 点击"查看"按钮,此时在"其他邮箱"栏目中,已经可以看到刚才添加的邮箱了,点击进入之后即可收取邮件、回复邮件了(见图 5-34)。

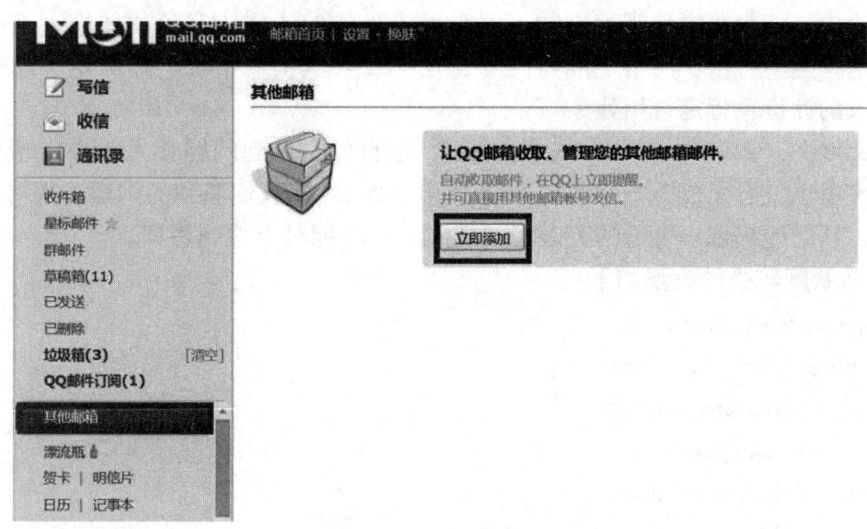

图 5-34 添加邮箱

6. 如果邮箱账号和密码没有错误,并且你要添加的邮箱已经开通 pop3 功能,此时应该已经添加完成(如图 5-35 所示 QQ 邮箱正在收取新浪邮箱的邮件)。

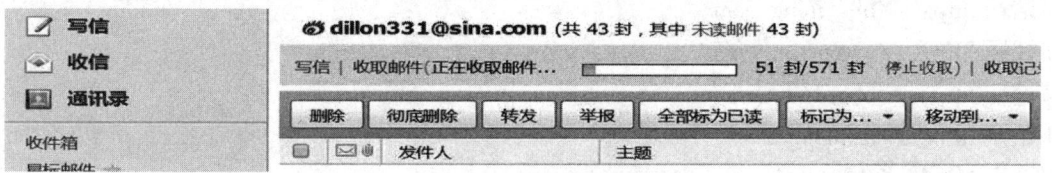

图 5-35 收取邮件

第四节 论坛(BBS)搜索引擎

BBS(Bulletin Board System 即电子公告牌或电子公告栏)是用计算机及软件建立的一种电子数据库,可以让人们登录并在上面留下各种各样的信息。在这里,使用者可以相当自由地将自己的意见贴上去与他人进行具有相当自由度的网上谈话。也就是说,与任何一种传统媒介相比,BBS 依托网络强大的技术支持成为参与者更广泛、互动性更强、讨论更自由的新型交流和辩论空间,显示出巨大的传播力量,成为更加具有公共性的有关公共议题和公共事务的交流和辩论的舆论平台。对 BBS 传播形成进行多方面的分析和研究必定有助于我们对网络舆论导向的引导和把握。政府和网管部门需要利用有效的智能技术,对 BBS 进行舆情监控,以便及时掌握各个时期民众关心的热点话题,并了解民众对这些热点话题的观点和态度,从而作出正确、科学的决策。

一、论坛搜索引擎概述

1. 定义与特色

所谓论坛搜索引擎,就是专职查找论坛内容的搜索引擎,是一种专业搜索引擎。它不追求大而全,而是仅仅把索引范围限定在论坛中,只抓取论坛里的网页。

论坛,跟一般网站相比,最主要的特点是有一个交流和反馈的机制,看了有想法就可以评。在多次回帖、反复争论中,能多角度地观察事物,逐步逼进事物的本质,避免片面性。这一点在购买商品时很有用。广告越来越不可信,网络上的口碑却往往能反映真实的情况。在决定买东西前,用论坛搜索引擎看一看别人的评价,肯定有用处。

我国有八千万网民,大多数人都有常去的论坛。很自然,遇到问题就发帖寻求帮助。随之,论坛搜索引擎的数据库里也就有了成千上万的"问题"和"回答"。我们碰到的问题,很可能别人早就遇到并解决了。所以,从问题提炼出合适的关键词,搜索,往往能马上找到答案。

2. 我国当前活跃度较高的论坛如下

天涯社区 http://www.tianya.cn/
猫扑大杂烩 http://dzh.mop.com/
新浪论坛 http://bbs.sina.com.cn/
豆瓣 https://www.douban.com/
搜狐社区 http://club.sohu.com/
华声论坛 http://bbs.voc.com.cn/
凯迪社区 http://www.kdnet.net/
西祠胡同 http://www.xici.net/
强国论坛 http://bbs1.people.com.cn/
凤凰论坛 http://bbs.ifeng.com/
西陆社区 http://www.xilu.com/
网易论坛 http://bbs.163.com/
猫扑贴贴 http://tt.mop.com/
淘宝论坛 https://bbs.taobao.com/
铁血社区 http://bbs.tiexue.net/

二、论坛搜索引擎基本使用

以天涯社区 http://www.tianya.cn/论坛内搜索"新疆暴恐"的帖子为例。进入天涯社区后,只需要在搜索栏内输入"新疆暴恐",同时,可以按相关度、发帖时间、最新回复时间、回复数、点击数、搜索全文、搜索标题、搜索作者为条件进行搜索(见图5-36)。

图 5-36 论坛内搜索引擎使用

三、多平台综合搜索引擎

1. 搜狗论坛搜索 http：//www.sogou.com/bbs/多平台综合搜索引擎

搜狗论坛搜索是针对论坛类结果的垂直搜索引擎。收录大部分论坛类站点，直观显示帖子的热度。数亿的论坛网页，可以轻松找到感兴趣的话题，了解各大论坛广大网友的切身经历与感受（见图5-37）。

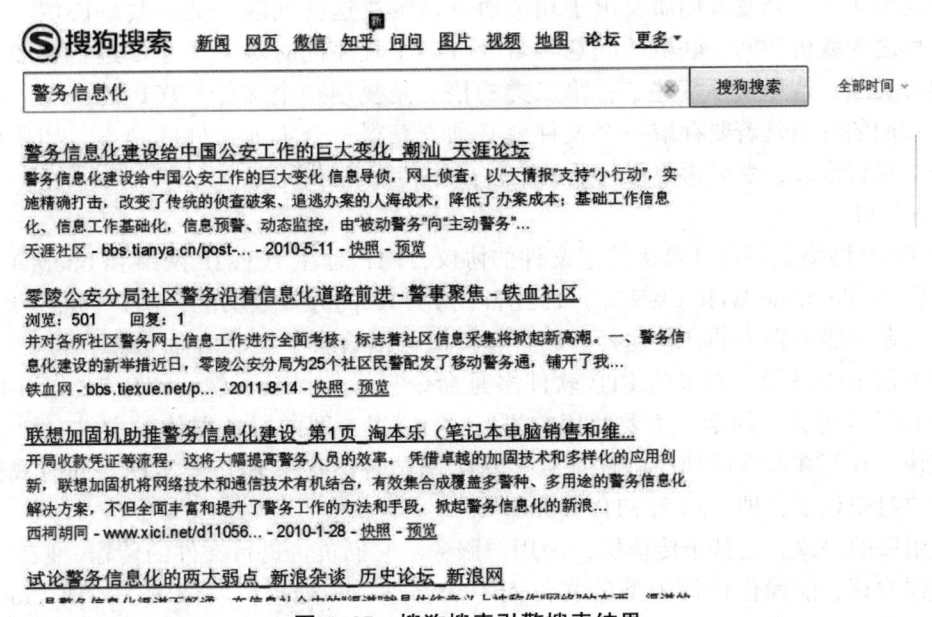

图5-37 搜狗搜索引擎搜索结果

2. 中搜论坛搜索 http：//www.zhongsou.com/bbsindex.html 多平台综合搜索引擎（见图5-38）

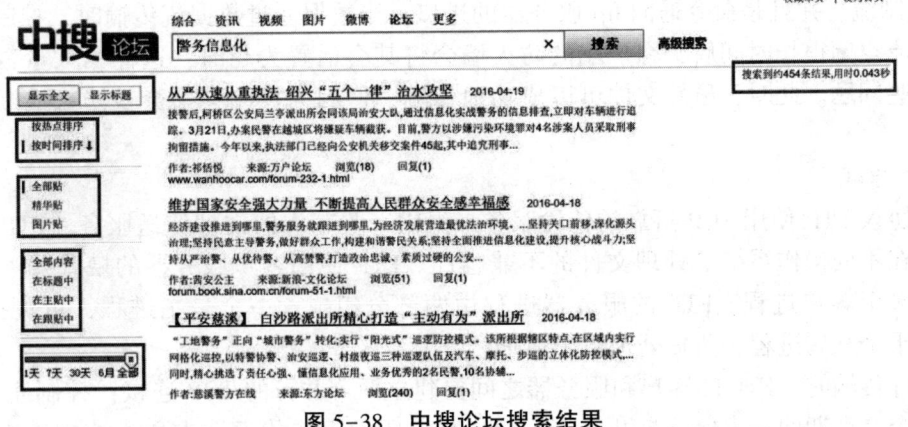

图5-38 中搜论坛搜索结果

第五节 FTP 文件传输

文件传输协议 FTP（File Transfer Protocol）使得主机间可以共享文件。FTP 使用 TCP 生成一个虚拟连接用于控制信息，然后再生成一个单独的 TCP 连接用于数据传输。控制连接使用类似 TELNET 协议在主机间交换命令和消息。文件传输协议是 TCP/IP 网络上两台计算机传送文件的协议，FTP 是在 TCP/IP 网络和 Internet 上最早使用的协议之一，它属于网络协议组的应用层。FTP 客户机可以给服务器发出命令来下载文件，上传文件，创建或改变服务器上的目录。

一、FTP 的概述

在网络中常常需要将文件从一台计算机复制到另一台相距较远的计算机中。初看起来这是一件很简单的事情，其实这是一件非常困难的事情，这是因为众多的计算机应用厂商研制出来的文件系统达数百种，并且差别很大。

为了解决这个矛盾，开发者们研发出了相关协议以解决这些问题。文件共享协议一共可以分为两大类：第一类称之为联机访问，联机访问意味着允许多个程序同时对一个文件进行存取，有兴趣的读者可以参考相关文献，这里就不赘述了；第二类的核心是复制整个文件，TCP 的 FTP 和 UDP 的 TFTP 都属于这类，它们的特点是若要存取一个文件就必须先获得一个本地文件的副本，如果要修改文件则只能对文件副本进行修改，然后再将修改后的文件副本传回到原节点。

（一）详细介绍

FTP 是 TCP/IP 网络上两台计算机传送文件的协议，FTP 是在 TCP/IP 网络和 Internet 上最早使用的协议之一。尽管 World Wide Web（WWW）已经替代了 FTP 的大多数功能，FTP 仍然是通过 Internet 把文件从客户机复制到服务器上的一种途径。FTP 客户机可以给服务器发出命令来下载文件，上传文件，创建或改变服务器上的目录。原来的 FTP 软件多是命令行操作，有了像 CUTEFTP 这样的图形界面软件，使用 FTP 传输变得方便易学。主要使用它进行"上载"，即向服务器传输文件。由于 FTP 协议的传输速度比较快，我们在制作诸如"软件下载"这类网站时喜欢用 FTP 来实现，同时我们这种服务面向大众，不需要身份认证，即"匿名 FTP 服务器"。

FTP 是应用层的协议，它基于传输层，为用户服务，它们负责进行文件的传输。FTP 是一个 8 位的客户端—服务器协议，能操作任何类型的文件而不需要进一步处理，就像 MIME 或 Unicode 一样。但是，FTP 有着极高的延时，这意味着，从开始请求到第一次接收需求数据之间的时间会非常长，并且不时地必须执行一些冗长的登录进程。

FTP 服务一般运行在 20 和 21 两个端口。端口 20 用于在客户端和服务器之间传输数据流，而端口 21 用于传输控制流，并且是命令通向 ftp 服务器的进口。当数据通过数据流传输时，控制流处于空闲状态。而当控制流空闲很长时间后，客户端的防火墙会将其会话置为超时，这样当大量数据通过防火墙时，会产生一些问题。此时，虽然文件可以成功地传输，但因为控制会话会被防火墙断开，传输会产生一些错误。

（二）工作原理

文件传输协议 FTP 使用 TCP 可靠的传输服务来提供一些基本的文件传送服务。FTP 的主要任务是减少或者消除在不同操作系统下处理文件的不兼容性。FTP 使用客户服务器的模式，一个 FTP 服务器进程可以服务多个客户进程。FTP 的服务器进程由两部分组成：一个是主进程，负责接收新的请求；另外，还有若干个从属进程，负责处理单个请求。

在进行文件传输时，FTP 的客户和服务器之间要建立两个并行的 TCP 连接：控制连接和数据连接。控制连接在整个会话期间一直保持打开状态，FTP 客户所发出的传送请求通过控制连接发送给服务器端的控制进程，但控制连接并不用来传送文件，实际用来传输文件的是数据连接。服务器端在接收到 FTP 客户发送来的文件传输请求后就创建数据传送进程和数据连接，用来连接客户端和服务器端的数据传送进程。数据传送进程实际完成文件的传送，在传送完毕后关闭数据传送链接并结束运行。

使用两个独立的连接的主要好处是使协议更加简单和更容易实现。当客户进程向服务器进程发出建立连接请求时，要寻找连接服务器进程的知名端口 21，同时还要告诉服务器进程自己的另一个端口号码，用于建立数据传送连接（此信息是在报文的应用层携带）。接着服务器进程用自己传送数据的知名端口 20 与客户进程所提供的端口号码建立数据传送连接。由于 FTP 使用了两个不同的端口号，所以数据连接与控制连接不会混乱。

（三）主要功能

提供文件的共享（计算机程序/数据）；支持间接使用远程计算机；使用户不因各类主机文件存储器系统的差异而受影响；可靠且有效地传输数据。

FTP，尽管可以直接被终端用户使用，但其应用主要还是通过程序实现。

FTP 控制帧即指 TELNET 交换信息，包含 TELNET 命令和选项。然而，大多数 FTP 控制帧是简单的 ASCII 文本，可以分为 FTP 命令或 FTP 消息。FTP 消息是对 FTP 命令的响应，它由带有解释文本的应答代码构成。

（四）FTP 服务器

FTP 的全称是 File Transfer Protocol（文件传输协议），就是专门用来传输文件的协议。FTP 的主要作用，就是让用户连接上一个远程计算机（这些计算机上运行着 FTP 服务器程序）查看远程计算机有哪些文件，然后把文件从远程计算机上拷到本地计算机，或把本地计算机的文件送到远程计算机。

其实早期在 Internet 上传输文件，并不是一件容易的事，我们知道 Internet 是一个非常复杂的计算机环境，有 PC、工作站、MAC、服务器、大型机等，而这些计算机可能运行不同的操作系统，有 Unix、Dos、Windows、MacOS 等，各种操作系统之间的文件交流，需要建立一个统一的文件传输协议，这就是所谓的 FTP。虽然基于不同的操作系统有不同的 FTP 应用程序，而所有这些应用程序都遵守同一种协议，这样用户就可以把自己的文件传送给别人，或者从其他的用户环境中获得文件。

与大多数 Internet 服务一样，FTP 也是一个客户机/服务器系统（C/S）。用户通过一个支持 FTP 协议的客户机程序，连接到远程主机上的 FTP 服务器程序。用户通过客户机程序向服务器程序发出命令，服务器程序执行用户所发出的命令，并将执行的结果返回到客户机。比如，用户发出一条命令，要求服务器向用户传送某一个文件，服务器会响应这条命令，将指定文件送至用户的机器上。客户机程序代表用户接收到这个文件，将其存放在用户指定目录中。FTP 客户程序有字符界面和图形界面两种。字符界面的 FTP 的命令复杂、繁多。图形界面的 FTP 客户程序，操作上要简洁方便得多。

在 FTP 的使用当中，用户经常遇到两个概念："下载"和"上传"。"下载"文件就是从远程主机拷贝文件至自己的计算机上；"上传"文件就是将文件从自己的计算机中拷贝至远程主机上。用 Internet 语言来说，用户可通过客户机程序向（从）远程主机上传（下载）文件。

在 FTP 的使用过程中，必须首先登录，在远程主机上获得相应的权限以后，方可上传或下载文件。也就是说，要想同哪一台计算机传送文件，就必须具有那一台计算机的适当授权。换言之，除非有用户 ID 和口令，否则便无法传送文件。这种情况违背了 Internet 的开放性，Internet 上的 FTP 主机何止千万，不可能要求每个用户在每一台主机上都拥有账号，因此就衍生出了匿名 FTP。

（五）FTP 文件传输的优缺点

1. 优点

（1）促进文件的共享（计算机程序或数据）。

（2）鼓励间接或者隐式地使用远程计算机。

（3）向用户屏蔽不同主机中各种文件存储系统的细节。

（4）可靠和高效的传输数据。

2. 缺点

（1）密码和文件内容都使用明文传输，可能产生不希望发生的窃听。

（2）因为必须开放一个随机的端口以建立连接，当防火墙存在时，客户端很难过滤处于主动模式下的 FTP 流量。这个问题通过使用被动模式的 FTP 得到了很大解决。

（3）服务器可能会被告知连接一个第三方计算机的保留端口。

FTP 虽然可以被终端用户直接使用，但是它被设计成被 FTP 客户端程序所控制。

运行 FTP 服务的许多站点都开放匿名服务，在这种设置下，用户不需要账号就可以登录服务器，默认情况下，匿名用户的用户名是："anonymous"。这个账号不需要密码，虽然通常要求输入用户的邮件地址作为认证密码，但这只是一些细节或者此邮件地址根本不被确定，而是依赖于 FTP 服务器的配置情况。

二、FTP 的基本操作

1. 打开 IE
2. 在网址栏输入 FTP 地址（见图 5-39）

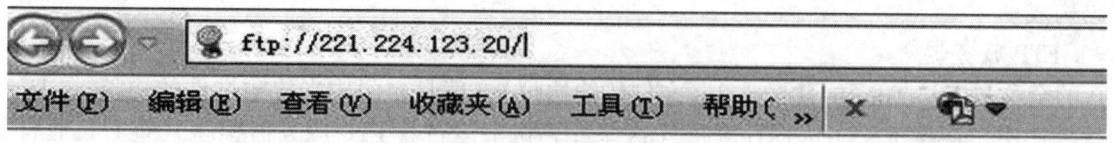

图 5-39　输入 FTP 地址

3. 按 Enter，在出现的对话框输入账号、密码，即可进入 FTP 资料夹（见图 5-40）

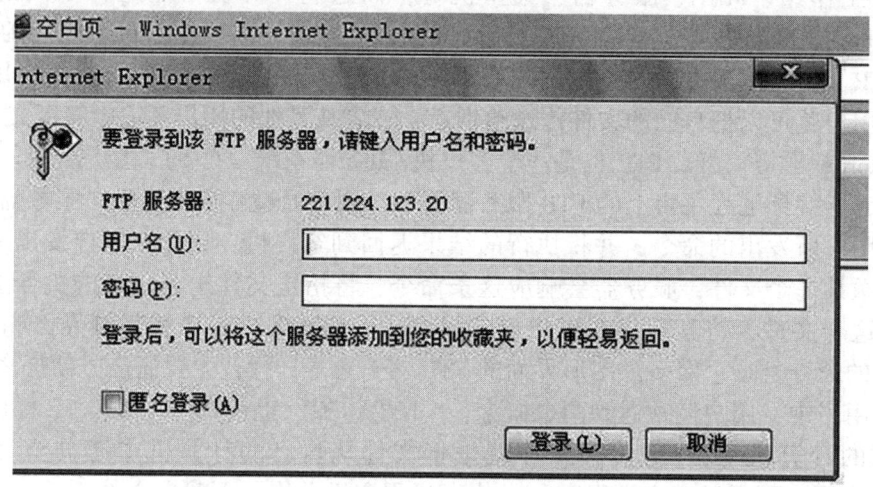

图 5-40　输入密码

4. IE7.0 及以上版本因为安全性较高，会出现以下画面（见图 5-41）。

图 5-41　安全验证页面

5. 选择（页面）→（在 Windows 浏览器中打开 FTP）（见图 5-42）

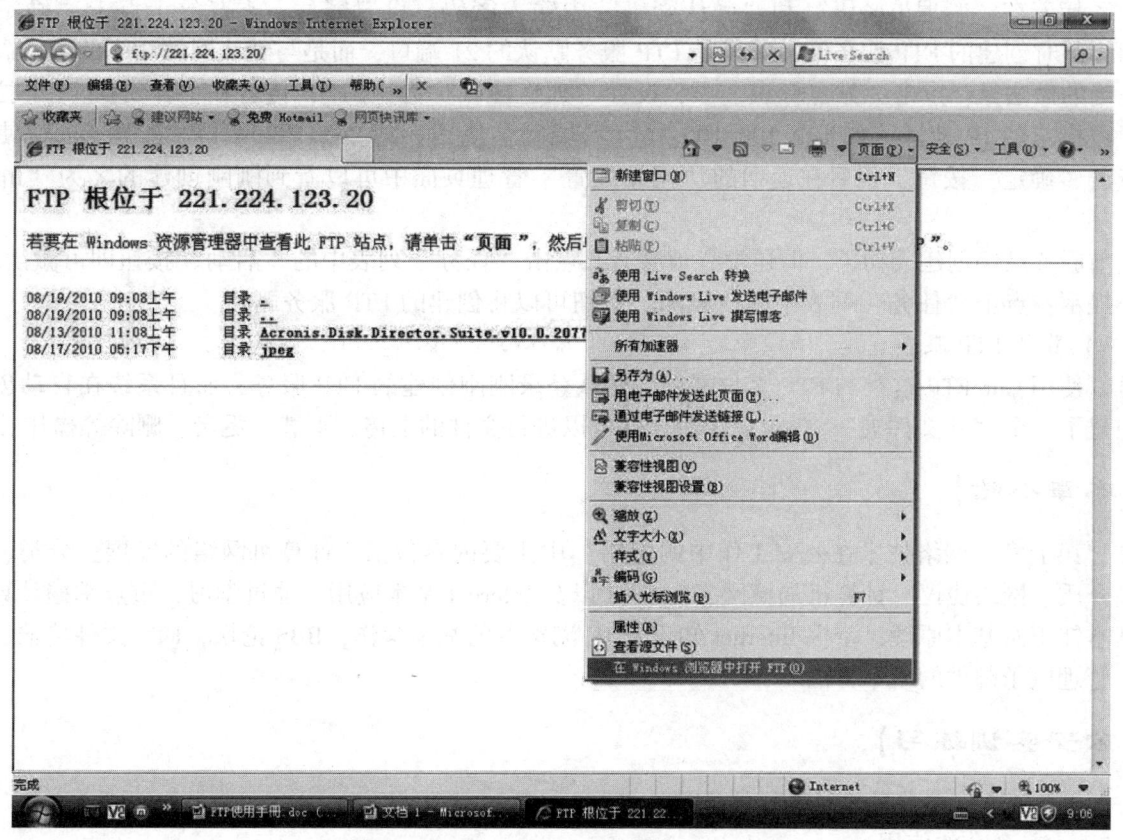

图 5-42　在 Windows 浏览器中打开 FTP

6. 再输入一次账号、密码，即可进入 FTP 资料夹

7. 之后对文件和文件夹的所有操作如建立、删除、复制、粘贴等都和本地计算机的文件和文件夹的操作是一样的

【注意】建议大家直接从"资源管理器"的地址栏进入，可以直接进入到第 6 步操作，免去在 IE 浏览器设置里进行 FTP 打开。

三、远程创建/删除 FTP 服务

如果服务器使用的是 Windows Server 2003，那么网络管理员可以利用 Web 接口管理，高效、安全地在远程创建/删除 FTP 服务。

（一）激活 Web 管理接口

依次点击"开始"→"设置"→"控制面板"→"添加/删除 Windows 程序"→"添加/删除 Windows 组件"，在"Windows 组件向导"窗口中逐层展开"应用程序服务器"→"Internet 信息服务"（IIS）→"万维网服务"，勾选"远程管理（HTML）"项，点击"确定"按钮安装 Web 管理接口组件。

安装完成后，就可以在远程输入"https：//服务器 IP 地址：8098"访问 Windows Server 2003 了。

（二）远程创建 FTP 服务

在浏览器中输入"https：//服务器 IP 地址：8098"连接远程服务器，输入管理员用户名和密码登录。

首先点击"站点"，然后点击页面右侧"任务"列表中的"创建"按钮，在"站点标识符"右侧的文本框中输入服务名（如"ftp"），按 Tab 键转换到下一项，"目录"右侧的文本框中会自动出现默认创

建的目录,"网站管理员"项的文本框中也会自动出现该服务所对应的默认管理员名称(如"ftp_Admin"),接着在"管理员密码"和"确认密码"中输入密码。设置完后,不要急于点击"确定"按钮,因为此时创建的FTP服务端口并不是FTP服务默认的21端口,而是与默认网站相同的80端口。

正确的做法是:点击"站点标识"项,设置"TCP端口"为"21",接着在"IP地址"下拉菜单中选择需指定的IP地址,如192.100.100.16(局域网中使用)或202.102.9.142之类(远程使用),最后点击"确定"按钮,稍后在返回的"网站配置"管理页面中可以看到刚刚创建的名为"ftp"的服务。

当前服务已经创建成功了,但还没有被激活,点击"任务"列表中的"启动"按钮即可激活。

小提示:点击"任务"列表中的"删除"按钮可以将创建的FTP服务删除。

(三)登录FTP服务

可以使用CuteFTP这类的FTP客户端软件尝试登录刚刚创建的FTP服务,而且系统在自动创建的目录中建了一个"新文件夹"。登录成功后,就可以进行文件的上传、下载、更名、删除等操作。

【本章小结】

在"第五章 网络技术在公安工作中的应用"中主要内容包括:计算机网络的发展、分类、网络的传输介质、网络协议、计算机局域网、Internet以及Internet基本应用。通过学习,重点掌握计算机网络的基本知识及基本原理,掌握Internet知识及IE浏览器的基本操作,BBS论坛,FTP文件传输,掌握收发、管理电子邮件的基本方法。

【公安实训练习】

(一)公安工作中常用的网络维护基础知识

1. ipconfig命令的使用

使用ipconfig命令查看本机的地址信息。

使用ipconfig/all命令查看本机详细的地址信息。

2. 修改你算机的IP地址,比如,你的计算机的IP地址为192.168.8.1,则修改后的IP地址为192.168.8.101,最后一个数字加100

3. 修改你计算机的MAC地址,比如,你的计算机的MAC地址为00-0C-2A-5E-D2-34,则修改后的MAC地址为00-0C-2A-5E-D2-AB,把最后2个数更改为AB

4. 练习设置文件夹的网络共享,同学之间互相查看

5. ping命令的使用

使用ping命令访问某台主机。例如,ping 210.47.128.134。

练习-t参数的用法。例如,ping-t www.sina.com.cn。

6. 使用netstat-an命令查看本机的网络连接情况

7. 用tracert命令追踪路由信息。例如,tracert www.ccpc.edu.cn

(二)公安工作中常用的网络应用

1. 使用浏览器进行如下操作

搜索你所在市的二手车、二手电器、论坛等网站各一个,分别添加到收藏夹"本地监控网址"中。查找上述某一页面中,有关"捷达"("联想笔记本"等)内容。搜索历史记录中包含"二手车"的相关网页。

2. 利用百度高级搜索,进行如下操作

在百度贴吧搜索1个月内网页标题中(再查网页的任何地方)含有"中国刑事警察学院"和"食堂"的网页内容,搜索名称包含"公安信息化"的word文档。

3. 登录中国刑事警察学院FTP服务器,找到"26.网络犯罪侦查系\\孟庆博\\软件",下载其中任

意一个软件，然后，将"你姓名.txt"上传到"26. 网络犯罪侦查系\\孟庆博\\软件"中

（三）公安工作中常用的通信等信息查询

1. 使用 Foxmail（QQ 邮箱）配置你邮件账户，配置完成后，进行如下操作

给你的同学发一封邮件，并抄送（密送）给另一位同学，主题为"文件"，正文为"上级下发的文件"，附加一个 word 文档。

选择收件箱里的某个邮件，右击邮件选择"属性"，选择"详细信息"，就能找到发信人的 IP 地址。

利用 QQ 邮箱代收（代发）其他邮箱邮件。

2. 登录 http：//www.ip138.com/网站，进行如下操作

查询 210.47.128.134 的地理位置。

查询 www.npuc.edu.cn 对应的 IP 地址和地理位置。

查询你的手机号码的归属地和所属通信公司。

3. 进入中国互联网络信息中心网站（www.cnnic.net.cn），查询 IP 地址 210.47.128.15 的地址信息

4. 进入 Whois 域名查询：在 http：//www.internic.net/whois.html 查询 sohu.com 的域名信息

5. 如果可能的话，登录你的网银，查看网银交易明细

6. 如果可能的话，登录你的手机网上营业厅，查看手机通话等明细

第六章 文书制作与排版技术在公安工作中的应用

【教学重点】

1. 掌握 Word 2010 字符格式化设置
2. 掌握 Word 2010 段落格式化设置
3. 掌握 Word 2010 表格格式化设置
4. 掌握 Word 2010 图表格式化设置
5. 掌握 Word 2010 表格数据的处理
6. 掌握 Word 2010 页面布局的设置
7. 掌握 Word 2010 引用设置
8. 掌握 Word 2010 邮件的设置
9. 掌握 Word 2010 应用样式与模板的设置

【教学难点】

1. Word 2010 表格数据处理（表格数据的计算等）
2. Word 2010 公式与对象的设置
3. Word 2010 引用设置
4. Word 2010 邮件（信封、标签与邮件合并）的设置

第一节 概 述

一、Office 2010 简介

Microsoft Office 2010 是微软推出的新一代办公软件，开发代号为 Office 14。该软件共有 6 个版本，分别是初级版、家庭和学生版、家庭及商业版、标准版、专业版和专业高级版，此外还推出 Office 2010 免费版本，其中仅包括 Word 和 Excel 应用。除了完整版以外，微软还发布针对 Office 2007 的升级版 Office 2010。Office 2010 可支持 32 位和 64 位 Vista 及 Windows 7，仅支持 32 位 Windows XP，不支持 64 位 Windows XP。

Microsoft Office 2010 集成组件包括：

Microsoft Access 2010（数据库管理系统：用来创建数据库和程序来跟踪与管理信息）；

Microsoft Excel 2010（数据处理程序：用来执行计算、分析信息以及可视化电子表格中的数据）；

Microsoft InfoPath Designer 2010（用来设计动态表单，以便在整个组织中收集和重用信息）；

Microsoft InfoPath Filler 2010（用来填写动态表单，以便在整个组织中收集和重用信息）；

Microsoft OneNote 2010（笔记程序：用来搜集、组织、查找和共享您的笔记和信息）；

Microsoft Outlook 2010（电子邮件客户端：用来发送和接收电子邮件；管理日程、联系人和任务以

及记录活动）；

Microsoft PowerPoint 2010（幻灯片制作程序：用来创建和编辑用于幻灯片播放、会议和网页的演示文稿）；

Microsoft Publisher 2010（出版物制作程序：用来创建新闻稿和小册子等专业品质出版物及营销素材）；

Microsoft SharePoint Workspace 2010（相当于 Office2007 的 Groove）；

Microsoft Word 2010（图文编辑工具：用来创建和编辑具有专业外观的文档，如信函、论文、报告和小册子）；

Office Communicator 2007（统一通信客户端）等。

二、Word 2010 简介

（一）Word 2010 概述

Office Word 2010 增强了 Navigation Pane 的特性，用户可用 Word 2010 在 Navigation Pane 中快速切换至任何一章节的开头（根据标题样式判断），同时也可在输入框中进行即时搜索，包含关键词的章节标题会高亮显示。

Office Word 2010 也增加了在线实时协作功能，用户可以从 Office Word Web App 中启动 Word 2010 进行在线文档的编辑，并可在左下角看到同时编辑的其他用户（包括其他联系方式、IM 等信息，需要 Office Communicator），而当其他用户修改了某处后，Word 2010 会提醒当前用户进行同步（注：此功能也存在于部分其他 Office 2010 程序中）。

另外，用户可在 Office Word 2010，Office PowerPoint 2010 以及 Office OneNote 2010 等 Office 2010 程序中直接插入其他正在运行的软件截图。

（二）Word 2010 新增功能

1. 创建具有视觉冲击力的文档

直接的格式效果，如渐变填充和映像，可以将许多相同效果应用于文本、图片、图表和 SmartArt 图形的形状。

使用新增和改进的图片编辑工具（包括通用的艺术效果和高级更正、颜色以及裁剪工具）可以微调文档中的各个图片。

从许多可自定义的 Office 主题中进行选择，以调整文档中的颜色、字体和图形格式效果。自定义主题使用自己的个人或业务品牌。Microsoft PowerPoint 和 Excel 2010 可以使用相同的 Office 主题，以便为所有文档赋予一致、专业的外观。使用大量 SmartArt 图形（包括组织结构图和图片、图表的许多新布局）进行美化，使创建令人印象深刻的图形与键入项目符号列表一样简单。SmartArt 图形自动与所选的文档主题协调一致，以便只需几次单击即可获得所有文档内容的精美外观格式。

2. Word 2010 提供了节省时间和简化工作的工具

改进的导航窗格和查找工具，使用起来可以比以往更容易地进行浏览、搜索甚至直接从一个易用的窗格重新组织文档内容。

恢复已关闭但没有保存文件的草稿版本。版本恢复功能只是全新 Microsoft Office Backstage™ 视图提供的众多新功能之一。Backstage™ 视图代替了所有 Office 2010 应用程序中传统的"文件"菜单，为所有文档管理任务提供了一个集中的有序空间。轻松地自定义经过改进的功能区，以便更加轻松地访问所需命令。

创建自定义选项卡甚至自定义内置选项卡。

3. 协同工作

使用新增的共同创作功能，可以与其他位置的其他工作组成员同时编辑同一个文档，甚至可以在工作时直接使用 Word 进行即时通信。由于在全套 Office 2010 程序中集成了 Office Communicator，因此可以查看联机状态信息，确定其他作者的可用性，然后在 Word 中直接启动即时消息或进行语音呼叫。

公司工作或使用 Word 2010 完成家庭或学校作业，可以通过 Windows Live 使用共同创作功能。需要一个免费的 Windows Live ID，用来与他人同时编辑文档；需要即时消息账户（如免费的 Windows Live Messenger）来查看作者的联机状态并启动即时消息对话。

4. 从更多位置访问信息

当项目和工作出现紧急情况时，手边不一定有计算机，可以使用 Web 或 Smartphone 在需要的时间和地点完成工作。Microsoft Word Web App 是 Microsoft Word 的联机伴侣，可将 Word 体验扩展到浏览器，可以查看文档的高保真版本和编辑灯光效果。几乎可以从任何装有 Web 浏览器的计算机上访问 Word 2010 中一些相同的格式和编辑工具，并在熟悉的编辑环境中工作。Microsoft Word Mobile 2010 是一种轻型的文档编辑器，专为方便在 Windows Phone 上使用而设计。

三、Word 2010 的启动与退出

（一）启动 Word 2010

Word 2010 的启动方式主要有以下几种：

1. 双击已建立的 Word 2010 的快捷方式
2. 从"开始"→"程序"→"Microsoft Office"→"Microsoft Office Word 2010"
3. 从"计算机"中启动 Word 2010
4. 从 Windows 资源管理器中启动 Word 2010

（二）退出 Word 2010

Word 2010 的退出主要有以下几种方法：

1. 直接单击 Word 程序标题栏右侧的"✖"按钮
2. 选择"文件"→"退出"命令
3. 单击 Word 程序标题栏左侧的 Word 图标，在下拉控制菜单中单击"关闭"
4. 双击 Word 程序标题栏左侧的 Word 图标
5. 按 Alt+F4 键
6. 右击在任务栏上要关闭的 Word 文档图标，在出现的快捷菜单中选择"关闭"

若退出 Word 时，文件未保存过或在原来保存的基础上做了修改，Word 将提示用户是否保存编辑或修改的内容，用户可以根据需要单击"是"或"否"按钮。

四、Word 2010 的界面环境

（一）窗口的组成

当用户成功启动 Microsoft Office Word 2010 后，将打开 Word 2010 的用户界面，如图 6-1 所示。

Word 2010 窗口除了具有 Windows 7 窗口的标题栏等基本元素外，还包括选项卡、功能区工具、滚动条、标尺及状态栏等，还可以由用户根据自己的需要自行修改和设定。

标题栏：显示正在编辑文档的文件名以及所使用的软件名。

选项卡：如"文件"选项卡包括："新建""打开""关闭""另存为……"和"打印"等。

快速访问工具栏：常用命令位于此处，例如"保存"和"撤销"。您也可以添加个人常用命令。

功能区：工作时需要用到的命令位于此处，它与其他软件中的"菜单"或"工具栏"相同。

编辑区：文档编辑区位于窗口中央，占据窗口的大部分区域，显示正在编辑的文档。处理文档时，在文档编辑区会看到一个闪烁的光标，指示文档中当前字符的插入位置。

"显示"按钮：可用于更改正在编辑的文档的视图显示模式以符合要求。

滚动条：可用于更改正在编辑的文档的显示位置。

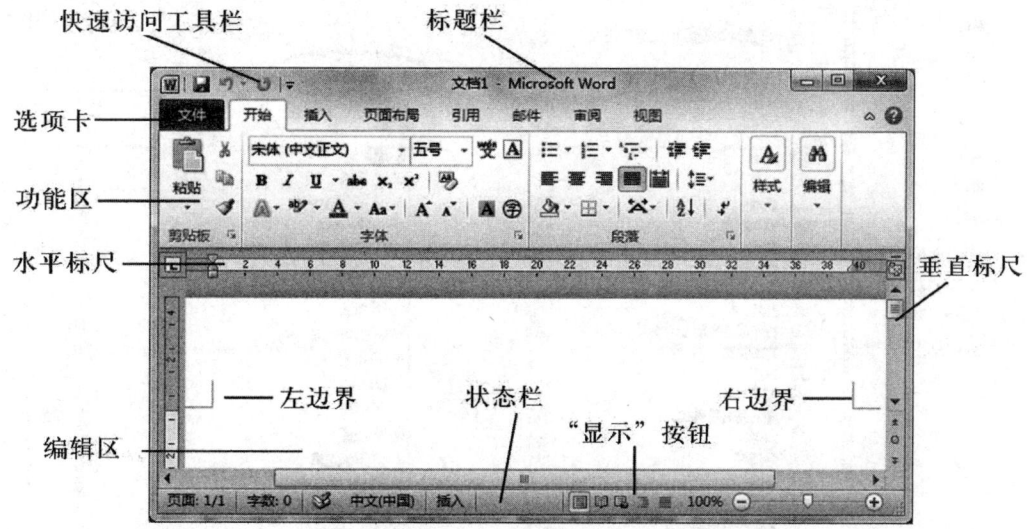

图 6-1 Word 2010 用户界面

缩放滑块：可用于更改正在编辑的文档的显示比例设置。

状态栏：显示正在编辑的文档的相关信息。例如，行数、列数、页码位置、总页数等。

标尺：包括水平标尺和垂直标尺。主要用来显示页面的大小，即窗口中字符的位置，同时也可以用标尺进行段落缩进和边界调整。标尺是可选栏，用户可以根据自己的需要来显示或隐藏标尺。

（二）Word 2010 界面环境设置

1. 自定义外观界面

Word 2010 内置的"配色方案"允许用户根据自己的喜好自定义外观界面的主色调。

如图 6-2 所示，单击"文件"选项卡的"选项"按钮，打开"Word 选项"窗口。

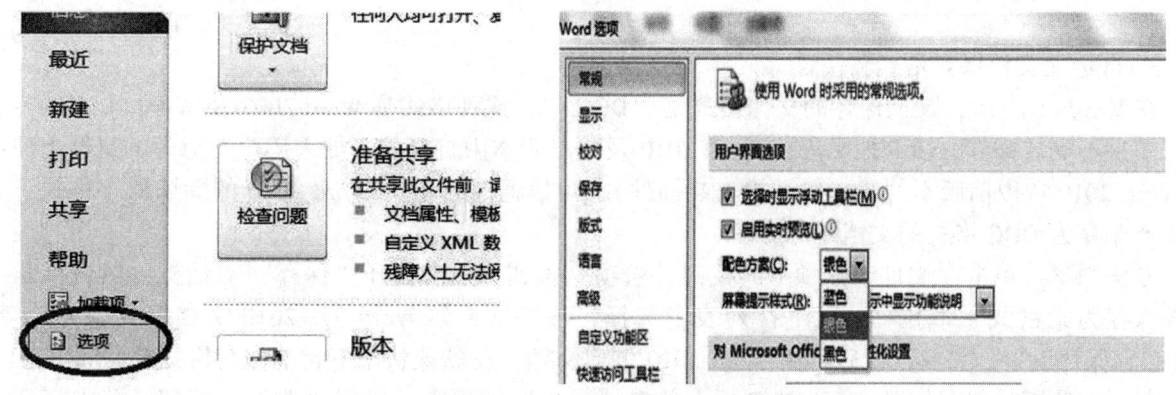

图 6-2 打开 Word"常规"选项

在打开的窗口选择"常规"选项卡，在"配色方案"的下拉菜单中有三种配色可选，分别是蓝色、银色和黑色。选择一种配色后单击"确定"，完成外观界面配色设置。

若要设置或取消实时预览，可在"常规"选项卡中启用或实时预览。

2. 自定义功能区

在 Word 2010 功能区中允许用户对功能区进行自定义。不但可以创建功能区，而且还可以在功能区下创建组，让功能区更加符合自己的使用习惯。

单击"文件"选项卡，找到"选项"按钮，单击打开对话框，找到"自定义功能区"选项卡（见图 6-3），然后在"自定义功能区"列表中，勾选相应的主选项卡，可以自定义功能区显示的主选项。

图 6-3 打开 Word"自定义功能区"选项

如果要创建新的功能区,则单击"新建选项卡"按钮,在"主选项卡"列表中出现"新建选项卡(自定义)",然后鼠标移动到"新建选项卡(自定义)"字样上,单击鼠标右键,在弹出菜单中选择"重命名"。

在弹出的"重命名"对话框中选择自定义图标和输入显示名称,然后选项新建的组,在命令列表中选择需要的命令,单击"添加"按钮,将命令添加到组中。这样,新建选项卡中的一个组就创建完成了。

3. 自定义文档保存格式和位置

在 Word 2010 中,默认保存的文档格式是"DOCX",这种格式是 Word 2007 及 Word 2010 的专有格式,如果不安装插件的话,是无法在 Word 2010 及更早版本中打开的。如果用户在另外的机器上使用的是 Word 2010 或以前版本的话(又不想安装插件),可以通过自定义 Word 2010 的默认保存格式,直接将文档保存为 DOC 格式的文档即可。

方法如下:单击"文件"选项卡,找到"选项"按钮,单击打开"保存"对话框,然后打开"将文件保存为此格式"下拉框,从下拉列表中选择一种格式,如 Word 97-2010 文档(*.doc),然后"确定"保存设置。完成设置后再用 Word 2010 创建文档,在默认状态下它的保存格式是.doc。

若要修改默认保存位置,其方法如下:单击"文件"选项卡,找到"选项"按钮,单击打开"保存"对话框(见图 6-4),然后单击"默认文件位置"右侧"浏览"按钮,在弹出的对话框中选择并指定磁盘文件夹位置,如 D:/办公文档,然后"确定"保存设置。完成设置后再用 Word 2010 创建文档,在默认状态下它的保存位置是"D:/办公文档"。

4. 自定义文档内容在屏幕上的显示方式和打印显示方式

在 Word 2010 中,默认定义了文档内容在屏幕上的显示方式和打印显示方式,也可以自定义显示方式。

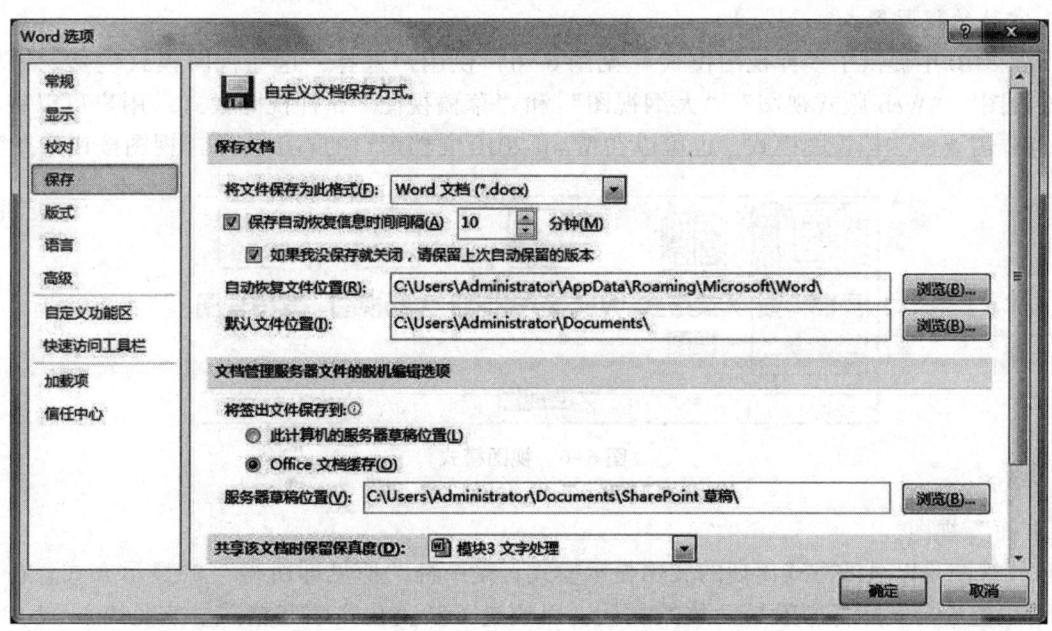

图 6-4　Word"保存"选项

例如，设置取消"悬停时显示文档工具提示"，在屏幕上不显示段落标记，打印背景色和图像。

其设置方法如下：单击"文件"选项卡，找到"选项"按钮，单击打开"显示"对话框（见图 6-5），取消"悬停时显示文档工具提示""段落标记"前的"√"，在"打印背景色和图像"前打"√"。然后"确定"保存设置。

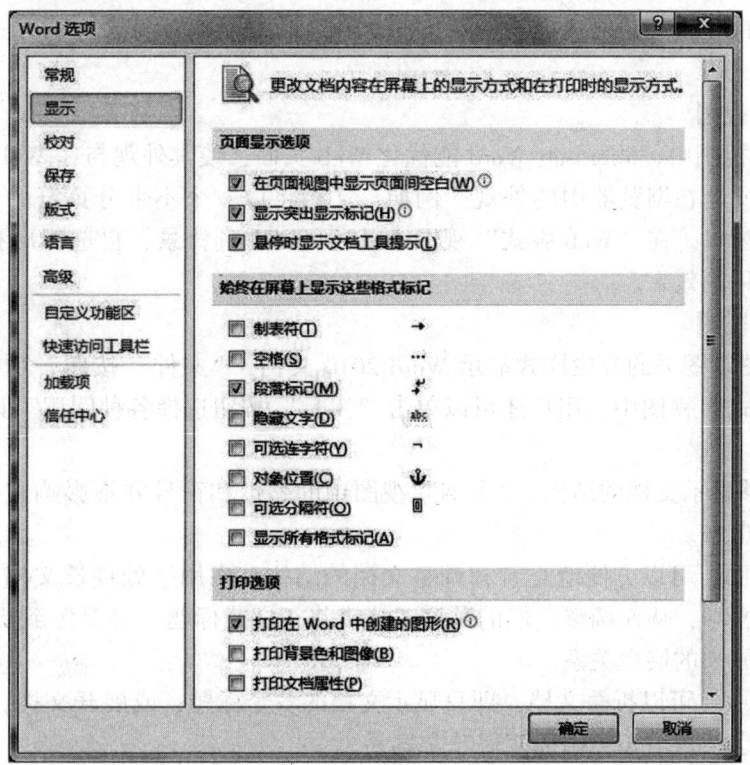

图 6-5　Word"显示"对话框

（三）常见的视图形式

在 Word 2010 中提供了多种视图模式（见图 6-6）供用户选择，这些视图模式包括"页面视图""阅读版式视图""Web 版式视图""大纲视图"和"草稿视图"5 种视图模式。用户可以在"视图"功能区中选择需要的文档视图模式，也可以在 Word 2010 文档窗口的右下方单击视图按钮选择视图。

图 6-6　视图模式

1．"页面"视图

"页面"视图是以页的方式出现的文档显示模式，是一种"所见即所得"的显示方式。在"页面"视图中，可以查看与实际打印效果一致的文档，以便进一步美化文字和格式。它是 Word 2010 的默认视图。

建立文档的许多工作需要在"页面"视图中进行。例如，在文档中插入页眉和页脚，插入图文框，利用绘图工具绘图等。用户可以用鼠标滚动到文档的正文之外，以便查看诸如页眉、页脚、脚注、页号等项目。

2．"草稿"视图

"草稿"视图取消了页面边距、分栏、页眉、页脚和图片等元素，仅显示标题和正文，在该视图模式中用户可以设置字符和段落的格式等，是最节省计算机系统硬件资源的视图方式，这种视图在 Word 2010 中工作速度最快。

3．"Web 版式"视图

在"Web 版式"视图中，Microsoft Word 能优化 Web 页面，使其外观与在 Web 或 Intranet 上发布时的外观一致，即显示文档在浏览器中的外观。例如，文档将以一个不带分页符的长页显示，文字和表格将自动换行以适应窗口。在"Web 版式"视图中，还可以看到背景、自选图形和其他在 Web 文档及屏幕上查看文档时常用的效果。

4．"阅读版式"视图

"阅读版式"视图以图书的分栏样式显示 Word 2010 文档，"文件"按钮、功能区等窗口元素被隐藏起来。在"阅读版式"视图中，用户还可以单击"工具"按钮选择各种阅读工具。

5．"大纲"视图

"大纲"视图能够显示文档的结构。"大纲"视图中的缩进和符号并不影响文档在普通视图中的外观，而且也不会打印出来。

使用"大纲"视图，可以方便地查看和调整文档的结构，多用于处理长文档。用户可以在大纲视图中上下移动标题和文本，从而调整它们的顺序。或者将正文或标题"提升"到更高的级别或"降低"到更低的级别，改变原来的层次关系。

在"大纲"视图中，可以折叠文档，即只显示文档的各个标题，或展开文档，以便查看整个文档。这样，移动和复制文字、重组长文档都变得非常容易。

五、Word 2010 的基本操作

（一）创建新文档

每次启动 Word 2010 时，Word 应用程序已经为用户创建了一个基于默认模板的名为"文档1"的新文档。用户也可以创建新文档：

在"文件"中用"新建"命令：

1. 单击"文件"中"新建"命令
2. 单击"空白文档""新建"图标

若要创建基于某种模板的文档，双击模板名。

（二）保存及保护文档

对于用户在文档窗口中输入的文档内容，仅仅是保存在计算机内存中并显示在显示器上，如果希望将该文档保存下来备用，就要对它进行命名并保存到磁盘上。在文档的编辑过程中，经常保存文档是一个好习惯。Word 2010 默认的文档保存位置是：Documents。当然也可以根据用户自己的需要进行更改。

1. 保存新文档

（1）单击"快速访问"工具栏中的保存按钮或按 F12 键，出现"另存为"对话框。

（2）单击"保存位置"右侧的下拉列表框，选择保存文件的驱动器和文件夹。

（3）在"文件名"框中，键入保存文档的名称。通常 Word 会建议一个文件名，用户可以使用这个文件名，也可以为文件另起一个新名。

（4）在"保存类型"框中，选择所需的文件类型。Word 2010 默认类型为".DOCX"。

（5）单击"保存"按钮即可。

首次保存新文档，也可以通过"另存为"命令来操作。另外，利用"另存为"对话框，用户还可以创建新的文件夹。

2. 保存已命名的文档

对于已经命名并保存过的文档，进行编辑修改后可进行再次保存。这时可通过单击保存按钮或单击"文件""保存"命令实现。

3. 换名保存文档

如果用户打开旧文档，对其进行了编辑、修改，但又希望留下修改之前的原始资料，这时用户就可以将正在编辑的文档进行换名保存。方法如下：

（1）单击"文件""另存为"命令，弹出"另存为"对话框。

（2）选择希望的保存位置。

（3）在"文件名"框中键入新的文件名，单击"保存"即可。

4. 设置自动保存

在默认状态下，Word 2010 每隔 10 分钟为用户保存一次文档。这项功能还可有效地避免因停电、死机等意外事故而使编辑的文档前功尽弃。

修改自动保存时间的操作方法如下：

执行"文件"→"选项"命令，在"保存"选项卡中可设置"自动保存时间间隔"，单击"确定"完成。

5. 保护文档

有时用户需要为文档设置必要的保护措施，以防止重要的文档被轻易打开，这时可以给文档设置"打开权限的密码""修改权限的密码"。

单击"文件""另存为"命令，打开"另存为"对话框，在弹出的"另存为"对话框中单击"工具"按钮旁的下拉列表，选择其中的"常规选项"命令，打开"常规选项"对话框，如图 6-7 所示。

在弹出的"安全性"对话框中，可设置密码，一种是打开时需要的密码，一种是修改时需要的密码，如图6-7所示。

在"打开文件时的密码"文本框中键入口令，然后单击"确定"按钮。在"确认密码"对话框中再输入一遍刚才键入的口令，然后单击"确定"按钮。最后返回单击"另存为"对话框中的"确定"按钮即可。这样，以后每次打开文档时，都必须先输入该口令才能打开该文档。

在"修改文件时的密码"文本框中输入密码，其具体操作步骤与"打开文件时的密码"基本一样。输入了修改文件时的密码，则对该文件作了修改并试图保存时，要求用户输入修改密码，否则不能保存。

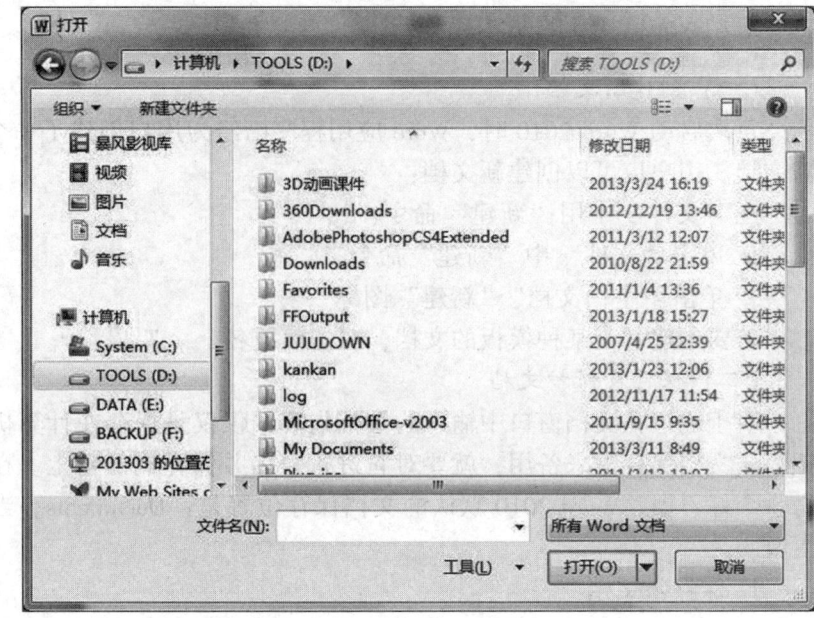

图6-7 常规选项

（三）打开和关闭文档

对于已经存过盘的文档，如果用户要再次打开进行修改或查看，就需要将其调入内存并在Word窗口中显示出来。

1. 打开Word文档的基本方法

（1）单击"文件""打开"命令，则会弹出打开文件对话框（见图6-8）。

（2）选择包含用户要找的Word文件的驱动器、文件夹，同时在对话框"所有Word文件"下拉列表框中选择文件类型，则会在窗口区域中显示该驱动器和文件夹中所包含的所有文件夹和文件。

（3）单击要打开的文件名或在"文件名"框中键入文件名。

（4）单击"打开"按钮即可。

2. 利用其他的方法打开Word文档

在Word 2010环境下，单击"文件"菜单"最近所用文件"列出的最近打开过的文件。

在"计算机"或"资源管理器"中找到要打开的Word文件，双击该文件即可打开。

如图6-8所示，单击"打开"按钮中的下三角按钮，在弹出的下拉菜单中可以选择"以副本方式打开""以只读方式打开""打开并修复"等选项。

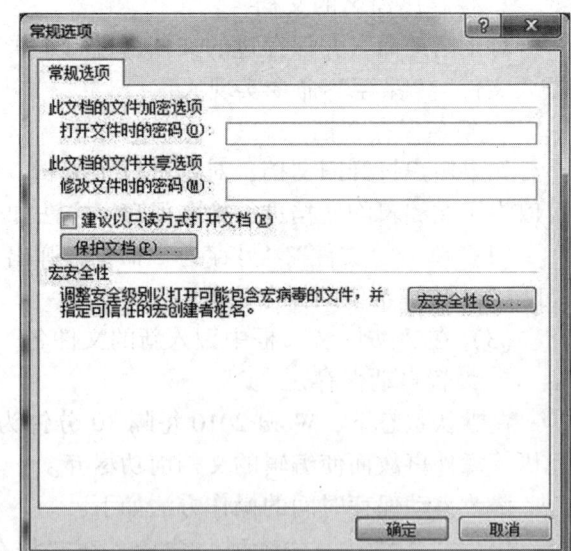

图6-8 "打开"对话框

3. 关闭文档

要关闭当前正编辑的某一个文档，可单击"文件""关闭"命令。

（四）浏览文档

1. 快速定位浏览对象

在 Word 2010 中，用户可以通过选择浏览对象操作来快速地定位浏览文档。其操作步骤如下：

（1）单击 Word 2010 文档右下角的"选择浏览对象"按钮，可以打开如图 6-9 所示的选项区。

（2）用户可通过单击所需的项目来浏览活动文件，在此可选择的目标项目有页、节、脚注、尾注、域、表格、图形、公式、对象、标题等。若要继续浏览这类项目，可单击 按钮或 按钮。

2. 控制浏览文档的显示比例

编辑文档时，为了看清文字，有时需要将版面显示得大些，而有时为了查看版面的编排，可能需要调小版面的显示。这时，用户可单击"视图"选项卡上的"显示比例"按钮，弹出如图 6-10 所示的对话框，选择合适的显示比例浏览文档。

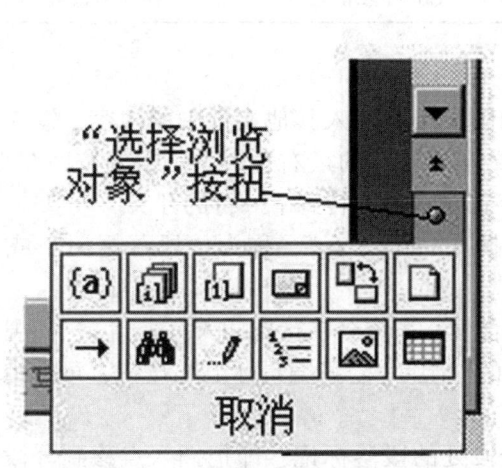

图 6-9　"选择浏览对象"选项区

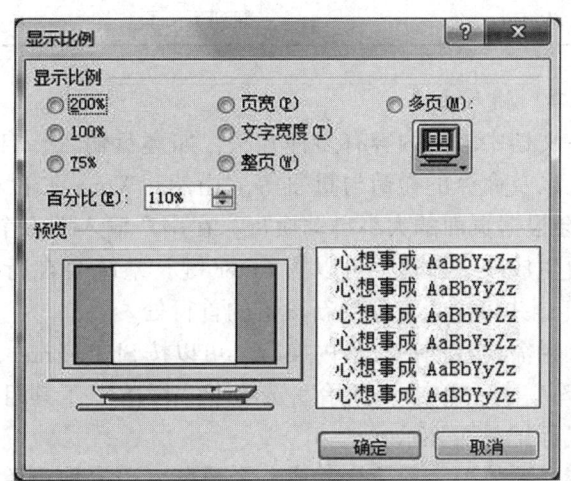

图 6-10　"显示比例"下拉列表

如果用户使用的是带滚动轮的鼠标，那么就有更简便的操作方法。用户可以一手按住 Ctrl 键，另一手拨动鼠标的滚动轮，很方便地控制文档的显示比例，系统还可以根据窗口的大小自动地调节文档的显示页面数。

第二节　文书录入与字符、段落的格式化排版设置

一、输入文档内容

文本包括数字、字母和汉字的组合。在文档窗口中有一个闪烁的插入点，在文档中输入的内容总是出现在插入点处。当光标移动到某一位置时，在 Word 窗口下方的状态栏会显示光标的位置。

（一）移动插入点

文本输入时，应先移动插入点的位置，再在该处输入文本。Word 提供了多种移动插入点的方法。

1. 使用鼠标

• 将鼠标指向指定位置，然后单击。

• 单击滚动条内的上、下箭头，或拖动滚动条，可以将显示位置迅速移动到文档的任何地方。

• 上下滚动鼠标的滚轮，然后选择位置。

2. 使用键盘

使用键盘的快捷键，也可以移动插入点，常见的快捷键及其功能如表 6-1 所示。

表 6-1 鼠标选定文本的常用操作方法

快捷键	功　　能	快捷键	功　　能
←	左移一个字符	Ctrl+←	左移一个词
→	右移一个字符	Ctrl+→	右移一个词
↑	上移一行	Ctrl+↑	移至当前段首
↓	下移一行	Ctrl+↓	移至下段段首
Home	移至插入点所在行的行首	Ctrl+Home	移至文档首
End	移至插入点所在行的行尾	Ctrl+End	移至文档尾
PgUp	翻到上一页	Ctrl+PgUp	移至窗口顶部
PgDn	翻到下一页	Ctrl+PgDn	移到窗口底部

（二）输入文本

在文档中输入内容有多种方法，如键盘输入、自动图文集、插入其他文件中的内容、输入时的自动校正以及命令的撤销与重复等。当然，Word 在输入文本到一行的最右边时，不需要按回车键转行，Word 会根据页面的大小自动换行。在用户输入下一个字符时将自动转到下一行的开头。

要生成一个段落，可以按 Enter 键，系统会在行尾插入一个"↵"，称为"段落标记"或"硬回车"符，并将插入点移到新段落的首行处。

如果需要在同一段落内换行，可以按 Shift+Enter 组合键，系统会在行尾插入一个"↓"符号，称为"软回车"符。单击"开始"选项卡"段落"工具组中的"显示/隐藏编辑标记"按钮，可以控制段落等格式标记是否显示。

当需要将两个段落合并成一个段落，可采取删除分段处的段落标记，即把插入点移到分段处的段落标记前，然后按 Delete 键或将插入点移到分段处的段落标记后，然后按 Back Space 键，删除该段落标记，即完成段落的合并。

（三）输入符号

输入文本时，经常会遇到一些需要插入的特殊符号，例如数学运算符（∈、∮、⊆）或拉丁字母等。Word 提供完善的特殊符号列表，通过简单的插入操作即可轻松完成输入。

单击"插入"选项卡"符号""其他符号"，在弹出的如图 6-11 所示的"符号"对话框中选择"符号"选项卡，再单击子集的下三角按钮，在下拉列表中选择数学运算符，即可输入相应的数学运算符号。

（四）使用动态键盘

动态键盘又称软键盘，Windows 提供了 13 种动态键盘，动态键盘为用户输入一些特殊符号，如数字序号、数学符号和希腊字母等。

使用软键盘的方法是：如图 6-12 所示，打开任一中文输入法，然后在输入法状态条上右击"软键盘"图标，再从弹出的子菜单中选择一种软键盘的名称（即在对应的软键盘名称前打上一个"✔"）。再次单击"软键盘"，则软键盘消失。

二、编辑文档内容

在 Word 2010 中为了加快文档的编辑、修改速度，有时需先要选定文本。选定文本可以用键盘，也可以用鼠标。在选定文本内容后，被选中的部分变为黑底白字即反相显示，此时便可方便地对其进行删除、替换、移动、复制等操作。

图 6-11 "符号"对话框

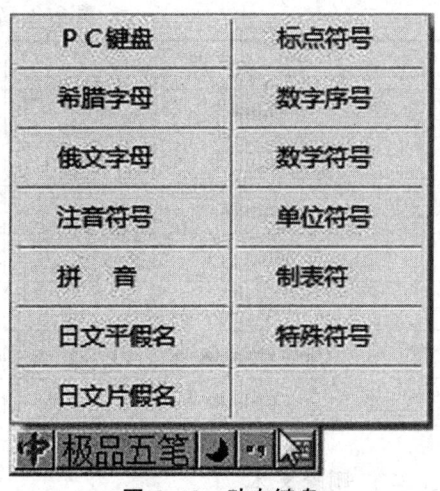

图 6-12 动态键盘

（一）选定文本

1. 使用鼠标选定文本

选定文本的常用方法是使用鼠标选定文本。使用鼠标选定文本的常用操作，如表 6-2 所示。

表 6-2 鼠标选定文本的常用操作方法

选定内容	操作方法
文本	拖过这些文本。
一个单词	双击该单词。
一行文本	将鼠标指针移动到该行的左侧，直到指针变为指向右边的箭头，然后单击。
多行文本	将鼠标指针移动到该行的左侧，直到指针变为指向右边的箭头，然后向上或向下拖动鼠标。
一个句子	按住 Ctrl 键，然后单击该句中的任何位置。
一个段落	将鼠标指针移动到该段落的左侧，直到指针变为指向右边的箭头，然后双击。或者在该段落中的任意位置三击。
多个段落	将鼠标指针移动到该段落的左侧，直到指针变为指向右边的箭头，然后双击，并向上或向下拖动鼠标。
一大块文本	单击要选定内容的起始处，然后滚动要选定内容的结尾处，在按住 Shift 键的同时单击。
整篇文档	将鼠标指针移动到文档中任意正文的左侧，直到指针变为指向右边的箭头，然后三击。
一块矩形文本	按住 Alt 键，然后将鼠标拖过要选定的文本。

2. 使用键盘选定文本

使用键盘选定文本时，离不开 Shift 键。选定文本的方法是：按住 Shift 键并按能够移动插入点的键。使用键盘选定文本的常用操作方法如表 6-3 所示。

表6-3 常用键盘选定文本的组合键功能说明

组 合 键	功 能 说 明
Shift+↑	上移一行
Shift+↓	下移一行
Shift+←	左移一个字符
Shift+→	右移一个字符
Shift+PageUp	上移一屏
Shift+PageDown	下移一屏
Ctrl+A	整个文档

（二）删除文本

当需要删除一两个字符时，可以直接用 Delete 键或退格键。当删除的文字很多时，先选定要删除的文本，然后：

1. 按 Delete 键删除

2. 用鼠标单击"开始"选项卡"剪贴板"工具组中的 ✂ 按钮，或者按 Ctrl+X 组合键

（三）移动文本

将选定的文本移动到另一位置。分远距离移动和近距离移动两种。

1. 远距离移动文本的操作步骤如下

（1）选定要移动的文本。

（2）用鼠标单击"剪切"按钮，或者 Ctrl+X 键。

（3）将插入点定位到欲插入的目标处。

（4）单击"粘贴"按钮或 Ctrl+V 键即可。

2. 近距离移动文本的操作步骤如下（主要利用鼠标"拖曳"文本）

（1）选定要移动的文本。

（2）将鼠标指针移动到已选定的文本，这时指针转变为指向左上角的箭头。

（3）按住鼠标左键，拖动鼠标指针，到达待插入的目标处后释放鼠标左键即可。

提示：近距离移动文本当然也可以采用远距离移动文本的操作方法。

（四）复制文本

复制文本与移动文本操作相类似。复制与移动不同的操作是只需将"剪切"变为"复制"即可。

使用"拖曳"特性进行复制操作时，先选定要复制的文本，按住 Ctrl 键不放，然后按下鼠标左键进行拖动，鼠标箭头处会出现一个小虚框和一个"+"符号，将选定的文本拖动到目标处，释放鼠标左键。

Word 的编辑方式有两种：插入方式和改写方式。在插入方式下编辑文本时，由键盘输入的字符在光标处插入；在改写编辑方式下，把插入点后的字符改写成键盘输入的字符。

用户可按 Ins 键在插入和改写两种方式之间切换，或双击状态栏上的"改写"按钮，亦可在"插入"和"改写"之间切换。

三、文档内容的查找与替换

Word 2010 允许对字符文本甚至文本中的格式进行查找、修改。可以单击位于垂直滚动条下端的"选择浏览对象" ○ 按钮（位于窗口右下角）浏览所选对象。

（一）定位

定位是根据选定的定位操作将插入光标移动到指定的位置。操作步骤如下：

1. 单击位于垂直滚动条下端的"选择浏览对象"◎按钮，单击"定位"→按钮，出现"查找和替换"对话框的"定位"选项卡

2. 在"定位目标"框中，单击所需的项目类型。比如，页

3. 请执行下列操作之一

要定位到特定项目，请在"请输入……"框中键入该项目的名称或编号，然后单击"定位"按钮。

要定位到下一个或前一个同类项目，请不要在"请输入……"框中键入内容，而应直接单击"下一处"或"前一处"按钮。

（二）查找无格式文字

1. 单击"开始"选项卡"编辑"工具组中的"查找"，出现"查找和替换"对话框的"查找"选项卡

2. 在"查找内容"框内键入要查找的文字，再单击"查找下一处"

提示：按 Esc 键可取消正在进行的查找。

（三）查找具有特定格式的文字

1. 单击"开始"选项卡"编辑"工具组中的"查找"，出现"查找和替换"对话框的"查找"选项卡

2. 要搜索具有特定格式的文字，在"查找内容"框内输入文字。如果只需搜索特定的格式，请删除"查找内容"框中的文字

3. 如果看不到"格式"按钮，单击"高级"按钮

4. 单击"格式"按钮，然后选择所需格式

5. 如果要清除已指定的格式，单击"不限定格式"按钮

6. 单击"查找下一处"按钮，按 Esc 键可取消正在执行的查找

提示：如果要查找特殊字符，删除"查找内容"框中的文字，直接单击"特殊字符"按钮。

（四）替换文字和格式

1. 单击"开始"选项卡"编辑"工具组中的"查找"，出现"查找和替换"对话框的"查找"选项卡

2. 在"查找内容"框内输入要查找的文字。在"替换为"框内输入替换文字

3. 根据用户的需要，单击"查找下一处""替换"或者"全部替换"按钮

提示：如果要替换指定的格式，就对"查找内容"和"替换为"的格式进行选择，其余步骤一致。

四、格式化文档

字符格式设置。Word 2010 所有的输入文字在默认情况下中文是宋体、五号字，英文是 Times New Roman 体、五号字。用户改变文档内容的字体、字形、字号等设置时可以通过相应格式化命令对文字进行修饰，以获得更好的格式效果。

要为某一部分文本设置字符格式，则必须先选中这部分文本。

（一）应用"开始"选项卡"字体"功能工具组设置字符的字体、字形和字号等格式

1. 将需要进行字符格式设置的文本选定

2. 单击"字体"功能工具组字体框右边的下拉按钮，出现下拉列表

单击需要的字体名。单击字号框右边的下拉按钮选择需要的字号。如果还需要设置字形，则单击"字体"功能工具组中的 **B** *I* U "加粗""倾斜""下划线"快捷按钮。

"加粗"或"倾斜"按钮属于开关按钮。选中时呈"凹下"，未选中时呈"凸起"。"下划线"提

供多种线形可选。

（二）应用"字体"对话框设置字符的字体、字形和字号

1. 将需要进行字符格式设置的文本选定

2. 右击选定区域，在弹出的快捷菜单中单击"字体"，弹出"字体"对话框，如图6-13所示

3. 单击"中文字体"列表框，打开字体下拉列表

选择想要的字体，该字体名显示到列表框内。如对英文进行设置，则选择英文字体下拉列表中的字体名。

4. 单击"字形"列表中的字形名，设置所需字形

5. 单击"字号"列表中的字号，选择所需字号

6. 选择完毕后，单击"确定"按钮，返回编辑屏幕

（三）下划线的设置

添加下划线的操作步骤如下：

1. 选中需要添加下划线的文字

2. 右击选定区域，在弹出的快捷菜单中单击"字体"，弹出"字体"对话框，如图6-13所示

3. 单击"下划线"右侧的下拉箭头，选择所需的线形。如果只添加单下划线，可直接单击"下划线"按钮 U

图6-13 "字体"对话框

4. 也可以在"字体"对话框中单击"下划线"线形列表选择所需线形，单击"下划线颜色"列表中的所需颜色设置下划线颜色，单击"确定"即可

也可以在"字体"功能区工具组上单击"下划线"按钮右侧的下拉箭头，选择所需的线形以及下划线的颜色。

（四）字体的颜色与着重号

1. 选中需要修改格式的文字

2. 打开"字体"对话框，单击"字体颜色"下拉列表框，选择所需的颜色

3. 如果要添加"着重号"，则单击"着重号"下拉列表框选择着重号

（五）设置字体效果

在某些情况下，用户需要对部分文字进行效果处理。比如，设置阳文、阴文、空心或阴影格式等。

1. 选中需要修改格式的文字

2. 打开"字体"对话框

3. 在如图6-13所示的"效果"下，选择所需选项单击"确定"即可

（六）字符间距、位置设置

1. 选定要更改的文字

2. 打开"字体"对话框，再单击"高级"选项卡

3. 在"字符间距""缩放"框中输入所需的百分比

4. 如果要均匀加宽或紧缩所有选定字符的间距，请选择"间距"框中的"加宽"或"紧缩"，并

指定要调整的间距的磅值大小

5. 在"位置"框中选择"提升"或"降低"及其磅值，再单击"确定"按钮

（七）动态效果的设置

1. 选定要使其具有动态效果的文字或单词
2. 打开"字体"对话框，单击"高级"命令，再单击"文字效果"按钮
3. 在"动态效果"框中，单击所需效果

一次只可选用一种动态效果。若要取消动态效果，则可单击"动态效果"框中的"无"选项。动态文字效果只有在屏幕上观察，是不能打印的。

（八）中文版式

中文 Word 2010 中，提供了一些符合中文排版习惯的功能版式。

1. 带圈字符

（1）选中要设置带圈格式的字符。

（2）单击"开始"选项卡"字体"功能区中的"带圈字符"按钮，出现"带圈字符"对话框，如图 6-14 所示。

（3）在"样式"中选择"缩小文字"或"增大圈号"。

（4）在"圈号"中选择某一种类型的圈号，再单击"确定"即可。

需要取消已设置的带圈格式，则可单击"带圈字符"对话框中的"无"样式。

2. 拼音指南

（1）选中要设置拼音指南的汉字，如"莲花"。

（2）单击"开始"选项卡"字体"功能区中的"拼音指南"按钮，出现"带圈字符"对话框，如图 6-15 所示。

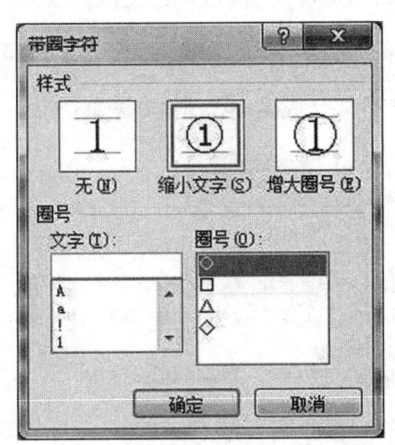
图 6-14　"带圈字符"对话框

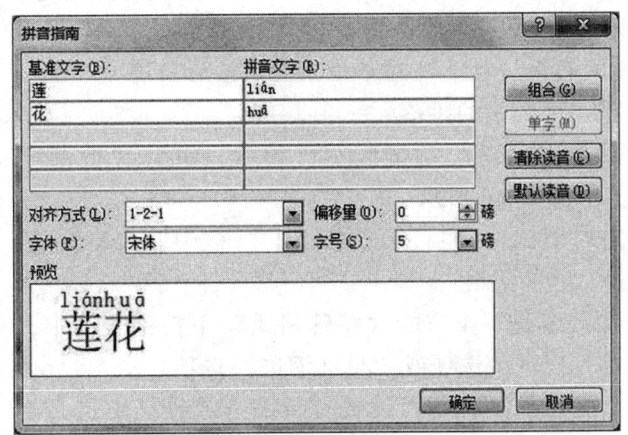
图 6-15　"拼音指南"对话框

（3）设置拼音的对齐方式、拼音与汉字的偏移及字体和字号后单击"确定"即可。

若要取消已选字符的拼音指南格式，则可在"拼音指南"对话框中单击"清除读音"按钮。

在段落功能区单击中文版式"　"右侧的下拉按钮，可设置"纵横混排""双行合一""合并字符"等特殊版式。

五、段落格式设置

在 Word 2010 中，段落是独立的信息单位，具有自身的格式特征。段落的格式化是指在一个段落的范围内对内容进行排版，使得整个段落显得更美观大方、更符合规范。每个段落的结尾处都有段落标记。文档中段落格式的设置取决于文档的用途以及用户所希望的外观。通常，会在同一篇文档中设置

不同的段落格式。当按 Enter 键结束一段开始另一段时，生成的新段落会具有与前一段相同的段落格式。

用户可以对段落进行缩进、文本对齐方式、行距和间距等格式设置。

（一）用工具栏中的按钮对文字进行缩进

缩进是指将要缩进段落的左右边界或段落的起始位置向右或向左移动。移动后，要缩进段落的文字将按缩进后的宽度重新排版。

1. 选定要缩进的段落

2. 单击"段落"功能区"增加缩进量"按钮。单击一次该按钮，选定的段落或当前段落左边起始位置向右缩进 1 个字符

3. 如果向左缩进，则单击"段落"功能区"减少缩进量"按钮。单击一次该按钮，选定的段落或当前段落左边起始位置向左缩进 1 个字符

该方法缩进的尺寸是固定的，如果不想采用固定方式，请选用其他的方法。用工具缩进时，只能改变缩进段落左边界的位置，而不能改变右边界的位置。标尺行上的缩进标尺会随之变化。

（二）利用"标尺"设置段落的缩进

1. 选定要缩进的段落

2. 执行下列操作之一

设置首行缩进：将水平标尺上的"首行缩进"标记拖动到希望首行文本开始的位置。

设置悬挂缩进：在水平标尺上，将"悬挂缩进"标记拖动至所需的缩进起始位置。

左缩进：可以设置文本的左边界位置。在水平标尺上，将"左缩进"标记拖动至所需的文本左边界起始位置。

用同样的方法，可拖动"右缩进"标记，移动右边界。

上述 4 个缩进标志组合使用，可以产生不同的缩进排列效果，从而使各段落能按用户不同的需要排列段落宽度。

（三）利用"段落"对话框设置段落的缩进

1. 选定要缩进的段落

2. 单击"段落"功能区右下角，打开"段落"对话框，如图 6-16 所示

3. 在"缩进"项目下"左""右"框中输入要设置的左缩进、右缩进值

4. 在"缩进"下方的"特殊格式"下拉列表框中，单击"首行缩进"选项或"悬挂缩进"选项

在"度量值"框中，设置首行缩进或悬挂缩进量。再单击"确定"即可。

首行缩进的单位可以是字符或厘米，用户可以自行输入"厘米"或"字符"作为缩进的单位。

（四）文本的对齐方式

在编辑文档时，有时为了特殊格式的需要，要设置文本的对齐方式。例如，文档的标题一般要居中、正文文字要两端对齐等。用户可以应用"段落"功能区工具按钮来设置文本段落的对齐方式，也可以在"段落"对话框中设置，设置对齐方式前先选定要设置文本对齐方式的段落。

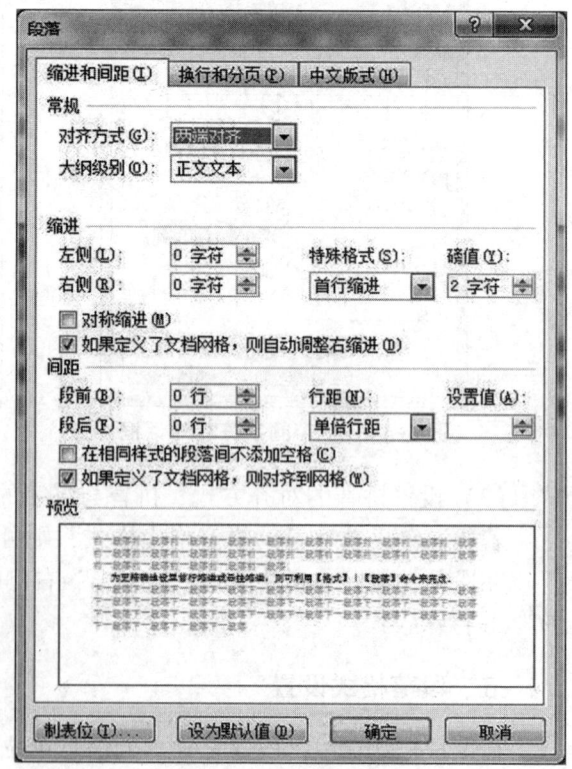

图 6-16　缩进与间距

1. 左对齐文本

单击"段落"功能区上的"两端对齐"按钮。当该按钮处于按下状态时,文字的左右两侧将分别与左右页边距对齐。当该按钮处于凸起状态时,只将文字的左侧与左页边距对齐。

2. 居中对齐文本

单击"段落"功能区上的"居中"按钮即可。在使用"居中"之前,要确保左右缩进标记处于相应的页边距位置上。

3. 右对齐文本

单击"段落"功能区上的"右对齐"按钮即可。

4. 分散对齐文本

单击"段落"功能区上的"分散对齐"按钮即可。"分散对齐"将导致 Word 在选定的段落的字符间添加空格,使文字均匀分布在该段落的页边距之间。分散对齐的文本也可以有首行缩进。

需要撤销段落的某种对齐方式,则单击该对齐按钮即可。当然,也可以利用"段落"对话框中的"缩进和间距"选项卡设置文本的对齐方式。

(五)段落的行距与间距

段落的行距表示各行文本之间的垂直距离。段落的间距是不同段落之间的垂直距离。更改行距和间距的操作步骤如下:

1. 选定要更改其行距或段落间距的段落
2. 如图 6-17 所示,打开"段落"对话框"缩进和间距"选项卡
3. 要改变行距,在"行距"框中选择所需的选项
4. 要增加各个段落的前后间距,在"段前"或"段后"框中输入所需的间距。单击"确定"

如果选择的行距为"固定值"或"最小值",需要在"设置值"框中输入所需的行间隔数值。如果选择了"多倍行距",在"设置值"框中输入行数。如果选定的文本包含的是多个段落,则被选定的文本包含段落之间的间距,将是段前间距与断后间距之和。

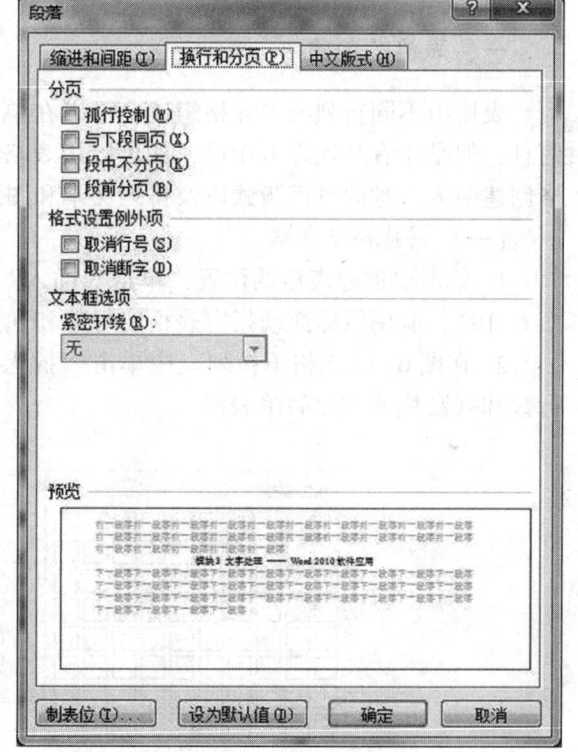

图 6-17 换行与分页

(六)段落中的换行和分页

Word 2010 是自动分页的。但有时为了需要,希望将新的段落安排在下一页面上,可进行如下操作:

1. 如图 6-17 所示,打开"段落"对话框"换行和分页"选项卡
2. 单击"分页"选项下的"段前分页"复选框。再单击"确定"即可

另外,在该选项卡中各选项的功能如下:

孤行控制:防止 Word 2010 在页面顶端打印段落末行或在页面底端打印段落首行。该选项是 Word 2010 的默认选项。

段中不分页:防止在段落中出现分页符。

与下段同页:防止在所选段落与后面一段之间出现分页符。

取消行号:防止所选段落旁出现行号。此设置对未设行号的文档或节无效。

取消段字:防止段落自动段字。

（七）格式刷的使用

"格式刷"是 Word 2010 中非常有用的一个工具，其功能是将一个选定文本的格式复制到另一个文本上去，以减少手工操作的时间，并保持文字格式的一致。用户根据需要可以复制字符格式和段落格式。

1. 复制字符格式

（1）选定具有格式的文本。

（2）单击"开始"选项卡中的"格式刷"按钮，按住左键拖选要应用此格式的文本。

2. 复制段落格式

（1）选定具有要复制的格式的段落（包括段落标记）。

（2）单击"开始"选项卡中的"格式刷"按钮，然后按住左键拖选要应用此格式的段落。

若要将选定格式复制到多个位置，可双击"格式刷"按钮。复制完毕后再次单击此按钮或按 Esc 键。

第三节　表格的格式化排版设置

一、表格的创建

表格由不同行列的单元格组成，可以在单元格中填写文字和插入图片。表格经常用于组织和显示信息，但是还有其他许多用途，如可以用表格按列对齐数字，然后对数字进行排序和计算。可以用表格创建引人入胜的页面版式以及排列文本和图形。

（一）创建简单表格

1. 单击要创建表格的位置，单击"插入"选项卡"表格"工具下拉按钮，弹出表格工具列表（见图 6-19），应用鼠标拖动指定表格的行数和列数（如 4 列 2 行），单击确定创建规则表格

2. 在图 6-18 表格下拉列表中单击"插入表格"，弹出图 6-19"插入表格"对话框，输入表格的行数和列数快速创建简单表格

图 6-18　表格下拉列表

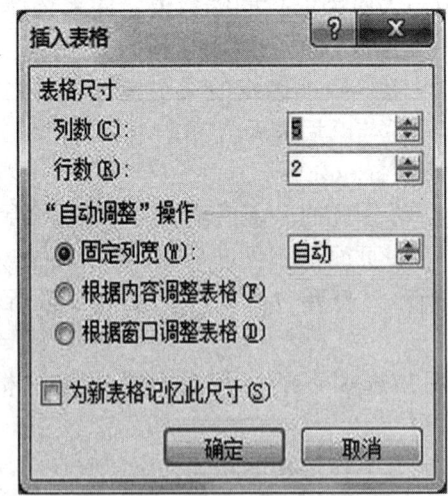
图 6-19　"插入表格"对话框

（二）创建复杂表格

1. 单击要创建表格的位置

2. 在图 6-18 表格下拉列表中单击"绘制表格"，指针变为笔形

3. 手动绘制一个矩形外框，然后在矩形内手动绘制行、列线。这时出现"表格工具—设计"选项卡功能区（见图 6-20）

4. 如果要清除一条或一组框线，请单击图 6-20 右侧"擦除"按钮，然后拖过要擦除的线条，删除表线

5. 表格创建完毕后，单击其中的单元格，然后便可键入文字或插入图形

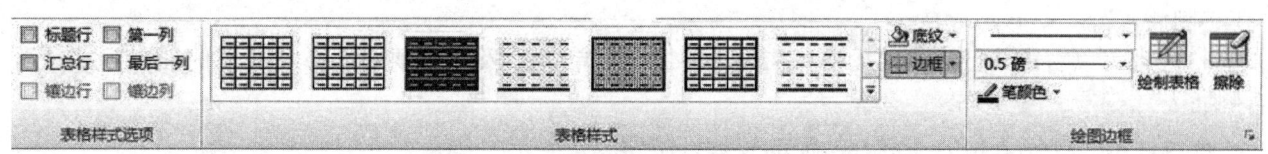

图 6-20　"表格工具—设计"选项卡功能区

（三）删除表格及其内容

1. 单击表格，如图 6-21 所示，在"表格工具—布局"选项卡功能区，单击"删除"下拉按钮，可选择删除表格、删除行、删除列、删除单元格

2. 或先选中整张表格，然后右击表格，在弹出的快捷菜单中单击"删除表格"

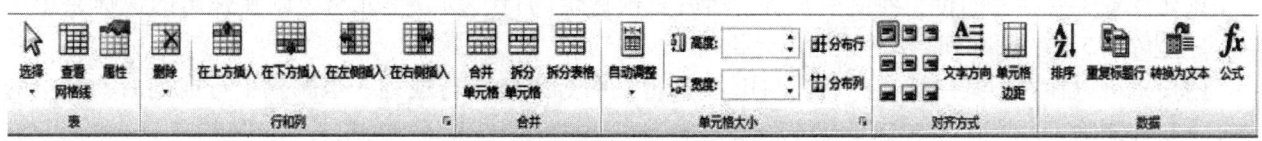

图 6-21　"表格工具—布局"选项卡功能区

二、表格的修改

（一）调整整个表格或部分表格的尺寸

1. 调整整个表格尺寸

将指针停留在表格上，直到"表格尺寸控点□"出现在表格的右下角。将指针停留在表格尺寸控点上，直到出现一个双向箭头，将表格的边框拖动到所需尺寸。

2. 改变表格列宽

将指针停留在要更改其宽度的列的边框上，直到指针变为 ↔，然后拖动边框，直到得到所需的列宽为止。

3. 改变表格行高

将指针停留在要更改其高度的行的边框上，直到指针变为 ↕，然后拖动边框。

4. 平均分布各行或各列

选中要平均分布的多行或多列，如图 6-21 所示，在"表格工具—布局"选项卡功能区，单击"平均分布各行"按钮 或"平均分布各列"按钮 。

也可以使用 Word 2010 窗口中的"水平标尺"和"垂直标尺"来调整列宽和行高，还可以使用表格的自动调整功能来调整表格的大小。

（二）行、列或单元格的插入

1. 行的插入

（1）将光标置于待插入行的上方或下方。

（2）单击图 6-21"表格工具—布局"选项卡功能区"行和列"工具组，选择"在上方插入"或"在下方插入"，分别表示在所选行的上方或是在所选行的下方插入一个新行。

（3）也可以右击某行中的单元格，在弹出的快捷菜单"插入"子项中选择"在上方插入行"或"在下方插入行"。

也可使用"绘制表格"工具在所需的位置绘制行。

2. 列的插入

（1）将光标置于待插入列的左侧或右侧。

（2）单击图6-21"表格工具—布局"选项卡功能区"行和列"工具组，选择"在左侧插入"或"在右侧插入"。

（3）也可以右击某行中的单元格，在弹出的快捷菜单"插入"子项中选择"在左侧插入"或"在右侧插入"。

也可使用"绘制表格"工具在所需的位置绘制列。

3. 单元格的插入

（1）将光标置于要插入单元格的位置。

（2）单击图6-21"表格工具-布局"选项卡功能区"行和列"工具组右下角按钮 ，弹出"插入单元格"对话框，选择相应的选项后，单击"确定"。

（三）行、列或单元格的删除

将光标置于要删除的行、列或单元格，然后右击选定的行、列或单元格，则在弹出的快捷菜单中单击"删除行"/"删除列"/"删除单元格"。

用户也可以在选中某一行或列后，利用"剪切"命令来删除行或列。当删除了行或列后，其中的内容一起被删除。

（四）单元格合并与拆分/表格拆分

1. 合并单元格

用户可将同一行或同一列中的两个或多个单元格合并为一个单元格。

单击图6-20"表格工具—设计"选项卡功能区"擦除"按钮，在要删除的分隔线上拖动删除表格线从而合并单元格。

也可以通过选定单元格，然后选择图6-21"表格工具—布局"选项卡功能区"合并单元格"按钮快速合并多个单元格。

也可以通过选定单元格，然后单击鼠标右键，在出现的快捷菜单中选择"合并单元格"。

2. 拆分单元格

单击图6-20"表格工具—设计"选项卡功能区"绘制表格"按钮，在要拆分的单元格中拖动画线创建新的单元格从而拆分单元格。

也可以通过选定单元格，然后选择图6-21"表格工具—布局"选项卡功能区"拆分单元格"按钮，弹出"拆分单元格"对话框，在对话框中输入"列数"和"行数"的值，单击"确定"。

也可以通过选定单元格，然后单击鼠标右键，在出现的快捷菜单中选择"拆分单元格"，显示对话框，设置行和列数后确定即可。

3. 拆分表格

要将一个表格拆分成两个表格，单击要通过拆分创建第二个表格的首行，选择图6-21"表格工具—布局"选项卡功能区"拆分表格"按钮拆分表格。

（五）在表格中输入和编辑文本

1. 在表格中输入内容

如果在表格中输入文本，首先将插入点放在要输入文本的单元格中，然后输入文本。当输入的文本到达单元格右边线时自动换行，并且会加大行高以容纳更多的内容。

2. 移动或复制单元格内容

选定要移动或复制的单元格。如果只将文本移动或复制到新位置，而不改变新位置的原有文本，就只选定要移动或复制的文本单元格中的文本而不包括单元格结束标记。

将选定内容拖动至新位置。如要复制选定内容，在按住 Ctrl 键的同时将选定内容拖动至新位置。

也可以利用剪贴板来移动或复制单元格的内容。

3. 单元格对齐方式

选择需要设置对齐方式的单元格，在"表格工具—布局"选项卡功能区"对齐方式"中设置对齐方式。

或右击选定的单元格，在弹出的快捷菜单中选择对齐方式。

三、表格的修饰

（一）表格样式

1. 对已经建立的表格使用表格样式

单击表格，单击图6-21"表格工具—布局"选项卡功能区"表格样式"组中的表格样式应用到当前表格。

2. 新建表格时使用表格样式

单击"插入"选项卡"表格"下拉按钮，在弹出的下拉列表中选择"快速表格"中的样式，单击要插入表格的位置，则应用指定的样式创建表格。

（二）自定义设置表格的边框和底纹

1. 自定义设置表线

选中表格或单元格（包括结束标记）。

单击图6-20"表格工具—设计"选项卡功能区"绘图边框"工具组右下角按钮，弹出"边框和底纹"对话框（图6-22）。

在"边框"选项卡选择自定义，确认在"应用范围"下选择了正确的"表格"或"单元格"选项。选择"线型"，设置"颜色"和"宽度"。

若单击如图6-22所示"预览"中的边线可设置已选中区域（单元格或表格）的边线。

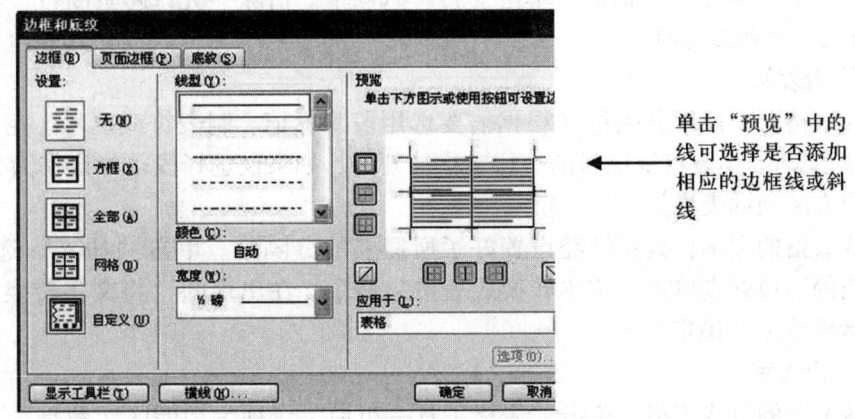

图6-22 "边框和底纹"对话框

若单击"预览"中的内线可设置已选中区域（单元格或表格）的内线。

若单击"预览"中的斜线按钮则在已选中区域（单元格或表格）中设置斜线。

2. 设置底纹

单击"底纹"选项卡，选择所需选项，确认在"应用范围"下选择了正确的"表格"或"单元格"选项，可对选定区域设置底纹。

（三）设置表格在页面中的位置

1. 移动表格的方法

将指针停留在表格上，直到"表格移动控点"出现在表格的左上角。将指针停留在表格移动控点上，直到四向箭头出现，将表格拖动到新的位置。

也可以通过"剪贴板"来移动表格。

2. 设置表格的对齐方式

右击表格，在弹出的快捷菜单中单击"表格属性"，弹出"表格属性"对话框，再单击"表格"选项卡。在"对齐方式"下，选择所需选项。

要设置左对齐表格的左缩进量，请在"左缩进"框中键入数值，单击"确定"。

3. 设置表格的文字环绕

右击表格，在弹出的快捷菜单中单击"表格属性"打开"表格属性"对话框，单击"表格"选项卡，单击"文字环绕"下的"环绕"图标，设置环绕方式后单击"确定"。

（四）设置表格的标题

有时一个比较大的表格可能在一页上无法完全显示出来。当一个表格被分到多页上时，总希望在每一页的开头第一行设置一个标题行，其操作步骤如下：

1. 选定要作为表格标题的一行或多行（注意：选定内容必须包括表格的第一行，否则 Word 将无法执行操作）

2. 单击图 6-21 "表格工具—布局"选项卡功能区"数据"工具组"重复标题行"

Word 能够依据自动分页符（软分页符）自动在新的一页上重复表格的标题。如果在表格中插入人工分页符，则 Word 无法自动重复表格标题，只能在页面视图或打印出的文档中看到重复的表格标题。

（五）表格的分页与防止跨页断行

1. 表格的跨页显示

单击要出现在下一页上的行，单击"页面布局""分隔符"中的"分页符"或者插入选项卡中的分页，或者按 Ctrl+Enter 组合键。

2. 防止表格跨页断行的设置

单击表格，在"表格属性"对话框中单击"行"选项卡。清除"允许跨页断行"复选框。

（六）表格与文字的相互转换

1. 将文字转换为表格

将文字转换成表格时，使用分隔符（根据需要选用段落标记、制表符或逗号、空格等字符）标记新的列开始的位置。Word 用段落标记新的一行表格的开始。如果仅选择段落标记作为分隔符，Word 只会将文字转换成只有一列的表格。

选中要转换成表格的文字，确保已经设置好了所需要的分隔符。单击"插入"选项卡中"表格"下拉按钮，在弹出的下拉列表单击"文本转换成表格"命令，在出现的"将文字转换成表格"对话框中选择所需选项后再单击"确定"。

2. 将表格转换为文字

选定要转换成文字的行或表格，单击"表格工具—布局"选项卡功能区"数据"工具组"转换为文本"，设置"文字分隔符"为所需的字符，即替代列边框的分隔符，单击"确定"转换为文字。

四、表格数据处理

Word 可以对表格中的数据进行加、减、乘、除、求平均、排序等数据计算。

（一）表格内数据的排序

Word 对表格中的数据进行排序时，可按以下几种方式进行排序。

按拼音排序：Microsoft Word 会将以标点或符号（例如,!、#、$、%或&）开头的条目排在最前面，然后是以数字开头的条目，随后是以字母开头的条目，以汉字开头的条目排在最后。注意，Word 将日期和数字视为文字。例如，"Item 12"会排在"Item 2"之前。

按数字排序：Word 将忽略数字以外的所有其他字符。数字可以位于段落中任何位置。

按日期排序：Word 将符号连字符、斜杠（/）、逗号、句点和冒号（:）作为有效的日期分隔符。如果 Word 无法识别某个日期或时间，则会把该项置于列表的开头或结尾处（这取决于排列顺序是升序还是降序）。

选定要排序的列表或表格，单击"表格工具—布局"选项卡"数据"工具组中的"排序"按钮，打开"排序"对话框（见图6-23）。选择排序类型、主/次关键字等选项，单击"确定"对选定的内容排序。

当主关键字有相同值时，可再选择次关键字进行排序。

（二）表格中数值的计算

在 Word 的计算中，系统对表格中的单元格是以下面的方式进行标记的，在行的方向以字母 A→Z 进行标记，而列的方向从"1"开始，以自然数进行标记。如一行一列的单元格标记为 A1。

在表格中进行计算时，可以用像 A1、A2、B1、B2 这样的形式引用表格中的单元格。Word 中的单元格引用始终是绝对地址，而且不带"$"符号。

1. 行或列的直接求和

单击要放置求和结果的单元格，单击"表格工具—布局"选项卡"数据"工具组中的"公式"按钮打开"公式"对话框（见图6-24）。

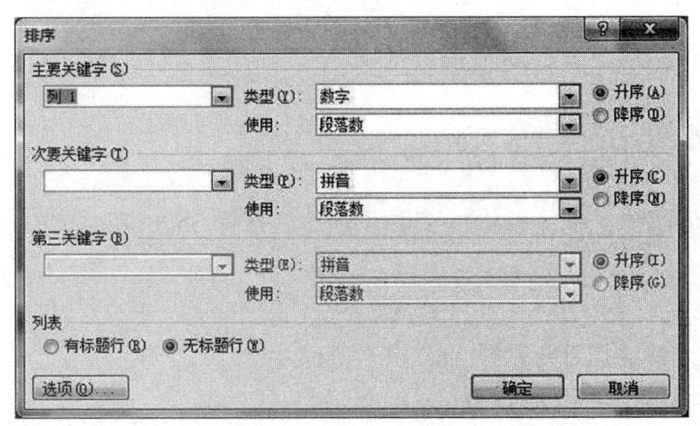

图 6-23 "排序"对话框

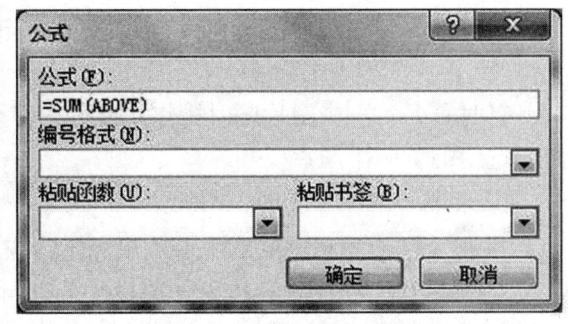

图 6-24 "公式"对话框

如果选定的单元格位于一列数值的底端，Word 将建议采用公式=SUM（ABOVE）进行计算，单击"确定"对上边的数求和。

如果选定的单元格位于一行数值的右端，Word 将建议采用公式=SUM（LEFT）进行计算，单击"确定"对左边的数求和。

2. 单元格数值的计算

单击要放置计算结果的单元格，打开"公式"对话框，在"公式"框中输入公式，也可以在"粘贴函数"框中，单击所需的公式。例如，要进行求和，则单击"SUM"。

也可以在公式的括号中键入单元格引用，可引用单元格的内容。例如，如果需要计算单元格 A2 和 B3 中数值的和，应建立这样的公式：=SUM（A2，B3）。在"数字格式"框中选择数字格式，单击"确定"即可。

Word 是以域的形式将结果插入选定单元格的。域代码和域结果之间可以采用 Shift+F9 键进行切换。如果所引用的单元格发生了更改，请选定该域，然后按 F9 键，即可更新计算结果。

第四节 图文混排排版设置

一、图片与剪贴画

（一）插入图片

插入剪贴画或图片：

1. 单击要插入剪贴画或图片的位置
2. 单击"插入"选项卡"插图"工具组中的"图片"或"剪贴画"
3. 若插入"剪贴画"，则在"剪贴画"任务窗格中搜索相应类型"剪贴画"，在图像列表中单击插入到当前光标处

若插入"图片"，则在"插入图片"对话框中选择图片存放的位置并选定图片后单击"插入"，插入到当前光标处。

也可直接将窗格中图片拖至文档中。

（二）改变图片的大小

1. 选中图片，图片的四周出现控制点
2. 将鼠标指针置于控制点上，使其变成双向箭头
3. 拖动鼠标即可改变选中图片的大小

也可以利用"设置图片格式"对话框输入数值改变图片的大小。

（三）改变图片的位置

有时需要对多个图片同时操作。要选中多个图片，首先选中一个图片，然后按住 Shift 键，再单击需要选中的下一个图片。

1. 选中一个图片或多个图片
2. 将鼠标置于选中的对象上，鼠标指针变成移动指针形状✥后，按下鼠标左键
3. 将图片拖动到新的位置（用户也可以同时按下 Alt 键拖动）

如果拖动图片时按住 Shift 键，则只能横向或纵向移动图片。用户也可选定对象，然后按箭头键来微移它。在按住 Ctrl 键的同时按键盘上的方向键移动对象。

（四）图片的图像控制

图片的图像控制包括对图片的颜色、亮度、对比度等方面进行设置。

1. 双击选定的图片打开"图片工具"选项卡，或右击图片在弹出的快捷菜单中单击"设置图片格式"，打开"设置图片格式"对话框
2. 单击工具组中的"重新着色"或对话框中的"颜色"框右端的下拉按钮，从中选择颜色的类型
3. 在"亮度"和"对比度"项下，选择合适的"亮度"和"对比度"比例值

（五）剪裁图片

1. 选定要剪裁的图片
2. 双击选定的图片，在"大小"工具组中单击"裁剪"，应用鼠标拖动进行图片裁剪。或在"设置图片格式"对话框中输入裁剪方向具体数值进行图片裁剪

（六）设置文字对图片的环绕方式

在文档中插入图片以后，重新设置文字的环绕方式的操作步骤如下：

右击图片打开"设置图片格式"对话框，单击"版式"选项卡，选择所需要的文字环绕方式，单击"确定"即可。

单击"版式"选项卡中的"高级"按钮，然后单击"文字环绕"选项卡，即可得到更多的环绕方

式和有关文本排列方向、对象与文本间距离的选项。

二、图形

在 Word 2010 中，除了能插入已有的图片外，还可以使用"插入"选项卡中的"形状"工具来绘制图形。一般情况下，图形的绘制需要在"页面视图"中进行。

如图 6-25 所示，"形状"工具下拉列表中包括最近使用的形状、线条、基本形状、箭头总汇、流程图、标注、星与旗帜等丰富多样的图形。

（一）创建图形

使用"形状"工具上的"直线""箭头""矩形"和"椭圆"等可绘制图形。下面以绘制"燕尾形"为例介绍操作步骤：

1. 单击"形状"工具下拉按钮，在下拉列表中"箭头汇总"中单击"燕尾形"

2. 在文档区域内按住已变为"十"字形的鼠标进行拖动，直到变为满意的大小为止

3. 释放鼠标，图形的周围出现尺寸控点，拖动控点还可以改变图形的大小

4. 如果图形的大小已满足要求，则可在图形以外的其他位置单击，尺寸控点消失，完成"燕尾形"的绘制

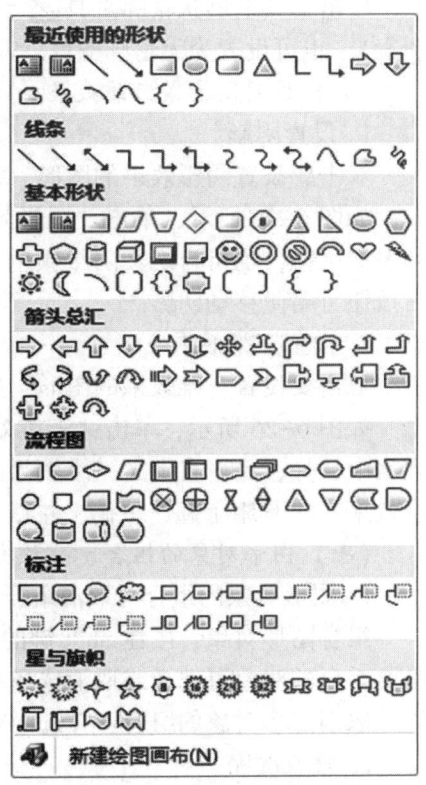

图 6-25 形状

如果要画正方形或圆，可在拖动鼠标的同时按住 Shift 键，也可以在单击"矩形"或"椭圆"按钮后，直接在文档中单击鼠标，就能获得一个预定义大小的正方形或圆。

另外，要想使从起点开始以 15 度角为单位画线，在拖动鼠标时按住 Shift 键。要想从起点开始，同时向两个相反的方向延长线条，在拖动鼠标时按住 Ctrl 键。

（二）调整图形

图形可以调整大小、旋转、翻转、着色以及组合以生成更复杂的图形。许多图形都有调整控点（黄色小菱形的控点），用来调整大多数自选图形的外观，而不调整其大小。例如，可以通过拖动控点，使笑脸变成哭脸；或者改变箭头中箭尖的大小等。

（三）在图形中添加文字

在自选图形中添加文字，可以制作图文并茂的文档。操作方法是右击要添加文字的自选图形，从弹出的快捷菜单中选择"添加文字"选项，此时插入点定位于自选图形的内部，然后输入所需文字即可。

（四）选择、移动、复制和删除图形对象

单击图形则该图形被选中。要选中多个图形则需按住 Shift 键，再单击其他图形。然后就可以使用对文本进行移动、复制和删除的方法来操作图形。

选定图形对象后，可以按方向箭头键进行微移。当按住 Ctrl 键进行微移时，图形可以逐个像素地进行移动。

（五）设置图形格式

1. 双击要设置格式的图形，弹出"绘图工具"选项卡功能区

2. 在"形状样式"工具组中选择内置样式可更改图形的整体外观

单击工具组形状填充工具旁的下拉按钮可更改图形填充（如颜色、图片、渐变、纹理、图案），也可设置为无填充颜色。

单击工具组形状轮廓工具 旁的下拉按钮可更改图形形状轮廓（如颜色、粗细、类型、箭头、图案），也可设置为无轮廓颜色。

（六）设置阴影或三维效果

1. 设置阴影

双击要设置阴影效果的图形，弹出"绘图工具"选项卡功能区。

如图 6-26 所示，单击"阴影效果"工具组上的"阴影效果"下拉按钮，可在内置阴影效果样式列表中选择，也可自定义阴影颜色或取消阴影设置。单击"阴影效果"工具组向上、向下、向左、向右按钮可略微移动阴影。

2. 设置三维效果

双击要设置三维效果的图形，弹出"绘图工具"选项卡功能区。

如图 6-26 所示，单击"三维效果"工具组上的"三维效果"下拉按钮，可在内置三维效果样式列表中选择，也可自定义三维效果的颜色、深度、照明和表面效果，或设置为无三维效果。单击"阴影效果"工具组上翘、下俯、左偏、右偏按钮可调整三维效果位置。

（七）图形对象的组合、叠放次序与对齐

1. 图形对象的组合与取消组合

组合图形对象：按住 Shift 键的同时单击每个要组合的对象可选择多个对象；按住 Ctrl 键的同时单击要组合的对象可选择或取消选择对象。右击选择对象，在弹出的快捷菜单中单击"组合"。

取消图形对象的组合：在选中对象后，单击鼠标右键，选择"取消组合"命令。

2. 叠放次序

右击需要调整叠放次序的对象，在弹出的快捷菜单中单击"叠放次序"，可选择置于顶层、底层、上移一层、下移一层、浮于文字上方、衬于文字下方改变叠放次序。

3. 图形的对齐

按住 Shift 键的同时单击每个要对齐的对象，在"绘图工具格式"选项卡"排列"中单击对齐 旁的下拉按钮，弹出如图 6-27 所示图形对象对齐工具列表，选择对齐方式即可。

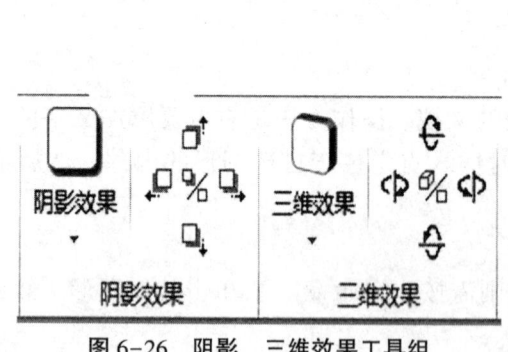

图 6-26 阴影、三维效果工具组

图 6-27 图形对象的对齐

三、艺术字

可以在 Word 中插入有特殊效果的艺术字，它可以作为图形对象处理。

（一）插入艺术字

1. 单击"插入"选项卡"文本"工具组"艺术字"按钮弹出艺术字样式列表，如图 6-28 所示

图 6-28 艺术字样式库

2. 单击所需的艺术字样式，弹出"编辑艺术字文字"对话框
3. 在"编辑艺术字文字"对话框中键入要设置为"艺术字"格式的文字，选择所需的其他选项，单击"确定"按钮

（二）编辑艺术字

插入艺术字后，有时需要对其进行重新编辑。下面简单介绍编辑艺术字时的常用操作：

1. 双击具有"艺术字"效果的文字，出现"艺术字"选项卡工具组（见图 6-29）

图 6-29 "艺术字"选项卡工具组

2. 要更改艺术字的样式，单击"艺术字"选项卡工具组"艺术字样式"中单击指定需要的样式
3. 要更改艺术字的字体和大小单击"编辑文字"按钮，出现"编辑艺术字文字"对话框，从中选择需要的字体和文字大小

用户也可以直接使用鼠标来拖动"艺术字"周围的控点来改变艺术字的大小。

4. 要更改艺术字的形状，单击"艺术字形状"按钮旁的下拉按钮，选择用户需要的艺术字形状（见图 6-30）

应用艺术字填充、轮廓可设置填充效果和轮廓。

5. 艺术字自由旋转，单击"自动换行"设置"文字环绕"为除"嵌入式"以外的环绕方式，这时在艺术字上出现一个带细线的绿色的旋转控点，用鼠标指向旋转控点时，鼠标的形状变成，用鼠标拖动旋转控点即可将艺术字自由旋转
6. 单击"艺术字竖排文字"按钮，艺术字在竖排与横排间切换
7. 单击"艺术字字符间距"按钮，选择间距方式改变艺术字字符间距
8. 单击"艺术字字母高度相同"按钮，使艺术字字母等高
9. 应用"阴影"和"三维效果"按钮，可设置艺术字的阴影和三维效果

（三）首字符下沉

首字符下沉是将一段中的第一个字放大后显示，并下沉到下面的几行中。

1. 将光标置于要设置首字下沉的段落中
2. 单击"插入"选项卡"首字下沉"下拉按钮，选择下沉的位置。或单击"首字下沉选项"则出现"首字下沉"对话框，如图6-31所示

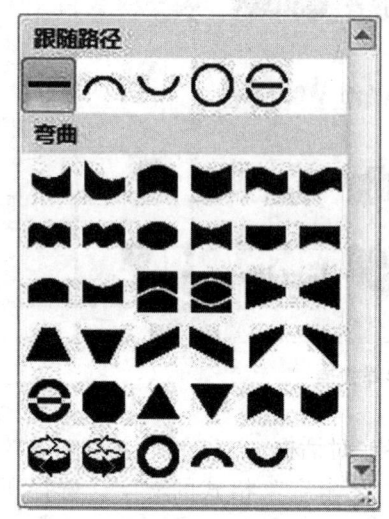

图6-30 "艺术字形状"列表（一）

图6-31 "艺术字形状"列表（二）

3. 在"首字下沉"对话框的"位置"区内，选择所需的格式类型，在"选项"组内，选择字体、下沉行数以及距正文的距离
4. 单击"确定"，即可按所需的要求完成段落首字下沉设置

四、图表与SmartArt图形

（一）图表

在Microsoft Word 2010中，可以插入多种数据图表和图形，如柱形图、折线图、饼图、条形图、面积图、散点图、股价图、曲面图、圆环图、气泡图和雷达图等。

创建图表的操作方法如下：

在"插入"选项卡上的"插图"组中单击"图表"创建图表并弹出相应数据表（见图6-32）的"图表"窗口，右击图表选择"图表类型"可更改所需的图表类型。

如图6-33所示，在数据表中编辑数据，如修改"第一季度"为"1月""东部"为"东山超市"等，还可以修改数据。编辑完数据后，关闭Excel数据表，图表自动更新。

若要自定义图表的外观，可以通过右键单击某些图表元素（如图表轴或图例），对这些图表元素的设计、布局和格式进行设置。

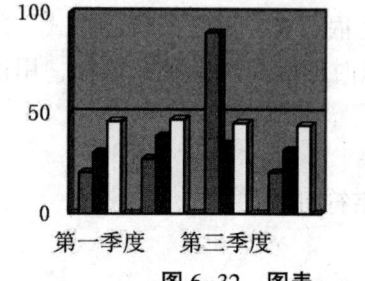

图6-32 图表

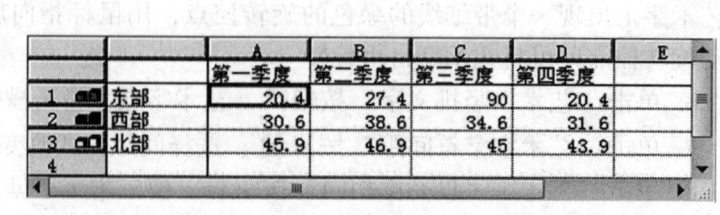

图6-33 Excel工作表中的示例数据

（二）SmartArt 图形

创建 SmartArt 图形时，系统将提示选择一种 SmartArt 图示类型（见图 6-32），如"组织结构图""循环图""射线图""棱锥图""维恩图"和"目标图"等。每种类型的 SmartArt 图形包含几个不同的布局。选择了一个布局之后，可以很容易地切换 SmartArt 图形的布局或类型。新布局中将自动保留大部分文字和其他内容以及颜色、样式、效果和文本格式。

用户也可以应用图示工具（见图 6-35）自定义图示设置，可以插入、删除图形，设置图示样式、版式等。

图 6-34　图示库

图 6-35　组织结构图工具

五、文本框

文本框是一种可以移动、大小可调的存放文本或图形的容器。在 Word 中，文本框有横排和竖排两种。利用竖排文本框可以在横排文字的文档中插入竖排方式的文本。用户可将文本框置于页面上的任何位置，而且还可以设置文本框格式来增强文本框的效果，如更改文本框的填充颜色、边框等，操作方法与处理图形对象相同。

（一）插入文本框及文本的输入

1. 单击"插入"选项卡"文本"工具组中的"文本框"下拉按钮，选择"横排"或"竖排"

2. 在文档中需要插入文本框的位置单击鼠标或进行拖动

3. 插入文本框之后，光标会自动位于文本框内，可以向文本框输入文本，也可以采用移动、复制、粘贴等操作向文本框中添加文本

（二）设置文本框格式

1. 选定要进行格式设置的文本框

2. 在选定的文本框上单击鼠标右键，在弹出的快捷菜单中单击"设置文本框格式"弹出"设置文本框格式"对话框

3. 在"颜色和线条"选项卡中设置文本框的填充颜色、线条的颜色和线形

4. 在"大小"选项卡中调节文本框的尺寸和旋转

5. 在"版式"选项卡，设置文字和文本框的环绕方式及水平对齐方式

6. 在"文本框"选项卡，设置文本框中文字的边距和标注的格式

文本框的删除与 Word 中图形对象的删除操作一样。

六、插入对象

在 Word 2010 文档中，用户可以将整个文件作为对象插入到当前文档中。嵌入到 Word 2010 文档中

的文件对象可以使用原始程序进行编辑。下面以插入 Excel 文件和创建公式为例介绍插入对象的方法。

（一）在 Word 2010 文档中插入 Excel 文件

打开 Word 2010 文档窗口，将光标定位到准备插入对象的位置。切换到"插入"功能区，在"文本"分组中单击"对象"按钮。

在打开的"对象"对话框中切换到"由文件创建"选项卡，然后单击"浏览"按钮。

打开"浏览"对话框，查找并选中需要插入到 Word 2010 文档中的 Excel 文件，并单击"插入"。

返回"对象"对话框，单击"确定"。

返回 Word 2010 文档窗口，用户可以看到插入到当前文档窗口中的 Excel 文件对象。默认情况下，插入到 Word 2010 文档窗口中的对象以图片的形式存在。双击对象即可打开该文件的原始程序对其进行编辑。

（二）公式编辑器

Microsoft 公式编辑器是一个单独的、能够独立工作的程序。实际上它单独包含在"Office 工具"中。因此，如果在安装 Office 时用户没有安装"Office 工具"组件中的"公式"，用户将无法启动和使用"公式编辑器"。

1. 插入公式

将光标置于要插入公式的位置。

单击"插入"选项卡"对象"，在弹出的对话框选定"新建"选项卡。

单击"对象类型"框中的"Microsoft 公式 3.0"选项，单击"确定"按钮弹出"公式"工具栏，如图 6-36 所示。

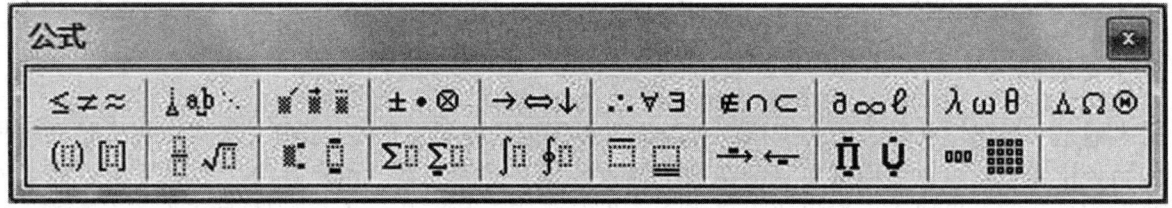

图 6-36 "公式"工具栏

在"公式"工具栏上选择符号，键入变量和数字构造公式。

单击公式以外的 Word 文档可返回到 Word。

2. 编辑公式

双击要编辑的公式，出现"公式"工具栏，可编辑修改已创建的公式。

七、图文混排

（一）将文字环绕在图片、文本框或图形等对象周围

1. 右击选中的图片、文本框或图形
2. 在出现的快捷菜单中选择"设置图片/图形/文本框格式"
3. 在出现的对话框中单击"版式"选项卡，选择文字环绕类型

（二）分层放置文字与图形

通过使用"浮于文字上方"或"衬于文字下方"文字环绕方式，可以分层放置文字和图形，也可以创建水印效果，水印将显示在文字的下方。

1. 选择要更改叠放次序的图形。如果对象不可见，按 Tab 或 Shift+Tab 组合键，直到选定该对象
2. 右击图形对象，指向"叠放次序"子菜单，然后单击"浮于文字上方"或"衬于文字下方"

水印是指打印时显示在已存在的文档文字的上方或下方的任何文字或图形。用户可以插入不同颜

色、样式、大小、方向和字体的水印，还可以根据需要选择或输入要作为水印的文字。

插入水印的方法：单击"页面布局"选项卡"页面背景"中的"水印"，选择所需的"水印"类型设置水印文字及选项后单击"确定"即可。

第五节　文书的高级排版设置

一、项目符号和编号

给文档添加项目符号或编号，可使文档更容易阅读和理解。在 Word 2010 中，可以在键入时自动产生带项目符号或带编号的列表，也可以在键入完文本后进行这项工作。

（一）自动创建项目符号与编号

一般情况下，在安装 Word 2010 后，Word 已经具有自动创建项目符号与编号的功能。设置该功能的操作步骤如下：

选择"文件""选项"，选择"校对"，单击"自动更正"，在出现的对话框中选择"键入时自动套用格式"选项卡，如图 6-37 所示。在"应用"选项区中选择"自动项目符号列表"复选框。单击"确定"按钮即可在键入文本时，自动创建项目符号或编号。

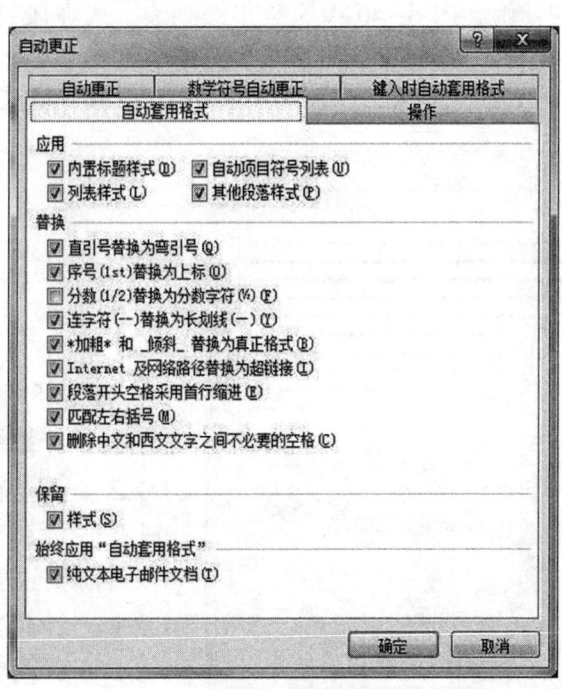

图 6-37　"键入时自动套用格式"选项卡

（二）添加项目符号

如果要将已经输入的文本转换成项目符号列表，则可按如下步骤进行操作：

选择要添加项目符号的段落。选择"段落"功能区"项目符号"工具下拉按钮，选择项目符号。或打开"定义新项目符号"（见图 6-38）对话框，在该对话框中通过"符号""图片"等按钮设置新的项目符号。

（三）添加编号、创建多级符号列表

若要给段落添加编号，单击"段落"功能区"项目符号"工具下拉按钮，选择项目编号。如果用户想采用其他格式、样式的编号，可以单击"定义新编号"，出现"定义新编号格式"对话框（见图 6-39），选择所需选项，单击"确定"即可。

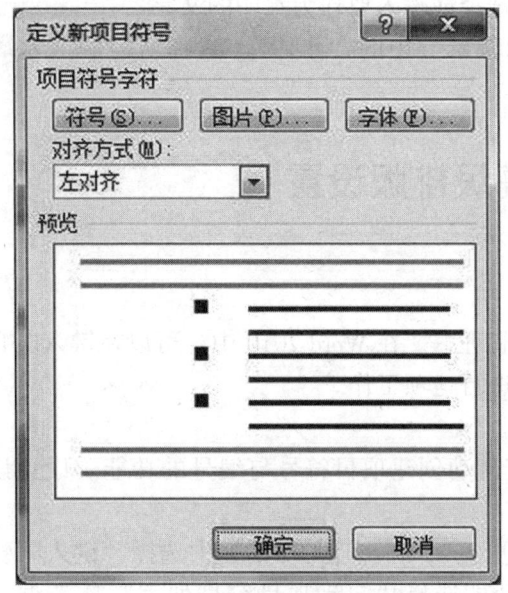
图 6-38 "项目符号和编号"对话框

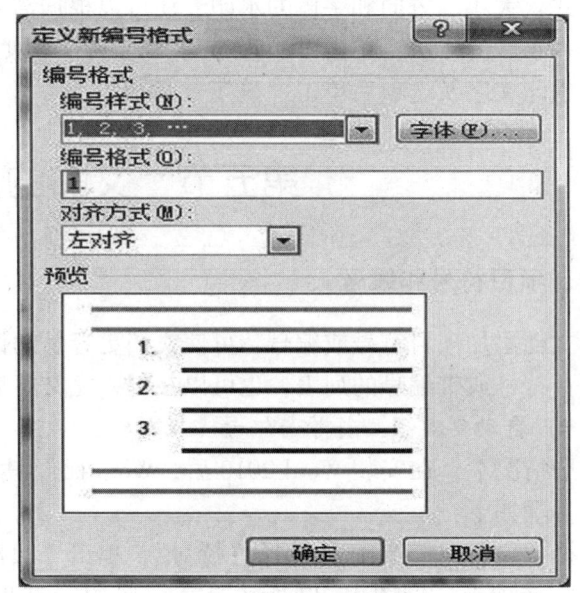
图 6-39 定义新编号

若要创建多级编号和列表,则在图 6-40 中定义多级列表。或在段首输入数学序号,如一、二;(一)、(二);1、2,然后按住 Enter+Tab 键,则下一个段落将使用下级编号格式。如在段首输入 1.1、1-1 之类的序号时,按住 Enter+Tab 键,则下一个段落将使用下级编号格式,如图 6-41 所示。

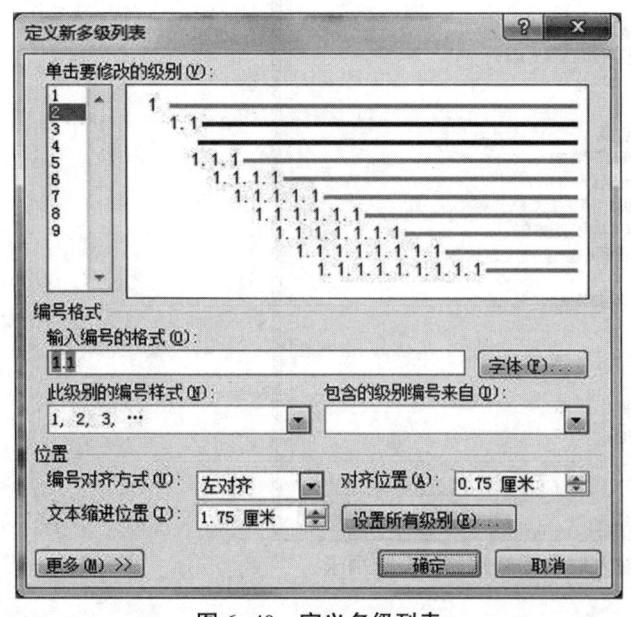

图 6-40 定义多级列表　　　　　图 6-41 多级符号列表

每按一次 Tab 键(或单击工具栏上的"增加缩进量"按钮),编号会降低一个级别。而每按一次 Shift+Tab 键(或单击工具栏上的"减少缩进量"按钮),编号会上升一个级别。

二、边框和底纹

在处理 Word 文档过程中,有时为了获得一些特殊效果,需要为页面、文字或段落加上边框和底纹。

(一)为文档中的页面添加边框

1. 单击"段落"功能区"框线"右侧下拉按钮,单击"边框和底纹",弹出"边框和底纹"对话

框，如图6-42所示。再单击"页面边框"选项卡

2. 如果希望边框只出现在页面的指定边缘（如只出现在页面的顶部边缘），单击"设置"下的"自定义"选项，然后在"预览"下单击要添加边框的位置

3. 选择"线型"选区，选择线型、宽度、颜色以及是否指定艺术型

4. 选定"应用范围"下的所需选项

5. 要指定边框在页面上的精确位置，单击"选项"命令，然后选择所需选项再单击"确定"按钮即可

（二）为文档中的文字添加边框

可以通过添加边框将某些段落或选定文字与文档中的其他部分区分开来。

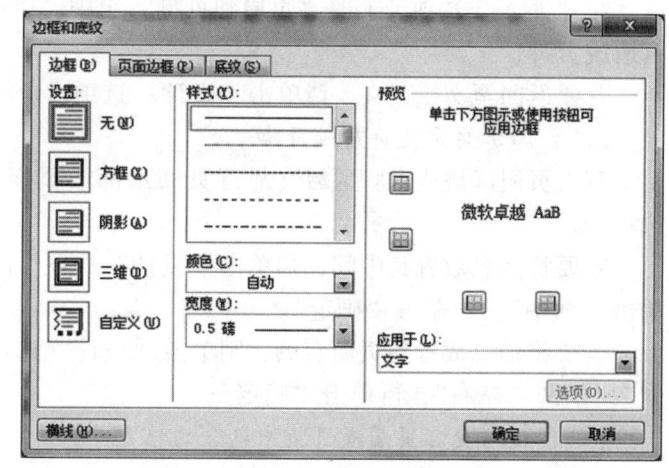

图6-42 "边框和底纹"对话框

1. 选定段落或文字添加边框

2. 打开"边框和底纹"对话框，单击"边框"选项卡

3. 选择"应用范围"框中的选项（"段落"或"文字"）

4. 如果要指定边框相对于文本的精确位置，单击"应用范围"下的"段落"选项，然后单击"选项"按钮，再选择所需选项，再单击"确定"按钮即可

要为字符添加简单的边框，单击"字体"功能区"字符边框" A 按钮即可。

（三）为文档中的文字添加底纹

可以使用底纹来突出显示文字。

1. 选定需要添加底纹的段落或文字

2. 打开"边框和底纹"对话框，单击"底纹"选项卡

3. 设置底纹图案，选择填充颜色

4. 在"应用范围"下单击相应的选项，再单击"确定"即可

若为字符添加简单的底纹，单击"字体"功能区上的"字符底纹" A 按钮即可。

（四）"边框和底纹"对话框中"横线"的应用

除了在"边框和底纹"对话框的"线形"列表中列出的线形之外，还可以在文档中插入一条漂亮的横线，以分隔段落。

1. 单击要插入横线的位置

2. 打开"边框和底纹"对话框

3. 单击"横线"按钮，在出现的"水平线"对话框中选择需要的横线线形

4. 选择所需线形，单击"确定"按钮即可

三、页眉、页脚和页码

页眉和页脚通常用于打印文档。在页眉和页脚中可以包括页码、日期、公司徽标、文档标题、文件名或作者名等文字或图形，这些信息通常打印在文档中每页的顶部或底部。页眉打印在上页边距中，而页脚打印在下页边距中。

在文档中可自始至终用同一个页眉或页脚，也可在文档的不同部分用不同的页眉和页脚。例如，可以在首页上使用与众不同的页眉或页脚或者不使用页眉和页脚。还可以在奇数页和偶数页上使用不同的页眉和页脚，而且文档不同部分的页眉和页脚也可以不同。

（一）从库中添加页眉或页脚

在"插入"选项卡上的"页眉和页脚"组中，单击"页眉"或"页脚"。单击要添加到文档中的页眉或页脚。

若要返回至文档正文，请单击"设计"选项卡上的"关闭页眉和页脚"。

（二）添加自定义页眉或页脚

双击页眉区域或页脚区域（靠近页面顶部或页面底部），打开"页眉和页脚工具"下的"设计"选项卡。

若要将信息放置到中间，则单击"设计"选项卡的"位置"组中的"插入'对齐方式'选项卡"，单击"居中"，再单击"确定"。

若要将信息放置到页面右侧，则单击"设计"选项卡的"位置"组中的"插入'对齐方式'选项卡"，单击"靠右"，再单击"确定"。

（三）键入要在页眉或页脚中包含的信息

1. 添加域代码方法

依次单击"插入"选项卡、"文档部件"和"域"，然后在"域名"列表中单击所需的域。可使用域来添加的信息的示例包括：Page（表示页码）、NumPages（表示文档的总页数）和 FileName（可包含文件路径）。

2. 在其他页面上从 1 开始编号，可以在文档的第二页开始编号，也可以在其他页面上开始编号

从第二页开始编号：双击页码打开"页眉和页脚工具"下的"设计"选项卡。在"设计"选项卡的"选项"组中选中"首页不同"复选框。若要从 1 开始编号，单击"页眉和页脚"组中的"页码"，再单击"设置页码格式"，然后单击"起始编号"并输入"1"。

在其他页面上开始编号：若要从其他页面而非文档首页开始编号，在要开始编号的页面之前需要添加分节符。单击要开始编号的页面的开头，按 Home 键可确保光标位于页面开头，在"页面布局"选项卡上的"页面设置"组中，单击"分隔符"。在"分节符"下单击"下一页"。双击页眉区域或页脚区域（靠近页面顶部或页面底部）打开"页眉和页脚工具"选项卡，在"页眉和页脚工具"的"导航"组中，单击"链接到前一节"以禁用它，如果要从 1 开始编号，单击"页眉和页脚"组中的"页码"，再单击"设置页码格式"，然后单击"起始编号"并输入"1"。

（四）在文档的不同部分添加不同的页眉和页脚或页码

可以只向文档的某一部分添加页码，也可以在文档的不同部分中使用不同的编号格式。在文档的不同部分添加不同的页眉和页脚或页码，需在不同部分间创建分隔符。

例如，希望对目录和简介采用 i、ii、iii 编号，对文档的其余部分采用 1、2、3 编号，而不会对索引采用任何页码，此外，还可以在奇数和偶数页上采用不同的页眉或页脚。

在不同部分中添加不同的页眉和页脚或页码的操作方法如下：

单击要在其中开始设置、停止设置或更改页眉、页脚或页码编号的页面开头，按 Home 键可确保光标位于页面开头，在"页面布局"选项卡上的"页面设置"组中单击"分隔符"，在"分节符"下单击"下一页"，双击页眉区域或页脚区域（靠近页面顶部或页面底部）打开"页眉和页脚工具"下的"设计"选项卡，在"设计"的"导航"组中，单击"链接到前一节"以禁用它。按照添加页码或添加包含页码的页眉和页脚中的操作方法完成该节的图片、文本或域等信息的添加。

（五）在奇数和偶数页上添加不同的页眉和页脚或页码

双击页眉区域或页脚区域（靠近页面顶部或页面底部）打开"页眉和页脚工具"选项卡。

在"页眉和页脚工具"选项卡的"选项"组中选中"奇偶页不同"复选框。

在其中一个奇数页上添加要在奇数页上显示的页眉、页脚或页码编号。

在其中一个偶数页上添加要在偶数页上显示的页眉、页脚或页码编号。

（六）添加页码

1. 从库中添加页码

在"插入"选项卡上的"页眉和页脚"组中，单击"页码"，在弹出的下拉列表中单击所需的页码位置，滚动浏览库中的选项，然后单击所需的页码格式。

若要返回至文档正文，单击"设计"选项卡上的"关闭页眉和页脚"。

2. 添加包含总页数的自定义页码

库中的一些页码含有总页数（第 X 页，共 Y 页）。但是，如果要创建自定义页码，请执行下列操作：

双击页眉区域或页脚区域（靠近页面顶部或页面底部），打开"页眉和页脚工具"下的"设计"选项卡。

若要将页码放置到中间，则单击"设计"选项卡的"位置"组中的"插入'对齐方式'选项卡"，单击"居中"，再单击"确定"。

若要将页码放置到页面右侧，则单击"设计"选项卡的"位置"组中的"插入'对齐方式'选项卡"，单击"靠右"，再单击"确定"。

键入"第"和一个空格，在"插入"选项卡上的"文本"组中，单击"文档部件"，然后单击"域"。在"域名"列表中，单击"Page"，再单击"确定"。

在该页码后键入一个空格，再依次键入"页"、逗号、"共"，然后再键入一个空格。在"插入"选项卡上的"文本"组中，单击"文档部件"，然后单击"域"。在"域名"列表中，单击"NumPages"，然后单击"确定"。

在总页数后键入一个空格，再键入"页"。

若要更改编号格式，请单击"页眉和页脚"组中的"页码"，再单击"设置页码格式"。

若要返回至文档正文，单击"设计"选项卡上的"关闭页眉和页脚"。

7. 删除页码、页眉和页脚

双击页眉、页脚或页码，选择页眉、页脚或页码，按 Delete 键删除。

四、脚注、尾注和题注

（一）插入脚注和尾注

脚注和尾注用于在打印文档中为文档中的文本提供解释、批注以及相关的参考资料。可用脚注对文档内容进行注释说明，而用尾注说明引用的文献。具体操作如下：

1. 移动光标插入点到需要插入脚注和尾注的位置

2. 单击"引用"选项卡"脚注"工具组中的"插入脚注"或"插入尾注"按钮即可在光标位置自动插入脚注和尾注的编号，用户可以在编号对应位置输入脚注和尾注的文字

3. 单击"引用"选项卡"脚注"工具组右下角 按钮打开"脚注和尾注"对话框，可设置脚注或尾注的位置、编号格式等

（二）修改、删除脚注或尾注

修改脚注或尾注：切换至普通视图，双击文档脚注和尾注信息，或应用右下角"选择浏览对象"按脚注或尾注浏览修改其内容。

删除脚注或尾注：选择脚注或尾注的编号，按 Delete 键即可删除该脚注或尾注。

（三）题注

如果 Word 2010 文档中含有大量图片，为了能更好地管理这些图片，可以为图片添加题注。添加了题注的图片会获得一个编号，并且在删除或添加图片时，所有的图片编号会自动改变，以保持编号的连续性。

在 Word 2010 文档中添加图片题注的方法如下：

打开 Word 2010 文档窗口，右键单击需要添加题注的图片，并在打开的快捷菜单中选择"插入题注"命令。或者单击选中图片，在"引用"功能区的"题注"分组中单击"插入题注"按钮。

在打开的"题注"对话框中单击"编号"按钮。

打开"题注编号"对话框，单击"格式"下拉三角按钮，在打开的格式列表中选择合适的编号格式。如果希望在题注中包含 Word 2010 文档章节号，则需要选中"包含章节号"复选框。设置完毕单击"确定"按钮。

返回"题注"对话框，在"标签"下拉列表中选择"Figure（图表）"标签。如果希望在 Word 2010 文档中使用自定义的标签，则可以单击"新建标签"按钮，在打开的"新建标签"对话框中创建自定义标签（如"图"），并在"标签"列表中选择自定义的标签。如果不希望在图片题注中显示标签，可以选中"题注中不包含标签"复选框。单击"位置"下拉三角按钮选择题注的位置（如"所选项目下方"），设置完毕单击"确定"按钮即可在 Word 2010 文档中添加图片题注。

在 Word 2010 文档中添加图片题注后，可以单击题注右边部分的文字进入编辑状态，并输入图片的描述性内容。

五、样式和模板的使用

（一）样式

1. 样式的概念

样式是指一组已经命名的字符、段落、表格等格式。它规定了标题、题注以及正文等各个文本元素的格式。用户可以将一种样式应用于某个段落或段落中选定的字符上。这样所选定的段落或字符便具有这种样式定义的格式，利用它可以快速改变文本的外观。

在 Word 中有很多已经设置好的样式，例如，标题样式、正文样式等。使用样式可以对具有相同格式的段落和标题进行统一控制，而且还可以通过修改样式对使用该样式的文本的格式进行统一修改。

Word 2010 提供的样式包括字符、段落、表格、链接段落和字符、列表等样式。

字符样式影响段落内选定文字的外观，例如，文字的字体、字号、加粗及倾斜的格式设置等。即使某段落已整体应用了某种段落样式，该段中的字符仍可以有自己的样式。

段落样式控制段落外观的所有方面，如文本对齐、制表位、行间距、边框等，也可能包括字符格式。

Word 本身自带了许多样式，称为内置样式。如果 Word 提供的标准样式不能满足需要，就可以自己建立样式，称为自定义样式。用户可以删除自定义样式，却不能删除内置样式。

2. 样式列表

单击"开始"选项卡"样式"功能区提供了常用样式列表，单击样式功能区右下角 打开"样式"列表（见图 6-43）。

从"样式"下拉列表框中可以明显区分出字符样式和段落样式。字符样式用一个加粗、带下划线的字母"a"表示，段落样式用段落标记符号"↵"表示。

3. 新建样式

新建字符样式的方法如下：

（1）打开"样式"列表。

（2）单击"样式和格式"任务窗格中的"新建样式" 按钮，出现"新建样式"对话框（见图 6-44），在"名称"框中键入样式的名称。

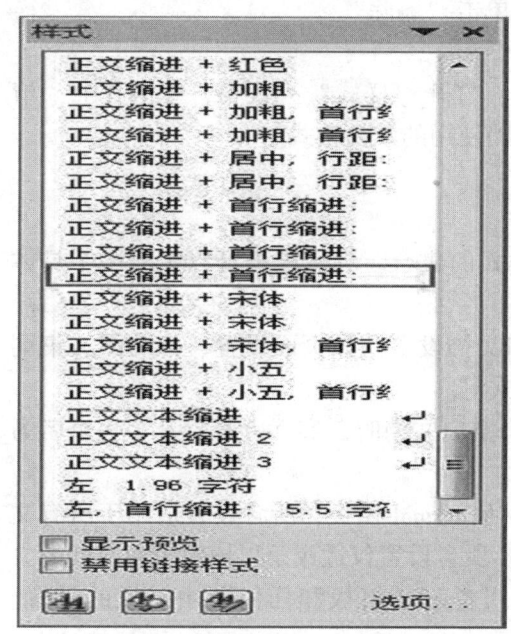

图 6-43 "样式"列表

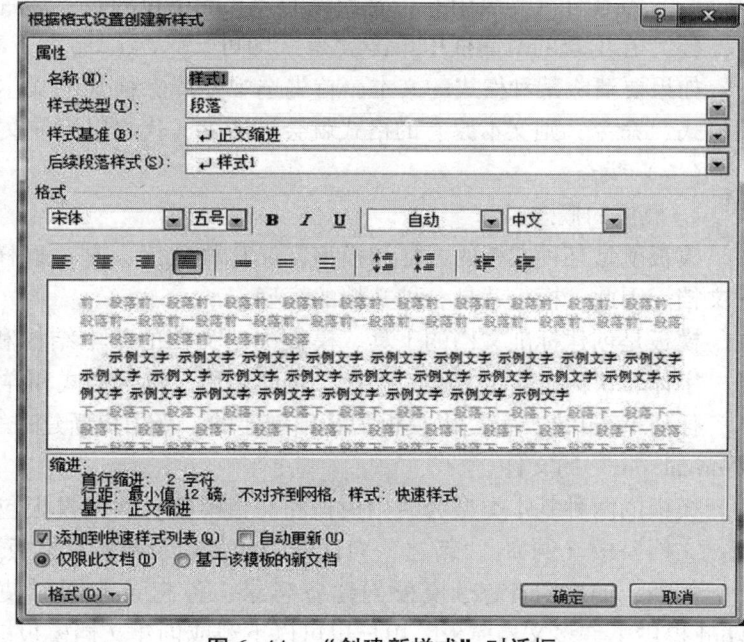

图 6-44 "创建新样式"对话框

(3) 单击"创建新样式"对话框中的 格式(O)▼ 按钮右边的下三角按钮，在下拉列表框中选择"字符"和"段落"等分别设置新建样式的格式。如设置字符格式为"楷体"、段落格式为"左对齐"，行距为 1.5 倍。

在"新建样式"对话框中，各项含义如下：

● 名称：输入新建的样式名称。

● 样式类型：为新建的样式选择样式类型。如选择下拉列表框中的"段落"选项，则新建一个段落样式。

● 格式基准：如果要使新建样式基于原有的样式，则在该下拉列表框中选择原有的样式名称。

● 后续段落样式：指在应用本样式段落后下一段落默认使用的样式。

● 添加到模板：将修改添加到创建该文档的模板中，否则，修改只对当前文档有效。

● 自动更新：如果修改了样式，则自动更新应用了该样式的文本。

(4) 单击"确定"按钮完成操作。

4. 应用已定义的样式

(1) 要应用段落样式，可单击段落或者选定要修改的一组段落。

(2) 要应用字符样式，可单击单词或选定要修改的一组单词。

(3) 单击"样式"列表中要应用的样式名即可。

5. 修改样式

(1) 单击如图 6-43 所示"样式"列表中样式旁的下拉按钮。

在其下拉列表中单击"选择所有＊实例"，即可将应用了该样式的所有文本选中。若单击了"修改"命令，则会打开"修改样式"对话框，对该样式重新进行设置。

(2) 修改完毕后，单击"确定"按钮。样式被修改后，文档中应用该样式的文本也会自动应用修改后的样式。

若要在基于此模板的新文档中使用经过修改的样式，则可选中"添至模板"复选框。Word 会将更改后的样式添至活动文档所基于的模板。

6. 删除样式

(1) 单击"样式"列表中样式旁的下拉按钮选择删除。

（2）或在样式列表中右击要删除的样式的下拉列表，然后单击"删除"。

（3）在出现的对话框中单击"是"即可。

如果要清除某种格式的文本，首先选中要清除格式的文本，打开"样式"列表格，单击其中"清除格式"命令，则文本原有的格式就会被清除，代之以当前文档使用的默认格式。

（二）模板

1. 模板的概念

模板就是某种文档的式样和模型，又称样式库，是一群样式的集合。利用模板可以生成一个具体的文档。因此，模板就是一种文档的模型。

模板是创建标准文档的工具。模板决定文档的基本结构和文档设置，如页面设置、自动图文集词条、字体、快捷键指定方案、菜单、页面布局、特殊格式和样式等。

任何 Word 文档都是以模板为基础创建的。当用户新建一个空白文档时，实际上是打开了一个名为"Normal.dot"的文件。

模板的两种基本类型为共用模板和文档模板。共用模板包括 Normal 模板，所含设置适用于所有文档。文档模板（例如，"新建"对话框中的备忘录和传真模板）所含设置仅适用于以该模板为基础的文档。例如，如果用备忘录模板创建备忘录，备忘录能同时使用备忘录模板和任何共用模板的设置。Word 提供了许多文档模板，用户也可以下载或创建文档模板。

2. 模板的使用

（1）单击"文件""新建"命令，如图 6-45 所示出现"新建文档"任务，在其中选择要使用的模板类型。

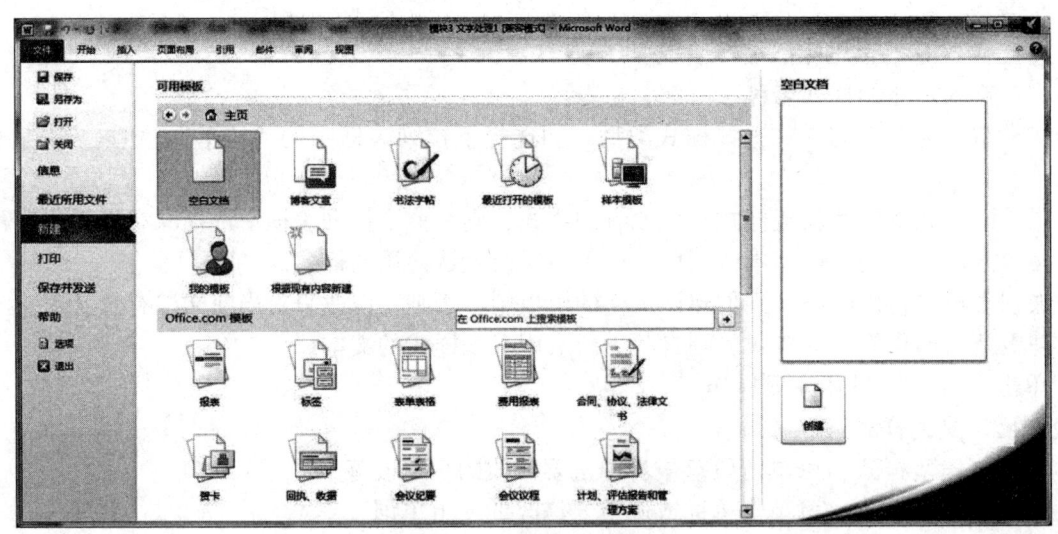

图 6-45 "模板"对话框

（2）单击"模板"对话框中的某一选项卡，选择需要的模板。再单击"确定"按钮即可。

提示：当选中某个模板时，某些模板的样式示例会显示在"预览"框中。

3. 修改模板

模板存放在文件夹 Templates 中。

（1）单击"文件""打开"命令，然后在 Templates 文件夹中找到并打开要修改的模板。

（2）更改模板中的文本和图形、样式、格式、自动图文集词条等。单击"保存"按钮。

更改模板后，并不影响基于此模板的已有文档的内容。只有在选中"自动更新文档样式"复选框的情况下，打开已有文档时，Word 才更新修改过的样式。

4. 创建模板

下面，以一具体实例说明模板的创建过程。

（1）新建一个文档，输入一个目录，然后分别对章、节（1.1）、小节（1.1.1）应用样式：标题1、标题2、标题3。然后再分别修改这几个样式成需要的样式。

（2）单击"文件""另存为"命令，在"另存为"对话框中选择文件类型为"文档模板"，文件命名为"教材模板"。

（3）单击"文件""新建"命令，在"新建文档"任务窗格中选择"我的模板"，再在弹出的对话框中选择"教材模板"，应用此模板可以快速创建所需格式的文档。

六、编辑长文档

大纲视图主要用于查看文档的结构以及管理较长的文档，可以清晰地看到文档的标题及其层次关系，并且可以方便地重新组织文档。在大纲视图中，"大纲"工具栏替代了水平标尺，使用"大纲"工具栏中的相应按钮可以容易地"折叠"或"展开"文档，对大纲中各级标题进行"上移"或"下移"、"提升"或"降低"等调整文档结构的操作。大纲视图中不显示页边距、页眉和页脚、图片和背景。

（一）创建、编辑大纲文档

创建长文档应用大纲视图更方便，确定文档的构思后，应先把该文档的纲目框架建立好，创建纲目时应用样式，如标题1、标题2，也可以自定义样式。在创建文档的目录时要求文档必须使用了这些样式。设置好纲目后，再输入正文，以后就可以方便地使用大纲视图进行编排了。

1. 创建大纲文档

（1）在大纲视图下创建新文档。具体的操作步骤如下：

步骤1：首先打开一个空白文档，单击"大纲视图"按钮，切换到"大纲视图"模式。

此时 Word 会自动显示"大纲"工具栏，而且空白文档的起始位置也自动出现了一个分级显示符号。

步骤2：用户开始输入文章的标题，每输入一个标题后按 Enter 键，Word 将按照内置标题样式来设置标题。

步骤3：输入时若要改变标题的级别，可单击工具栏中"大纲级别"框选择新的级别后再接着输入标题。

步骤4：所有标题输入完毕后，如果需要调整某些标题的级别，可将光标插入点置于标题中，然后在"大纲"工具栏中单击提升" "或降低" "按钮，将标题调整至所需级别。若要调整标题位置，请将插入点置于标题中，然后单击"大纲"工具栏上的上移"▲"或下移"▼"按钮，将标题移动至所需位置（标题的从属文本随标题移动）。

如果对当前的布局满意，可切换到普通视图或页面视图来添加图片和更详细的正文。

（2）在大纲视图下修改普通文档。可以在大纲视图下修改普通正文文档，使之成为条理清晰的大纲文档。

打开一个普通文档，切换到"大纲视图"模式，将光标定位于标题或正文中，单击"提升"或"降低"按钮，或利用"大纲级别"框定义不同的级别，Word 会自动将相应的标题样式应用于标题，或将正文样式应用于正文，从而生成大纲文档。

2. 大纲视图的基本操作

（1）大纲内容的选定。对大纲文档操作的前提是选定操作目标，因此先介绍大纲内容的选定方法。

标题的选定：只选定标题，不包括它的子标题和正文。可将鼠标移至此标题的左端文本选定区域，鼠标光标变为反向箭头时单击左键即可选定该标题。

正文段的选定：单击此段前的大纲符号（小方格）即可选定该正文段落。

同时选定标题及正文：单击标题前的大纲符号（空心加符号）即可选定该标题及其所有的子标题

和正文段。

（2）改变大纲标题的级别。如果要对一个标题进行级别的提升和降低操作，首先选定此标题或光标定位到标题中，然后通过以下方法实现：

在"大纲"工具栏中单击"提升"或"降低"按钮，将标题调整至所需级别。如果单击"降为正文文本"按钮则直接将标题降级为正文。

选择"大纲级别"框中的某一级别名更新当前标题的级别。

按 Tab 键降低标题的级别；按 Shift+Tab 键提升标题的级别。

对某一个标题进行级别改变时，其下属的子标题不随之改变，除非同时选定标题及其子标题。

（3）大纲标题的展开、折叠及分级显示。Word 2010 提供的文档折叠功能使混乱无序的长文档变得条理清晰。

选定要扩展或折叠的标题或光标定位到此标题中，单击"大纲"工具栏中的"展开"按钮可展开标题下隐藏的内容；如果单击"折叠"按钮则可把此标题下属的内容折叠隐藏，折叠后的标题自动加上一条灰色下划线。

在"大纲"工具栏上的"显示级别"下拉列表框中，选择所要显示的某一标题级别，则整个文档只显示从 1 级到所选级别的标题。如果要全文显示，则选择下拉列表框中的"显示所有级别"。

（4）大纲视图中文本的移动。在大纲视图中，可以通过向上或向下移动标题和文字，或对其进行提升或降低重新组织标题和文字。操作步骤如下：

使用"大纲"工具栏上的按钮显示所需的标题和正文。

将插入点置于您要移动的文本中，在"大纲"工具栏上，单击"上移"或"下移"按钮，将文本移动到所需的位置。也可按下标题和正文的大纲符号（ ✤、▬ 和 ▪ ）上下拖动来重新排列文本。拖动大标题的 ✤ 符号时，该标题下的子标题和正文将同时移动或改变其级别。

如果选定的标题中包含折叠的从属文本，则须同时选定折叠的文本，否则会只移动标题而不移动内容。

（二）创建目录

在一篇文档中，如果各级标题都给了恰当标题样式（可以是内置样式或自定义样式），Word 会识别相应的标题样式，创建目录时可以自动完成制作。如果以后用户对标题进行了调整，也可以很方便地利用目录的更新功能，快速地重新生成调整后的新目录。具体操作步骤如下：

1. 移动光标插入点到需要生成目录的位置（一般在页首的位置）

2. 单击"引用"选项卡"目录"功能区可选择内置目录样式，单击"插入目录"打开"目录"对话框，如图 6-46 所示

3. 选中"显示页码"复选框，以便在目录中显示页码，选中"页码右对齐"复选框，可以使页码右对齐页边距。在"显示级别"微调框中指定要显示的最低级别

4. 单击"修改"按钮，打开"样式"对话框，从中设定各级目录的格式，如图 6-47 所示

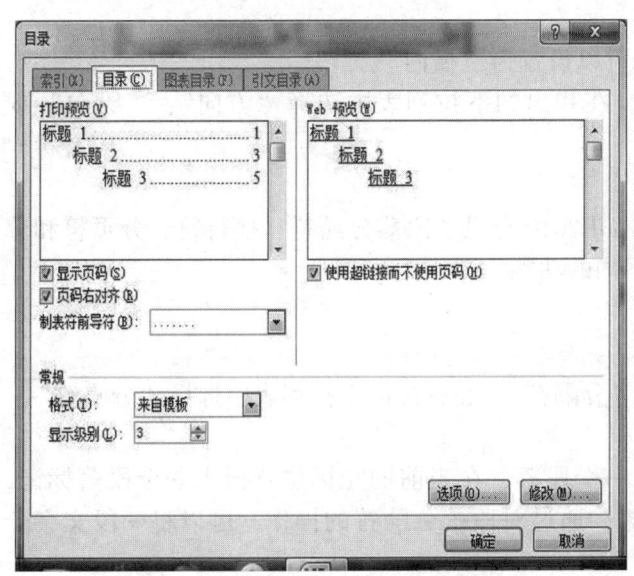

图 6-46　“索引和目录”对话框

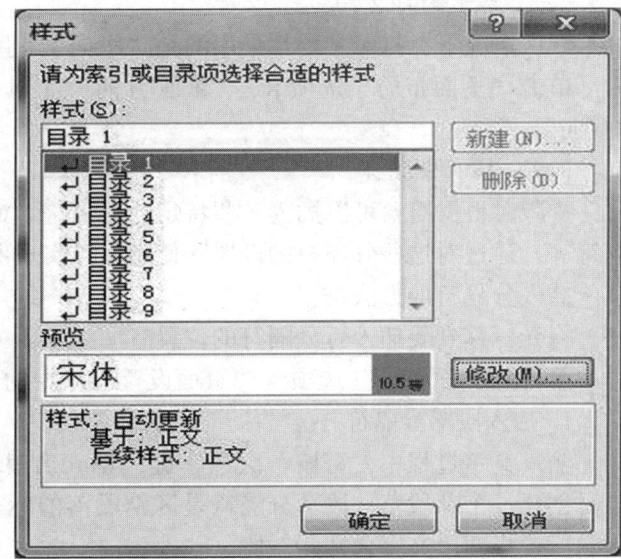

图 6-47　“样式”对话框

5. 单击“确定”按钮，就可以从文档中抽取目录，如图 6-48 所示。也可以从其他样式中创建目录

第 3 章　文字处理软件 Word 2010 111
3.1　中文 Word2010 应用基础......111
3.1.1　Word 2010 的基本特点......111
3.1.2　Word 2010 新增功能......111
3.1.3　Word 2010 的启动与退出......112
3.1.4　Word 2010 的窗口组成......113
3.2　文档的基本操作......114
3.2.2　创建一个新文档......114

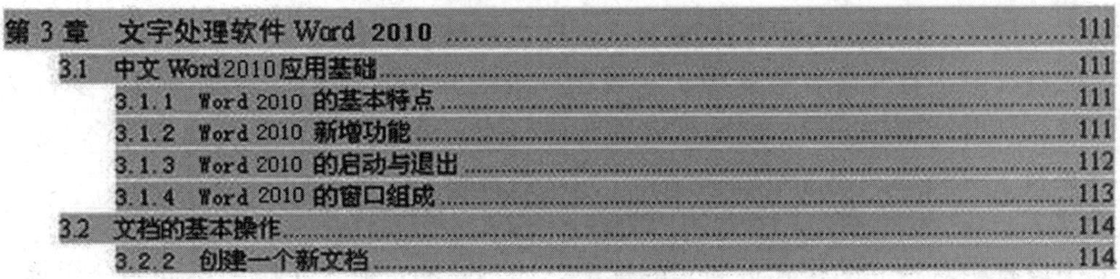

图 6-48　抽取的目录

若对图片、图形对象设置了题注，可以在“题注”功能区单击“插入表目录”打开“索图表目录”对话框，对图片、图形创建图表目录。

七、页面的设置

（一）设置纸张大小

用户通常使用的纸张有：A3、A4、B4、B5、16 开等多种规格，Word 为用户内置了多种纸张规格，可根据需要进行选择，操作步骤如下：

在“页面布局”选项卡中单击“纸张大小”下拉按钮弹出下拉列表，在列表中选择纸张规格，或单击“其他页面大小”打开“纸张”选项卡选择某一规格的纸张，也可以自定义纸张大小。

（二）设置页边距

页边距是页面四周的空白区域。通常情况下，在页边距内的可打印区域中插入文字和图形。然而，也可以将某些项目放置在页边距区域中，如页眉、页脚和页码等。

1. 在“页面布局”选项卡中单击“页边距”，在下拉列表项中选择内置页边距

2. 若自定义边距则在“上”“下”“左”“右”的数值框中分别输入页边距的数值，单击“确定”按钮

3. 使用鼠标拖动“水平标尺”和“垂直标尺”上的页边距边界，也可以更改页边距。如要指定精确的页边距值，在拖动边界的同时按住 Alt 键，标尺上会显示页边距值

(三) 设置打印方向

默认情况下，打印文档都采用的是"纵向"，也可以设置为"横向"打印。

单击"页面布局"选项卡，"纸张方向"工具，在弹出的下拉列表中选择"方向"："纵向"或"横向"。

(四) 插入分隔符

排版时根据需要可以插入一些特定的分隔符。Word 2010 提供了段落分隔符、换行符、分页符和分节符等，通过对这些分隔符的设置和使用可以实现不同的功能。

插入分隔符的方法是：

将光标移到要插入行分隔符的位置。

单击"页面布局"选项卡"页面设置"组中的"分隔符"，在弹出的下拉列表中选择"分隔符"。

1. 插入段落分隔符

输入文字过程中，每按一次回车键，Word 结束一个段落，在当前的光标位置插入一个段落标记，同时创建一个新段落。段落分隔符是区别段落的标志，通过对段落分隔符的操作，可以将一段文字分为两段或将两段文字合并为一段。

把一段内容分成两段的方法是：将光标移到要分段的断点处按 Enter 键。

将两段文字合并为一段文字的方法是：将光标移到段落标记前，按 Delete 键。

2. 插入分页符

当输入一页时，Word 会自动增加一个新页，同时在新页的前面产生一个自动分页符。如果在自动分页符前面插入一行文字，那么放不下的文字，会自动移到下一页。

在编辑文档过程中，有时需要将某些文字放在一页的开头。无论在前面插入多少行文字，都需要保证该部分内容在某页开始的位置，那么就需要在该部分文字前面插入人工分页符。

人工"分页符"在普通视图下可以像删除字符一样删除。

3. 设置分节符

为在一节中设置相对独立的格式页插入的标记，如不同的页眉、页脚，不同的分栏等。

在"分节符"区域内选择需要使用的分隔方式。

下一页：光标当前位置以后的内容移到下一页上按 Ctrl 回车，也可以开始一个新页。

连续：光标当前位置以后的内容将进行新的设置安排，但其内容不转到下一页，而是从当前空白处开始。单栏文档类似于分段符栏文档，可保证分节符前后两部分的内容按多栏方式正确排版。

偶数页/奇数页：光标当前位置以后的内容将会到下一个偶数页/奇数页上，Word 会自动在偶数页/奇数页之间空出一页。

在普通视图下，分节符可以像文字一样被删除掉。建立新节后，对新节所做的格式操作，都将被记录在分节符中。一旦删除了分节符，那么后面的节将服从前面节的格式设置，因此，删除分节符的操作一定要慎重。

(五) 分栏

有时候用户需要将文档的某一行比较长的文字分成两栏或三栏，使页面文字便于阅读，更加美观、生动，则需要使用 Word 提供的分栏的功能来完成。

1. 对文档进行分栏最简单的方法是：单击"页面布局"选项卡"页面设置"组中的"分栏"，在弹出的下拉列表中选择内置的分栏

2. 要自定义分栏，操作方法如下

选定将要进行分栏排版的文本，单击"页面布局"选项卡"页面设置"组中的"分栏"，在弹出的下拉列表中选择"更多分栏"弹出"分栏"对话框，如图 6-49 所示。

在"预设"区域中选择分栏格式及栏数，如果栏数不满足要求，可在"栏数"选值框中选择。若希望各栏的宽度不相同，取消"栏宽相等"选项的选定，然后分别在"栏宽"和"间距"选值框内进

行操作。

选定"分隔线"选项,可以在各栏之间加入分隔线。

在"应用于"选择插入点后,选定"开始新栏"复选框,则在当前光标位置插入"分栏符",并使用上述分栏格式建立新栏。

单击"确定"按钮,Word 会按设置进行分栏。

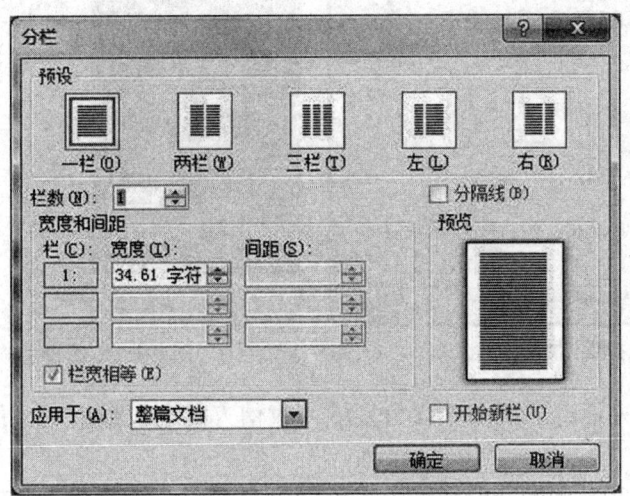

图 6-49 "分栏"对话框

只有在"页面"视图中才能看到分栏的情形。若想快速地调整栏间距,可通过"水平标尺"来完成。

第六节 文书的其他设置

一、邮件

(一) 信封

1. 创建单个信封

Word 2010 提供了制作中文信封的功能,用户可以利用 Word 2010 制作符合国家标准且含有邮政编码、地址和收信人的信封。

在 Word 2010 文档中制作中文信封的步骤如下:

打开 Word 2010 文档窗口,切换到"邮件"功能区。在"创建"分组中单击"中文信封"按钮。

单击"中文信封"按钮,打开信封制作向导,在开始页面中单击"下一步"按钮。

如图 6-50 所示,在"选择信封样式"页面单击"信封样式"下拉三角按钮,在"信封样式"下拉列表中选择符合国家标准的信封型号。若取消"打印左上角处邮政编码框"复选框,则只打印邮政编码而不打印邮政编码框;若取消"打印右上角处贴邮票框"复选框,则不打印邮票框;若取消"打印书写线"复选框,则不打印文字位置处的虚线;若取消"打印右下角处'邮政编码'字样"复选框,则只打印寄件人的邮政编码。设置完毕单击"下一步"按钮。

打开"选择生成信封的方式和数量"页面,如图 6-51 所示,如果选中"键入收信人信息,生成单个信封"单选框,则在后面的操作中需要手动输入信封信息。如果事先已经保存有多个收信人的地址簿文件(Excel 文件或用 Tab 分割符分割的文本文件),则可以选中"基于地址簿文件,生成批量信封"单选框。本例选中"键入收信人信息"单选框,并单击"下一步"按钮。

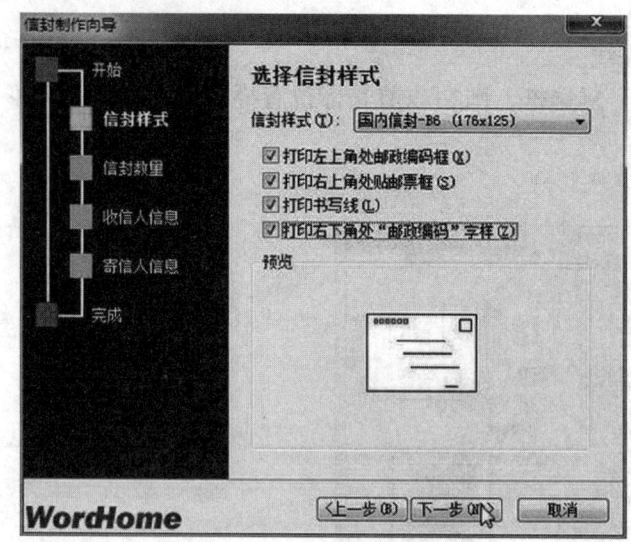
图 6-50 选择信封样式

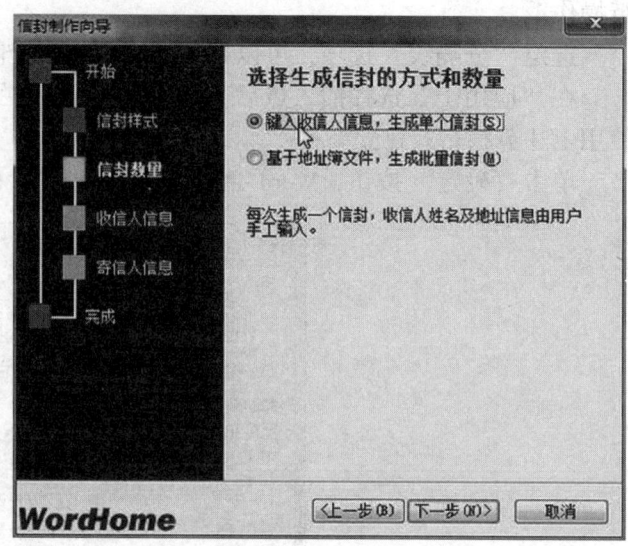
图 6-51 选择生成信封的方式和数量

在打开的"输入收信人信息"页面中,分别输入收信人姓名、称谓、单位、地址和邮政编码信息,并单击"下一步"按钮。

打开"输入寄信人信息"页面,分别输入寄信人姓名、单位、地址和邮政编码信息,并单击"下一步"按钮。

在打开的完成页面中单击"完成"按钮完成单个信封的制作。

完成信封制作后,会自动打开信封 Word 文档(见图 6-52)。用户可以根据实际需要设置字体颜色、字体和字号。

2. 创建多个信封

如果用户事先保存了联系人的地址簿,且该地址簿为 Excel 文件或使用 Tab 分割符分割的文本文件,则可以使用 Word 2010 提供的中文邮件功能制作多个中文信封。

在 Word 2010 中制作多个中文信封的步骤如下:

打开 Word 2010 文档窗口,切换到"邮件"功能区。在"创建"分组中单击"中文信封"按钮打开信封制作向导,在开始页面中单击"下一步"按钮。

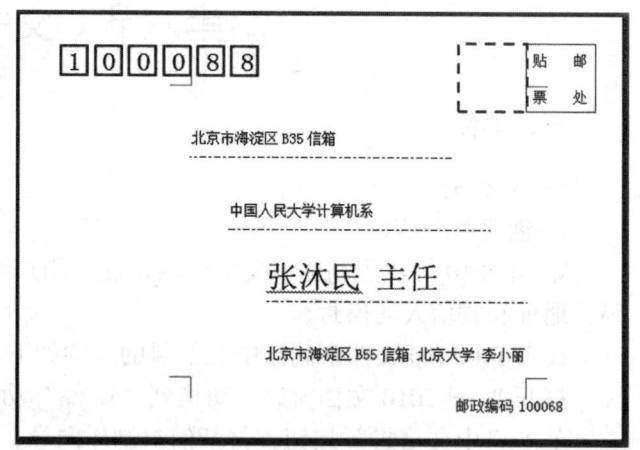
图 6-52 信封制作

在"选择信封样式"页面单击"信封样式"下拉三角按钮,在"信封样式"下拉列表中选择符合国家标准的信封型号。根据打印需要取消相关复选框,并单击"下一步"按钮。

打开"选择生成信封的方式和数量"页面,选中"基于地址簿文件,生成批量信封"单选框,并单击"下一步"按钮。

在打开的"从文件中获取并匹配收信人信息"页面,单击"选择地址簿"按钮选中 Excel 文件或文本文件。如图 6-53 所示,在"匹配收信人信息"区域中设置收信人信息与地址簿中的对应信息。

在选择地址簿时,默认情况为打开文本文件。如果地址簿文件为 Excel 文件,应在文件类型下拉列表中选择 Excel 选项。

单击"下一步"按钮打开"输入寄信人信息"页面,分别输入寄信人的姓名、地址、邮政编码等信息,单击"下一步"按钮完成信封向导,单击"完成"按钮。

经过上述步骤一次性制作多个中文信封。

(二) 标签

打开 Word 2010 文档窗口,切换到"邮件"功能区。在"创建"分组中单击"标签"按钮打开"标签"选项卡,如图 6-55 所示,在地址框中输入标签文字信息,单击"选项"设置标签的大小、页面大小及在该页面放置标签的列数和行数。设置完成后可单击"详细信息"修改标签设置,单击如图 6-54 所示"新建文档",可在新文档中创建多个相同标签。

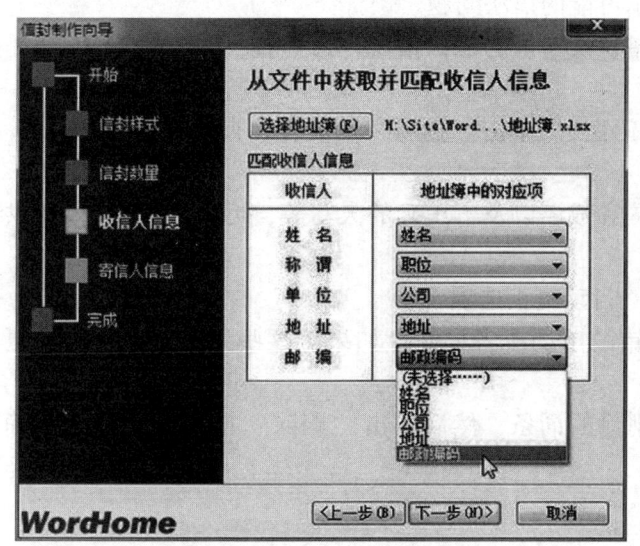

图 6-53　从文件中获取并匹配收信人信息

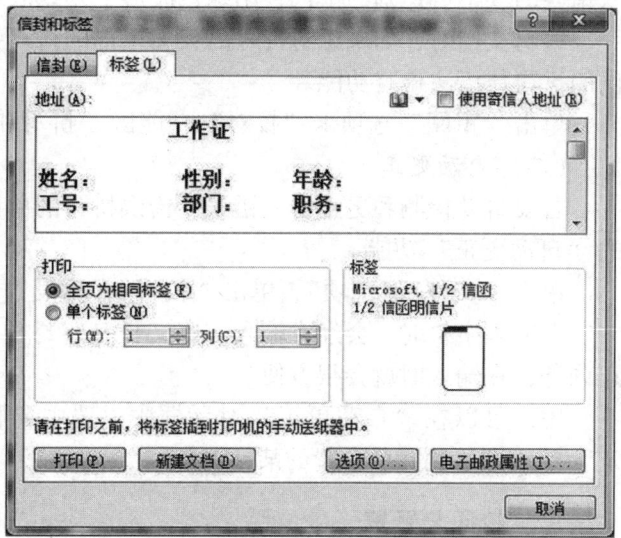

图 6-54　标签选项卡

(三) 邮件合并

用于帮助用户在 Word 2010 文档中完成单个或批量的信函、电子邮件、信封、标签或目录的创建。下面以使用"邮件合并向导"创建邮件合并信函为例介绍"邮件合并"。

打开 Word 2010 文档窗口,切换到"邮件"分组。在"开始邮件合并"分组中单击"开始邮件合并"按钮,并在打开的菜单中选择"邮件合并分步向导"命令。

打开"邮件合并"任务窗格,在"选择文档类型"向导页选中"信函"单选框,并单击"下一步:正在启动文档"超链接。

在打开的"选择开始文档"向导页中,选中"使用当前文档"单选框,并单击"下一步:选取收件人"超链接。

打开"选择收件人"向导页,选中"从 Outlook 联系人中选择"单选框,并单击"选择'联系人'文件夹"超链接。

在打开的"选择配置文件"对话框中选择事先保存的 Outlook 配置文件或新建文件,然后单击"确定"按钮。

打开"选择联系人"对话框,选中要导入的联系人文件夹,单击"确定"。

在打开的"邮件合并收件人"对话框中,可以根据需要取消选中联系人。如果需要合并所有收件人,直接单击"确定"按钮。

返回 Word 2010 文档窗口,在"邮件合并"任务窗格"选择收件人"向导页中单击"下一步:撰写信函"超链接。

打开"撰写信函"向导页,将插入点光标定位到 Word 2010 文档顶部,然后根据需要单击"地址块""问候语"等超链接,并根据需要撰写信函内容。撰写完成后单击"下一步:预览信函"超链接。

在打开的"预览信函"向导页可以查看信函内容,单击上一个或下一个按钮可以预览其他联系人的信函。确认没有错误后单击"下一步：完成合并"超链接。

打开"完成合并"向导页，用户既可以单击"打印"超链接开始打印信函，也可以单击"编辑单个信函"超链接针对个别信函进行再编辑。

二、自动更正与拼写检查

（一）拼写检查

在默认情况下，Word对键入字符自动进行拼写检查。用红色波形下划线表示可能的拼写问题、输入错误的或不可识别的单词；用绿色波形下划线表示可能的语法问题。

编辑文档时，如果想对键入的英文单词的拼写错误及句子的语法错误进行检查，则可使用Word提供的拼写与语法检查功能。

单击"审阅"选项卡"校对"功能区"拼写和语法"。单击"选项"可设置检查拼写和语法错误。

（二）自动更正

若要自动检测和更正键入错误、错误拼写的单词和成语以及不正确的大写等，可以使用Word提供的"自动更正"功能。

单击"文件""选项"，单击"校对"，可设置"自动更正选项"。

在输入字符时，会经常输入一些又长又容易出错的单词或者词组，如果将这些词条定义为自动更正词条，在输入时就会很方便。

用户可以在"自动更正"对话框中，选中要删除的词条，然后单击"删除"按钮，再单击"确定"按钮即可删除已设置的某一词条。

三、打印与预览

预览是在打印前对将要打印的文档页面的设置效果进行检查，如果其中有不满意的地方，可以返回到编辑状态进行修改，这样不但可以节约纸张，还可以节约时间。

一般来说，一篇文档输入完毕以后，都会对整篇文档进行预览，观察其效果。

（一）预览文档

单击"文件"选项卡中的"打印"，在右侧显示当前文档的"打印预览"效果，可以显示打印后文档的外观。

在预览框的右下角左右拖动滑块可以调整以多页或单页预览。

上下拖动预览框的右侧滑块可以改变预览的页面。

（二）打印

单击"文件"选项卡中的"打印"可设置打印选项和打印（见图6-55）。

在"打印机"项可选择打印文档的打印机。

在"设置"中单击"打印所有页"下拉按钮选择需要打印的"打印内容"，若只需打印文档的属性信息，可单击下拉列表中的"文档属性"。

在"页数"设置打印的页数。例如，要打印文档的第1-5，9页，可输入"1-5，9"。

默认情况下为"单面打印"，如果需要在纸张的正

图6-55 "打印"设置

反两面都打印文档，则选中"手动双面打印"。

在"份数"框中输入需要打印的份数。

还可以设置打印方向、页边距，每页打印的版数等。

第七节　文书制作与排版综合处理

一、制作"公安宣传页"

操作指南：

1. 新建 Word 文档，命名为"1-公安宣传页.docx"
2. 打开"文字1-公安宣传页.txt"文件，复制粘贴文字到上述 Word 文档
3. 全文设置字体：幼圆，小四
4. 开始—段落—编号，为下列标题设置编号
（1）"常见恐怖袭击手段有哪些"；
（2）"在什么情况下发生了化学恐怖袭击"；
（3）"遇到化学恐怖袭击怎么办"；
（4）"遇到核与辐射恐怖袭击怎么办"；
（5）"在什么情况下可能发生生物恐怖袭击"；
（6）"遇到生物恐怖袭击该怎么办"。
5. 开始—段落—编号，参照样张，设置每个段落中的编号
6. 参照样张，设置红色字体
7. 页面布局—页面设置—分栏，使用预设的"右"分栏将文章分成两栏
8. 页面布局—页面设置—页边距，使用预设的"窄"页边距
9. 插入—文本—文半框—绘制文本框
（1）拖动鼠标绘制文本框；
（2）输入文字"公共安全防范宣传页"；
（3）设置字体：华文琥珀、小初；
（4）选中文本框（注意是文本框，不是文字），右键—设置形状格式—线条颜色—无线条；
（5）绘图工具格式—艺术字样式—文本填充—渐变填充—预设颜色—熊熊火焰；
（6）绘图工具格式—排列—自动换行—上下型环绕，鼠标拖动到合适位置。
10. 插入—插图—图片，"图1-叶子"
（1）本图片插入2个；
（2）对其中一个进行旋转（图片工具格式-排列-旋转-水平翻转+垂直翻转）；
（3）图片工具格式—排列—自动换行—紧密型环绕；
（4）图片工具格式—排列—自动换行—编辑环绕定点，鼠标拖动顶点到合适位置。
11. 插入—插图—图片，"图2-警察""图3-毒气"
（1）图片工具格式—排列—自动换行—四周环绕型；
（2）鼠标拖动图片到合适位置。
12. 根据如图6-56样张，确认最终效果

二、制作“值班表”

操作指南：

1. 新建 Word 文档，命名为“2-值班表.docx”

2. 将“文字 2-值班表.txt”中的文字复制粘贴到上述 Word 文档

3. 生成表格

（1）拖动鼠标，圈选文字（需要转换成表格的文字）；

（2）插入—表格—本文转换成表格。

4. 套用样式：表格工具—设计—表格样式—浅色网格

5. 右键—合并单元格，将“汤龙”合并成一个单元格

6. 右键—插入—在下方插入行，在“总值班”下方插入新的行

7. 合并单元格，并将“刑警中队……刑事案件”一行字剪切到最下一行

8. 全选表格文字，表格工具—布局—对齐方式—水平居中

9. 确认最终效果如图 6-57 所示

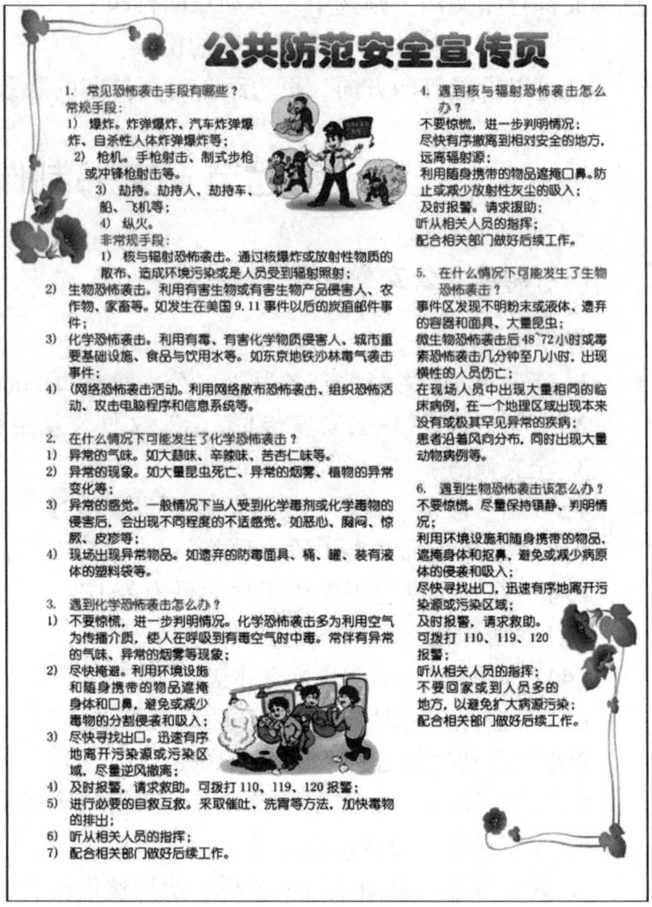

公共防范安全宣传页

1. 常见恐怖袭击手段有哪些？
常规手段：
1）爆炸。炸弹爆炸、汽车炸弹爆炸、自杀性人体炸弹爆炸等；
2）枪机。手枪射击、制式步枪或冲锋枪射击等。
3）劫持。劫持人、劫持车、船、飞机等；
4）纵火。
非常规手段：
1）核与辐射恐怖袭击。通过核爆炸或放射性物质的散布、造成环境污染或是人员受到辐射照射；
2）生物恐怖袭击。利用有害生物或有害生物产品侵害人、农作物、家畜等。如发生在美国 9.11 事件以后的炭疽邮件事件；
3）化学恐怖袭击。利用有毒、有害化学物质侵害人、城市重要基础设施、食品与饮用水等。如东京地铁沙林毒气袭击事件；
4）（网络恐怖袭击活动。利用网络散布恐怖袭击、组织恐怖活动、攻击电脑程序和信息系统等。

2. 在什么情况下可能发生了化学恐怖袭击？
1）异常的气味。如大蒜味、辛辣味、苦杏仁味等。
2）异常的现象。如大量昆虫死亡、异常的烟雾、植物的异常变化等；
3）异常的感觉。一般情况下当人受到化学毒剂或化学毒物的侵害后，会出现不同程度的不适感觉。如恶心、胸闷、惊厥、皮疹等；
4）现场出现异常物品。如遗弃的防毒面具、桶、罐、装有液体的塑料袋等。

3. 遇到化学恐怖袭击怎么办？
1）不要惊慌，进一步判明情况。化学恐怖袭击多为利用空气为传播介质，使人在呼吸到有毒空气时中毒。常伴有异常的气味、异常的烟雾等现象；
2）尽快掩避。利用环境设施和随身携带的物品遮掩身体和口鼻，避免或减少毒物的分割侵袭和吸入；
3）尽快寻找出口。迅速有序地离开污染源或污染区域，尽量逆风撤离；
4）及时报警，请求救助。可拨打 110、119、120 报警；
5）进行必要的自救互救。采取催吐、洗胃等方法，加快毒物的排出；
6）听从相关人员的指挥；
7）配合相关部门做好后续工作。

4. 遇到核与辐射恐怖袭击怎么办？
不要惊慌，进一步判明情况；
尽快有序撤离到相对安全的地方，远离辐射源；
利用随身携带的物品遮掩口鼻。防止或减少放射性灰尘的吸入；
及时报警。请求援助；
听从相关人员的指挥；
配合相关部门做好后续工作。

5. 在什么情况下可能发生了生物恐怖袭击？
事件区发现不明粉末或液体、遗弃的容器和面具、大量昆虫；
微生物恐怖袭击后 48`72 小时或毒素恐怖袭击几分钟至几小时，出现横性的人员伤亡；
在现场人员中出现大量相同的临床病例，在一个地理区域出现本来没有或极其罕见异常的疾病；
患者沿着风向分布，同时出现大量动物病例等。

6. 遇到生物恐怖袭击该怎么办？
不要惊慌。尽量保持镇静、判明情况；
利用环境设施和随身携带的物品，遮掩身体和抠鼻，避免或减少病原体的侵袭和吸入；
尽快寻找出口，迅速有序地离开污染源或污染区域；
及时报警，请求救助。
可拨打 110、119、120 报警；
听从相关人员的指挥；
不要回家或到人员多的地方，以避免扩大病源污染；
配合相关部门做好后续工作。

图 6-56 “公安宣传页”样张

三、制作“案件统计表”

操作指南：

标题：宋体，三号，居中

黄河派出所 9 月份值班表

	值班所长	前台	治安	110 警车 1 组	110 警车 2 组	辅警组长	备班组
9.1	黄吉利	马章	刘玉	关红	赵伟	刘冠军	朱所组
9.2	唐伟	刘壮	常立威	张爽	权治军	赵明	秦所组
9.3	朱军	张伟	马飚	张力	王伟	米健	黄所组
9.4	秦力	王江宏	万国立	杨建	刘英	秦沛	唐所组
9.5	黄吉利	马章	刘玉	关红	赵伟	刘冠军	朱所组
9.6	唐伟	刘壮	常立威	张爽	权治军	赵明	秦所组
总值班	汤龙						
刑警中队：关峰、赵磊、徐建不排值班，专职调查刑事案件							

合并单元格

下方插入新行

图 6-57 “值班表”样张

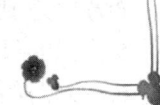

1. 新建 Word 文档，命名为"3-案件统计表.docx"
2. 将"文字 3-案件统计表.txt"中的文字复制到上述 Word 文档
3. 文字转表格（插入—表格—文本转换成表格），转换后的表格如图 6-58 所示

	一般治安	刑事	吸毒	消防	案件合计	刑拘数	批捕数	合计
朱所组	31	12	6	2		15	2	
秦所组	22	14	3	3		11	6	
黄所组	40	9	4	2		10	1	
唐所组	36	15	0	1		14	3	

图 6-58　转换后的表格

4. 表格工具—布局—数据—公式，插入公式
（1）列用 A、B、C……标记；
（2）行用 1、2、3…标记；
（3）求 G2 和 H2 的和，公式为"=G2+H2"，以此类推；
（4）求所有左边数字和，公式为"=SUM（LEFT）"；
（5）求所有上边数字和，公式为"=SUM（ABOVE）"。
5. 根据上述规则，用公式填充表内空格
6. 在下方新建行，第一格为"各项统计"，并使用公式对每列数值求和统计
7. 根据样张图 6-59，确认最终效果

	A	B	C	D	E	F	G	H	I
		一般治安	刑事	吸毒	消防	案件合计	刑拘数	批捕数	合计
1									
2	朱所组	31	12	6	2	51	15	2	17
3	秦所组	22	14	3	3	42	11	6	17
4	黄所组	40	9	4	2	55	10	1	11
5	唐所组	36	15	0	1	52	14	3	17
6	各项统计	129	50	13	8	200	50	12	62

图 6-59　"案件统计表"样张

四、制作"通缉令"

操作指南：

1. 新建 Word 文档，命名为"4-通缉令.docx"
2. 将"文字 4-通缉令.txt"中的文字复制粘贴到上述的 Word 文档
3. 插入图片"图 4-嫌疑人"
4. 根据样张中的提示，完成通缉令的设计与制作，效果如图 6-60 所示

◎ 公安信息化技术基础

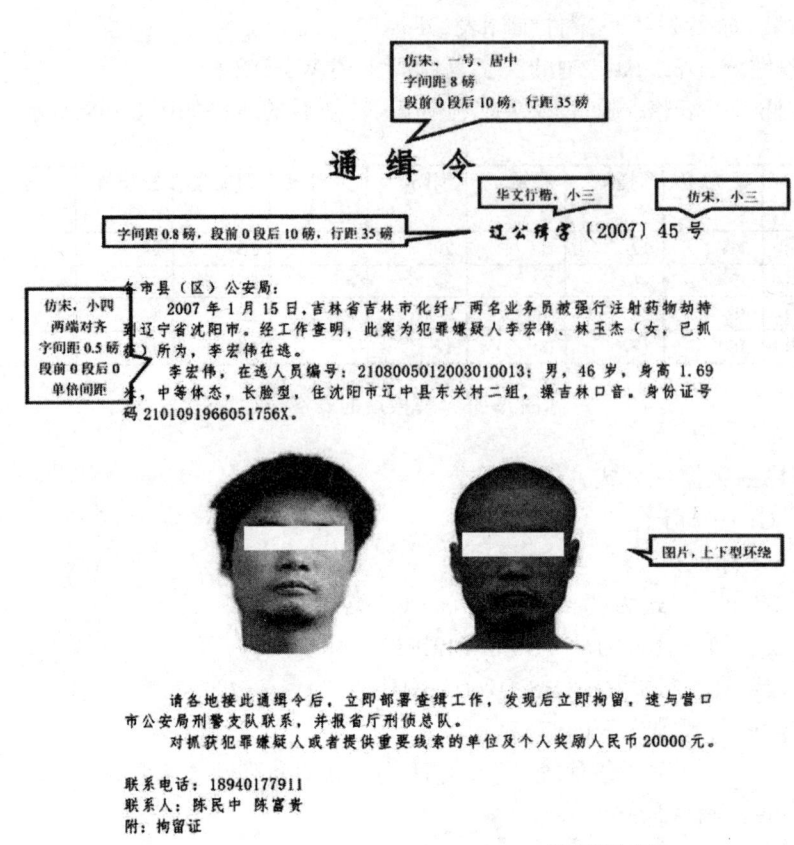

图 6-60 "通缉令"样张

【本章小结】

在"第六章 文书制作与排版技术在公安工作中的应用"中的主要内容包括：Word 2010 平台字符格式化设置；段落格式化设置；表格格式化设置；图表格式化设置；表格数据的处理；页面布局的设置；引用设置；邮件合并的设置；应用样式与模板的设置。

【公安实训练习】

略。

第七章 数据处理技术在公安工作中的应用

【教学重点】

1. 掌握 Excel 2010 中工作簿、工作表、单元格的基本操作
2. 掌握 Excel 2010 中表格的格式化设置
3. 掌握 Excel 2010 的数据处理功能
4. 掌握 Excel 2010 的图表格式化设置
5. 掌握 Excel 2010 的页面设置与打印
6. 掌握数据库及 SQL 语言应用
7. 掌握案（事）件数据综合处理的功能

【教学难点】

1. 掌握 Excel 2010 中表格的格式化设置
2. 掌握 Excel 2010 的数据处理功能
3. 掌握 Excel 2010 的图表格式化设置
4. 掌握 Excel 2010 的页面设置与打印
5. 掌握数据库及 SQL 语言应用
6. 掌握案（事）件数据综合处理的功能

第一节 概　　述

一、Excel 2010 的功能

（一）工作表管理

Excel 2010 具有强大的电子表格操作功能，用户可以在计算机提供的巨大表格上，随意设计、修改自己的报表，并且可以方便地一次打开多个文件和快速存取它们。

（二）数据库的管理

Excel 2010 作为一种电子表格工具，对数据库进行管理是其最有特色的功能之一。工作表中的数据是按照相应行和列保存的，加上 Excel 2010 提供的相关处理数据库的命令和函数，使 Excel 2010 具备了组织和管理大量数据的能力。

（三）数据分析和图表管理

除了可以做一般的计算工作之外，Excel 2010 还以其强大的功能、丰富的格式设置选项、图表功能项为直观化的数据分析提供强大的手段，可以进行大量的分析与决策方面的工作，对用户的数据进行优化和资源的更好配置提供帮助。

Excel 2010 可以根据工作表中的数据源迅速生成二维或三维的统计图表，并对图表中的文字、图

案、色彩、位置、尺寸等进行编辑和修改。

（四）对象的链接和嵌入

利用 Windows 的链接和嵌入技术，用户可以将其他软件制作的内容插入到 Excel 2010 的工作表中，当需要更改图案时，只要在图案上双击鼠标左键，制作该图案的软件就会自动打开，进行修改、编辑后的图形也会在 Excel 2010 中显示出来。

（五）数据清单管理和数据汇总

可通过记录单添加数据，对清单中的数据进行查找和排序，并对查找到的数据自动进行分类汇总以及对分离的数据进行合并计算等。

（六）数据透视表

数据透视表中的动态视图功能可以将动态汇总中的大量数据收集到一起，可以直接在工作表中更改"数据透视表"的布局，交互式的"数据透视表"可以更好地发挥其强大的功能。

二、Excel 2010 的启动和退出

（一）Excel 2010 的启动

在计算机中安装了 Excel 2010 后，便可以通过以下几种方式启动：

1. 可双击桌面上的 Excel 2010 快捷方式（默认安装时未建立）
2. 单击桌面开始菜单中的"开始"→"所有程序"→"Microsoft Office"→"Microsoft Office Excel 2010"
3. 直接打开保存的电子表格文件，则启动 Excel 2010 并同时打开该文件

（二）退出 Excel 2010

如果想退出 Excel 2010，可选择下列任意一种方法：

1. 单击"文件"选项卡中的"退出"
2. 单击标题栏左侧控制 X 图标，在弹出的控制菜单中单击"关闭"
3. 单击 Excel 窗口右上角的关闭图标（X）
4. 按 Alt+F4 组合键

在退出 Excel 2010 时，如果还没保存当前的工作表，会出现一个提示对话框，询问是否保存所做修改。

如果用户想保存文件，则单击"是"按钮，不想保存就单击"否"按钮，如果又不想退出 Excel 2010 则单击"取消"按钮。

三、Excel 2010 的工作界面

Excel 2010 工作界面如图 7-1 所示。

标题栏：显示正在编辑的文档的文件名（如"案件记录登记表"）以及所使用的软件名。其中还包括标准的"最小化""还原"和"关闭"按钮。

快速访问工具栏：常用命令位于此处，例如"保存""撤销"和"恢复"。在快速访问工具栏的末尾是一个下拉菜单，在其中可以添加其他常用命令或经常需要用到的命令。

"文件"选项卡：单击此按钮可以查找对文档本身而非对文档内容进行操作的命令，例如"新建""打开""另存为""打印"和"关闭"。

功能区：工作时需要用到的命令位于此处。功能区的外观会根据监视器的大小改变。Word 通过更改控件的排列来压缩功能区，以便适应较小的监视器。

编辑窗口：显示正在编辑的文档的内容。

滚动条：可用于更改正在编辑的文档的显示位置。

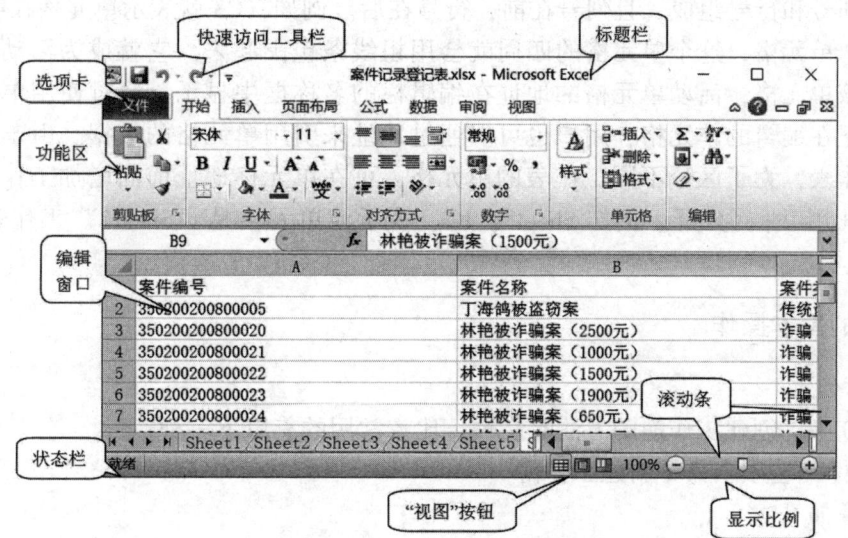

图 7-1　Excel 2010 工作界面

状态栏：显示正在编辑的文档的相关信息。

"视图"按钮：可用于更改正在编辑的文档的显示模式以符合您的要求。

显示比例：可用于更改正在编辑的文档的显示比例设置。

四、Excel 2010 工作簿、工作表与单元格

（一）工作簿

工作簿是在 Eecel 2010 中文版环境中用来运算和存储数据的文件，其默认扩展名为".XLSX"。一个工作簿可以包含多张具有不同类型的工作表，用户可以将若干相关工作表组成一个工作簿，操作时可直接在同一文件的不同工作表中方便地切换。在一个工作簿中最多可以有 255 个工作表。默认情况下，每个工作簿中有三个工作表，分别以 Sheet1、Sheet2、Sheet3 来命名。工作表的名字显示在工作簿文件窗口的底部标签里，如图 7-2 所示。

图 7-2　系统默认的工作表

启动 Excel 后，用户首先看到的是名称为"工作簿 1"的工作簿。"工作簿 1"是一个默认的、新建的和未保存的工作簿，当用户在该工作簿输入信息后第一次保存时，Excel 弹出"另存为"对话框，可以让用户给出新的文件名（即工作簿名）。如果启动 Excel 后直接打开一个已有的工作簿，则"工作簿 1"会自动关闭。

（二）工作表

工作表又称为电子表格，是工作簿中的一张表，是 Excel 完成一项工作的基本单位，可用于对数据进行组织和分析，每个工作表最多由 256 列和 65535 行组成。行的编号由上到下从"1"到"65535"编号；列的编号由左到右，用字母从"A"到"IV"编号。

（三）单元格

在工作表中行与列相交形成单元格，它是存储数据的基本单位，这些数据可以是字符串、数字、公式、图形、声音等，单元格里还可以有附加信息、自动计算结果等内容。在工作表中，每一个单元格都有自己的唯一地址，这就是它的名称。同时，一个地址也唯一地表示一个单元格。单元格的地址

由单元格所在的列号和行号组成,且列号在前,行号在后。例如,C3 就表示单元格在第 C 列的第 3 行。

单击任何一个单元格,这个单元格的四周就会用粗线条包围起来,它就成为活动单元格,表示用户当前正在操作该单元格,活动单元格的地址在编辑栏的名称框中显示,通过使用单元格地址可以很清楚地表示当前正在编辑的单元格,用户也可以通过地址来引用单元格的数据。由于一个工作簿文件中可能有多个工作表,为了区分不同工作表的单元格,可在单元格地址前面增加工作表名称。工作表与单元格地址之间用"!"分开。例如 Sheet3! B5,表示该单元格是"Sheet3"工作表中的"B5"单元格。

五、工作簿的基本操作

(一) 新建工作簿

在 Excel 2010 中,创建工作簿的方法有多种,比较常用的有以下三种:

1. 利用"文件"选项卡命令新建工作簿

具体操作步骤如下:

(1) 单击菜单中的"文件"选项卡→"新建",窗口内部右侧会出现"新建工作簿"的任务窗格,再单击"空白工作簿"即可。

(2) 选中选项卡上的"空白工作簿",单击"创建"按钮即可新建一个空工作簿。

2. 利用"快速访问工具栏"创建工作簿

单击"快速访问工具栏" ▼下拉按钮,在弹出的下拉菜单中单击"新建"创建工作簿。

3. 利用快捷键创建工作簿

按 Ctrl+N 键,也可以创建新的工作簿。

(二) 保存及保护工作簿

单击"快速访问工具栏"中的"保存"按钮或"文件"选项卡中的"保存"可以实现保存操作。

在"文件"选项卡中还有一个"另存为"选项。前面已经打开的工作簿,如果定好了名字,再使用"保存"命令时就不会弹出"保存"对话框,而是直接保存到相应的文件中。但有时希望把当前的工作做一个备份,或者需要保存为其他类型件,这时就要用到"另存为"选项了。

"另存为"对话框与前面见到的一般的保存对话框是相同的,同样如果想把文件保存到某个文件夹中,单击"保存位置"下拉列表框,从中选择相应目录,进入对应的文件夹,在"文件名"中键入文件名,单击"保存"按钮,这个文件就保存到指定的文件夹中了。

Excel 2010 提供了多层保护来控制可访问和更改 Excel 数据的用户,其中最高的一层是文件级安全性。文件级的安全性又可分为三个层次:

1. 给文件加保护口令

具体操作步骤:选择菜单中的"文件"选项卡→"另存为",打开"另存为"对话框,单击"工具"按钮,在弹出的菜单列表中选择"常规选项"出现"常规选项"对话框(见图 7-3),这里密码级别有两种,一种是打开时需要的密码,一种是修改时需要的密码,在对话框的"打开权限密码"输入框中键入

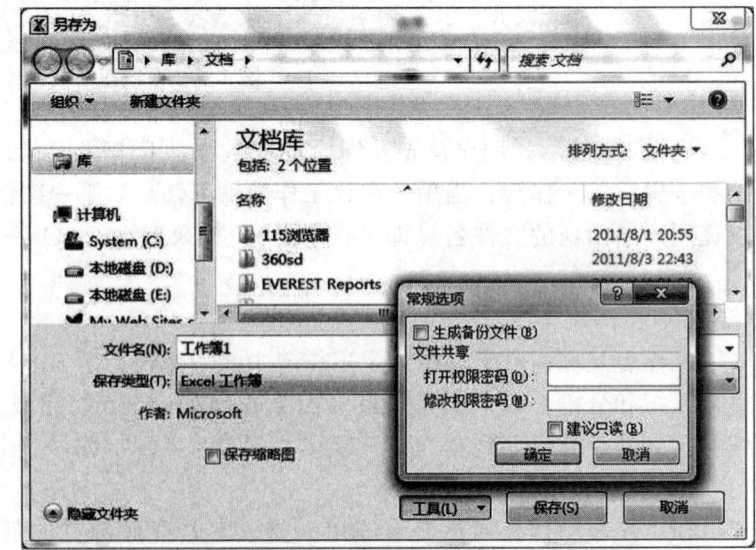

图 7-3 "工具"选项菜单与"常规选项"对话框

口令,然后单击"确定"按钮。在确认密码对话框中再输入一遍刚才键入的口令,然后单击"确定"按钮。最后返回单击"另存为"对话框中的"确定"按钮即可。

这样,以后每次打开或存取工作簿时,都必须先输入该口令。一般来说,这种保护口令适用于需要最高级安全性的工作簿。口令最多能包括15个字符,可以使用特殊字符,并且区分大小写。

2. 修改权限口令

具体操作步骤与"给文件加保护口令"基本一样,并在"保存选项"对话框的"修改权限密码"输入框中键入口令,然后单击"确定"按钮。

这样,在不了解该口令的情况下,用户可以打开、浏览和操作工作簿,但不能存储工作簿,从而达到保护工作簿的目的。和文件保存口令一样,修改权限口令最多能包括15个字符,可以使用特殊字符,并且区分大小写。

3. 只读方式保存和备份文件的生成

以只读方式保存工作簿就可以实现以下目的:当多数人同时使用某一工作簿时,如果有人需要改变内容,那么其他用户应该以只读方式打开该工作簿;当工作簿需要定期维护,而不是每天做日常性的修改时,将工作簿设置成只读方式,可以防止无意中修改工作簿。

可在"常规选项"对话框中选定生成备份文件,那么用户每次存储该工作簿时,Excel将创建一个备份文件。备份文件和源文件在同一目录下,且文件名一样,扩展名为.XLK。这样当由于操作失误造成源文件毁坏时,就可以利用备份文件来恢复。

4. 保护工作簿

保护工作簿可防止用户添加或删除工作表,或是显示隐藏的工作表。同时还可防止用户更改已设置的工作簿显示窗口的大小或位置。这些保护可应用于整个工作簿。

具体操作步骤:单击"审阅"选项卡→"更改"组中的"保护工作簿",弹出"保护工作簿"对话框如图7-4所示。根据实际需要选定"结构"或"窗口"选项。若需要口令则在对话框的"密码(可选)"输入框中键入口令,并在"确认密码"对话框中再输入一遍刚才键入的口令,然后单击"确定"按钮。口令最多可包含255个字符,并且可有特殊字符,区分大小写。

(三)打开工作簿

如果要编辑系统中已存在的工作簿,首先要将其打开,打开工作簿的方法有三种:

(1)单击菜单中的"文件"选项卡→"打开"。

(2)单击"快速访问工具栏"下拉按钮的"打开"命令。

(3)按Ctrl+O键。

(四)隐藏/显示工作簿

1. 显示隐藏的工作簿

单击"视图"选项卡"窗口"功能区→"取消隐藏"。

如果"取消隐藏"命令无效,则说明工作簿中没有隐藏的工作表。如果"重命名"和"隐藏"命令均无效,则说明当前工作簿正处于防止更改结构的保护状态。需要撤销保护工作簿之后,才能确定是否有工作表被隐藏;取消保护工作簿可能需要输入密码。

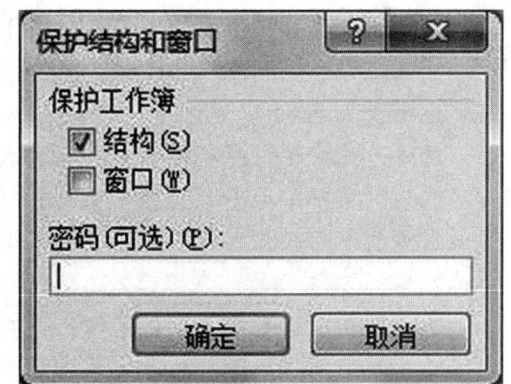

图7-4 "保护工作簿"对话框

2. 隐藏工作簿

打开工作簿。

单击"视图"选项卡"窗口"功能区→"隐藏"。

退出Excel时,将询问是否保存对隐藏工作簿的更改。如果希望下次打开工作簿时隐藏工作簿窗口,请单击"是"。

(五) 关闭工作簿

在对工作簿中的工作表编辑完成以后，可以将工作簿关闭。如果工作簿经过了修改还没有保存，那么 Excel 2010 在关闭工作簿之前会提示是否保存现有的修改。在 Excel 2010 中，关闭工作簿主要有以下几种方法：

(1) 单击 Excel 窗口右上角的"关闭"按钮。

(2) 双击 Excel 窗口左上角的"![X]"按钮。

(3) 单击 Excel 窗口左上角的"![X]"按钮，再从弹出的菜单中选择"关闭"命令。

(4) 按键盘上快捷键 Alt+F4。

六、工作表的基本操作

(一) 工作表之间的切换

由于一本工作簿具有多张工作表，且它们不可能同时显示在一个屏幕上，所以要不断地在工作表中切换，来完成不同的工作。例如，第一张表格是学生课程表，第二张表格则是学生信息表，第三张表格是学生成绩表，第四张表格是考试情况分析图表等。

在中文 Excel 中可以利用工作表选项卡快速地在不同的工作表之间切换。在切换过程中，如果该工作表的名字在选项卡中，可以在该选项卡上单击鼠标，即可切换到该工作表中。如果要切换到该张工作表的前一张工作表，也可以按下 Ctrl+PageDown 键或者单击该工作表的选项卡（或称工作表标签）；如果要切换到该张工作簿的后一张工作表，也可以按下 Ctrl+PageUp 键或者单击该工作表的选项卡；如果要切换的工作表选项卡没有显示在当前的表格选项卡中，可以通过滚动按钮来进行切换。

滚动按钮是一个非常方便的切换工具。单击它可以快速切换到第一张工作表或者最后一张工作表，也可以改变选项卡分割条的位置，以便显示更多的工作表选项卡等。

(二) 新建与重命名工作表

1. 新建工作表

有时一个工作簿中可能需要更多的工作表，这时用户就可以直接插入操作来新建工作表。用户可以插入一个工作表，也可以插入多个工作表。

插入工作表的具体操作步骤：单击"插入"菜单中的"工作表"命令，系统会自动插入工作表，其名称依次为 Sheet4、Sheet5、……

此外，用户也可以利用快捷菜单插入工作表，具体操作步骤：在工作表标签上单击鼠标右键，在弹出的快捷菜单中单击"插入"，弹出"插入"对话框，在"常用"选项卡上选择"工作表"后确定。或单击窗口下边工作表标签中的"插入工作表" ![图标] 按钮。

2. 重命名工作表

为了使工作表看上去一目了然，更加形象，用户可以为工作表重新命名。

将系统默认的名称 Sheet1 名称更名为"档案表"，其操作步骤如下：

(1) 选定 Sheet1 工作表标签。

(2) 右击 Sheet1 工作表标签，在弹出的快捷菜单中单击"重命名"，输入名称"档案表"，即可更改工作表名。

(三) 移动、复制和删除工作表

移动、复制和删除工作表在 Excel 2010 中的应用相当广泛，用户可以在同一个工作簿上移动或复制工作表，也可以将工作表移动到另一个工作簿中。在移动或复制工作表时要特别注意，因为工作表移动后与其相关的计算结果或图表可能会受到影响。

将"工作簿 1"的 Sheet1 移动复制到"工作簿 2"中的操作步骤：

(1) 打开"工作簿 1"和"工作簿 2"窗口。

(2) 切换至"工作簿 1",选定 Sheet1 工作表。

(3) 右击 Sheet1 工作表标签,在弹出的快捷菜单中单击"移动或复制工作表",打开"移动或复制工作表"对话框(见图 7-5)。

(4) 单击"工作簿"右端的向下三角按钮,选择"工作簿 2",然后再选择指定位置,如果选择 Sheet1 工作表,那么工作表将移动或复制到 Sheet1 前面。

(5) 如果要复制工作表,而不移动,则选定"建立副本"单选框。

(6) 单击"确定"按钮,Sheet1 被移动到"工作簿 2"中,被命名为 Sheet1(2)。

如果用户觉得工作表也没用了,可以随时将它删除,但被删除的工作表不能还原。

删除工作表的具体操作步骤:

(1) 选定一个或多个工作表。

(2) 右击选定的工作表标签,在弹出的快捷菜单中单击"删除"删除工作表。

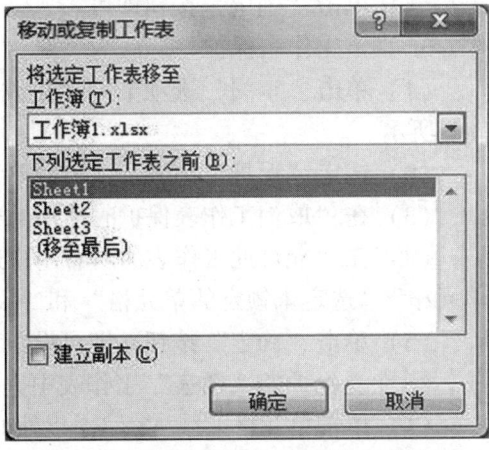

图 7-5　"移动或复制工作簿"对话框

(四) 工作表的拆分与冻结

如果要查看工作表中相隔较远的内容,来回拖动鼠标很麻烦。可以通过拆分窗口在多窗口中操作就很方便,工作表的拆分步骤如下:

(1) 选择要拆分的工作表。

(2) 单击"视图"选项卡中的"窗口"功能区中的"拆分",Excel 2010 便以选定的单元格为中心自动拆分成四个窗口。若选择一行或一列,则以行或列为参照拆分成两个窗口。

如果窗口已冻结,将在冻结处拆分窗口。另外,当窗口未冻结时,还可以用下面的方法将 Excel 2010 窗口拆分成上下或左右并列的两个窗口:将鼠标指针放到位于水平滚动条右侧或垂直滚动条上方的拆分框上,当指针变成双箭头 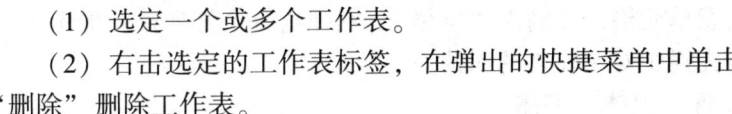 形状时,按住鼠标左键会有一条灰色的垂直线或水平线出现,将其拖动到表格中即可。

要取消拆分窗口,双击拆分条或者再次单击"拆分"则取消窗口的拆分。

(五) 保护工作表

设置对工作表的保护可以防止未授权用户对表内容的访问,避免工作表中数据受到破坏和信息发生泄露。

保护工作表功能可以对工作表上的各元素(如含有公式的单元格)进行保护,以禁止个别用户对指定的区域进行访问。

保护工作表的具体操作步骤:

选择并单击需要实施保护的工作表,如"档案"工作表。

1. 选定工作表被保护后仍允许用户进行编辑的单元格区域

(1) 选定单元格区域 A3:E5。

(2) 右击选中的区域,在弹出的快捷菜单中单击"设置单元格格式",打开"单元格格式"对话框,选择"保护"选项卡。

(3) 单击"锁定"复选框,取消对该复选框的选定。

(4) 单击"确定"按钮,即可。

2. 设定工作表被保护后需要隐藏公式的单元格区域

(1) 选定单元格区域 L2:L21(L 列是由公式计算得来)。

(2) 右击选中的区域，在弹出的快捷菜单中单击"设置单元格格式"，打开"单元格格式"对话框，选择"保护"选项卡。

(3) 选定"锁定"和"隐藏"复选框。

(4) 单击"确定"按钮即可。

3. 设定工作表保护

(1) 单击"审阅"选项卡→"更改"组中的"保护工作表"，弹出"保护工作表"对话框，如图7-6所示。

(2) 选定"保护工作表及锁定的单元格内容"复选框。

(3) 在"取消工作表保护时使用的密码"文本框中输入密码"1234"。

(4) 在"允许此工作表的所有用户进行"列表框中选择允许用户进行的操作。如选定"选定锁定单元格""选定未锁定的单元格"和"设置单元格格式"3个复选框。

(5) 单击"确定"按钮，即可设定对"图表"工作表的保护。

4. 在受保护的"图表"工作表中进行操作

(1) 单击单元格区域A3：E5以外的任意单元格，并输入"空格"，则弹出一个警告框，提示用户此工作表受到保护，若要编辑该工作表，请先撤销对工作表的保护。

(2) 单击第1行中的标题，然后为其设置"黑体"字体。

(3) 单击B3单元格，输入"张三"，并"回车"确认。

(4) 单击L3单元格，在编辑栏中没有任何显示，表明隐藏了公式。

通过以上验证，工作表已经按要求进行了保护。

5. 撤销对工作表的保护

(1) 单击"审阅"选项卡→"更改"组中的"撤销工作表的保护"，弹出"撤销工作表的保护"对话框。

(2) 在对话框中的"密码"文本框中输入"1234"，单击"确定"按钮，即可撤销对工作表的保护。

(六) 隐藏/显示工作表

如果用户不想让别人看到自己编辑的内容，可以将工作表隐藏起来，用的时候可以随时将其显示出来。另外，隐藏工作表还可以减少屏幕上显示工作表的数量。

隐藏工作表的具体操作步骤：

(1) 选择要隐藏的工作表（如档案表）。

(2) 右击要隐藏的工作表标签，在弹出的快捷菜单中单击"隐藏"，工作表即从窗口中消失。

显示隐藏的工作表的具体操作步骤：

(1) 右击工作表标签，在弹出的快捷菜单中单击"取消隐藏"，打开"取消隐藏"对话框，如图7-7所示。对话框中显示出了所有被隐藏的工作表。

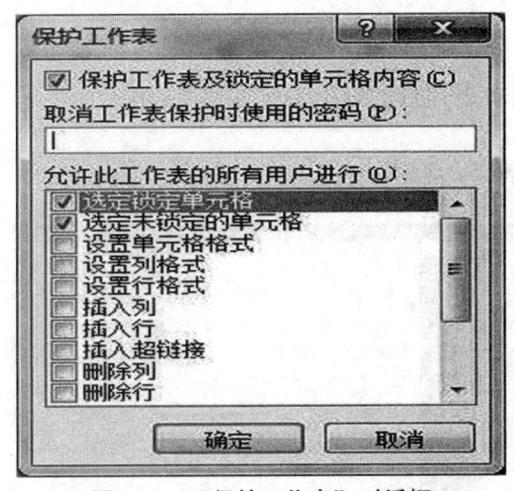
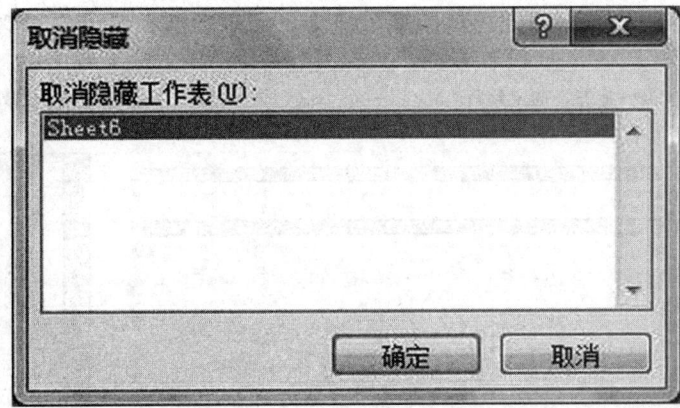

图7-6 "保护工作表"对话框　　　　　图7-7 "取消隐藏"对话框

(2) 选择要显示的工作表,单击"确定"按钮。

七、单元格的基本操作

工作表的编辑主要是针对单元格、行、列以及整个工作表进行的,包括撤销、恢复、复制、粘贴、移动、插入、删除、查找和替换等操作。

(一) 管理工作表单元格操作区域选取

对单元格进行操作(如移动、删除、复制单元格)时,首先要选定单元格。用户根据要编辑的内容,可以选定一个单元格、选择多个单元格,也可以一次选定一整行或整列,还可以一次将所有的单元格都选中。熟练地掌握选择不同范围内的单元格,可以加快编辑的速度,从而提高效率。下面介绍选定单元格的方法。

1. 选定一个单元格

选定一个单元格是 Excel 2010 中常见的操作,选定单元格最简便的方法就是用鼠标单击所需编辑的单元格即可。当选定了某个单元格后,该单元格所对应的行列号或名称将会显示在名称框内。在名称框内的单元格称为活动单元格,即是当前正在编辑的单元格。一般而言,用鼠标选择单元格是最方便的,但有些时候用键盘选择比用鼠标选择方便,例如,要选择 A 列的最后一个单元格 A65536,用鼠标选择需先拖动垂直滚动条至该单元格可见才能选择,但用键盘在名称框内输入 A65536 后回车即可。

2. 选定整个工作表

要选定整个工作表,单击行标签及列标签交汇处的"全选"按钮(A 列左则的空白框)即可,如图 7-8 所示。

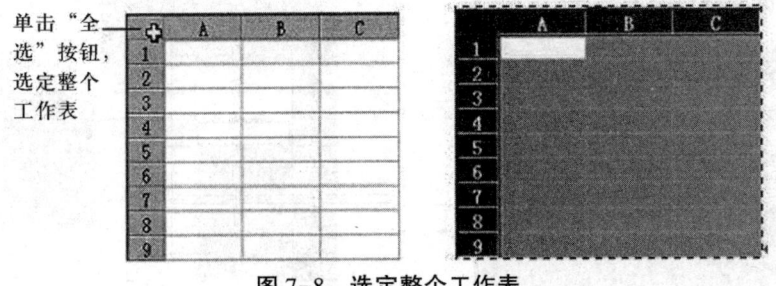

图 7-8 选定整个工作表

3. 选定整行

选定整行单元格可以通过拖动鼠标来完成,另外还有一种更简单的方法:单击行首的行标签,如

图 7-9 所示。

4. 选定整列

选定整列单元格可以通过拖动鼠标来完成，另外也可以单击列首的列标签，如图 7-10 所示。

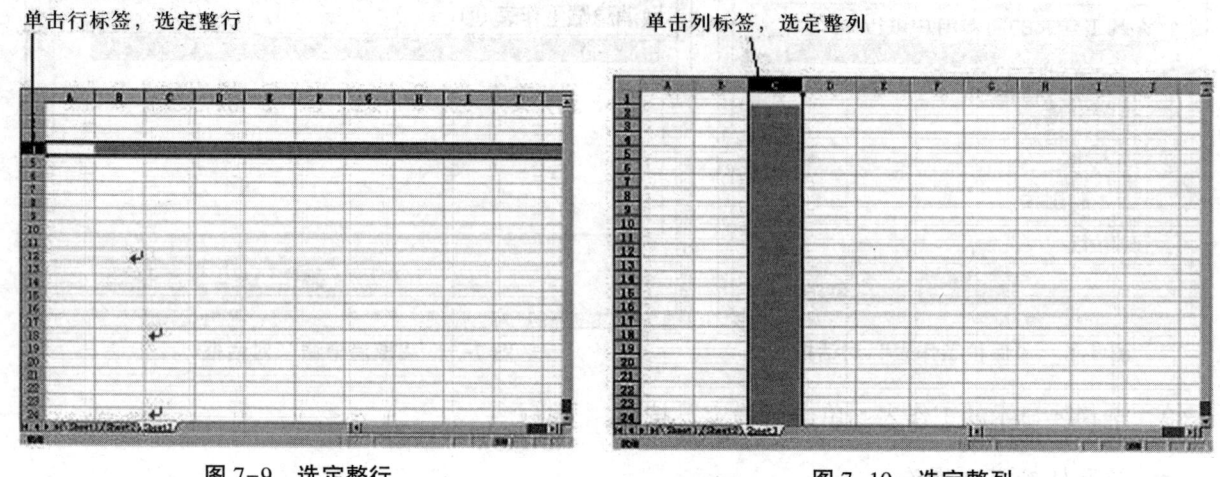

图 7-9　选定整行　　　　　　　　　图 7-10　选定整列

5. 选定多个相邻的单元格

如果用户想选定连续的单元格，可通过单击起始单元格，按住鼠标左键不放，然后再将鼠标拖至需连续选定单元格的终点即可，这时所选区域反白显示。

在 Excel 中，也可通过键盘选择一个范围区域，常用的方法有两种：

（1）名称框输入法。在名称框中输入要选择范围单元格的左上角与右下角的坐标，如要实现图 7-11 中的选择效果，该选择范围左上角的坐标为 A1，右下角的坐标为 D12，那么在名称框中输入 A1：D12，然后按回车即可。

（2）Shift 键帮助法。方法一：定位某行（列）号标号或单元格后，再按住 Shift 键，然后单击后（下）面的行（列）标号或单元格，即可同时选中二者之间的所有行（列）或单元格区域。

方法二：定位某行（列）号标号或单元格后，再按住 Shift 键，然后按键盘上的方向键，即可扩展选择连续的多个行（列）或单元格区域。

6. 选定多个不相邻的单元格

用户不但可以选择连续的单元格，还可选择间断的单元格。方法是：先选定一个单元格，然后按下 Ctrl 键，再选定其他单元格即可，如图 7-12 所示。

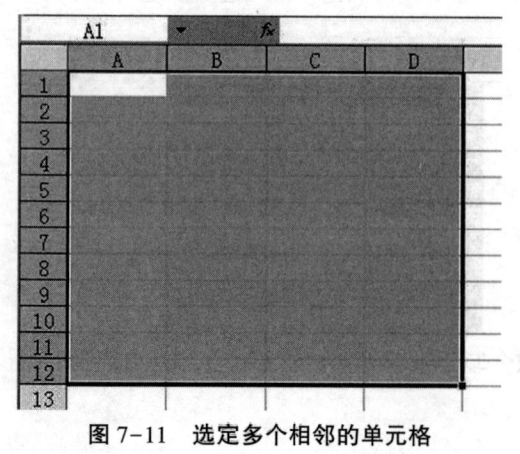 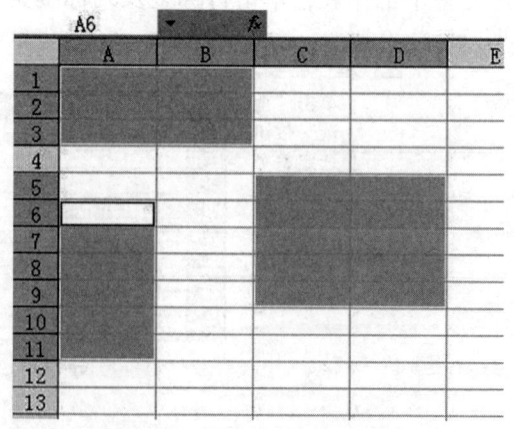

图 7-11　选定多个相邻的单元格　　　　　图 7-12　选定不相邻的单元格

选定多个不相邻的单元格也可通过键盘选择,如要实现图 7-12 中的选择效果,在名称框内输入:A1:B3,C5:D9,A6:A11,然后按回车即可。其中的逗号把几个相邻区域并联起来,而如果在名称框内输入:A1:C8　B4:D11,回车确认后选择区域为"B4 至 C8",这里的空格是取相邻区域的交集。

(二)编辑行、列、单元格

以单元格为对象常用的操作为插入、删除、移动以及调整单元格大小等。

1. 插入单元格、行或列

插入单元格、行或列的操作步骤:

(1)选定单元格,选定的单元格的数量即是插入单元格的数量,例如选择 7 个,则会插入 7 个单元格。

(2)单击菜单中的"开始"选项卡中"单元格"功能区"插入"下拉按钮,在弹出的下拉列表中选择"单元格""行""列"或"工作表"。

如果选择了"单元格"命令,则打开"插入"对话框(见图 7-13)。选择"活动单元格右移"或"活动单元格下移"复选框。单击"确定"按钮,即可插入单元格。

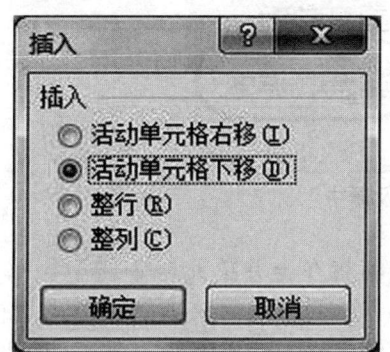 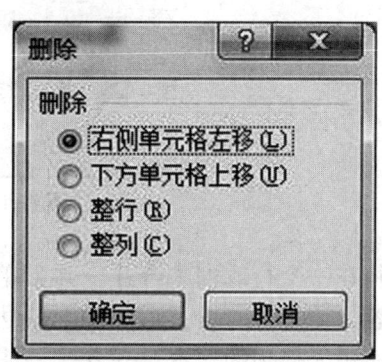

图 7-13　"插入""删除"单元格对话框

如果选择了"行"或"列"命令,则会直接插入一行或一列。

另外,还有一种插入行或列的方法:

(1)右击选定的单元格、整行或整列。

(2)在弹出的快捷菜单中单击"插入",可插入行/列/单元格。

2. 删除单元格、行或列

删除单元格、行或列的方法如下:

(1)右击选定要删除的单元格、行或列。

(2)在弹出的快捷菜单中单击"删除"命令,出现"删除"对话框(见图 7-13)。

(3)选定相应的复选框,单击"确定"按钮。

3. 移动单元格

移动单元格就是将一个单元格或若干个单元格中的数据或图表从一个位置移至另一个位置,移动单元格的操作方法如下:

(1)选择所要移动的单元格。

(2)将鼠标放置到该单元格的边框位置,当鼠标变成十字箭头形时,按下左键并拖动,即可移动单元格。

也可应用剪切、粘贴移动单元格。

4. 行高和列宽调整

系统默认的行高和列宽有时并不能满足需要,这时用户可以调整行高和列宽。

（1）应用鼠标拖动调整行高或列宽。修改行高最简单的方法就是用鼠标拖动，具体操作步骤如下：

①将鼠标放到两个行或列标号之间，鼠标变成双向箭头形状。

②按下该形状的鼠标并拖动，即可调整行高或列宽。

（2）精确设置行高或列宽。

①选定整行或列。

②单击"开始"选项卡中"单元格"功能区"格式"下拉按钮，在下拉列表中单击"行高"或"列宽"。

③在弹出的对话框中输入数值，单击"确定"即可。

5. 拆分、合并单元格

（1）合并后居中相邻单元格。

①选择两个或更多要合并的相邻单元格。只有左上角单元格中的数据能保留在合并的单元格中，所选区域中所有其他单元格中的数据都将被删除。

②如图7-14所示，在"开始"选项卡上的"对齐方式"组中，单击"合并及居中"。

图7-14　合并及居中

这些单元格将在一个行或列中合并，并且单元格内容将在合并单元格中居中显示。要合并单元格而不居中显示内容，请单击"合并后居中"旁边的箭头，然后单击"跨越合并"或"合并单元格"。

若要更改合并单元格中的文本对齐方式，请选中该单元格，然后在"开始"选项卡上的"对齐方式"组中，单击任一对齐方式按钮。

（2）拆分合并的单元格。

①选择合并的单元格。选择合并的单元格时，"合并后居中"按钮 在"开始"选项卡上"对齐"组中也显示为选中状态。

②单击"合并后居中" ，拆分合并的单元格，合并单元格的内容将出现在拆分单元格区域左上角的单元格中。

第二节　数据的录入与格式化设置

一、数据的输入与编辑

用户输入的内容都出现在单元格内，当用户选定某个单元格后，即可在该单元格内输入内容。在Excel 2010中，用户可以输入文本、数字、日期和时间及逻辑值等。可以通过自己打字输入，也可以根据设置自动输入。

（一）数字

在Excel 2010中，数值型数据使用的最多，它由数字0~9、正号、负号、小数点、顿号、分数号"/"、百分号"%"、指数符号"E"或"e"、货币符号"￥"或"$"、千位分隔号","等组成。输入数值型数据时，Excel自动将其沿单元格右边对齐。

需要注意的是，如果输入的是分数（如1/5），应先输入"0"和一个空格，然后输入"1/5"，否则 Excel 会把该数据当作日期格式处理，存储为"1月5日"；此外负数的输入有两种方式，一是直接输入负号和数，如输入"-5"；二是输入括号和数，如输入"（5）"，最终两者效果相同；输入百分数时，先输入数字，再输入百分号即可。

当用户输入的数值过多而超出单元格宽时，会产生两种结果：当单元格格式为默认的常规格式时会自动采用科学记数法来显示；若列宽已被规定，输入的数据无法完整显示时，则显示为"####"，用户可以通过调整列宽使之完整显示。

（二）文本

文本型数据是由字母、汉字和其他字符开头的数据所组成，如表格中的标题、名称等。默认情况下，文本型数据沿单元格左边对齐。在 Excel 中，每个单元格最多可包含 32000 个字符。

如果数据全部由数字组成，如电话号码、邮政编码、学号等，输入时应在数据前输入单引号"'"（如"'610032"），Excel 就会将其看作文本型数据，并沿单元格左边对齐。若输入由"0"开头的学号，直接输入时 Excel 会将其视为数值型数据而省略掉"0"并且右对齐，只有加上单引号才能作为文本型数据左对齐并保留下"0"。

当用户输入的文字过多，超过了单元格宽度，会产生两种结果：

（1）如果右边相邻的单元格中没有数据，则超出部分会显示在右边相邻单元格中。

（2）如果右边相邻的单元格已有数据，则超出部分不显示，但超出部分内容依然存在，只要扩大列宽就可以看到全部内容。

（三）日期和时间

在 Excel 2010 中，日期的形式有多种，如 2013 年 11 月 26 日的表现形式有：

- 2013 年 11 月 26 日
- 2013/11/26
- 2013-11-26
- 26-NOV-13

默认情况下，日期和时间项在单元格中右对齐。如果输入的是 Excel 不能识别的日期或时间格式，输入的内容将被视为文字，并在单元格中左对齐。

在 Excel 2010 中，时间分 12 小时和 24 小时制，如果要基于 12 小时制输入时间，首先在时间后输入一个空格，然后输入 AM 或 PM（也可认是 A 或 P），用来表示上午或下午。否则，Excel 将以 24 小时制计算时间。例如，如果输入 12：00 而不是 12：00PM，将被视为 12：00AM。如果要输入当天的日期，按 Ctrl+；（分号）键；如果要输入当前的时间，按 Ctrl+Shift+；或 Ctrl+：（冒号）键。时间和日期还可以相加、相减，并可以包含到其他运算中。如果要在公式中使用日期或时间，可用带引号的文本形式输入日期或时间值。例如，="2010/11/25"-"2010/10/5"。

（四）逻辑值

Excel 2010 中的逻辑值有两个：False（逻辑假）和 True（逻辑真），默认情况下，逻辑值在单元格中居中对齐，另外，Excel 2010 公式中的关系表达式的值也为逻辑值。

（五）自动填充

Excel 2010 为用户提供了强大的自动填充数据功能，通过这一功能，用户可以非常方便地填充数据。自动填充数据是指在一个单元格内输入数据后，与其相邻的单元格可以自动地输入一定规则的数据。它们可以是相同的数据，也可以是一组序列（等差或等比）。自动填充数据的方法有两种：利用填充命令和利用鼠标拖动。

（1）通过填充命令填充数据具体操作步骤：

①选定含有数值的单元格。

②指向"开始"选项卡→"编辑"功能区中的"填充"，打开级联子菜单。

③从中选择相应的命令。

（2）通过鼠标拖动填充数据具体操作步骤：

用户可以通过拖动的方法来输入相同的数值（在只选定一个单元格的情况下），如果选定了多个单元格并且各单元格的值存在等差或等比的规则，则可以输入一组等差或等比数据。

①在单元格中输入数值，如"8"。

②将鼠标放到单元格右下角的实心方块上，鼠标变成实心十字形状。

③移动鼠标，即可在选定范围内的单元格内输入相同的数值。

（六）自定义序列

系统可以根据工作表中已存在的数据，自动建立序列。

以创建等差序列为例，具体操作步骤如下：

（1）自定义工作表中单元格的初始数据，如"12"。

（2）指向"开始"选项卡→"编辑"功能区中的"填充"，打开级联子菜单，选择"系列"，弹出"序列"对话框，如图7-15所示。

（3）图7-15中指定序列产生在"列"，类型为"等差序列"，在"步长值"中输入等差序列的差值"3"，输入终止值"44"，单击"确定"，则在列中成为自定义的序列。

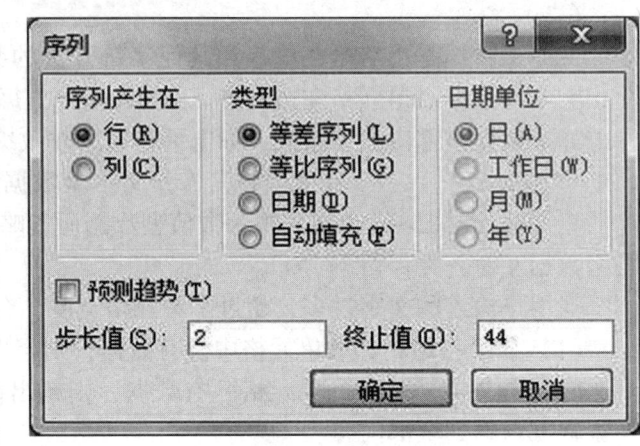

图7-15 序列

也可以在相邻的单元格中分别输入等差序列的前两个数据，选中两个单元格，手动拖填充柄，按两数的差值自动生成等差序列。

应用上述方法可创建等比、日期等序列。

二、自定义单元格格式

在Excel 2010中，对工作表中的不同单元格数据，可以根据需要设置不同的格式，如设置单元格数据类型、文本的对齐方式、字体以及单元格的边框和底纹等。右键单击要设置格式的单元格，再选择快捷菜单中的"设置单元格格式"命令，即可出现"单元格格式"对话框（见图7-16）。也可通过"开始"选项卡"单元格"组中的"格式"列表项打开"设置单元格格式"对话框。

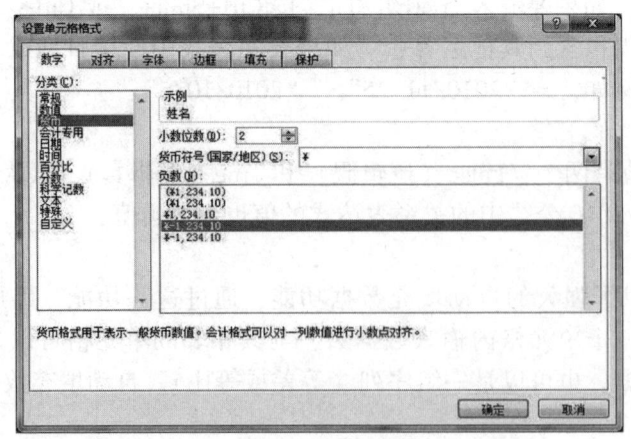

图7-16 "单元格格式"数字选项卡

单元格格式对话框包含六张选项卡，分别是：

（一）"数字"选项卡

Excel 2010 提供了多种数字格式，在对数字格式化时，可以设置不同小数位数、百分号、货币符号等来表示同一个数，这时屏幕上的单元格表现的是格式化后的数字，编辑栏中表现的是系统实际存储的数据。如果要取消数字的格式，可以单击"开始"选项卡"编辑"组中的"清除"下拉命令项清除格式。

在 Excel 2010 中，可以使用数字格式更改数字（包括日期和时间）的外观，而不更改数字本身。所应用的数字格式并不会影响单元格中的实际数值，而 Excel 是使用该实际值进行计算的。

选定需要格式化数字所在的单元格或单元格区域后，单击右键，然后单击"设置单元格格式"。在"单元格格式"对话框的"数字"选项卡上，"分类"框中可以看到12种内置格式。其中：

"常规"数字格式是默认的数字格式。对于大多数情况，在设置为"常规"格式的单元格中所输入的内容可以正常显示。但是，如果单元格的宽度不足以显示整个数字，则"常规"格式将对该数字进行取整，并对较大数字使用科学记数法。

"会计专用""日期""时间""分数""科学记数"和"文本""特殊"等格式的选项则显示在"分类"列表框的右边。

如果内置数字格式不能按需要显示数据，则可使用"自定义"创建自定义数字格式。自定义数字格式使用格式代码来描述数字、日期、时间或文本的显示方式。

（二）"对齐"选项卡

系统在默认的情况下，输入单元格的数据是按照文字左对齐、数字右对齐、逻辑值居中对齐的方式来进行的。可以通过有效的设置对齐方法，来使版面更加美观。

在"单元格格式"对话框的"对齐"选项卡上（见图7-17），可设定所需对齐方式。

"水平对齐"的格式有：常规（系统默认的对齐方式）、左（缩进）、居中、靠右、填充、两端对齐、跨列居中、分散对齐。

"垂直对齐"的格式有：靠上、居中、靠下、两端对齐、分散对齐。

"方向"列表框中，可以将选定的单元格内容完成从-90°到+90°的旋转，这样就可将表格内容由水平显示转换为各个角度的显示。

"自动换行"复选框，选中它，当单元格中的内容宽度大于列宽时，会自动换行（不是分段）。

提示：若要在单元格内强行分段，可直接按 Alt+Enter 键。

"合并单元格"复选框，当需要将选中的单元格（一个以上）合并时，选中它；当需要将选中的合并单元格拆分时，取消选中。

（三）"字体"选项卡

Excel 2010 在默认的情况下，输入的字体为"宋体"，字形为"常规"，字号为"12（磅）"。可以根据需要通过工具栏中的工具按钮很方便地重新设置字体、字形和字号，还可以添加下划线以及改变字的颜色，也可以通过菜单方法进行设置。如果需要取消字体的格式，可以单击"开始"选项卡"编辑"组中的"清除"下拉命令项选择清除格式。

在"字体"选项卡（见图7-18）上，可以更改与字体有关的设置。有关设置方法与 Word 中的相似，不再赘述。

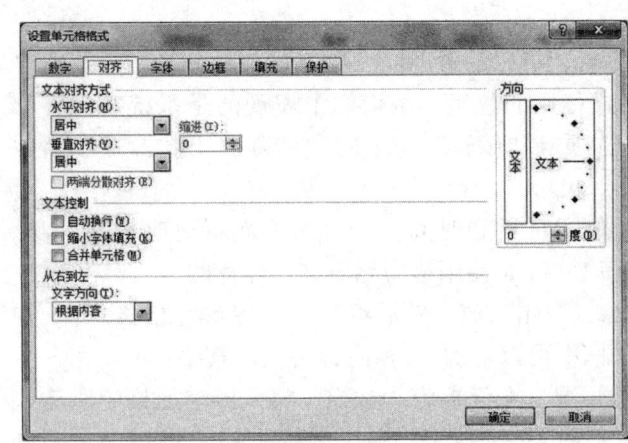

图 7-17 "单元格格式"对齐选项卡

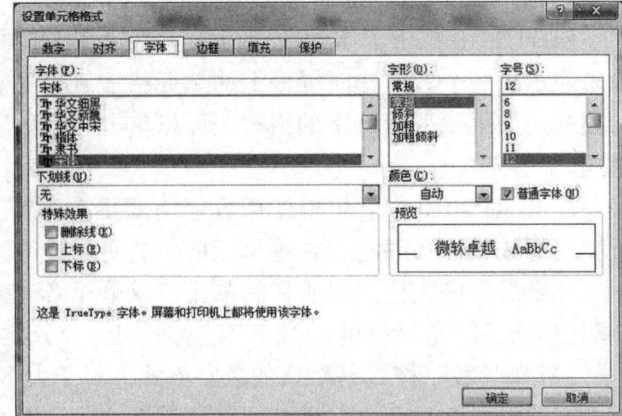

图 7-18 "单元格格式"字体选项卡

（四）"边框"选项卡

工作表中显示的网格线是为输入、编辑方便而预设置的（相当于 Word 表格中的虚框），是不打印的。

若需要打印网格线，除可以在"页面设置"对话框的"工作表"选项卡上设定外，还可以在"边框"选项卡上设置。

此外，若需要为了强调工作表的一部分或某一特殊表格部分，可在"边框"选项卡（见图 7-19）设置特殊的网格线。

该选项卡上设置对象，是被选定单元格的边框。

在该选项卡上设置单元格边框时应注意：

（1）除了边框线外，还可以为单元格添加对角线（用于斜线表头等）。

（2）不一定添加四周边框线，可以仅仅为单元格的某一边添加边框线。

（五）"填充"选项卡

"填充"选项卡，用于设置单元格的背景颜色和底纹，如图 7-20 所示。

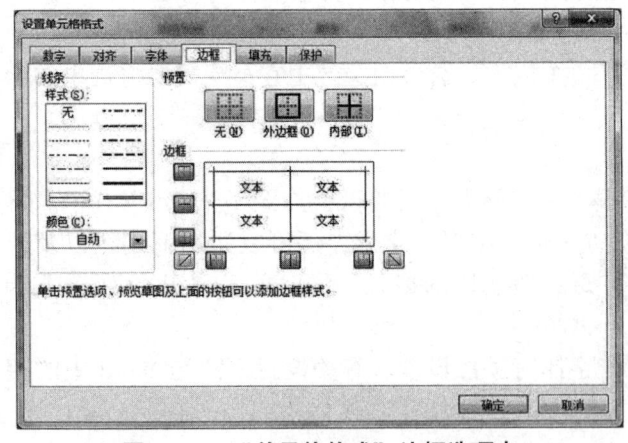

图 7-19 "单元格格式"边框选项卡

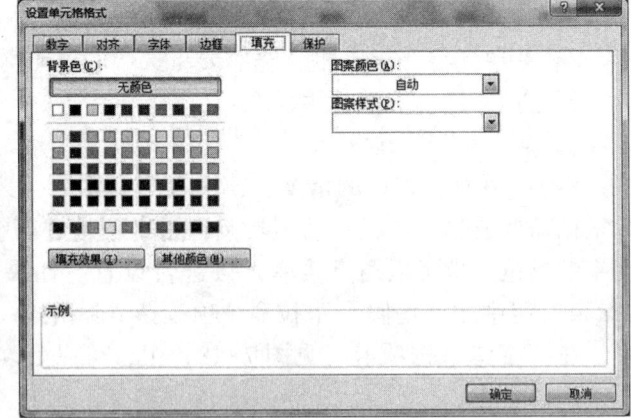

图 7-20 "单元格格式"填充选项卡

（六）格式化的其他方法

1. 用"数字"组工具按钮格式化数字

选中包含数字的单元格（如 12345.67）后，单击"格式"工具栏上的"货币样式""百分比样式""千位分隔样式""增加小数位数""减少小数位数""时间""日期"等按钮，可设置数字格式。

2. 利用"字体"组工具格式化文字

选定需要进行格式化的单元格后，单击"字体"组工具栏上加粗、倾斜、下划线等按钮，或在字体、字号框中选定所需的字体、字号。

3. 用"对齐方式"组工具栏按钮设置对齐方式

选定需要格式化的单元格后，单击"对齐方式"组工具栏上的左对齐、居中对齐、右对齐、合并及居中、减少缩进量、增加缩进量等按钮即可。

4. 用"字体"组边框工具按钮设置边框，应用"填充"按钮设置填充颜色与底纹

选择所要添加边框的各个单元格或所有单元格区域，单击"字体"组工具栏上的边框或填充颜色按钮左边的下拉钮，然后在下拉菜单上选定所需的格线或背景填充色。

5. 复制格式

当格式化表格时，往往有些操作是重复的，这时可以使用 Excel 2010 提供的复制格式的方法来提高格式化的效率。

6. 用 "格式刷"复制格式

选中需要复制的源单元格后，单击"剪贴板""格式刷"按钮（这时所选择单元格出现闪动的虚线框），然后用带有格式刷的光标，选择目标单元格即可。

7. 用复制、粘贴的方法复制格式

选中需要复制格式的源单元格后，单击"开始"选项卡中"剪贴板"组"复制"按钮；选中目标单元格后，单击"剪贴板"组"选择性粘贴"，然后在"选择性粘贴"对话框上，设定需复制的项目。

三、条件格式

条件格式是指当指定条件为真时，Excel 2010 自动应用于单元格的格式。例如，单元格底纹或字体颜色。如果想为某些符合条件的单元格应用某种特殊格式，使用条件格式功能可以比较容易实现。如果再结合使用公式，条件格式就会变得更加有用。

条件格式易于达到以下效果：突出显示所关注的单元格或单元格区域；强调异常值；使用数据条、颜色刻度和图标集来直观地显示数据。条件格式基于条件更改单元格区域的外观。如果条件为 True，则基于该条件设置单元格区域的格式；如果条件为 False，则不基于该条件设置单元格区域的格式。

无论是手动还是按条件设置的单元格格式，都可以按格式进行排序和筛选，其中包括单元格颜色和字体颜色等。

（一）应用内置条件格式

1. 突出显示单元格规则

突出显示单元格规则仅对包含文本、数字或日期/时间值的单元格设置条件格式，查找单元格区域中的特定单元格时基于比较运算符设置这些特定单元格的格式。

操作方法：选择区域、表或数据透视表中的一个或多个单元格；在"开始"选项卡的"样式"组中，单击"条件格式"旁边的箭头，然后单击"突出显示单元格规则"；选择所需的命令，如"介于""文本包含""发生日期""重复值""唯一值"等；选择或输入要使用的值，然后选择格式。

2. 项目选取规则

项目选取规则仅对排名靠前或靠后的值设置格式，可以根据指定的截止值查找单元格区域中的最高值、最低值，查找高于或低于平均值或标准偏差的值。

操作方法：选择区域、表或数据透视表中的一个或多个单元格；在"开始"选项卡的"样式"组中，单击"条件格式"旁边的箭头，然后单击"项目选取规则"；选择所需的命令，如"10 个最大的项"或"10%最小的值"；输入要使用的值，然后选择格式。

3. 数据条

使用数据条设置所有单元格的格式，数据条可帮助查看某个单元格相对于其他单元格的值。数据

条的长度代表单元格中的值。数据条越长，表示值越高，数据条越短，表示值越低。在观察大量数据中的较高值和较低值时，数据条尤其有用。

操作方法：选择区域、表或数据透视表中的一个或多个单元格；在"开始"选项卡的"样式"组中，单击"条件格式"旁边的箭头，单击"数据条"，然后选择数据条图标。

可以使用"将格式规则应用于"选项按钮来更改数据透视表的值区域中字段的范围设置方法。

4. 色阶

色阶通过三色刻度使用三种颜色的渐变来帮助比较单元格区域，颜色的深浅表示值的高、中、低，色阶作为一种直观的指示，可以帮助了解数据分布和数据变化。

操作方法：选择区域、表或数据透视表中的一个或多个单元格；在"开始"选项卡上的"样式"组中，单击"条件格式"旁边的箭头，然后单击"色阶"；选择三色刻度。

最上面的颜色代表较高值，中间的颜色代表中间值，最下面的颜色代表较低值。

5. 图标集

使用图标集可以对数据进行注释，并可以按阈值将数据分为三到五个类别，每个图标代表一个值的范围。例如，在三向箭头图标集中，绿色的上箭头代表较高值，黄色的横向箭头代表中间值，红色的下箭头代表较低值。

操作方法：选择区域、表或数据透视表中的一个或多个单元格；"开始"选项卡的"样式"组中，单击"条件格式"旁边的箭头，单击"图标集"，然后选择图标集。

（二）应用"管理规则"定义、编辑条件格式

如果需要更复杂的条件格式，则应用"管理规则"多个条件格式，或创建逻辑公式来指定格式设置条件，也可编辑规则、删除规则。

操作方法：

（1）在"开始"选项卡上的"样式"组中，单击"条件格式"旁边的箭头，然后单击"管理规则"；显示"条件格式规则管理器"对话框（见图7-21）。

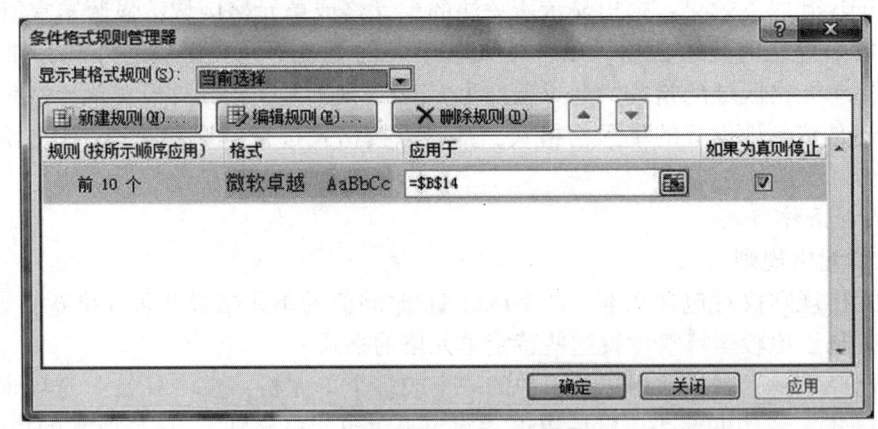

图 7-21 "条件格式规则管理器"对话框

（2）执行下列操作之一：

要添加条件格式，单击"新建规则"，显示"新建格式规则"对话框，可增加条件格式规则。

要更改条件格式，可执行下列操作：确保在"显示其格式规则"列表框中选择相应的区域、表或数据透视表，选择已创建的条件格式规则，在"应用于"框中单击选择项目更改应用范围，选择规则后单击"编辑规则"，将显示"编辑格式规则"对话框。

（3）在"选择规则类型"下选择规则类型。下面以如图 7-22 所示"使用公式确定要设置格式的单元格"为例。

单击"使用公式确定要设置格式的单元格"，在"编辑规则说明"下的"为符合此公式的值设置

格式"列表框中,输入一个公式,公式必须以等号(=)开头且必须返回逻辑值 TRUE(1)或 FALSE(0)。

例如,对区域 A1:A5 应用一个带多个条件的条件格式,如果区域中所有单元格的平均值大于单元格 F1 中的值,且区域中任何单元格的最小值大于或等于 G1 中的值,则将这些单元格设置为绿色。单元格 F1 和 G1 位于应用条件格式的单元格区域之外。输入的公式如下:

=AND[AVERAGE($A$1:$A$5)>$F$1,MIN($A$1:$A$5)>=$G$1]

(4)单击"格式"以显示"设置单元格格式"对话框(按图 7-22,则设置为绿色)。选择当单元格值符合条件时要应用的数字、字体、边框或填充格式,然后单击"确定"。

可以选择多个格式。选择的格式将在"预览"框中显示出来。

图 7-22 "新建格式规则"对话框

若要在公式中输入单元格引用,只需直接在工作表上选中单元格即可,在工作表上选中单元格之后将插入绝对单元格引用。如果希望 Excel 调整所选区域中每个单元格的引用,则使用相对单元格引用。

(三)查找有条件格式的单元格

如果工作表的一个或多个单元格具有条件格式,则可以快速找到它们以便复制、更改或删除条件格式。可以使用"定位条件"命令只查找具有特定条件格式的单元格,或查找所有具有条件格式的单元格。

查找所有具有条件格式单元格的操作方法:

单击任何没有条件格式的单元格;在"开始"选项卡上的"编辑"组中单击"查找和选择"旁边的箭头,然后单击"条件格式"。

(四)清除条件格式

1. 在工作表上

在"开始"选项卡上的"样式"组中单击"条件格式"旁边的箭头,然后单击"清除规则";单击"整张工作表"。

2. 在单元格区域、表或数据透视表中

选择要清除条件格式的单元格区域、表或数据透视表;在"开始"选项卡上的"样式"组中,单击"条件格式"旁边的箭头,然后单击"清除规则";根据选择的内容单击"所选单元格""当前表"或"此数据透视表"。

四、套用表格格式、单元格样式、取消格式

Excel 2010 的套用表格格式功能可以根据预设的格式,将制作的报表格式化,产生美观的报表,从而节省使用者将报表格式化的许多时间,同时使表格符合数据库表单的要求。

(一)套用表格格式

套用表格格式是指内置的表格方案,在方案中已经对表格中的各个组成部分定义了特定的格式。套用表格格式的方法如下:

(1)选择要格式化的单元格区域。

(2) 单击"开始"选项卡"样式"工具组中的"套用表格格式"下拉按钮，弹出下拉列表。

(3) 单击选择一种所需要的套用格式。如果不需要套用格式中的某些格式，可定义样式。

(4) 确定应用范围，单击"确定"完成套用表格格式。

（二）单元格样式

Excel 2010 中含有多种内置的单元格样式，以帮助用户快速格式化表格。单元格样式的作用范围仅限于被选中的单元格区域，对于未被选中的单元格则不会被应用单元格样式。

在 Excel 2010 中使用单元格样式的步骤：

打开 Excel 2010 工作表，选中准备应用单元格样式的单元格；在"开始"功能区的"样式"分组中单击"单元格样式"按钮，在打开的单元格样式列表中选择合适的样式即可。

（三）取消格式

套用表格格式、单元格样式都是 Excel 2010 预先设计的内置格式，若要清除内置格式与自定义格式，操作方法如下：

(1) 选择格式化的单元格区域。

(2) 单击"开始"选项卡"编辑"工具组中的"清除"下拉按钮，弹出下拉列表，选择"清除格式"。

五、单元格批注

给 Excel 2010 文档添加批注就是为 Excel 文档内容添加一些注释，当鼠标指针停留在带批注的 Excel 单元格上时，可以查看其中的每条批注，也可以同时查看所有的批注，还可以打印批注。

（一）添加批注

右击需要添加批注的单元格，在弹出的快捷菜单中单击"插入批注"，在弹出的批注框中键入需要批注的文本（见图 7-23）。键入文本后，单击批注框外部的工作表区域结束批注的创建与编辑。

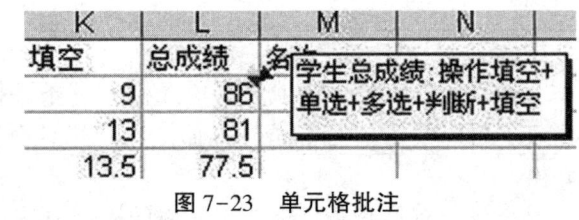

图 7-23　单元格批注

（二）编辑批注

如果需要修改、编辑批注，可右击需要编辑批注的单元格，在弹出的快捷菜单中单击"编辑批注"，在弹出的批注框中编辑批注。

（三）设置批注格式

如果要设置批注文本的字体或颜色，在编辑批注状态下应用"格式"工具设置文本字体或颜色。

（四）显示/隐藏批注

如果需要显示/隐藏批注，可右击需要显示/隐藏批注的单元格，在弹出的快捷菜单中单击"显示/隐藏批注"，则显示批注。若在弹出的右键快捷菜单中单击"隐藏批注"则批注被隐藏。

（五）删除批注

如果需要删除批注，可右击需要删除批注的单元格，在弹出的快捷菜单中单击"删除批注"即可。

第三节　数据处理的基本技术

一、公式

（一）公式输入与编辑

Excel 2010 工作表的核心是公式与函数。公式是用户为了减少输入或方便计算而设置的计算式子，它可以对工作表中的数据进行加、减、乘、除等运算。公式可以由值、单元格引用、名称、函数或运算符组成，它可以引用同一个工作表中的其他单元格、同一个工作簿不同工作表中的单元格或者其他工作簿的工作表中的单元格。使用公式有助于分析工作表中的数据。当改变了工作表内与公式有关的数据，Excel 2010 会自动更新计算结果。输入公式的操作类似于输入文本。不同之处在于，输入公式时要以等号（=）或（+）开头。对公式中包含的单元格或单元格区域的引用，可以直接用鼠标拖动进行选定，或单击要引用的单元格输入引用单元格标志或名称，如"＝＝E4＋F4＋G4－H4"表示将 E4、F4、G4 三个单元格求和后减去 H4，把结果放入当前单元格中。在公式编辑框（ ✗ ✓ fx ＝E4+F4+G4-H4）中输入和编辑公式十分方便。

输入公式的步骤：

（1）选定要输入公式的单元格。

（2）在单元格中或公式编辑框中输入"＝"。

（3）输入设置的公式，按 Enter 键。

如果公式中含有函数，当输入函数时则可按照以下步骤操作：

（1）直接输入公式函数名称格式文本，或在"函数"下拉列表框中选中函数名称，即出现公式选项板，选择所用到的函数名，如"SUM（）"。

（2）输入要引用的单元格或单元格区域，并设置函数及其参数。

（3）单击"确定"按钮。

（二）公式中的运算符

运算符用于对公式中的元素进行特定类型的运算。Excel 2010 包含 4 种类型的运算符：算术运算符、比较运算符、文本运算符和引用运算符。算术运算符可以完成基本的数学运算，包括"+"（加号）、"-"（减号）、"*"（乘号）、"/"（除号）、"%"（百分号）和"^"（乘幂），还可以连接数字并产生数字结果。比较运算符也称关系运算符，可以比较两个数值并产生逻辑值 True 或 False，包括"="（等号）、">"（大于号）、"<"（小于号）、">="（大于等于号）、"<="（小于等于号）和"<>"（不等于号）。文本运算符"&"（连字符）将两个文本值连接起来产生一个连续的文本值。引用运算符有"："（冒号）、"，"（逗号）和空格。其中冒号为区域运算符，逗号为联合运算符，可以将多个引用合并为一个引用，空格为交叉运算符，产生对同时属于两个引用的单元格区域的引用。运算符应用可参考表 7-1。

表 7-1　公式中常用的运算符

运算符	说　明	示　例
=、<、>、>=、<=、<>	比较运算符可以比较两个数值，并产生逻辑真或假	A1=B1、A1>=B1、A1<>B1
&（文本串联符）	将两个文本串起来产生一个连续的文本。若数值型数据用于本运算符，将按文本型数据对待	"Nor"&"th"等于"North"、12&34 等于"1234"
:（冒号）	区域运算符，对两个引用之间，包括两个引用在内的所有单元格进行引用	B5：B15，表示 B5 到 B15 之间的一个矩形单元格区域
,（逗号）	联合操作符将多个引用合并为一个引用	SUM（B5：B15，D5：D15）
+（加号）、-（减号）	加、减（负号）	3+3、3-1、-1
*（乘号）、/（除号）	乘、除	3*3、3/3
%（百分号）	百分比	20%
^（脱字符）	乘幂	3^2（与 3*3 相同）

（三）自动求和

Excel 2010 求和 Σ 操作步骤：

首先确定要自动求和的区域。然后单击"开始"选项卡"编辑"工具组中的"求和" Σ 按钮，则在当前单元格中自动插入求和函数（或在"公式"选项卡"函数库"工具组中应用"自动求和"），也可通过下拉列表选择其他求和功能，操作如图 7-24 所示。

如果当前单元格正上方的单元格中没有数字，那么自动求和将用类似的方法在当前单元格所在行的左侧搜索并进行求和。

二、单元格引用

（一）单元格地址

每个单元格在工作表中都有一个固定的地址，这个地址一般通过指定其坐标来实现。如在一个工作表中，C5 指定的单元格就是第"5"行与第"C"列交叉位置上的那个单元格，这是相对地址。指定一个单元格的绝对位置只需在行、列号前加上符号"$"，如"$C$5"。由于一个工作簿文件可以有多个工作表，为了区分不同的工作表中的单元格，要在地址前面增加工作表的名称，有时不同工作簿文件中的单元格之间要建立连接公式，前面还需要加上工作簿的名称，例如，[工资表] Sheet1！C5 指定的就是"工资表"工作簿文件中的"Sheet1"工作表中的"C5"单元格。

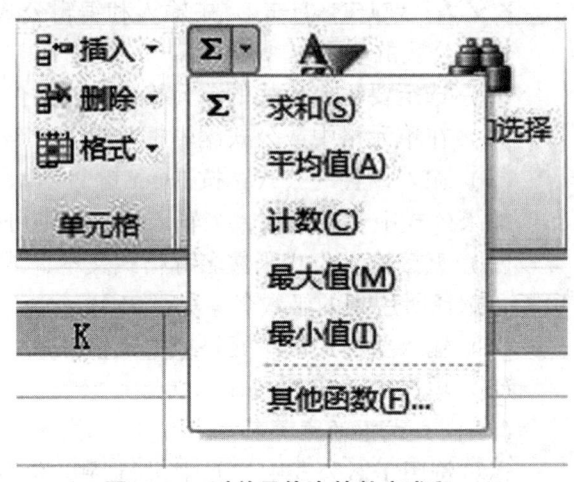

图 7-24 对单元格中的数字求和

（二）单元格地址引用

单元格引用是对工作表的一个或一组单元格进行标识，它告诉 Excel 公式使用哪些单元格的值。通过引用，可以在一个公式中使用工作表不同部分的数据，或者在几个公式中使用同一单元格中的数值。同样，可以对工作簿的其他工作表中的单元格进行引用，甚至对其他工作簿或其他应用程序中的数据进行引用。

单元格的引用可分为相对地址引用、绝对地址引用和混和引用，如 C5 是相对引用；$C$5 是绝对引用；$C5 是相应引用，$C5 中的 C 列是绝对引用，5 行是相对引用，相对引用的值在公式复制过程中的坐标值会根据目标位置自动发生变化。对其他工作簿中的单元格的引用称为外部引用，对其他应用程序中数据的引用称为远程引用。

（三）单元格区域与名称

可以给工作表中单元格、单元格区域定义一个描述性的、便于记忆的名称，使其更直观地反映单元格或单元格区域中的数据所代表的含义。

在"公式"选项卡"定义的名称"工具组中可以创建管理区域名称，也可以在编辑栏左端的"名称框"中创建、修改区域名称。

为单元格或单元格区域命名的步骤：

(1) 选定需要命名的单元格或单元格区域。
(2) 单击编辑栏左端的"名称框"。
(3) 为所选定的单元格或单元格区域键入名称。
(4) 按回车键确认。

三、函数及应用

（一）函数的分类与常用函数

函数是预定义的内置公式。它有其特定的格式与用法，通常每个函数由一个函数名和相应的参数组成。参数位于函数名的右侧并用括号括起来，它是一个函数用以生成新值或进行运算的信息，大多数参数的数据类型都是确定的，而其具体值由用户提供。

在 Excel 2010 中，函数按其功能可分为财务函数、日期时间函数、数学与三角函数、统计函数、查找与引用函数、数据库函数、文本函数、逻辑函数以及信息函数，这里主要介绍常用函数 SUM、AVERAGE、COUNT、MAX 和 MIN 的功能和用法，如表 7-2 所示。

表 7-2 常用函数

函 数	格 式	功 能
SUM	=SUM（number1，number2，…）	求出并显示括号或括号所示区域中所有数值或参数的和
AVERAGE	=AVERAGE（number1，number2，…）	求出并显示括号或括号所示区域中所有数值或参数的算术平均值
COUNT	=COUNT（value1，value2，…）	计算参数表中的数字参数和包含数字的单元格的个数
MAX	=MAX（number1，number2，…）	求出并显示一组参数的最大值，忽略逻辑值及文本字符
MIN	=MIN（number1，number2，…）	求出并显示一组参数的最小值，忽略逻辑值及文本字符

（二）输入函数

在 Excel 2010 中，函数可以直接输入，也可以使用命令输入。

当用户对函数非常熟悉时，可采用直接输入法，首先单击要输入的单元格，再依次输入等号、函数名、具体参数（要带左右括号），并回车或单击按钮 ✓ 以确认即可。

若用户对函数不太熟悉，可利用"粘贴函数"，并按照提示按需选择，其具体步骤如下：

（1）确定要输入的单元格。

（2）单击"开始"选项卡"编辑"工具组中的"求和" Σ 旁的下拉按钮，在弹出的下拉列表中选择"其他函数"，弹出用以选择函数的对话框，如图 7-25 所示。或在"公式"选项卡"函数库"工具组中插入函数。

（3）确定所需函数单击"确定"，会出现选择区域的对话框，如图 7-26 所示。

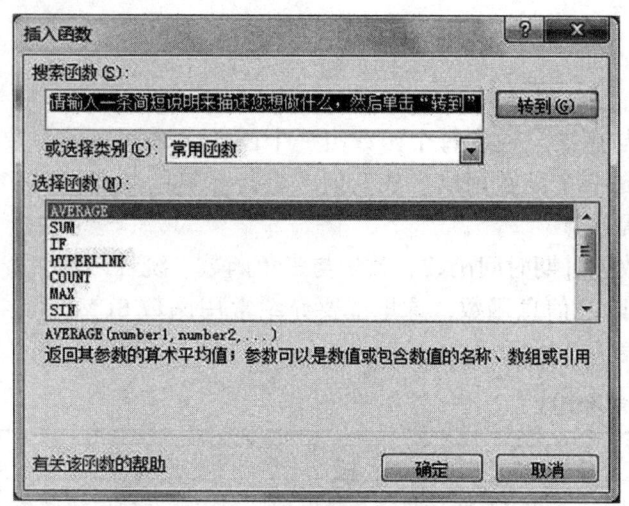

图7-25 "粘贴函数"对话框

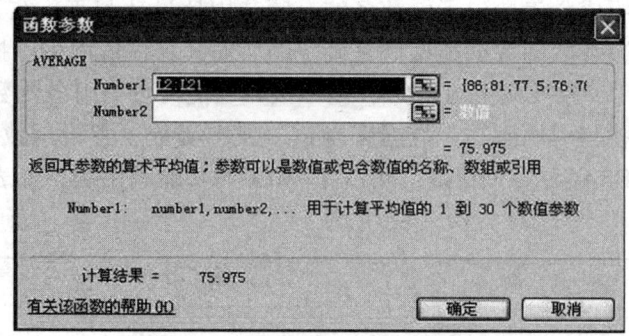

图7-26 选择函数参数的区域范围

图7-26中的函数是平均值函数AVERAGE，用户可直接在参数框Number 1中输入数值、单元格或单元格区域。当区域范围较大或有多个区域范围时，用户可利用参数框Number右侧的一个带红色箭头的按钮选择区域范围，方法是先单击右侧红色箭头按钮，对话框会自动缩小，此时用鼠标左键在表格工作区拖动数据范围，松开鼠标后该范围在表格中会由动态虚线框（称为点线框）表示，再单击缩小后对话框中的红色箭头按钮，返回参数对话框，所选择的区域会由Excel自动用单元格区域引用的形式表示出来。用户在参数框Number 1中选择了单元格或区域，可再在Number 2中选择另一个单元格或区域，继续在Number 3，Number 4、……中选择，Excel共提供了30个用于选择范围的参数框。所需的多个范围选择完毕后，单击确定即可在所需单元格中得到函数运算结果。

在Excel 2010中共有几百个函数，每个函数有用法示意说明，用户也可以利用Office助手获得帮助以学习这些函数的用法。

四、数据管理

在实际工作中常常面临着大量的数据且需要及时、准确地进行处理，这时可借助于数据清单技术、数据排序、数据筛选、分类汇总、数据透视表来处理。

（一）数据清单

在Excel 2010中，数据清单是包含相似数据组的带标题的一组工作表数据行，可以将"数据清单"看成是"数据库"，其中行作为数据库中的记录，列对应数据库中的字段，列标题作为数据库中的字段名称。数据清单是一种特殊的表格，必须包含表结构和纯数据。表中的数据是按某种关系组织起来的，所以数据清单也称为关系表。

表结构为数据清单中的第一行列标题，Excel 2010利用这些标题名对数据进行查找、排序以及筛选等。要正确建立数据清单应遵守以下规则：

（1）避免在一张工作表中建立多个数据清单，如果在工作表中还有其他数据，要与数据清单之间留出空行和空列。

（2）列标题名唯一且同列数据的数据类型和格式应完全相同。

（3）在数据清单的第一行里创建列标题，列标题使用的各种格式应与清单中其他数据有所区别。

（4）单元格中数据的对齐方式可用格式工具栏上的对齐方式按钮来设置，不要用输入空格的方法来调整。

"记录单"的操作方法：在Excel 2010中打开工作簿，单击"文件"选项卡，单击"选项"，在打开的Excel选项对话框中切换到"快速访问工具栏"选项卡。在"从下列位置选择命令"下拉列表中选择"不在功能区的命令",找到"记录单"命令将其添加到自动访问工具栏当中,此时就可以在快速访问工具栏中找到"记录单"按钮。

通过记录单可实现对表记录的添加、修改、删除以及查找等操作。如要查找记录,可在如图7-27所示的对话框中单击"条件"按钮,随即会出现类似的空白记录单,通过在该记录单中输入相应的检索条件就可以查找记录。

(二)数据排序

用户可以根据数据区域中的数值对数据的行列进行排序。排序时,Excel 2010将按照指定的排序方式重新排列行/列或单元格。排序的方式有:升序(1到9,A到Z)、降序(9到1,Z到A)。

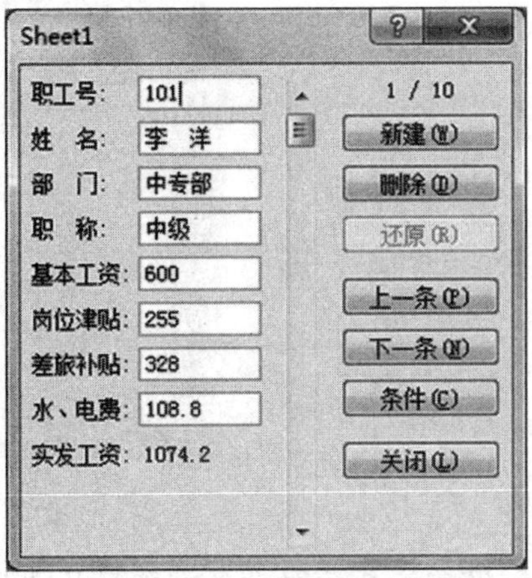

Excel 2010默认状态是按字母顺序对数据清单排序,也可以使用自定义排序。

1. 按升序排序

如果以前在同一工作表上对数据清单进行过排序,那么除非修改排序选项,否则Excel将按同样的排序选项进行排序。操作方法:在要排序数据列中单击任一单元格,单击"数据"选项卡"排序和筛选"工具组中的"升序"按钮。

2. 按降序排序

图7-27 数据记录单

降序(Z到A、标点符号、空格、9到1的次序)即按递减次序排序。如要按从大到小的顺序排列工资表清单,用户可以按递减次序对"基本工资"列进行排序。

3. 自定义排序

在Excel 2010中,单击"数据"选项卡"排序和筛选"工具组中的"排序"按钮打开如图7-28所示"排序"对话框,在对话框中单击"选项"可设置排序的方向(行/列)和方法(字母/笔画)。在自定义排序下,单击"添加条件"可以创建多个排序条件,用户在排序条件中指定排序的关键字、排序依据和次序。

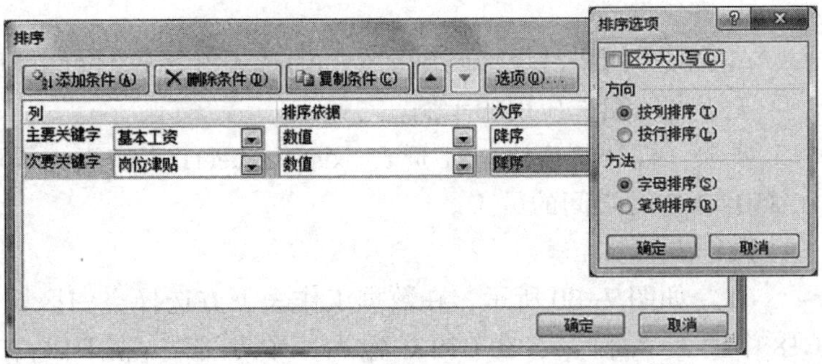

图7-28 自定义排序

(三)数据筛选

用户在对数据进行分析时,常会从全部数据中按需选出部分数据,如从工资表中选出所有"中专部"的员工,或选出"基本工资"在600元以下的员工等,应用Excel提供的"自动筛选"和"高级筛选"就很方便。

1. 自动筛选

自动筛选是一种快速的筛选方法,用户可通过它快速地选出数据。其具体操作方法如下:

(1)单击数据清单中任一单元格或选中整张数据清单。

(2)单击"数据"选项卡"排序和筛选"工具组中的"筛选"按钮。

这时可以看到,在数据清单的每个字段名右侧都会出现一个向下的箭头,如图7-29所示。

单击要筛选列项的下拉箭头,如"基本工资",则出现如图7-29所示的下拉列表框。在"数字筛选"子项下拉列表框中根据单元格数据类型显示与该类型相关的可选条件项,如数值类型则显示等于、大于、全部、10个最大的值、自定义筛选等。

· 303 ·

图 7-29 自动筛选

单击相应筛选条件项打开"自定义自动筛选方式"对话框,用户可在此为一个字段设置两个筛选条件,然后按照两个条件的组合进行筛选。两个条件的组合有"与"或"或"两种,前者表示筛选出同时满足两个条件的数据,后者表示筛选出满足任意一个及以上条件的数据。

如果要退出自动筛选状态,则再次单击"数据"选项卡"排序和筛选"工具组中的"筛选"按钮,则取消自动筛选且字段名侧的向下箭头也消失。

2. 高级筛选

在实际应用中往往遇到更复杂的筛选条件,这时可以应用高级筛选。

关于高级筛选应用的示例:

要求:打开"模块 4/工资表.xlsx"Sheet1 工作表工资表,筛选出具有中专部中级职称且岗位津贴在 250~260 元之间的员工。

操作方法:

(1) 如图 7-30 所示,在数据工作表下方选择空白区域作为设置条件的区域,并输入筛选条件:在 C18 中输入"部门",在 C19 中输入"中专部",在 D18 中输入"职称",在 D19 中输入"中级",在 E18 中输入"岗位津贴",在 E19 中输入">250",在 F18 中输入"岗位津贴",在 F19 中输入"<250"。

(2) 单击数据区域中任一单元格,选择菜单中的"数据"选项卡"排序与筛选"工具组中的"筛选"按钮,弹出如图 7-30 所示"高级筛选"对话框。在对话框"方式"中选择"将筛选结果复制到其他位置"。

(3) 在"数据区域"中指定要筛选的数据区域 \$A\$3:\$I\$13,再在"条件区域"中指定已输入的条件区域 \$C\$18:\$F\$19。高级筛选对话框中还有一复选框为"选择不重复的记录",选中它,筛选时去掉重复的记录。

(4) 单击"确定",高级筛选结果如图 7-30 左图下方所示。

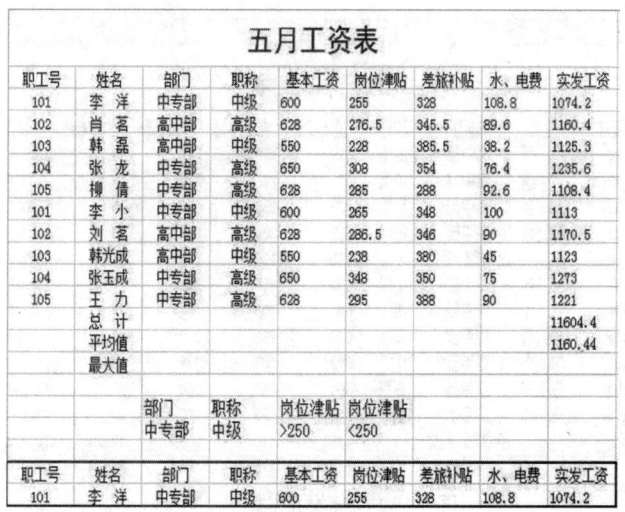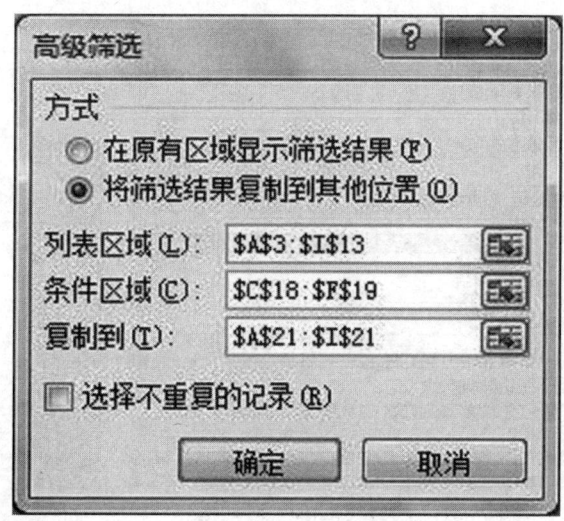

图 7-30　高级筛选

（四）分类汇总

分类汇总就是把数据分类别进行统计，便于对数据的分析管理。以下是具体的操作方法。

1. 为数据区域插入汇总

具体操作步骤：

（1）先选定汇总列，对数据按汇总列字段进行排序，如按部门排序。

（2）在要分类汇总的数据清单中，单击任一单元格。

（3）单击"数据"选项卡"分级显示"功能区中的"分类汇总"按钮，打开"分类汇总"对话框，如图 7-31 所示。

（4）在"分类字段"下拉列表框中，单击需要用来分类汇总的数据列（如部门）。选定的数据列应与步骤①中进行排序的列相同。

（5）"汇总方式"下拉列表框中，单击所需用于计算分类汇总的函数（如求和）。

（6）如图 7-31 所示，在"选定汇总项（可多个）"列表框中，选定与需要对其汇总计算的数值列对应的复选框。

（7）单击"确定"按钮，即可生成分类汇总，如图 7-32 所示为按部门汇总。

2. 删除插入的分类汇总

当在数据清单中清除分类汇总时，Excel 同时也将清除分级显示和插入分类汇总时产生的所有自动分页符。具体操作步骤如下：

（1）在含有分类汇总的数据清单中，单击任一单元格。

（2）单击"数据"选项卡"分级显示"功能区中的"分类汇总"按钮，打开"分类汇总"对话框，如图 7-31 所示。

（3）单击"全部删除"按扭。

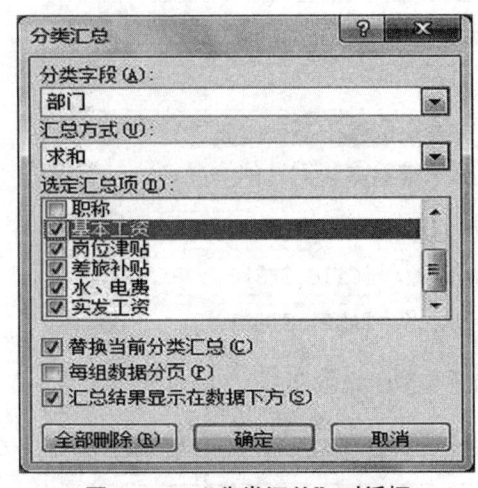

图 7-31 "分类汇总"对话框　　　　图 7-32 分类汇总

（五）数据合并计算

所谓合并计算是指可以通过合并计算的方法来汇总一个或多个源区中的数据。Excel 2010 提供了两种合并计算数据的方法：一是通过位置，即当源区域有相同位置的数据汇总。二是通过分类，当源区域没有相同的布局时，则采用分类方式进行汇总。

合并计算数据时首先必须为汇总信息定义一个目的区，用来显示摘录的信息。此目标区域可位于与源数据相同的工作表上，或在另一个工作表上或工作簿内。其次，需要选择要合并计算的数据源。此数据源可以来自单个工作表、多个工作表或多个工作簿中。

在 Excel 2010 中，可以指定多个源区域来进行合并计算。在合并计算时，不需要打开包含源区域的工作簿。

合并计算的自动更新

当源数据改变时，Excel 会自动更新合并计算表。要实现该功能的操作是：在"合并计算"对话框中选定"链接到源"复选框，选定后在其前面的方框中会出现一个"√"符号。这样，当每次更新源数据时，就不必再执行一次"合并计算"命令。而当源和目标区域在同一张工作表时，是不能够建立链接的。

（六）数据透视表

数据透视表是一种可以对大量数据快速汇总和建立交叉列表的交互式表格。它能够对行和列进行转换以查看源数据的不同汇总结果，并显示不同页面以筛选数据，还可以根据需要显示区域中的明细数据。数据透视表是一种动态工作表，它提供了一种以不同角度观看数据清单的简便方法。

1. 数据透视表的组成

数据透视表一般由以下几个部分组成：

页字段：是数据透视表中指定为页方向的源数据清单或表单中的字段。单击页字段的不同项，在数据透视表中会显示与该项相关的汇总数据。源数据清单或表单中的每个字段或列条目或数值都将成为页字段列表中的一项。

数据字段：是指含有数据的源数据清单或表单中的字段，它通常汇总数值型数据，数据透视表中的数据字段值来源于数据清单中同数据透视表行、列、数据字段相关的记录的统计。

数据项：是数据透视表中的分类，它代表源数据中同一字段或列中的单独条目。数据项以行标或列标的形式出现，或出现在页字段的下拉列表框中。

行字段：数据透视表中指定为行方向的源数据清单或表单中的字段。

列字段：数据透视表中指定为列方向的源数据清单或表单中的字段。

数据区域：是数据透视表中含有汇总数据的区域。数据区中的单元格用来显示行和列字段中数据项的汇总数据，数据区每个单元格中的数值代表源记录或行的一个汇总。

2. 创建数据透视表、图

以成绩表为例，成绩表的数据作为源数据，要求计算各院系各班的平均总成绩。

在工作表中单击"插入"选项卡"数据透视表"，打开"创建数据透视表"对话框（见图7-33），在对话框中选择"要分析的数据"和"放置数据透视表的位置"。

单击"确定"按钮后如图7-34所示，分别将"院系"、班、总成绩拖到对应区域，将总成绩拖到"数据区域"时会自动显示为"求和项"，右键单击后在快捷菜单中选择"设置字段"，再在汇总方式中选择"平均值"，再对数据区域单元格的格式设置两个小数位，完成创建数据透视表。

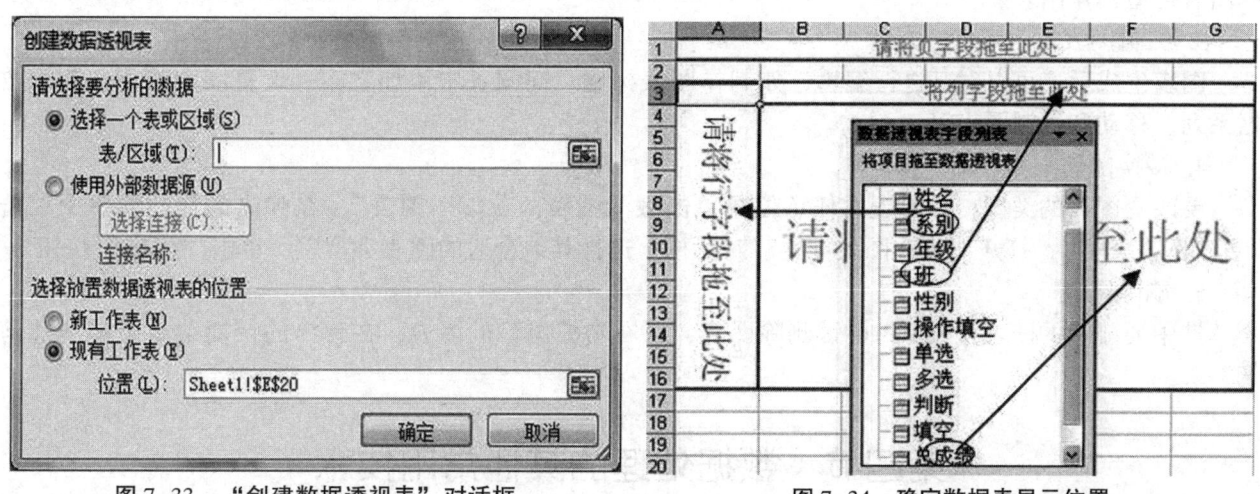

图7-33　"创建数据透视表"对话框　　　　图7-34　确定数据表显示位置

用户可以应用"数据透视表"工具对数据透视表参数修改和设置格式，使数据透视表变得更加实用、美观。

（七）数据图表

图表是Excel 2010比较常用的对象之一。与工作表相比，图表具有十分突出的优势，它具有使用户看起来更清晰、更直观的优点，图表是以图形的方式来显示工作表中的数据。

与Word图表相同，Excel 2010图表的类型有多种，分为柱形图、条形图、折线图、饼图、XY散点图、面积图、圆环图、雷达图、曲面图、气泡图、股价图、圆柱图、圆锥图和棱锥图等。Excel 2010的默认图表类型为柱形图。

1. 图表的组成元素

图表的基本组成如下：

图表区：整个图表及其包含的元素。

绘图区：在二维图表中，以坐标轴为界并包含全部数据系列的区域。在三维图表中，绘图区以坐标轴为界并包含数据系列、分类名称、刻度线和坐标轴标题等。

图表标题：一般情况下，一个图表应该有一个文本标题，它可以自动与坐标轴对齐或在图表顶端居中。

数据分类：图表上的一组相关数据点，取自工作表的一行或一列。图表中的每个数据系列以不同的颜色和图案加以区别，在同一图表上可以绘制一个以上的数据系列。

数据标记：图表中的条形面积、圆点扇形或其他类似符号，来自于工作表单元格的单一数据点或数值。图表中所有相关的数据标记构成了数据系列。

数据标志：根据不同的图表类型，数据标志可以表示数值、数据系列名称、百分比等。

坐标轴：为图表提供计量和比较的参考线，一般包括X轴、Y轴。

刻度线：坐标轴上的短度量线，用于区分图表上的数据分类数值或数据系列。

网格线：图表中从坐标轴刻度线延伸开来并贯穿整个绘图区的可选线条系列。

图例：是图例项和图例项标示的方框，用于标示图表中的数据系列。

图例项标示：图例中用于标示图表上相应数据系列的图案和颜色的方框。

背景墙及基底：三维图表中包含在三维图形周围的区域，用于显示维度和边角尺寸。

数据表：在图表下面的网格中显示每个数据系列的值。

2. 创建图表

如果用户要创建一个图表，选定要创建图表的数据区域，在"插入"选项卡"图表"功能区中选择图表类型创建图表。

3. 编辑图表

图表生成后，可以对其进行编辑，如制作图表标题、向图表中添加文本、设置图表选项、删除数据系列、移动和复制图表等。

4. 转换图表类型

要改变图表的类型，在图表的任意位置单击激活图表，右击"图表"，在弹出的快捷菜单中单击"更改图表类型"，打开"更改图表类型"对话框，选择其他合适的图表类型后，单击"确定"按钮。

5. 删除图表

选中要删除的图表，按 Delete 键删除图表，或右击要删除的图表，在弹出的快捷菜单中单击"剪切"。

第四节　数据处理的其他常用技术

一、打印区域页面设置

在制作完一张工作表后，根据需要可将它打印出来。在打印之前，首先要设置页面区域和做好分页工作。

（一）设置页面区域

用户在打印前，首先要对打印的区域进行设置，否则，系统会把整个工作表作为打印区域。设置页面区域，可以使用户控制只将工作表的某一部分或整个工作表、工作簿打印出来，设置页面区域的常用方法如下：首先选定工作表或选择需要打印的工作表区域，选择"文件"选项卡"打印"中的"设置"（见图7-35），在打开的"设置"下拉列表中选择打印区域，可选择的打印区域有：打印活动工作表、打印整个工作簿、打印选定区域。在弹出菜单中选取"设置打印区域"项，Excel 就会把选定的区域作为打印的区域。或先选定需要打印的工作表区域，单击"页面布局"选项卡"页面设置"中的"打印区域""设置打印区域"。

图7-35　打印与页面设置

（二）分页

一个 Excel 工作表可能有很大，而能够用来打印的纸张面积有限，对于超过一页信息的工作表，系统能够自动设置分页符，在分页符处将文件分页。而用户有时需要对工作表中的某些内容进行强制分页，因此，用户需要在打印工作表之前，先对工作表进行分页。对工作表进行人工分页，一般就是在工作表中插入分页符，插入的分页符包括垂直的人工分页符和水平的人工分页符。

插入分页符的方法：先选定要开始页面的单元格，然后选择"页面布局"选项卡"页面设置"工具组"分隔符"中的"插入分页符"，以进行人工分页。

在插入分页符时，应注意开始新页的那个单元格的选定。如果是进行垂直分页，选定的单元格应属于列；如果是进行水平分页，选定的单元格应属于一行。当要删除一个人工分页符时，应选定人工分页符下面的第一行单元格（垂直分页符）或右边的第一列单元格（水平分页符），然后选择"页面布局"选项卡"页面设置"工具组"分隔符"中的"删除分页符"，单击此命令就可删除这个人工分页符。如果要删除全部人工分页符，则应选中整个工作表，然后在"分隔符"中单击"重设所有分页符"。

二、页面设置

工作表在打印之前，要进行页面的设置。选择"文件"选项卡"打印"中的"页面设置"（见图7-35），就可激活"页面设置"对话框（见图7-36），在该对话框中可以对页面、页边距、页眉/页脚和工作表进行设置，也可以在图7-37"页面设置"功能区中对页边距、纸张方向和大小、打印区域进行设置。

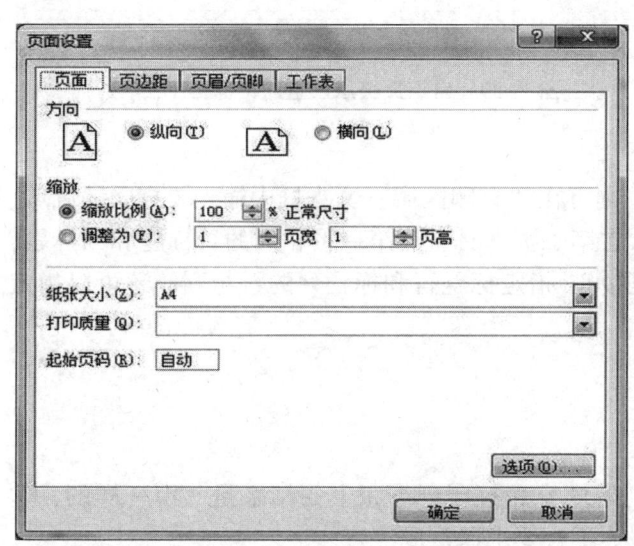

图 7-36　"页面设置"对话框

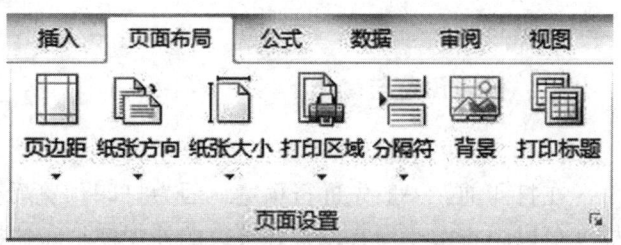

图 7-37　"页面设置"功能区

（一）"页面设置"对话框中的选项

选择"页面设置"对话框中的"页面"选项卡。在对话框中，用户可以将"方向"调整为纵向或横向；调整打印的"缩放比例"，可选择10%至400%尺寸的效果打印，100%为正常尺寸；设置"纸张大小"，从下拉列表中可以选择用户需要的打印纸的类型；"打印质量"列表中有高、中、低和草稿四个选项供选择。如果用户只打印某一页码之后的部分，可以在"起始页码"中设定。

（二）页边距的设置

打开"页边距"选项卡，分别在"上""下""左""右"编辑框中设置页边距。在"页眉"、"页脚"编辑框中设置页眉、页脚的位置；在"居中方式"中，可选"水平居中"和"垂直居中"两种方式。

（三）页眉/页脚的设置

打开"页眉/页脚"选项卡，如图7-38所示。在"页眉/页脚"选项卡中单击"页眉"下拉列表可选定一些系统定义的页眉，同样，在"页脚"下拉列表中可以选定一些系统定义的页脚。单击"自定义页眉"或"自定义页脚"就可以进入下一个对话框，进行用户自己定义的页眉、页脚编辑。

单击"自定义页眉"或"自定义页脚"按钮后，系统会弹出一个如图 7-39 所示的对话框。在这个对话框中，用户可以在"左""中""右"框中输入自己期望的页眉、页脚。另外，在上方还有七个不同的按钮，可以对页眉、页脚进行字体的编辑。按钮 表示在光标所在位置插入页码；按钮 表示在光标处插入总页码；按钮 表示在光标所在位置插入日期；按钮 表示在光标所在位置插入时间；按钮 表示在光标所在位置插入 Excel 工作簿的名称。

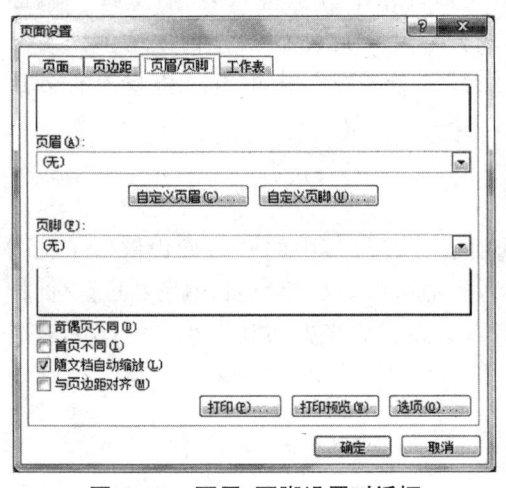

图 7-38　页眉/页脚设置对话框　　　　图 7-39　自定义页眉设置对话框

（四）工作表的设置

选择"工作表"选项卡。如果要打印某个区域，则可在"打印区域"文本框中输入要打印的区域。如果打印的内容较长，要打印在两张纸上，而又要求在第二页上具有与第一页相同的行标题和列标题，则在"打印标题"框中的"顶端标题行""左端标题列"指定标题行和标题列的行与列，还可以指定打印顺序等。

三、打印预览与输出

（一）打印预览

在打印前，一般先进行预览，因为打印预览看到的内容和打印到纸张上的结果是一模一样的，这样就可以防止由于没有设置好报表的外观使打印的报表不合要求而造成浪费。

选择"文件"选项卡"打印"，可根据选定的区域在右侧直观地显示打印预览状态。

（二）打印

预览完后，当设置符合用户要求时，选择"文件"选项卡"打印"中的"打印"按钮系统按默认设置打印。

用户也可以在如图 7-35 所示中选择打印机类型，在"页"中设定需要打印的页的页码。在"份数"栏中设置打印的份数。

第五节　数据库及 SQL 语言应用

在日常公安工作中，有时会碰到更为复杂的数据处理要求（如对海量数据进行处理），此时使用 Excel 之类的小型数据处理软件满足不了需求，有必要使用数据库软件进行处理。所谓数据库，是指存储在一起的相关数据的集合，这些数据是结构化的，无有害的或不必要的冗余，并为多种应用服务；数据的存储独立于使用它的程序；对数据库插入新数据，修改和检索原有数据均能按一种公用的和可控制的方式进行。

通常可以使用结构化查询语言（Structured Query Language，SQL）处理数据库存储的数据。SQL 语言的主要功能是同各种数据库建立联系，进行沟通。按照 ANSI（美国国家标准协会）的规定，SQL 被作为关系型数据库管理系统的标准语言。SQL 语句可以用来执行各种各样的操作，如更新数据库中的数据、从数据库中提取数据等。绝大多数流行的关系型数据库管理系统都采用了 SQL 语言标准。虽然很多数据库都对 SQL 语句进行了再开发和扩展，但是包括 Select、Insert、Update、Delete、Create 以及 Drop 在内的标准的 SQL 命令仍然可以被用来完成几乎所有的数据库操作。

本节即以广泛使用的数据库软件 SQL Server 为例，说明数据库及 SQL 语言在公安工作中的具体应用。

一、SQL Server 数据库的基本操作

（一）创建数据库

创建数据库的过程实际上就是为数据库设计名称、设计所占用的存储空间和文件存放位置的过程。在 SQL Server 中创建数据库的方法主要有两种：使用向导创建数据库和使用企业管理器创建数据库。

1. 使用向导创建数据库

在企业管理器中，首先选中欲创建数据库的服务器节点，然后从"工具"菜单中选择"向导"（红色）选项，或从工具栏中选择"向导"图标。双击"创建数据库向导"命令，或者选中"创建数据库向导"命令后单击"确定"按钮。按照向导提示，即可完成数据库的创建。

2. 使用企业管理器创建数据库

在企业管理器中，单击工具栏中的"新建"（蓝色）图标，或在数据库文件夹或其下属任一数据库图标上右击，从弹出的快捷菜单中选择"新建数据库"命令。在弹出的"数据库属性"对话框中填写数据库名称"公安应用"，然后确定（见图 7-40）。

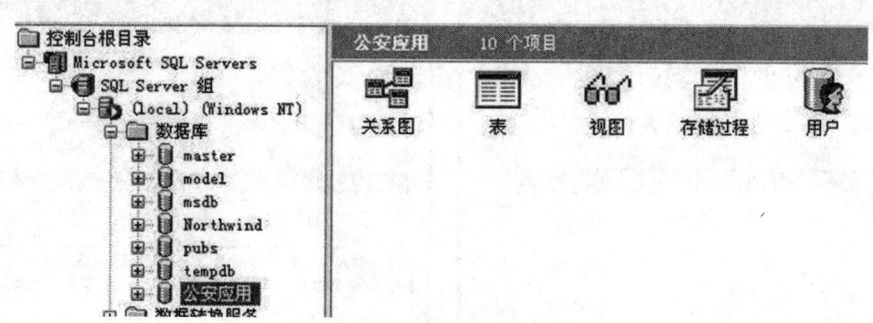

图 7-40 新建数据库"公安应用"

（二）导入数据表

1. 打开企业管理器，打开要导入数据的数据库，在表上按右键，所有任务-->导入数据（见图 7-41），弹出 DTS 导入/导出向导，点击"下一步"

2. 在"导入/导出向导"对话框上，选择数据源 Microsoft Excel，文件名则选择要导入的 xls 文件（见图 7-42），点击"下一步"。

3. 选择目的"用于 SQL Server 的 Microsoft OLE DB 提供程序"，服务器选择本地（Local）（如果是本地数据库的话），使用 Windows 身份

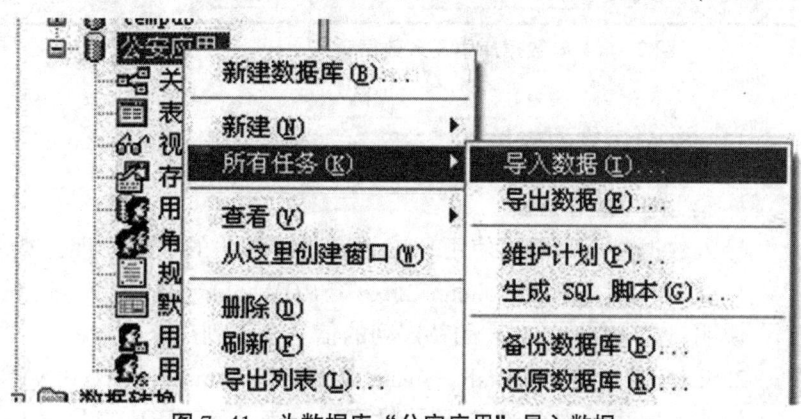

图 7-41 为数据库"公安应用"导入数据

验证（也可根据实际情况选择 SQL Server 登录），数据库选择要导入数据的数据库（见图7-43），点击"下一步"

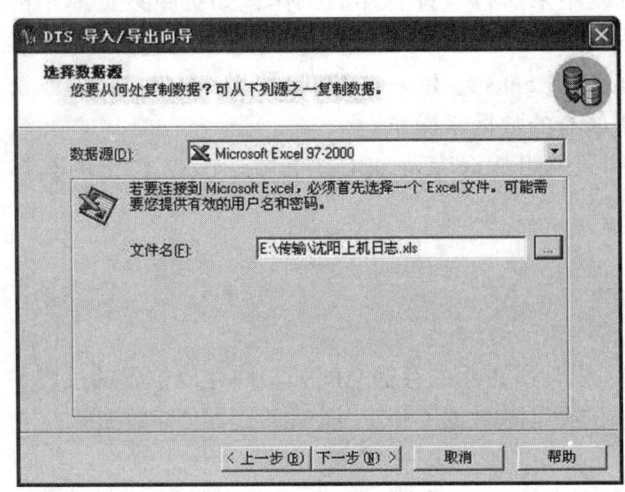

图7-42 选择数据源　　　　　图7-43 选择需要导入数据的数据库

4. 通常按默认规则点击"下一步"，会看到表/工作表/Excel 命名区域列表，选择要导入数据的那个表（图7-44），点击"下一步"

5. 选择"立即"运行，这样就成功地指定了复制、转换或传输数据所需要的信息。点击"完成"按钮即可完成导入操作。导入成功后，即可出现如图7-45 所示的画面

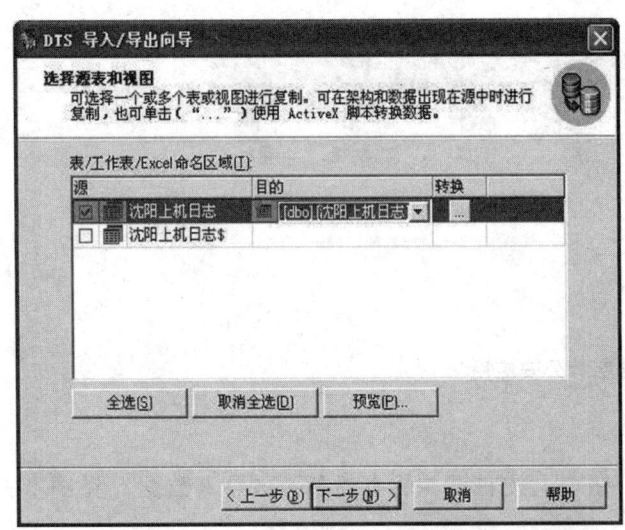 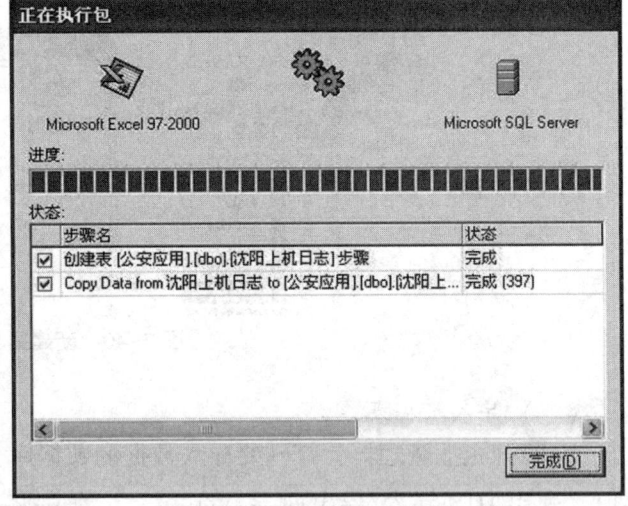

图7-44 向数据库中导入数据表图　　　　　图7-45 数据导入成功画面

二、SQL 语言的应用

（一）SQL 语言语法

导入数据之后，即可使用 SQL 语言进行相关的数据处理，本部分首先介绍常用的 SQL 语言语法。

1. SELECT column1,columns2,……FROM table_name

说明：把 table_ name 的特定列的信息全部列出来。

2. SELECT ＊ FROM table_name WHERE column1 ＝ xxx［AND column2 ＞ yyy］［OR column3<> zzz］

说明：＊表示把全部的记录项都列出来；WHERE 之后是接条件式，把符合条件的记录列出来；

AND 表示与条件；OR 表示或条件。

3. SELECT column1,column2 FROM table_name ORDER BY column2 [DESC]

说明：ORDER BY 是指定以某一列做排序，[DESC] 是指从大到小排列；若没有指明，则是从小到大排列。

4. SELECT * FROM table1,table2 WHERE table1.colum1=table2.column1

说明：查询两个表格中其中 column1 值相同的资料，当然两个表格相互比较的字段，其格式必须相同。一个复杂的查询其动用到的表格可能会有很多个。

5. SELECT * FROM table_name1 WHERE column1 LIKE "x%"

说明：LIKE 必须和后面的"x%"相呼应，表示以 x 为开头的字串。

6. SELECT * FROM table_name1 WHERE column1 IN ("xxx","yyy"..)

说明：IN 后面接的是一个集合，表示 column1 存在集合里面。

7. SELECT * FROM table_name1 WHERE column1 BETWEEN xx AND yy

说明：BETWEEN 表示 column1 的值介于 xx 和 yy 之间。

8. SUBSTRING 函数

功能：返回字符串的子串。

语法：{SUBSTRING|SUBSTR}(string-expression,start[,length])

string-expression：从中返回子串的字符串。

start：要返回的子串的起始位置（以字符为单位）。负起始位置指定从字符串结尾处（而不是开始处）开始的字符数。字符串中第一个字符的位置是 1。

length：要返回的子串的长度（以字符为单位）。正 length 表示子串在起始位置的右侧 length 字符数处结束，而负 length 表示从开始位置左边起返回至多 length 字符，其中包括开始位置的字符。

（二）利用 SQL 语言处理数据实例

启动"SQL 查询分析器"，使用已知的用户名与密码连接数据库服务器（见图 7-46）。

连接成功后，指定要查询的数据库，在"查询"窗口中输入 SQL 语句，点击"执行"按钮即可在窗口下方显示语句执行结果。如图 7-47 所示即为使用"select * from 沈阳上网实名 where 字段1='冯佳'"，查询名为"冯佳"用户的上网信息。从显示结果可以看出，"冯佳"身份证号为"210302××××××0614"，曾于 2008 年 4 月 30 日在"华美网吧"上网。

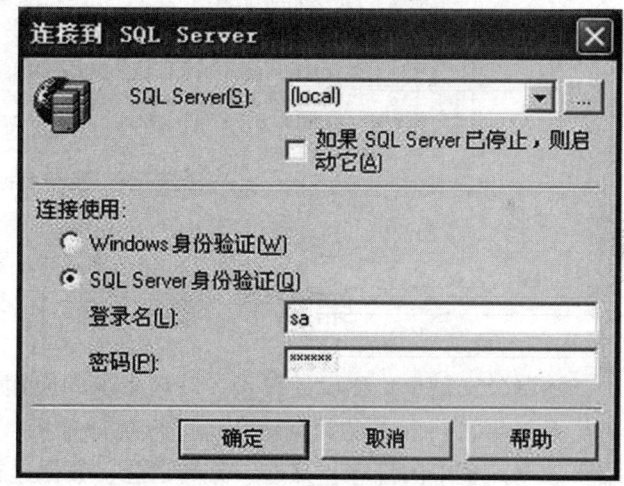

图 7-46 与数据库服务器进行连接

如图 7-48 所示则为使用"select * from 沈阳上网实名 where 字段5 like '%智%'"，需找名称中含"智"的网吧。从结果可以看出，名称中含"智"的网吧有"智能网吧（任逍遥农大店）""智能人网吧""智慧网吧"。

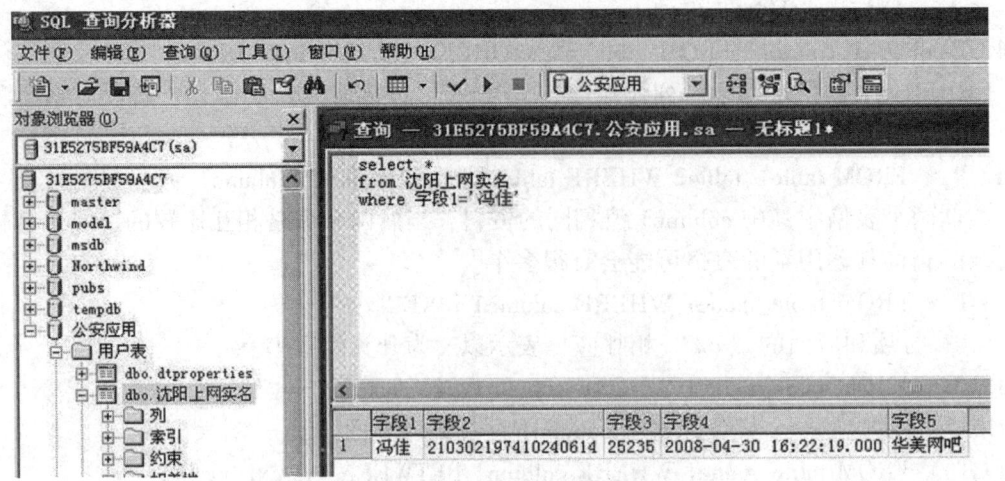

图 7-47 "冯佳"用户的上网记录

图 7-48 查询名称中含"智"的网吧

第六节 案（事）件数据实战综合处理

随着公安信息化建设的深入，信息系统的应用日益广泛，数据化的信息越来越多，如何更好地针对与案（事）件相关的数据化信息进行统计分析，已成为当前信息化工作的重点研究课题。本节主要结合数据处理中的排序、筛选、分类汇总、数据透视等功能，从公安实际工作视角出发，阐述案（事）件数据处理的常用方法。

一、公安数据排序

所谓数据排序，是指按一定规则对数据进行整理、排列，为数据的进一步处理做好准备。利用 Microsoft office 中的 Excel 工具，可以实现数据的快速排序、多条件排序、按笔画排序、自定义排序、函数排序等多种功能。本小节以某单位的"案件信息记录表"（见图 7-49）为例，说明上述功能的具体实现方法。

案件编号	案件名称	案件类型	立案警种	案件性质		办理状态	办结类型	抓获人员
350200200800994	尤彬滨故意杀人案	杀人	刑侦	XF232-故意杀人案	XF232-故意杀	结案	协助侦破案件	尤彬滨
350200200800993	"12.14"无名氏被故意	杀人	刑侦	XF233-故意伤害案		结案	协助侦破案件	王海滨
350200200800983	吴勇被故意伤害案（致死	杀人	刑侦	XF234-故意伤害案		结案	协助侦破案件	杨振龙
350200200800964	尹贤生盗窃案	传统盗窃	刑侦	XF264-盗窃案XF264-盗窃案		结案	协助侦破案件	尹贤生
350200200800963	杜战兴盗窃案	传统盗窃	刑侦	XF263-抢劫案XF263-抢劫案		结案	协助侦破案件	杜战兴
350200200800961	刘国连盗窃案	传统盗窃	刑侦	XF264-盗窃案XF264-盗窃案		结案	协助侦破案件	刘国连
350200200800960	叶安岳故意损坏财物案	其他	派出所	XF275-故意毁坏财物案XF275-故意		结案	协助侦破案件	叶安岳
350200200800958	朱国忠盗窃案	传统盗窃		XF264-盗窃案XF264-盗窃案		结案	协助侦破案件	朱国忠

图 7-49 案件信息记录表中的部分信息

（一）快速排序

如果希望对案件信息记录按某列属性（如"案件编号"由大到小）进行排列，可以这样操作：选中"案件编号"列任意一个单元格（如A3），然后单击"常用"工具栏上的"降序排序"按钮即可（见图7-50）。需要指出的是：①如果排序对象是数字，按"常用"工具栏上的"升序排序"按钮，则将排列对象按由小到大进行排序；②如果排序的对象是中文字符，则按"汉语拼音"顺序排序；③如果排序的对象是西文字符，则按"西文字母"顺序排序。

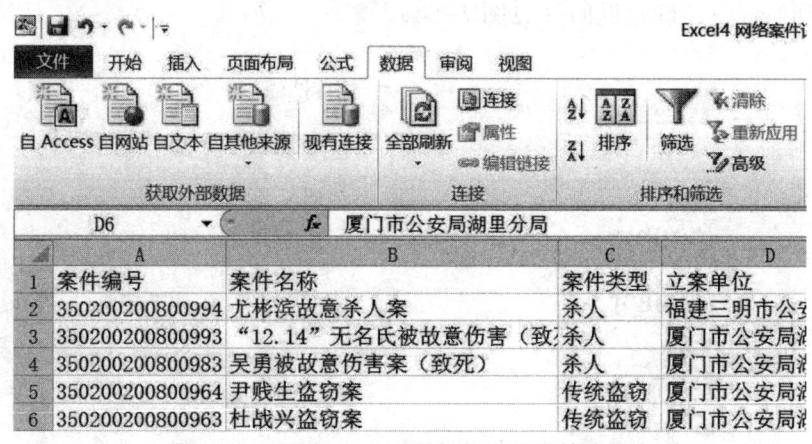

图7-50　利用Excel对数据信息进行快速排序

（二）多条件排序

如果需要按"案件名称、立案警种、案件性质"对数据进行排序，可作如下操作：选中数据表格中任意一个单元格，执行菜单栏上的"数据"→"排序"命令，打开"排序"对话框，将"主要关键词、次要关键词、第三关键词"分别设置为"案件名称、立案警种、案件性质"，并设置好排序方式（"升序"或"降序"），同时选择"数据包含标题"，单击"确定"按钮即可（见图7-51）。

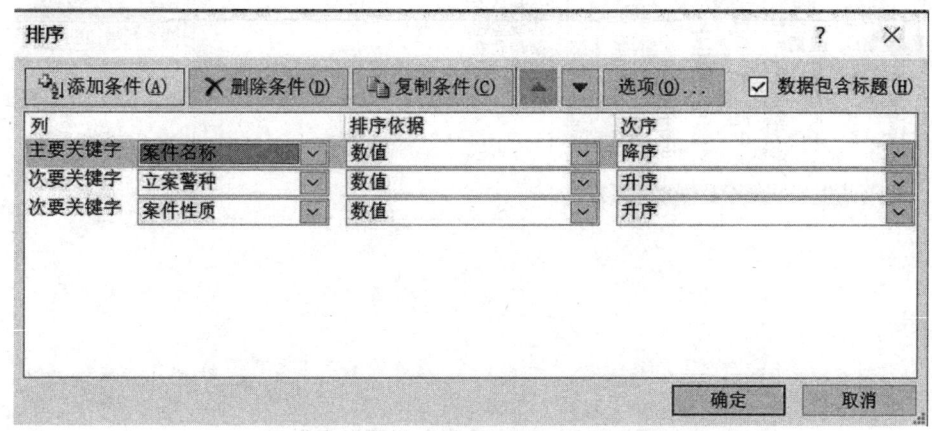

图7-51　实现对数据信息的多条件排序

（三）按笔画排序

如果需要对"抓获人员"中的人名进行排序，则可能有按"笔画排序"的需求。选中"抓获人员"列中的任意一个单元格，执行"数据"→"排序"命令，打开"排序"对话框，单击其中的"选项"按钮，打开"排序选项"对话框（见图7-52），选中其中的"笔画排序"选项，确定返回到"排序"对话框，再按下"确定"按钮即可。值得注意的是：如果需要按某行属性对数据进行排序，只要在上述"排序选项"对话框中选中"按行排序"选项即可。

（四）自定义排序

当对"案件类型"列进行排序时，无论是按"拼音"还是"笔画"，可能都不符合实际工作需要。要解决这个问题，可以通过自定义序列来进行完成。

先把相应的案件类型序列按需要排列的顺序输入到相应的单元格区域（见图7-53）中；执行"文件"→"选项"命令，打开"高级"对话框，切换到"编辑自定义列表"标签下，在"从单元格中导入序列"右侧的方框中输入"＄G＄2：＄G＄8"（也可以用鼠标选择输入），然后单击"导入"按钮，将相应的序列导入到系统中，确定返回（见图7-54）。

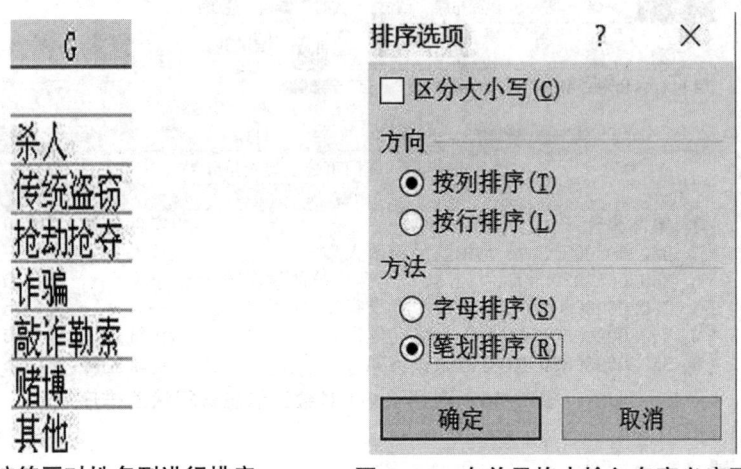

图7-52 按笔画对姓名列进行排序　　图7-53 在单元格中输入自定义序列

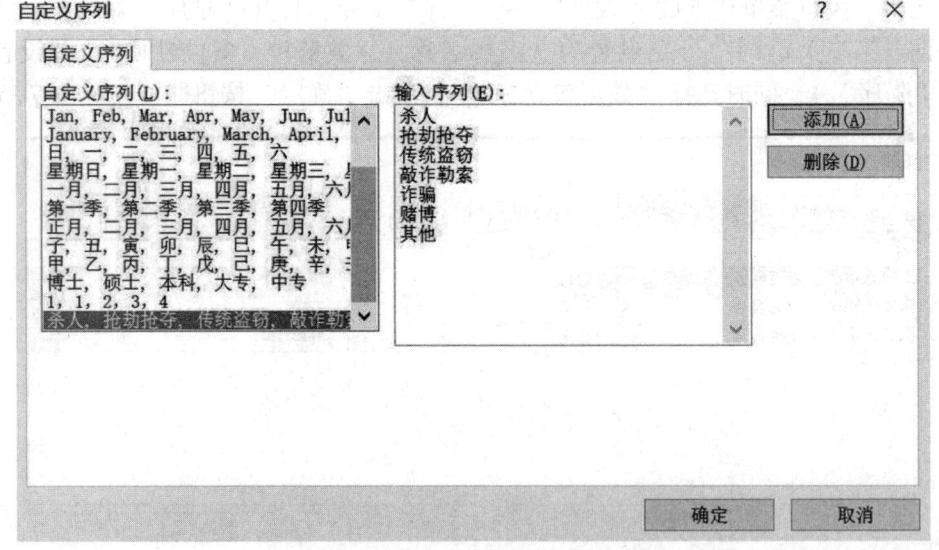

图7-54 向Excel导入自定义序列

序列导入后，原来G2至G8区域中输入的数据可以删除，导入的序列在其他Excel文档中均可直接使用。选中"案件类型"列任意一个单元格，执行"数据"→"排序"命令，打开"排序"对话框，选择"次序"下拉菜单，选择其中的"自定义序列"中的"杀人、抢劫抢夺、传统盗窃、敲诈勒索、诈骗、赌博、其他"序列，并且单击"选项"按钮，打开"排序选项"对话框，按需选择"方向"和"方法"，最后按下"确定"按钮即可（见图7-55）。

（五）用函数进行排序

有时，当需要对某些数值列进行排序时，可能并不希望打乱表格原有数据的顺序，而只需要得到

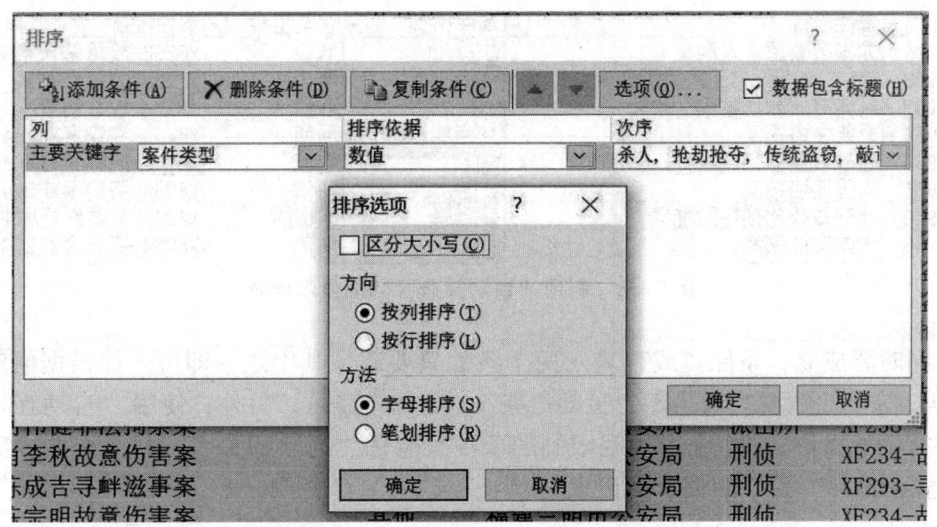

图 7-55 选择导入的自定义序列

一个排列名次。对于这个问题，可以用 RANK 函数来实现。以某单位的"年度考核表"为例，在已计算出"考核成绩"的基础上，需要得出个人的考核名次。选中"考核名次"字样下面的第一个单元格（C2），执行"公式"→"插入函数"命令，在弹出的对话框中输入如图 7-56 所示的函数信息，然后再次选中 C2 单元格，将鼠标移至该单元格右下角成"细十字线状"（填充柄），按住左键向下拖拉至最后一条数据为止，次序即刻显示出来（见图 7-57）。若要升序排列，可在公式最后增加一个"非零"参数，如将上述公式改为：=RANK（C2，＄B＄2：＄B＄16，1）。需要指出的是，使用 RANK 函数时，数据列表（Ref 域）需要绝对单元格引用，这样在多行或多列复制公式时，数据列表不作调整，以保证结果的正确。

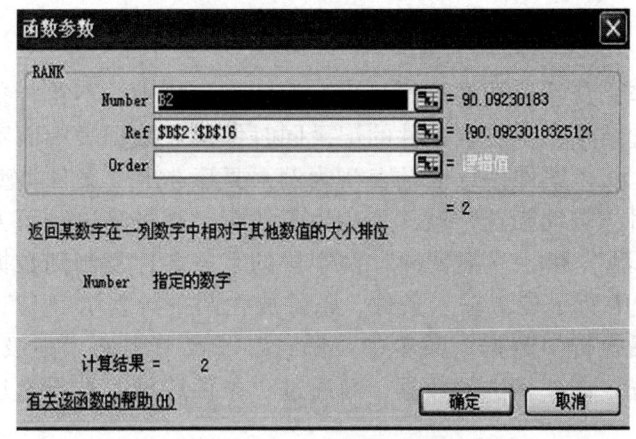

姓名	考核成绩	考核名次
张小武	90	2
林 琴	67	12
张增建	74	8
陈 林	62	14
吴 玉	61	15
张小鹏	97	1
吴一武	81	5
姜鄂卫	76	6
胡冰冰	89	3
朱明明	70	10
谈应霞	71	9
符智伟	75	7
孙连进	65	13
王永锋	88	4
周小红	67	11

图 7-56 设置 RANK 函数　　　　图 7-57 RANK 函数的执行结果

二、公安数据筛选

（一）自动筛选

自动筛选一般用于简单的条件筛选，筛选时将不满足条件的数据暂时隐藏起来，只显示符合条件的数据。以"案件信息记录表"为例，开启"数据"菜单中"筛选"子菜单中的"自动筛选"命令，单击"案件类型"右侧向下的列表按钮，可根据要求筛选出案件种类，为某一指定类型或筛选出前 10 个（该数值可调整）记录（见图 7-58）。

还可以根据"自定义自动筛选方式"筛选出案件类型在某一范围内符合条件的记录，条件"与"

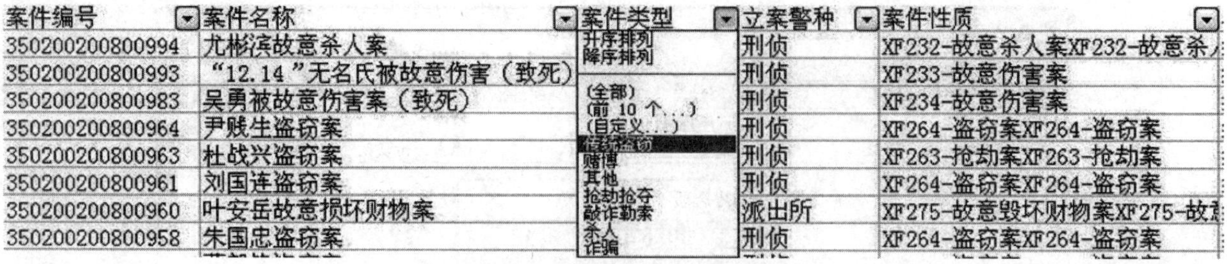

◎ 公安信息化技术基础

图 7-58　利用"自动筛选"功能显示信息

表示两个条件同时要成立，条件"或"表示两个条件只要满足其中之一即可。如根据给定的条件筛选出"案件类型"等于"赌博"或等于"抢劫抢夺"（见图 7-59）。另外，使用"自动筛选"还可同时对多个字段进行筛选操作，此时各字段间限制的条件只能是"与"的关系。如筛选出"案件类型"为"杀人"且"立案警种"为"刑侦"的记录。

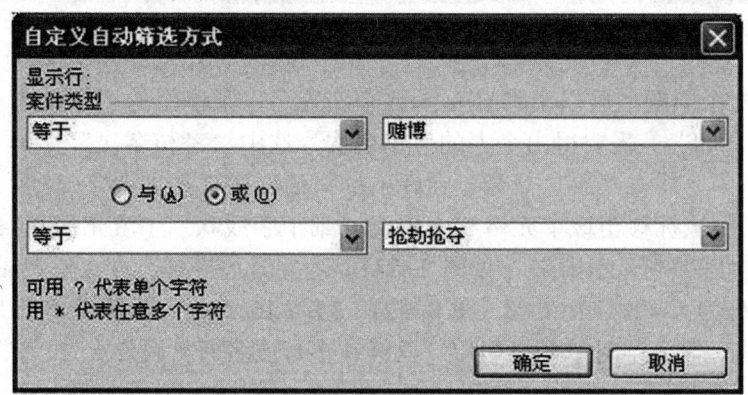

图 7-59　自定义自动筛选方式

（二）高级筛选

高级筛选一般用于条件较复杂的筛选操作，其筛选的结果可显示在源数据表格中，不符合条件的记录被隐藏起来。也可以在新的位置显示筛选结果，不符合条件的记录同时保留在数据表中而不会被隐藏起来，这样会更加便于进行数据的对比。以"案件信息记录表"为例，要筛选出"案件类型"为"杀人"或"立案警种"为"刑侦"记录，用"自动筛选"就无能为力了，而"高级筛选"可方便地实现这一操作。如图 7-60 所示，将"案件类型"和"立案警种"两字段的字段名称复制到数据表格的右侧（表格中其他空白位置也可以），在图中所示位置输入条件，条件放在同一行表示"与"的关系，条件不在同一行表示"或"的关系。然后执行"数据"菜单中"筛选"子菜单中的"高级筛选"命令，在弹出的对话框中通过"列表区域"选定需要筛选的数据，而通过"条件区域"选择上述设定的条件，确定后即可显示所需信息。

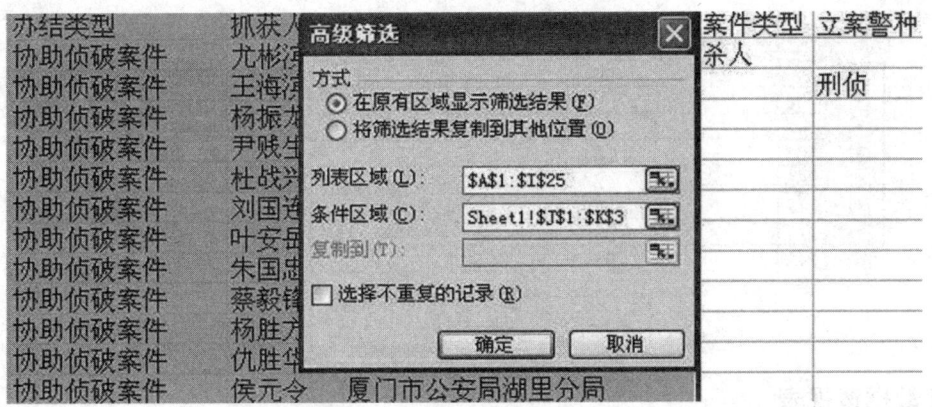

图 7-60 设置"高级筛选"条件

"自动筛选"一般用于条件简单的筛选操作,符合条件的记录显示在原来的数据表格中,操作起来比较简单。若要筛选的多个条件间是"或"的关系,或需要将筛选的结果在新的位置显示出来,就只有通过"高级筛选"来实现。一般情况下,"自动筛选"能完成的操作用"高级筛选"完全可以实现,但有的操作不宜使用"高级筛选",这样反而会使问题更加复杂化,如筛选最大或最小的前几项记录。

三、公安数据分类汇总

公安日常工作中经常会接触到 Excel 二维数据表格,同时需要根据表中某列数据字段(如案件类型)对数据进行分类汇总。选中"案件类型"列的任意一个单元格,单击"常用"工具栏上的"升序排序"或"降序排序"按钮,对数据进行排序。注意:使用"分类汇总"功能时,一定要先按分类对象进行排序。接下来执行"数据"→"分类汇总"命令,打开"分类汇总"对话框。将"分类字段"设置为"案件类型","汇总方式"设置为"计数","选定汇总项"为"案件编号",确定返回(见图 7-61)。

数据分类汇总后的结果通常会分级显示,如图 7-62 所示即为分类汇总后的明细信息(3 级)。如图 7-63 所示 2 级信息,只显示各种案件类型的汇总案件数;1 级目录则只显示总案件数。

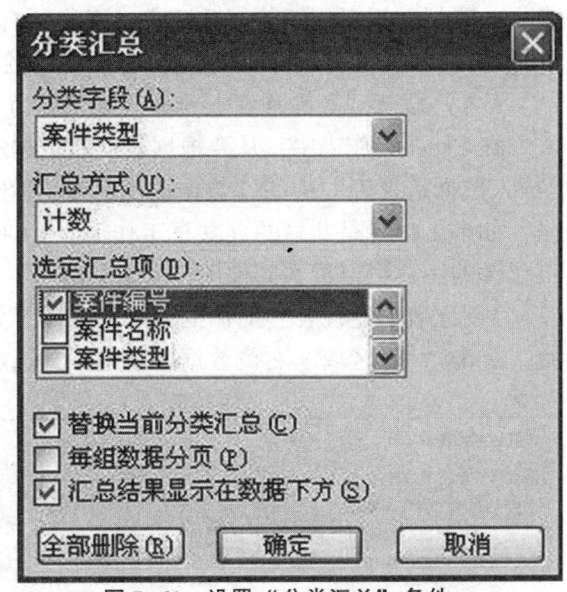

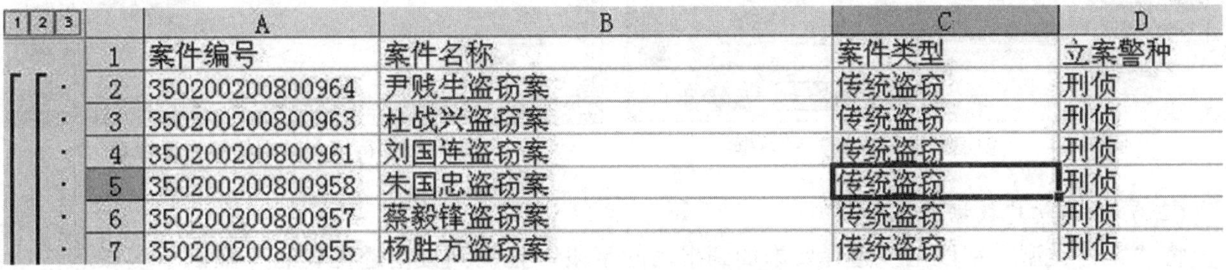

图 7-61 设置"分类汇总"条件

		A	B	C	D
	1	案件编号	案件名称	案件类型	立案警种
	2	350200200800964	尹贱生盗窃案	传统盗窃	刑侦
	3	350200200800963	杜战兴盗窃案	传统盗窃	刑侦
	4	350200200800961	刘国连盗窃案	传统盗窃	刑侦
	5	350200200800958	朱国忠盗窃案	传统盗窃	刑侦
	6	350200200800957	蔡毅锋盗窃案	传统盗窃	刑侦
	7	350200200800955	杨胜方盗窃案	传统盗窃	刑侦

图 7-62 分类汇总后的明细信息

		A	B	C
1 2 3		案件编号	案件名称	案件类型
	1			
+	98	96		传统盗窃 计数
+	100	1		赌博 计数
+	148	47		其他 计数
+	163	14		抢劫抢夺 计数
+	166	2		敲诈勒索 计数
+	172	5		杀人 计数
+	211	38		诈骗 计数
−	212	203		总计数

图 7-63　汇总后的各种类型案件数

四、公安数据透视表

数据透视表是一种交互式的表格，可以动态地改变版面布置，以便按照不同方式分析数据，也可以重新安排行号、列标和页字段。每一次改变版面布置时，数据透视表会立即按照新的布置重新计算数据。另外，如果原始数据发生更改，则可以更新数据透视表。

（一）创建数据

首先，在 Excel 工作表中创建数据。可以将现有的电子表格或数据库中的数据导入到新 Excel 工作表中。确保数据可用于数据透视表，删除所有空行或空列。删除所有自动小计，确保第一行包含各列的描述性标题。确保各列只包含一种类型的数据。例如，一列中是文本，另一列中是数值。

（二）启动"数据透视表和数据透视图向导"

在 Excel 工作表中，从要根据其创建数据透视表的表格选择一个单元格，在"插入"菜单上，单击"插入数据透视表"中的"数据透视表"，弹出"插入数据透视表"对话框（见图 7-64）。需要指出的是，如果工作簿是共享的（共享工作簿：允许网络上的多位用户同时查看和修订的工作簿。每位保存工作簿的用户可以看到其他用户所做的修订），则"数据透视表和数据透视图"命令不可用。

"创建数据透视表"对话框中可以选择要分析的数据区域或数据源，同时选择放置数据透视表的位置。点击"表/区域"右侧数据区域图标，选定需要分析的数据区域并确定。

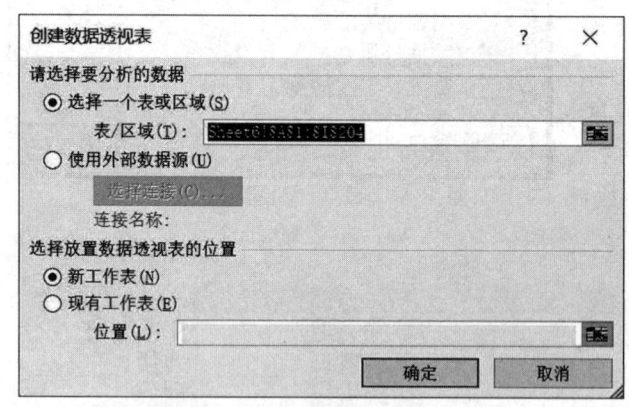

图 7-64　"创建数据透视表"对话框

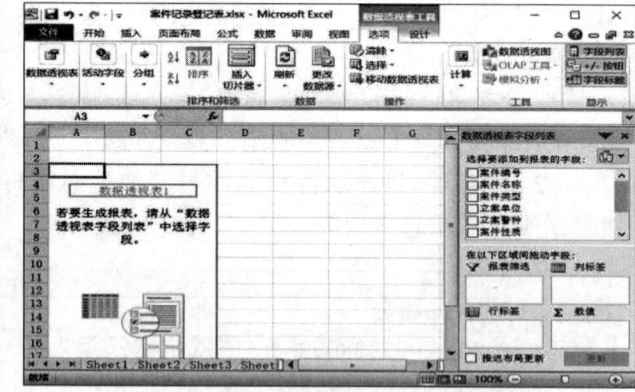

图 7-65　待填入数据的数据透视表

（三）开始构建数据透视表

将"案件类型"字段从"选择要添加到报表的字段"拖动到数据透视表的"在以下区域间拖动字段"区域（见图 7-66）。注意：向导会使用工作表中"案件类型"列的数据自动填充行。此外，"选择要添加到报表的字段"中所使用的字段以粗体显示。

（四）给报表添加数据

将包含要汇总数据的字段，如将"案件名称"字段从"选择要添加到报表的字段"拖动到数据透视表的"在以下区域间拖动字段"中的"数值"区域。现在,数据透视表会显示每个案件类型的总计(见图7-67)。

图7-66 将"案件类型"设为"行标签"

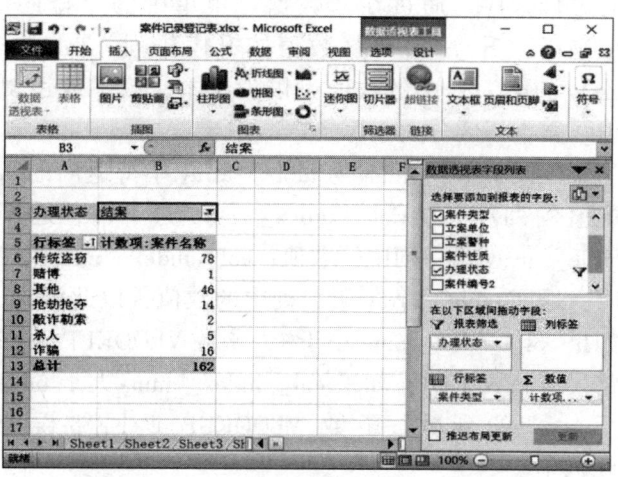

图7-67 将"案件名称"拖至"数值"处

(五)给报表添加页字段排序

要按"办理状态"筛选数据,可以在页顶部创建一个下拉箭头。将"办理状态"字段从"数据表字段列表"拖动到"将页字段拖至此处"区域。单击"办理状态"下拉箭头,然后选择一种办理状态。现在,可以观察某类型案件的某种办理状态的汇总信息(见图7-68)。

将"立案警种"字段拖动到"报表筛选"区域,通过对"办理状态"和"立案警种"的筛选,即可查看"派出所"办理状态为"结案"的各种案件类型的汇总信息(见图7-69)。

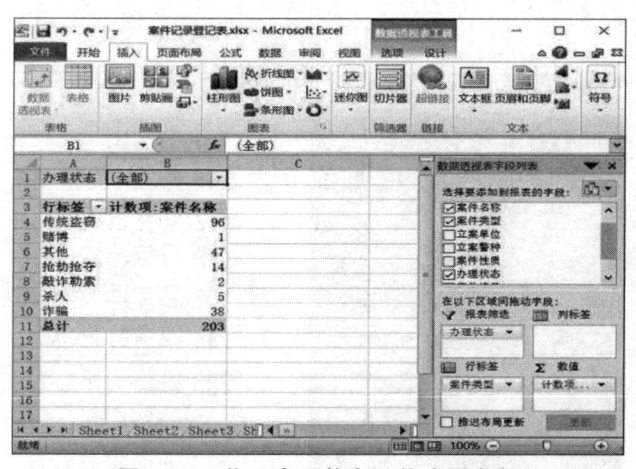

图7-68 将"办理状态"作为页字段

图7-69 将"立案警种"作为"报表筛选"条件

五、数据检索——VLOOKUP函数

在话单分析过程中,往往需要将大量的区域代码转化为实际的区域名称,以开展进一步的侦查工作。以某地区的区域代码表为例,在已知区域代码与区域名称对应关系的情况下,需要寻找给定代码的区域名称(见图7-70)。此时,可以使用VLOOKUP函数快捷高效地完成此项工作。

函数VLOOKUP(lookup_value, table_array, col_index_num, range_lookup)共有四个参数,其中lookup_value为需要查找的值,也可以为数值、引用或文本字符串;table_array为需要在其中查找数据的数据表,可以使用对区域或区域名称的引用,如数据库或列表。如果range_lookup为TRUE,则table_array的第一列中的数值必须按升序排列:……、-2、-1、0、1、2、……、-Z、FALSE、

TRUE；否则，函数 VLOOKUP 不能返回正确的数值。如果 range_ lookup 为 FALSE，table_ array 不必进行排序。通过在"数据"菜单中的"排序"中选择"升序"，可将数值按升序排列。Table_ array 的第一列中的数值可以为文本、数字或逻辑值。文本不区分大小写。

Col_ index_ num 为 table_ array 中待返回的匹配值的列序号。Col_ index_ num 为 1 时，返回 table_ array 第一列中的数值；col_ index_ num 为 2 时，返回 table_ array 第二列中的数值，以此类推。如果 col_ index_ num 小于 1，函数 VLOOKUP 返回错误值#VALUE！；如果 col_ index_ num 大于 table_ array 的列数，函数 VLOOKUP 返回错误值#REF！。

图 7-70 区域代码表中的部分信息

Range_ lookup 为一逻辑值，指明函数 VLOOKUP 返回时是精确匹配还是近似匹配。如果为 TRUE 或省略，将返回精确匹配值。如果找不到，则返回错误值#N/A。如果 range_ value 为 FALSE，则返回近似匹配值，如果找不到精确匹配值，则返回小于 lookup_ value 的最大数值。

在 D2 单元格中插入函数 VLOOKUP，设置 lookup_ value 值为 C2，table_ array 值为 ＄A＄1：＄B＄315（注意：此处使用的是绝对引用），col_ index_ num 值为 2，range_ lookup 值省略（见图 7-71）。

点击确定后，D2 处显示 C2 对应的区域名称。然后再次选中 D2 单元格，将鼠标移至该单元格右下角成"细十字线状"（填充柄），按住左键向下拖拉至最后一条数据为止，对应区域名称即刻显示出来（见图 7-72）。

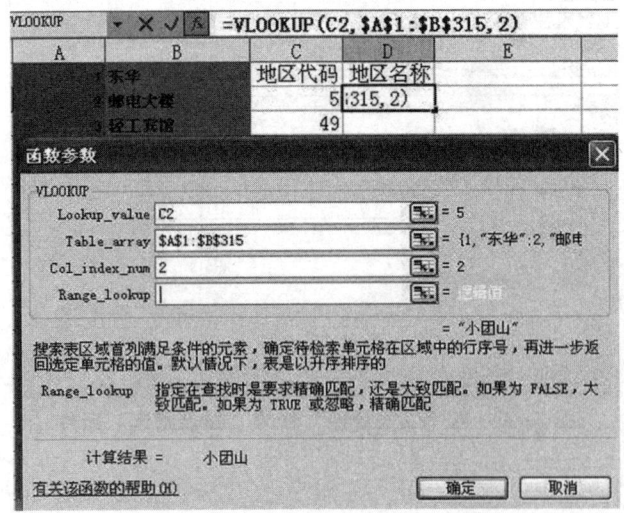

图 7-71 设置 VLOOKUP 具体参数

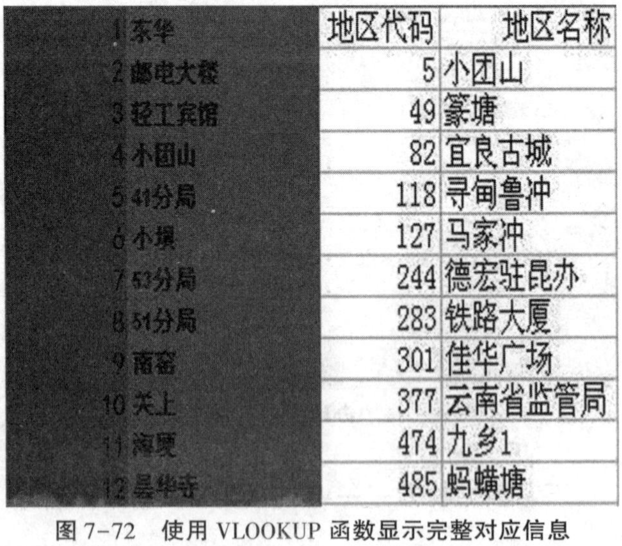

图 7-72 使用 VLOOKUP 函数显示完整对应信息

六、数据碰撞——筛选重复的数据

在实际办案中，经常需要对庞大的数据进行数据碰撞，找到符合条件的数据，下面以找到基站 A 和基站 B 中的相同号码为例。

方法一：函数公式法

第一步：在 C2 单元格输入函数=IF［COUNTIF（A＄2：A＄35，B2）>=1，"重复"］或者调用

插入函数对话框输入。

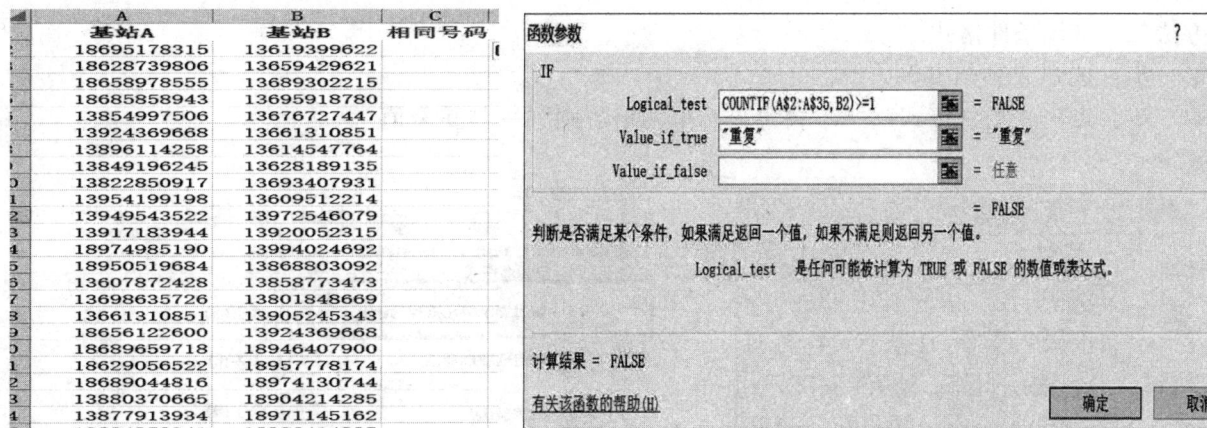

图 7-73 基站 A 和基站 B 号码　　　　图 7-74 函数参数对话框

第二步：利用填充柄，双击 C3 单元格右下角的黑色十字。结果如图 7-76 所示碰撞出基站 A 和基站 B 中的相同号码。

第三步：筛选出基站 A 和基站 B 中的相同号码，利用普通筛选功能，把光标选中数据区域，点击"排序和筛选"—"筛选"—"确定"。点击 B1 单元格右侧的下拉列表，选择"重复"。

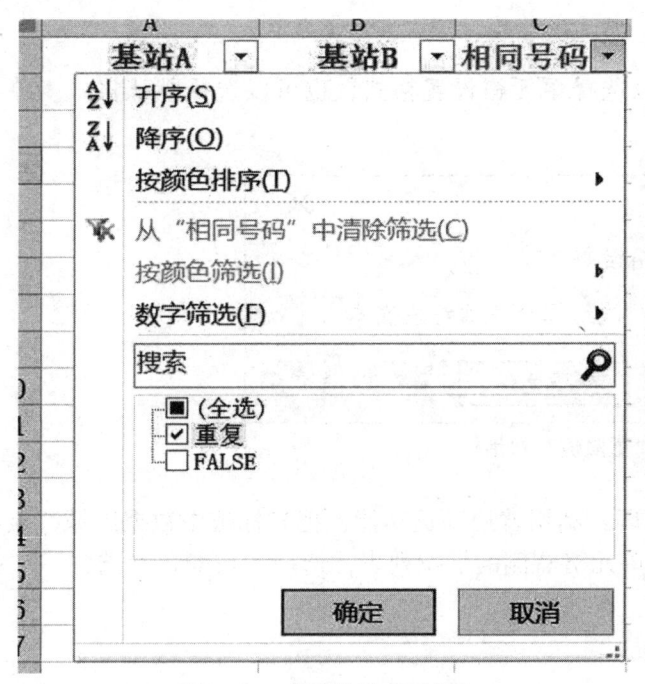

图 7-75 碰撞结果"重复"　　　　图 7-76 碰撞结果

筛选出的结果如下：

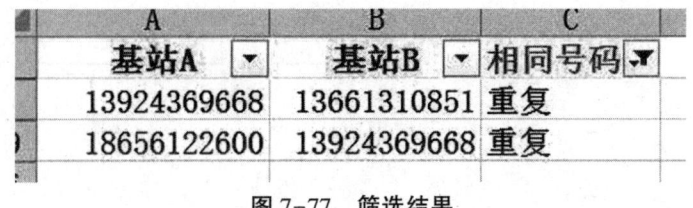

图 7-77 筛选结果

注意：因为函数中以 B 列为基准，所以相同的电话号码应在 B 列，即 13661310851 和 13924369668 两个号码。

方法二：利用条件格式

第一步：选中 A 列与 B 列。

第二步：点击"条件格式"—"突出显示单元格规则"—"重复值"。

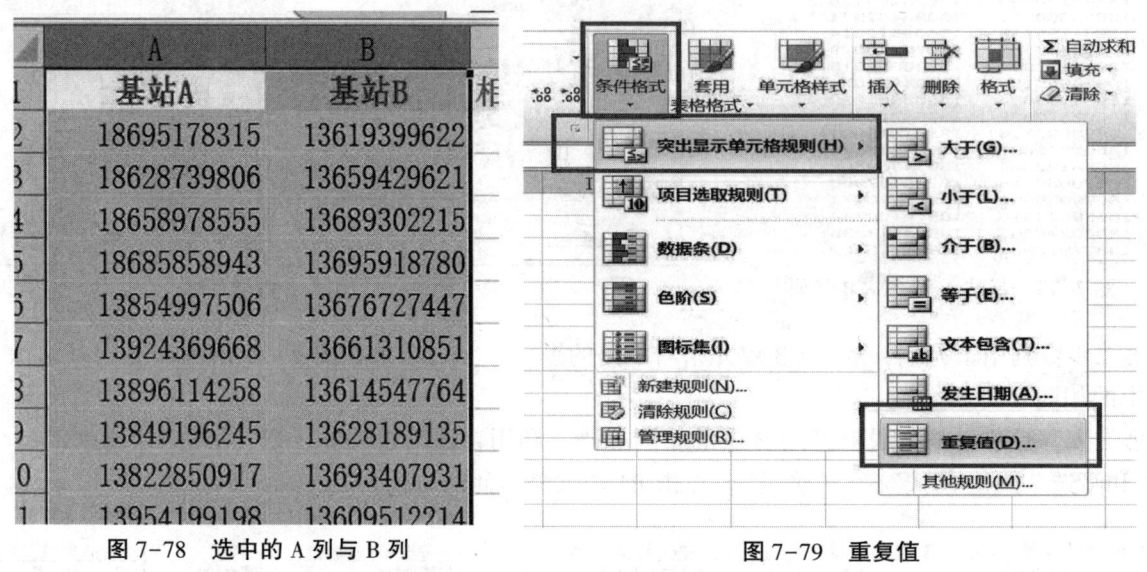

图 7-78　选中的 A 列与 B 列　　　　　图 7-79　重复值

第三步：在弹出的"重复值"对话框中可以选择单元格设置格式，也可以选择默认格式。单击"确定"。

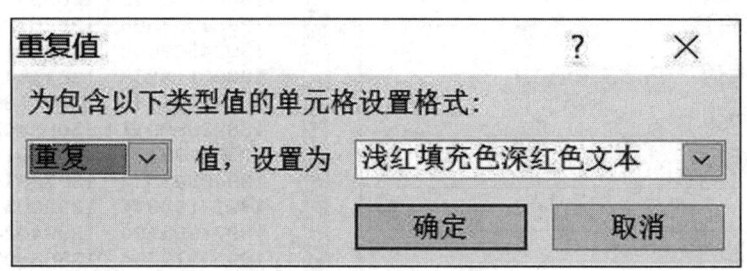

图 7-80　"重复值"对话框

第四步：筛选出基站 A 和基站 B 中的相同号码：利用普通筛选功能，把光标选中数据区域，点击"排序和筛选"—"筛选"—"确定"。点击 B1 单元格右侧的下拉列表，选择"按颜色筛选"—"按单元格颜色筛选"。

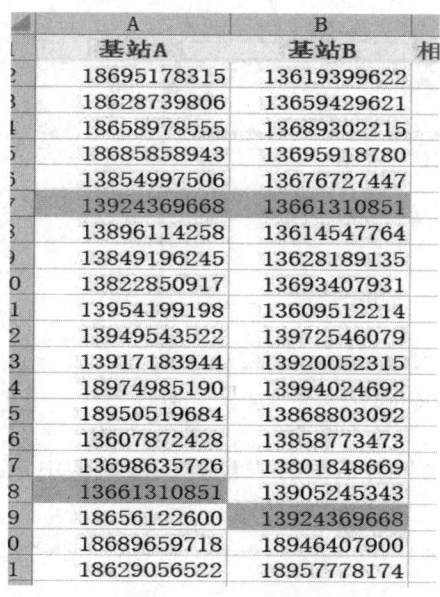
图 7-81　选中数据区域

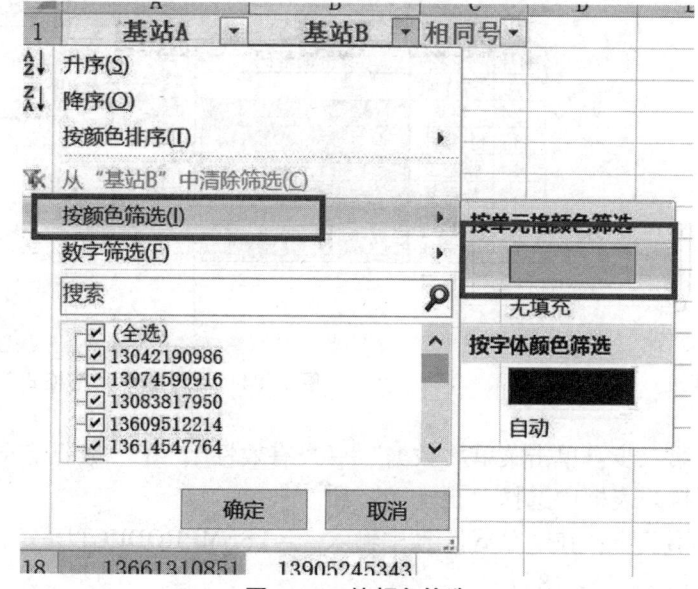
图 7-82　按颜色筛选

筛选出的结果如图 7-83 所示。

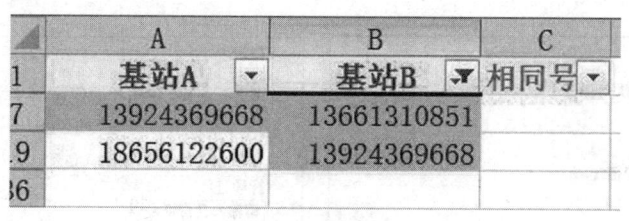
图 7-83　筛选结果

七、数据有效性——限定录入数据必须符合特定条件及提示警告

在许多场合中，为规范用户的录入，保证数据的严谨和可读性，需要限定录入数据必须符合特定条件，此时就又需要用到数据有效性了。

如果数据的限定比较简单，如必须是某个区间的整数或小数，必须是某个时间段等，可以在"数据有效性"对话框中"设置"选项卡里面通过选择不同的有效性允许条件，并配合相应的参数来实现、但对于数据特征较为复杂的，就必须使用"自定义"条件，通过编写公式来实现。例如，我们警员经常需要录入身份证号码，因为我国的身份证号码分老版 15 位，新版 18 位两种，另外，两个人的身份证号码是不可能发生重复的。这就需要我们在设计表格时把这样的特定限定条件放进去，避免明显的录入差错出现。我们现在一起来做个限定 C3：C9 区域的身份证不重复录入的数据有效性。

第一步：选中 C3：C9 区域，右击鼠标，选择"设置单元格格式"，在"设置单元格格式"对话框中点击"数字"选项卡中的"文本"。

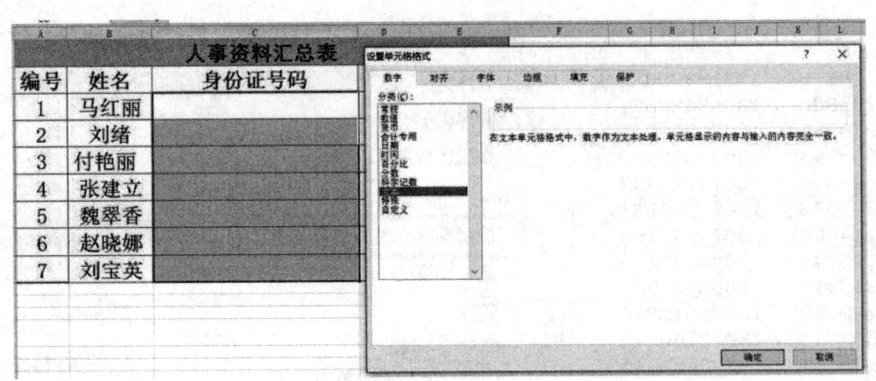

图7-84 "设置单元格格式"对话框

第二步：单击菜单"数据"—"有效性"，在"数据有效性"对话框的"设置"选项卡中，在允许下拉列表框中选择"自定义"项。

第三步：在"公式"框中输入：={SUMPRODUCT[--(A$1:A2=A2)]=1}*{OR[LEN(A2)=15,LEN(A2)=18]}

第四步：设置单元格提示信息：在"数据有效性"对话框的"输入信息"选项卡中，在标题设置里输入"请输入身份证号码"，在输入信息里输入"请输入唯一的15位或18位身份证号码！"。

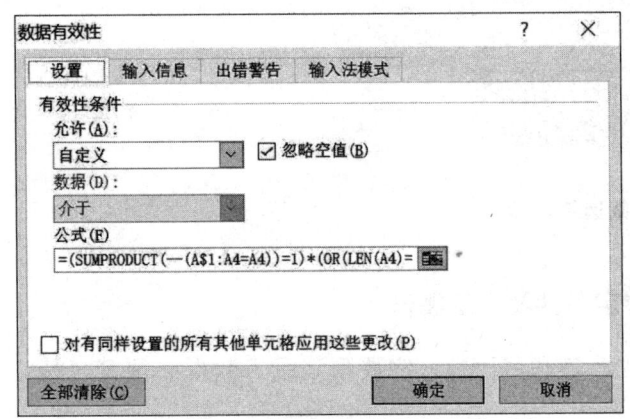

图7-85 "数据有效性"对话框

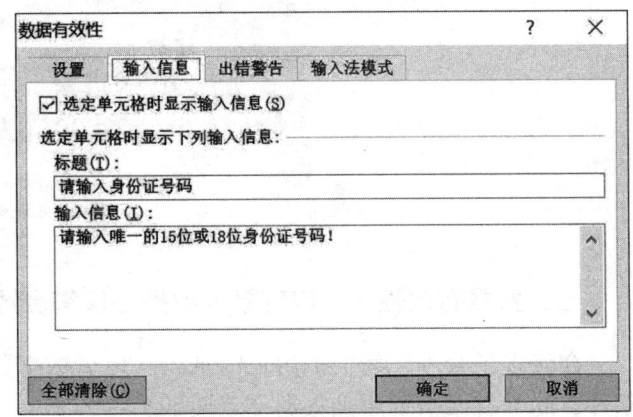

图7-86 "输入信息"选项卡

第五步：设置单元格出错警告信息：在"数据有效性"对话框的"出错警告"选项卡中，在标题设置里输入"位数错误或重复"，在错误信息里输入"请重新输入唯一的15位或18位身份证号码！"。

第六步：勾选"忽略空值"复选框，单击"确定"按钮，关闭"数据有效性"对话框。每次在输入身份证号码之前选中单元格都会出现提示信息。当输入重复或者位数错误的身份证号码时，会弹出如图7-88所示的错误警告信息。

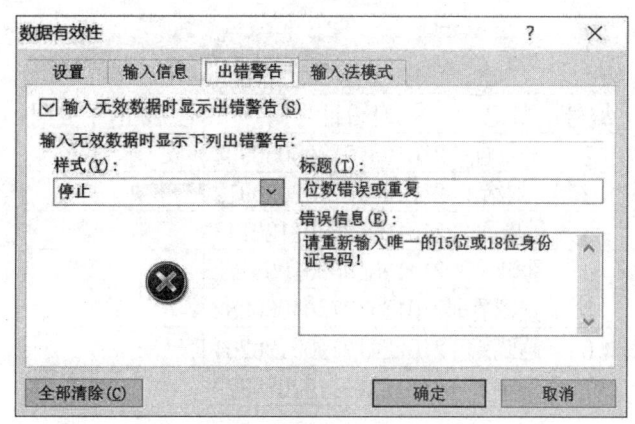

图 7-87 "出错警告"选项卡　　　　　　图 7-88 出错信息

注意：在此要提醒大家，利用数据有效性来限定录入数据必须符合特定条件，是一种事前控制，它只对将要录入的数据起作用。如果单元格在设置数据有效性以前就录入了数据，或是批量复制的数据，则不会受到数据有效性的检查。此时，在设计表格时就需要配合条件格式功能，让条件格式帮你做后期检查提醒工作。

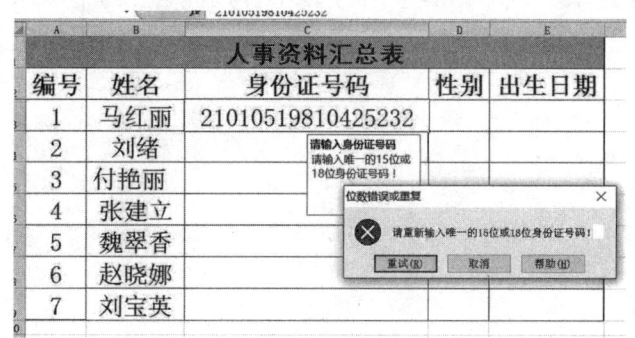

图 7-89 位数错误或重复提示信息　　　　　　图 7-90 选中 D3：D9 单元格

八、数据有效性——创建下拉列表限定输入内容

创建"性别"下拉列表限定输入内容。

第一步：选中 D3：D9 单元格，单击"菜单"—"数据"—"有效性"。

第二步：在"数据有效性"对话框的"设置"选项卡中，在"允许"下拉列表中选择"序列"项。

第三步：在"来源"框中输入"男，女"。

注意：一定要输入英文的逗号。或者通过点击 [图标] 设置数据源。

第四步：勾选"忽略空值"与"提供下拉箭头"复选框。

第五步：单击"确定"按钮，关闭"数据有效性"对话框。这样，就能实现如图 7-92 所示的效果。

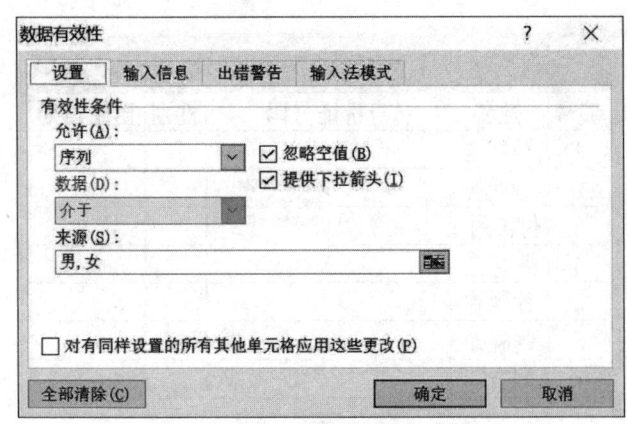

图 7-91 "数据有效性"对话框　　　　图 7-92 效果

【本章小结】

在"第七章　数据处理技术在公安工作中的应用"中的主要内容包括：Excel 2010 中工作簿、工作表、单元格的基本操作；Excel 2010 中表格的格式化设置；Excel 2010 的数据处理功能；Excel 2010 的图表格式化设置；Excel 2010 的页面设置与打印；数据库及 SQL 语言应用；案（事）件数据综合处理的功能。

【公安实训练习】

略。

第八章 案情分析和汇报演示文稿制作

【教学重点】

1. 掌握案情分析汇报演示文稿制作步骤
2. 掌握案情分析汇报演示文稿的实际制作
3. 掌握添加动作和超链接实现幻灯片跳转的方法
4. 掌握案情分析汇报演示文稿内容的动画效果设置
5. 掌握案情分析汇报演示文稿幻灯片的切换效果设置
6. 掌握案情分析汇报演示文稿母版的修改和制作
7. 掌握案情分析汇报演示文稿的放映方式

【教学难点】

1. 案情分析汇报演示文稿脚本设计
2. 案情分析汇报演示文稿内容的各种对象插入（图片和图表、音视频多媒体等）
3. 案情分析汇报演示文稿保存文稿：普通、兼容模式、自放映模式
4. 案情分析汇报演示文稿内容的动画效果设置
5. 利用自定义图形丰富动画效果
6. 母版页和版式页的制作和修改
7. 不同放映方式的设置
8. 掌握案情分析汇报演示文稿的打包发送

第一节 PowerPoint 2010 基础

一、PowerPoint 2010 安装、启动与退出

（一）安装 PowerPoint 2010

PowerPoint 2010 进一步简化了安装过程和操作步骤，安装 Office 2010 就附带安装了 PowerPoint 2010，执行安装程序之后，用户必须阅读安装许可条款并同意之后，才可进入下一步安装，进入安装后 Office 2010 会自动安装处理直到安装结束。

（二）PowerPoint 2010 的启动与退出

1. 启动 PowerPoint 2010 的方法和启动 Word 2010、Excel 2010 方法类似，单击"开始"按钮，弹出开始菜单；执行"所有程序"→"Microsoft Office"→"Microsoft Office PowerPoint 2010"即可启动 PowerPoint 2010

2. 退出 PowerPoint 2010 方法，单击 PowerPoint 2010 窗口右上角的关闭按钮。也可直接按 Alt+F4 组合键

在退出 PowerPoint 2010 之前，所编辑的文档如果没有保存，系统会弹出提示保存的对话框，询问用户是否保存文档。

用户如果单击"是"按钮，保存对文档的修改并退出 PowerPoint 2010；如果单击"否"按钮，不保存对文档的修改并退出 PowerPoint 2010，还可以单击"取消"按钮，则返回 PowerPoint 2010，继续编辑文档。

PowerPoint 2010 中已经保存过的文档再保存将不会出现保存提示，而直接在已经保存的文档上覆盖保存，如果不想覆盖原有 PowerPoint 文档请使用"文件→另存为"命令换名保存，PowerPoint 2010 直接保存扩展名为"PPTX"，和早期版本不兼容，考虑到兼容性应该在文件类型内选择早期版本。

二、PowerPoint 2010 窗口界面与视图

如图 8-1 所示是典型的 PowerPoint 2010 中文版用户界面，界面和以往版本相比又有了新的变化，主要由以下几部分组成：

（1）标题栏：显示正在编辑的演示文稿的文件名以及所使用的软件名。
（2）"文件"选项卡：基本命令位于此处，如"新建""打开""关闭""另存为"和"打印"。
（3）快速访问工具栏：常用命令位于此处，如"保存"和"撤销"。也可以添加自己的常用命令。
（4）功能区：工作时需要用到的命令位于此处。它与其他软件中的"菜单"或"工具栏"相同。
（5）编辑窗口：显示正在编辑的演示文稿。
（6）显示按钮：使您可以根据自己的要求更改正在编辑的演示文稿的显示模式。
（7）滚动条：使您可以更改正在编辑的演示文稿的显示位置。
（8）缩放滑块：使您可以更改正在编辑的文档的缩放设置。
（9）状态栏：显示正在编辑的演示文稿的相关信息。

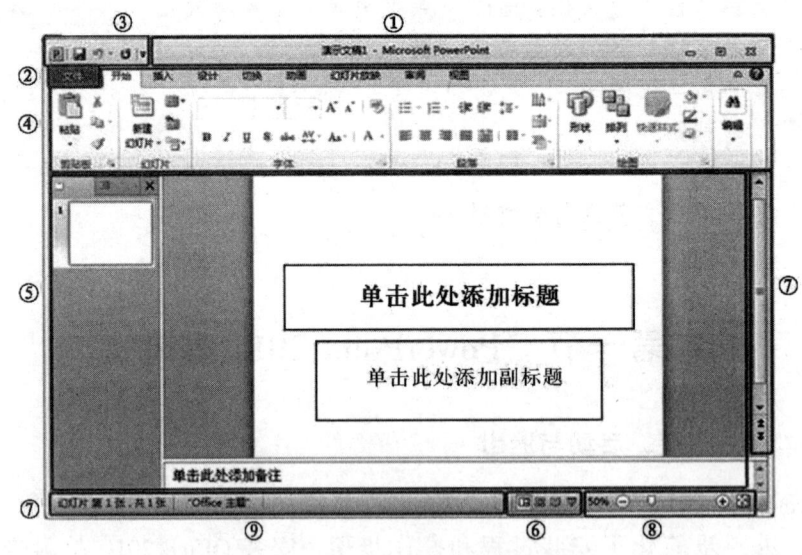

图 8-1　PowerPoint 2010 窗口界面

视图即 PowerPoint 2010 文档在计算机屏幕上的显示方式，PowerPoint 2010 主要提供了"普通视图""幻灯片浏览视图""幻灯片放映视图""备注页视图""幻灯片母版""讲义母版""备注母版"7 种视图方式。

"普通视图""幻灯片浏览视图""幻灯片母版"3 种视图模式为常用模式，制作演示文稿使用"普通视图"，查看所有幻灯片使用"幻灯片浏览视图"，设计母版使用"幻灯片母版"视图。

PowerPoint 2010 视图的切换非常简单，如图 8-2 所示，用鼠标在"视图"选项卡"演示文稿视

图"组中即可轻松实现视图的切换。

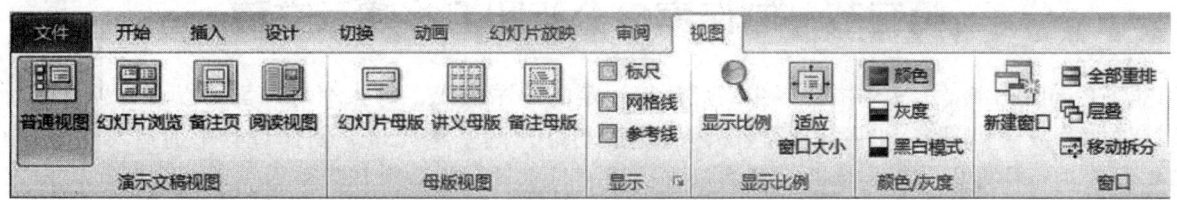

图 8-2　PowerPoint 2010 "视图"选项卡

三、PowerPoint 2010 演示文稿的创建、打开、保存

1. 创建演示文稿

启动 PowerPoint 2010 演示文稿应用程序后，系统将自动新建一个默认文件名为"演示文稿1"的空白文稿。

PowerPoint 2010 在演示文稿的创建中加入了设计理念，简单、贴心的主题设计可以设计出丰富多彩的演示文稿。用户可以直接选用设计好的演示文稿主题，也可以自己根据颜色、字体和效果设计出别具一格的演示文稿。

在"设计"选项卡"主题"组中选择合适的主题样式，如图8-3所示。

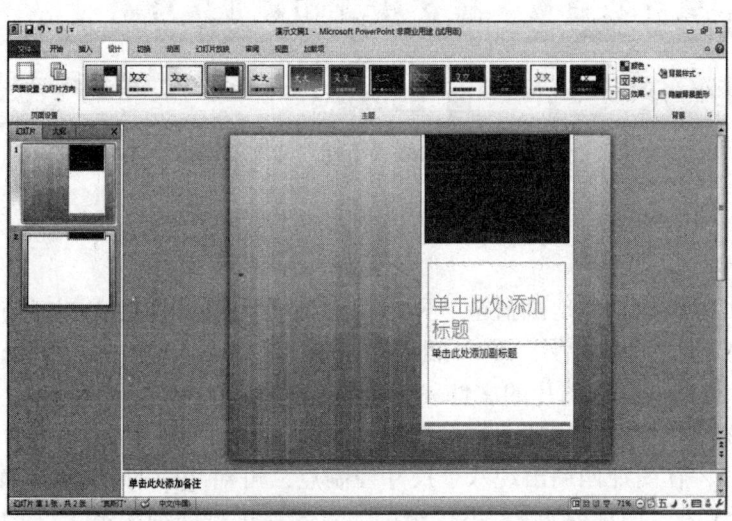

图 8-3　PowerPoint 2010 演示文稿的创建

2. 打开演示文稿

单击"文件"选项卡，选择"打开"命令，弹出"打开"对话框。查找到保存幻灯片的文件夹，选择要打开的文件单击"打开"即可打开已保存的演示文稿，如图8-4所示。

3. 保存演示文稿

单击"文件"选项卡，选择"保存"命令，若新建的文档未保存过则弹出"另存为"对话框。查找到保存幻灯片的文件夹，在文件名后的输入框内输入文件名，单击即可保存制作好的演示文稿。

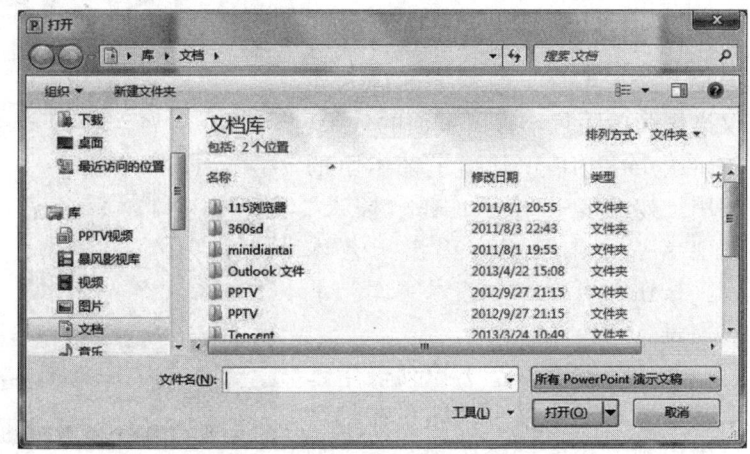

图 8-4　PowerPoint 2010 "打开"对话框

第二节　制作案情分析和汇报演示文稿

PowerPoint 2010 演示文稿由许多张幻灯片按一定的顺序组成，每张幻灯片都可以有其独立的标题、图片、说明、数字、图像、图表以及多媒体等组成幻灯片的基本元素。制作过程中通过对组成幻灯片的基本元素进行格式化编辑与修改，使演示文稿播放时更具有感染力和吸引力。

一、输入文本

PowerPoint 2010 在普通视图和大纲视图下都可以输入文本。在普通视图中便于对单张幻灯片输入文本；而大纲视图则便于对演示文稿整体输入文本。

应用 PowerPoint 2010 提供的版式创建的演示文稿或是非空白版式的空白演示文稿，版面上提供了可以输入的文本框，用户只需单击文本框输入内容，然后作适当修改即可完成。

空白版式的幻灯片版面上没有文本框，用户可参照在 Word 中插入文本框的方法插入。如图 8-5 所示，在"插入"选项卡"文本"组中选项"文本框"按钮，在其子菜单中选择水平或是垂直方式，然后在需要插入文本的位置拖出一个文本框，即可输入文本内容。

图 8-5　空白版式下插入文本框操作

二、插入图片

PowerPoint 2010 可以将位于本地磁盘上、网络驱动器上、数码相机或是扫描仪上，甚至在 Internet 上等外部图形图像插入到演示文稿中。在"插入"选项卡"图像"组中，单击"图片"按钮，弹出"插入图片"对话框，查找到存放图片的文件夹，选择合适的图片插入。

单击插入后即可在幻灯片编辑区插入选择的图片。

单击刚插入的图片，在图片四周出现八个尺寸控制点，可对当前图片进行编辑，也可以在"格式"选项卡"调整""图片样式""排列""大小"组中，对图片进行详细编辑。

三、插入艺术字

在 Word 2010 中有一种特殊的图片，即艺术字，艺术字的插入不仅操作简单而且丰富了页面的效果，PowerPoint 2010 中延续了艺术字的使用。如图 8-6 所示，在"插入"选项卡"文本"组中单击"艺术字"按钮即可弹出"艺术字库"下拉列表。

在"艺术字库"下拉列表中选取其中一种艺术字型，即可在幻灯片中出现艺术字的输入提示框，如

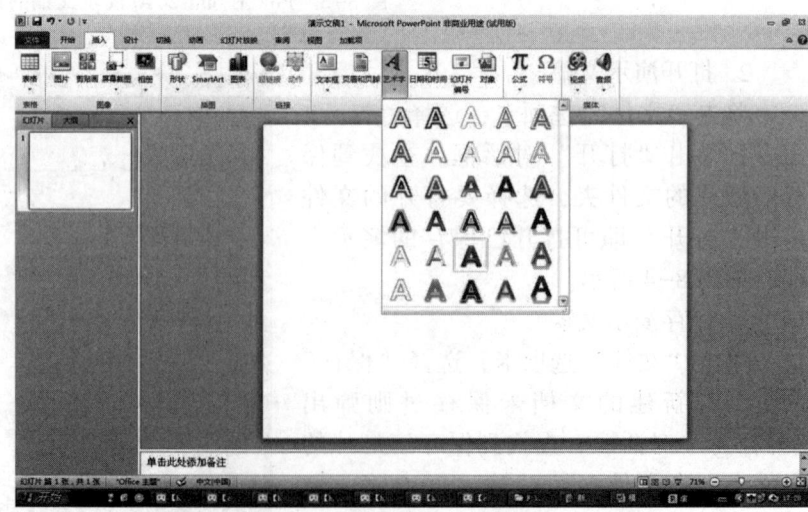

图 8-6　艺术字库下拉列表

图 8-7 所示。

图 8-7　艺术字的输入提示框

在艺术字的输入提示框输入文字（如企业介绍），即可形成特殊的艺术字效果。在"格式"选项卡"形状样式""艺术字样式""排列""大小"组中，可对艺术字再次进行多项编辑。

四、插入多媒体对象

PowerPoint 2010 可以在幻灯片放映时播放音乐、声音和影片，产生声情并茂的效果。所支持的声音文件格式为 WAV、MID、RMI、AIF、MP3 等。所支持的影片格式为 AVI、CDA、MLV、MPG、MOV、DAT 等格式的影片文件。

以在幻灯片中插入声音为例。在"插入"选项卡"媒体剪辑"组中，单击"声音"按钮下方的三角形按钮，弹出声音下拉列表。选择"文件中的声音"选项，弹出"插入声音"对话框，查找音乐文件夹，选择音乐文件。

单击确定后即可插入到当前位置，如图 8-8 所示。应用"格式"选项卡可以对插入的音频再次编辑。

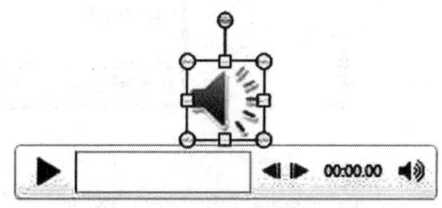

图 8-8　音频插入完成效果

五、插入表格

PowerPoint 2010 具有表格制作功能，不必依靠 Word 来制作表格，在"插入"选项卡"表格"组中，单击"表格"按钮下方的三角形按钮，弹出表格下拉列表，可以根据需要用鼠标选列、行，选择时编辑区会出现表格模拟图，如图 8-9 所示。

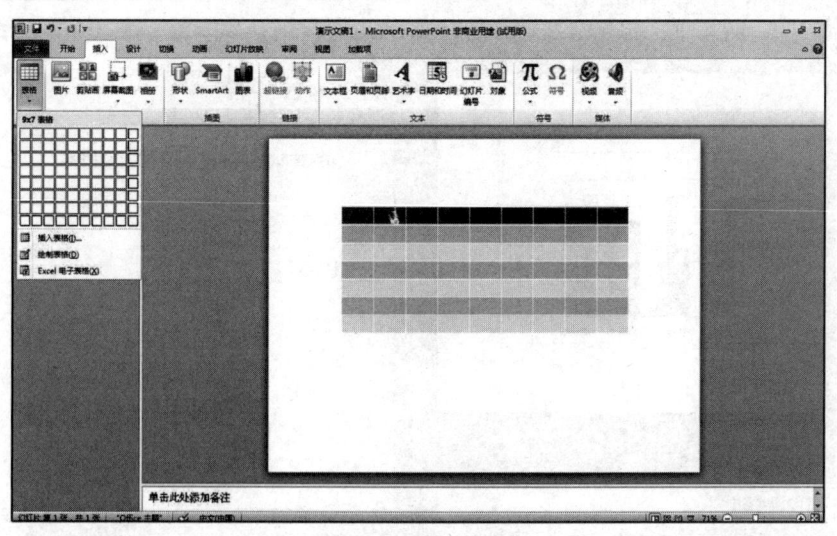

图 8-9　插入表格

如果制作的表格行列较多，则需选择"插入表格"选项，在弹出的"插入表格"对话框中输入列数和行数，即可在幻灯片中插入一张表格。

应用"设计"选项卡"表格样式选项""表格样式""绘图边框"组可对表格再次编辑。

六、插入图表

PowerPoint 2010 提供柱形图、折线图、饼图等 11 种标准图表类型，在"插入"选项卡"插图"组中，单击"图表"按钮，弹出"插入图表"对话框，如图 8-10 所示。

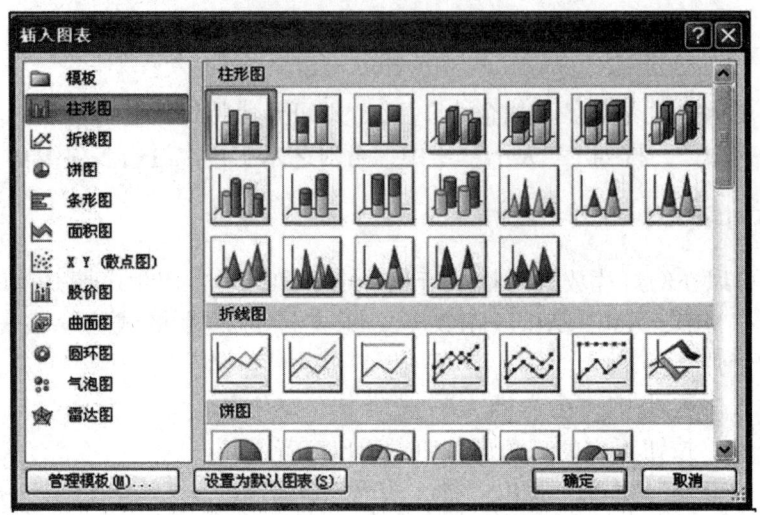

图 8-10 "插入图表"对话框

选择一种图表类型后，单击"确定"，PowerPoint 2010 自动插入图表并弹出显示数据表的电子表格文档，如图 8-11 所示。

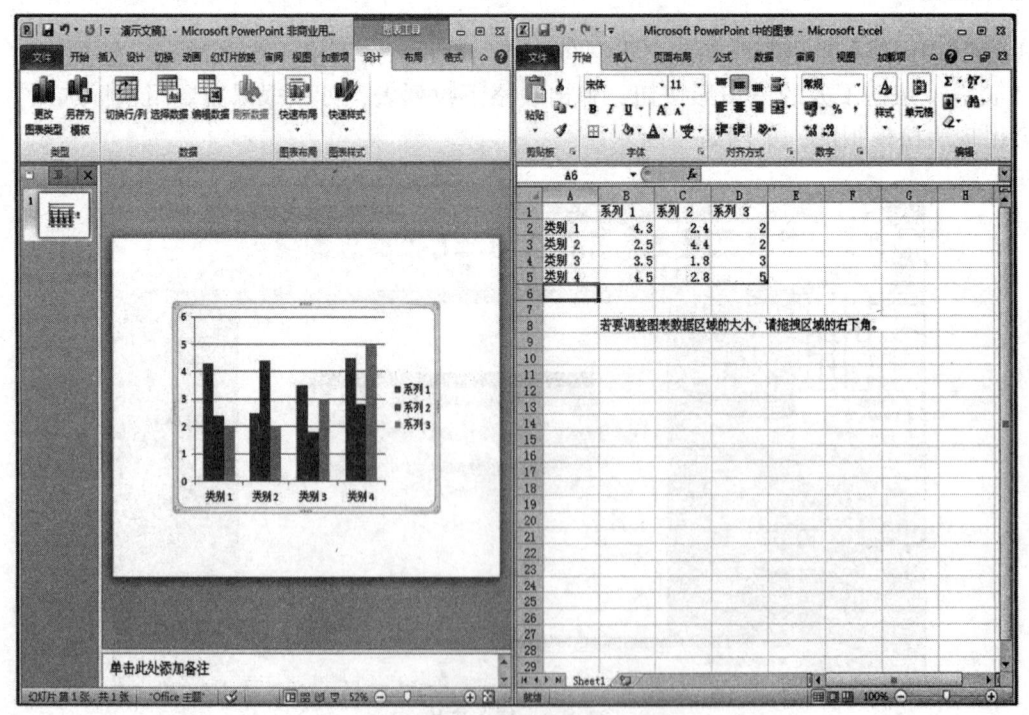

图 8-11 列表格编辑和幻灯片编辑窗口

表格数据编辑完成后可关闭数据表程序，系统返回幻灯片编辑窗口，并在幻灯片编辑区显现图表效果，如图 8-12 所示。同时插入幻灯片中的图表，可以在"图表工具"栏中对设计、布局、格式再次进行编辑和调整。

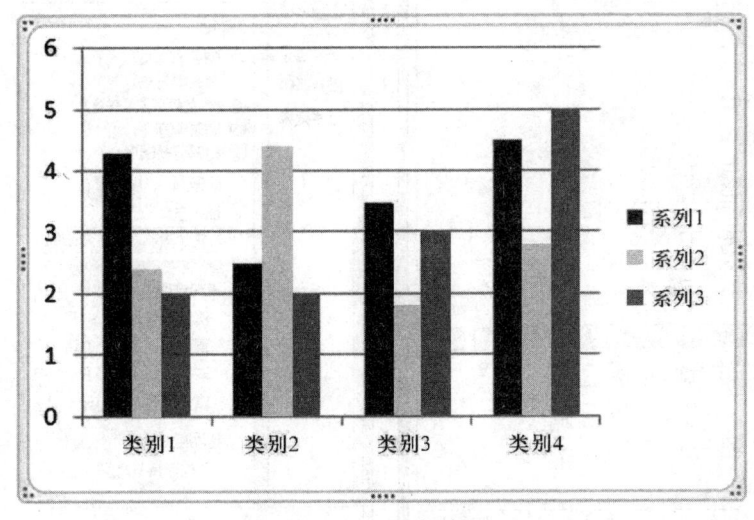

图 8-12　图表效果

七、设置幻灯片背景

PowerPoint2010 应用程序提供了丰富的背景设置，通过对幻灯片颜色和填充效果的更改，可以获得不同的背景效果，如果用户对背景的设置不满意，还可以直接使用或者使用第三方图形处理软件制作的图片作为幻灯片的背景。

（一）PowerPoint 2010 预设背景

在"设计"选项卡"背景"组中，单击"背景样式"按钮，可以直接选择 PowerPoint 2010 内置的 12 种背景。

（二）填充背景

在"设计"选项卡"背景"组中，单击"背景样式"按钮，在弹出的"背景样式"下拉菜单中选择"设置背景格式"，如图 8-13 所示，选中"渐变填充"。在"设置背景格式—渐变填充"对话框中，可以选择 PowerPoint 2010 搭配好的预计颜色，也可以自定义颜色渐变填充。

也可以右击幻灯片，在弹出的快捷菜单中单击"设置背景格式"打开"设置背景格式"。

（三）纹理背景

在"设计"选项卡"背景"组中，单击"背景样式"按钮，在弹出的"背景样式"下拉菜单中选项"设置背景格式"，选择"图片和纹理填充"。在"设置背景格式—图片和纹理填充"对话框中，可以选择 PowerPoint 2010 内置纹理。

（四）图片背景

在"设计"选项卡"背景"组中，单击"背景样式"按钮，在弹出的"背景样式"下拉菜单中选项"设置背景格式"，选择"图片和纹理填充"。如图 8-14 所示，在"设置背景格式—图片和纹理填充"对话框中，单击"插入自"下面的"文件"按钮，定位到图片文件夹选择图片并确定，即可将图片作为背景。

PowerPoint 2010 为了进一步美化幻灯片背景，特别加上了三种背景编辑美化方式即"图片更正""图片颜色""艺术效果"，可以对背景进一步加工达到更精美的效果。

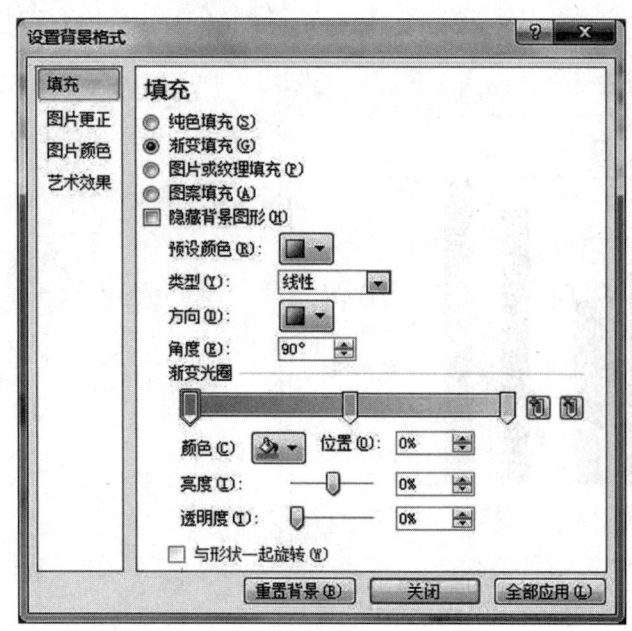
图 8-13 "渐变"填充背景

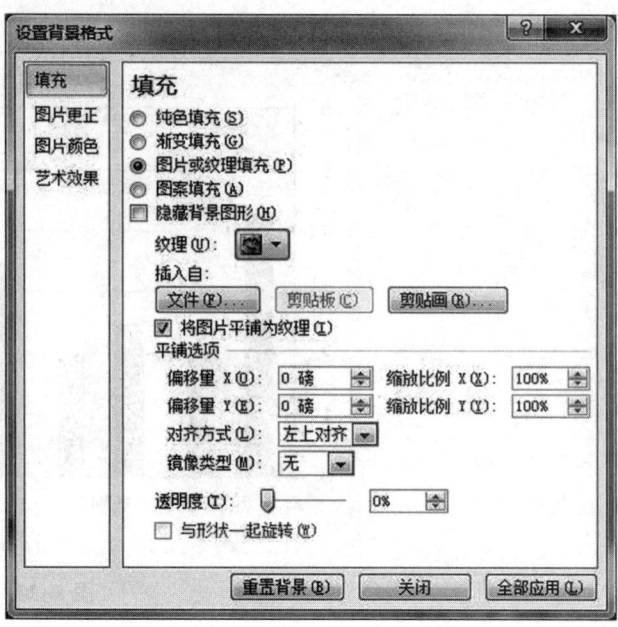
图 8-14 "图片或纹理"填充背景

八、主题设置

在 PowerPoint 2010 中内置了大量主题。主题是主题颜色、主题字体和主题效果三者的组合。主题可以作为一套独立的选择方案应用于文件中，可以简化专业设计师水准的演示文稿的创建过程。不仅可以在 PowerPoint 中使用主题颜色、字体和效果，而且还可以在 Excel、Word 和 Outlook 中使用它们，使设计的演示文稿、文档、工作表和电子邮件可以具有统一的风格。

若要从 Microsoft Office.com 下载其他主题，则在主题库中单击"Microsoft Office.com 上的其他主题"链接。

如果要自定义演示文稿，则可以更改主题颜色、主题字体或主题效果。

配色方案是指对演示文稿的背景、文本和线条、阴影、标题文本、填充、强调、强调文字/超链接、强调文字/已访问的超链接等所用颜色的一个整体设计方案。

PowerPoint 2010 为了简化操作，精心设计了 40 种主题配色方案共用户选择。在"设计"选项卡"主题"组中，单击"颜色"下拉按钮，在弹出的"配色方案"列表中选择或自定义，如图 8-15 所示。

PowerPoint 2010 还内置了字体。在"设计"选项卡"主题"组中，单击"字体"下拉按钮，弹出"字体"列表供用户选择，如图 8-15 所示。

九、创建按钮、设置超链接

在 PowerPoint 2010 中可以在演示文稿中创建超链接，实现与演示文稿中的某张幻灯片、另一份演示文稿、其他文档或

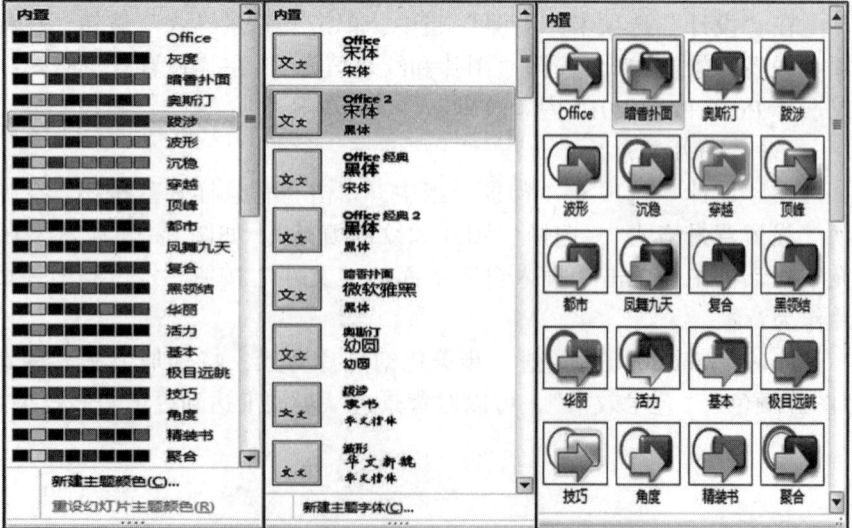
图 8-15 主题内置的颜色、字体、效果方案

是 Internet 地址之间的跳转，也可以添加交互式的动作，如在幻灯片放映中单击鼠标或是移动鼠标响应一定的动作或是声音，还可以添加动作按钮，实现"播放""结束""上一张""下一张"等。

（一）创建按钮

在"插入"选项卡"插图"组中，单击"形状"按钮下方的三角形按钮，弹出"形状"下拉列表，移动滚动条到"动作按钮"列。PowerPoint 2010 提供了一组动作按钮，可以将动作按钮添加到演示文稿中，这些按钮都是 PowerPoint 2010 预定义好的，如图 8-16 所示。

选择一个动作按钮，拖动鼠标在幻灯片编辑区即可绘制一个动作按钮，绘制完成弹出"动作设置"对话框，"动作设置"对话框包括"单击鼠标"和"鼠标移过"两个选项卡设置，如图 8-17 所示。

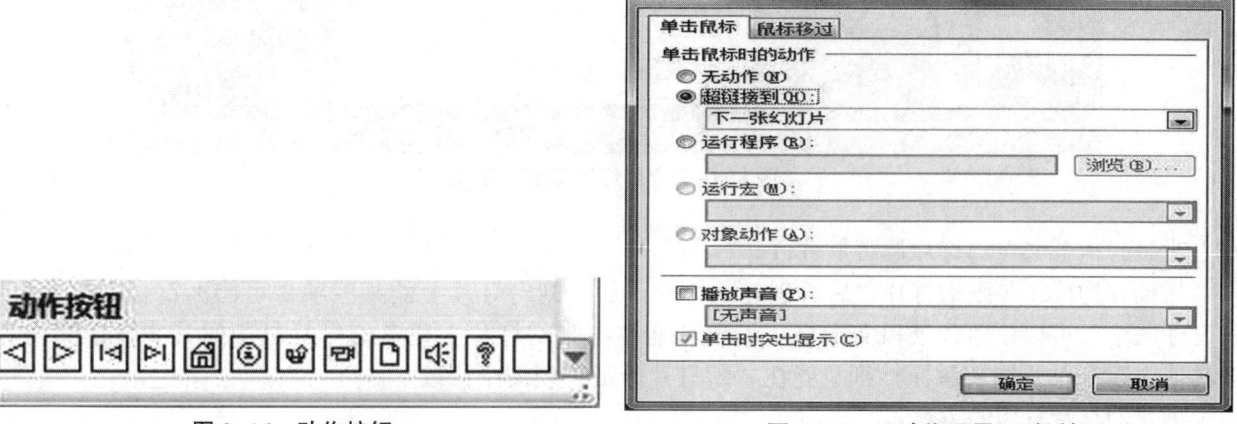

图 8-16　动作按钮　　　　　　　　图 8-17　"动作设置"对话框

（二）超链接

通过"动作设置"对话框，可以为创建的动作按钮添加超链接，链接到演示文稿中的某张幻灯片、某个文件、电子邮件、站点等。

PowerPoint 2010 中不仅动作按钮可以进行超链接，在文字、图片、剪贴画等对象中也可以设置链接动作。设置完成后，放映该幻灯片，单击动作按钮或链接即可激活与之相连的超链接对象。

十、应用母版、模板

（一）幻灯片母版

幻灯片母版是幻灯片层次结构中的顶层幻灯片，用于存储有关演示文稿的主题和幻灯片版式（版式：幻灯片上标题和副标题文本、列表、图片、表格、图表、自选图形和视频等元素的排列方式）的信息，包括背景、颜色、字体、效果、占位符大小和位置等。

每个演示文稿至少包含一个幻灯片母版。修改和使用幻灯片母版的主要优点是您可以对演示文稿中的每张幻灯片（包括以后添加到演示文稿中的幻灯片）进行统一的样式更改。使用幻灯片母版时，由于无需在多张幻灯片上键入相同的信息，因此节省了时间。如果演示文稿非常长，其中包含大量幻灯片，则应用幻灯片母版特别方便。

由于幻灯片母版影响整个演示文稿的外观，因此在创建和编辑幻灯片母版或相应版式时，在"幻灯片母版"视图下操作。

在修改幻灯片母版下的一个或多个版式时，实质上是在修改该幻灯片母版。每个幻灯片版式的设置方式都不同，然而，与给定幻灯片母版相关联的所有版式将包含相同主题（如配色方案、字体和效果）。

最好在开始构建各张幻灯片之前创建幻灯片母版，而不要在构建了幻灯片之后再创建母版。如果先创建了幻灯片母版，则添加到演示文稿中的所有幻灯片都会基于该幻灯片母版和相关联的版式。开

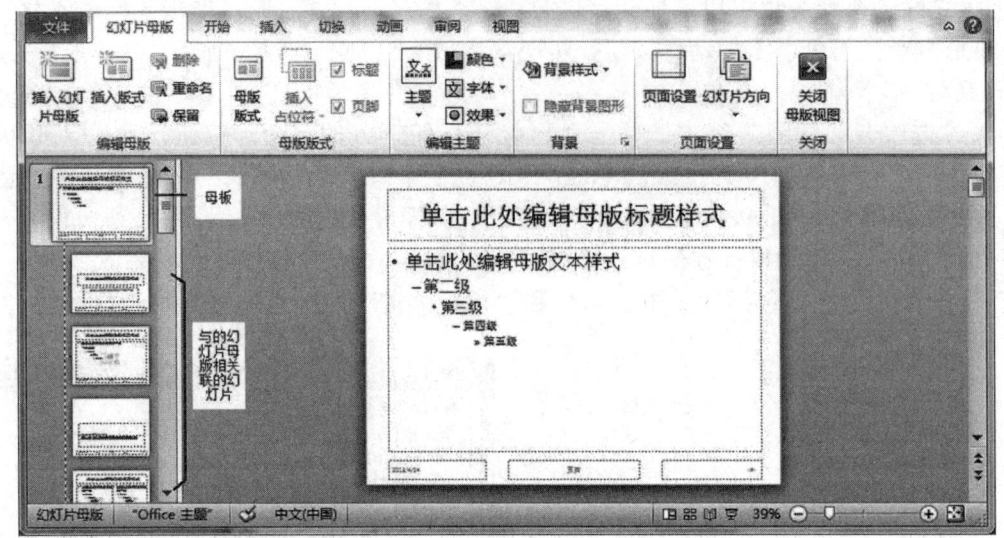

图 8-18 "幻灯片母版"视图

始更改时,请务必在幻灯片母版上进行。

如果在构建了各张幻灯片之后再创建幻灯片母版,则幻灯片上的某些项目可能不符合幻灯片母版的设计风格。可以使用背景和文本格式设置功能在各张幻灯片上覆盖幻灯片母版的某些自定义内容,但其他内容(如页脚和徽标)则只能在"幻灯片母版"视图中修改。

创建幻灯片母版的方法:

(1)打开一个空演示文稿,然后在"视图"选项卡上的"母版视图"组中,单击"幻灯片母版"。

(2)当打开"幻灯片母版"视图时,会显示一个具有默认相关版式的空幻灯片母版。

在幻灯片缩略图窗格中,幻灯片母版是那张较大的幻灯片图像,并且相关版式位于幻灯片母版下方。

(3)若要创建版式,可选择内置版式或自定义现有版式。

(4)若要添加或修改版式中的占位符,可以在版式中添加一个或多个内容占位符或更改占位符。

(5)若要删除默认幻灯片母版附带的任何内置幻灯片版式,则在幻灯片缩略图窗格中,右键单击要删除的每个幻灯片版式,然后单击快捷菜单上的"删除版式"。

(6)应用基于设计或主题(主题:主题颜色、主题字体和主题效果三者的组合。主题可以作为一套独立的选择方案应用于文件中)的颜色、字体、效果和背景。

(7)设置演示文稿中所有幻灯片的页面方向,在"幻灯片母版"选项卡上的"页面设置"组中单击"幻灯片方向",然后单击"纵向"或"横向"。

(8)在"文件"选项卡上,单击"另存为",在"文件名"框中键入文件名,在"保存类型"列表中单击"PowerPoint 模板",然后单击"保存"。

(9)在"幻灯片母版"选项卡上的"关闭"组中,单击"关闭母版视图"。

(二)模板

PowerPoint 模板是设计的一张幻灯片或一组幻灯片的图案或蓝图。模板可以包含版式(幻灯片上标题和副标题文本、列表、图片、表格、图表、形状和视频等元素的排列方式)、主题颜色、主题字体、主题效果和背景样式,甚至还可以包含内容。

可以创建自定义模板,还可以获取多种不同类型的 PowerPoint 内置免费模板,也可以在 Office.com 和其他合作伙伴网站上获取可以应用于演示文稿的数百种免费模板。

若要应用模板,请执行以下操作:

(1)在"文件"选项卡上,单击"新建"。

(2) 在"可用的模板和主题"下，执行下列操作之一：

若要重复使用最近用过的模板，则单击"最近打开的模板"。

若要使用先前安装到本地驱动器上的模板，则单击"我的模板"，再单击所需的模板，然后单击"确定"。

在"Office.com 模板"下单击模板类别，选择一个模板，然后单击"下载"将该模板从 Office.com 下载到本地驱动器。

第三节　案情分析和汇报演示文稿动画设置与放映

PowerPoint 2010 演示文稿应用程序拥有强大的播放效果处理功能，通常演示文稿中的各张幻灯片制作完成后还可以对其进行放映方式、排练幻灯片、自定义动画、设置过渡效果和放映方式等设置，从而起到突出主题、丰富版面、充实效果的作用，大大提高了演示文稿的趣味性和专业性。

一、动画效果、过渡效果

（一）动画效果

选择要设置动画效果的对象，然后在"动画"选项卡"动画"组中单击"动画"组"其他"按钮，即可展开 PowerPoint 2010 动画样式列表，选择需要的动画样式应用到指定的对象，如图 8-19 所示。

PowerPoint 2010 提供了四类动画方案：

进入动画：对象的入场动画方案；

强调动画：给对象进行强调作用的动画方案；

退出动画：对象退出场景的动画方案；

动作路径：给对象一个固定的行走路线的动画方案。

给指定对象添加动画效果即可在编辑区预览对象动态效果，也可以单击"效果选项"对该动画方案进行更具体的设置。

如果对当前动画方案不满意，可以在动画样式列表中选择"无"取消动画效果设置，也可以在图 8-20"高级动画"组中应用动画设置工具继续添加动画方案。

如图 8-20 所示，在"计时"组中，可以给对

图 8-19　动画样式

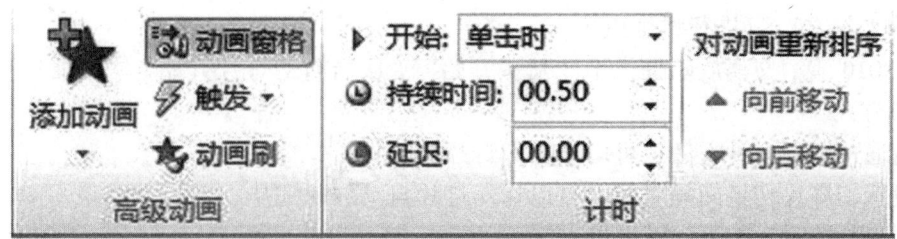

图 8-20　高级动画与计时

象动画出现的时间进行设置，如果在一张幻灯片中出现多个动画方案，可以对动画编排出现的顺序。

（二）过渡效果

在 PowerPoint 2010 幻灯片播放过程中，为了配合动画效果，使片与片之间的切换变得平滑、和谐、自然，可以设置幻灯片过渡效果。

如图 8-21 所示，在"切换"选项卡"切换到此幻灯片"组中，单击"切换到此幻灯片"组"其他"按钮，即可展开 PowerPoint 2010 幻灯片切换方案列表，在列表中可以选择一种切换方案应用到当前幻灯片，也可以或者默认过渡效果为"无"，若单击"全部应用"则应用到演示文稿的所有幻灯片中。

PowerPoint 2010 提供了三类切换方案：

细微型：即幻灯片切换细小、简单；

华丽型：即幻灯片切换复杂、生动；

动态内容：主要针对幻灯片中的内容进行切换。

图 8-21　幻灯片切换窗口

同自定义动画方案一样，幻灯片切换方案也可以对当前效果设置参数选项，在"计时"组内还可以设置声音、持续时间和换片方式。

二、设置幻灯片放映

完成了演示文稿对象的创建、动画效果、幻灯片切换等设置，就可以放映幻灯片了。

如图 8-22 所示，在"幻灯片放映"选项卡"设置"组中，单击"设置幻灯片放映"即可对准备放映的演示文稿进行放映设置。

图 8-22　幻灯片切换窗口

如图 8-23 所示，在"设置放映方式"对话框中，可以对"放映类型""放映选项""放映幻灯片""换片方式""多监视器"等进行详细设置。

PowerPoint 2010 演示文稿放映提供了"从头开始""从当前幻灯片开始""广播幻灯片""自定义放映"四种放映方式。

开始放映后通过以下三种方法，可以结束幻灯片放映：

方法一：设置幻灯片切换间隔时间，可以让幻灯片自动放映完毕，并自动结束。

方法二：循环放映时，按 Esc 键退出。

方法三：在放映过程中，右击鼠标，在弹出的快捷菜单中单击"结束放映"命令。

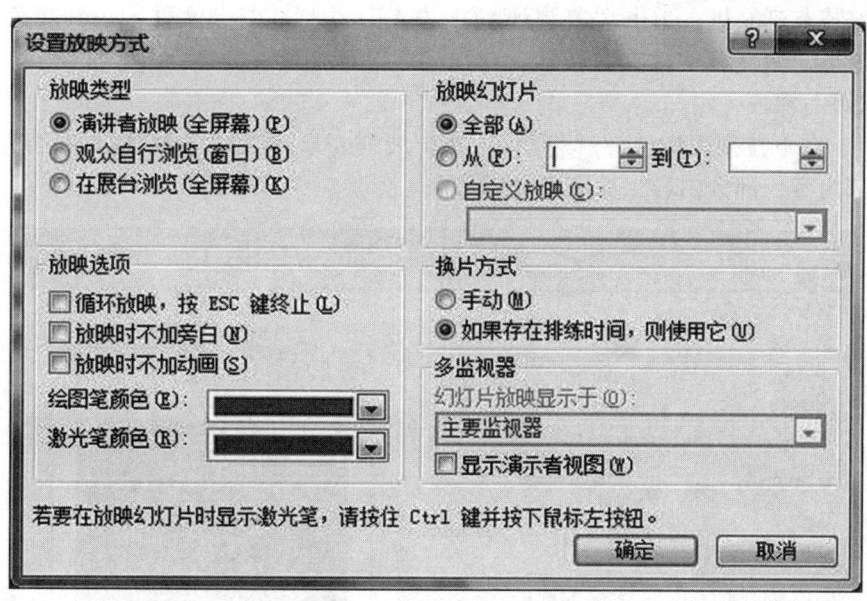

图 8-23　设置放映方式

三、发送打包、打印

（一）保存并发送

演示文稿的保存和发送包括：使用电子邮件发送、保存到 Web、保存到 SharePoint、广播幻灯片、发布幻灯片。还可以创建 PDF 文档、打包、创建视频、创建讲义等。

（二）演示文稿打包

所谓打包，是指将演示文稿及其所用的字体、链接文件、PowerPoint 播放器等集合到一起，便于用户在其他计算机上正常播放。PowerPoint 2010 提供的演示文稿打包工具，不仅使用方便，而且非常可靠。用户若是将 PowerPoint 播放器和演示文稿一起打包，还可以在没有安装 PowerPoint 2010 的计算机上播放。

如图 8-24 所示，单击"文件"，在下拉列表中选择"保存并发送"，在扩展列表中选择"将演示文稿打包成 CD"。

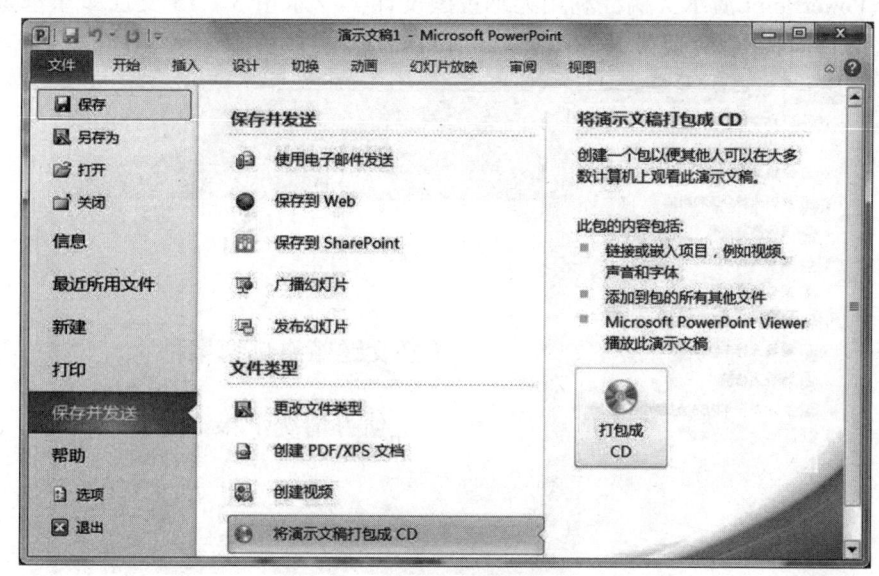

图 8-24　将演示文稿打包成 CD

如果计算机安装有刻录机，单击"复制到 CD"按钮，可以将打包文件记录到光盘上。如果要保存到本地计算机，单击"复制到文件夹"按钮，弹出"复制到文件夹"对话框。

（三）演示文稿打印

单击"文件"，在下拉列表中选择"打印"，在扩展列表显示打印机设置以及幻灯片打印设置，可根据需要打印全部内容、部分内容，如图 8-25 所示。

图 8-25　打印设置

第四节　"5·15 交通肇事逃逸案件"案件侦破报告演示汇报综合设计

一、脚本设计

设计步骤：

1. 新建一个 PowerPoint 演示文稿，利用大纲视图设计"夕水市 5·15 交通肇事逃逸案件"的汇报演示文稿大纲和幻灯片排布，完成效果如图 8-26 所示

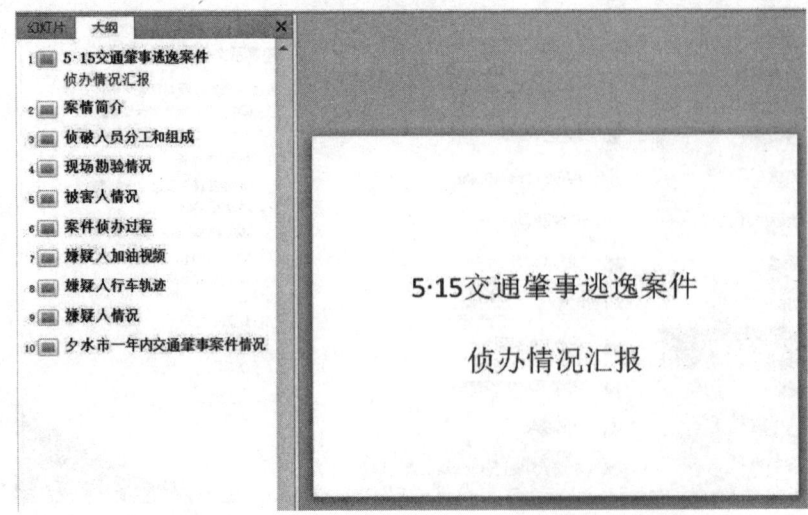

图 8-26　大纲视图设计"夕水市 5·15 交通肇事逃逸案件"

2. 演示文稿使用设计主题"暗香扑面"修饰全部幻灯片，效果如图 8-27 所示
3. 在两张幻灯片的内容框中输入案发时间、案发地点、案情简介等信息，完成效果如图 8-28 所示

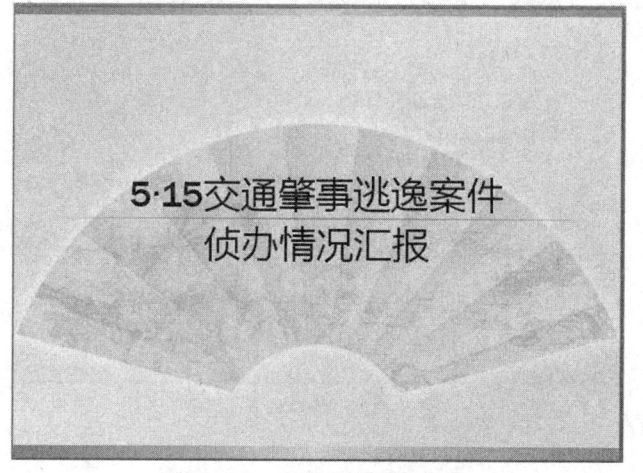

图 8-27　主题"暗香扑面"　　　　　　　　　图 8-28　案情简介等信息

4. 在第三张幻灯片中插入"姓名和职务组织结构图"，说明案件侦破人员分工，效果如图 8-29 所示
5. 在第四张幻灯片中插入"现场图片.jpg"。图片高度调整为 12 厘米，位置为距左上角水平 0.5 厘米，垂直 5 厘米，效果如图 8-30 所示

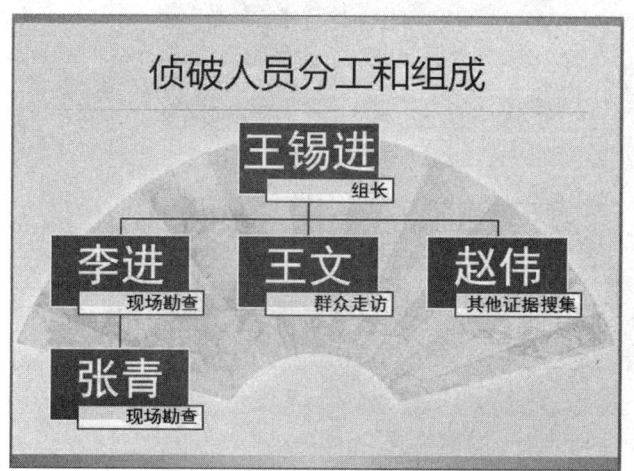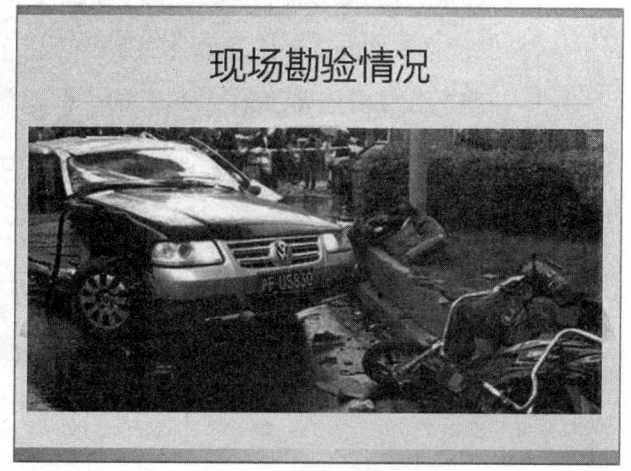

图 8-29　侦破人员分工和组成　　　　　　　　图 8-30　现场勘验情况

6. 将第五张幻灯片的版式改为两栏内容，左侧插入照片"被害人.jpg"，图片高度更改为 10 厘米，位置为距左上角水平 2.5 厘米，垂直 5 厘米。右侧插入被害人相关描述，效果如图 8-31 所示
7. 在第六张幻灯片中描述案件侦办工程，效果如图 8-32 所示

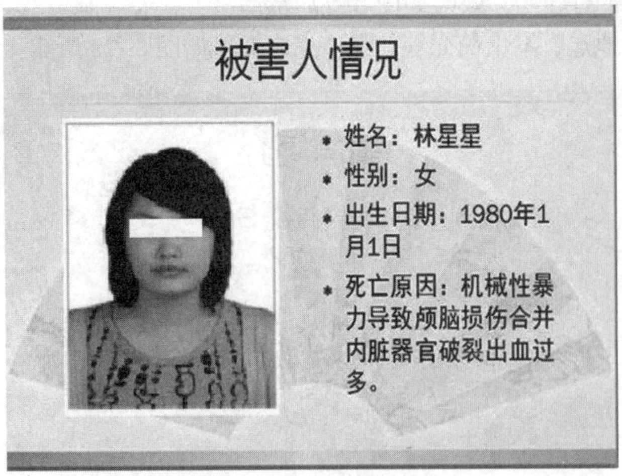

图 8-31 被害人情况 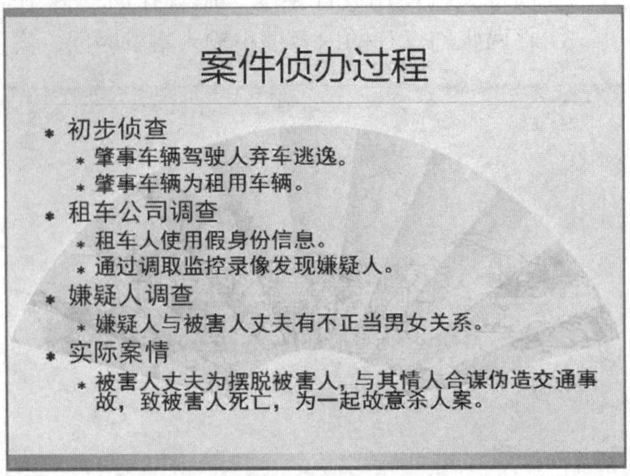　　　　　　图 8-32 案件侦办过程

8. 将第六张幻灯片中文字转换为 SmartArt 图形"分段流程",颜色更改为"彩色填充—强调文字颜色 4",样式更改为"中等效果",效果如图 8-33 所示

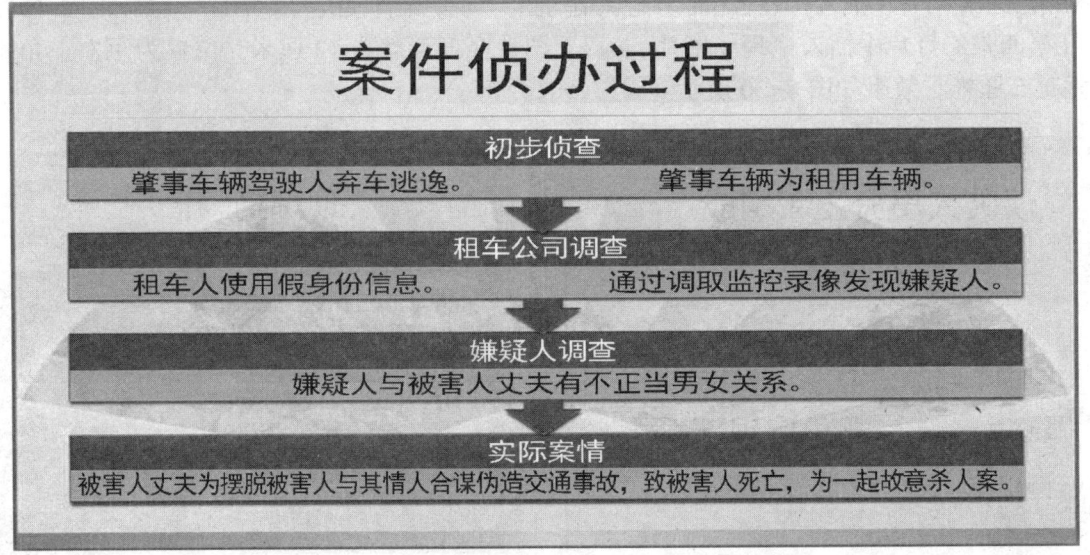

图 8-33 案件侦办过程 SmartArt 图形"分段流程"

9. 将第七张幻灯片版式改为"内容与标题",在文本区域加入监控视频描述文字,并将文字格式设置为 24 号"华文仿宋"加粗。在内容区域中插入"监控视频.wmv",效果如图 8-34 所示

10. 在第八章幻灯片中插入图片"行车轨迹.jpg",图片宽度调整为 18 厘米,图片位置距左上角垂直 4.5 厘米,对齐方式"左右居中",图片套用样式"复杂框架黑色",效果如图 8-35 所示

11. 第九章幻灯片版式改为"两栏内容",左侧插入图片"嫌疑人.jpg",图片高度更改为 10 厘米,位置为距左上角水平 2.5 厘米,垂直 5 厘米。右侧输入嫌疑人基本信息,效果如图 8-36 所示

图 8-34 嫌疑人加油视频

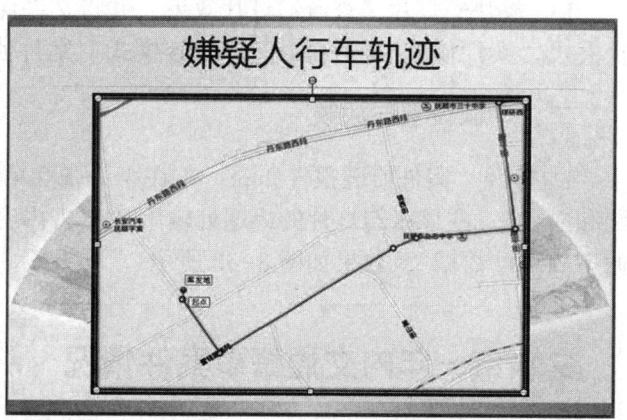
图 8-35 嫌疑人行车轨迹

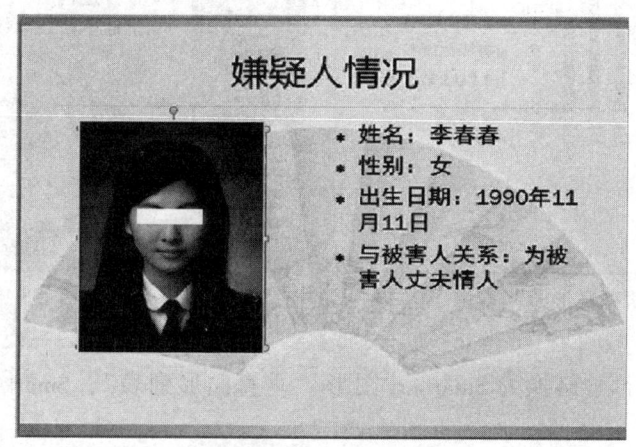
图 8-36 嫌疑人情况

12. 将最后一张幻灯片设计主题改为"聚合"，并在内容区插入"簇状柱形图"，并将"有人死亡数量"与"3 人以上死亡数量"绘制在次要坐标轴上，次要坐标轴最大值固定为 20，效果如图 8-37 所示。相关数据如下

	交通肇事数量（起）	有人死亡数量（起）	3 人以上死亡数量（起）
2014 年 5 月	217	2	0
6 月	141	4	0
7 月	256	4	0
8 月	118	3	0
9 月	114	3	0
10 月	124	1	2
11 月	257	4	0
12 月	318	3	1
2015 年 1 月	311	4	0
2 月	286	1	1
3 月	191	0	0
4 月	158	2	0

13. 放映幻灯片，查看幻灯片效果，并将文件保存为"案件侦破报告.pptx"。将文件分别另存为放映模式"案件侦破报告.ppsx"和兼容模式"案件侦破报告.ppt"

二、动画设置与放映

1. 打开"案件侦破报告.pptx"，在第一张和第二张幻灯片之间插入一张新的幻灯片，版式为"标题和内容"。在该张幻灯片的标题处输入"报告内容"，内容区域中输入"案情简介""侦办过程""交通事故统计数据"，效果如图8-38所示

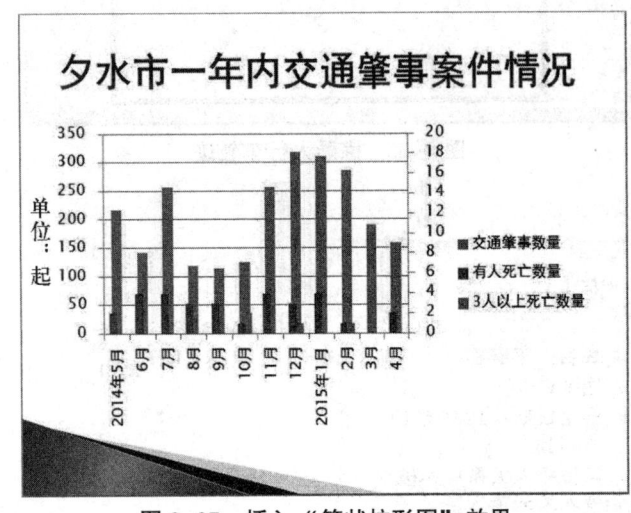

图8-37 插入"簇状柱形图"效果

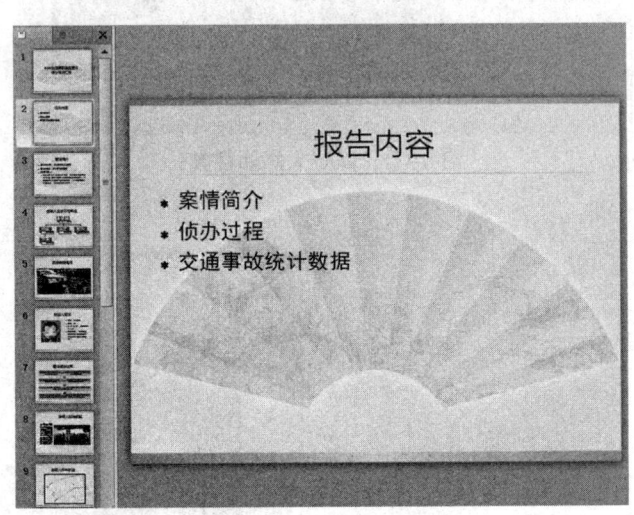

图8-38 报告内容

2. 将该幻灯片的内容部分转换为SmartArt图形"垂直曲形列表"，SmartArt样式改为"优雅"，效果如图8-39所示

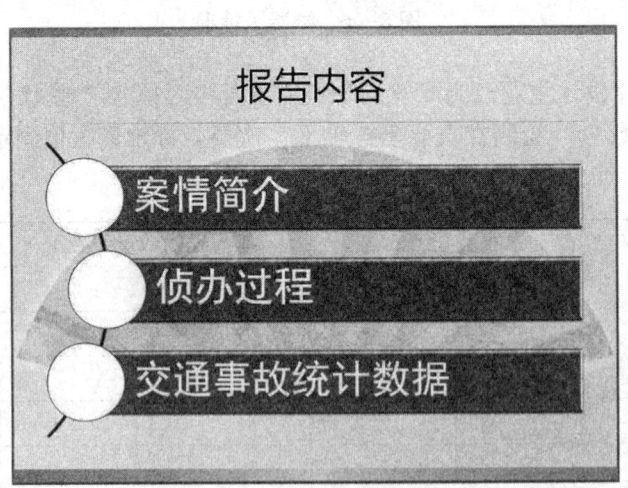

图8-39 SmartArt图形和样式

3. 为该张幻灯片中"案情简介""侦办过程""交通事故统计数据"分别添加超链接，链接到第三张、第七张和最后一张幻灯片。注意，是给文字所在的SmartArt图形添加超链接而不是给文字添加超链接，效果如图8-40所示

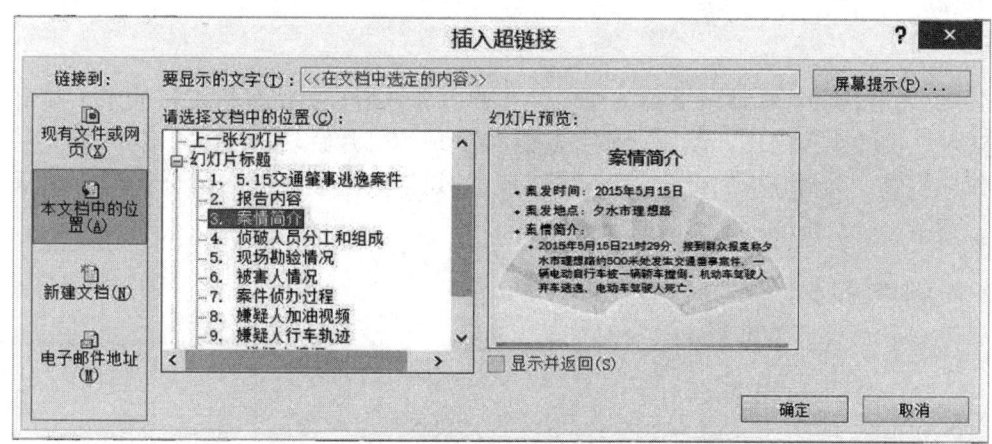

图 8-40 添加超链接

4. 在第三张和第十张幻灯片的右下角插入"动作按钮""第一张",对齐方式为"右对齐"和"底端对齐",并将动作按钮的动作更改为链接到第二张幻灯片

5. 为第一张幻灯片的标题添加进入动画"挥鞭式",为副标题添加进入动画"淡出"

6. 为第二张幻灯片的 SmartArt 图形添加动画"飞入",效果为"自左侧""逐个"

7. 为第三张幻灯片的内容部分添加动画效果"浮入",效果为"上浮""按段落"。动作按钮动画为"淡出"

8. 为第四张幻灯片中的组织结构图添加动画"缩放",效果为"幻灯片中心""逐个"

9. 为第五张幻灯片中的图片添加进入效果"轮子",动画持续时间改为 1 秒

10. 为第六张幻灯片中的文字内容添加进入效果"擦除",为图片添加进入效果"形状",动画持续时间改为 1 秒。打开动画窗格,将图片的动画效果移至文本的动画效果之前

11. 为第七张幻灯片中的 SmartArt 图像添加进入效果"旋转",持续时间改为 0.5 秒,效果选项为"逐个"。在动画窗格中将"初步侦查""租车公司调查""嫌疑人调查""实际案情"外所有的动画开始时间都改为"从上一项开始"

12. 在动画窗格中删除第八张幻灯片中视频原有的动画效果,为视频添加新的进入效果"淡出",然后添加动画效果"播放",将播放的开始时间改为"在上一项之后"。为文字增加强调效果"波浪形",并设置"从上一项之后开始"

13. 在第九张幻灯片中插入图片"车辆.jpg",删除背景。添加进入动画"淡出",并添加自定义路径动画模拟肇事车辆的行驶轨迹,设置持续时间为 6 秒

14. 利用动画刷为第十张幻灯片添加动画效果,图片和文本效果同第六张,动作按钮效果同第三张

15. 最后一张幻灯片,为图表强调效果"脉冲",效果为按系列,在动画窗格中删除针对背景的相关动画,并将除系列 1 外的动画开始时间都修改为"从上一项之后开始"。为标题框增加进入动画"挥鞭式",并添加播放动画时的声音为"照相机"。为图表添加进入动画"出现",除背景外的开始时间都修改为"从上一项之后开始"。最后将图表的强调效果移至最后播放

16. 为第二张幻灯片添加切换效果"涡流",并将持续时间修改为 2 秒

17. 为最后一张幻灯片添加切换效果"推进",并将声音设为"收款机"

18. 打开母版视图,母版页左下角插入图片"警徽",并插入文本框内容"夕水市公安局"底部居中对齐,字体为华文行楷 36 号加阴影。关闭母版视图,并查看效果

19. 熟悉各种幻灯片的放映模式并练习使用

20. 将最终生成的"完成样张.pptx"打包生成新的"演示文稿 CD"

【本章小结】

"第八章 案情分析和汇报演示文稿制作"的主要内容包括：案情分析汇报演示文稿制作步骤；案情分析汇报演示文稿的实际制作；添加动作和超链接实现幻灯片跳转的方法；案情分析汇报演示文稿内容的动画效果设置；案情分析汇报演示文稿幻灯片的切换效果设置；案情分析汇报演示文稿母版的修改和制作；案情分析汇报演示文稿的放映方式。

【公安实训练习】

略。

第九章　信息安全工具在公安工作中的使用

【教学重点】

1. 掌握电子数据的压缩与解压缩
2. 掌握电子数据的加密与解密
3. 掌握电子数据的删除与恢复
4. 掌握电子数据刻录
5. 掌握计算机病毒与杀毒
6. 掌握文件完整性校验

【教学难点】

1. 掌握电子数据的压缩与解压缩
2. 掌握电子数据的加密与解密
3. 掌握电子数据的删除与恢复
4. 掌握电子数据刻录
5. 掌握文件完整性校验

第一节　电子数据的压缩与解压缩

一、电子数据的压缩

由于计算机处理的信息是以二进制数的形式表示的，因此压缩软件就是把二进制信息中相同的字符串以特殊字符标记来达到压缩的目的。为了有助于理解文件压缩，请您在脑海里想象一幅蓝天白云的图片。对于成千上万单调重复的蓝色像点而言，与其一个一个定义"蓝、蓝、蓝……"长长的一串颜色，还不如告诉电脑"从这个位置开始存储1117个蓝色像点"来得简洁，而且还能大大节约存储空间。这是一个非常简单的图像压缩的例子。其实，所有的计算机文件归根结底都是以"1"和"0"的形式存储的，和蓝色像点一样，只要通过合理的数学计算公式，文件的体积都能够被大大压缩以达到"数据无损稠密"的效果。总的来说，压缩可以分为有损压缩和无损压缩。如果丢失个别的数据不会造成太大的影响，这时忽略它们是个好主意，这就是有损压缩。有损压缩广泛应用于动画、声音和图像文件中，典型的代表就是影碟文件格式 mpeg、音乐文件格式 MP3 和图像文件格式 jpg。但是更多情况下压缩数据必须准确无误，人们便设计出了无损压缩格式，如常见的 zip、rar 等。压缩软件（compression software）自然就是利用压缩原理压缩数据的工具，压缩后所生成的文件称为压缩包（archive），体积只有原来的几分之一甚至更小。当然，压缩包已经是另一种文件格式了，如果您想使用其中的数据，首先得用压缩软件把数据还原，这个过程称作解压缩。常见的压缩软件有 winzip、winrar 等。

二、有损压缩和无损压缩

我们在上面讨论的压缩类型称为无损压缩，因为您重新创建的文件与原始文件完全相同。所有无损压缩都基于这样一种理念：将文件变为"较小"的形式以利于传输或存储，并在另一方收到它后复原以便重新使用它。

有损压缩则与此大不相同。这些程序直接去除"不必要"的信息，对文件进行剪裁以使它变得更小。这种类型的压缩大量应用于减小位图图像的文件大小，因为位图图像的体积通常非常庞大。为了了解有损压缩的工作原理，让我们看看您的计算机如何对一张扫描的照片进行压缩。

对于此类文件，无损压缩程序的压缩率通常不高。尽管图片的大部分看起来都是相同的，例如，整个天空都是蓝色的——但是大部分像素之间都存在微小的差异。为了使图片变得更小同时不降低其分辨率，您必须更改某些像素的颜色值。如果图片中包含大量的蓝色天空，程序会挑选一种能够用于所有像素的蓝色。然后，程序重写该文件，所有天空像素的值都使用此信息。

如果压缩方案选择得当，您不会注意到任何变化，但是文件大小会显著减小。当然，对于有损压缩，在文件压缩后您无法将其复原成原始文件的样子。您必须接受压缩程序对原始文件的重新解释。因此，如果需要完全重现原来的内容（如软件应用程序、数据库和总统就职演说），则不应该使用这种压缩形式。

提示：从网络上下载的压缩文件很可能含有病毒，在打开之前最好扫描一下，但是现在很多的黑客会让杀毒软件扫描不出现病毒，所以解压以后最好也扫描一下。

三、电子数据的解压缩

解压缩，计算机术语，就是将一个通过软件压缩的文档、文件等恢复到压缩之前的样子，这种形式以利于传输或存储。其原理就是利用压缩软件把二进制信息中相同的字符串以特殊字符标记来达到压缩的目的。

四、利用 WinRAR 软件压缩与解压缩文件的操作

1. 首先要安装好压缩软件，如 WinRAR 压缩软件。选择要压缩的文件（以"信息卡犯罪调查实验"文件夹为例），鼠标右键点击文件，在弹出的菜单点击（添加到压缩文件）

2. 在压缩文件名和参数界面，可以看到很多选项，如设置压缩文件名以及压缩包所保存的路径。也可以保持默认，单击（确定），这时文件就会进行压缩处理

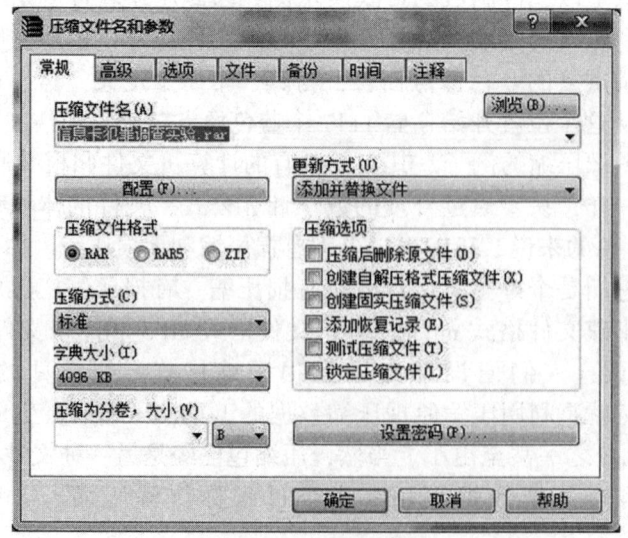

图 9-1　常规选项卡

3. 在对文件进行压缩的同时，可以点击"设置密码"实现"密码压缩"

图 9-2　设置密码

4. 压缩完后，文件旁边就会多出一个文件压缩包
5. 有时候大家会遇到这个问题，就是您在网上要上传一些文件压缩包，压缩包大小超过 20M，但是单个上传限制大小不能超过 20M，怎么办呢？其实办法很简单
6. 在压缩这个文件时，分成几个带分卷压缩包，分卷包大小设置为 20M 以下即可，这里在压缩文件名和参数界面里，将"压缩为分卷"下输入 2，单元选 MB，然后点"确定"

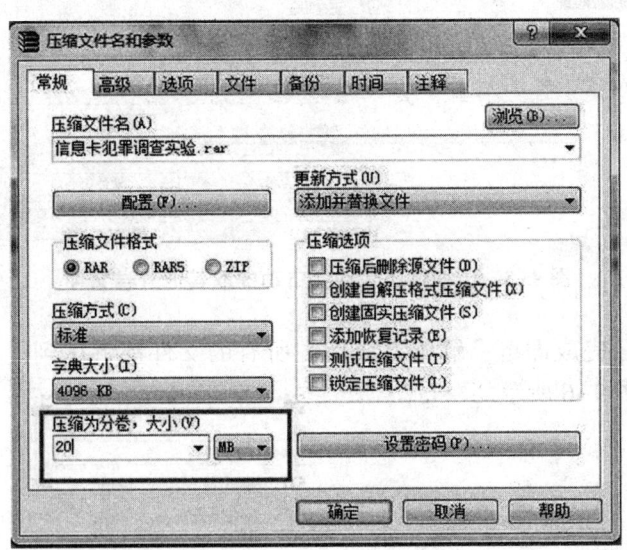

图 9-3　调节分卷大小

7. 压缩成分卷包后为＊＊＊.part1.rar 与＊＊＊.part2.rar 等文件，每个不超过 20M，这样就可以上传文件了

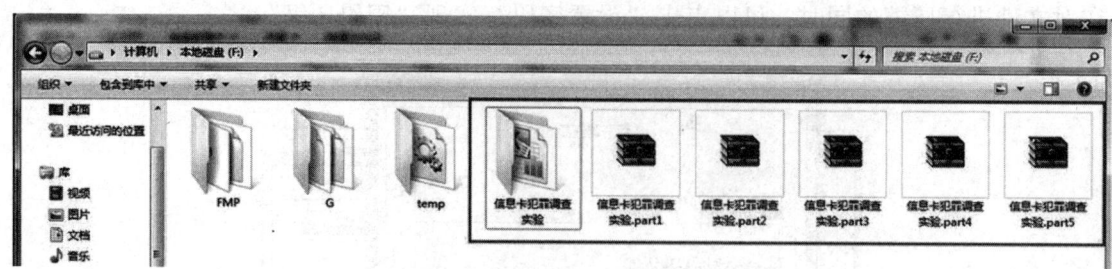

图 9-4 压缩成分卷包结果

利用 WinRAR 软件压缩与解压缩文件的注意事项:
(1) 在选择压缩格式时可以选择 RAR 或 ZIP,如果想得到较大的压缩率,建议选择 RAR 格式。
(2) 分卷压缩一般选择压缩方式是"最好"。

8. 分卷解压缩具体的教程
(1) 首先将多个分卷的压缩文件放置到电脑中的同一个文件夹,然后在其中的一个上点右键,然后选择"解压文件"。
(2) 这时会弹出一个熟悉的解压界面,这里主要是可以选择解压到哪个文件,默认为当前文件夹,如果需要解压到其他文件夹,自己选择一下即可,一般默认即可,最后点击底部的"确认"即可开始解压分卷文件。
(3) 接下来我们会看到,压缩解压软件会自动提取其他分卷文件,如图 9-5 所示。

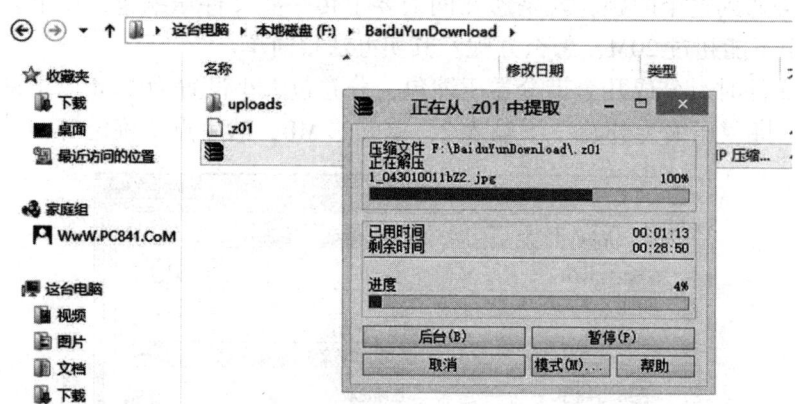

图 9-5 压缩解压软件会自动提取其他分卷文件

(4) 最终我们等待解压完成即可。解压完成后,所有的文件都解压到了一个文件夹当中,文件夹名称与压缩之前一样,如图 9-6 所示。

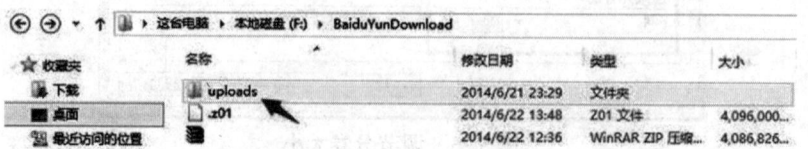

图 9-6 压缩解压软件会自动提取其他分卷文件

解压分卷文件注意事项:
(1) 必须保证所有分卷压缩文件放置在同一个文件夹。
(2) 必须借助 WinRAR 或者好压等压缩工具。

其实分卷压缩文件解压就是这么简单,只要保证所有分卷压缩文件放置到一个文件夹即可,如果缺少部分文件,则会导致解压失败,因此最重要的还是找到所有的分卷压缩文件。

第二节 电子数据的加密与解密

一、电子数据的加密与解密概述

网络技术发展影响着人们生活的方方面面，对网络活动的安全性、保密性要求也越来越高，应用信息加密技术，保证了人们在网络活动中对自己的信息和一些相关资料的保密的要求，保证了网络的安全性和保密性。尤其是在当今电子商务、电子现金、数字货币、网络银行等各种网络业快速兴起之时，如何保护信息安全使其不被窃取、篡改或破坏等越来越受到人们的重视。信息安全的核心是数据的安全，解决这个问题的关键是数据的加密技术。

（一）数据加密

所谓数据加密（data encryption）技术是指将一个信息（或称明文，plain text）经过加密钥匙（encryption key）及加密函数转换，变成无意义的密文（cipher text），而接收方则将此密文经过解密函数、解密钥匙（decryption key）还原成明文。加密技术是网络数据加密的基本过程，就是对原来为明文的文件或数据按某种算法进行处理，使其成为不可读的一段代码，通常称为"密文"，使其只能在输入相应的密钥之后才能显示出本来内容，通过这样的途径来达到保护数据不被非法人窃取、阅读的目的。该过程的逆过程为解密，即将该编码信息转化为其原来数据的过程。

数据加密技术要求只有在指定的用户或网络下，才能解除密码而获得原来的数据，这就需要给数据发送方和接收方以一些特殊的信息用于加解密，这就是所谓的密钥，其密钥的值是从大量的随机数中选取的，按加密算法分为专用密钥和公开密钥两种。专用密钥，又称为对称密钥或单密钥，加密和解密时使用同一个密钥，即同一个算法，如 DES 和 MIT 的 Kerberos 算法。单密钥是最简单的方式，通信双方必须交换彼此密钥，当需给对方发信息时，用自己的加密密钥进行加密，而在接收方收到数据后，用对方所给的密钥进行解密。当一个文本要加密传送时，该文本用密钥加密构成密文，密文在信道上传送，收到密文后用同一个密钥将密文解出来，形成普通文体供阅读。在对称密钥中，密钥的管理极为重要，一旦密钥丢失，密文将无密可保。这种方式在与多方通信时因为需要保存很多密钥而变得很复杂，而且密钥本身的安全就是一个问题。对称密钥是最古老的，一般说"密电码"采用的就是对称密钥。由于对称密钥运算量小、速度快、安全强度高，因而目前仍广泛被采用。

（二）数字签名

数字签名是基于加密技术生成的，它的作用就是用来确定用户是不是真实的。应用最多的还是电子邮件，如当用户收到一封电子邮件时，邮件上面标有发信人的姓名和信箱地址，很多人可能会简单地认为发信人就是信上说明的那个人，但实际上伪造一封电子邮件对于一个普通人来说是极为容易的事。在这种情况下，就要用到加密技术基础上的数字签名，用它来确认发信人身份的真实性。

类似数字签名技术的还有一种身份认证技术，有些站点提供入站 FTP 和 WWW 服务，当然用户通常接触的这类服务是匿名服务，用户的权利受到限制，但也有这类服务不是匿名的，如某公司为了信息交流提供用户的合作伙伴非匿名的 FTP 服务，或开发小组把他们的 Web 网页上传到用户的 WWW 服务器上。现在的问题就是，用户如何确定正在访问用户的服务器的人就是用户认为的那个人，身份认证技术就是一个好的解决方案。在这里需要强调一点，文件加密其实不只用于电子邮件或网络上的文件传输，其实也可应用静态的文件保护，如 PIP 软件就可以对磁盘、硬盘中的文件或文件夹进行加密，以防他人窃取其中的信息。

有些时候，用户可能需要对一些机密文件进行加密，并不一定要在网络间进行传输，而是要防止别人窃得计算机密码而获得该机密文件，因此要对数据实行加密，从而实现多重保护。例如，通常使用的 VPN 系统；在 UNIX 系统中常用的 crypt（3）命令对文件进行加密，尽管这些加密手段已不是那么先进，甚至有被破解的较大可能性，但最起码可以保证文件完整无误地传输到信息接收方。

（三）数据解密

解密是加密的反向操作。加密就是把称为"明文"的可读信息转换成"密文"的过程；而解密则是把"密文"恢复为"明文"的过程。对于私钥加密，必须知道用于加密数据的密钥和 IV。对于公钥加密，必须知道公钥（如果使用了私钥来加密数据）或私钥（如果使用了公钥来加密数据）。

常见的加密或编码算法如下：

1. 常用密钥算法

密钥算法用来对敏感数据、摘要、签名等信息进行加密，常用的密钥算法包括：

DES（data encryption standard）：数据加密标准，速度较快，适用于加密大量数据的场合。

DES 是一种分组密码，是两种基本的加密组块替代和换位的细致而复杂的结合，它通过反复依次应用这两项技术来提高其强度，经过共 16 轮的替代和换位的变换后，使得密码分析者无法获得该算法一般特性以外更多的信息。对于 DES 加密，除了尝试所有可能的密钥外，还没有已知的技术可以求得所用的密钥。

3DES（Triple DES）：是基于 DES，对一块数据用三个不同的密钥进行三次加密，强度更高。

RC2 和 RC4：用变长密钥对大量数据进行加密，比 DES 快。

IDEA（internation data encryption algorithm）算法又叫国际数据加密算法。相对于 DES 的 56 位密钥它使用 128 位密钥，每次加密一个 64 位的数据块。IDEA 算法的安全性相对 DES 算法有很大的提高。其密钥是 128 位，在穷举攻击的情况下，需要经过 2128 次加密才能恢复出密钥，假设一个芯片能每秒产生和运行 10 亿个密钥，它将检测 1013 年，且被认为循环 4 次就可以抵御差分密码分析。因此 IDEA 是非常安全的，而且它比 DES 在软件实现上快得多。IDEA 是一个迭代分组密码，分组长度为 64 比特，密钥长度为 128 比特。IDEA 的软件实现速度与 DES 差不多，但硬件实现速度要比 DES 快得多，快将近 10 倍。它将 64 比特的数据分成 4 个子块，每个 16 比特，令这 4 个子块作为迭代第一轮的输出，全部共 8 圈迭代。每圈迭代都是 4 个子块彼此间以及 16 比特的子密钥进行异或，MOD2 加运算，MOD2+1 乘运算。任何一轮迭代第三和第四子块互换，该算法所需要的"混淆"可通过连续使用三个"不相容"的群运算与两个 16 比特子块来获得，并且该算法所选择使用的 MA-（乘加）结构可提供必要的"扩散"。

RSA：由 RSA 公司发明，是一个支持变长密钥的公共密钥算法，需要加密的文件块的长度也是可变的。

DSA（digital signature algorithm）：数字签名算法，是一种标准的 DSS（数字签名标准）。

AES（advanced encryption standard）：高级加密标准，是下一代的加密算法标准，速度快，安全级别高，目前 AES 标准的一个实现是 Rijndael 算法。

Blowfish，它使用变长的密钥，长度可达 448 位，运行速度很快。

其他算法，如 ElGamal、Deffie-Hellman、新型椭圆曲线算法 ECC 等。

2. 单向散列算法

单向散列函数一般用于产生消息摘要、密钥加密等，常见的有：

MD5（message digest algorithm 5）：是 RSA 数据安全公司开发的一种单向散列算法，MD5 被广泛使用，可以用来把不同长度的数据块进行暗码运算成一个 128 位的数值。

SHA（secure hash algorithm）：这是一种较新的散列算法，可以对任意长度的数据运算生成一个 160 位的数值。

MAC（message authentication code）：消息认证代码，是一种使用密钥的单向函数，可以用它们在系统上或用户之间认证文件或消息。HMAC（用于消息认证的密钥散列法）就是这种函数的一个例子。

CRC（cyclic redundancy check）：循环冗余校验码，CRC 校验由于实现简单，检错能力强，被广泛使用在各种数据校验应用中。占用系统资源少，用软硬件均能实现，是进行数据传输差错检测的一种很好的手段（CRC 并不是严格意义上的散列算法，但它的作用与散列算法大致相同，所以归于此类）。

3. 其他数据算法

其他数据算法包括一些常用编码算法及其与明文（ASCII、Unicode 等）转换，如 Base 64、Quoted Printable、EBCDIC 等。

算法的实现：

（1）私钥加密

私钥加密又称为对称加密（symmetric key 或 secret key），使用同一把密钥对数据进行加密和解密。进行加密通信前需要将密钥先传送给对方，或者双方通过某种密钥交换方法得到一个对称密钥。私钥加密算法非常快（与公钥算法相比），特别适用于对较大的数据流执行加密转换。

- 缺点：破解相对较容易。
- 优点：加密/解密运算相对简单，耗用运算较少，加密/解密效率高。

（2）公钥加密

公钥加密又称为不对称密钥（asymmetric key），由一对公钥（public key）和私钥（private key）构成一个密钥对。公钥加密使用一个必须对未经授权的用户保密的私钥和一个可以对任何人公开的公钥。用公钥加密的数据只能用私钥解密，而用私钥签名的数据只能用公钥验证。公钥可以被任何人使用，该密钥用于加密要发送到私钥持有者的数据。两个密钥对于通信会话都是唯一的。公钥加密算法也称为不对称算法，原因是需要用一个密钥加密数据，同时需要用另一个密钥来解密数据。

- 缺点：加密/解密复杂，耗用较多运算，速度慢，效率相对较低。
- 优点：破解困难，安全性高，目前还没有发现公钥算法被破解的情况。

（3）哈希（Hash）值

哈希算法是将任意长度的二进制值映射为固定长度的较小二进制值，这个小的二进制值称为哈希值。哈希值是一段数据唯一且极其紧凑的数值表示形式。如果散列一段明文而且哪怕只更改该段落的一个字母，随后的哈希都将产生不同的值。要找到散列为同一个值的两个不同的输入，在计算上是不可能的，所以数据的哈希值可以检验数据的完整性。

（4）随机数生成

加密密钥需要尽可能地随机，以便使生成的密钥很难再现，所以随机数生成是许多加密操作不可分割的组成部分。

二、电子数据的加密与解密具体操作

（一）BIOS 的密码设置与清除

BIOS（basic input output system）即基本输入/输出系统，它实际上是被固化到计算机主板上的 ROM 芯片中的一组程序，为计算机提供最低级的、最直接的硬件控制。和其他程序不同的是，BIOS 是储存在 BIOS 芯片中的，而不是储存在磁盘中，由于它属于主板的一部分，因此大家有时就称呼它一个既不同于软件也不同于硬件的名字 "Firmware"（固件），其主要用于存放自诊断测试程序（POST 程序）、系统自举装入程序、系统设置程序和主要 I/O 设备的 I/O 驱动程序及中断服务程序。

（二）BIOS 密码设置方法

如果你不希望别人用自己的电脑，可设置 BIOS 的密码功能给电脑加一把"锁"。BIOS 版本虽然有多个，但密码设置方法基本相同。现以 Award 4.51 PG 版本为例，在计算机启动过程中，当屏幕下方出现提示："Press DEL to enter SETUP" 时按住 Del 键便可进入。

方法是：开机时，当屏幕下方出现提示 "Press DEL to enter SETUP" 时按住 Del 键，其中与密码设置有关的项目有：

"BIOS FEATURES SETUP"（BIOS 功能设置）

"SUPERVISOR PASSWORD"（管理员密码）

"USER PASSWORD"（用户密码）

选择其中的某一项，回车，即可进行该项目的设置。选择管理员密码或用户密码项目后回车，要求输入密码，输入后再回车，提示校验密码，再次输入相同密码，回车即可。需要注意的是，进行任何设置后，在退出时必须保存才能让设置生效（保存方法：设置完毕后选择"SAVE & EXIT SETUP"或按 F10 键，出现提示"SAVE to CMOS and EXIT（Y/N）?"此时按下"Y 键"，保存完成）。

具体设置分为以下几种方法：

设置方法 1：单独设置"SUPERVISOR PASSWORD"或"USER PASSWORD"其中的任何一项，再打开"BIOS FEATURES SETUP"将其中的"Security Option"设置为"Setup"，保存退出。这样，开机时按 Del 键进入 BIOS 设置画面时将要求输入密码，但进入操作系统时不要求输入密码。

设置方法 2：单独设置"SUPERVISOR PASSWORD"或"USER PASSWORD"其中的任何一项，再打开"BIOS FEATURES SETUP"将其中的"Security Option"设置为"System"，保存退出。这样，不但在进入 BIOS 设置时要求输入密码，而且进入操作系统时也要求输入密码。

设置方法 3：分别设置"SUPERVISOR PASSWORD"和"USER PASSWORD"，并且采用两个不同的密码。再打开"BIOS FEATURES SETUP"将其中的"Security Option"设置为"System"，退出保存。这样，进入 BIOS 设置和进入操作系统都要求输入密码，而且输入其中任何一个密码都能进入 BIOS 设置和操作系统。但"管理员密码"和"用户密码"有所区别：以"管理员密码"进入 BIOS 程序时可以进行任何设置，包括修改用户密码。但以"用户密码"进入时，除了修改或去除"用户密码"外，不能进行其他任何设置，更无法修改管理员密码。由此可见，在这种设置状态下，"用户密码"的权限低于"管理员密码"的权限。

（三）BIOS 密码的破解

如果我们遗忘 BIOS 密码该怎么办呢？不要着急，以下几招可以帮助你。对于用户设置的这两种密码，我们的破解方法是有所区别的：

1. 破解"USER PASSWORD"

现在有很多检测系统或开机密码的软件，最常见的有 BiosPwds、Cmospwd 等。其中 BiosPwds 是其中比较优秀的一个，可以检测出 BIOS 版本、BIOS 更新日期、管理员密码、CMOS 密码、密码类型等，而且使用方法简单，单击窗口中的"获取密码"按钮即可显示出 BiosPwds 所检测到的所有信息。

但是由于软件破解密码时，是对 BIOS 编码过的密码进行逆向解码，所以有时也许会发现程序的密码和真实的密码并不相同，这也属于正常现象，所以这一招有时是不灵的。

2. 破解"SUPERVISOR PASSWORD"

第一招：CMOS 放电

目前的主板大多数使用纽扣电池为 BIOS 提供电力，也就是说，如果没有电，它里面的信息就会丢失。当它再次通上电时，BIOS 就会回到未设置的原始状态，当然 BIOS 密码也就没有了。

我们先要打开电脑机箱，找到主板上银白色的纽扣电池。小心将它取下，再把机箱尾部电源插头拔掉，用金属片短接电池底座上的弹簧片，大概隔 30 秒后，再将电池装上。

此时 CMOS 将因断电而失去内部储存的信息，将它装回，合上机箱开机，系统就会提示"CMOS Checksum Error-DeFaults Loaded"，那就是提示你"CMOS 在检查时发现了错误，已经载入了系统的默认值"，BIOS 密码破解成功。

第二招：跳线短接

如果主板的 CMOS 芯片与电池整合在了一块儿，或者是电池直接被焊死在了主板上，还有就是我们用了第一招"CMOS 放电法"，结果没起作用，那么我们就要用跳线短接这一招了。

打开机箱后，在主板 CMOS 电池附近会有一个跳线开关，在跳线旁边一般会注有 RESET CMOS（重设 CMOS）、CLEAN CMOS（清除 CMOS）、CMOS CLOSE（CMOS 关闭）或 CMOS RAM RESET（CMOS 内存重设）等字样，用跳线帽短接，然后将它跳回就行了。

由于各个主板的跳线设置情况不太一样，所以在用这一招时，最好先查阅主板说明书。还要注意，在 CMOS 放电或清除 CMOS 中的数据时，不要在系统开机的情况下进行，建议断掉电脑电源。

- Microsoft Office 2010 的加密与解密

Microsoft Office 2010 是微软推出的新一代办公软件，其包括 Microsoft Word 2010、Microsoft Excel 2010、Microsoft Outlook 2010、Microsoft PowerPoint 2010、Microsoft Access 2010 等多个应用组件。因为隶属于一个开发团队，其界面有极强的兼容性和相似性，所以基于 Microsoft Office 2010 的文件加密与解密仅以 Microsoft Word 2010 为例。

（1）Word 2010 文件加密和解密

①打开 Word 2010，选择左上位置的"文件"→"信息"→"保护文档"。

②点击"保护文档"，选择"用密码进行加密"。

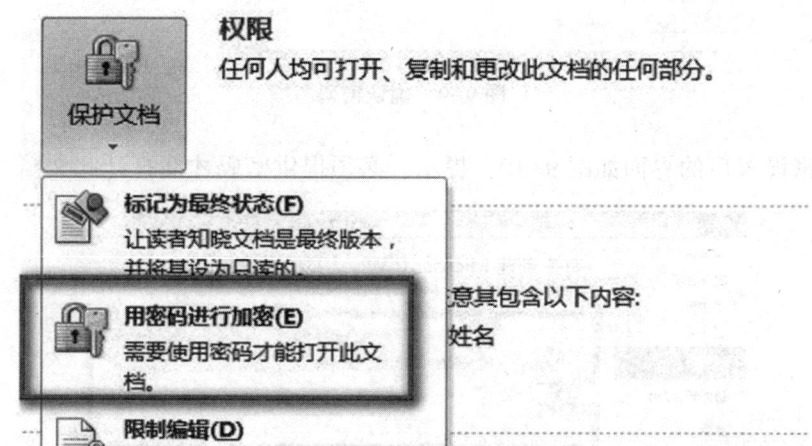

图 9-7　用密码进行加密

③在弹出的"加密文档"对话框中输入密码，并点击确定。

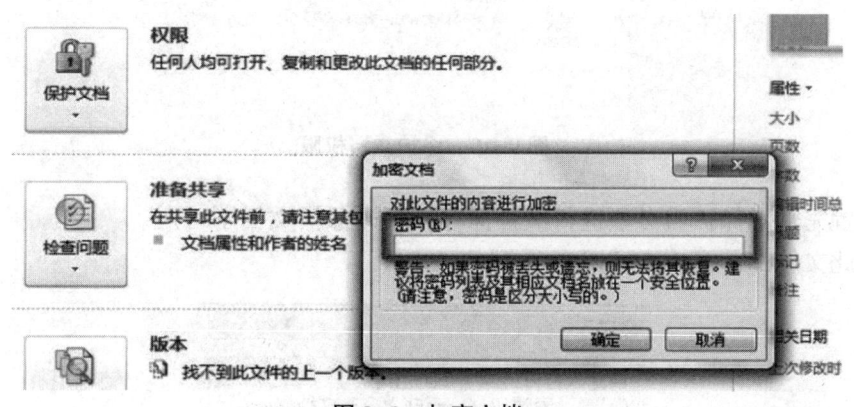

图 9-8　加密文档

④在弹出的"确认密码"对话框中再次输入密码进行确认。

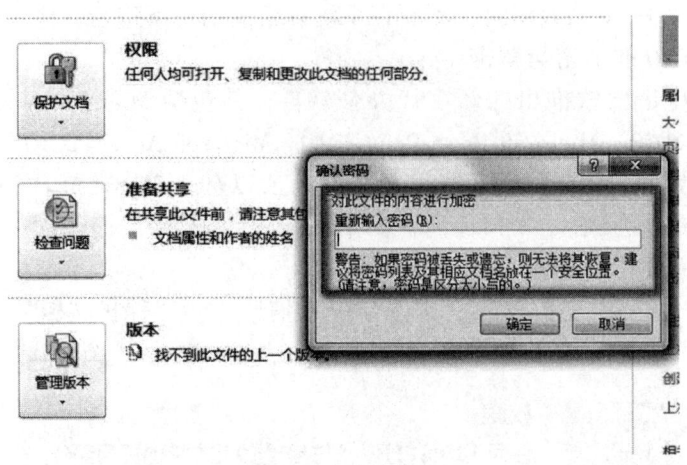

图 9-9　确认密码

⑤完成文件加密设置后的界面如图 9-10，提示：必须提供密码才能打开此文档。

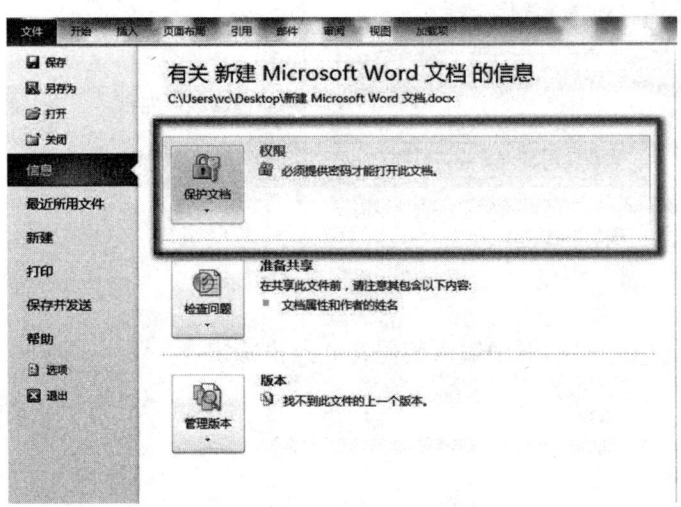

图 9-10　保护文档权限

小提示：设置完密码保护后必须进行文件保存，否则保护文档不可用。

⑥以后打开此文件都需要输入密码。

图 9-11　输入密码

⑦取消密码的方法：

在知道密码的情况下打开文件，然后重复设置密码的过程，在输入密码时设置为空（即不输入），就可取消加密。

（2）Microsoft Access 2010 的文件加密与解密

①Microsoft Access 2010 的文件加密的界面与 Word 2010 略有不同，选择左上位置的"文件"→

"信息"→"用密码进行加密"。

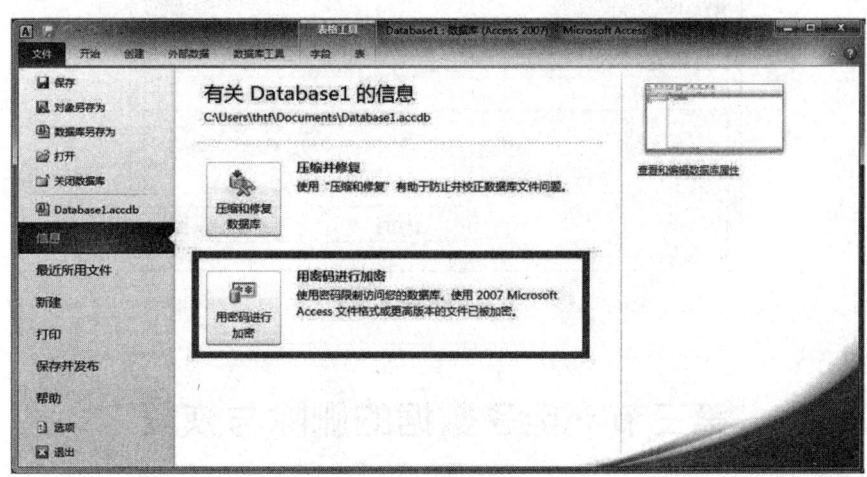

图 9-12　用密码进行加密

② 在弹出的"设置数据库密码"对话框中输入密码并进行密码验证即可实现 Microsoft Access 2010 数据库的加密。

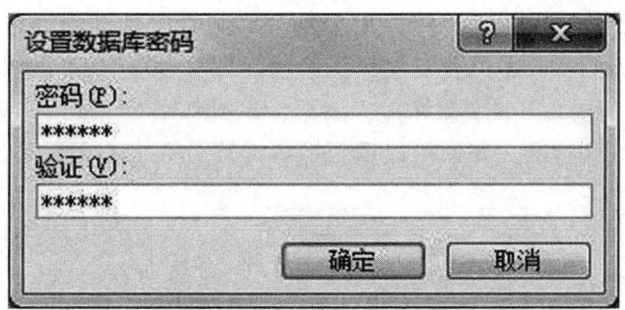

图 9-13　设置数据库密码

（3）Microsoft Access 2010 数据库的解密
①选择左上位置的"文件"→"信息"→"解密数据库"按钮；

图 9-14　解密数据库

②在"撤销数据库密码"对话框中输入揭秘密码即可打开数据库。

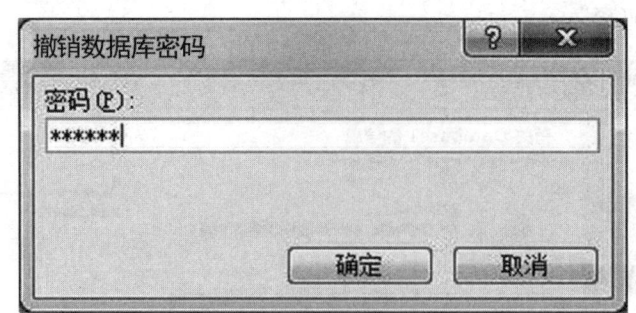

图 9-15 撤销数据库密码

第三节 电子数据的删除与恢复

一、电子数据恢复的原理

（一）分区

硬盘存放数据的基本单位为扇区，我们可以理解为一本书的一页。当我们装机或买来一个移动硬盘，第一步便是为了方便管理——分区。无论用何种分区工具，都会在硬盘的第一个扇区标注上硬盘的分区数量、每个分区的大小、起始位置等信息，术语称为主引导记录（MBR），也有人称为分区信息表。当主引导记录因为各种原因（如硬盘坏掉、病毒、误操作等）被破坏后，一些或全部分区自然就会丢失不见了，根据数据信息特征，我们可以重新推算计算分区大小及位置，手工标注到分区信息表，"丢失"的分区回来了。

（二）文件分配表

为了管理文件存储，硬盘分区完毕后，接下来的工作是格式化分区。格式化程序根据分区大小，合理的将分区划分为目录文件分配区和数据区，就像我们看小说，前几页为章节目录，后面才是真正的内容。文件分配表内记录着每一个文件的属性、大小、在数据区的位置。我们对所有文件的操作，都是根据文件分配表来进行的。文件分配表遭到破坏后，系统无法定位到文件，虽然每个文件的真实内容还存放在数据区，系统仍然会认为文件已经不存在。数据丢失了，就像一本小说的目录被撕掉一样。要想直接去找想要的章节，已经不可能了，要想得到想要的内容（恢复数据），只能凭记忆知道具体内容的大约页码，或去每页（扇区）寻找你要的内容，我们的数据还可以恢复回来。

（三）格式化与删除

我们向硬盘里存放文件时，系统首先会在文件分配表内写上文件名称、大小，并根据数据区的空闲空间在文件分配表上继续写上文件内容在数据区的起始位置，然后开始向数据区写上文件的真实内容，一个文件存放操作才算完毕。

删除操作却简单得很，当我们需要删除一个文件时，系统只是在文件分配表内在该文件前面写一个删除标志，表示该文件已被删除，它所占用的空间已被"释放"，其他文件可以使用它占用的空间。所以，当我们删除文件又想找回它（数据恢复）时，只需用工具将删除标志去掉，数据被恢复回来了。当然，前提是没有新的文件写入，该文件所占用的空间没有被新内容覆盖。

格式化操作和删除相似，都只操作文件分配表，不过格式化是将所有文件都加上删除标志，或干脆将文件分配表清空，系统将认为硬盘分区上不存在任何内容。格式化操作并没有对数据区做任何操作，目录空了，内容还在，借助数据恢复知识和相应工具，数据仍然能够被恢复回来。

注意：格式化并不是100%能恢复，有的情况磁盘打不开，需要格式化才能打开。如果数据重要，千万别尝试格式化后再恢复，因为格式化本身就是对磁盘写入的过程，只会破坏残留的信息。

（四）覆盖

数据恢复工程师常说："只要数据没有被覆盖，数据就有可能恢复回来。"

因为磁盘的存储特性，当我们不需要硬盘上的数据时，数据并没有被拿走。删除时系统只是在文件上写一个删除标志，格式化和低级格式化也是在磁盘上重新覆盖写一遍以数字 0 为内容的数据，这就是覆盖。

一个文件被标记上删除标志后，它所占用的空间在有新文件写入时，将有可能被新文件占用覆盖写上新内容。这时删除的文件名虽然还在，但它指向数据区的空间内容已经被覆盖改变，恢复出来的将是错误异常内容。同样文件分配表内有删除标记的文件信息所占用的空间也有可能被新文件名文件信息占用覆盖，文件名也将不存在了。

当将一个分区格式化后，又拷贝上新内容，新数据只是覆盖掉分区前部分空间，去掉新内容占用的空间，该分区剩余空间数据区上无序内容仍然有可能被重新组织，将数据恢复出来。

同理，克隆、一键恢复、系统还原等造成的数据丢失，只要新数据占用空间小于破坏前空间容量，数据恢复工程师就有可能恢复你要的分区和数据。

（五）数据可以恢复的前提

第一，原始数据未被清除。

文件和这个文件有关的信息是截然不同的两种东西，它们存储在不同的地方。数据之所以丢失是因为它的文件分配表太过混乱导致的。如果想要将丢失的数据恢复，我们需要将存储在硬盘驱动器内完好的数据找出来就可以了。这就得从硬盘记录数据的原理说起了，当我们向硬盘里存放文件时，操作系统首先会在硬盘的文件分配表内写上文件名称、大小，并根据数据区的空闲空间在文件分配表上继续写上文件内容在数据区的起始位置，然后开始向数据区写上文件的真实内容，这样一个文件存放操作才算完毕。

而当我们删除文件时，其步骤却要比建立文件简单得多。我们执行删除操作后，系统只是在文件分配表内该文件前面写一个删除标志，表示该文件已被删除，它所占用的空间已被"释放"，其他文件可以使用它占用的空间。所以，当我们删除文件又想找回它（数据恢复）时，只需用工具将删除标志去掉，数据就被恢复回来了。

第二，数据没有遭到破坏和加密。

不过在恢复的过程中有两个前提，一个是数据没有遭到破坏，另一个是数据没有加密。因为没有受损没有加密的文件是可以恢复的。受损加密的文件虽然可以恢复，但是难度较大。

物理上如果数据被破坏同时用户没有数据备份，这时候想要找回丢失的数据只能重构此数据。当然也不是完全没有可能恢复数据，天盾数据恢复中心有着多年的数据恢复经验，有着强大的技术团队，相信工程师们一定会竭尽所能帮助用户恢复数据。

第三，文件没有被新内容覆盖。

如果文件所在的磁盘有新的文件写入，那么该文件所占用的空间就会被新的内容覆盖，最后彻底地消失。因为磁盘的存储特性，当我们删除了硬盘上的数据时，数据并没有被拿走。

需要提醒的是，数据恢复是一项专业的信息处理技术，在数据恢复处理过程当中，需要保持绝对的谨慎和耐心，也需要大量技术设备的投入，稍有不慎很容易造成数据损坏。如果用户在遇到此类问题且没有切实的解决方法之前，请不要擅自动手拆解硬盘或者自行恢复，可以直接与我们的数据恢复工程师联系，以获得完整的数据恢复方案。

二、利用 FinalData 实现电子数据恢复

FinalData 具有强大的数据恢复功能，当文件被误删除（并从回收站中清除）、FAT 表或者磁盘根区被病毒侵蚀造成文件信息全部丢失、物理故障造成 FAT 表或者磁盘根区不可读，以及磁盘格式化造成的全部文件信息丢失之后，FinalData 都能够通过直接扫描目标磁盘抽取并恢复出文件信息（包括文件名、文件类型、原始位置、创建日期、删除日期、文件长度等），用户可以根据这些信息方便地查找和恢复自己

需要的文件。甚至在数据文件已经被部分覆盖以后，专业版 FinalData 也可以将剩余部分文件恢复出来。

下面介绍如何利用 FinalData 企业版 v3.0 来进行数据恢复的具体操作：

（1）首先我们打开 FinalData 企业版 v3.0 的主程序，点击工具栏中的"打开文件夹"图标，此时会弹出一个"选择驱动器"窗口，选择要恢复数据的盘符，就是删除的文件所在的逻辑分区，如果忘记删除文件所在的逻辑分区，只能对整个硬盘进行扫描（本教程以 F 盘为例）。

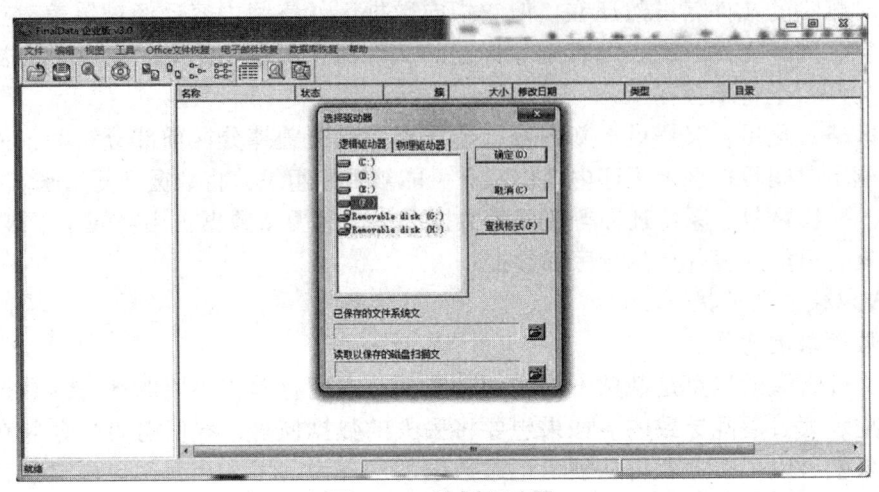

图 9-16　选择驱动器

（2）选择 F 盘后，单击"确定"，出现一个"正在扫描根目录"的对话框，扫描结束会弹出一个"选择要搜索的簇范围"窗口，如果不知道被删除的文件所在的扇区具体位置，那么我们不做修改。如果记得删除的文件大小 MB 范围，就相应地拖动"结束"滑动条，确定搜索文件容量的范围，这样可以减少扫描的时间，最后点确定，弹出一个"簇扫描"窗口，扫描时间取决于你的电脑处理速度和以前在这个磁盘里删除的文件多少。

提示：搜索簇需要较长的时间，不过仍然强烈建议进行全面搜索。因为尽管取消搜索簇以后也能显示出丢失的数据，但不能最大限度地对这些数据进行恢复。

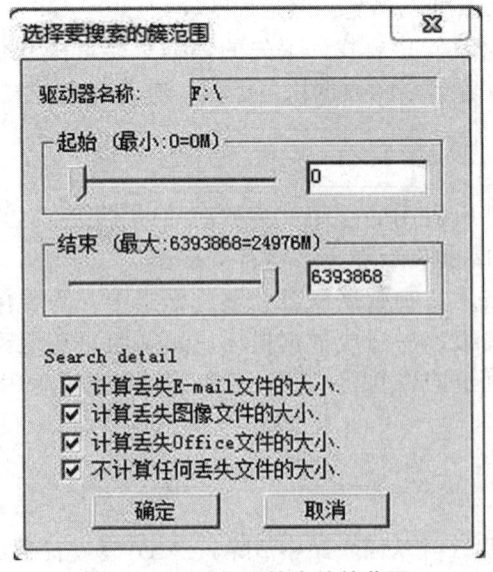

图 9-17　选择要搜索的簇范围

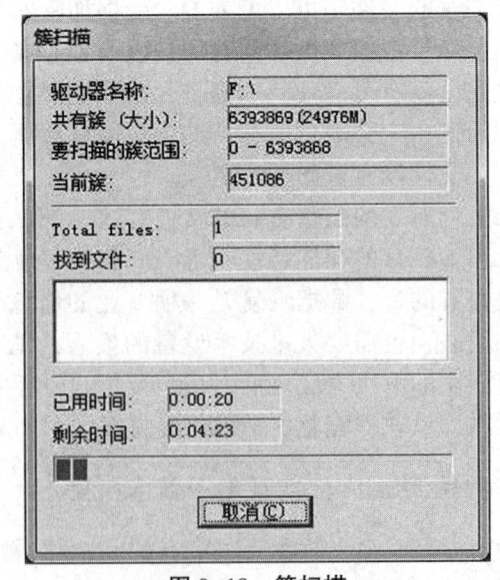

图 9-18　簇扫描

图 9-19　扫描结果

（3）当目录扫描完成后，在窗口的左边区域将会出现六个项目，而目录和文件信息将会显示在右边窗口。这六个项目的含义如下：

① "根目录"：正常根目录。

② "已删除的目录"：从根目录删除的目录集合（只在"快速扫描"后可用）。

③ "已删除的文件"：从根目录删除的文件集合（只在"快速扫描"后可用）。

④ "丢失的目录"：只有在"完整扫描"后找到的目录将会被显示在这里。由于已经被部分覆盖或者破坏，所以"快速扫描"不能发现这些目录。如果根目录由于格式化或者病毒等引起破坏，FinalData 就会把发现和恢复的信息放到"丢失的目录"中（只在"完整扫描"后可用）。

⑤ "丢失的文件"：被严重破坏的文件，如果数据部分依然完好，可以从"丢失的文件"中恢复。在"快速扫描"过后，FinalData 将执行"完整扫描"以查找被破坏的文件并将列表显示在"丢失的文件"中（只在"完整扫描"后可用）。

⑥ "已搜索的文件"：这些就是所有硬盘上面被删除的文件，以后可以按照文件名、簇号和日期对扫描到的文件进行查找。

扫描结束，被删除的文件将会出现在右边的窗口中，选中要恢复的文件，点右键"恢复"，然后弹出一个"选择要保存的文件夹"窗口，选择好要保存的路径（以 D 盘为例），其他一切都默认，然后点"保存"，保存后这样误删的文件就恢复了，恢复的文件将出现在 E 盘里。

注意：恢复数据的保存路径必须选中除所恢复的数据所在分区以外的其他位置！

在右面的目录内容示窗找到我们需要恢复的文件以后，单击右键选择"恢复"出现"选择目录保存"对话框。对话框上面的"FAT"设置和文件系统有关。如果使用的是 FAT16/32 文件系统，这个选项可以使用。如果使用的是 NTFS4.0/5.0 文件系统，该项就不可选。

当保存文件时，最好不要把数据保存到根目录。因为当重要数据从根目录被意外删除后，其他数据的访问将大大减少这些重要数据被恢复的可能性。

在"目录"里面指定我们希望恢复文件的保存路径，最后单击"保存"按钮。完成恢复以后，用户可以打开所选择的保存文件夹，以便查看恢复得到的文件。

如果找不到要恢复的文件的位置或者在"删除的文件"中有太多文件以至于很难找到需要恢复的文件，就可以使用"查找"功能。从菜单中选择"文件""查找"。FinalData 提供的查找方式有三种，按文件名查找、按簇查找、按日期查找。这里我们介绍最常用的按文件名查找，在提示框中输入我们所找的文件的关键字或者通配符（Dos 时常用的？和＊）。单击右面的"查找"以后 FinalData 将在当前分区查找存在的或者已删除的目标文件。找到的文件将会出现在左窗口区域的"找到的文件"项目中。

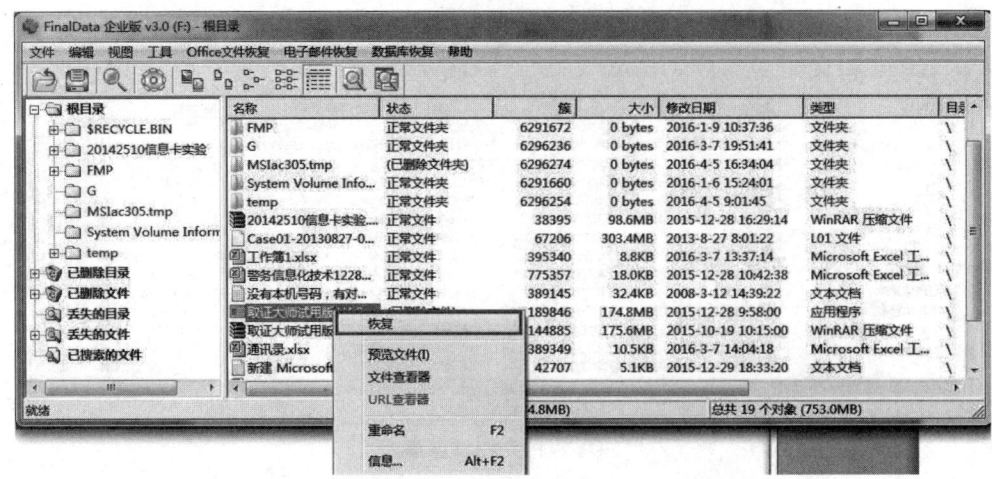

图 9-20　对选中文件恢复

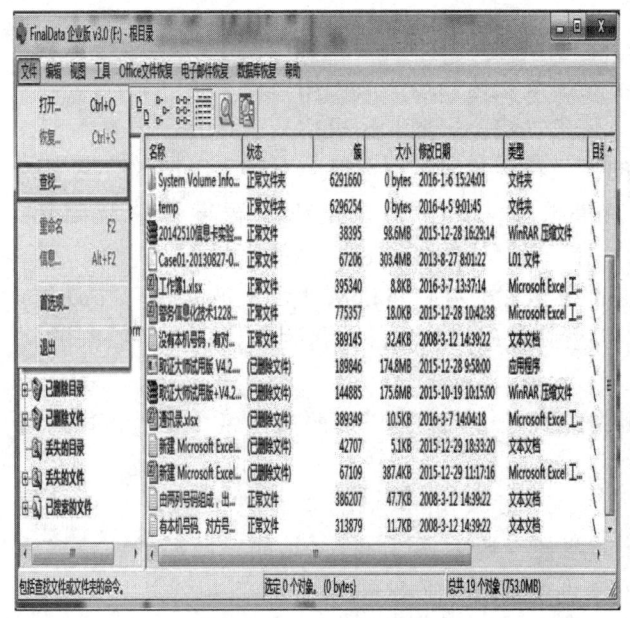

图 9-21　文件

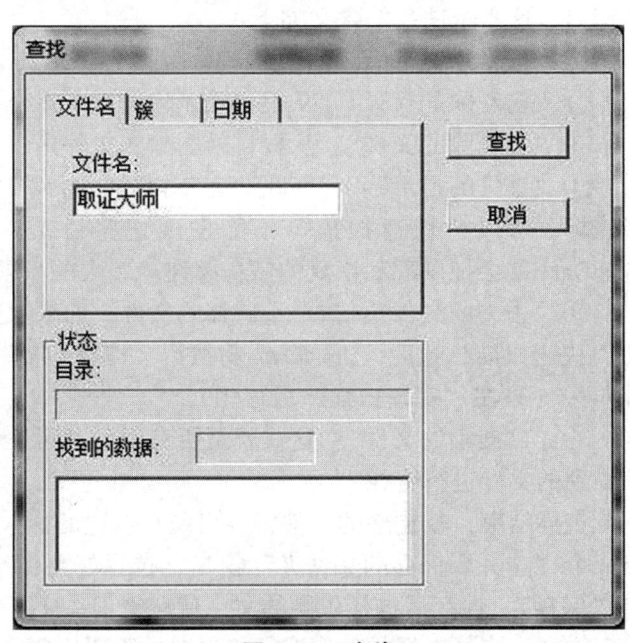

图 9-22　查找

三、利用 EasyRecovery Pro 实现电子数据恢复

EasyRecovery 是一款恢复丢失文件和数据的软件。支持恢复不同存储介质数据：硬盘、光盘、U 盘/移动硬盘、数码相机、手机等，能恢复包括文档、表格、图片、音视频等各种数据文件。同时发布了适用于 Windows 及 Mac 平台的软件版本，自动化的向导步骤，快速恢复文件。

EasyRecovery 的特点：

EasyRecovery 是一个威力非常强大的硬盘数据恢复软件，强大的磁盘诊断、数据恢复、文件修复功能。Easyrecovery professional 能够帮你恢复由于误操作删除的，或者说格式化造成丢失的数据以及重建文件系统。

EasyRecovery 不会向你的原始驱动器写入任何东西，它主要是在内存中重建文件分区表，使数据能够安全地传输到其他驱动器中。你可以从被病毒破坏或是已经格式化的硬盘中恢复数据。

该软件可以恢复大于 8.4GB 的硬盘，支持长文件名。被破坏的硬盘中像丢失的引导记录、BIOS 参数数据块、分区表、FAT 表和引导区都可以由它来进行恢复。

EasyRecovery 使用新的数据恢复引擎,并且能够对 ZIP 文件以及微软的 Office 系列文档进行修复。Professioanl(专业)版更是囊括了磁盘诊断、数据恢复、文件修复、E-mail 修复全部 4 大类目 19 个项目的各种数据文件修复和磁盘诊断方案。

下面介绍如何利用 EasyRecovery Pro 6.0 来进行数据恢复的具体操作:

1. 恢复已删除的文件

(1)启动 EasyRecovery Pro 6.0 之后,点击主界面左边的"数据恢复"按钮,再点击右边窗口中的"删除恢复"(查找并恢复已删除的文件)。

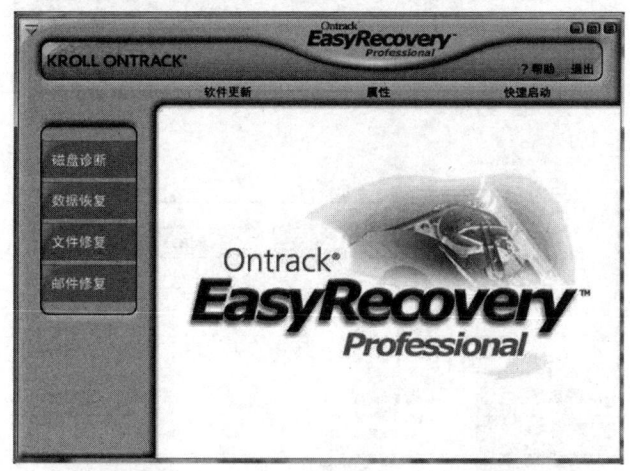

图 9-23　EasyRecovery Pro 6.0 界面　　　　图 9-24　数据恢复

(2)经过短暂的扫描之后,程序要求选择一个分区来恢复已删除的文件,在这里,首先我们得选中误删文件所在的那个分区。然后在右边的"文件类型"栏中输入要恢复的文件名及类型(程序默认是查找所有被删除的文件,默认值即可)。注意,如果被删除的文件已经有很长时间了,则建议将"完全扫描"前的复选框选中,这样成功的几率要大一些。

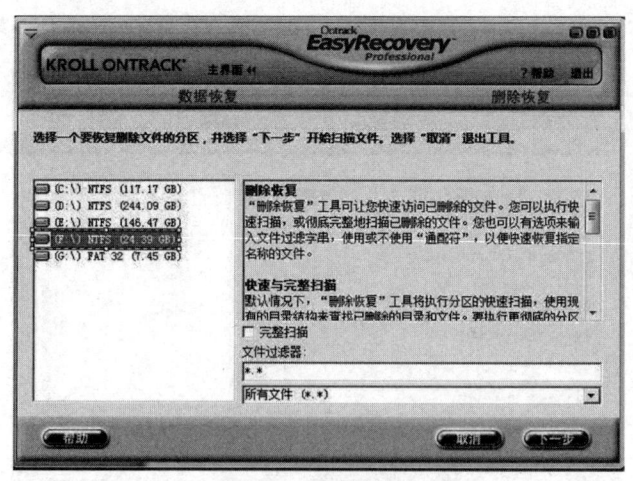
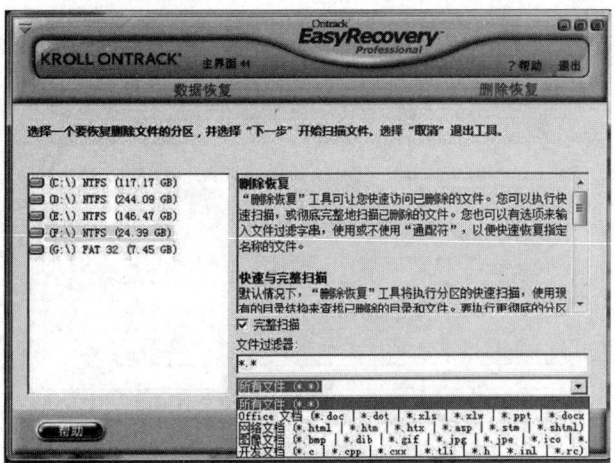

图 9-25　选择分区　　　　　　　　　　　图 9-26　文件类型

(3)点击"下一步"后,程序开始扫描该分区,最后弹出一个文件列表窗口。该窗口跟我们平常使用的"资源管理器"差不多。现在我们要在该列表中查找我们需要恢复的文件,并在需要恢复的文件前的选择框中打上"√"。

提示:那些已删除的文件被 EasyRecovery Pro 找到后,在文件列表中的文件名跟原来的可能有区别。因此在查找需要恢复的文件时要有一定的耐心,可根据文件名及文件类型来判断是不是自己需要恢复的文件。另外，选中某个文件后，我们还可以点击"查看文件"按钮来查看所选文件里面的内容，这一点对于查找文本文件非常有用。

（4）选择好需要恢复的文件后，点击"下一步"，程序要求我们选择一个用来存放恢复文件的目录。注意，为了恢复的安全，建议将恢复数据存放到其他分区中（如需要恢复的文件在F盘，则可将EasyRecovery Pro找到的文件保存到E盘）。点击"恢复到本地驱动器"后面的"浏览"按钮，在弹出的窗口中选择好目标目录即可。

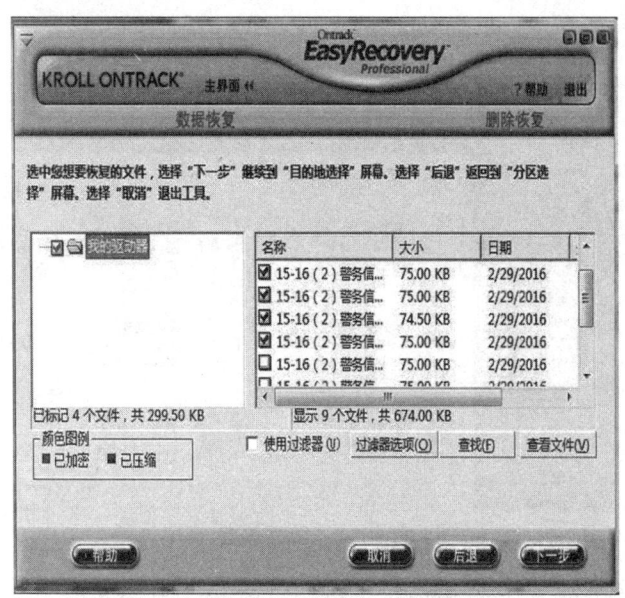

图9-27　选择恢复文件　　　　　　　　图9-28　恢复目的地

（5）当我们选择好用来存放恢复文件的目录后，点击"下一步"，程序就会将选定的文件恢复到我们设定的文件夹中。最后，EasyRecovery Pro还会生成一个"恢复报告"，如有需要还可将它打印或保存。

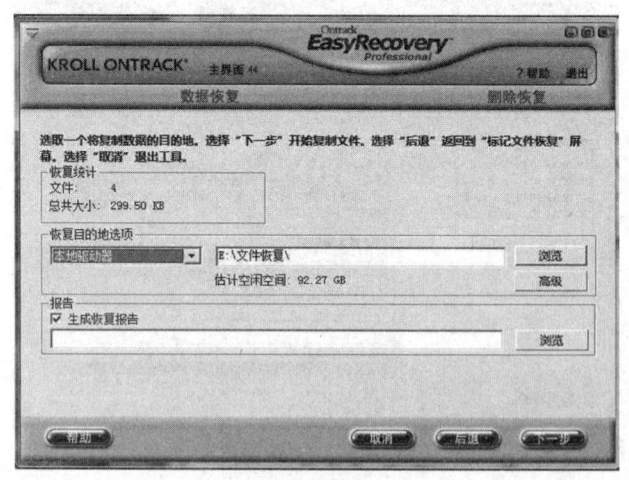 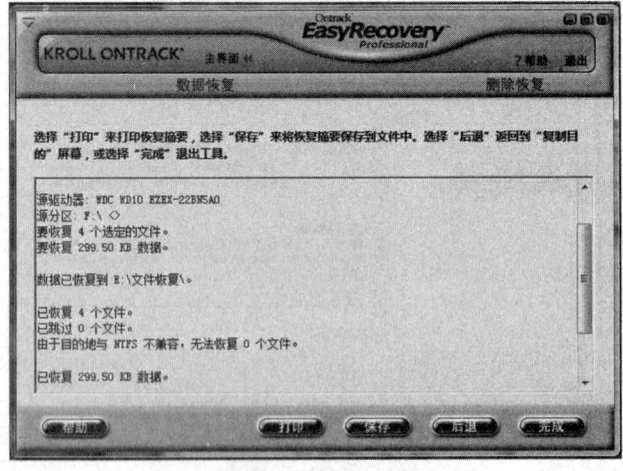

图9-29　执行回复　　　　　　　　　　图9-30　恢复报告

2. 恢复误格式化的数据

（1）有时候由于某些误操作，我们还可能会将某个分区给格式化了，对于这种情况，也可以通过EasyRecovery Pro来解决。

启动程序后，点击"数据修复"按钮，再点击右边窗口栏中的"格式化恢复"按钮，此时程序要求用户选择需要恢复数据的分区。

提示：如果我们不仅格式化了分区，而且改变了该分区格式的话（如从 FAT32 格式成了 NTFS），则在这一步操作中，必须正确选择该分区被格式化之前的分区格式，只有这样才能有好的恢复效果。

（2）点击"下一步"之后，程序开始扫描该分区，接着弹出一个文件列表窗口，里面显示了所有被找到的数据。选择需要恢复的文件，然后选择一个用来存放数据的目录就行了（具体操作跟前面恢复误删文件是一样的）。

注意：如果你需要找回 C 盘上误删的文件，则最好不要将 EasyRecovery Pro 安装到 C 盘，否则会影响 C 盘的文件系统，对数据恢复不利。

EasyRecovery Pro 6.0 的功能非常多，除了修复数据外，它还能修复破损的 Work、Excel、Access、PowerPoint、OutLook、ZIP 压缩包等多种文件（此功能也是 FINALDATA 不具备的）。由于所有的操作跟前面我们提到的修复方式差不多，在此就不多说了。

第四节　电子数据存档

目前，基于对电子数据的存档基本包括硬盘存档和光盘存档两种。一般来说，移动硬盘存储要优于光盘，首先硬盘的寿命要远高于光盘，受本身材质的影响，光盘一般能保存 10 年左右，过期之后光盘的数据会出现损坏，直接表现是光盘的数据无法读取。其次，硬盘的数据可以随时更新，而光盘只是一次性使用（多次读写的光盘价格很高），从性价比上硬盘要好于光盘。由于硬盘的数据存档操作非常简单，那么本节具体介绍一下光盘存档的操作方法。

一、电子数据刻录基础知识

电子数据光盘的刻录主要靠光盘刻录机完成，刻录机是利用大功率激光将数据以"平地"或"坑洼"的形式烧写在光盘上的。

光驱可以用来刻录光盘，但是，并不是一般的光驱就可以刻录光盘，可以刻录光盘的光驱称为光盘刻录机，CD-R、CD-RW、DVD-R、DVD+R、DVD-RW、DVD+RW 都是光盘刻录机，可以用来刻录光盘。所以，如果你要将重要资料制作成光盘，就必须买一部光盘刻录机。CD-R 光盘刻录机只能使用 CD-R 光盘，而且只能刻录一次；而 CD-RW 光盘刻录机则可以使用 CD-R 和 CD-RW 光盘。使用 CD-RW 光盘时，可以重复多次刻录资料，若使用 CD-R 光盘，只能刻录一次。除了买光盘刻录机外，你还要安装 CD 光盘刻录软件，如 Easy-CD Pro、Easy-CD Creator、Nero、WinOnCD 等；DVD 刻录软件，如软碟通、Nero 等，都是常用的刻录程序。通常购买光盘刻录机，都会附赠刻录软件。有了光盘刻录机和刻录程序后，就可以自己刻录光盘了。

下表描述了不同种类的 CD 和 DVD，并提供了有关其正确用途的信息。

光盘	常规信息	容量	兼容性
CD-ROM	称为"只读"光盘，通常用于存储商业程序和数据。不能在 CD-ROM 上添加或删除信息。	650MB	与大多数计算机和设备高度兼容。
CD-R	可以多次将文件刻录到 CD-R（每次称为一个"会话"），但是无法从 Mastered 光盘中删除文件。每次刻录都是永久性的。	650MB 700MB	要在不同的计算机中读取该光盘，您必须先关闭会话。与大多数计算机和设备高度兼容。

续表

光盘	常规信息	容量	兼容性
CD-RW	可以多次将文件刻录到 CD-RW，也可以从光盘上删除不需要的文件，以便回收空间以及添加其他文件。CD-RW 可以多次刻录和擦除。	650MB	与许多计算机和设备兼容。
DVD-ROM	称为"只读"光盘，通常用于存储商业程序和数据。不能在 DVD-ROM 上添加或删除信息。	4.7GB	与大多数计算机和设备高度兼容。
DVD-R	可以多次将文件刻录到 DVD-R（每次称为一个"会话"），但是不能从光盘中删除文件。每次刻录都是永久性的。	4.7GB	要在不同的计算机中读取该光盘，必须先关闭会话。与大多数计算机和设备高度兼容。
DVD+R	可以多次将文件刻录到 DVD+R（每次称为一个"会话"），但是不能从光盘中删除文件。每次刻录都是永久性的。	4.7GB	要在不同的计算机中读取该光盘，必须先关闭会话。与许多计算机和设备兼容。
DVD-RW	可以多次将文件刻录到 DVD-RW（每次称为一个"会话"）。也可以从光盘上删除不需要的文件，以便回收空间以及添加其他文件。DVD-RW 可以多次刻录和擦除。	4.7GB	无需关闭会话便可以在另一台计算机上读取该光盘。与许多计算机和设备兼容。
DVD+RW	可以多次将文件刻录到 DVD+RW（每次称为一个"会话"）。也可以从光盘上删除不需要的文件，以便回收空间以及添加其他文件。DVD+RW 可以多次刻录和擦除。	4.7GB	无需关闭会话便可以在另一台计算机上读取该光盘。与许多计算机和设备兼容。
DVD-RAM	可以多次将文件刻录到 DVD-RAM。也可以从光盘上删除不需要的文件，以便回收空间以及添加其他文件。DVD-RAM 可以多次刻录和擦除。	2.6GB 4.7GB 5.2GB 9.4GB	DVD-RAM 光盘通常只能用于 DVD-RAM 驱动器，且不能被 DVD 播放机和其他设备读取。
DVD-R DL	可以多次将文件刻录到 DVD-R DL（每次称为一个"会话"），但是无法从 Mastered 光盘中删除文件。每次刻录都是永久性的。	8.5GB	要在不同的计算机中读取该光盘，必须先关闭会话。与一些计算机和许多新 DVD 播放机相兼容。
DVD+R DL	可以多次将文件刻录到 DVD+R DL（每次称为一个"会话"），但是无法从 Mastered 光盘中删除文件。每次刻录都是永久性的。	8.5GB	要在不同的计算机中读取该光盘，必须先关闭会话。与一些计算机和许多新 DVD 播放机相兼容。
BD-R	只能将文件刻录到 BD-R 一次（称为一个"会话"），但是无法从光盘中删除文件。每次刻录都是永久性的。	25GB	要在不同的计算机中读取该光盘，必须先关闭会话。与运行 Windows 7 的计算机兼容。
BD-R DL	只能将文件刻录到 BD-R DL 一次（称为一个"会话"），但是不能从光盘中删除文件。每次刻录都是永久性的。	50GB	要在不同的计算机中读取该光盘，必须先关闭会话。与运行 Windows 7 的计算机兼容。

续表

光盘	常规信息	容量	兼容性
BD-RE	可以多次将文件刻录到 BD-RE（每次称为一个"会话"）。也可以从光盘上删除不需要的文件，以便回收空间以及添加其他文件。BD-RE 可以多次刻录和擦除。	25GB	无需关闭会话便可以在另一台计算机上读取该光盘。与运行 Windows 7 的计算机兼容。
BD-RE DL	可以多次将文件刻录到 BD-RE DL（每次称为一个"会话"）。也可以从光盘上删除不需要的文件，以便回收空间以及添加其他文件。BD-RE DL 可以多次刻录和擦除。	50 GB	无需关闭会话便可以在另一台计算机上读取该光盘。与运行 Windows 7 的计算机兼容。

二、Windows 7 系统自带光盘刻录功能的使用方法

（一）Windows 7 系统刻录 DVD 光盘

把一张空白光盘放入刻录机，打开"计算机"窗口，双击刻录机图标，弹出"刻录光盘"对话框，选择刻录类型。

这里有两个选项：

一个是"类似于 USB 闪存驱动器"；另一个是"带有 CD/DVD 播放器"。

选择"类似于 USB 闪存驱动器"，将刻录一张可以随时保存、编辑和删除文件，且可以在 WinXP 或更高版本系统中运行的光盘。

选择"带有 CD/DVD 播放器"模式刻录光盘，光盘可以在大多数计算机上工作，但是光盘中的文件无法编辑或删除。

选择"类似于 USB 闪存驱动器"模式：

（1）如果选择"类似于 USB 闪存驱动器"，单击"下一步"，系统会对空白光盘进行格式化。选择刻录模式，格式化空白光盘。

（2）完成对空白光盘格式化后，自动打开空白光盘，将需要刻录到光盘的文件复制、剪切或拖动到空白光盘窗口中，刻录机开始工作，将相关文件刻录到光盘中。

选择"带有 CD/DVD 播放器"模式：

（1）如果选择"带有 CD/DVD 播放器"，单击"下一步"，系统不会对空白光盘进行格式化，而是直接打开，将需要刻录到光盘的文件复制、剪切或拖动进来。

（2）单击"刻录到光盘"按钮，启动"刻录到光盘"向导，进入"准备此光盘"窗口，设置好光盘标题和刻录速度，单击"下一步"按钮，Windows 7 自动完成光盘的刻录。

（二）将 ISO 文件刻录为 CD 或 DVD

ISO 文件又称为光盘映像，是一个单独的完整数据 CD 或 DVD 副本文件。从 ISO 文件刻录 CD 或 DVD 时，新光盘与原始光盘具有相同的文件夹、文件和属性。获取 ISO 文件最常用的方法是从网站下载。例如，您可以先下载 ISO 文件，然后再使用该文件更新计算机上的软件。

可以使用 Windows 光盘映像刻录机将光盘映像文件（文件扩展名为 .iso 或 .img）刻录到可录制 CD 或 DVD 中。至于是将映像文件刻录到可录制 CD、DVD，还是蓝光光盘，取决于光盘刻录机和可以刻录的光盘类型、光盘映像文件大小以及计划使用该光盘的设备。

首先将可录制 CD、DVD 或蓝光光盘插入光盘刻录机，然后完成如下操作：

（1）单击打开"计算机"文件夹。

（2）在 Windows Explorer 中，找到光盘映像文件，然后双击该文件。

（3）如果有多个光盘刻录机，请从 Windows 光盘映像刻录机中的"光盘刻录机"列表中，单击要

使用的刻录机。

(4) 如果要验证光盘映像是否已正确刻录到光盘，请选中"刻录后验证光盘"复选框。（可选）

(5) 如果光盘映像的完整性非常重要（例如，光盘映像文件包含固件更新），应选中此复选框。

(6) 单击"刻录"刻录光盘。

注意：如果计算机上已安装第三方 CD 或 DVD 刻录程序，在双击光盘映像文件时，该程序可能会打开。如果发生这种情况，并且希望使用 Windows 光盘映像刻录机从光盘映像文件刻录 CD 或 DVD，请右键单击光盘映像文件，然后单击"刻录光盘映像"。

三、光盘刻录大师

光盘刻录大师是一款操作简单、功能强大的刻录软件，不仅涵盖了数据刻录、光盘备份与复制、影碟光盘制作、音乐光盘制作等大众功能，更配有音视频格式转换、音视频编辑、CD/DVD 音视频提取等多种媒体功能。

（一）刻录工具

1. 刻录数据光盘：可以备份文件资料到 CD/DVD 光盘中，并且把这些数据制作成映像文件，还可以创建可引导标准数据的 CD/DVD 光盘，以备 CD/DVD 设备直接引导个人电脑的启动

2. 刻录音乐光盘：可以将 MP3、WAV、WMA、AAC、AU、AIF、APE、VOC、FLAC、M4A、OGG 等主流音频格式文件刻录成为在汽车 CD 播放器、家用 VCD、家用 DVD、个人电脑播放的音乐光盘；同时可以制作 BIN、APE、SVD 等常见格式的音乐光盘映像文件；还可以把 MP3/WMA/ACC 音乐刻录到 CD/DVD 光盘中或保存成 ISO 格式的映像文件

3. DVD9 转 DVD5：将 DVD9 影音光盘（容量：约 8.5G）压缩刻录到 DVD5（容量：约 4.5G）空白光盘中，仍然保持较高的视频欣赏度

4. 刻录 DVD 文件夹：将电脑中备份的包含 AUDIO_TS 和 VIDEO_TS 的 DVD 影片文件夹刻录成 DVD 光盘，以便在家用 DVD 机上播放

5. 光盘复制：可以 1:1 完整的复制现有的音乐光盘、数据光盘、影视 VCD/SVD/DVD 光盘，同时支持带 css 保护的 DVD 影音光盘在内的几乎所有防拷贝光盘复制到一张空白 CD/DVD 光盘中

6. 制作光盘映像：将音乐、数据、影视 CD/DVD、防拷贝的游戏光盘制作成为 ISO、BIN、APE、SVD 等格式的光盘映像文件，同时支持 SafeDisk，LaserLock，Securom、SecuromNew、Cd-Crops、Starforce、Tags、Cd-checks 的防拷贝游戏的光盘映像文件的制作

7. 刻录光盘映像：将 SVD、ISO、BIN、APE、NRG、CCD、IMG、DVD、MDS、MDF 等常用格式的光盘映像文件还原刻录到一张空白 CD/DVD 光盘中

8. 查看光驱与光盘信息：查看计算机系统中所有的光驱与光盘信息

9. 擦除盘片：擦除各种可擦写光盘，以备刻录时使用

（二）视频工具

1. 制作影视光盘：把视频以高清和自动两种方式刻录在 CD/DVD 盘片上，以便在家用 VCD/DVD/SVCD 播放机播放，让家人和好友与您一起分享快乐

2. 编辑与转换：可以转换 MPEG-4、AMV、AVI、ASF、SWF、DivX、Xvid、RM、RMVB、FLV、SWF、MOV、3GP、WMV、PMP、VOB、MP3、MP2、AU、AAC、AC3、M4A、WAV、WMA、OGG、FLAC 等各种音视频格式。同时支持音量调节，时间截取，视频裁剪，添加水印和字幕等功能

3. 视频分割：把一个视频文件分割成若干个小视频文件，支持按照时间长度、尺寸大小、平均分配手动和自动等多种方式进行分割

4. 视频文件截取：从一段视频中提取出需要收藏的部分，制作成一个视频文件

5. 视频合并：把多个不同或相同格式的视频文件合并成一个视频文件

6. 视频截图：从视频中截取精彩画面。支持 bmp、jpg、png 等格式

7. DVD 视频提取：可以把 DVD 影音光盘转换为 MPEG-4、ASF、AVI、DivX、XviD、FLV、WMV、RMVB 等各种主流视频格式。支持 DVD 转换视频到 MP4、ipod、iphone、psp、Zune。Mobile phone 是世界上首款支持"ONE DVD ONE FILE"的 DVD Rip 软件

8. DVD 音频提取：把音乐 DVD 转换成 MP3、WAV、WMA、AAC、AU、AIF、VOC、FLAC、M4A、OGG、RA 等各种主流音频格式，支持每个章节转换一首歌曲

（三）音频工具

1. 音乐格式转换：可以在 MP3、WAV、WMA、AAC、AU、AIF、APE、VOC、FLAC、M4A、OGG 等主流音频格式之间任意转换

2. 音乐分割：把一个音乐文件分割成若干个小音乐文件，支持按照时间长度、尺寸大小、平均分配手动和自动等多种方式进行分割

3. 音乐截取：把您喜爱的音乐文件截取出精华的一段加以保存

4. 音乐合并：把多个不同或相同的音乐格式文件合并成一个音乐文件

5. iphone 铃声制作：专门制作 iphone 手机铃声

6. 音乐光盘刻录：可以将 MP3、WAV、WMA、AAC、AU、AIF、APE、VOC、FLAC、M4A、OGG 等主流音频格式文件刻录成为在汽车 CD 播放器、家用 VCD、家用 DVD、个人电脑播放的音乐光盘；同时可以制作 BIN、APE、SVD 等常见格式的音乐光盘映像文件；还可以把 MP3/WMA/ACC 音乐刻录到 CD/DVD 光盘中或保存成 ISO 格式的映像文件

7. CD 音乐提取：可以将音乐 CD 的歌曲转换为 MP3、WAV、WMA、AAC、AU、AIF、APE、VOC、FLAC、M4A、OGG 等主流音频格式

8. MP3 音量调整：在没有任何音质损失的前提下，调节 MP3 歌曲的音量。能够在刻录音乐光盘前或者拷贝歌曲到手机前，将所有 MP3 歌曲的音量分析并调整到相同大小，欣赏歌曲时就再也不必经常调节播放器的音量了

9. 下面详细介绍一下利用光盘刻录大师进行刻录数据光盘，制作视频光盘和音频光盘的操作步骤

（1）刻录数据光盘

①首先打开"光盘刻录大师"软件，选择刻录工具中的"刻录数据光盘"。

图 9-31　刻录数据光盘

②选择刻录光盘类型及添加刻录数据。在选择刻录光盘类型下拉菜单中可以进行光驱及光盘类型的选择，包括"烧录数据 CD""烧录数据 DVD""烧录可启动数据 CD"和"烧录可启动数据 DVD"。

刻录数据可以根据需要选择"添加目录"或者"添加文件"两种方式实现数据的添加。

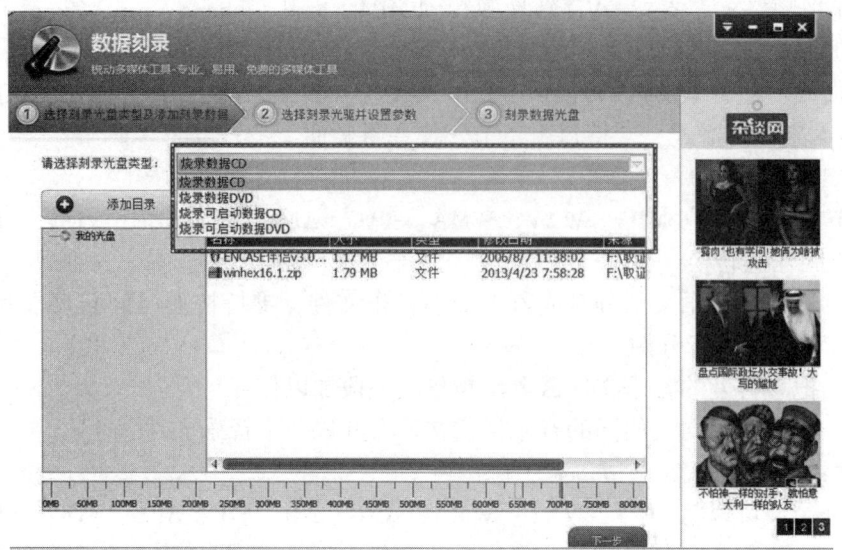

图 9-32　选择刻录光盘类型及添加刻录数据

③选择刻录数据并设置参数。系统会提示"请稍等，正在扫描盘片信息"。

④待"请稍等，正在扫描盘片信息"提示信息消失后，可以修改光盘卷标、刻录速度，同时在多选框中选择是否启用防烧死技术、结束光盘、烧录完成校验数据。

⑤点击"下一步"，进入到最后一步"刻录选择光盘"阶段，待刻录结束后，会弹出"刻录已经完成"对话框，并且光盘从光驱中自动弹出。

⑥如果需要追加刻录数据到光盘中，可以重复以上步骤 1~4 步，在弹出的"刻录数据"对话框中选择"确定"或者"取消"。

提示：光盘擦除。

如果光盘是可擦写光盘，可对光盘的内容进行擦写。选择刻录工具中的"光盘擦除"，在"盘片擦除"对话框中选择"擦除"。根据需要可选择擦除设备、擦除方式和擦除速度。

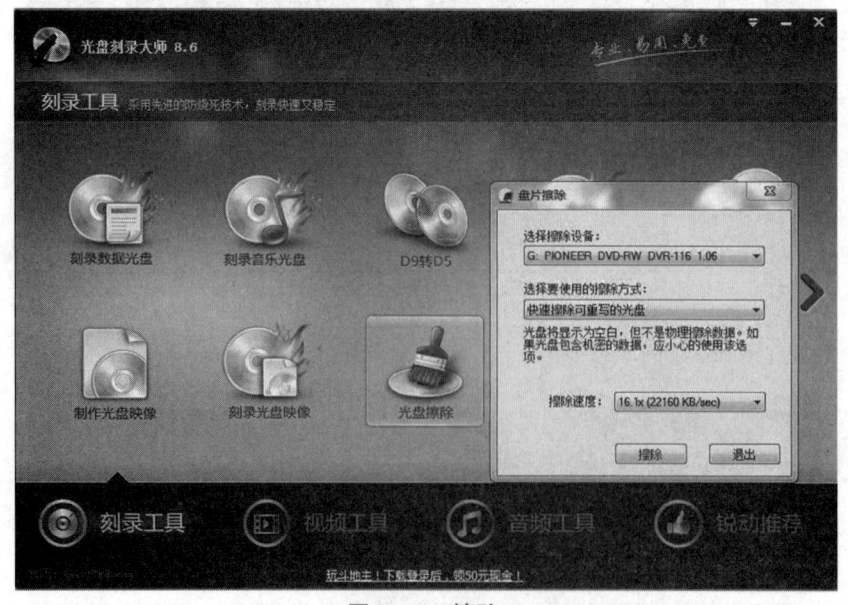

图 9-33　擦除

（2）制作视频光盘

①首先打开"光盘刻录大师"软件，选择视频工具中的"制作视频光盘"。

②在选择视频光盘类型中对光盘类型、光盘制式、纵横比、清晰度和分辨率进行选择。

③添加视频文件。点击"添加"，选择要添加的视频文件，点击"打开"。

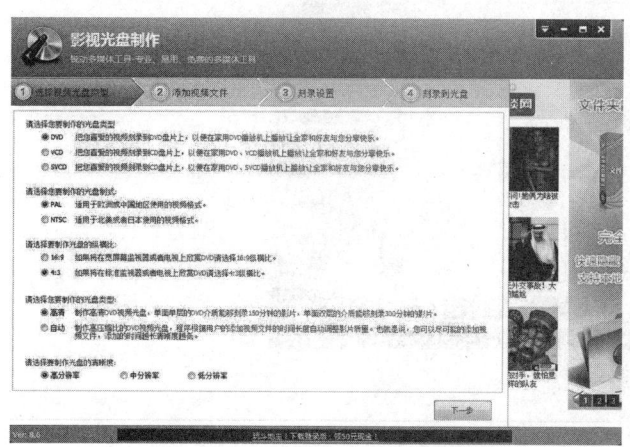

图 9-34　选择视频光盘类型

图 9-35　添加视频文件

④刻录设置。选择"输出设备""卷标""刻录速度""刻录份数"和"临时目录"，点击下一步实现视频文件的刻录。

（3）音乐光盘刻录

①首先打开"光盘刻录大师"软件，选择音频工具中的"音乐光盘刻录"。

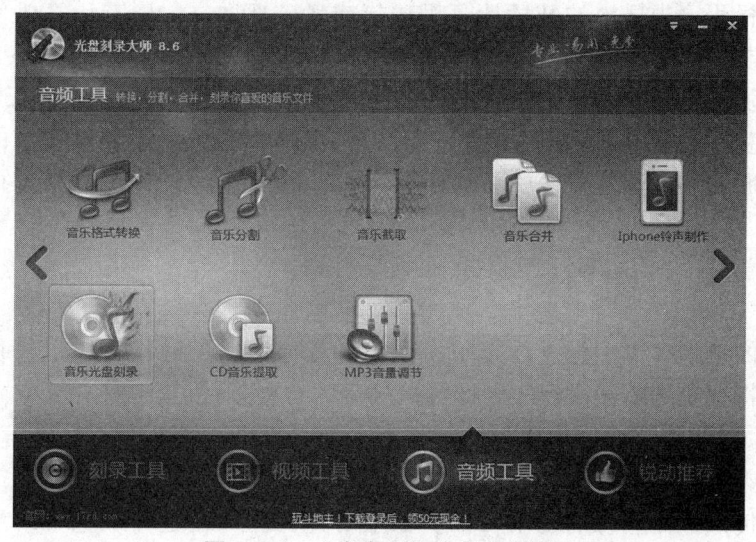

图 9-36　"光盘刻录大师"界面

②选择制作光盘类型并添加音乐文件。添加方式如刻录数据光盘和视频文件，并选择音乐光盘类型。

如选择音乐 CD，则单位是 MIN，录制的时间为 70 分钟。

如选择 MP3/DVD，则单位为 MB，容量约为 650MB。

③选择刻录光驱并设置参数。修改光盘名称，并选择刻录机后点击"开始刻录"，实现音乐光盘的制作。

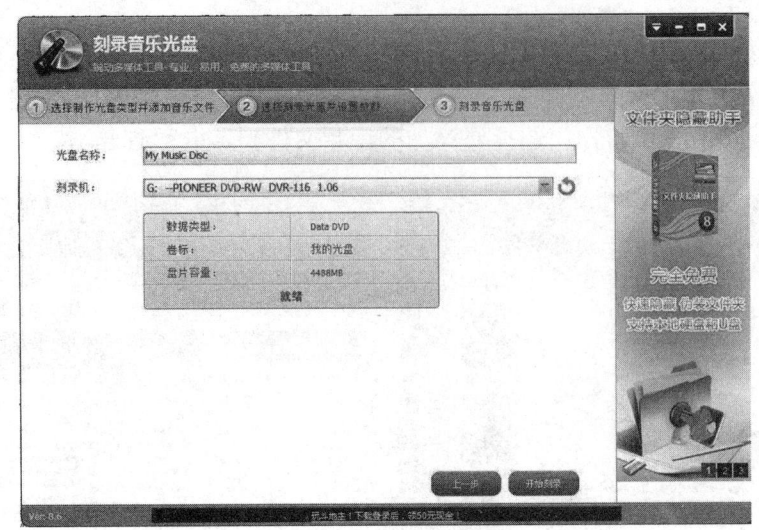

图 9-37 设置参数

第五节 计算机病毒与杀毒

一、计算机病毒的基础知识

电脑病毒（computer virus）在《中华人民共和国计算机信息系统安全保护条例》中被明确定义，是指"编制者在计算机程序中插入的破坏计算机功能或者破坏数据，影响计算机使用并且能够自我复制的一组计算机指令或者程序代码"。与医学上的"病毒"不同，计算机病毒不是天然存在的，是某些人利用计算机软件和硬件所固有的脆弱性编制的一组指令集或程序代码。它能通过某种途径潜伏在计算机的存储介质（或程序）里，当达到某种条件时即被激活，通过修改其他程序的方法将自己的精确拷贝或者可能演化的形式放入其他程序中，从而感染其他程序，对计算机资源进行破坏，对被感染用户有很大的危害性。

（一）主要特点

1. 繁殖性

计算机病毒可以像生物病毒一样进行繁殖，当正常程序运行的时候，它也进行运行自身复制，是否具有繁殖、感染的特征是判断某段程序为计算机病毒的首要条件。

2. 传染性

计算机病毒不但本身具有破坏性，更有害的是具有传染性，一旦病毒被复制或产生变种，其速度之快令人难以预防。传染性是病毒的基本特征。在生物界，病毒通过传染从一个生物体扩散到另一个生物体。在适当的条件下，它可得到大量繁殖，并使被感染的生物体表现出病症甚至死亡。同样，计算机病毒也会通过各种渠道从已被感染的计算机扩散到未被感染的计算机，在某些情况下造成被感染的计算机工作失常甚至瘫痪。与生物病毒不同的是，计算机病毒是一段人为编制的计算机程序代码，这段程序代码一旦进入计算机并得以执行，它就会搜寻其他符合其传染条件的程序或存储介质，确定目标后再将自身代码插入其中，达到自我繁殖的目的。只要一台计算机染毒，如不及时处理，那么病毒会在这台电脑上迅速扩散，计算机病毒可通过各种可能的渠道，如软盘、硬盘、移动硬盘、计算机网络去传染其他的计算机。当您在一台机器上发现了病毒时，往往曾在这台计算机上用过的软盘已感染上了病毒，而与这台机器联网的其他计算机也许也被该病毒传染上了。是否具有传染性是判别一个程序是否为计算机病毒的最重要条件。

3. 潜伏性

有些病毒像定时炸弹一样，让它什么时间发作是预先设计好的。如黑色星期五病毒，不到预定时间一点都觉察不出来，等到条件具备时一下子就爆炸开来，对系统进行破坏。一个编制精巧的计算机病毒程序，进入系统之后一般不会马上发作，因此病毒可以静静地躲在磁盘或磁带里待上几天，甚至几年，一旦时机成熟，得到运行机会，就又要四处繁殖、扩散，继续危害。潜伏性的第二种表现是指，计算机病毒的内部往往有一种触发机制，不满足触发条件时，计算机病毒除了传染外不做什么破坏。触发条件一旦得到满足，有的在屏幕上显示信息、图形或特殊标识，有的则执行破坏系统的操作，如格式化磁盘、删除磁盘文件、对数据文件做加密、封锁键盘以及使系统死锁等。

4. 隐蔽性

计算机病毒具有很强的隐蔽性，有的可以通过病毒软件检查出来，有的根本就查不出来，有的时隐时现、变化无常，这类病毒处理起来通常很困难。

5. 破坏性

计算机中毒后，可能会导致正常的程序无法运行，把计算机内的文件删除或受到不同程度的损坏。通常表现为：增、删、改、移。

6. 可触发性

病毒因某个事件或数值的出现，诱使病毒实施感染或进行攻击的特性称为可触发性。为了隐蔽自己，病毒必须潜伏，少做动作。如果完全不动，一直潜伏的话，病毒既不能感染也不能进行破坏，便失去了杀伤力。病毒既要隐蔽又要维持杀伤力，它必须具有可触发性。病毒的触发机制就是用来控制感染和破坏动作的频率的。病毒具有预定的触发条件，这些条件可能是时间、日期、文件类型或某些特定数据等。病毒运行时，触发机制检查预定条件是否满足，如果满足，启动感染或破坏动作，使病毒进行感染或攻击；如果不满足，使病毒继续潜伏。

（二）计算机病毒原理

病毒依附存储介质软盘、硬盘等构成传染源。病毒传染的媒介由工作的环境来定。病毒激活是将病毒放在内存，并设置触发条件，触发的条件是多样化的，可以是时钟、系统的日期、用户标识符，也可以是系统一次通信等。条件成熟病毒就开始自我复制到传染对象中，进行各种破坏活动。

病毒的传染是病毒性能的一个重要标志。在传染环节中，病毒复制一个自身副本到传染对象中去。

（三）计算机病毒主要分类

根据多年对计算机病毒的研究，按照科学的、系统的、严密的方法，计算机病毒可以根据下面的属性进行分类：

1. 按病毒存在的媒体

根据病毒存在的媒体，病毒可以分为网络病毒、文件病毒、引导型病毒。网络病毒通过计算机网络传播感染网络中的可执行文件，文件病毒感染计算机中的文件（如 COM、EXE、DOC 等），引导型病毒感染启动扇区（Boot）和硬盘的系统引导扇区（MBR）。还有这三种情况的混合型，如多型病毒（文件和引导型）感染文件和引导扇区两种目标，这样的病毒通常都具有复杂的算法，它们使用非常规的办法侵入系统，同时使用了加密和变形算法。

2. 按病毒传染的方法

根据病毒传染的方法可分为驻留型病毒和非驻留型病毒，驻留型病毒感染计算机后，把自身的内存驻留部分放在内存（RAM）中，这一部分程序挂接系统调用并合并到操作系统中去，它处于激活状态，一直到关机或重新启动；非驻留型病毒在得到机会激活时并不感染计算机内存，一些病毒在内存中留有小部分，但是并不通过这一部分进行传染，这类病毒也被划分为非驻留型病毒。

3. 按病毒破坏的能力

无害型：除了传染时减少磁盘的可用空间外，对系统没有其他影响。

无危险型：这类病毒仅仅是减少内存、显示图像、发出声音及同类音响。

危险型：这类病毒在计算机系统操作中会造成严重的错误。

非常危险型：这类病毒删除程序、破坏数据、清除系统内存区和操作系统中重要的信息。这些病毒对系统造成的危害，并不是本身的算法中存在危险的调用，而是当它们传染时会引起无法预料的和灾难性的破坏。由病毒引起其他的程序产生的错误也会破坏文件和扇区，这些病毒也按照它们引起的破坏能力被划分为不同级别或种类。

（四）计算机病毒的预防

提高系统的安全性是预防病毒的一个重要方面，但完美的系统是不存在的，过于强调提高系统的安全性将使系统多数时间用于病毒检查，系统失去了可用性、实用性和易用性，另外，信息保密的要求让人们在泄密和防止病毒之间常常无法选择。加强内部网络管理人员以及使用人员的安全意识，很多计算机系统常用口令来控制对系统资源的访问，这是防病毒进程中最容易和最经济的方法之一。

（五）计算机病毒的症状

1. 计算机系统运行速度减慢
2. 计算机系统经常无故发生死机
3. 计算机系统中的文件长度发生变化
4. 计算机存储的容量异常减少
5. 系统引导速度减慢
6. 丢失文件或文件损坏
7. 计算机屏幕上出现异常显示
8. 计算机系统的蜂鸣器出现异常声响
9. 磁盘卷标发生变化
10. 系统不识别硬盘
11. 对存储系统异常访问
12. 键盘输入异常
13. 文件的日期、时间、属性等发生变化
14. 文件无法正确读取、复制或打开
15. 命令执行出现错误
16. 虚假报警
17. 换当前盘。有些病毒会将当前盘切换到 C 盘
18. 时钟倒转。有些病毒会命名系统时间倒转，逆向计时
19. WINDOWS 操作系统无故频繁出现错误
20. 系统异常重新启动
21. 一些外部设备工作异常
22. 异常要求用户输入密码
23. WORD 或 EXCEL 提示执行"宏"
24. 使不应驻留内存的程序驻留内存

（六）计算机病毒感染途径

计算机病毒之所以称之为病毒是因为其具有传染性的本质。传统渠道通常有以下几种：

1. 通过软盘

通过使用外界被感染的软盘，例如，不同渠道来的系统盘、来历不明的软件、游戏盘等是最普遍的传染途径。由于使用带有病毒的软盘，使机器感染病毒发作，并传染给未被感染的"干净"的软盘。大量的软盘交换，合法或非法的程序拷贝，不加控制地随便在机器上使用各种软件造成了病毒感染、泛滥蔓延的温床。

2. 通过硬盘

通过硬盘传染也是重要的渠道，由于带有病毒的机器被移到其他地方使用、维修等，将干净的软盘传染并再扩散。

3. 通过光盘

因为光盘容量大，存储了海量的可执行文件，大量的病毒就有可能藏身于光盘，对只读式光盘，不能进行写操作，因此光盘上的病毒不能清除。以谋利为目的的非法盗版软件被制作过程中，不可能为病毒防护担负专门责任，也绝不会有真正可靠可行的技术保障避免病毒的传入、传染、流行和扩散。当前，盗版光盘的泛滥给病毒的传播带来了很大的便利。

4. 通过网络

这种传染扩散极快，能在很短时间内传遍网络上的机器。

随着 Internet 的风靡，给病毒的传播增加了新的途径，它的发展使病毒可能成为灾难，病毒的传播更迅速，反病毒的任务更加艰巨。Internet 带来两种不同的安全威胁，一种威胁来自文件下载，这些被浏览的或是被下载的文件可能存在病毒。另一种威胁来自电子邮件。大多数 Internet 邮件系统提供了在网络间传送附带格式化文档邮件的功能，因此，遭受病毒的文档或文件就可能通过网关和邮件服务器涌入企业网络。网络使用的简易性和开放性使得这种威胁越来越严重。

5. 通过 U 盘

U 盘病毒。

（七）防止计算机病毒入侵的注意事项

1. 建立良好的安全习惯

例如，对一些来历不明的邮件及附件不要打开，不要上一些不太了解的网站、不要执行从 Internet 下载后未经杀毒处理的软件等，这些必要的习惯会使您的计算机更安全。

2. 关闭或删除系统中不需要的服务

默认情况下，许多操作系统会安装一些辅助服务，如 FTP 客户端、Telnet 和 Web 服务器。这些服务为攻击者提供了方便，而又对用户没有太大用处，如果删除它们，就能大大减少被攻击的可能性。

3. 经常升级安全补丁

据统计，有 80% 的网络病毒是通过系统安全漏洞进行传播的，像蠕虫王、冲击波、震荡波等，所以我们应该定期到微软网站去下载最新的安全补丁，以防患未然。

4. 使用复杂的密码

有许多网络病毒就是通过猜测简单密码的方式攻击系统的，因此使用复杂的密码，将会大大提高计算机的安全系数。

5. 迅速隔离受感染的计算机

当您的计算机发现病毒或异常时应立刻断网，以防止计算机受到更多的感染，或者成为传播源，再次感染其他计算机。

6. 了解一些病毒知识

这样就可以及时发现新病毒并采取相应措施，在关键时刻使自己的计算机免受病毒破坏。如果能了解一些注册表知识，就可以定期看一看注册表的自启动项是否有可疑键值；如果了解一些内存知识，就可以经常看看内存中是否有可疑程序。

7. 最好安装专业的杀毒软件进行全面监控

在病毒日益增多的今天，使用杀毒软件进行防毒，是越来越经济的选择，不过用户在安装了反病毒软件之后，应该经常进行升级，将一些主要监控经常打开，如邮件监控、内存监控等，遇到问题要上报，这样才能真正保障计算机的安全。

8. 用户还应该安装个人防火墙软件进行防黑

由于网络的发展，用户电脑面临的黑客攻击问题也越来越严重，许多网络病毒都采用了黑客的方法来攻击用户电脑，因此，用户还应该安装个人防火墙软件，将安全级别设为中、高，这样才能有效地防止网络中的黑客攻击。

（八）恶意软件种类

表9-1 恶意软件种类

名称	说明
病毒程序	病毒是指通过复制自身感染其他正常文件的恶意程序，被感染的文件可以通过清除病毒后恢复正常，也有部分被感染的文件无法进行清除，此时建议删除该文件，重新安装应用程序。
木马程序	木马是一种伪装成正常文件的恶意软件，通常通过隐蔽的手段获得运行权限，然后盗窃用户的隐私信息，或进行其他恶意行为。
盗号木马	这是一种以盗取在线游戏、银行、信用卡等账号为主要目的的木马程序。
广告软件	广告软件通常用于通过弹窗或打开浏览器页面向用户显示广告，此外，它还会监测用户的广告浏览行为，从而弹出更"相关"的广告。广告软件通常捆绑在免费软件中，在安装免费软件时一起安装。
蠕虫病毒	蠕虫病毒是指通过网络将自身复制到网络中其他计算机上的恶意程序，有别于普通病毒，蠕虫病毒通常并不感染计算机上的其他程序，而是窃取其他计算机上的机密信息。
后门程序	后门程序是指在用户不知情的情况下远程连接到用户计算机，并获取操作权限的程序。
可疑程序	可疑程序是指有第三方安装并具有潜在风险的程序。虽然程序本身无害，但是经验表明，此类程序比正常程序具有更高的可能性被用作恶意目的，常见的有 HTTP 及 SOCKS 代理、远程管理程序等。此类程序通常可在用户不知情的情况下安装，并且在安装后会完全对用户隐藏。
测试代码	被检测出的文件是用于测试安全软件是否正常工作的测试代码，本身无害。
恶意程序	其他不宜归类为以上类别的恶意软件，会被归类到"恶意程序"类别。

二、常见杀毒工具

杀毒软件是一种可以对病毒、木马等一切已知的对计算机有危害的程序代码进行清除的程序工具。"杀毒软件"是由国内的老一代反病毒软件厂商起的名字，后来由于和世界反病毒业接轨统称为"反病毒软件""安全防护软件"或"安全软件"。

（一）国际杀毒软件（见表9-2）

表9-2 国际杀毒软件

软件名称	简介
卡巴斯基	来自俄罗斯，Kaspersky Labs 是国际著名的信息安全领导厂商，计算机反病毒研究员协会成员。
BitDefender（比特梵德）	源于罗马尼亚，是面向大型银行业/国家服务部门等行业提供方案及服务的杀毒企业。
Norton（诺顿）	成立于1982年，是 Symantec 公司个人信息安全领域一个广泛被应用的反病毒程序产品，安全软件行业领导品牌。
Avira（小红伞）	全球知名的免费杀毒软件，信息安全领域的开拓者之一，领先的安全解决方案供应商，德国 Avira 有限公司。
F-Secure（芬氏安全）	知名领导品牌，世界领先的分布式防火墙技术，世界著名杀毒软件，芬兰 F-Secure 公司。

续表

软件名称	简　介
ESET NOD32	斯洛伐克的 Eset 公司开发的杀毒软件，世界最著名的杀毒软件品牌之一，杀毒软件十大品牌。
AVG	闻名世界的杀毒软件，欧美地区及大洋洲地区用户最多的杀毒软件，奥维捷（北京）网络安全技术有限公司。
G Data（歌德塔）	源于德国的杀毒软件，是采用 KAV 和 AntVir 双引擎杀毒。软件，是具有超强的杀毒能力的杀毒软件。
Trend Micro（趋势科技）	源于美国硅谷，是网络安全软件及服务领域的全球领导者，首创 EPS 防护方案，全球企业级防护行业领导者。
Intel Security	原 McAfee 更名而来，英特尔旗下，全球入侵防护和安全风险管理解决方案供应商之一，全球最畅销的杀毒软件之一。

（二）国内杀毒软件

1. 360 杀毒

360 杀毒是中国用户量最大的杀毒软件之一，360 杀毒是完全免费的杀毒软件，它创新性地整合了五大领先防杀引擎，包括国际知名的 BitDefender 病毒 360 杀毒查杀引擎、小红伞病毒查杀引擎、360 云查杀引擎、360 主动防御引擎、360QVM 人工智能引擎。5 个引擎智能调度，为您提供全时全面的病毒防护，不但查杀能力出色，而且能第一时间防御新出现的病毒木马。360 杀毒完全免费，无需激活码，轻巧快速不卡机，误杀率远远低于其他杀毒软件。360 杀毒独有的技术体系对系统资源占用极少，对系统运行速度的影响微乎其微。360 杀毒还具备"免打扰模式"，在用户玩游戏或打开全屏程序时自动进入"免打扰模式"，拥有更流畅的游戏乐趣。360 杀毒和 360 安全卫士配合使用，是安全上网的黄金组合。

2. 金山毒霸

Kingsoft Antivirus 是金山网络旗下研发的云安全智扫反病毒软件。融合了启发式搜索、代码分析、虚拟机查毒等经业界证明成熟可靠的反病毒技术，使其在查杀病毒种类、查杀病毒速度、未知病毒防治等多方面达到先进水平，同时金山毒霸具有病毒防火墙实时监控、压缩文件查毒、查杀电子邮件病毒等多项先进的功能。紧随世界反病毒技术的发展，为个人用户和企事业单位提供完善的反病毒解决方案。

3. 腾讯电脑管家

腾讯电脑管家（Tencent PC Manager，原名 QQ 电脑管家）是腾讯公司推出的免费安全软件。拥有云查杀木马、系统加速、漏洞修复、实时防护、网速保护、电脑诊所、健康小助手等功能，首创"管理+杀毒"2 合 1 的开创性功能，依托管家云查杀引擎和第二代自研反病毒引擎"鹰眼"，小红伞（antivir）杀毒引擎和管家系统修复引擎，拥有 QQ 账号全景防卫系统，针对网络钓鱼欺诈及盗号打击方面和安全防护及病毒查杀方面的能力已达到国际一流杀毒软件水平。已获得英国西海岸 CheckMark 认证、VB100 认证和 AV-C 认证，已斩获全球三大权威评测大满贯的成绩。

4. 百度杀毒

百度杀毒是百度公司与计算机反病毒专家卡巴斯基合作出品的全新免费杀毒软件，集合了强大的云端计算、海量数据学习能力与卡巴斯基反病毒引擎专业能力，一改杀毒软件卡机臃肿的形象，竭力为用户提供轻巧不卡机的产品体验。第一款杀毒软件版本为杀毒软件 2013，是一款专业杀毒和极速云安全软件，支持 XP、Vista、Windows 7，而且永久免费。杀毒之前面向泰国市场推出英语版本，2013 年 4 月 18 日，杀毒软件中文版正式发布。2013 年 6 月 18 日，免费杀毒软件正式版发布。百度杀毒郑重承诺：永久免费、不骚扰用户、不胁迫用户、不偷窥用户隐私！

5. 瑞星杀毒

瑞星杀毒软件（Rising Antivirus，RAV）采用获得欧盟及中国专利的六项核心技术，形成全新软件内核代码，具有八大绝技和多种应用特性，是目前国内外同类产品中最具实用价值和安全保障的杀毒软件产品。2011年3月18日，国内最大的信息安全厂商瑞星公司宣布，从即日起其个人安全软件产品全面、永久免费。

瑞星全功能安全软件2010是一款基于瑞星"云安全"系统设计的新一代杀毒软件。其"整体防御系统"可将所有互联网威胁拦截在用户电脑以外。深度应用"云安全"的全新木马引擎、"木马行为分析"和"启发式扫描"等技术保证将病毒彻底拦截和查杀。再结合"云安全"系统的自动分析处理病毒流程，能第一时间极速将未知病毒的解决方案实时提供给用户。

第六节　文件完整性校验

一、文件校验基础知识

（一）什么是"完整性校验"

所谓的"完整性校验"，顾名思义，就是检查文件是否完整。那么，什么情况下会导致文件不完整呢？大概有如下几种情况。

1. 感染病毒

比方说你的系统中了病毒，病毒感染了某个软件安装包或者某个可执行程序，那么该文件的完整性就被破坏了。

2. 植入木马/后门

还有一种文件不完整的情况，是被别有用心的人植入木马或后门。比方说某些国内的软件下载站点，它们提供的Windows安装光盘镜像已经被安置了后门。

3. 传输故障

这种情况主要发生在网络下载时。因为网络传输是有可能发生误码的（传输错误），另外还有可能在下载快结束时断线（没下载全）。这些情况都会导致下载的文件不完整。如今的上网环境相比当年的Modem拨号，已经有明显改善，所以这种情况应该不多见了。在计算机网络中应用较多的不可逆加密算法有RSA公司发明的MD5算法和由美国国家技术标准研究所建议的安全散列算法SHA，也是现在网上流传最广的文件校验方式。微软发布的操作系统现在都是采用CRC32结合SHA1发布。这三种算法中属CRC最年长，如果不考虑碰撞的条件下，这些算法都可以发现传输或保存的信息受到的损坏或窜改，如文件校验可以防止文件被恶意窜改，数字签名可以保护合法者不被仿冒，系统鉴权一方面要保护用户存储信息不受侵害，另一方面还需要保护信息传输过程不受干扰破坏等，下面具体看一下。

CRC、MD和SHA系列算法都是一种基于散列算法的单向加密算法，也就是说明文一经加密（散列），密文就不可以再被恢复为明文。一般用于数字签名和简单认证。

这里所说的"散列"是一种计算机算法，英文叫作Hash，有时候也根据音译称为哈希，也称为数字指纹。散列将任意长度的数据散列成定长的数据。这个定长的数据就是原始数据的摘要（指纹）。不同数据散列出来的指纹永远不同，而相同数据散列出来的指纹永远相同（理论上），而且永远无法从散列后的数据恢复原始数据。散列算法可以把任意尺寸的数据（原始数据）转变为一个固定尺寸的"小"数据（叫"散列值"或"摘要"）。对于某个具体的散列算法，得到的散列值长度总是固定的。散列值的长度又称"摘要长度"。

以下是常见散列算法的摘要长度（见表9-3）：

表 9-3　常见散列算法的摘要长度

算法名称	摘要长度
CRC32	32 比特（4 字节）
MD5	128 比特（16 字节）
SHA1	160 比特（20 字节）

（二）散列算法的特点

1. 不可逆性

从刚才的描述看，散列似乎有点像压缩。其实，散列算法跟压缩算法是完全不同的。压缩算法是可逆的（可以把压缩后的数据再还原），而散列算法是不可逆的。

还有一些人把散列算法称为"加密算法"，这也是不对的。因为加密算法是可逆的（"加密"的逆操作就是"解密"），而散列算法是不可逆的。

2. 确定性

通过某种散列算法，分别对两个原始数据计算散列值。如果算出来的散列值不同，那么可以 100% 肯定这两段数据是不同的——这就是"确定性"。

但反过来，如果这两段数据的散列值相同，则只能说，这两段数据非常可能相同。所谓的"非常可能"，就是说，还达不到百分百。

（三）什么是"散列碰撞"

刚才说了，存在非常小的可能性，导致两段不同的原始数据，计算出相同的散列值，这种情况称为"散列碰撞"或"散列冲突"。

碰撞的类型：

散列碰撞的类型，大体上有两种：

1. 随机碰撞

随机碰撞就像买彩票中大奖，完全是出于小概率的偶然因素——你碰巧遇见两个不同的数据（文件），具有相同的散列值。

理论上讲，任何散列算法都存在随机碰撞的可能性，只是可能性有大有小。

2. 人为碰撞

人为碰撞就是说，有人（通常是恶意的攻击者）故意制造散列碰撞，以此来骗过"基于散列值的完整性校验"。

散列的安全性是基于概率以及实际计算机能力的理论。因为，定长的数据永远存在一个范围。这个范围就是其安全性的瓶颈。因为现在的计算机技术无法使用穷猜法测试每一个数据，所以在概率上认为散列出来的数据是独一无二的（如果要完成 MD5 原始数据的穷猜法测试或者找出相同指纹但不同明文的数据大概需要 3 亿年）。

（四）如何避免碰撞

1. 对于随机碰撞

要避免随机碰撞，很简单，只需要选择摘要长度足够长的散列算法。

CRC32 的摘要长度是 32bit，也就是说，最多可以表示"2 的 32 次方"这么多种可能性（也就是几十亿，数量级相当于地球总人口）。表面上看貌似很大，其实还不够大。例如，当前互联网上的页面总数就已经大大超过几十亿。如果对每个页面计算 CRC32 散列，会碰到很多重复（碰撞）。

而 MD5 的摘要长度是 128bit，也就是 2 的 128 次方。这个数字足够大了。通俗地说，从宇宙诞生到宇宙毁灭，你都未必有机会碰见 MD5 的随机碰撞。而 SHA1 的摘要长度是 160bit，那就更不用说了。

2. 对于人为碰撞

想避免人为碰撞，要同时兼顾两个因素——散列算法的摘要长度、散列算法的优秀程度。"摘要长度"刚才已经解释了。只说一下"散列算法的优秀程度"。

如果某个散列算法有缺陷（不够优秀），那么攻击者就可以比较容易地构造出两个不同的原始数据，但却拥有相同的散列值。如此一来，就可以骗过基于散列算法的完整性检查。

典型的例子就是MD5，MD5算法在过去10多年里曾经非常流行，但是前几年被发现存在严重缺陷。所以，MD5虽然随机碰撞的概率非常低，但人为碰撞的概率可不低。如果你比较注重安全性，尽量不要依赖MD5进行完整性校验。

二、CRC32、MD5、SHA1 的详细介绍

（一）CRC 校验

CRC 全称 Cyclic Redundancy Check，又叫循环冗余校验。它是一种散列函数（HASH，把任意长度的输入通过散列算法，最终变换成固定长度的摘要输出，其结果就是散列值，按照 HASH 算法，HASH 具有单向性，不可逆性），用来检测或校验传输或保存的数据错误，在通信领域广泛地用于实现差错控制，如通信系统多使用 CRC12 和 CRC16，XMODEM 使用 CRC32 等（12、16、32 等值均是指多项式的最高阶 N 次幂），天缘早先在做通信方面工作时最常用到这个校验方法，因为其编解码方法都非常简单，运算时间也很短。

但从理论角度，CRC 不能完全可靠地验证数据完整性，因为 CRC 多项式是线性结构，很容易通过改变数据方式达到 CRC 碰撞，天缘这里给一个更加通俗的解释，假设一串带有 CRC 校验的代码在传输中，如果连续出现差错，当出错次数达到一定次数时，那么几乎可以肯定会出现一次碰撞（值不对但 CRC 结果正确），但随着 CRC 数据位增加，碰撞概率会显著降低，如 CRC32 比 CRC16 具有更可靠的验证性，CRC64 又会比 CRC32 更可靠，当然这都是按照 ITU 规范标准条件下。

正因为 CRC 具有以上特点，对于网络上传输的文件类很少只使用 CRC 作为校验依据，文件传输相比通信底层传输风险更大，很容易受到人为干预影响。

（二）CRC 的原理

1. CRC 的校验过程描述

（1）被校验的原数据转换成二进制序列，假设共 K 位。

（2）以一定规则产生一个新的二进制序列，假设共 R 位。

（3）把新的二进制序列附加在原数据二进制序列后面，共 K+R 位，发送出去。

（4）接收端接收数据后，把原数据的 K 位二进制序列按相同规则产生一个 R 位二进制序列与附加的 R 位二进制序列进行比较，相同表示传递的数据没有问题，不相同表示传递的数据出现错误与误差。

2. CRC 的校验码生成过程描述

其中对二进制序列的转换规则是 CRC 中的关键。

校验规则描述如下：

（1）首先把原数据二进制序列看成一个多项式，如把 10011 看成多项式 x4+x1+1，其中多项式系数只能是 0，1。

（2）然后定义一个规则，也是使用多项式，这个多项式专业名称叫生成多项式。其系数也只能是 0，1。

（3）使用原数据对应的多项式除以生成多项式，得到一个余数多项式。其系数也只能是 0，1。

（4）余数多项式的系数转换成一个二进制，这就是 CRC 校验码。

3. CRC 生成多项式说明

根据不同的需求，生成多项式有多种类型，说明如下表所示：

名称	生成多项式
CRC-4	$x4+x1+1$
CRC-8	$x8+x2+x1+1$
CRC-12	$x12+x11+x3+x2+x1+1$
CRC-16	$x16+x15+x2+1$
CRC-ITU	$x16+x15+x5+1$
CRC-32	$x32+x26+x23+x22+x16+x12+x11+x10+x8+x7+x5+x4+x2+x1+1$

CRC-32 使用的就是上面最高指数为 32 的多项式,对应的二进制序列是 100000100110000010001110110110111。

4. CRC 多项式除法规则

在一般的除法中,都使用的是减运算,但在 CRC 多项式除法运算中使用的是异或运算。

(三) MD5

MD 全称 Message Digest,又称信息摘要算法,MD5 从 MD2/3/4 演化而来,MD5 散列长度通常是 128 位,也是目前被大量广泛使用的散列算法之一,主要用于密码加密和文件校验等。MD5 的算法虽然非常"牢靠",不过也已经被找到碰撞的方法,网上虽然出现碰撞软件,但可以肯定,实际作用范围相当有限,比如,即使黑客拿到了 PASSWORD MD5 值,除了暴力破解,即使找到碰撞结果也未必能够影响用户安全问题,因为对于密码还要限定位数、类型等,但是如果是面向数字签名等应用,可能就会被破解掉,不过,MD5 同下文的 SHA1 仍是目前应用最广泛的 HASH 算法,它们都是在 MD4 基础上改进设计的。

MD5 即 Message Digest Algorithm 5(信息—摘要算法 5),用于确保信息传输完整一致。MD5 是计算机广泛使用的杂凑算法之一(又译摘要算法、哈希算法),主流编程语言普遍已由 MD5 实现。将数据(如汉字)运算为另一固定长度值,是杂凑算法的基础原理,MD5 的前身有 MD2、MD3 和 MD4。

1. MD5 算法具有以下特点

(1) 压缩性:任意长度的数据,算出的 MD5 值长度都是固定的。

(2) 容易计算:从原数据计算出 MD5 值很容易。

(3) 抗修改性:对原数据进行任何改动,哪怕只修改 1 个字节,所得到的 MD5 值都有很大区别。

(4) 强抗碰撞:已知原数据和其 MD5 值,想找到一个具有相同 MD5 值的数据(即伪造数据)是非常困难的。

MD5 的作用是让大容量信息在用数字签名软件签署私人密钥前被"压缩"成一种保密的格式(就是把一个任意长度的字节串变换成一定长的十六进制数字串)。除了 MD5 以外,其中比较有名的还有 sha-1、RIPEMD、Haval 等。

2. MD5 的应用

(1) 一致性验证。MD5 的 md5 典型应用是对一段信息(message)产生信息摘要(messageDigest),以防止被窜改。比如,在 Unix 下有很多软件在下载时都有一个文件名相同,文件扩展名为 .md5 的文件,在这个文件中通常只有一行文本,大致结构如下:

MD5 (tanajiya. tar. gz) = 38b8c2c1093dd0fec383a9d9ac940515

这就是 tanajiya. tar. gz 文件的数字签名。MD5 将整个文件当作一个大文本信息,通过其不可逆的字符串变换算法,产生了这个唯一的 MD5 信息摘要。为了让读者朋友对 MD5 的应用有个直观的认识,笔者以一个比方和一个实例来简要描述一下其工作过程。

大家都知道，地球上任何人都有自己独一无二的指纹，这常常成为司法机关鉴别罪犯身份最值得信赖的方法；与之类似，MD5 就可以为任何文件（不管其大小、格式、数量）产生一个同样独一无二的 md5 "数字指纹"，如果任何人对文件做了任何改动，其 MD5 值也就是对应的"数字指纹"都会发生变化。

我们常常在某些软件下载站点的某软件信息中看到其 MD5 值，它的作用就在于我们可以在下载该软件后，对下载回来的文件用专门的软件（如 Windows MD5 Check 等）做一次 MD5 校验，以确保我们获得的文件与该站点提供的文件为同一个文件。

具体来说文件的 MD5 值就像是这个文件的"数字指纹"。比如下载服务器针对一个文件预先提供一个 MD5 值，用户下载完该文件后，用笔者这个算法重新计算下载文件的 MD5 值，通过比较这两个值是否相同，就能判断下载的文件是否出错，或者说下载的文件是否被窜改了。

利用 MD5 算法来进行文件校验的方案被大量应用到软件下载站、论坛数据库、系统文件安全等方面。

（2）数字签名。MD5 的典型应用是对一段 message（字节串）产生 fingerprint（指纹），以防止被"窜改"。举个例子，你将一段话写在一个叫 readme.txt 的文件中，并对这个 readme.txt 产生一个 MD5 值并记录在案，然后你可以传播这个文件给别人，别人如果修改了文件中的任何内容，你对这个文件重新计算 MD5 时就会发现（两个 MD5 值不相同）。如果再有一个第三方的认证机构，用 MD5 还可以防止文件作者的"抵赖"，这就是所谓的数字签名应用。

（3）安全访问认证。MD5 还广泛用于操作系统的登录认证上，如 Unix、各类 BSD 系统登录密码、数字签名等诸多方面。如在 Unix 系统中用户的密码是以 MD5（或其他类似的算法）经 Hash 运算后存储在文件系统中。当用户登录时，系统把用户输入的密码进行 MD5 Hash 运算，然后再去和保存在文件系统中的 MD5 值进行比较，进而确定输入的密码是否正确。通过这样的步骤，系统在并不知道用户密码明码的情况下就可以确定用户登录系统的合法性。这可以避免用户的密码被具有系统管理员权限的用户知道。MD5 将任意长度的"字节串"映射为一个 128bit 的大整数，通过该 128bit 反推原始字符串是困难的，换句话说就是，即使你看到源程序和算法描述，也无法将一个 MD5 的值变换回原始的字符串，从数学原理上说，是因为原始的字符串有无穷多个，这有点像不存在反函数的数学函数。所以，要是遇到了 md5 密码的问题，比较好的办法是：你可以用这个系统中的 md5() 函数重新设一个密码，如 admin，把生成的一串密码的 Hash 值覆盖原来的 Hash 值就行了。

正是因为这个原因，现在被黑客使用最多的一种破译密码的方法就是被称为"跑字典"的方法。有两种方法得到字典，一种是日常搜集的用作密码的字符串表，另一种是用排列组合方法生成的，先用 MD5 程序计算出这些字典项的 MD5 值，然后再用目标的 MD5 值在这个字典中检索。我们假设密码的最大长度为 8 位字节（8 Bytes），同时密码只能是字母和数字，共 26+26+10 = 62 个字符，排列组合出的字典的项数则是 P（62，1）+P（62，2）+…+P（62，8），那也已经是一个天文数字了，存储这个字典就需要 TB 级的磁盘阵列，而且这种方法还有一个前提，就是能获得目标账户的密码 MD5 值的情况下才可以。这种加密技术被广泛地应用于 Unix 系统中，这也是为什么 Unix 系统比一般操作系统更为坚固一个重要的原因。

3. MD5 被破解

2004 年 8 月 17 日的美国加州圣巴巴拉的国际密码学会议（Crypto 2004）上，来自中国山东大学的王小云教授作了破译 MD5、HAVAL-128、MD4 和 RIPEMD 算法的报告，公布了 MD 系列算法的破解结果。一直固若金汤的世界通行密码标准 MD5 的堡垒轰然倒塌，引发了密码学界的轩然大波（注意：并非是真正的破解，只是加速了杂凑冲撞）。

所谓杂凑冲撞是指两个完全不同的信息经杂凑函数计算得出完全相同的杂凑值。根据鸽巢原理，以有长度限制的杂凑函数计算没有长度限制的信息是必然会有冲撞情况出现的。可是，一直以来，电脑保安专家都认为要任意制造出冲撞需时太长，在实际情况不可能发生，而王小云等人的发现可能会打破这个必然性。就这样，王小云在国际会议上首次宣布了她及她的研究小组的研究成果——对MD4、MD5、HAVAL-128和RIPEMD四个著名密码算法的破译结果。

（四）SHA1

安全哈希算法（Secure Hash Algorithm）主要适用于数字签名标准（Digital Signature Standard，DSS）里面定义的数字签名算法（Digital Signature Algorithm，DSA）。SHA家族算法有SHA-1、SHA-224、SHA-256、SHA-384和SHA-512（后四者通常并称SHA2），原理和MD4、MD5原理相似。SHA是由美国国家安全局（NSA）所设计，由美国国家标准与技术研究院（NIST）发布。SHA可将一个最大2^{64}位（2305843009213693952字节）信息，转换成一串160位（20字节）的散列值（摘要信息），目前也是应用最广泛的HASH算法。当接收到消息的时候，这个消息摘要可以用来验证数据的完整性。在传输的过程中，数据很可能会发生变化，那么这时候就会产生不同的消息摘要。

1. SHA1有如下特性

不可以从消息摘要中复原信息。

两个不同的消息不会产生同样的消息摘要。

SHA1在许多安全协议中广为使用，包括TLS和SSL、PGP、SSH、S/MIME和IPsec，曾被视为是MD5（更早之前被广为使用的散列函数）的后继者。但是同MD5一样，从理论角度讲，SHA1也不是绝对可靠，目前也已经找到SHA1的碰撞条件，但"实用"的碰撞算法软件还没出现。于是美国NIST又开始使用SHA2，研究更新的加密算法。

2. SHA1被破解

2017年2月23日谷歌正式宣布，完成了真实世界的第一次碰撞攻击，创造了两个SHA-1完全相同的PDF文件。此举意味着，SHA-1从2005年开始就被质疑，到如今正式要摇摇欲坠。科学家称，预计在2016年，只需花费17万美元购买云计算服务（2015年时70万美元），就可以全网破解SHA-1。

当然，本次碰撞攻击的计算量相当于单CPU连续处理6500年再加上GPU连续处理110年，现在还没有单一黑客可以搞定。

对于普通用户，其实意义不大，关键是网站管理员和开发人员能尽快转移到SHA-2（如SHA-256）或者SHA-3。

在外部支持方面，微软Edge和Internet Explorer已放弃SHA-1签署的TLS证书，Mozilla也已停止，Chrome 56会对SHA-1加密认证的HTTPS的网页提示不安全。

当浏览器遇到一个证书时，它会计算证书信息的SHA-1值，然后与被证书用作身份证明的原始SHA-1值作比较。如果两个值是相同的，浏览器就确信提供的证书和CA签发的证书是同一个，没有经过窜改。如果你设计了一个证书，能够与目标站点的证书发生碰撞，然后再"诱骗"CA给你颁发此证书。最终，你就可以使用此证书来冒充目标站点，即使浏览器也无法区分真伪。

三、校验工具FileVerifier

FileVerifie校验工具用于计算文本或文件的校验码（计算文件的消息摘要），目前系统支持MD5（128位）/SHA1（160位）/SHA256（256位）/SHA384（384位）/SHA512（512位）/RIPEMD160（160位）算法。

简单地理解，消息摘要算法就是将一段数据的内容按某种特定的算法进行计算，最后得一定长度的运算结果，无论原始数据有多长，最终的运算结果都是一样长的，但不同的原始数据（哪怕只有非常微小的差距）计算得到的结果是完全不同的。

FileVerifier可以计算文本（Unicode）单一文件文件夹及子文件夹下的文件的校验码，结果可以单独保存，也可以将校验结果与保存在文件中的校验信息进行对比，从而找出不同的文件，解压后直接运行即可。

FileVerifier文件校验工具的具体操作方法/步骤：

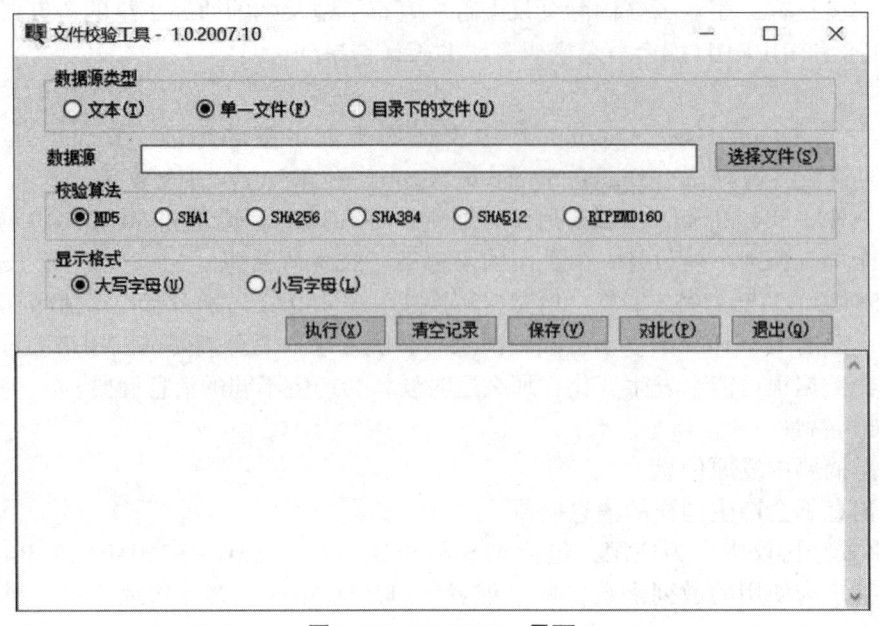

图 9-38　FileVerifier 界面

1. 根据数据源类型进行选择

（1）文本

在编辑栏里直接输入文本，点击"执行"直接对文本进行文件校验。

（2）单一文件

通过"选择文件"找到数据源类型为单一文件。

（3）目录下的文件

通过"选择文件"找到数据源类型为文件夹，同时在选定"目录下的文件"可以继续选择是否"包含子目录"。

2. 校验算法的选择

根据需要可以选择"MD5""SHA1""SHA256""SHA384""SHA512"以及"RIPEMD160"中的任何一种校验算法。

3. 显示格式

根据需要可以选择"大写字母"或者是"小写字母"。

选择以上选项后，单击"执行"可以计算出校验值。

计算出校验值后，可以对校验值进行保存，在弹出的"保存记录"对话框中按需求选择文件类型、文件名与保存路径。

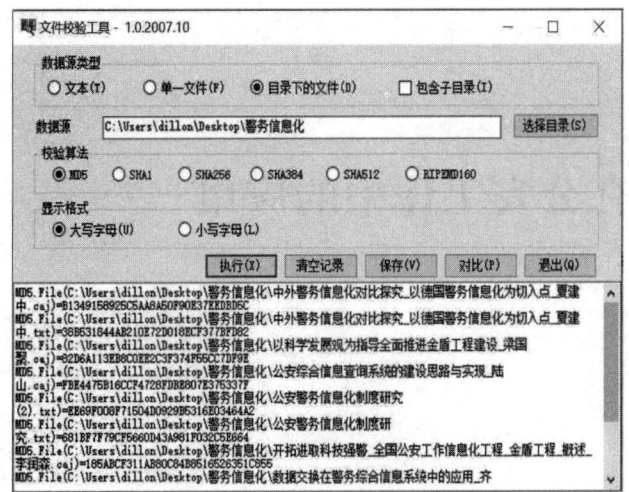
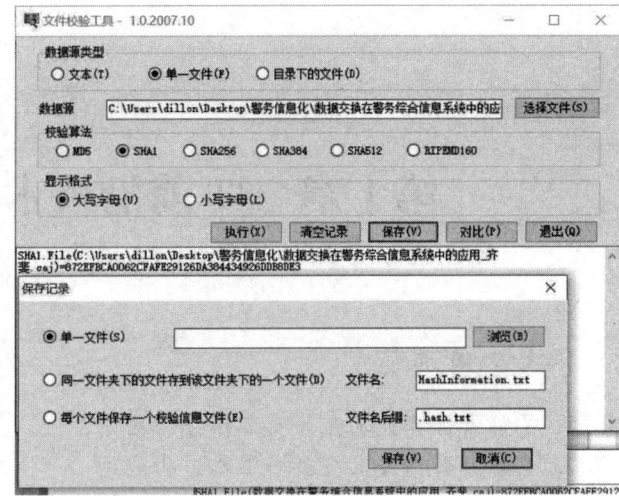

图 9-39　执行　　　　　　　　　　　　　图 9-40　保存记录

系统默认会建立一个 HashInformation.txt 文件记录被检文件的校验值，并和被检文件保存在同一路径下。

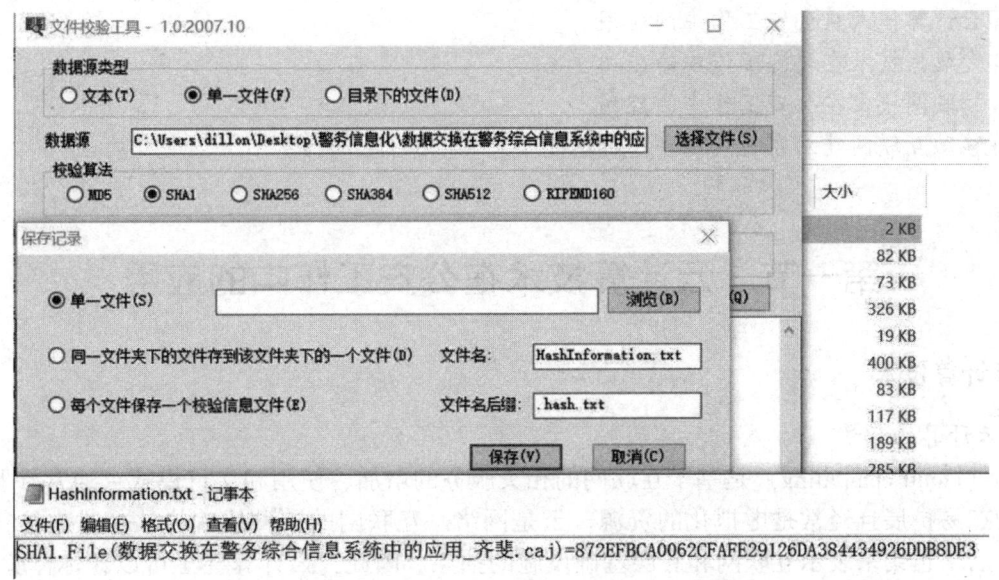

图 9-41　HashInformation.txt 文件记录被检文件的校验值

【本章小结】

在"第九章　信息安全工具在公安工作中的使用"中的主要内容包括：电子数据的压缩与解压缩；电子数据的加密与解密；电子数据的删除与恢复；电子数据刻录；计算机病毒与杀毒；文件完整性校验。

【公安实训练习】

略。

第十章　IT 前沿技术在公安工作中的应用

【教学重点】

1. 了解云计算技术在公安工作中的应用
2. 了解大数据技术在公安工作中的应用
3. 了解物联网技术在公安工作中的应用
4. 了解移动互联网技术在公安工作中的应用

【教学难点】

1. 了解云计算技术在公安工作中的应用
2. 了解大数据技术在公安工作中的应用
3. 了解物联网技术在公安工作中的应用
4. 了解移动互联网技术在公安工作中的应用

第一节　云计算技术在公安工作中的应用

一、云计算技术

（一）云计算的背景

云计算（cloud computing）是基于互联网的相关服务的增加、使用和交付模式，通常涉及通过互联网来提供动态易扩展且经常是虚拟化的资源。云是网络、互联网的一种比喻说法。过去往往用云来表示电信网，后来也用来表示互联网和底层基础设施的抽象。因此，云计算甚至可以让你体验每秒 10 万亿次的运算能力，拥有这么强大的计算能力可以模拟核爆炸、预测气候变化和市场发展趋势等。用户通过电脑、手机等方式接入数据中心，按自己的需求进行运算。

（二）云计算的概念

对云计算的定义有多种说法。对于到底什么是云计算，至少可以找到 100 种解释。现阶段广为接受的是美国国家标准与技术研究院（NIST）的定义：云计算是一种按使用量付费的模式，这种模式提供可用的、便捷的、按需的网络访问，进入可配置的计算资源共享池（如资源包括网络、服务器、存储、应用软件、服务等），这些资源能够被快速提供，只需投入很少的管理工作，或与服务供应商进行很少的交互。

云计算（cloud computing）是分布式计算（distributed computing）、并行计算（parallel computing）、效用计算（utility computing）、网络存储（network storage technologies）、虚拟化（virtualization）、负载均衡（load balance）、热备份冗余（high available）等传统计算机和网络技术发展融合的产物。

云计算模式即电厂集中供电模式。在云计算模式下，用户的计算机会变得十分简单，或许不大的内存、不需要硬盘和各种应用软件，就可以满足需求，因为用户的计算机除了通过浏览器给"云"发送指令和接收数据外基本上什么都不用做便可以使用云服务提供商的计算资源、存储空间和各种应用软件。这就像连接"显示器"和"主机"的电线无限长,从而可以把显示器放在使用者的面前,而主机放在远到甚至计算机使用者本人也不知道的地方。云计算把连接"显示器"和"主机"的电线变成了网络,把"主机"变成云服务提供商的服务器集群。

最简单的云计算技术在网络服务中已经随处可见,如搜索引擎、网络信箱等,使用者只要输入简单指令即能得到大量信息。

(三)云计算的基本特点

云计算是通过使计算分布在大量的分布式计算机上,而非本地计算机或远程服务器中,企业数据中心的运行将与互联网更相似。这使得企业能够将资源切换到需要的应用上,根据需求访问计算机和存储系统。好比是从古老的单台发电机模式转向了电厂集中供电的模式。它意味着计算能力也可以作为一种商品进行流通,就像煤气、水电一样,取用方便,费用低廉。最大的不同在于,它是通过互联网进行传输的。

云计算特点:

1. 超大规模

"云"具有相当的规模,Google 云计算已经拥有 100 多万台服务器,Amazon、IBM、微软、Yahoo 等的"云"均拥有几十万台服务器。企业私有云一般拥有数百上千台服务器。"云"能赋予用户前所未有的计算能力。

2. 虚拟化

云计算支持用户在任意位置、使用各种终端获取应用服务。所请求的资源来自"云",而不是固定的有形的实体。应用在"云"中某处运行,但实际上用户无需了解、也不用担心应用运行的具体位置。只需要一台笔记本电脑或者一部手机,就可以通过网络服务来实现需要的一切,甚至包括超级计算这样的任务。

3. 高可靠性

"云"使用了数据多副本容错、计算节点同构可互换等措施来保障服务的高可靠性,使用云计算比使用本地计算机可靠。

4. 通用性

云计算不针对特定的应用,在"云"的支撑下可以构造出千变万化的应用,同一个"云"可以同时支撑不同的应用运行。

5. 高可扩展性

"云"的规模可以动态伸缩,满足应用和用户规模增长的需要。

6. 按需服务

"云"是一个庞大的资源池,你按需购买;云可以像自来水、电、煤气那样计费。

7. 极其廉价

由于"云"的特殊容错措施可以采用极其廉价的节点来构成云,"云"的自动化集中式管理使大量企业无需负担日益高昂的数据中心管理成本,"云"的通用性使资源的利用率较之传统系统大幅提升,因此用户可以充分享受"云"的低成本优势,经常只要花费几百美元、几天时间就能完成以前需要数万美元、数月才能完成的任务。

云计算可以彻底改变人们未来的生活,但同时也要重视环境问题,这样才能真正为人类进步作贡献,而不是简单的技术提升。

8. 潜在的危险性

云计算服务除了提供计算服务外,还必然提供了存储服务。但是云计算服务当前垄断在私人机构(企业)手中,而它们仅仅能够提供商业信用。对于政府机构、商业机构(特别像银行这样持有敏感数据的商业机构)对于选择云计算服务应保持足够的警惕。一旦商业用户大规模使用私人机构提供的云计算服务,无论其技术优势有多强,都不可避免地让这些私人机构以"数据"(信息)的重要性挟制整个社会。对于信息社会而言,"信息"是至关重要的。另外,云计算中的数据对于数据所有者以外的其他用户、云计算用户是保密的,但是对于提供云计算的商业机构而言确实毫无秘密可言。所有这些潜在的危险,是商业机构和政府机构选择云计算服务、特别是国外机构提供的云计算服务时,不得不考虑的一个重要的前提。

(四)云计算的应用市场

1. 云安全

云安全(cloud security)是一个从"云计算"演变而来的新名词。云安全的策略构想是:使用者越多,每个使用者就越安全,因为如此庞大的用户群,足以覆盖互联网的每个角落,只要某个网站被挂马或某个新木马病毒出现,就会立刻被截获。

"云安全"通过网状的大量客户端对网络中软件行为的异常监测,获取互联网中木马、恶意程序的最新信息,推送到 Server 端进行自动分析和处理,再把病毒和木马的解决方案分发到每一个客户端。

2. 云存储

云存储是在云计算概念上延伸和发展出来的一个新的概念,是指通过集群应用、网格技术或分布式文件系统等功能,将网络中大量各种不同类型的存储设备通过应用软件集合起来协同工作,共同对外提供数据存储和业务访问功能的一个系统。当云计算系统运算和处理的核心是大量数据的存储和管理时,云计算系统中就需要配置大量的存储设备,那么云计算系统就转变成为一个云存储系统,所以云存储是一个以数据存储和管理为核心的云计算系统。

3. 云搜索

云搜索融合检索引擎、MySQL 多引擎机制、Hadoop/HDFS 分布式并行计算和多副本机制、Facebook/Cassandra 对等节点机制、关系数据库列存储机制、自然语言处理等先进技术开发的公安业务数据检索系统。

(五)云计算的服务方式

1. 软件即服务(SaaS)Software-as-a-Service

云软件:把应用程序作为服务提供给用户,就是软件即服务(SaaS)。该模式的云服务是在云基础设施上运行的,由提供者提供的应用程序。这些应用程序可以被各种不同的客户端设备,通过像 Web 浏览器(如基于 Web 的电子邮件)这样的瘦客户端界面所访问。消费者不直接管理或控制底层云基础设施,包括网络、服务器、操作系统、存储,甚至单个应用的功能,但有限的特定于用户的应用程序配置设置则可能是个例外。

2. 平台即服务(PaaS)Platform-as-a-Service

云平台:对开发环境抽象封装和有效服务负载封装,实现系统的有效服务负载均衡,就是平台即服务(PaaS)。该模式的云服务是将消费者创建或获取的应用程序,利用资源提供者指定的编程语言和工具部署到云的基础设施上。消费者不直接管理或控制包括网络、服务器、运行系统、存储,甚至单个应用的功能在内的底层云基础设施,但可以控制部署的应用程序,也有可能配置应用的托管环境。

3. 基础设施即服务(IaaS)Infrastructure-as-a-Service

云设备:如果把基本存储和计算能力作为标准的服务提供给用户,就是把基础设施当作服务(IaaS)。该模式的云服务是租用处理、存储、网络和其他基本的计算资源,消费者能够在上面部署和运行任意软件,包括操作系统和应用程序。消费者不管理或控制底层的云计算基础设施,但可以控制操作系统、存储、部署的应用,也有可能选择网络构件(如主机防火墙)。

在灵活性方面:SaaS→PaaS→IaaS。

在方便性方面:IaaS→PaaS→SaaS。

二、云计算技术在公安工作中的应用

随着公安信息化大数据实时处理和智能化需求迅猛增长，传统的计算和网络架构已经难以适应新形势发展的需要，云计算以其超强计算和存储的优势，代表着新一代信息化发展的方向。

（一）云计算技术在成都市公安工作中的应用

成都市公安局作为在全国公安部门中率先成功采用"云计算"技术构建信息化基础设施云计算平台，于2011年搭建了统一的资源集群，实现成都公安的数据和计算资源的大集中、大整合和统一管理。2011年，该项目荣获了2010年"IBM Power云计算最佳用户实践奖"，并于2010年10月10日，人民公安报科技装备版以"信息化建设使公安工作如虎添翼"为题，专题报道成都市公安局率先引入"云计算"技术。

多年来，成都市公安局借力云计算平台，在信息化建设和保障工作中取得明显提高，实践效果良好。该平台按Web服务、应用服务、数据及存储服务分层搭建和扩充信息中心基础设施，支持分层、分组和动态负载均衡，整合现有的服务器、数据和应用资源，采用云计算构建IT应用的基础架构，为各类公安应用提供统一的运行平台，实现硬件资源和软件资源的统一管理、统一分配、统一部署、统一监控和统一备份。集合了大情报系统、警用GIS系统、警综系统、人口信息管理系统、治安卡口系统、网络服务系统以及其他公安信息系统（市局基础设施统一建设的做法，除涉密系统外，都要求在云计算平台上部署）。

采用云计算平台后，成都市公安局信息化资源在保证可靠性的前提下实现集中提供服务，自动调配，目前成都市公安局32台PC服务器上独立部署100余个应用，7台小型机独立部署30个应用，实现了资源集中使用，资源利用率明显提高，设备CPU使用率在高峰期可达到70%以上，而各系统性能未下降；存储资源根据实际使用情况灵活调配，存储资源使用比例大幅提高。市局统一对各类信息应用提供计算资源服务，无需另行采购，且一台服务器可独立部署多达几十个应用系统，信息化建设的时间和经费大幅缩减。

目前核心存储采用云计算进行统一管理和备份，并以此架构实现远程灾备。既改变了以往各应用系统单独备份带来的管理烦琐，又充分利用了统一备份带来的稳定性、可靠性优势，保障了公安数据的安全性。

2011年，成都市公安局刑侦和机动警务两个部门需部署应用系统，原计划采购4台PC服务器。市局信息中心在云计算平台中仅用1个小时就完成了2个系统部署所需软硬件环境搭建，直接省去硬件采购和安装时间，节约建设经费35万元。迄今成都市局已有10余个信息化建设项目使用云计算平台搭建基础环境，大幅缩短采购和硬件部署时间，节约建设经费数百万元。

成都市公安局云计算平台的建成，有效整合了信息资源，实现了灵活、高效的软硬件资源分配和管理，加快了信息化建设进程，提升了信息化运维水平，已成为成都市公安局公安信息化的支撑平台，有力推动了公安信息化的发展。

（二）云计算技术在山东省公安工作中的应用

2012年8月，山东省对云计算进行积极探索，开展了警务云计算建设工作，力求通过运用云计算的优势，打造公安信息化建设新的增长点，进一步提升全省公安机关打防管控核心战斗力。

2012年11月，在泰安华东地区通信协作会议上，徐珠宝厅长向厉剑局长汇报了山东省警务云计算建设的工作打算和推进措施，并争取省级试点。厉剑局长提出了三点指导性意见：一是公安信息化建设坚持上"云"；二是公安信息化建设要往"云"上靠；三是要进一步细化方案。

2013年4月13日，国务委员、公安部部长郭声琨到山东调研时，徐珠宝厅长向郭部长汇报了山东省警务云计算建设工作情况，并提出了"请部领导继续加强跟踪指导，并考虑把山东省列入省级'警务云计算中心'建设试点单位，在政策、技术等方面给予倾斜"的建议。郭部长对山东公安机关坚持"科技是剑"的理念，创新建设"警务云计算"，加快实现公安工作现代化的做法给予了高度评价，并表示对山东警务云计算建设工作给予积极关注和支持。

全省警务云计算建设，以科学发展观为指导，以提高"主动防控、精确打击、引领实战、服务决策"能力为目标，坚持世界一流和国内领先的高起点规划、高标准建设、高效率应用、高水平管理；坚持实战、实用、实效，创新开发云应用；坚持以云计算为重点，带动公安信息化建设跨越式发展，在更高层次上为全省公安信息化建设提供数字化、智慧型技术服务，引领公安工作机制创新和体制创新。山东警务云计算围绕以下四个理念开展设计工作：①以信息为中心，体现平台+数据+服务的思想；②以共享为中心，共享平台的设计理念体现了"平台+服务+应用"的思想；③以用户为中心，体现智能化、协作化、一体化、个性化；④关注安全与隐私。

警务云应用建设的开发策略遵循公安部资源服务平台和应用开发开放平台的标准和规范。信通部门技术主导，业务部门应用主创，省厅主导，地市主创，一点突破，全面推广。上下结合，条块集合，内外结合，形成合力。

警务云应用开发，采取平台+应用+服务的理念，以支撑云应用的开发，开发者可以广泛参与。在采用新技术的同时兼容现有技术，双轨并存。实现四层服务，两收两放；通用功能、通用服务支撑全局。

警务云应用为"10+1+3"云应用，视频监控、智能交通、警务指挥、实有人口管理、治安管理、情报分析、案件分析、网络安全、队伍管理、打防控一体化 10 个专题应用，1 个警务云移动终端系统和社会服务、地市二次开发服务、民警自助服务 3 个服务，集成六大平台和有关业务系统，形成更具广度、深度、高端的合成应用。并按照急用先建、先易后难的原则，将率先启动"5+2"警务云应用。

山东省警务云计算中心又搭建了山东警务云计算实验室。目前，实验室已进行了产品选型测试、软硬件测试、Hbase 建模及性能测试等工作，同时针对各种复杂耗时的查询、搜索、比对和统计分析等通用功能进行了测试，验证了 12 项关键技术难点，达到了预期目标。

套牌分析：全省卡口数据达到百亿量级。采用云计算技术，通过线下挖掘分析，能够完成套牌分析。

实时布控：因大数据平台的高效性（响应时间控制在秒级），可将套牌嫌疑车辆信息第一时间推送消息给下一卡口交警部门，实现实时布控拦截查处相关车辆。

山东省警务云计算中心建设中的云主体基本功能已经建设完成并在逐步完善。主要有警务云计算平台、应用超市、个人中心等内容，并在警务云计算平台上先期启动了民生警务平台和图像平台人脸识别系统建设工作，取得了警务云计算建设阶段性成果。

第二节 大数据技术在公安工作中的应用

云计算与大数据是一对相辅相成的概念，特别是近年来，在 IT 业界讲到云计算就必须谈大数据，谈到大数据也必须讲云计算，正是有了云计算这样一个灵活的新架构，才可能去谈大数据的处理和应用。同样，正是有了大数据这样一个新的数据应用需要，才可能去建设云计算环境。它们的关系是静与动的关系：云计算强调的是计算和存储，这是动的概念；而数据是计算的对象，是静的概念。

一、大数据技术

最早提出"大数据"概念的是全球知名咨询公司麦肯锡，在其 2011 年的研究报告《大数据：下一个创新、竞争和生产率前沿》中首次提出"大数据"一词。2012 年，"大数据"一词越来越多地被提及，人们用来描述和定义信息爆炸时代产生的海量数据。进入 2013 年，大数据已不仅是一个时髦的概念和说法，研究者们开始试探着在实践中寻找大数据可能的落地点。2014 年，"大数据"首次出现在国务院总理李克强的《政府工作报告》中，与新一代移动通信、集成电路、先进制造、新能源、新材料等一起，被列为未来引领中国产业发展的新兴产业。

（一）基本概念

大数据（big data）是指无法在一定时间范围内用常规软件工具进行捕捉、管理和处理的数据集合，是需要新处理模式才能具有更强的决策力、洞察发现力和流程优化能力的海量、高增长率和多样化的信息资产。

对于"大数据"研究机构 Gartner 给出了这样的定义："大数据"是需要新处理模式才能具有更强的决策力、洞察发现力和流程优化能力来适应海量、高增长率和多样化的信息资产。

想要系统的认知大数据，必须要全面而细致的分解它，从三个层面来展开：

第一层面是理论，理论是认知的必经途径，也是被广泛认同和传播的基线。在这里从大数据的特征定义理解行业对大数据的整体描绘和定性；从对大数据价值的探讨来深入解析大数据的珍贵所在，洞悉大数据的发展趋势；从大数据隐私这个特别而重要的视角审视人和数据之间的长久博弈。

第二层面是技术，技术是大数据价值体现的手段和前进的基石。在这里分别从云计算、分布式处理技术、存储技术和感知技术的发展来说明大数据从采集、处理、存储到形成结果的整个过程。

第三层面是实践，实践是大数据的最终价值体现。在这里分别从互联网的大数据、政府的大数据、企业的大数据和个人的大数据四个方面来描绘大数据已经展现的美好景象及即将实现的蓝图。

（二）大数据的特征

1. 容量（volume）

数据的大小决定所考虑的数据的价值和潜在的信息。大数据技术的数据体量巨大，从 TB 级别跃升到 PB 乃至 EB 级别。要知道目前的数据量有多大，我们先来看看一组公式。1024GB＝1TB；1024TB＝1PB；1024PB＝1EB；1024 EB＝1ZB；1024ZB＝1YB。到目前为止，人类生产的所有印刷材料的数据量是 200PB，而历史上全人类说过的所有的话的数据量大约是 5EB。

2. 种类（variety）

数据类型的多样性。大数据技术的数据类型繁多，这种类型的多样性也让数据被分为结构化数据和非结构化数据。相对于以往便于存储的以文本为主的结构化数据，越来越多的非结构化数据的产生给所有厂商提出了挑战。互联网和通信技术近年来迅猛发展，如今的数据类型早已不是单一的文本形式，除了网络日志、音频、视频、图片、地理位置信息等多类型的数据，对数据的处理能力提出了更高的要求。

3. 速度（velocity）

指获得数据的速度。大数据技术处理速度快，这是大数据区分于传统数据挖掘最显著的特征。根据 IDC 的一份名为"数字宇宙"的报告，预计到 2020 年全球数据使用量将会达到 35.2ZB。在如此海量的数据面前，处理数据的效率就是企业的生命。

4. 可变性（variability）

妨碍了处理和有效地管理数据的过程。

5. 真实性（veracity）

数据的质量。

6. 复杂性（complexity）

数据量巨大，来源多渠道。

7. 价值（value）

合理运用大数据，以低成本创造高价值。

大数据技术价值密度低，价值密度的高低与数据总量的大小成反比。以视频为例，一部一小时的视频，在连续不间断监控过程中，可能有用的数据仅仅只有一两秒。如何通过强大的机器算法更迅速地完成数据的价值"提纯"是目前大数据汹涌背景下亟待解决的难题。

（三）大数据分析带来工作重心的转移

1. 数据大小由 GB 到 PB
2. 数据更新由频繁读写到一次写入多次读取
3. 数据结构由静态模式到动态模式
4. 计算方法应用为主转变为分析为主。

（四）大数据的分析

越来越多的应用涉及大数据，不幸的是所有大数据的属性，包括数量、速度、多样性等都描述了数据库不断增长的复杂性。大数据最大的好处在于能够让我们从这些数据中分析出很多智能的、深入的、有价值的信息。

1. 可视化分析
- Analytic Visualizations（可视化分析）。
- 不管是对数据分析专家还是普通用户，数据可视化是数据分析工具最基本的要求。可视化可以直观的展示数据，让数据说话，让观众听到结果。

2. 数据挖掘算法
- Data Mining Algorithms（数据挖掘算法）。
- 可视化是给人看的，数据挖掘就是给机器看的。集群、分割、孤立点分析还有其他的算法让我们深入数据内部，挖掘价值。
- 这些算法不仅要处理大数据的量，也要处理大数据的速度。

3. 预测性分析能力
- Predictive Analytic Capabilities（预测性分析能力）。
- 数据挖掘可以让分析员更好地理解数据，而预测性分析可以让分析员根据可视化分析和数据挖掘的结果作出一些预测性的判断。

4. 语义引擎
- Semantic Engines（语义引擎）。
- 我们知道由于非结构化数据的多样性带来了数据分析的新的挑战，我们需要一系列的工具去解析、提取、分析数据。
- 语义引擎需要被设计成能够从"文档"中智能提取信息。

5. 数据质量和数据管理
- Data Quality and Master Data Management（数据质量和数据管理）。
- 数据质量和数据管理是一些管理方面的最佳实践。
- 通过标准化的流程和工具对数据进行处理可以保证一个预先定义好的高质量的分析结果。

（五）大数据的价值体现

1. 对大量消费者提供产品或服务的企业可以利用大数据进行精准营销
2. 做小而美模式的中小微企业可以利用大数据做服务转型
3. 面临互联网压力之下必须转型的传统企业需要与时俱进充分利用大数据的价值

（六）大数据的经典应用

1. 大数据时代的总统选举

Obama 竞选美国总统期间，竞选总部任命 Rayid Ghani 为"首席科学家"。Ghani 和他的团队将试图挖掘选民在公开市场上可得的行动、行为、支持偏向方面的大量数据，并预计出选民的选举模式，这将使奥巴马竞选团队的花费更加精确和有效率。新的大数据库能让竞选团队筹集到比他们曾预料到的更多的资金（10.6 亿美金，而 2008 年为 7.5 亿美金）。"我们每天晚上都在运行 66000 次选举。每天早上，我们都会得出数据处理结果，告诉我们赢得这些州的机会在哪，从而我们去进行资源分配。"华盛顿那些基于直觉与经验决策的竞选人士的优势在急剧下降，取而代之的是数量分析专家与电脑程序员的工作。新的互联网,新的候选人,新的操盘手,一场新式的选举,创造出一个新媒体时代的总统。

2012年3月29日,美国政府宣布启动"大数据研发计划",将投入超过2亿美元推动大数据提取、存储、分析、共享、可视化等领域的研究,并将其与历史上对超级计算和互联网的投资相提并论。

2. 大数据和国家信息管理与网络安全

美国也是最早意识到信息管理与网络安全的国家。早在1934年,美国国会通过《联邦通讯法案》,这是美国也是世界上第一部对情报监听加以规范的法律,该法第605条规定,未经信息发送者授权,任何人对通信不得监听。1968年,《联邦监听法令》通过,规定除非有法庭授权并签发令状或经当事人同意,执法人员不得在通信线路上搭线或者截听电话,也不得使用电子装置窃听私人谈话。此后,又分别在1978年通过《外国情报监视法》(FISA),1986年通过《电子通信隐私法》(ECPA),1994年通过《执法通信辅助法》(CALEA),从而建立起全方位的监听监视法律体系。

其中,《执法通信辅助法》规定,执法机关可以根据法院监听令状直接接入电信网络启动电信运营商交换机中的监听功能。这意味着美国法律要求电信运营商等网络、通信服务者必须为政府预留一定的接口以备不时之需。"9·11"之后,美国通过《爱国者法案》,大大提高了政府在情报收集方面的权限。虽然几经抗议,但最后博弈的结果是,只要外国情报调查法庭批准,政府安全部门有权向电信或网络运营商索要相关数据。据《华盛顿邮报》披露,此次曝光的"棱镜"计划中,一共涉及9家IT公司,微软是第一个加入其中的,时间是2007年9月11日,苹果公司则在2012年10月最后一个加入。

在IT界,一直有"八大金刚"之说,指的是最著名的八大美国IT公司——思科、IBM、谷歌、高通、英特尔、苹果、甲骨文、微软。它们几乎垄断了全球IT产业的所有领域,包含了从硬件到软件再到服务三个层面。中科院信息安全国家重点实验室主任林东岱分析,CPU是一台电脑的大脑,如果联网计算机使用英特尔公司提供的某款芯片,就会发送一个序列号到英特尔公司,这也意味着在这台电脑上运行的一些信息也可以同时一并发送过去。另外,操作系统是网络软件运行的载体,联网后我们会经常受到自动更新的提示,这意味着垄断操作系统的微软公司,可以轻而易举地掌握一台电脑的网络活动。同时,由于操作系统在不断更新,微软公司通常会最早发现其系统存在的漏洞,他们向政府安全部门提供的漏洞信息,就会有助于情报机构就此攻击那些还没有修补漏洞的计算机。

如果说这些硬件和软件公司在生产设备的时候存在一定的道义压力,那么,应用程序服务商就可以正大光明地坐收渔翁之利。比如,我们用雅虎邮箱发邮件,用Skype网络电话通话,用Google地图标注、搜索,用Facebook发布社交状态,用MSN即时通信聊天,所有这些网络活动,都会在各大公司的服务器上留下原始数据。"某种程度上说,这是我们主动提供的信息,平时公司可以承诺保护隐私,但如果安全部门拿到法庭的许可,就可以调用这些数据。"

信息安全领域有一种说法是,在美国的"八大金刚"面前,任何一个国家的网络安全都脆弱不堪,因为很少有网络活动能够完全绕开它们。美国在全球网络监控上之所以远远走在前列,更大程度上还是因为它拥有全球最领先的IT公司,几乎涵盖了所有日常的网络服务。"只要我们使用,就躲不开它,产业上的差距才是信息安全的最严峻挑战。"这并非危言耸听,美国竭力阻止华为、中兴等网络硬件供应商进入其国内市场,正是出于国家安全的考虑。

美国网络公司与政府的密切关系一直隐而不露,国会议员里有很多人就是这些"八大金刚"的股东。美国媒体披露,英特尔旗下的信息安全公司McAfee就经常与NSA、FBI和CIA合作。McAfee被视为有价值的合作伙伴,因为该公司能通观恶意互联网流量的情况,包括外国势力的间谍活动。一些黑客利用合法服务器从事黑客活动,而McAfee防火墙能收集到这些黑客的信息,McAfee的数据还能表明一些网络攻击源自哪里。"棱镜"项目曝光后,涉及的企业纷纷跳出来披露信息以平息舆论压力,从Google提供的《透明度报告》可以看出,美国政府去年下半年共向其提出了8438次数据要求,涉及账户1.4791万个,88%的要求被执行了。

即便是传统的电话通信,也不例外。电话与互联网本来是两张不同的网络,但是,随着现代通信的发展,这两张网现在已经越来越融合在了一起。抛却网络IP电话不谈,就是普通的移动电话,无线信号发射到基站，然后再进入光缆传输系统，但在很多地方，其一部分信号传输路径也要经过互联网。信息就像流水，一旦进入管网，就会留下蛛丝马迹。

在美国，信息安全已经成为一项庞大的产业。南京翰海源信息技术有限公司创始人方兴曾经在微软做过安全测试工作，他认为自从2003年蠕虫爆发破坏Windows操作系统以后，微软就大大提高了在安全方面的研发投入，甚至在开发一款新产品的时候，安全测试部门可以拥有"一票否决"权，有时候甚至为了安全会牺牲一些用户体验。比较之下，国内政府和公司对网络信息安全的重视程度都还远远不够，方兴说："意识、观念都跟不上，现代的网络安全已经不再单纯是传统的加密、解密问题，而是已经发展到了针对代码行为的攻防阶段。"即便美国的网络安全产业如此发达，但根据自己评估，2012年因为网络攻击造成的损失仍高达3000亿美元。

3. 大数据与棱镜计划

棱镜计划（PRISM）是一项由美国国家安全局（NSA）自2007年起开始实施的绝密级电子监听项目，该计划对美国互联网公司的外国用户进行广泛的窃听与监控，许可的监听对象包括任何在美国以外地区使用参与项目公司服务的客户，或是任何与国外人士通信的美国公民。该计划日前被前美国中央情报局雇员曝光。

据华盛顿邮报报道，29岁的前美国中央情报局（CIA）雇员Edward Snowden在香港向世人揭密了美国政府的两大秘密监控项目：针对美国普通公民的电话监控项目和针对外国人的互联网监控项目。前者使得当局能够获取并存储美国电话用户的海量通信信息：何时、何地与何人进行通信，通信频次与时间长度等。尽管这些普通美国人与恐怖主义也许毫无联系，但有可能被长期、无差别地监控。这些监控是秘密进行的，用户不会收到任何提示，更不会见到法官签署的法律许可文件。而PRISM计划使得NSA有能力对美国互联网公司的海外用户进行窃听和监控，这些美国互联网公司包括Microsoft（含Hotmail）、Google、Yahoo、Facebook、Skype和Apple。而根据华盛顿邮报提供的绝密级别的幻灯片，NSA能够获取用户的电子邮件、聊天记录、视频、照片等所有存储的信息，甚至可以扩展到用户的社交网络细节。

这两个秘密监控项目一被公开，就引起了关注者的激烈争辩。NSA的官员们认为这些监控避免了很多恐怖袭击，而Edward将之公布于众给美国情报工作带来巨大损失，他必须受到审判；奥巴马也表示绝对的隐私与绝对的安全不可兼得，竭力为监控项目进行辩护。而如果站在Edward Snowden一方，可以说Edward太年轻、太简单，甚至有些幼稚；但他通过呐喊唤醒世人，放弃了20万美元年薪、选择与美国政府为敌流亡到香港，只为了我们能够免于生活在电幕之下。

PRISM计划与大数据时代的发展密不可分。每个个体的行为也许都不尽相同，但都是有规律的。通过获取与分析海量数据，我们能够获得人们的行为习惯的有效信息，从而对个体行为习惯进行推测，提供个性化和定制化的服务。广告主和电商们通过分析海量客户的购买行为能够了解客户，进行有针对的营销以提升业务；洛杉矶的警方通过分析几十年的犯罪记录，预测犯罪行为模式与频率，从而有针对地安排警力。盯上大数据的显然不仅仅有这些企业和地方警察局，美国政府也表现出了十足的兴趣。监控计划中的对普通民众电话和互联网的监控也许并不涉及具体某个电话、某封邮件的监听与解读，但是通过关键词筛选、用户联系频率和地点与恐怖袭击可能存在的联系、不正常现金流向的分析，美国政府也许能从中找出"恐怖袭击"的蛛丝马迹。尽管目前美国政府声称这些秘密监控措施仅用于反恐，但它们极容易被缺乏监管的当局滥用。预算不公开的秘密机构NSA能够获取你的地理位置、通信记录、社交网络联系、视频、照片等数据，并且能够未经法院许可对你的数据进行分析和解读（根据《爱国者法案》，政府可以不需要法官监督和许可，即可在任何时间获取任何公民的个人资料、金融交易资料和医疗资料）。美国记者华莱士曾经谈笑风生地说："如果它看起来像鸭子，游泳像鸭子，叫声像鸭子，那么它可能就是只鸭子。"这句话同样可以用在这些秘密机构上，NSA看上去像进行互联网监控的机构，建立了大型数据存储与运算中心，也承认自己进行互联网审查。它唯一的挡箭牌就是"为了挫败恐怖袭击，为了你们的安全"。然而，反恐是个筐，什么都能往里装。谁能保证"反恐"不会成为美国式的维稳呢?

随着云计算的发展,人们产生的海量数据会越来越多地存放在网上:邮件、个人档案、信用卡信息、地理位置、个人日程安排、电子书、照片等。Apple 公司的 iCloud 服务使得人们能够很方便地同步拥有音乐、邮件、照片和个人文档等信息。过去,我们相信 Google、Amazon 和 Apple 公司能够为我们的隐私提供足够的保护,也乐于享受云技术的便利,并且期待着更加美好的大数据时代的到来,今天,Edward 为世人敲响了隐私权的警钟!如果将来的某一天,美国政府认为购买过高压锅、与外国人(尤其是穆斯林)经常联系和阅览过"如何在你祖母的厨房中制造炸弹"的人有进行恐怖袭击的倾向,可以对他们进行重点监控和钓鱼执法的话,那么小说《1984》中描述的场景就终于来临了。这是比实名制高明得多的方法:悄无声息、成本极低且十分精准。推动大数据发展的背后,也许不仅仅有那些互联网巨人们,更有那些蠢蠢欲动的野心家。大数据的获取与分析使得野心家们能够高效、精准地清除异己、控制思想。奥巴马政府就以"反恐"为名迈出了危险的第一步。

2006 年的一部德国电影《别人的生活》中,有一个场景给人留下深刻的印象:阴暗的地下室里坐着无数的拆信员,他们用蒸汽熏信件的封口使得胶水失效,以便对信件内容进行神不知鬼不觉的审查。而现在,电影又变成了现实,NSA 的巨型高性能计算机正在高效运行,情报专家们在大数据中正挖掘得不亦乐乎。

4. 大数据与元数据

随着"棱镜"项目的信息不断被披露,人们开始担心,是否会像奥威尔在小说《1984》里描述的那样,自己的一举一动都在"老大哥"的监视之下。其实,在专门从事信息安全研究的专业人士看来,这种担心并非无中生有,尤其是在移动互联网快速发展的今天,我们每个人几乎每时每刻都在产生数据。

2013 年,在犹他州盐湖城以南 26 英里的美国国民警卫队的 Williams 露营地,美国国家安全局开始建设一个总投资达到 12 亿美元的密码破译和数据分析中心,前 NSA 技术总监透露,其存储容量将达到 5ZB。1ZB 等于 1024EB,或者约 2500 亿 DVD 的容量。赛迪智库信息安全研究所的冯伟博士认为,2013 年全球互联网产生的数据总量大约是 667EB,而且以每两年翻一番的速度在增长,由此可见 NSA 的信息存储能力。

2012 年 3 月,奥巴马政府将"大数据战略"上升为最高国策,认为大数据是"未来的新石油",将对数据的占有和控制作为陆权、海权、空权之外的另一种国家核心能力。迈克·弗劳尔斯是纽约市打击金融犯罪行动组主管,他最近被赋予一个新的职务——纽约市首席分析官。将全面负责大数据在纽约市的执法、经济规划、防灾和灾后恢复等方面的应用。

斯诺登披露的"棱镜"计划,缘于美国政府的"星风"监视计划。2004 年,布什政府通过司法程序,将"星风"监视计划分拆成由国家安全局执行的 4 个子计划,除"棱镜"外,还包括"主干道""码头"和"核子"。其中,"棱镜"用于监视互联网个人信息;"核子"则主要负责截获电话通话者对话内容及关键词;"主干道"和"码头"分别对通信和互联网上数以亿兆计的"元数据"进行存储和分析。

对元数据的收集与分析,表明美国的网络监控水平已经具备了大数据时代的显著特征。"元数据",主要指通话或通信的时间、地点、设备、参与者等信息,不包括电话或邮件等的内容。举例来讲,如果一个在巴基斯坦的恐怖分子用 Gmail 邮箱与美国本土的联络人联系,那么,元数据就是指他们之间的发信时间、地点、设备、频率等基本信息。以往,这样的信息往往被认为没有多少价值,情报部门会把精力放在搜集信件内容上,但是,现在有了海量数据存储与分析能力之后,这些庞杂的信息经过超级计算机的快速运算,也会从中显露出不易察觉的规律,从而提供有效的情报信息。

按照美国联邦通信委员会对用户信息保护的政策,电信运营商可以收集用户的个人信息,包括通话号码、通话时长、通话地点等通话数据,以帮助他们了解哪些地区的网络覆盖不足,该为哪些业务繁忙的地区增加设备。以往这些信息往往不会被视作个人隐私,只有通话内容才会受到严格保护,但是，"主干道"和"码头"监控项目表明，对这些海量元数据的分析，有助于情报机构迅速缩小包围圈，锁定监控目标的活动轨迹。

美国《外交政策》杂志网站5月9日刊登了微软研究院首席研究员、麻省理工学院客座教授凯特·克劳福德的一篇名为《再思考大数据》的文章提醒人们，那种认为"大数据是匿名的，它不会侵犯我们的隐私"的想法大错特错。他举例说："高度个人化的大数据集将成为网络黑客或泄密者觊觎的主要目标。世界上最富有的1%人群的个人信息和普通人的信息一样，非常容易被人公开。"

而方兴对"棱镜"中有关元数据的描述更加担心。"元数据记录了一台计算机的工作环境，包括操作系统、浏览器、应用软件版本等基本信息，收集这些元数据，是发起网络攻击的必备步骤，正所谓知己知彼。"林东岱也强调，现代情报的收集不同于传统的秘密谍战方式，而是大部分来自于对公开信息的再整理和再分析。据统计，美国每年情报总量的80%来自于这种开源情报，表面上看，一个人、一个公司公开的信息并无多大价值，但如果将这些海量数据汇总起来，就具备了分析价值。

无所不在的数据，无处不在的网络和大规模分布式的存储和运算能力（云计算），忠实地记录了我们的衣、食、住、行及社交状态。现在，人类一天创造的数据相当于2000年一年的数据量。把一个人一生的生理、心理数据等全部记录下来，大约需要1000T的数据量（1024G等于一个T）。面对如此海量而且不规则的"非结构数据"，《大数据：一次将改变我们生活、工作和思考方式的革命》一书的作者之一、牛津大学教授维克托·迈尔-舍恩伯格提出的方法是，多进行关联分析而少做因果分析。这与"棱镜"计划的做法不谋而合。

这本书的另一位合著者肯尼思·库克耶是《经济学家》杂志的数据编辑，他日前在美国《外交政策》杂志掀起一场有关"大数据时代令隐私保护问题更加突出"的讨论。库克耶认为，大数据的价值在于存储后的再使用。不过，收集、保存一切信息，与隐私保护政策是有冲突的。"保存一切信息是必要的，但是在这么做之前，我们有必要问自己一个问题，即现行的隐私保护政策是不是妨碍了我们正在迈入的大数据世界。"他写道："当一切数据都变得有价值时，我们不禁要问，隐私的边界何在？如何处理个人自由与国家安全之间的关系？"

接受采访的信息安全专家都再三强调，无论是硬件还是软件，现在只能说美国政府和公司"有能力"进行网络监控和发起网路攻击，但除了Edward和媒体的披露，被监控和攻击的一方至今仍然很难拿出确凿的证据证明他们那样做了。"网络世界的界限很模糊，被监视或被攻击的一方，往往是在毫无觉察的情况下就沦为了情报战的战利品。"

以网络安全领域争议最大的"后门"为例，其性质就很难判定。方兴介绍，后门本来是指软件开发人员刻意留下来的，便于绕过用户权限控制来修改设计缺陷，在软件发布之前会全部删除，否则就容易成为对手攻击的漏洞。可是，这些后门很难检测，判断后门是有意留下还是无意留下，就成为一个难以界定的问题。"现实世界的安全是建立在信任基础上的，遵循的是无罪推定，事后追惩，而网络世界的规则完全变了个样，信息在跨国间不停流动，区域内的信息流通也要依赖DNS这样的全球机制，有时候被偷走了自己还不知道，即便知道了也不知道是什么原因、谁偷的，事后追惩的成本太高。所以，只能遵循有罪推定、事先预防的原则。"方兴分析道，"这就好比是，你把自家的钥匙给了一群陌生的装修工人，恰好你房子里又有机密文件，你不能指望别人不来偷，只能自己买个保险柜把文件装起来，再装个摄像头以防万一。"

二、大数据技术在公安工作中的应用

近年来，不断急速增加的海量数据给全警带来两个方面的巨变：一方面，在过去没有数据积累的时代无法实现的应用现在终于可以实现；另一方面，从数据匮乏时代到数据泛滥时代的转变，给数据的应用带来新的挑战与困扰，简单的通过搜索引擎、综合查询等获取数据的方式已经不能满足我们千变万化、层出不穷的应用需求，如何从海量数据中高效地获取数据，有效地深加工并最终得到感兴趣的数据变得异常困难。

(一) 大数据技术在湖北省厅公安工作中的应用

湖北省公安厅党委审时度势、把握机遇，在 2010 年年初经厅长办公会研究决定，在省厅开展"湖北公安云"的建设与探索，厅领导大胆提出充分利用互联网的新技术破解海量数据应用的难题，并为此组织了专门班子，专题研究"公安云"的工作，多次到云计算技术领先的企业考察，与国内外知名专家探讨，并与国家"863"计划中唯一开展基础数据库软件研究的"武汉达梦数据库有限公司"结为战略合作伙伴，共同成立了"公安海量数据应用技术重点实验室"，为"湖北公安云"的建设扫清了技术障碍。

公安系统的信息具有一定的保密要求（公民个人信息等），达梦数据库是完全拥有自主知识产权的国产数据库，拥有军 B+级认证以及安全 4 级检验报告，能够完全满足公安系统的信息安全要求。

采用达梦数据库管理系统，利用数据分区、列存储压缩以及批量数据处理等特性，实现海量数据的存储和应用，有效突破了资源访问的 I/O 瓶颈，极大地提升了资源访问效率。

(二) 江苏省利用精确性应用的大数据处理实例

精确性应用就是通过数据运算分析来得到一个比较精准的结果。这是我们一开始在接触大数据处理时的自然而然的最先要求。

实例要求：在南通市近 12 亿电子警察抓拍车牌数据中查找出套牌车辆，当初称为"疑似套牌车模型"。

抛去一些管理、安全方面的辅助支撑方面，实例的技术框架是"HADOOP+ORACLE"，亿级以上的数据，这里指的是数据条数，针对的是结构化的数据，在整体发展路径上，也是先分析出结构化数据，然后再开始启动半结构化、非结构化的大数据的研究。亿级以上的数据用的分布式的 HADOOP 来直接处理，或者称为预处理，处理到千万级或者百万级数据时，就依托比较传统的 ORACLE 来处理。

第一步，搞清楚业务规则（确定变量）。

这个业务规则是直接服务目的的。这个实例的排查规则是：在一个较短的时间段内，同一车牌不可能被不同路口电子警察抓拍设备抓拍到。这其中涉及三个变量：第一个是时间，第二个是车牌，第三个是电子警察的地理位置。与交警部门进行了业务规则研究，最终确定的是：在 5 分钟之内，如果在距离大于 10 公里的电子警察同时抓拍到同一个车牌，这个车牌可能就是套牌了，因为这个车的时速已经超过 120 公里/小时了，因为电子警察位置取的是经纬度距离，也就是标准的直线距离，一般道路不会达到这个标准，另外，超过 120 公里/小时就超速了。这样，包含三个变量的规则就搞清楚了。

第二步，准备数据。

如果是几千万的数据，SQL 可以简单实现，如果再大一点，用分区表的形式似乎也可以，但是，在这个实例中，车辆抓拍数据的数据量是三年电子警察抓拍的数据总和，数据汇聚将近 12 个亿。第二个数据是电子警察的地理位置数据，这个可以从 PGIS 取得支撑，获取了电子警察的经纬度信息。我们将南通市所有电子警察卡口的坐标位置建立辅助表，记录每个卡口的经纬度。还有一个重要的数据——时间，这不是去获取的，而是去校准的，全市电子警察抓拍设备的统一授时，通过授时服务器统一授时。

第三步，利用 HADOOP 来计算。

这是最关键的一步，将 11.9 亿电子警察抓拍车牌数据，利用分块的模式，分别存储到 10 台普通 PC 服务器集群的 HADOOP 分布式存储环境中。每个块存储 300 万数据，分 380 个块存储在 9 台数据节点中。共占用存储空间 103G。在数据传输交换上，使用分布式索引创建工具，经过 3 小时 10 分钟将数据从不同的 Oracle 数据库存储到 HDFS 分布式存储环境中。

而后，采用 HADOOP 的 MAP-REDUCE 模型，对分块数据分别进行运算，首先使用 MAP 对每个车在卡口的时间进行分组，MAP 执行结束后，使用 REDUCE 对各个块的数据按照车牌号进行汇总，再使用 MAP 对每个车在卡口出现的时间与不同卡口之间的距离进行运算，对于在 5 分钟内，在距离大于 10 公里的卡口同时出现的车辆，认定为疑似套牌车。最后使用 REDUCE 将统计结果汇总。将这个运算模型在 10 台由 PC 服务器，都是配置比较低的服务器，甚至性能不及我们现在的一些 PC 机组成的 HADOOP 集群中，以 40 个初始 MAP 进行分布式执行，约经过 50 分钟执行完毕，共排查出 394 辆疑似套牌车牌。

最后，把这个结果推送给了交警部门，让他们去开展进一步的应用。一段时间后，交警部门发现在这近 400 辆车里，有三分之二，也就是 250 辆左右是因为抓拍数据质量问题，简单一句话讲，就是抓拍识别错误了，特别是 B 和 8，还有 D 和 0，这说明抓拍设备的识别率还要提升。在余下的 150 辆左右车子中，交警部门通过其他侦查手段掌握的约 60 辆，还有 90 余辆通过人工辨别研判确认为套牌车辆，全部纳入了套牌车布控查缉系统开展后续工作。这个效率已经达到预期目标。

第三节　物联网技术在公安工作中的应用

一、物联网技术

物联网的概念是在 1999 年提出的，物联网的英文名：Internet of Things（IOT），也称为 Web of Things。被视为互联网的应用扩展，应用创新是物联网发展的核心，以用户体验为核心的创新是物联网发展的灵魂。2005 年，在突尼斯举行的信息社会世界峰会上，国际电信联盟发布了《ITU 互联网报告 2005：物联网》，正式提出了"物联网"的概念。尽管上述场景令人难以置信，但随着"物联网"的发展，类似场景终将成为现实。物联网这一概念由凯文·阿什顿（Kevin Ashton）于 1999 年提出。阿什顿认为，计算机最终能够自主产生及收集数据，而无需人工干预，因此将推动物联网的诞生。简单来说，物联网的理念在于物体之间的通信，以及相互之间的在线互动。这是一项很难想象的技术进步，但正逐渐展现在我们眼前。

（一）物联网的概念

物联网是新一代信息技术的重要组成部分，也是"信息化"时代的重要发展阶段。顾名思义，物联网就是物物相连的互联网，它包括互联网及互联网上所有的资源，兼容互联网所有的应用，但物联网中所有的元素（所有的设备、资源及通信等）都是个性化和私有化。这有两层意思：其一，物联网的核心和基础仍然是互联网，是在互联网基础上的延伸和扩展的网络；其二，其用户端延伸和扩展到了任何物品与物品之间，进行信息交换和通信，也就是物物相息。物联网通过智能感知、识别技术与普适计算等通信感知技术，广泛应用于网络的融合中，也因此被称为继计算机、互联网之后世界信息产业发展的第三次浪潮。物联网是互联网的应用拓展，与其说物联网是网络，不如说物联网是业务和应用。

物联网作为一个新经济增长点的战略新兴产业，具有良好的市场效益，《2015—2020 年中国物联网行业应用领域市场需求与投资预测分析报告前瞻》数据表明，2010 年物联网在安防、交通、电力和物流领域的市场规模分别为 600 亿元、300 亿元、280 亿元和 150 亿元。2011 年，中国物联网产业市场规模达到 2600 多亿元。

（二）"物"的含义

这里的"物"要满足以下条件才能够被纳入"物联网"的范围：

1. 要有数据传输通路
2. 要有一定的存储功能
3. 要有 CPU
4. 要有操作系统
5. 要有专门的应用程序
6. 遵循物联网的通信协议
7. 在世界网络中有可被识别的唯一编号

（三）物联网的原理

物联网是在计算机互联网的基础上，利用 RFID、无线数据通信等技术，构造一个覆盖世界上万事万物的"Internet of Things"。在这个网络中，物品（商品）能够彼此进行"交流"，而无需人的干预。其实质是利用射频自动识别（RFID）技术，通过计算机互联网实现物品（商品）的自动识别和信息的互联与共享。

而 RFID，正是能够让物品"开口说话"的一种技术。在"物联网"的构想中，RFID 标签中存储着规范而具有互用性的信息，通过无线数据通信网络把它们自动采集到中央信息系统，实现物品（商品）的识别，进而通过开放性的计算机网络实现信息交换和共享，实现对物品的"透明"管理。

（四）物联网的分类

1. 私有物联网：一般面向单一机构内部提供服务
2. 公有物联网：基于互联网向公众或大型用户群体提供服务
3. 社区物联网：向一个关联的"社区"或机构群体（如一个城市政府下属的各委办局：如公安局、交通局、环保局、城管局等）提供服务
4. 混合物联网：是上述的两种或两种以上的物联网的组合，但后台有统一运维实体

（五）物联网的关键技术

在物联网应用中有三项关键技术：

1. 传感器技术，这也是计算机应用中的关键技术

到目前为止绝大部分计算机处理的都是数字信号。自从有计算机以来就需要传感器把模拟信号转换成数字信号计算机才能处理。

2. RFID 标签也是一种传感器技术，RFID 技术是融无线射频技术和嵌入式技术为一体的综合技术，RFID 在自动识别、物品物流管理方面有着广阔的应用前景

3. 嵌入式系统技术是综合了计算机软硬件、传感器技术、集成电路技术、电子应用技术为一体的复杂技术

经过几十年的演变，以嵌入式系统为特征的智能终端产品随处可见；小到人们身边的 MP3，大到航天航空的卫星系统。嵌入式系统正在改变着人们的生活，推动着工业生产以及国防工业的发展。如果把物联网用人体做一个简单比喻，传感器相当于人的眼睛、鼻子、皮肤等感官器官，网络就是神经系统用来传递信息，嵌入式系统则是人的大脑，在接收到信息后要进行分类处理。这个例子很形象的描述了传感器、嵌入式系统在物联网中的位置与作用。

（六）物联网的应用模式

根据其实质、用途可以归结为三种基本应用模式：

通过二维码、RFID 等技术标识特定的对象，用于区分对象个体，如在生活中我们使用的各种智能卡，条码标签的基本用途就是用来获得对象的识别信息；此外通过智能标签还可以用于获得对象物品所包含的扩展信息，如智能卡上的金额余额、二维码中所包含的网址和名称等。

环境监控和对象跟踪。利用多种类型的传感器和分布广泛的传感器网络，可以实现对某个对象的实时状态的获取和特定对象行为的监控，如使用分布在市区的各个噪音探头监测噪声污染，通过二氧化碳传感器监控大气中二氧化碳的浓度，通过 GPS 标签跟踪车辆位置，通过交通路口的摄像头捕捉实时交通流程等。

对象的智能控制。物联网基于云计算平台和智能网络，可以依据传感器网络用获取的数据进行决策，改变对象的行为进行控制和反馈。例如，根据光线的强弱调整路灯的亮度，根据车辆的流量自动调整红绿灯间隔等。

（七）物联网的用途

物联网用途广泛，遍及智能交通、环境保护、政府工作、公共安全、平安家居、智能消防、工业监测、环境监测、老人护理、个人健康、花卉栽培、水系监测、食品溯源、敌情侦查和情报搜集等多

个领域。

国际电信联盟于 2005 年的报告曾描绘"物联网"时代的图景：当司机出现操作失误时汽车会自动报警；公文包会提醒主人忘带了什么东西；衣服会"告诉"洗衣机对颜色和水温的要求等。物联网在物流领域内的应用：一家物流公司应用了物联网系统的货车，当装载超重时，汽车会自动告诉你超载了，并且超载多少，但空间还有剩余，告诉你轻重货怎样搭配；当搬运人员卸货时，一只货物包装可能会大叫"你扔疼我了"，或者说"亲爱的，请你不要太野蛮，可以吗？"；当司机在和别人扯闲话，货车会装作老板的声音怒吼"该发车了！"

物联网把新一代 IT 技术充分运用在各行各业之中，具体地说，就是把感应器嵌入和装备到电网、铁路、桥梁、隧道、公路、建筑、供水系统、大坝、油气管道等各种物体中，然后将"物联网"与现有的互联网整合起来，实现人类社会与物理系统的整合，在这个整合的网络当中，存在能力超级强大的中心计算机群，能够对整合网络内的人员、机器、设备和基础设施实施实时的管理和控制，在此基础上，人类可以以更加精细和动态的方式管理生产和生活，达到"智慧"状态，提高资源利用率和生产力水平，改善人与自然间的关系。

物联网传感器产品已率先在上海浦东国际机场防入侵系统中得到应用。系统铺设了 3 万多个传感节点，覆盖了地面、栅栏和低空探测，可以防止人员的翻越、偷渡、恐怖袭击等攻击性入侵。上海世博会也与中科院无锡高新微纳传感网工程技术研发中心签下订单，购买防入侵微纳传感网 1500 万元产品。

首家手机物联网落户广州，将移动终端与电子商务相结合的模式，让消费者可以与商家进行便捷的互动交流，随时随地体验品牌品质，传播分享信息，实现互联网向物联网的从容过渡，缔造出一种全新的零接触、高透明、无风险的市场模式。手机物联网购物其实就是闪购。广州闪购通过手机扫描条形码、二维码等方式，可以进行购物、比价、鉴别产品等功能。这种智能手机和电子商务的结合，是"手机物联网"的其中一项重要功能。2013 年手机物联网占物联网的比例已经过半，2015 年手机物联网市场规模达 6847 亿元，手机物联网应用正伴随着电子商务大规模兴起。

与门禁系统的结合。一个完整的门禁系统由读卡器、控制器、电锁、出门开关、门磁、电源、处理中心这八个模块组成，无线物联网门禁将门点的设备简化到了极致：一把电池供电的锁具。除了门上面要开孔装锁外，门的四周不需要任何辅佐设备。整个系统简洁明了，大幅缩短施工工期，也能降低后期维护的本钱。无线物联网门禁系统的安全与可靠首要体现在以下两个方面：无线数据通信的安全性包管和传输数据的安稳性。

与云计算的结合。物联网的智能处理依靠先进的信息处理技术，如云计算、模式识别等技术，云计算可以从两个方面促进物联网和智慧地球的实现：首先，云计算是实现物联网的核心。其次，云计算促进物联网和互联网的智能融合。

与 TD 结合。物联网发展是确保 TD 成功的重大契机。TD-SCDMA 是我国拥有自主知识产权的第三代移动通信系统，是宽带无线通信网络，TD 的发展需要数据业务的拉动，物联网应用是需求最迫切的增强型数据业务，具有广阔的应用前景，能够充分发挥 TD 网络优势，有助于促进 TD 产业链的成熟。完善现有网络，发挥 TD 优势，积极推动无线传感器网络与 TD 网络融合，构建适于物联网应用的 GPRS/TD/WSN（无线传感器网络）融合网络，大力发展适于 TD 网络承载的物联网业务，提升 TD 的核心竞争力，给物联网的发展以强有力的支撑，是中国移动的发展思路。

与实时空气监测结合。物联网的智能净化与数据收集，为我国空气治理提供了新的发展方向。空气污染是我国目前面对的最令人困扰的环境问题，空气物联网通过智能设施实时监控空气环境质量，让数据通过网络进行统计和理性分析，使用户可以更加直观获取附近空气质量信息，随时随地查询了解目的地环境情况，缔造新形式的空气质量信息共享网络。同时智能载体拥有空气净化，实时信息汇总分析智能处理的功能。空气物联网的建立与传播具有广阔的应用前景，能够充分发挥物联网优势，促进空气治理。这种智能载体与物联网的结合正伴随电子信息技术高速发展与智能健康生活的普及而逐渐兴起。

二、物联网技术在公安工作中的应用

随着物联网技术的研发和产业的发展，中国物联网市场规模将超过计算机、互联网、移动通信等传统IT领域。作为信息产业发展的第三次革命，物联网涉及的领域越来越广，其理念也日趋成熟，可寻址、可通信、可控制、泛在化与开放模式正逐渐成为物联网发展的演进目标。而对于"智慧城市"的建设而言，物联网将信息交换延伸到物与物的范畴，价值信息极大丰富和无处不在的智能处理将成为城市管理者解决问题的重要手段。

公安领域是有条件为物联网提供规模应用的领域之一。一方面，在国内安防领域，视频监控、周界防入侵等应用已取得良好效果；另一方面，公安作为城市安全管理的重要政府部门，通过一系列的平安城市和社会治安监控系统的建设，在物联网规模化应用方面已具备一定的条件。

公安物联网在技术架构上由信息感知、网络传输、数据处理和业务应用四个层次组成。

信息感知：在信息感知上充分利用物联网技术和手段，如视频、音频、RFID、报警、智能图像分析、核生化探测、气流气象等感知手段，在城市地铁站、公交车站、地下通道、广场、地面道路等公共场所；对人流、车流、物流建立全面的感知、识别和监控。此外，还可以对动态目标监控，如特种车辆、应急救援车辆、危险品运输车辆的人、车、物的管理。基于RFID及视频分析技术，建设车辆感知节点，随时掌握车辆的轨迹、位置、驾驶人信息及危险品流向，从而为公安部门实现与社会公共安全相关的各种信息的全面感知。

网络传输：在网络传输上实现各种网络的融合，如公安信息网、视频专网、互联网、3G无线网络和卫星通信网络等，各种感知信息通过这些传输网络实现信息的传输、汇集和交换。同时，公安信息网与外部其他网络直接通过边界安全接入平台联网，确保网络安全。

数据处理：随着海量视频、图像、报警等信息汇集，需要利用云计算、模糊识别等各种智能计算技术，对海量的数据和信息进行整合、分析和处理，提高相关信息获取的实时化、精细化、系统化和智能化。同时，通过对物体实施智能化的控制，能使系统具有自动化、自我反馈与智能控制等特点。

业务应用：公安物联网的建设需要围绕公安实战业务应用，在各种感知信息统一的融合、共享和调度基础上，通过业务系统之间的互联和整合，实现对关注人员、车辆及事件的动态掌控与联动应用，实现跨警种的实战应用。

（一）物联网在公安信息化应用中涉及以下几个方面的核心技术

1. 高清视频监控技术

视频监控经历了模拟、数字、网络，正向高清化快速发展，高清视频技术代表了当今视频监控的发展方向。高清视频监控具备单点感知范围更广、高清晰度的特点，同时高清视频监控更便于智能分析处理，从视频图像中获取人、车、物和各种行为特征信息，将非结构化信息转化为结构化信息，有利于公安部门基于视频、图像等信息开展深度的业务应用。

高清视频监控采用国际领先、成熟的H.264视频编码技术；高清摄像机宜采用ISP技术，在自动聚焦、自动曝光、自动白平衡、宽动态、3D去噪、强光抑制等方面提升视频质量，使得图像更加清晰细腻、真实自然、鲜艳明亮。

2. 云计算技术

从物联网的技术特点出发，对同一事件可能有较多的感知设备，或者对同一事件可以组织形成一个感知网络，而不同的探测设备对一个事件的感知可能是非常局部的印象，而只有经过多种感知的综合识别，才能对一个事件形成较为准确的立体印象。另外，公安物联网往往是一个城市甚至多个城市的大规模系统，视频、报警、图片等信息数据量非常大，且内容越来越向多样化的方向发展，有车牌、车型、人脸特征、人的体型特征、人的行为特征等，因此传统的技术方法是无法满足多种类型的、海量的数据处理、检索和分析等要求。为了满足从感知到识别、应用的实时和高效，需要云计算进行处理。云计算是一个集成大量信息的并行处理系统，会使我们计算、处理的效率得到大幅度提升。

云计算是公安物联网的核心技术，通过云计算技术，可整合大量的计算资源、存储资源和应用资源，将系统中海量信息进行有序地组织和存储。依托强大的计算资源，可对外提供多样而高效的服务。

3. 智能分析技术

公安视频监控网络中记录了大量的视频、图像和数据信息，应用智能视频分析技术对海量视频中的特定特征的目标进行自动检索，可以滤除视频中大量的无效信息，极大地提升对视频检索的效率。此外，采用智能视频分析技术对视频进行分析，生成对目标特征及行为特征进行描述的元数据，实现从非结构化数据到结构化数据的转换，根据用户设定的搜索规则，可以对元数据流进行快速的检索及定位，与传统的录像文件人工浏览查看方法相比，可以大大地提高系统的自动化程度，减少人力成本，提高系统的检索速度及效率。较为典型的视频智能分析技术主要有以下几种：

智能检索：后分析模块自动读取源数据（源数据即系统中存储的各种视频文件），对它们进行图像分析后得到的数据建立索引归档。有了这些索引归档，后检索功能就可以从海量的视频数据快速地找出符合条件的录像文件。

人脸识别：在一些关键出入口、通道等卡口位置加强对进出人员的管理和安全防范。主要应用在对一些敏感人员布控，一旦发现可疑人员进出（黑名单人员），系统自动报警，并提示安保人员。

流量监测：客流量作为衡量公共场所繁忙程度的重要指标，日益受到人们的重视，业已成为商业决策和公共安全监控的有效工具，主要应用于人流量大的广场、商场、公园等人员聚集型区域。

车辆行为分析：主要应用于高速公路、桥面、隧道等场合，主要对视频图像中的车辆行为进行分析。

事件检测：智能事件检测系统主要基于背景建模技术，在静态场景下查找出以人为主要防范对象的动态目标，如跨线检测、进入区域检测、非法停车检测、物品遗留检测、物品丢失检测、徘徊检测、人员聚集检测等。

4. 公安实战业务应用

物联网技术在公安信息化过程中的应用最终是为了更好地为公安业务提供支撑。在城市报警监控系统建设过程中，全国各地投入大量人力、财力、物力资源，建设热情很高，但应用意识相对薄弱。伴随视频监控系统从局部联网向全市、全省、全国联网方向的逐步迈进，视频图像和数据信息的查询、分析、研判效率大大增加，公安实战业务应用的积极性越来越高。

公安实战应用平台将视频图像及各种感知信息与公安业务系统进行对接，围绕事件生命周期，提供事前视频防控、事中可视化指挥、事后视频侦查以及可视化的勤务督导。同时，也可以根据各警种实战应用需要提供如车辆和人员轨迹分析、视频信息检索、车辆信息查询、人脸识别应用、图像增强与修复等工具，提高公安业务效率。

（二）物联网技术在公安工作中的实际应用

1. 物联技术在公安内部管理及安全保卫方面的应用

以RFID为例，无线射频识别RFID是一种高级的非接触性识别技术，其特点是：①无需可视读取，实现远距离自动识别。②可识别静止物体也可识别移动物体。③可实现多个同时识别，识别率较高。④存储容量大，可存储相对较多的信息。其工作原理是：RFID标签在通过识读器发出的射频区域时，识读器发出询问信号，并读取芯片中的信息到服务器，服务器也可同时通过识读器写入信息到RFID标签内部。可做到双向反馈。其标签内部的（EPC代码）为每一件物品建立全球唯一的开放性代码，可实现追踪、溯源，是物品全球唯一的身份识别ID。

公安停车场自动识别系统就是基于RFID技术的一种物联网管理模式，通过RFID传感技术将车辆信息（包括车辆的牌号、车架号、发动机号）存储于标签中，当车辆到达停车场识别区域，RFID电子身份证通过识别器向后台服务器发送车辆信息，服务器通过系统比对确认车辆是否有通过权利，并确定是否放行。对放行车辆自动安排泊车位置，完成整个泊车过程。

本系统还可结合全球地理信息系统对车辆进行交通引导管理和定位服务。交通引导服务可解决在处警过程中的交通拥堵，提高处警的时间。例如，上下班高峰期某小区发生了一起杀人案件，接到报警后，到达小区的路线有四条，但不能确定哪条路不堵车，本系统可引导警车走最容易到达的路线，并随时指挥车辆进行改道，从而达到优化处警线路的引导服务；定位服务可加强对警车的管理，可随时掌控巡逻车辆的巡逻路线，解决公车私用等警务车辆管理问题。

2. 物联技术在公安办公场所自动识别系统的应用

本系统包括公安办公场所管理、公安人员内部管理、公安内部保卫管理、公安枪支、案件物证管理等。

以一座大型的办公楼为例，其内部包括日常办公区域、餐厅、健身区、枪械库、物证室等区域。本解决方案是将 RFID 射频技术和银行卡相关联，实现一卡多用的目的。

举例说明：

（1）当一个警员开始一天的工作，早上上班到大楼门口识别区域后，识别器将电子身份证内信息发送给服务器，服务器根据授权决定放行与否，并确定进入时间进行考勤。对于没有电子身份证的人员需要进入办公大楼的，可在门卫处办理临时电子身份证，取得临时电子身份证后可进入大楼，如无电子身份证而暴力闯入的话，系统会反馈给后台服务器进行报警，报警后保卫人员可根据报警进行相应的处理。这样既优化了传统的上下班考勤制度又解放了门卫人员，并能够有效地防止闲杂人等进入办公大楼。2008年上海闸北分局如果能够使用本系统也不会发生警察局内警察被杀事件。

（2）进入办公区，不同的办公室人员有不同的授权，根据授权不同可进入不同的办公室，各级领导会有相应的授权，在授权范围内对工作进行督导、检查。

这样就会有效地防止在工作时间，无正常交涉的情况下，不同岗位的民警相互串门、聊天。

（3）在用餐时间警员可用银行卡到餐厅刷卡进行消费，每月的餐补可定时打入银行账号。可优化财务人员的工作流程，又可使用餐简便化。

（4）在健身区，警员在固定时段可进入健身区进行健身。由于健身器材有限，健身区不宜容纳过多的健身人员，所以对健身时段和人员出入进行授权。如刑侦大队每周四下午 4：00～6：00，缉毒大队每周五晚上 6：00～8：00。规定时间内授权人员可进入健身区，其他人员则不能进入，这样既合理地安排了健身房人员调配，又可充分发挥健身房的作用，更好地维护健身设备。

（5）在枪支保管方面，当执行任务需要携带枪时，在枪械库领取枪支时每个枪支将会有唯一的电子射频标签（即枪支的编码），警员有自己的电子身份证。枪支出库时，服务器通过识读器将枪支的电子射频标签和警员的数字身份证进行绑定，绑定后服务器可跟踪记录枪支和警员的行踪，确保一人一枪，当枪支和使用人分离时，系统会在后台进行报警提示。任务执行完毕，枪支归还枪械库，解除绑定，即完成一次枪支的使用。本系统的优点：能够随时掌握警员使用枪支的过程，做到枪不离人，并优化了枪支的出入库过程，达到自动化管理。

（6）在物证管理方面，制作专用的物证保管袋，对每个案件的物证进行分类保管，对每一案件的物证建立 RFID 电子标签，标签内存储案件的案发时间、地点、性质、内容简介及案件的物证名称。当公安人员要借案件的物证时，物证管理人员将警员电子身份证和物证电子标签读入后台服务器，服务器进行关联完成借出管理，使用完成后警员归还物证到物证室，服务器解除两者的关联并做相应记录，完成一次借出、归还。

3. 物联技术在野外救援和公安特殊任务中的应用

随着社会经济的发展，人们生活水平的不断提高，近几年参加户外探险运动的人群越来越多，在野外走失的人群也随机增加。这样公安部门的深山搜救成了一门新的课题。如何能确保搜救的同时保障搜救人员的安全呢？深山地形的复杂性和多变性决定了搜救的随机性和危险性，很多搜救队员在搜救未果的情况下自己却遇到了困难，由于大多数搜救团体在深山内没有更好的沟通方式，队员往往因延误救治时间而产生更大的伤亡。而物联技术能够很好地解决这一问题。我们可以为每一个队员建立一个 RFID 电子身份证，确保可以随时监控每一位队员的所在位置，当遇到极端天气或者一些不可预见的状况时，可以在第一时间发现队员的所在位置并对其进行营救。

另外由于犯罪的复杂性和多样性，很多案件都有卧底存在，打入敌人内部往往是最危险的事情。如果能够将电子射频技术和卧底相结合起来，我们就能随时掌握卧底人员的动态，保证其安全性。在这一点上我们值得研究和探讨。

所以物联时代将是下一个后互联网时代，如果说互联网改变了当代人们的生活，那么物联时代将改变当代人的思维方式。当然物联时代的到来也要求更高的网络安全。没有坚固的网络安全，所有的物联技术将会面临随时瘫痪的风险，人类生下来就有自私的欲望，很多不法分子都在窥探网络设计的后门，都幻想能够入侵到别人的系统中，从而达到自己不可告人的目的。所以更应该在物联网网络安全领域进行认真探索。

第四节　移动互联网技术在公安工作中的应用

一、移动互联网技术

（一）基本概念

移动互联网：移动互联网（Mobile Internet，MI）是一种通过智能移动终端，采用移动无线通信方式获取业务和服务的新兴业态，包含终端、软件和应用三个层面。终端层包括智能手机、平板电脑、电子书、MID 等；软件包括操作系统、中间件、数据库和安全软件等。应用层包括休闲娱乐类、工具媒体类、商务财经类等不同应用与服务。

移动互联网，就是将移动通信和互联网二者结合起来，成为一体。移动互联网是指互联网的技术、平台、商业模式和应用与移动通信技术结合并实践的活动的总称。4G 时代的普及以及移动终端设备的凸显为移动互联网的发展注入巨大能量。移动互联网是移动和互联网融合的产物，继承了移动随时、随地、随身和互联网分享、开放、互动的优势，是整合二者优势的"升级版本"，即运营商提供无线接入，互联网企业提供各种成熟的应用。

移动互联网是一个全国性的、以宽带 IP 为技术核心的，可同时提供话音、传真、数据、图像、多媒体等高品质电信服务的新一代开放的电信基础网络，是国家信息化建设的重要组成部分。而移动互联网应用最早让人们接受的方式，则是从短消息服务开始的。

（二）移动互联网的特征

"小巧轻便"和"通信便捷"两个特点，决定了移动互联网与 PC 互联网的根本不同之处，发展趋势及相关联之处。

1. 高便携性

除了睡眠时间，移动设备一般都以远高于 PC 的使用时间伴随在其主人身边。这个特点决定了使用移动设备上网，可以带来 PC 上网无可比拟的优越性，即沟通与资讯的获取远比 PC 设备方便。

2. 隐私性

移动设备用户的隐私性远高于 PC 端用户的要求。不需要考虑通信运营商与设备商在技术上如何实现它，高隐私性决定了移动互联网终端应用的特点——数据共享时既保障认证客户的有效性，也要保证信息的安全性。这就不同于互联网公开透明开放的特点，互联网下，PC 端系统的用户信息是可以被搜集的，而移动通信用户上网显然是不需要自己设备上的信息给他人知道甚至共享。

3. 应用轻

移动设备通信的基本功能代表了移动设备方便、快捷的特点。而延续这一特点及设备制造的特点，移动通信用户不会接受在移动设备上采取复杂的类似 PC 输入端的操作——用户的手指情愿用"指手画脚"式的肢体语言去控制设备，也不愿意在巴掌大小的设备上去输入 26 个英文字母长时间去沟通，或者打一篇千字以上的文章。

（三）常用移动互联网业务

1. 移动转账业务

使用 SMS 汇钱。这一业务与传统转账业务相比，成本更低、速度更快、方便性更高。这一业务对发展中的市场会有很强的吸引力，在投入使用的第一年，用户可能超过几百万。

这一业务推出也面临诸多挑战，包括管制和运营风险。由于移动转账发展很快，在管制方面，很多市场的管制者都会面临用户成本、安全、造假、洗钱等方面的问题。在运营方面，运营商要进入新的市场，市场条件的变化、业务运营商本地资源的运作，要求运营商采用不同的战略。

2. 定位业务

定位业务（location-based services，LBS），它是通过电信移动运营商的无线电通信网络（如 GSM 网、CDMA 网）或外部定位方式（如 GPS）获取移动终端用户的位置信息（地理坐标，或大地坐标），在地理信息系统（geographic information system，GIS）平台的支持下，为用户提供相应服务的一种增值业务。估计未来几年会是最复杂的业务。

3. 移动搜索

移动搜索的最终目的是促进手机的销售和创造市场机会。为了达到这一目标，业界首先要改善移动搜索的用户体验。它列在十大业务的第三位，是因为它对技术创新和行业收入有很大的影响力。用户会对一些移动搜索保持忠诚度，而不是仅选择一家或两家移动搜索运营商。

4. 移动浏览

2013 年，全球生产的手机中，80% 具有移动浏览功能。移动浏览列在十大业务第四位的原因是：它在商业领域的广泛应用。

移动网站系统具有潜在、好的投资回报率，而且，它的开发成本相对较低。重复使用许多现有的技术和工具，使发送更新、更灵活。因此，移动网站已被许多企业用于 B2C 的移动战略。

5. 移动健康监控

移动健康监控是使用 IT 和移动通信实现远程对病人的监控，还可帮助政府、关爱机构等降低慢性病病人的治疗成本，改善病人们的生活质量。

在发展中国家的市场，移动性的移动网络覆盖比固定网更重要。今天，移动健康监控在成熟的市场也还处于初级阶段，项目建设方面到目前为止也仅是有限的试验项目。未来，这个行业可实现商用，提供移动健康监控产品、业务和相关解决方案。

6. 移动支付

移动支付通常用于三个目的：

一是它可进行支付；二是其是在线支付的一种扩展，而且更容易和更方便；三是安全性增加。移动支付入主 10 佳业务，源于它对多方的影响，包括移动运营商、银行、装置提供商、管制者和用户等。

发展中的市场和发达市场都对这一业务有兴趣，由于技术选择和商业模式多，管制需求和当地的条件不一，移动支付将是一个高度多样化的市场。在部署上没有统一的标准，每一个具体方案要一事一办。

7. 近场通信

近场通信（near field communication，NFC）可实现相互兼容装置间的无线数据转输，只需将它们放在靠近的地方（10cm）。这一技术可用于零售购买、交通、个人识别和信用卡等。将 NFC 排在第七位是基于它可增加用户对所有业务提供商的忠诚度，对运营商的商业模式产生了很大的影响，如银行和交通公司。

8. 移动广告

在全球经济衰退的情况下，各地区的移动广告业务继续增长。智能手机和无线互联网的使用增加，促进了移动广告业务的发展。2012年，移动广告总支出是75亿美元。

将移动广告排在前10位中，因为这一业务是在移动互联网上实现内容套现的重要方式，可为终端用户提供免费的应用和业务。移动渠道将被用于各种媒体，包括电视、广播、印刷和室外广告的竞争市场。

9. 移动即时信息

从历史上看，价格和使用性问题是一直影响移动即时信息发展的因素。商业化障碍和商业模式的不确定性，对运营商的部署和促销产生了负面影响。

将移动即时信息排在第九位，是因为存在潜在的用户和市场条件，将引导未来移动即时信息的发展。在发展中国家，很多用户依靠手机作为他们通信的唯一工具。移动即时信息为移动广告和社会组网创造了发展的机会，因为它已建立了更多的移动即时信息用户。

10. 移动会议

传统电话会议机等产品对特定终端设备及空间的固化要求，逐渐让开会变成了很多商务人士的困扰。移动电话会议已经成为众多企业不可或缺的沟通工具。移动电话会议应用一经发布，便在Iphone苹果商店及安卓市场中引来了下载热，尤其以企业高管、律师、金融界从业者居多。及时语是利用手机快速召开电话会议的移动电话会议解决方案。借助4G/Wifi网络体验全新概念的移动会议，在您参加会议的同时仍然可以随时利用手机来管理会议。

二、移动互联网技术在公安工作中的应用

近年来，我国行业用户对集群专网的需求日益增长，在公共安全领域尤为突出，例如，国家在承办奥运会、世博会等重要集会，处理地震、雪灾等突发情况时，公共安全部门需要通过专网来维持秩序，应对突发事件，提高快速反应能力，保障有效的通信指挥。同时，为应对越来越复杂的业务需求，也要求集群通信系统从原来单一的语音通信向宽带多媒体通信发展。

正是由于各个地区公安工作的需求旺盛，移动警务系统建设呈井喷式发展。绝大部分系统都支持GPRS、CDMA、Edge以及所有制式的移动网络。基本实现了各综合查询、业务查询、治安管理、社区管理、通用采集、辅助工具、新闻通知、系统管理多元化的功能模块集合，满足了各警种实战业务需求，经过严格的安全接入，很多移动警务终端上几乎都可以实现调阅并比对公民身份、查询常住/暂住人员信息、比对车辆信息、获取在逃及通缉人员信息以及传递现场采集的各类信息。移动警务系统终端也采用了先进的智能卡加密和认证技术，能实现对信息的加密、解密和数字签名，充分保障了信息的安全性、保密性和完整性，可以广泛应用于包括交警、巡警、治安、社区等所有一线警种。

（一）移动互联网技术在全国公安工作中的应用

在公安部科技信息化局的大力支持和指导下，在各个省市局党委的高度重视下，移动警务技术在公安实战应用中，为打击犯罪、管理社会和服务群众发挥了重要作用。

1. 移动警务终端三大新特点

（1）安全性——硬件级与系统级的加固。使用合规化的"安全加固"操作系统，彻底阻断互联网后门通道，防止一机两用，保证系统级的安全。

关键信息——如"网络接入点""必配专业软件"等的硬植入芯片固化，保证初始化一致性和接入点的指向始终唯一。

平滑对接移动警务安全接入系统，保证终端和移动警务系统的加密和安全。

（2）实用性——便携、即插即用。用户界面简单、友好且实用。功能附件即插即用、快捷灵活，适用全警种。

（3）专业性——覆盖全警种。硬件级多协议外围接口设计，可灵活外接二代证阅读仪、微型打印机、指纹采集仪、二维码读取仪、酒精测试仪、摄录像仪等物联设备，使功能无限扩展。

满足公安全警种的需求包括治安、交通、刑侦、监管、户政、经侦、边防、消防、出入境等各警

种使用，适用于公安信息核查、采集、社区警务、交通执法、人像识别、警综系统、情报系统、PGIS、应急指挥、视频通信等方面。

专业级拍摄像设备包括 IP54 以上级别三防设计，坚固耐用；超大容量电池、智能节电技术，满足公安超长工作的要求；主流硬件配置、生产工艺精湛，细节经过市场调研和高强度测试，提升用户体验。

2. 移动警务终端技术未来展望

开发多功能、全警种业务移动警务终端，整合按业务窗口部署和建设的相对独立的信息系统，打破了早期公安信息化形成的各警种、各地方的信息系统"条、块分割"。

开发丰富的终端应用，将"警务综合管理平台""视频监控管理平台""警用地理信息平台""大情报平台""视频指挥平台"等集成为一体，并将其应用单元延伸到单兵和一线实战单位。

利用飞速发展的硬件平台、无线网络和社会信息资源，开发跟得上时代潮流的高效移动警务终端，实现了信息入网快速、信息内容丰富、警情处警神速、指挥快捷高效。

提升公安人员及资源管理水平，解决公安工作"快速、高效、实战化"难题。

（二）移动互联网技术在天津市公安工作中的应用

天津市局充分发挥"警务通"在移动核录信息方面的功能优势，多次组织开展全市范围和属地分局范围的移动警务系统核查录入专项行动。仅在 2012 年 8 月的一次全市专项行动期间，3 天内全局就投入警力 19535 人次，应用"警务通"终端 6679 部，查询操作 129 万余次，核录信息 68 万余条，破获刑事案件 17 起，查处治安案件 32 起，抓获网上逃犯 3 名，取得了显著成效。

1. 移动警务典型应用

（1）巡逻警务：随机盘查，关联比对。

（2）治安警务：人员管控，重点查验。

（3）专业警务：移动办公，高效服务。

2. 移动警务作用

（1）脱离网络限制，打破地域局限，实现高效实时的指挥调度。

（2）多方位、深层次、预警性的防控信息支持，使决策更加科学。

（3）适应对动态社会的管控要求，牢牢把握公安工作的主动权。

（4）信息化延伸到执法现场，保证执法流程规范化。

（5）支持现场数据采集，支撑基层基础业务工作。

（6）公安信息进入社区，便民服务更加快捷。

（7）移动警务安全接入技术、标准规范、管理制度等体系得到逐步完善。

3. 已经印发的技术规范与管理制度

（1）2006 年 8 月《公安信息移动接入及应用系统建设技术指导书》及《公安信息移动接入及应用系统安全管理暂行规定》（公信通[2006]541 号）。

（2）2010 年 12 月《移动警务 B/S 应用安全接入规范》（公科信[2010]130 号）。

（3）2011 年 3 月《移动警务系统安全管理暂行规定》（公科信[2011]54 号）。

（4）2013 年 9 月《手持式移动警务终端通用技术要求》（GA/T1085-2013）。

【本章小结】

在"第十章 IT前沿技术在公安工作中的应用"中的主要内容包括：云计算技术、大数据技术、物联网技术、移动互联网技术在公安工作中的应用。

【公安实训练习】

略。